여러분의 합격을 응원하는
해커스공무원의 특별 혜택

FREE 공무원 행정법 특강

해커스공무원(gosi.Hackers.com) 접속 후 로그인 ▶ 상단의 [무료강좌] 클릭 ▶
좌측의 [교재 무료특강] 클릭

해커스공무원 온라인 단과강의 20% 할인쿠폰

3A5DC2E9564DD2R6

해커스공무원(gosi.Hackers.com) 접속 후 로그인 ▶ 상단의 [나의 강의실] 클릭 ▶
좌측의 [쿠폰등록] 클릭 ▶ 위 쿠폰번호 입력 후 이용

* 등록 후 7일간 사용 가능(ID당 1회에 한해 등록 가능)

합격예측 온라인 모의고사 응시권 + 해설강의 수강권

283BD2BB2E32B859

해커스공무원(gosi.Hackers.com) 접속 후 로그인 ▶ 상단의 [나의 강의실] 클릭 ▶
좌측의 [쿠폰등록] 클릭 ▶ 위 쿠폰번호 입력 후 이용

* ID당 1회에 한해 등록 가능

쿠폰 이용 관련 문의 **1588-4055**

단기 합격을 위한 해커스공무원 커리큘럼

입문
탄탄한 기본기와 핵심 개념 완성!
누구나 이해하기 쉬운 개념 설명과 풍부한 예시로 부담없이 쌩기초 다지기
TIP 베이스가 있다면 **기본 단계**부터!

기본+심화
필수 개념 학습으로 이론 완성!
반드시 알아야 할 기본 개념과 문제풀이 전략을 학습하고
심화 개념 학습으로 고득점을 위한 응용력 다지기

기출+예상 문제풀이
문제풀이로 집중 학습하고 실력 업그레이드!
기출문제의 유형과 출제 의도를 이해하고 최신 출제 경향을 반영한
예상문제를 풀어보며 본인의 취약영역을 파악 및 보완하기

동형문제풀이
동형모의고사로 실전력 강화!
실제 시험과 같은 형태의 실전모의고사를 풀어보며 실전감각 극대화

최종 마무리
시험 직전 실전 시뮬레이션!
각 과목별 시험에 출제되는 내용들을 최종 점검하며 실전 완성

PASS

단계별 교재 확인 및 수강신청은 여기서!

gosi.Hackers.com

* 커리큘럼 및 세부 일정은 상이할 수 있으며, 자세한 사항은 해커스공무원 사이트에서 확인하세요.

해커스공무원
신동욱
행정법총론

핵심요약집

신동욱

약력

현 | 해커스공무원 행정법 강의
현 | 해커스공무원 헌법 강의
현 | 서울시 교육청 헌법 특강
전 | 2017 EBS 특강
전 | 2013, 2014 경찰청 헌법 특강
전 | 교육부 평생교육진흥원 학점은행 교수
전 | 금강대 초빙교수
전 | 강남 박문각행정고시학원 헌법 강의

저서

해커스공무원 처음 행정법 만화판례집
해커스공무원 신동욱 행정법총론 기본서
해커스공무원 신동욱 행정법총론 조문해설집
해커스공무원 신동욱 행정법총론 핵심요약집
해커스공무원 신동욱 행정법총론 단원별 기출문제집
해커스공무원 神행정법총론 핵심 기출 OX
해커스공무원 神행정법총론 사례형 기출 + 실전문제집
해커스공무원 神행정법총론 실전동형모의고사 1·2
해커스공무원 처음 헌법 만화판례집
해커스공무원 신동욱 헌법 기본서
해커스공무원 신동욱 헌법 조문해설집
해커스공무원 神헌법 핵심요약집
해커스공무원 神헌법 단원별 기출문제집
해커스공무원 神헌법 핵심 기출 OX
해커스공무원 神헌법 실전동형모의고사

서문

시험은 전략이 중요합니다. 철저히 준비하되 요령 있게 준비하는 것이 빠른 합격의 지름길이 될 것입니다. 대부분의 수험생들에게 행정법총론은 고득점 전략과목입니다. 그러나 언제부터인가 행정법총론의 공부 분량이 대폭적으로 증가하면서 시험직전까지 수험생들에게 큰 부담이 되고 있습니다. 기본서는 마무리용으로 정리하기에 쉽지 않고, 오답노트나 간단한 필기노트 등은 허술한 부분이 많아 수험생의 불안감이 클 수밖에 없습니다.

『해커스공무원 신동욱 행정법총론 핵심요약집』은 이러한 고민을 해결해주고 공무원 행정법총론 시험에서 고득점을 확보할 수 있도록 다음과 같은 특징을 가지고 있습니다.

첫째, 기본서를 대체할 수 있도록 모든 내용을 빠짐없이 서술하였습니다.
기본서의 방대한 분량을 표를 활용하여 압축적으로 요약함으로써 수험생들의 공부 분량을 줄여줄 수 있도록 하였고, 시간과 효율을 추구하되 내용이 부실하지 않도록 기본서의 핵심을 모두 담았습니다.

둘째, 최신판례와 개정 법령을 모두 반영하여 마무리용 교재로 손색이 없도록 하였습니다.
최신판례와 개정된 법령들을 교재 내 관련 이론에 전면 반영하였습니다. 이를 통해 수험생 여러분들은 이론을 학습하면서 가장 최신의 판례와 제개정된 법령까지 효과적으로 함께 학습할 수 있습니다.

셋째, 효과적인 학습을 위해 다양한 학습장치를 수록하였습니다.
주의·비교 코너를 통하여 학습할 때 자주 헷갈리거나 더 알아두면 학습에 도움이 되는 내용들을 수록하였습니다. 또한 주요 기출지문들을 해당 이론내용 바로 아래 배치함으로써 본문 내용과 연계하여 효과적으로 학습할 수 있습니다.

더불어, 공무원 시험 전문 사이트 해커스공무원(gosi.Hackers.com)에서 교재 학습 중 궁금한 점을 나누고 다양한 무료 학습 자료를 함께 이용하여 학습 효과를 극대화할 수 있습니다.

부디 『해커스공무원 신동욱 행정법총론 핵심요약집』과 함께 공무원 행정법총론 시험 고득점을 달성하고 합격을 향해 한걸음 더 나아가시기를 바라며, 공무원 합격을 꿈꾸는 모든 수험생 여러분에게 훌륭한 길잡이가 되기를 바랍니다.

신동욱

목차

이 책의 구성 ... 6
학습 플랜 ... 8

제1편 | 행정법 서론

제1장 행정법의 기초 ... 12
제1절 행정법의 의의 ... 12
제2절 행정의 분류 ... 12
제3절 행정법의 특수성 ... 12

제2장 법치행정 ... 13
제1절 형식적 법치주의와 실질적 법치주의 ... 13
제2절 법치행정의 내용 ... 13
제3절 통치행위 ... 17

제3장 행정법의 법원과 효력 ... 22
제1절 행정법의 법원 ... 22
제2절 행정법의 효력 ... 25
제3절 행정법규정의 흠결과 보충 ... 28

제4장 행정법의 일반원칙 ... 29
제1절 비례의 원칙(과잉금지의 원칙) ... 29
제2절 신뢰보호의 원칙 ... 31
제3절 평등의 원칙 ... 39
제4절 자기구속의 원칙 ... 41
제5절 부당결부금지의 원칙 ... 43
제6절 기타 일반원칙 ... 45

제5장 행정법관계 ... 46
제1절 공법관계와 사법관계 ... 46
제2절 행정상 법률관계 ... 49
제3절 행정법관계의 당사자(행정주체와 행정객체) ... 50

제6장 공권(개인적 공권) ... 52
제1절 공권과 공의무 ... 52
제2절 무하자재량행사청구권과 행정개입청구권 ... 57

제7장 특별권력관계 ... 60

제8장 행정법상의 법률요건과 법률사실 ... 64
제1절 법률요건과 법률사실의 의의 및 종류 ... 64
제2절 행정법상의 사건 ... 65
제3절 공법상 사무관리와 부당이득 ... 67

제9장 사인의 공법행위 ... 70
제1절 공법행위 ... 70
제2절 신청과 신고 ... 73

제2편 | 행정작용법

제1장 법규명령 ... 82
제1절 행정입법부작위 ... 82
제2절 법규명령 ... 82

제2장 행정규칙 ... 92
제1절 행정규칙의 의의 및 종류 ... 92
제2절 행정규칙의 법규성 인정 여부 ... 93

제3장 행정행위 ... 99
제1절 행정행위의 의의 및 종류 ... 99
제2절 복효적 행정행위(제3자효 행정행위) ... 102
제3절 기속행위와 재량행위 ... 102

제4장 법률행위적 행정행위 ... 109

제5장 준법률행위적 행정행위 ... 123

제6장 행정행위의 부관 ... 127

제7장 행정행위의 요건과 효력 ... 136
제1절 행정행위의 성립요건과 효력발생요건 ... 136
제2절 행정행위의 적용문제 ... 138
제3절 행정행위의 효력 ... 139
제4절 공정력과 존속력 ... 140

제8장 행정행위의 하자와 하자승계 ... 144
제1절 행정행위의 하자 ... 144
제2절 행정행위의 하자승계 ... 152

제9장 행정행위의 취소와 철회 및 실효 ... 155
제1절 행정행위의 취소 ... 155
제2절 행정행위의 철회 ... 159
제3절 행정행위의 실효 ... 162

제10장 행정계획 ... 163

제11장 공법상 계약 ... 168

제12장 확약 등 172
- 제1절 확약 172
- 제2절 예비결정(사전결정), 부분허가, 가행정행위 173

제13장 사실행위와 행정지도 175
- 제1절 사실행위 175
- 제2절 행정지도 176

제14장 그 밖의 행정작용 179
- 제1절 비공식 행정작용 179
- 제2절 행정의 자동결정(자동적 처분) 179
- 제3절 행정사법 및 협의의 국고작용 180

제3편 | 행정절차와 행정공개

제1장 행정절차법 184
- 제1절 행정절차 184
- 제2절 행정절차의 입법례 및 현행 행정절차법의 내용 185
- 제3절 행정절차의 입법례 및 현행 행정절차법의 처분 등 191

제2장 행정공개와 개인정보 보호 202
- 제1절 정보공개제도 202
- 제2절 개인정보 보호제도 211

제4편 | 행정의 실효성 확보수단

제1장 행정의 실효성 확보수단 개설 224

제2장 행정상 강제집행 225
- 제1절 행정상 강제집행의 의의 225
- 제2절 행정상 강제집행의 수단 225

제3장 행정상 즉시강제와 행정조사 237
- 제1절 행정상 즉시강제 237
- 제2절 행정조사 239

제4장 행정벌과 새로운 의무이행 확보수단 244
- 제1절 행정벌 244
- 제2절 행정상 새로운 의무이행 확보수단 251

제5편 | 행정상 손해전보

제1장 행정상 손해배상 258
- 제1절 국가배상 개요 258
- 제2절 국가배상법 제2조 (공무원의 직무행위로 인한 손해배상) 259
- 제3절 국가배상법 제5조 (영조물의 설치·관리상의 하자로 인한 손해배상) 273
- 제4절 이중배상금지 279

제2장 행정상 손실보상 281
- 제1절 손실보상의 성질 및 근거 281
- 제2절 손실보상청구권의 요건 283
- 제3절 손실보상의 기준과 내용 287
- 제4절 손실보상의 절차와 불복 296

제3장 행정상 손실보상제도의 흠결과 보충 300
- 제1절 행정상 손실보상제도의 흠결과 보충 300
- 제2절 행정상 결과제거청구권 301
- 제3절 행정상 손해전보제도 비교 302

제6편 | 행정쟁송

제1장 행정심판 306
- 제1절 행정심판의 개관 306
- 제2절 행정심판의 당사자 등 311
- 제3절 행정심판위원회 312
- 제4절 행정심판의 청구 314
- 제5절 행정심판의 심리·재결 318
- 제6절 기타 행정심판법상 제도 322
- 제7절 고지제도 323
- 제8절 행정심판에 대한 특례절차(특별행정심판) 324

제2장 취소소송 326
- 제1절 취소소송 일반론 및 당사자 326
- 제2절 소송의 요건(적법요건) 일반론, 처분 등의 존재 (대상적격) 341
- 제3절 그 밖의 소송요건, 소의 변경 및 소송제기의 효과 351
- 제4절 심리와 판결 358

제3장 무효등확인소송, 부작위위법확인소송 366
- 제1절 무효등확인소송 366
- 제2절 부작위위법확인소송 368

제4장 당사자소송, 객관소송 371
- 제1절 당사자소송 및 항고소송 371
- 제2절 객관소송 379

이 책의 구성

『해커스공무원 신동욱 행정법총론 핵심요약집』은 수험생 여러분들이 행정법총론 과목을 효율적으로 정확하게 학습할 수 있도록 상세한 내용과 효과적인 학습장치를 수록·구성하였습니다. 아래 내용을 참고하여 본인의 학습 과정에 맞게 체계적으로 학습 전략을 세워 학습하시기 바랍니다.

1 이론의 핵심적인 내용을 정리하기

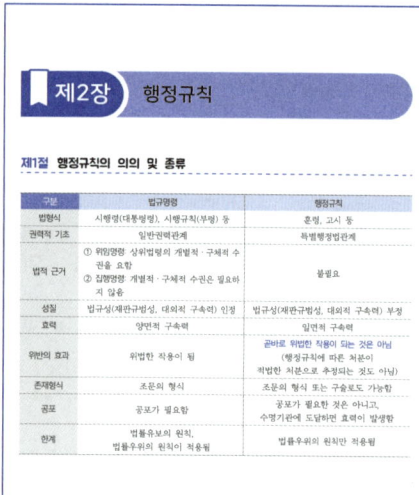

핵심이론의 내용을 압축·정리

공무원 행정법총론 시험에 나오는 방대한 내용들 중 출제가능성이 높은 핵심 이론을 일목요연하게 정리하여 행정법총론 이론을 보다 빠르게 파악하고 전략적으로 학습할 수 있습니다. 또한 핵심 이론을 도표화하여 수록함으로써 반복 출제되는 이론·조문·판례들을 서로 비교하며 효율적으로 학습할 수 있습니다.

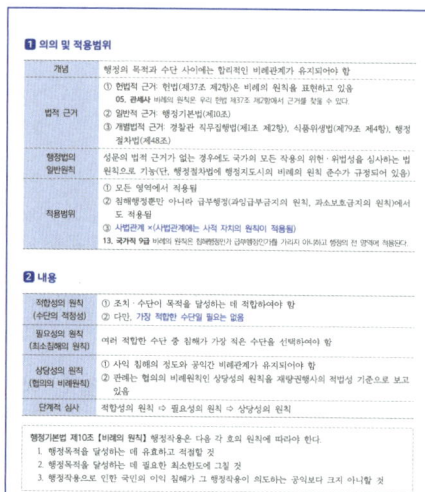

최신 출제 경향 및 개정 법령 반영

1. 최신 출제 경향 반영
철저한 기출분석으로 도출한 최신 출제 경향을 바탕으로 출제가 예상되는 내용을 선별하여 이론에 반영·수록하였습니다. 이를 통해 방대한 행정법총론 과목의 내용 중 시험에 나오는 이론만을 효과적으로 학습할 수 있습니다.

2. 개정 법령
최근 개정된 법령들을 교재 내 관련 이론에 전면 반영하여 실전에 효율적으로 대비할 수 있습니다.

해커스공무원 **신동욱 행정법총론 핵심요약집**

2 판례를 통해 학습한 이론을 정확하게 이해하기

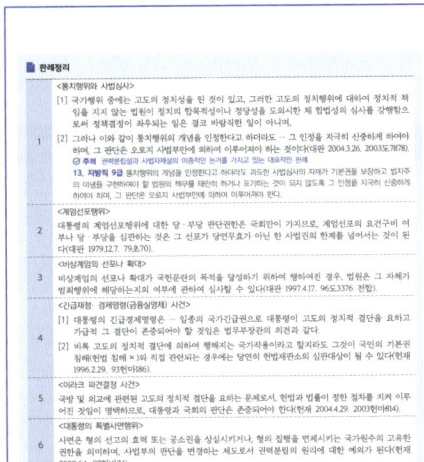

전략적인 학습을 위한 주요 판례정리

길고 복잡한 판례를 한눈에 이해할 수 있도록 핵심 요지들만 수록하여 표로 구성하고, 그 판례의 결정부분도 함께 수록함으로써 판례 내용을 빠르고 효과적으로 파악할 수 있습니다. 또한 이론과 관련된 기본 판례, 유사 판례 및 중요한 기출 판례뿐만 아니라 이슈가 된 최신 판례까지 모두 수록하여 판례를 통한 마무리 학습을 하는 데 충분히 활용할 수 있습니다.

3 다양한 학습장치를 활용하여 이론 완성하기

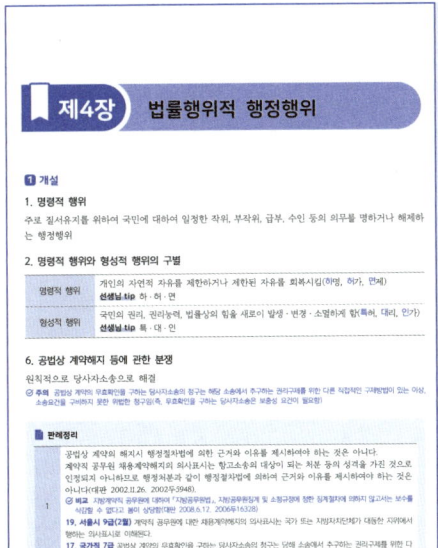

한 단계 실력 향상을 위한 다양한 학습장치

1. 주의 / 비교
자주 헷갈리거나 더 알아두면 학습에 도움이 되는 내용을 '주의'에 수록하고, 유사하거나 대비되는 내용을 '비교'로 수록하여 중요한 부분을 놓치지 않고 학습할 수 있습니다.

2. 선생님 tip
암기가 필요한 이론 내용의 두문자 암기법을 '선생님 tip'에 수록하여 효율적이고 기억에 오래 남는 암기를 할 수 있습니다.

3. 기출지문
이론과 관련된 기출지문을 해당 이론 바로 아래 배치함으로써 본문 내용과 연계하여 효과적으로 학습할 수 있습니다.

학습 플랜

효율적인 학습을 위하여 DAY별 권장 학습 분량을 제시하였으며, 이를 바탕으로 본인의 학습 진도나 수준에 따라 분량을 조절해 가며 학습하기 바랍니다. 또한 학습한 날은 표 우측의 각 회독 부분에 형광펜이나 색연필 등으로 표시하며 채워나가기 바랍니다.

* 1회독 때에는 40일 학습 플랜을, 2, 3회독 때에는 20일 학습 플랜을 활용하시면 좋습니다.

40일 플랜	20일 플랜	학습 단원		1회독	2회독	3회독
DAY 1	DAY 1	제1편	제1장 제1절 ~ 제2장 제3절	DAY 1	DAY 1	DAY 1
DAY 2			제3장 제1절 ~ 제4장 제1절	DAY 2		
DAY 3	DAY 2		제4장 제2절 ~ 제4절	DAY 3	DAY 2	DAY 2
DAY 4			제4장 제5절 ~ 제5장 제3절	DAY 4		
DAY 5	DAY 3		제6장	DAY 5	DAY 3	DAY 3
DAY 6			제7장 ~ 제8장 제3절	DAY 6		
DAY 7	DAY 4		제9장	DAY 7	DAY 4	DAY 4
DAY 8			제1편 복습	DAY 8		
DAY 9	DAY 5	제2편	제1장	DAY 9	DAY 5	DAY 5
DAY 10			제2장 제1절 ~ 제3장 제1절	DAY 10		
DAY 11	DAY 6		제3장 제2절 ~ 제4장 **1**	DAY 11	DAY 6	DAY 6
DAY 12			제4장 **2** ~ **4**	DAY 12		
DAY 13	DAY 7		제5장 ~ 제6장	DAY 13	DAY 7	DAY 7
DAY 14			제7장	DAY 14		
DAY 15	DAY 8		제8장	DAY 15	DAY 8	DAY 8
DAY 16			제9장	DAY 16		
DAY 17	DAY 9		제10장	DAY 17	DAY 9	DAY 9
DAY 18			제11장 ~ 제12장	DAY 18		
DAY 19	DAY 10		제13장 ~ 제14장	DAY 19	DAY 10	DAY 10
DAY 20			제2편 복습	DAY 20		

- 1회독 때에는 전체적인 내용을 가볍게 익힌다는 생각으로 교재를 읽는 것이 좋습니다. 옳은 지문으로 수록된 기출지문을 중심으로 문제에 어떻게 적용되는지 확인하며 흐름을 익히는 것도 좋습니다.
- 2회독 때에는 1회독 때 확실히 학습하지 못한 부분을 정독하면서 꼼꼼히 교재의 내용을 익히고, 판례의 핵심내용과 결론을 복습하고, 주요 판례의 경우 배경에 해당하는 사실관계를 파악합니다.
- 3회독 때에는 주의·비교에 표시되어 있는 부분까지 확인함으로써 이론 학습의 범위를 넓혀나가기 바랍니다.

40일 플랜	20일 플랜	학습 단원		1회독	2회독	3회독
DAY 21	DAY 11	제3편	제1장 제1절 ~ 제2절	DAY 21	DAY 11	DAY 11
DAY 22			제1장 제3절	DAY 22		
DAY 23	DAY 12		제2장 제1절	DAY 23	DAY 12	DAY 12
DAY 24			제2장 제2절	DAY 24		
DAY 25	DAY 13		제3편 복습	DAY 25	DAY 13	DAY 13
DAY 26		제4편	제1장 ~ 제2장	DAY 26		
DAY 27	DAY 14		제3장 ~ 제4장	DAY 27	DAY 14	DAY 14
DAY 28			제4편 복습	DAY 28		
DAY 29	DAY 15	제5편	제1장 제1절 ~ 제2절	DAY 29	DAY 15	DAY 15
DAY 30			제1장 제3절 ~ 제2장 제2절	DAY 30		
DAY 31	DAY 16		제2장 제3절 ~ 제3장	DAY 31	DAY 16	DAY 16
DAY 32			제5편 복습	DAY 32		
DAY 33	DAY 17	제6편	제1장	DAY 33	DAY 17	DAY 17
DAY 34			제2장 제1절	DAY 34		
DAY 35	DAY 18		제2장 제2절	DAY 35	DAY 18	DAY 18
DAY 36			제2장 제3절 ~ 제4절	DAY 36		
DAY 37	DAY 19		제3장 ~ 제4장	DAY 37	DAY 19	DAY 19
DAY 38			제6편 복습	DAY 38		
DAY 39	DAY 20		총복습	DAY 39	DAY 20	DAY 20
DAY 40			총복습	DAY 40		

해커스공무원 학원·인강
gosi.Hackers.com

제1편
행정법 서론

제1장 행정법의 기초
제2장 법치행정
제3장 행정법의 법원과 효력
제4장 행정법의 일반원칙
제5장 행정법관계
제6장 공권(개인적 공권)
제7장 특별권력관계
제8장 행정법상의 법률요건과 법률사실
제9장 사인의 공법행위

제1장 행정법의 기초

제1절 행정법의 의의

형식적 의미의 행정	국가작용의 성질이 아닌 실정제도상 행정부의 권한을 기준으로 한 개념으로서, 행정기관에 의하여 이루어지는 모든 작용
실질적 의미의 행정	① 의의: 국가작용의 성질상 차이가 있음을 전제로 하여 입법·사법과 구별되는 행정개념을 정립하려는 것 ② 내용: 행정은 구체적인 집행 작용을 의미하므로 입법부에서 구체적인 집행 작용(예 국회사무총장의 직원 임명)을 하거나, 사법부에서 구체적인 집행 작용(예 법원의 등기)을 하는 경우 담당기관을 불문하고 행정으로 인정

18. 서울시 9급 행정법의 대상이 되는 행정은 형식적 의미의 행정과 실질적 의미의 행정을 포함한다.

제2절 행정의 분류

행정의 책무 및 그 실현방법에 따른 분류	① 질서유지행정 ② 급부 ③ 계획행정 ④ 공과행정행정 ⑤ 조달행정
행정활동의 법적 형식에 따른 분류	① 공법적 행정: 권력행정, 비권력행정 ② 사법적 행정

제3절 행정법의 특수성

행정법규의 형식	① 성문법(원칙) ② 행정법 형식의 다양성
행정법규의 성질	① 행정법규의 획일성·강제성 ② 행정법규의 기술성 ③ 행정법규의 행위규범성
행정법규의 내용	① 공익우선성 ② 행정주체의 우월성 ③ 국민의 권리보호

제2장 법치행정

제1절 형식적 법치주의와 실질적 법치주의

형식적 법치주의	의의	행정이 법에 따라 행하여지면 되고 법의 내용이나 이념은 문제되지 않으며 법률이라는 형식과 절차만 강조함
	특징	형식적 법치주의는 행정이 의회가 제정한 법률에 의하여 행하여질 것을 요구할 뿐, 법률의 목적이나 내용은 문제삼지 않아, 법률과 행정을 형식적으로만 규율하여 국민의 자유와 권리는 형식적인 것에 그치게 됨
	문제점	① 법률에 의한 합법적 독재 ② 긴급명령 등 행정권에 광범위한 위임입법권 인정 ⇨ 입법의 포괄적 수권 가능
실질적 법치주의	의의	의회가 제정한 법률의 행정구속성에 그치지 않고, 성문법뿐만 아니라 불문법도 포함되며 법률의 내용까지 정의롭고 적정할 것을 요구함
	특징	① 인권보장을 법의 실질적 내용으로 함 ② 위헌법률제도를 특징으로 함

19. 서울시 7급 법치행정원리의 현대적 의미는 형식적 법치주의에서 실질적 법치주의로의 전환이다.

제2절 법치행정의 내용

1 법률의 법규창조력

원칙적으로 국민의 권리·의무에 관한 규범을 제정하는 권한은 국회에 있음. 즉, 법규는 국회에서 제정한 법률에 의하여 창설됨

19. 서울시 9급 법률을 원칙적으로 국민의 대표기관인 의회가 제정하여야 한다는 원칙을 포함한다.

> 「행정기본법」 제8조 【법치행정의 원칙】 행정작용은 법률에 위반되어서는 아니 되며, 국민의 권리를 제한하거나 의무를 부과하는 경우와 그 밖에 국민생활에 중요한 영향을 미치는 경우에는 법률에 근거하여야 한다.

2 법률우위의 원칙

의의	① 모든 행정작용은 법률에 위반되어서는 안 됨 ② 법률내용까지 합헌적이어야 함(실질적 법치)
법적 근거	행정기본법 제8조, 헌법 제107조, 제117조
소극적 원칙	법률이 있는 경우에 문제가 됨
법률의 범위	실질적 의미의 법률 ⇨ 법령(법률 + 법규명령), 관습법, 행정법의 일반원칙 **19. 서울시 7급** 법률우위의 원칙에서 법은 형식적 법률뿐 아니라 법규명령과 관습법 등을 포함하는 넓은 의미의 법이다.
적용범위	행정의 모든 영역에 적용됨. 수익·침익, 공법·사법 형식의 국가작용 불문
위반의 효과	① 행정행위 ⇨ 무효 또는 취소(중대명백설) ② 행정입법, 공법상 계약 ⇨ 무효

3 법률유보의 원칙

의의		행정권의 발동에는 법률의 근거와 작용규범이 필요함을 의미
법적 근거		① 행정기본법 제8조, 헌법 제37조 제2항 ② 「행정규제기본법」 제4조 제1항
적극적 원칙		법률이 없는 경우에 문제가 됨
법률의 범위		① 형식적 의미의 법률 • 법률의 위임을 받은 법규명령이 포함됨 • 관습법, 조리는 포함되지 않음 **19. 서울시 7급** 법률유보원칙에서 '법률의 유보'라고 하는 경우의 '법률'에는 원칙적으로 국회에서 법률제정의 절차에 따라 만들어진 형식적 의미의 법률을 의미하며, 법률에서 구체적으로 범위를 정하여 위임받은 법규명령도 포함될 수 있지만 불문법원으로서의 관습법이나 판례법은 제외된다. ② 법률유보의 원칙은 법률에 근거한 규율을 요구하는 원리이므로, 법률의 위임을 받은 법규명령이 있으면 이는 법률에 근거한 것으로서 행정작용의 근거가 될 수 있음 ③ 기본권 제한에 관한 법률유보의 원칙은 그 형식이 반드시 법률일 필요는 없다 하더라도 법률상의 근거는 있어야 함(헌재 2005.5.25. 2003헌마715)
적용범위 (우리나라의 다수설: 중요사항유보설)	침해유보설	① 침해적 행정작용은 법률의 근거가 필요하다는 견해 ② 자유주의적 법치국가의 이론, '행정으로부터의 자유' 강조
	급부유보설	침해적 + 급부행정작용은 법률의 근거가 필요하다는 견해
	전부유보설	① 모든 공행정은 법률의 근거가 필요하다는 견해 ② 국민주권주의와 의회민주주의 강조, 법치주의에는 가장 철저함 **☑ 주의** 전부유보설에 대한 비판 다양화된 행정현실에 부적합하며, 행정의 자유영역을 부정함
	권력행정유보설	침해적 행정이나 수익적 행정을 불문하고 모든 권력작용은 법률의 근거가 필요하다는 견해

중요사항유보설 (본질성설)	① 개념 및 유래 • 행정작용의 성질에 따라 판단하는 것이 아니라 중요한 작용은 법률의 근거가 필요하고, 중요하지 않은 사항은 법률의 근거 없이도 행정권 발동이 가능하다는 견해 • 독일의 '칼카르결정'에서 유래 ② 중요성의 판단기준: 기본권 관련성 ③ 의회유보설: 위임금지를 통해 강화된 법률유보(매우 중요한 사항에 대해서는 위임이 허용되지 않음) ④ 특징: 법률유보의 범위를 기본권 관련 측면에서 파악하고, 법률유보의 '범위'뿐만 아니라 '규율 정도'에 대해서도 제시 ⑤ 범위(우리나라의 경우) • 침해행정영역의 경우: 헌법 제37조 제2항과 「행정규제기본법」의 규정에 의하여 모두가 법률유보의 대상이 됨 • 급부행정영역의 경우: 국가적 중요성 여부에 의해 법률유보의 대상이 될 것인지가 판단됨(상대방의 반대급부와 관련되거나 제3자의 권리를 침해할 수 있는 경우) ⑥ 규율 정도(우리나라의 경우) • 원칙적으로는 법률유보사항에 대해서 포괄적으로 위임해서는 안 되고, 명확하고 구체적으로 규율해야 함 • 다만, 특별행정법관계, 지방자치행정영역(조례에 대한 법률위임), 재개발조합의 경우에 있어서는 느슨한 법률유보가 인정됨
사법부의 태도	① 대법원과 헌법재판소 모두 중요사항유보설을 취함 ② 본질사항으로 본 판례: TV수신료금액의 결정
행정유형에 따른 고찰	① 행정규칙: 법률유보의 원칙 적용 × ⇨ 행정규칙은 법령에서 인정한 직무권한 내에서 발하는 것이므로 특별한 법령의 수권을 필요로 하지 않음. 그러나 법규명령의 성격을 갖는 행정규칙은 반드시 법령의 위임 근거가 필요함 ② 행정조직: 헌법 제96조에 행정조직법정주의 명문화. 다만, 행정청의 창설이나 권한변경 등에 국한하여 적용되는 것이 보통이고, 행정기관의 창설이나 행정청 내부의 권한분장 등에 대해서는 '직제' 등 행정규칙으로 규정함이 보통임 ③ 공법상 계약, 행정지도: 법률의 근거가 없더라도 가능함 ④ 행정상 즉시강제: 실정법적 근거가 필요함. 단, 영장주의는 적용되지 않음
자치규범과 법률유보원칙의 완화 (대판 2007.10.12. 2006두14476)	① 자치규범의 종류 및 법규성: 지방자치단체의 조례, 국·공립학교의 학칙, 공법상 단체의 정관은 법규성이 인정됨 ② 포괄위임금지원칙의 적용 여부: 적용되지 않음. 다만, 의회유보설 입장에서의 법률유보원칙은 여전히 적용됨
위반의 효과	① 행정행위 ⇨ 무효 또는 취소 ② 법규명령 ⇨ 무효

📋 판례정리

1	**<1차 TV수신료 사건>** 텔레비전방송수신료는 국민의 기본권 실현에 관련된 영역에 속하고 … 수신료에 관한 본질적인 중요한 사항이므로 국회가 스스로 행하여야 하는 사항에 속하는 것임에도, 국회의 결정이나 관여를 배제한 채 한국방송공사로 하여금 수신료금액을 결정해서 문화관광부장관의 승인을 얻도록 한 것은 법률유보원칙에 위반된다(헌재 1999.5.27. 98헌바70). **19. 서울시 9급(2월)** 수신료금액 결정은 수신료에 관한 본질적인 사항이므로 국회가 반드시 스스로 행하여야 할 필요가 있다.
2	병의 복무기간은 국방의무의 본질적 내용에 관한 것이어서 이는 반드시 법률로 정하여야 할 입법사항에 속한다고 풀이할 것인바 … 병역법 제25조 제3항이 규정하지 아니한 구속 등의 사유를 복무기간에 산입하지 않도록 규정한 것은 병역법에 위반하여 무효라고 볼 것이다(대판 1985.2.28. 85초13).
3	각 단체의 대의원 정수 및 선임방법 등은 정관으로 정하도록 규정하고 있는 국가유공자 등 단체설립에 관한 법률 제11조가 법률유보 혹은 의회유보의 원칙에 위배하여 청구인의 기본권을 침해한다고 볼 수 없다(헌재 2006.3.30. 2005헌바31).
4	**<2차 TV수신료 사건>** 수신료 징수업무를 한국방송공사가 직접 수행할 것인지, 제3자에게 위탁할 것인지는 국민의 기본권 제한에 관한 본질적인 사항이 아니다(헌재 2008.2.28. 2006헌바70). ☑ **주의** 1차 TV수신료 사건이 수신료금액 결정에 관한 사건이었다면, 2차 TV수신료 사건은 수신료금액이 법률로 정해지고 그 금액을 누가 징수할 것인가에 관한 사건임을 구분하여야 함 **19. 서울시 9급(2월)** 수신료 징수업무를 한국방송공사가 직접 수행할지 제3자에게 위탁할지 여부는 국민의 기본권 제한에 관한 본질적인 사항이 아니다.
5	**<(조합의) 사업시행인가 신청시의 토지등소유자의 동의요건을 사업시행자의 정관에 위임한 도시 및 주거환경정비법 제28조 제4항이 법률유보의 원칙 등에 위배되지 않는다는 판례>** 토지등소유자의 동의요건 역시 자치법적 사항이라 할 것이며, 사업시행인가 신청시의 동의요건을 조합의 정관에 포괄적으로 위임하고 있다 할지라도 헌법 제75조의 포괄위임금지원칙이 적용되지 않는다. 그리고 조합의 사업시행인가 신청시의 동의요건이 비록 토지등소유자의 재산상 권리·의무에 영향을 미치는 것이라 할지라도, 이는 절차적 요건에 불과하고 소유자의 재산상 권리·의무에 관한 기본적이고 본질적인 사항이라 볼 수 없다(대판 2007.10.12. 2006두14476).
6	토지등소유자가 도시환경정비사업을 시행하는 경우 사업시행인가 신청에 필요한 토지등소유자의 동의정족수를 토지등소유자가 자치적으로 정하여 운영하는 규약에 정하도록 한 것은 법률유보원칙에 위반된다(헌재 2012.4.24. 2010헌바1). ☑ **주의** 판례 5와 6을 구별하여 암기하여야 함 ☑ **비교** 판례 5와 6의 차이점 　사업시행인가를 신청하는 주체가 판례 5에서는 조합이고, 판례 6에서는 토지등소유자임. 사업시행인가가 되면 조합 또는 토지등소유자는 사업시행자로서의 지위를 갖게 되는데, 사업시행자는 정비구역 내에서 독점적·배타적인 사업시행권을 가지는 사업주체이고 법령이 정하는 바에 따라 일정한 행정작용을 행하는 행정주체로서의 지위를 가짐. 따라서 사업시행자가 지정되는 사안은 토지등소유자의 재산권에 중대한 영향을 미치는 기본적이고 본질적인 사안으로서 법률유보의 원칙이 적용됨. 다만, 「도시 및 주거환경정비법」상 조합은 사업시행인가 전에 조합설립인가를 별도로 받고, 그러한 조합설립인가의 동의정족수는 「도시 및 주거환경정비법」에 명문으로 규정되어 있음. 따라서, 판례 5의 조합은 이미 조합설립인가를 거쳤기 때문에 사업시행인가 단계에서는 느슨한 법률유보의 적용이 가능하지만, 판례 6의 경우 조합설립인가를 거치지 않은 토지등소유자가 사업시행인가를 통해 바로 사업시행자가 되기 때문에 엄격한 법률유보의 적용이 필요하고 그 동의정족수는 법률에 규정되어야 함
7	지방의회의원에 대하여 유급보좌인력을 두는 것은 지방의회의 조례로써 규정할 사항이 아니라 국회의 법률로써 규정하여야 할 입법사항에 해당한다(대판 2013.1.16. 2012추84). **18. 변호사·지방교행** 지방의회의원에 대하여 유급보좌인력을 두는 것은 지방의회의원의 신분·지위 및 처우에 관한 현행 법령상의 제도에 중대한 변경을 초래하는 것으로서 국회의 법률로 규정하여야 할 입법사항이다.

8	관할관청은 비록 개인택시 운송사업자에게 운전면허 취소사유가 있다 하더라도 그로 인하여 운전면허 취소처분이 이루어지지 않은 이상 개인택시 운송사업면허를 취소할 수 없다(대판 2008.5.15. 2007두26011).
9	납세의무자에게 조세의 납부의무 외에 과세표준과 세액을 계산하여 신고해야 하는 의무까지 부과하는 경우, 신고의무이행에 필요한 기본적인 사항과 신고의무불이행시 납세의무자가 입게 될 불이익 등은 납세의무를 구성하는 기본적·본질적 내용으로서 법률로 정해야 한다(대판 2015.8.20. 2012두23808 전합). **17. 국가직 7급** 납세의무자에게 조세의 납부의무뿐만 아니라 스스로 과세표준과 세액을 계산하여 신고하여야 하는 의무까지 부과하는 경우에 신고의무불이행에 따른 납세의무자가 입게 될 불이익은 법률로 정하여야 한다.
10	청원경찰법상의 청원주로서 그 근로관계의 창설과 존속 등이 본질적으로 사법상 고용계약의 성질을 가지는바 … 이는 국가 행정주체와 관련되고 기본권의 보호가 문제되는 것이 아니어서 여기에 법률유보원칙이 적용될 여지가 없으므로 그 징계에 관한 사항을 법률에 정하지 않았다고 하여 법률유보원칙에 위반된다 할 수 없다(헌재 2010.2.25. 2008헌바160).
11	법률유보의 원칙은 '법률에 의한 규율'만을 요청하는 것이 아니라 '법률에 근거한 규율'을 요청하는 것이기 때문에 기본권의 제한에는 법률의 근거가 필요할 뿐이고 기본권 제한의 형식이 반드시 법률의 형식일 필요는 없다(헌재 2005.3.21. 2003헌마87).
12	입주자대표회의는 공법상의 단체가 아닌 사법상의 단체로서, 이러한 특정 단체의 구성권이 될 수 있는 자격을 제한하는 것이 국가적 차원에서 형식적 법률로 규율되어야 할 본질적 사항이라고 보기 어렵다(헌재 2016.7.28. 2014헌바158).
13	경찰청 내부지침인 '살수차 운용지침'에 혼합살수 근거규정을 둘 수 있게 위임하는 법령이 없다(헌재 2018.5.31. 2015헌마476). ⇨ 법률유보원칙 위반

제3절 통치행위

1 의의

개념	고도의 정치성을 가지는 국가기관의 행위로서 법원의 사법심사가 제한되는 행위
논의의 전제	개괄주의 및 국가배상책임이 제도적 전제로서 인정되고 있어야 함

2 인정 여부

1. 학설 및 판례의 태도

학설	긍정설	① 권력분립설: 권력분립원칙상 정치적 책임이 없는 사법부는 심사할 수 없음(내재적 한계설) ② 사법자제설: 모든 국가작용은 심사가 가능하지만 사법부 스스로가 자제하는 것 ③ 기타 • 대권행위설 • 재량행위설 • 독자성설
	부정설	개괄주의와 법치주의의 철저한 관철

판례	대법원	① 사법심사의 대상 ○: 대북송금행위, 비상계엄의 선포나 확대가 국헌문란의 목적인 경우에는 통치행위 부정 ⇨ 사법심사의 대상이 됨 ② 사법심사의 대상 ×: 계엄선포행위 ☑ **주의** 비상계엄의 선포나 확대와 구별하여야 함. 남북정상회담의 개최는 사법심사의 대상이 아님 ⇨ 대법원은 하나의 고도의 정치적 행위가 통치행위로 인정되었다고 하여 그와 연계되어 있는 다른 행위까지 통치행위로 볼 필요는 없다고 밝힘(대판 2004.3.26. 2003도7878) **13. 지방직 9급** 대통령의 긴급재정, 경제명령은 국가긴급권의 일종으로서 고도의 정치적 결단에 의하여 발동되는 행위이고 그 결단을 존중하여야 할 필요성이 있는 행위라는 의미에서 이른바 통치행위에 속한다.
	헌법재판소	① 통치행위의 개념은 긍정 ② 금융실명제에 관한 긴급재정·경제명령, 신행정수도건설문제에 대한 국민투표회부 여부에 관한 대통령의 의사결정이 국민의 기본권 침해와 직접 관련되는 경우 헌법재판소의 심판대상이 됨 ⇨ 특히 금융실명제에 관한 긴급재정·경제명령과 관련한 판례에서는 긴급재정명령이 통치행위일 수 있으나, 통치행위이더라도 국민의 기본권과 관련되는 한 재판의 대상이 된다고 밝힘 **13. 지방직 9급** 대통령의 긴급재정, 경제명령은 국가긴급권의 일종으로서 고도의 정치적 결단에 의하여 발동되는 행위이고 그 결단을 존중하여야 할 필요성이 있는 행위라는 의미에서 이른바 통치행위에 속한다. ③ 자이툰부대 사건에서는 각하(이라크 파병 사건) ④ 한미연합 군사훈련의 일종인 2007년 전시증원연습은 통치행위가 아님

2. 인정범위

헌법 제64조 제4항	국회의원의 자격심사, 징계, 제명처분에 대해서는 법원에 제소할 수 없음 ☑ **주의** '지방의원'의 자격심사, 징계, 제명처분에 대해서는 법원에 제소할 수 있음
판례	① 통치행위 ○: 대통령의 특별사면, 대통령의 외교·군사에 관한 행위, 계엄선포 행위 등 ② 통치행위 ×: 대통령선거, 지방의회의원의 징계의결 등

❸ 주체 및 한계

주체	① 행위주체: 행정부(대통령) ○, 국회 ○, 법원 ×(사법부는 통치행위를 할 수 없음) ② 판단주체: 사법부(법원, 헌법재판소)
한계	① 헌법 등에 의한 구속: 국민주권주의, 민주주의원칙, 기본권 침해의 한계에 관한 헌법상의 여러 원칙과 통치행위의 행사방법에 대하여 법률이 정하는 바에 따라 행사하여야 함 ② 정치적 법률분쟁의 문제: 법률이 정치적인 문제를 포함하더라도 사법심사 가능 ③ 가분행위이론: 통치행위로부터 분리될 수 있는 작용은 사법심사 가능 ④ 정치적 통제: 국민에 의한 역사적 심판 또는 정치적 통제 가능 ⑤ 행정상 손해배상을 부정하는 것이 다수설 ⑥ 범죄행위의 구성: 통치행위는 어디까지나 행위 자체의 공법적 효력을 부인하거나 상실시키는 재판을 배제하는 것이지 그 행위가 범죄를 구성하는 경우 그 범죄의 성립에 관한 재판까지도 배제하는 개념은 아님

판례정리

1	<통치행위와 사법심사>	[1] 국가행위 중에는 고도의 정치성을 띤 것이 있고, 그러한 고도의 정치행위에 대하여 정치적 책임을 지지 않는 법원이 정치의 합목적성이나 정당성을 도외시한 채 합법성의 심사를 강행함으로써 정책결정이 좌우되는 일은 결코 바람직한 일이 아니며, … [2] 그러나 이와 같이 통치행위의 개념을 인정한다고 하더라도 … 그 인정을 지극히 신중하게 하여야 하며, 그 판단은 오로지 사법부만에 의하여 이루어져야 하는 것이다(대판 2004.3.26. 2003도7878). ◈ **주의** 권력분립설과 사법자제설의 이중적인 논거를 가지고 있는 대표적인 판례 **13. 지방직 9급** 통치행위의 개념을 인정한다고 하더라도 과도한 사법심사의 자제가 기본권을 보장하고 법치주의 이념을 구현하여야 할 법원의 책무를 태만히 하거나 포기하는 것이 되지 않도록 그 인정을 지극히 신중하게 하여야 하며, 그 판단은 오로지 사법부만에 의하여 이루어져야 한다.
2	<계엄선포행위>	대통령의 계엄선포행위에 대한 당·부당 판단권한은 국회만이 가지므로, 계엄선포의 요건구비 여부나 당·부당을 심판하는 것은 그 선포가 당연무효가 아닌 한 사법권의 한계를 넘어서는 것이 된다(대판 1979.12.7. 79초70).
3	<비상계엄의 선포나 확대>	비상계엄의 선포나 확대가 국헌문란의 목적을 달성하기 위하여 행하여진 경우, 법원은 그 자체가 범죄행위에 해당하는지의 여부에 관하여 심사할 수 있다(대판 1997.4.17. 96도3376 전합).
4	<긴급재정·경제명령(금융실명제) 사건>	비록 고도의 정치적 결단에 의하여 행해지는 국가작용이라고 할지라도 그것이 국민의 기본권 침해(헌법 침해 ×)와 직접 관련되는 경우에는 당연히 헌법재판소의 심판대상이 될 수 있다(헌재 1996.2.29. 93헌마186).
5	<이라크 파견결정 사건>	국방 및 외교에 관련된 고도의 정치적 결단을 요하는 문제로서, 헌법과 법률이 정한 절차를 지켜 이루어진 것임이 명백하므로, 대통령과 국회의 판단은 존중되어야 한다(헌재 2004.4.29. 2003헌마814).
6	<대통령의 특별사면행위>	사면은 형의 선고의 효력 또는 공소권을 상실시키거나, 형의 집행을 면제시키는 국가원수의 고유한 권한을 의미하며, 사법부의 판단을 변경하는 제도로서 권력분립의 원리에 대한 예외가 된다(헌재 2000.6.1. 97헌바74).
7	<남북정상회담의 개최>	[1] 남북정상회담의 개최는 고도의 정치적 성격을 지니고 있는 행위라 할 것이므로 특별한 사정이 없는 한 그 당부를 심판하는 것은 사법권의 내재적·본질적 한계를 넘어서는 것이 되어 적절하지 못하다. [2] 통일부장관의 협력사업 승인을 얻지 아니한 채 북한 측에 사업권의 대가 명목으로 송금한 행위 자체는 … 사법심사의 대상이 된다(대판 2004.3.26. 2003도7878). **14. 경행특채 2차** 남북정상회담의 개최과정에서 재정경제부(현 기획재정부)장관에게 신고하지 아니하거나 통일부장관의 협력사업 승인을 얻지 아니한 채 북한 측에 사업권의 대가 명목으로 송금한 행위 자체는 헌법상 법치국가의 원리와 법 앞에 평등원칙 등에 비추어 볼 때 사법심사의 대상이 된다.
8	<한미연합 군사훈련>	한미연합 군사훈련은 사법심사를 자제하여야 하는 통치행위에 해당된다고 보기 어렵다(헌재 2009.5.28. 2007헌마369).

9	**<신행정수도 사건>** [1] 신행정수도건설이나 수도이전의 문제를 국민투표에 부칠지 여부에 관한 대통령의 의사결정이 사법심사의 대상이 될 경우 위 의사결정은 고도의 정치적 결정을 요하는 문제여서 사법심사를 자제함이 바람직하다 할 수 있다. [2] 대통령의 위 의사결정이 국민의 기본권 침해와 직접 관련되는 경우에는 헌법재판소의 심판대상이 될 수 있다(헌재 2004.10.21. 2004헌마554). **17. 지방직 9급** 신행정수도건설이나 수도이전문제는 그것이 국민의 기본권 침해와 관련되는 경우에는 헌법재판소의 심판대상이 될 수 있다.
10	**<긴급조치 사건 - 대법원>** 긴급조치 제1호는 국민의 기본권에 대한 제한과 관련된 조치로서 … 사법심사권을 행사함으로써, … 긴급조치의 위헌 여부에 대한 심사권은 최종적으로 대법원에 속한다(대판 2010.12.16. 2010도5986).
11	**<긴급조치 사건 - 헌법재판소>** 법률과 동일한 효력을 가지는 이 사건 긴급조치들의 위헌 여부 심사권한도 헌법재판소에 전속한다(헌재 2013.3.21. 2010헌바132).
12	**<서훈취소>** 서훈취소가 법원이 사법심사를 자제해야 할 고도의 정치성을 띤 행위라고 볼 수 없다. 서훈취소는 서훈수여의 경우와는 달리 이미 발생된 서훈대상자 등의 권리 등에 영향을 미치는 행위로서 관련 당사자에게 미치는 불이익의 내용과 정도 등을 고려하면 사법심사의 필요성이 크다(대판 2015.4.23. 2012두26920).
13	**<1979.10.18.자 비상계엄 선포에 따른 계엄포고 제1호의 위헌·위법 여부에 대한 최종적 심사기관(= 대법원)>** 현행 대한민국헌법(이하 '현행 헌법'이라 한다) 제107조 제2항은 "명령·규칙 또는 처분이 헌법이나 법률에 위반되는 여부가 재판의 전제가 된 경우에는 대법원은 이를 최종적으로 심사할 권한을 가진다."고 정하고 있다. 따라서 대법원은 구체적 사건에 적용할 명령·규칙 또는 처분이 헌법이나 법률에 위반되는지 여부를 최종적으로 심사할 수 있는 권한을 갖는다(대판 2018.11.29. 2016도14781).
14	**<군사시설보호구역의 설정 변경 또는 해제>** 군사시설보호구역의 설정 변경 또는 해제와 같은 행위는 통치행위로서 협의의 행정행위와 구별된다(대판 1983.6.14. 83누43).

4 판례의 통치행위 인정 여부

통치행위 인정	통치행위 부정
① 국회의원의 자격심사·징계·제명 ② 비상계엄의 선포 ③ 중요정책의 국민투표부의권 행사(신행정수도건설·수도이전의 문제) ④ 서훈수여행위 ⑤ 사면권의 행사 ⑥ 대통령의 법률안 거부권 행사 ⑦ 국무총리·국무위원의 해임건의 ⑧ 선전포고 ⑨ 군사시설보호구역의 설정·변경 ⑩ 외국정부의 승인 ⑪ 외교대사의 신임·접수·파견 ⑫ 국무총리 및 국무위원의 임면 ⑬ 대통령의 외교에 관한 행위 ⑭ 긴급재정·경제명령권의 행사 ⑮ 긴급명령권의 행사 ⑯ 남북정상회담 개최	① 서훈취소 ② 대통령령·총리령·부령 제정행위 ③ 대통령선거 ④ 과세처분, 영업허가 ⑤ 지방의회의원의 자격심사·징계·제명처분 ⑥ 국회의 소속 공무원 임면 ⑦ 대법원장의 법관인사조치 ⑧ 한미연합군사훈련 ⑨ 대북송금행위

제3장 행정법의 법원과 효력

제1절 행정법의 법원

1 행정법의 존재형식

의의	법의 존재형식 또는 인식근거를 의미
특징	① 행정법의 성문법주의: 행정에 대한 예측 가능성을 부여하고 법률생활의 안정성을 기함 　◎ **주의** 행정법의 성문법주의가 효율성을 위한 것은 아님 ② 불문법(행정법의 일반원칙 등)의 보충

2 행정법의 성문법원

1. 단계적 구조
(1) 헌법을 최고정점으로 하는 통일적·단계적 구조
(2) 상위법 우선의 원칙(법령간 상호모순이 있는 경우에 하위법은 무효가 됨)

2. 헌법 ⇨ 법률 ⇨ 명령(법규명령과 행정규칙) ⇨ 자치법규

헌법	① 다른 법규범의 해석규범 ② 행정법의 헌법종속성(행정법은 헌법의 구체화법)
법률	① 형식적 의미의 법률(국회가 제정한 법률) ② 법규명령과 자치법규보다 우월한 효력을 가짐 ③ 특별법우선의 원칙, 신법우선의 원칙: 구법인 특별법 > 신법인 일반법
명령	① 법규명령: 법규성 인정, 위임명령과 집행명령 ② 행정규칙: 법규성 부정 ③ 긴급명령, 긴급재정·경제명령: 법규명령임에도 법률과 동일한 효력
자치법규	① 지방자치단체가 법령의 범위 안에서 제정하는 자치규정, 조례(지방의회)와 규칙(지방자치단체장) ② 단계구조 　• 조례와 규칙은 헌법, 법률과 명령에 위반될 수 없음 　• 조례가 규칙보다 상위규범

3. 조약 및 국제법규

조약	① 국가와 국가 사이 또는 국가와 국제기구 사이의 문서에 의한 합의 ② 국내행정에 관한 사항을 정하고 있는 것은 행정법의 법원이 됨 ③ 남북 사이의 화해와 불가침 및 교류협력에 관한 합의서은 국가간의 조약이 아니므로 국내법과 동일한 효력이 없음(대판 1999.7.23. 98두14525) ④ 별도의 입법조치 없이 국내법으로 수용되어 행정법의 법원이 됨
조약 등의 규범구조상 위치	① 조약이 헌법에 위반된 경우: 국내적 효력 ×, 국제적 효력 ○ ② 조약이 국내법과 충돌된 경우: 신법우선의 원칙, 특별법우선의 원칙 등으로 해결함

📖 판례정리

1	국제항공운송에 관한 법률관계에 대하여는 일반법에 대한 특별법으로서 바르샤바협약이 우선 적용된다(대판 1986.7.22. 82다카1372).
2	남북 사이의 화해와 불가침 및 교류협력에 관한 합의서는 법적 구속력이 있는 것은 아니어서 이를 국가간의 조약 또는 이에 준하는 것으로 볼 수 없고, 따라서 국내법과 동일한 효력이 인정되는 것도 아니다(대판 1999.7.23. 98두14525).
3	학교급식을 위해 국내 우수농산물을 사용하는 자에게 식재료나 구입비의 일부를 지원하는 것 등을 내용으로 하는 지방자치단체의 조례안이 '1994년 관세 및 무역에 관한 일반협정(GATT)'에 위반되어 그 효력이 없다(대판 2005.9.9. 2004추10). **17. 국가직 9급** 지방자치단체가 제정한 조례가 1994년 관세 및 무역에 관한 일반협정(General Agreement on Tariffs and Trade 1994)이나 정부조달에 관한 협정(Agreement on Government Procurement)에 위반되는 경우, 그 조례는 무효이다.
4	위 협정에 따른 회원국 정부의 반덤핑부과 처분이 WTO 협정 위반이라는 이유만으로 사인이 직접 국내 법원에 회원국 정부를 상대로 그 처분의 취소를 구하는 소를 제기하거나 협정 위반을 처분의 독립된 취소사유로 주장할 수는 없다(대판 2009.1.30. 2008두17936). **19. 서울시 9급(6월)** 사인이 제기한 취소소송에서 WTO 협정과 같은 국제협정 위반을 독립된 취소사유로 주장할 수 없다.

3 행정법의 불문법원

1. 행정관습법

의의	오랜 관행이 사회의 법적 확신을 얻어 법적 규범으로 승인된 것(현대 국가에서는 축소되는 경향)
요건	① 반복된 관행 + 법적 확신이 필요 ② 국가승인은 불필요
종류	① 행정선례법: 「국세기본법」 제18조 제3항에 근거규정 있음 ② 민중적 관습법: 관행어업권, 관습상 유수사용권
효력	보충적 효력설(통설)
관습헌법	헌법재판소도 인정함. 신행정수도의 건설을 위한 특별조치법 사건에서 관습헌법도 헌법의 일부로서 헌법과 동일한 효력을 가지기 때문에 성문헌법 개정의 방법에 의하여 개정될 수 있다고 판시

2. 판례법

(1) 개념
법원의 재판을 통하여 형성되는 법

(2) 법원성

일반법원의 경우	영미법계 국가	선례구속성의 원칙 적용
	대륙법계 국가	① 선례구속성의 원칙 적용 ×(대법원의 판례가 사안이 다른 사건을 재판하는 하급심법원을 직접 기속하는 것은 아니라는 것이 판례의 입장임) ② 해당 사건 ○, 동종 사건·유사 사건 ×(법원 판례는 법원성 ×)
헌법재판소의 경우		① 법원성 인정 ② 위헌결정은 법원 및 기타 국가기관 및 지방자치단체를 기속함 ✓ 주의 합헌결정은 기속력 없음

3. 조리 ≒ 행정법의 일반원칙

✓ **주의** 조리라고 해서 무조건 불문법인 것은 아님. 비례의 원칙은 헌법 제37조 제2항에, 평등의 원칙은 헌법 제11조에 규정되어 있음

📋 판례정리

1	**<(종전 판례) 국립지리원이 간행한 지형도상의 해상경계선을 행정관습법상 해상경계선으로 인정한 판례>** 국립지리원이 간행한 지형도상의 해상경계선은 행정관습법상 해상경계선으로 인정될 뿐만 아니라 행정판례법상으로도 인정되고 있기 때문에, 불문법상의 해상경계가 된다(헌재 2004.9.23. 2000헌라2).
1-1	**<(변경된 판례) 국가기본도상의 해상경계선을 불문법상의 해상경계선으로 인정할 수 없다는 판례>** 헌법재판소로서는 그 지리상의 자연적 조건, 관련 법령의 현황, 연혁적인 상황, 행정권한 행사 내용, 사무처리의 실상, 주민의 사회·경제적 편익 등을 종합하여 형평의 원칙에 따라 합리적이고 공평하게 이 사건 쟁송해역에서의 해상경계선을 획정할 수밖에 없다(헌재 2015.7.30. 2010헌라2).
2	**<종래 매립지 등 관할 결정의 준칙으로 적용되어 온 지형도상 해상경계선 기준이 가지던 관습법적 효력이 2009.4.1. 개정된 지방자치법에 의하여 변경 내지 제한되었다고 보는 것이 타당하다는 판례>** 지방자치법이 개정되기 전까지 종래 매립지 등 관할 결정의 준칙으로 적용되어 온 지형도상 해상경계선 기준이 가지던 관습법적 효력은 위 지방자치법의 개정에 의하여 변경 내지 제한되었다고 보는 것이 타당하고, 안전행정부장관은 매립지가 속할 지방자치단체를 정할 때에 상당한 형성의 자유를 가지게 되었다(대판 2013.11.14. 2010추73).
3	합헌적 법률해석을 포함하는 법령의 해석·적용 권한은 대법원을 최고법원으로 하는 법원에 전속하는 것이며, 헌법재판소가 법률의 위헌 여부를 판단하기 위하여 불가피하게 법원의 최종적인 법률해석에 앞서 법령을 해석하거나 그 적용범위를 판단하더라도 헌법재판소의 법률해석에 대법원이나 각급 법원이 구속되는 것은 아니다(대판 2009.2.12. 2004두10289).
4	4년간 면허세가 단 한 건도 부과된 적이 없다면 면허세의 비과세의 관행이 이루어진 것으로 보아야 한다(대판 1982.6.8. 81누38).
4-1	장기간에 걸친 비과세의 관행은 행정선례법이 될 수 있다(대판 1987.2.24. 87누771). 또한, 비과세관행의 성립을 위해서는 과세관청 스스로 과세할 수 있음을 알면서도 어떤 특별한 사정 때문에 과세하지 않는다는 의사가 있어야 하고, 이와 같은 의사는 명시적 또는 묵시적으로 표시되어야 한다(대판 2000.1.21. 97누11065).

4-2	<부가가치세부과처분취소> 다만, 그 비과세가 행정상의 착오에 의한 것이라면 행정선례법의 성립을 인정할 수 없다(대판 1985. 3.12. 84누398).
5	'입어의 관행에 따른 권리'는 어떤 어업장에 대한 공동어업권 설정 이전부터 어업의 면허 없이 당해 어업장에서 오랫동안 계속하여 수산동식물을 체포 또는 채취함으로써 그것이 대다수 사람들에게 일반적으로 시인될 정도에 이른 것을 말하는 것이다(대판 1999.6.11. 97다41028).
6	공유하천이 설치된 이 사건 보에서 신청인 소유의 농지에 관개하기 위하여 인수하는 관행이 있었다고 할 것이고, 그 농지의 소유자인 신청인은 농지의 관개에 필요한 한도 내에서 용수권이 있다고 할 것이다(대판 1977.7.12. 76다527).

제2절 행정법의 효력

1 시간적 효력

「행정기본법」 제7조 【법령등 시행일의 기간 계산】 법령등(훈령·예규·고시·지침 등을 포함한다. 이하 이 조에서 같다)의 시행일을 정하거나 계산할 때에는 다음 각 호의 기준에 따른다.
1. 법령등을 공포한 날부터 시행하는 경우에는 공포한 날을 시행일로 한다.
2. 법령등을 공포한 날부터 일정 기간이 경과한 날부터 시행하는 경우 법령등을 공포한 날을 첫날에 산입하지 아니한다.
3. 법령등을 공포한 날부터 일정 기간이 경과한 날부터 시행하는 경우 그 기간의 말일이 토요일 또는 공휴일인 때에는 그 말일로 기간이 만료한다.

1. 효력 발생시기 및 공포

효력 발생시기	법률 등 중앙 정부의 법령		① 법률, 대통령령, 총리령 및 부령: 공포한 날부터 20일 ② 단, 국민의 권리 제한, 의무 부과와 직접 관련 있는 경우: 공포한 날부터 30일이 경과한 날로부터 시행되도록 하여야 함
	조례·규칙		공포한 날부터 20일
공포	의의		법령의 시행을 위해 국민 또는 주민에게 알리는 것(법률은 대통령이 공포함이 원칙)
	방법		① 일반적인 공포: 관보에 게재(단, 국회의장이 법률을 공포하는 경우 서울특별시에서 발행되는 일간신문 2 이상에 게재함) ② 조례·규칙 등 자치법규의 공포: 지방자치단체의 공보에 게재(지방의회의장이 공포하는 경우 공보나 일간신문에 게재하거나 게시판에 게시)
	'공포한 날'의 의미		최초 구독가능시설(일반인이 열람 또는 구독할 수 있는 상태에 놓이게 된 최초 시기) ✅ 주의 공포일 = 관보 게재일 = 발행된 날 = 최초 구독가능시

2. 소급금지(적용·입법)의 원칙

> 「행정기본법」 제14조 【법 적용의 기준】 ① 새로운 법령등은 법령등에 특별한 규정이 있는 경우를 제외하고는 그 법령등의 효력 발생 전에 완성되거나 종결된 사실관계 또는 법률관계에 대해서는 적용되지 아니한다.
> ② 당사자의 신청에 따른 처분은 법령등에 특별한 규정이 있거나 처분 당시의 법령등을 적용하기 곤란한 특별한 사정이 있는 경우를 제외하고는 처분 당시의 법령등에 따른다.
> ③ 법령등을 위반한 행위의 성립과 이에 대한 제재처분은 법령등에 특별한 규정이 있는 경우를 제외하고는 법령등을 위반한 행위 당시의 법령등에 따른다. 다만, 법령등을 위반한 행위 후 법령등의 변경에 의하여 그 행위가 법령등을 위반한 행위에 해당하지 아니하거나 제재처분 기준이 가벼워진 경우로서 해당 법령등에 특별한 규정이 없는 경우에는 변경된 법령등을 적용한다.

구분	진정소급입법	부진정소급입법
개념	이미 완성된 사실관계 또는 법률관계를 규율하는 것(예외)	진행 중인 사항에 대해서 규율하는 것(원칙)
허용 여부	① 원칙적으로 허용되지 않으나, 국민에게 유리한 경우, 기존 사실에 대한 신뢰보호의 요청에 우선하는 심히 중대한 공익상의 사유가 있는 경우 등에는 소급입법이 예외적으로 허용됨 ② 국민이 소급입법을 예상할 수 있었거나 보호할 만한 신뢰이익이 적은 경우에는 예외적으로 진정소급입법이 허용됨 ③ 유리한 신법의 소급적용 여부는 권리를 제한하거나 의무를 부과하는 경우와 달리 입법자에게 광범위한 입법형성권이 인정됨(판례)	① 원칙적으로 허용되나, 신뢰보호의 관점이 공익상의 사유보다 큰 경우에는 예외적으로 허용되지 않음 ② 법령의 효력이 시행일 이전에 소급하지 않는다는 의미: 시행일 이전에 이미 종결된 사실에 대하여 법령 적용 ×, 시행일 이전부터 계속되는 사실에는 법령이 적용될 수 있음 ③ 「소득세법」이 개정되어 세율이 인상된 경우, 법 개정 전부터 개정법이 발효된 후에까지 걸쳐 있는 과세기간의 전체 소득에 대해서 인상된 세율을 적용하는 것은 위법하지 않음

3. 헌법불합치 결정과 소급적용

개선입법의 소급적용의 여부와 범위는 원칙적으로 입법자의 재량에 속함

4. 효력의 소멸

한시법의 경우	유효기간 도래시 효력 소멸
한시법 이외의 법령의 경우	명시적·묵시적 폐지(전문개정시 종전 법률의 부칙규정도 소멸), 상위법의 소멸 및 헌법재판소의 위헌결정시 효력 소멸

2 지역적 효력

원칙	해당 법규를 제정하는 기관의 권한이 미치는 지역 내에서 효력을 가짐
예외	특정 지역에만 적용되는 법률이라고 하여 무효인 것은 아님(예「제주특별자치도 설치 및 국제자유도시 조성을 위한 특별법」)

3 대인적 효력

속지주의원칙	해당 법규가 적용되는 영토 내에 있는 모든 자연인, 법인, 내국인, 외국인에게 적용됨
속인주의원칙을 가미	국외에 있는 한국인에 대해서도 「여권법」, 「병역법」 등 우리나라 행정법규가 적용됨

📖 판례정리

1. 처분시의 법령이 행위시의 법령보다 불리하게 개정되었고 어느 법령을 적용할 것인지에 대하여 특별한 규정이 없다면 행위시의 법령을 적용해야 한다(대판 2002.12.10. 2001두3228).

2. 행정행위는 처분 당시에 시행 중인 법령과 허가기준에 의하여 하는 것이 원칙이고, 인·허가신청 후 처분 전에 관계법령이 개정 시행된 경우 신법령 부칙에 그 시행 전에 이미 허가신청이 있는 때에는 종전의 규정에 의한다는 취지의 경과규정을 두지 아니한 이상 당연히 허가신청 당시의 법령에 의하여 허가 여부를 판단하여야 하는 것은 아니며, 소관 행정청이 허가신청을 수리하고도 정당한 이유 없이 처리를 늦추어 그 사이에 법령 및 허가기준이 변경된 것이 아닌 한 변경된 법령 및 허가기준에 따라서 한 불허가처분은 위법하다고 할 수 없다(대판 2005.7.29. 2003두3550).

3. 대학이 성적불량을 이유로 학생에 대하여 징계처분을 하는 경우에 있어서 수강신청이 있은 후 징계요건을 완화하는 학칙개정이 이루어지고 이어 당해 시험이 실시되어 그 개정학칙에 따라 징계처분을 한 경우라면 이는 이른바 부진정소급효에 관한 것으로서 특별한 사정이 없는 한 위법이라고 할 수 없다(대판 1989.7.11. 87누1123).

4. 친일재산은 취득·증여 등 원인행위시에 국가의 소유로 한다고 규정하고 있는 '친일반민족행위자 재산의 국가귀속에 관한 특별법' 제3조 제1항 본문은 진정소급입법에 해당하지만 … 심히 중대한 공익상 사유가 소급입법을 정당화하는 경우 등에서는 허용될 수 있는데 … 헌법 제13조 제2항에 위배된다고 할 수 없다(대판 2011.5.13. 2009다26831).

5. 요양기관이 진료행위를 하고 대가로 지급받은 비용이 과다본인부담금에 해당하는지는 개정된 요양급여기준 등의 법령이 아니라 진료행위 당시 요양급여기준 등의 법령을 기준으로 판단해야 한다(대판 2012.8.17. 2011두3524).

6. 장해등급결정에 있어서는 등급결정시가 아니라 장해급여 지급시의 법령을 적용한다. 장해급여지급청구권을 취득할 당시, 즉 그 지급사유 발생 당시의 법령에 따르는 것이 원칙이다(대판 2007.2.22. 2004두12957).
   14. 지방직 7급 장해급여 지급을 위한 장해등급결정과 같이 행정청이 확정된 법률관계를 확인하는 처분을 하는 경우에는 지급사유 발생 당시 법령을 적용하여야 한다.

7. 신고 없이 개발제한구역 내 공작물 설치행위를 할 수 있도록 법령이 개정된 경우, 그 법령의 시행 전에 이미 범하여진 위법한 설치행위에 대한 가벌성이 소멸하는 것은 아니다(대판 2007.9.6. 2007도4197).
   12. 국회직 9급 법령의 개정으로 허가 없이 공작물 설치행위를 할 수 있도록 변경되었다 하더라도, 당해 법령의 개정 전에 이미 범하여진 위법한 공작물 설치행위에 대한 가벌성이 소멸되는 것은 아니다.

8	과세표준기간인 과세연도 진행 중에 세율인상 등 세법의 제정이 있는 경우에는 강학상 부진정소급효의 경우이므로 소급적용이 허용된다(대판 1983.4.26. 81누423).
9	개정법령이 기존 사실·법률관계를 대상으로 하면서 종전보다 불리한 법률효과를 규정하고 있는 경우에도 사실·법률관계가 개정법령 시행 전에 이미 종결된 것이 아니라면 개정법령 적용이 헌법상 금지되는 소급입법이 아니다. 법령불소급원칙은 법령의 효력발생 전에 완성된 요건사실에 대해 당해 법령을 적용할 수 없다는 의미일 뿐, 계속 중인 사실이나 그 이후 발생한 요건사실에 대한 법령적용까지 제한하는 것은 아니다(대판 2014.4.24. 2013두26552).
10	법시행 당시 개발 중인 사업에 대해 장차 개발이 완료되는 개발부담금을 부과하는 개발이익환수에 관한 법률 부칙은 부진정소급입법에 해당한다(헌재 2001.2.22. 98헌바19).

제3절 행정법규정의 흠결과 보충

사법규정의 적용 허용 여부	소극설	공법과 사법을 별개의 법체계로 보아 양자의 본질적 차이를 강조함으로써 공법관계에 사법규정이 적용될 수 없다는 견해
	적극설	① 직접적용설 • 공법관계와 사법관계에 본질적인 차이가 없다는 견해 • 행정법관계에 법의 규정이 결여되어 있는 경우, 사법규정을 직접 적용할 수 있다는 견해 ② 유추적용설(통설·판례) • 공법관계와 사법관계에 본질적인 차이가 있다는 견해 • 둘 사이의 유사성을 인정하여 공법관계에 대하여 사법규정의 적용은 인정하되, 공법관계의 특수성을 위해 사법규정을 유추적용하자는 견해

제4장 행정법의 일반원칙

제1절 비례의 원칙(과잉금지의 원칙)

1 의의 및 적용범위

개념	행정의 목적과 수단 사이에는 합리적인 비례관계가 유지되어야 함
법적 근거	① 헌법적 근거: 헌법 제37조 제2항은 비례의 원칙을 표현하고 있음 　05. 관세사 비례의 원칙은 우리 헌법 제37조 제2항에서 근거를 찾을 수 있다. ② 일반적 근거: 「행정기본법」 제10조 ③ 개별법적 근거: 「경찰관 직무집행법」 제1조 제2항, 「식품위생법」 제79조 제4항, 「행정절차법」 제48조
행정법의 일반원칙	성문의 법적 근거가 없는 경우에도 국가의 모든 작용의 위헌·위법성을 심사하는 법원칙으로 기능(단, 「행정절차법」에 행정지도시의 비례의 원칙 준수가 규정되어 있음)
적용범위	① 모든 영역에서 적용됨 ② 침해행정뿐만 아니라 급부행정(과잉급부금지의 원칙)에서도 적용됨 ③ 사법관계 ×(사법관계에는 사적 자치의 원칙이 적용됨) 13. 국가직 9급 비례의 원칙은 침해행정인가 급부행정인가를 가리지 아니하고 행정의 전 영역에 적용된다.

2 내용

적합성의 원칙 (수단의 적정성)	① 조치·수단이 목적을 달성하는 데 적합하여야 함 ② 다만, 가장 적합한 수단일 필요는 없음
필요성의 원칙 (최소침해의 원칙)	여러 적합한 수단 중 침해가 가장 적은 수단을 선택하여야 함
상당성의 원칙 (협의의 비례원칙)	① 사익 침해의 정도와 공익간 비례관계가 유지되어야 함 ② 판례는 협의의 비례원칙인 상당성의 원칙을 재량권행사의 적법성 기준으로 보고 있음
단계적 심사	적합성의 원칙 ⇨ 필요성의 원칙 ⇨ 상당성의 원칙

「행정기본법」 제10조 【비례의 원칙】 행정작용은 다음 각 호의 원칙에 따라야 한다.
1. 행정목적을 달성하는 데 유효하고 적절할 것
2. 행정목적을 달성하는 데 필요한 최소한도에 그칠 것
3. 행정작용으로 인한 국민의 이익 침해가 그 행정작용이 의도하는 공익보다 크지 아니할 것

3 위반의 효과

위헌, 위법 ⇨ 행정구제의 대상

판례정리

1	지방식품의약품안전청장이 수입 녹용 중 전지 3대를 절단부위로부터 5cm까지의 부분을 절단하여 측정한 회분함량이 기준치를 0.5% 초과하였다는 이유로 수입 녹용 전부에 대하여 전량 폐기 또는 반송처리를 지시한 경우, 위 폐기 등 지시처분이 재량권을 일탈·남용한 경우에 해당하지 않는다(대판 2006.4.14. 2004두3854).
2	교도소·수용자에게 반입이 금지된 일용품 등을 전달하여 주고 그 가족 등으로부터 금품 및 향응을 제공받은 교도관에 대한 해임처분이 적법하다(대판 1998.11.10. 98두12017).
3	행정청이 면허취소의 재량권을 갖는 경우에도 그 재량권은 비례의 원칙과 평등의 원칙에 어긋나지 않게끔 행사되어야 할 한계를 지니고 있어 이 한계를 벗어난 처분은 위법하다고 볼 수밖에 없다(대판 1985.11.12. 85누303).

4 비례의 원칙 위반 여부

비례의 원칙 위반 긍정	① 성년자로 오인할 수 있는 사정이 있는 자의 유흥업소 출입 1회 위반에 대한 영업취소 ② 대중음식점 경영자에게 1차 위반사실에 대해 바로 2개월의 영업정지를 명한 처분 ③ 청소년유해매체물로 결정·고시된 만화인 줄 모르고 청소년에게 대여한 도서대여업자에게 금 700만 원의 과징금을 부과한 것 ④ 불공정거래행위인 사원판매행위에 대하여 부과된 과징금의 액수가 사원판매행위로 인하여 취득한 이익의 규모를 크게 초과하여 매출액에 육박하게 된 경우 ⑤ 변호사 개업지를 일정한 경우 제한한 것 ⑥ 단지 1회 훈령에 위반하여 요정출입을 하다가 적발된 공무원에 대하여 파면처분을 한 것 ⑦ 양도인이 등유가 섞인 유사휘발유를 판매한 사실을 모르고 이를 양수한 석유판매업자에게 전운영자의 위법사유를 들어 사업정지기간 중 최장기간인 6월의 사업정지에 처한 것 ⑧ 지병인 만성신부전증 등으로 몸이 아파 쉬면서 생계유지를 위하여 일시 대리운전을 하게 하고, 또 전날 과음한 탓으로 쉬면서 대리운전을 하게 하여 2회 적발된 자에 대한 개인택시운송사업면허 취소처분 ⑨ 당초 음주운전이 아닌 다른 혐의로 파출소로 갔다가 갑자기 경관으로부터 음주측정 요구를 받게 되었던 자에 대한 운전면허취소처분 ⑩ 공정한 업무처리에 대한 사의로 업무처리 후 사후에 임의로 두고 간 돈 30만 원이 든 봉투를 소지하는 피동적 형태로 금품을 수수하고 이를 돌려준 자에 대한 해임처분 ⑪ 석회석 채굴을 위한 산림훼손허가를 받은 임야에 대한 88올림픽 성화봉송을 위한 미관보호를 이유로 한 산림훼손중지처분 ⑫ 유죄가 확정되지 아니한 미결수용자가 수감되어 있는 동안 수사 또는 재판을 받을 때에도 사복을 입지 못하게 하고 재소자용 의류를 입게 한 행위 ⑬ 운전직 지방공무원이 자신의 차량 뒤에 주차한 다른 차량의 진로를 열어주기 위하여 부득이 음주운전을 하게 되었고 그 운전거리도 약 25m에 불과한 경우, 음주측정거부를 이유로 한 운전면허취소처분

비례의 원칙 위반 부정	① 직무와 관련된 부탁을 받거나 때로는 스스로 사례를 요구하여 금원을 수수한 비위에 대한 해임징계는 정당함 ② 운전생업자의 음주운전에 대하여 가장 무거운 벌칙인 면허취소는 공익상 이유로 정당함 ③ 다른 차들의 통행을 원활히 하기 위하여 주차목적으로 음주운전한 경우, 면허정지처분을 받은 전례가 있고 만취상태에서 운전한 자에 대한 운전면허취소처분은 정당함 ④ 승객을 강간상해한 운전자에게 운전면허취소처분은 정당함 ⑤ 경찰공무원이 받은 돈이 1만 원에 해당하더라도 경찰공무원을 해임처분한 것은 정당함(스스로 사례를 요구함) ⑥ 해당 지역에서 일정기간 거주하여야 한다는 요건 이외에 해당 지역 운수업체에서 일정기간 근무한 경력이 있는 경우에만 개인택시운송면허 신청자격을 부여한 개인택시운송사업면허업무규정은 정당함 ⑦ 주택임대사업계획승인 신청을 국토 및 자연의 유지와 환경의 보존 등 중대한 공익상의 필요를 이유로 거부한 경우는 비례의 원칙에 반하지 않음 ⑧ 수산자원보호령에 따라 근해어업의 조업구역과 허가의 정수 제한은 수산자원의 번식 보호와 어업조정을 통하여 수산업의 균형 있는 발전을 도모하기 위한 것으로서 비례의 원칙에 반하지 않음 ⇨ 세 가지 요건 이외에 목적의 정당성 요건을 추가한 판례 ⑨ 유해한 수입녹용에 대한 전량폐기 또는 반송처리를 지시한 것

제2절 신뢰보호의 원칙

1 의의

개념	① 행정기관의 어떤 행위가 존속될 것이라는 정당한 신뢰는 보호되어야 한다는 원칙(금반언의 법리) ② 미망인 사건에서 유래
근거	① 이론적 근거: 법적안정성설(법치주의원리) ② 일반법적 근거: 「행정기본법」 제12조 ③ 실정법적 근거: 「국세기본법」 제18조 제3항, 「행정절차법」 제4조 제2항, 「행정심판법」 제27조 제5항

17. 국가직 7급 신뢰보호의 원칙은 국민이 법률적 규율이나 제도가 장래에 지속할 것이라는 합리적인 신뢰를 바탕으로 개인의 법적 지위를 형성해 왔을 때에는 국가에게 그 국민의 신뢰를 되도록 보호할 것을 요구하는 법치국가원리의 파생원칙이다.

「행정기본법」 제12조 【신뢰보호의 원칙】 ① 행정청은 공익 또는 제3자의 이익을 현저히 해칠 우려가 있는 경우를 제외하고는 행정에 대한 국민의 정당하고 합리적인 신뢰를 보호하여야 한다.
② 행정청은 권한 행사의 기회가 있음에도 불구하고 장기간 권한을 행사하지 아니하여 국민이 그 권한이 행사되지 아니할 것으로 믿을 만한 정당한 사유가 있는 경우에는 그 권한을 행사해서는 아니 된다. 다만, 공익 또는 제3자의 이익을 현저히 해칠 우려가 있는 경우는 예외로 한다.

2 신뢰보호의 요건 및 한계

1. 요건

(1) 행정기관의 선행조치가 있을 것

① 행정행위, 확약, 행정계획, 행정지도 등 사실행위, 기타 국민이 신뢰를 가지게 될 일체의 조치가 포함되며 명시적·묵시적 표시, 적극적·소극적 조치를 불문함 ⇨ **무효만 아니라면 모두 가능하고, 위법행위도 선행조치 ○**

08. 국가직 7급 법적 효과를 수반하는 행정행위만이 신뢰보호원칙의 적용대상이 되는 것은 아니며, 행정지도와 같은 사실행위도 이에 포함된다.

② 다만, 묵시적 표시와 관련하여 판례는 단순한 부작위가 아닌 일정한 의사표시를 한 것으로 볼 수 있어야 한다고 판시하고 있음

③ 판례는 '선행조치'라는 용어 대신에 '공적인 견해표명'이라는 용어를 사용함

④ 언동의 범위
  ⊙ 법령해석과 관련된 질의에 대한 상담 등 회신: 신뢰보호원칙의 적용대상이 아님
  ⓒ '추상적' 질의에 대한 '일반론'적인 견해표명: 공적 견해의 표명이 아님

  09. 관세사 대법원 판례는 추상적 질의에 대한 일반적 견해표명은 공적 견해의 표명으로 보고 있지 않다.

  ⓒ 재량준칙 공표: 그것만으로 신뢰보호의 원칙이 적용되는 것은 아님
  ⓔ **헌법재판소의 위헌결정: 행정청이 개인에 대하여 신뢰의 대상이 되는 공적인 견해를 표명한 것이라고 할 수 없음**

  15. 서울시 7급 헌법재판소의 위헌결정은 행정청이 개인에 대해 공적인 견해를 표명한 것이라 볼 수 없으므로, 그 결정에 관련한 개인의 행위는 신뢰보호의 원칙이 적용되지 않는다.

⑤ 판단기준
  ⊙ 행정조직상의 형식적인 권한분배에 구애되는 것은 아님
  ⓒ 행정청이 아닌 행정청의 소속 담당공무원이 한 경우도 선행조치에 포함됨

⑥ 입증책임: 원고에게 있음

(2) 신뢰의 보호가치가 있을 것

① 개념: 신뢰의 보호가치가 존재하여야 함(판례문구: 귀책사유가 없어야 함). 국가에 의한 유인된 신뢰를 의미함

② 귀책사유: 부정행위 + 부정행위가 없더라도 선행조치에 하자가 있음을 알았거나 하자를 중대한 과실로 알지 못한 경우 등이 포함됨(판례)

③ 귀책사유의 판단대상: 상대방, 수임인 등 관계자 모두를 기준으로 판단함

(3) 상대방의 조치가 있을 것

신뢰를 바탕으로 어떠한 조치(적극적·소극적)를 취할 것

(4) 인과관계가 있을 것

상대방 국민이 행정청의 선행조치에 대해 그 선행조치의 정당성과 존속성을 신뢰함으로써 일정한 조치를 한 경우를 의미함

> **판례정리**
>
> 1. 서울특별시 소속 건설담당직원이 무허가건물이 철거되면 그 소유자에게 시영아파트입주권이 부여될 것이라고 허위의 확인을 하여 주었기 때문에 그 소유자와의 사이에 처음부터 그 이행이 불가능한 아파트입주권 매매계약을 체결하여 … 공무원의 허위의 확인행위로 인하여 발행된 것으로 보아야 하므로, 공무원의 허위 확인행위와 매수인의 손해발생 사이에는 상당인과관계가 있다(대판 1996.11.29. 95다21709).

(5) 공익 또는 제3자의 정당한 이익을 현저히 해할 우려가 있는 경우가 아닐 것

> 「행정절차법」 제4조 【신의성실 및 신뢰보호】 ② 행정청은 법령 등의 해석 또는 행정청의 관행이 일반적으로 국민들에게 받아들여졌을 때에는 공익 또는 제3자의 정당한 이익을 현저히 해할 우려가 있는 경우를 제외하고는 새로운 해석 또는 관행에 따라 소급하여 불리하게 처리하여서는 아니 된다.

2. 한계

(1) 신뢰보호원칙과 법률적합성원칙의 관계동위설(이익형량설)이 통설 및 판례의 입장

> **판례정리**
>
> 1. 동일한 사유에 관하여 보다 무거운 면허취소처분을 하기 위하여 가벼운 면허정지처분을 취소하는 것은 선행처분에 대한 당사자의 신뢰 및 법적 안정성을 크게 저해하는 것이 되어 허용될 수 없다(대판 2000.2.25. 99두10520).
>   **17. 국가직 7급(10월)** 동일한 사유에 관하여 보다 무거운 면허취소처분을 하기 위하여 이미 행하여진 가벼운 면허정지처분을 취소하는 것은 선행처분에 대한 당사자의 신뢰 및 법적 안정성을 크게 저해하는 것이 되어 허용될 수 없다.
>
> 2. 택시운전사가 1983.4.5. 운전면허정지기간 중의 운전행위를 하다가 적발되어 형사처벌을 받았으나 행정청으로부터 아무런 행정조치가 없어 안심하고 계속 운전업무에 종사하고 있던 중 행정청이 위 위반행위가 있은 이후에 장기간에 걸쳐 아무런 행정조치를 취하지 않은 채 방치하고 있다가 3년여가 지난 1986.7.7.에 와서 이를 이유로 행정제재를 하면서 가장 무거운 운전면허를 취소하는 행정처분을 하였다면 이는 행정청이 그간 별다른 행정조치가 없을 것이라고 믿은 신뢰의 이익과 그 법적 안정성을 빼앗는 것이 되어 매우 가혹할 뿐만 아니라 비록 그 위반행위가 운전면허취소사유에 해당한다 할지라도 그와 같은 공익상의 목적만으로는 위 운전사가 입게 될 불이익에 견줄바 못 된다 할 것이다(대판 1987.9.8. 89누373).

(2) 신뢰보호의 원칙과 공익 충돌시 이익형량의 문제
(3) 사정변경이 있는 경우 신뢰보호를 주장할 수 없음
(4) 무효인 행정행위에 대해서는 신뢰보호의 원칙이 적용되지 않음
(5) 가행정행위는 신뢰보호의 원칙을 주장하기 어려움
(6) 행정청이 제시한 기간이 지나거나 사실적·법률적 상태가 변경된 경우 또한 신뢰보호를 주장할 수 없음

3 적용범위

1. 확약

행정기관이 상대방에 대해 작위 또는 부작위를 할 것을 약속하는 의사표시

> **판례정리**
>
> 1. 삼청교육으로 인한 피해를 보상하겠다는 대통령과 국방부장관의 담화 발표에 따른 후속조치 불이행과 신뢰보호원칙 … 이러한 신뢰는 단순한 사실상의 기대를 넘어 법적으로 보호받아야 할 이익이라고 보아야 하므로, 국가로서는 정당한 이익을 이유 없이 깨뜨려서는 아니 된다(대판 2001.7.10. 98다38364).

2. 실권의 법리

의의	행정청에 권리행사의 기회가 있음에도 장기간 권리를 행사하지 않아 국민은 행정청이 그 권리를 행사하지 않을 것으로 신뢰하는 경우, 그 권리를 행사할 수 없다는 법리
근거	①「행정기본법」제12조 제2항 ② 신뢰보호원칙의 파생법리 또는 신의성실원칙의 파생원칙(대법원)
요건	① 행정청이 권리행사의 가능성을 알았을 것 ② 장기간 권리를 행사하지 않았을 것 ③ 국민이 행정청의 권한불행사를 신뢰하였고 그에 대한 정당한 사유가 있을 것

> 「행정기본법」제12조 【신뢰보호의 원칙】② 행정청은 권한 행사의 기회가 있음에도 불구하고 장기간 권한을 행사하지 아니하여 국민이 그 권한이 행사되지 아니할 것으로 믿을 만한 정당한 사유가 있는 경우에는 그 권한을 행사해서는 아니 된다. 다만, 공익 또는 제3자의 이익을 현저히 해칠 우려가 있는 경우는 예외로 한다.

> **판례정리**
>
> 1. <3년 전의 위반행위를 이유로 한 운전면허취소처분의 당부>
장기간에 걸쳐 아무런 행정조치를 취하지 않은 채 방치하고 있다가 3년여가 지난 … 그와 같은 공익상의 목적만으로는 위 운전사가 입게 될 불이익에 견줄바 못 된다 할 것이다(대판 1987.9.8. 87누373).
>
> 2. 자동차운수사업법 제31조 제1항 제5호 소정의 '중대한 교통사고'를 이유로 사고로부터 1년 10개월 후 사고택시에 대하여 한 운송사업면허의 취소가 재량권의 범위를 일탈한 것이라고 보기 어렵다(대판 1989.6.27. 88누6283).
13. 국가직 9급 교통사고가 일어난 지 1년 10개월이 지난 뒤 그 교통사고를 일으킨 택시에 대하여 운송사업면허를 취소한 경우 택시운송사업자로서는「자동차운수사업법」의 내용을 잘 알고 있어 교통사고를 낸 택시에 대하여 운송사업면허가 취소될 가능성을 예상할 수 있었으므로 별다른 행정조치가 없을 것으로 자신이 믿고 있었다 하여도 신뢰의 이익을 주장할 수는 없다.

3. 사실상 공무원 이론

법률상 공무원이 아닌 자의 행위에 대한 상대방의 신뢰보호를 위해 해당 행정행위를 유효한 것으로 취급함

> **판례정리**
>
> **1**
>
> [1] 공무원임용결격사유가 있는지의 여부는 채용후보자 명부에 등록한 때가 아닌 임용 당시에 시행되던 법률을 기준으로 하여 판단하여야 한다.
>
> [2] 임용 당시 공무원결격사유가 있었다면 비록 국가의 과실에 의하여 임용결격자임을 밝혀내지 못하였다 하더라도 그 임용행위는 당연무효로 보아야 한다.
> **15. 국가직 7급** 임용 당시 공무원임용결격사유가 있었더라도 국가의 과실로 임용결격자임을 밝혀내지 못하였다 하더라도 그 임용행위는 당연무효로 보아야 한다.
>
> [3] 국가가 공무원임용결격사유가 있는 자에 대하여 결격사유가 있는 것을 알지 못하고 공무원으로 임용하였다가 사후에 결격사유가 있는 자임을 발견하고 공무원임용행위를 취소하는 것은 … 당초부터 당연무효이었음을 통지하여 확인시켜 주는 행위에 지나지 아니하는 것이므로, 신의칙 내지 신뢰의 원칙을 적용할 수 없고 또 그러한 의미의 취소권은 시효로 소멸하는 것도 아니다.
>
> [4] 임용결격자가 공무원으로 임용되어 사실상 근무하여 왔다고 하더라도 그러한 피임용자는 위 법률소정의 퇴직금청구를 할 수 없다(대판 1987.4.14. 86누459).
> **19. 변호사** 당연무효인 임용결격자에 대한 임용행위에 의하여는 공무원의 신분을 취득하거나 근로고용관계가 성립될 수 없는 것이므로 임용결격자가 공무원으로 임명되어 사실상 근무하여 왔다 하더라도 퇴직금청구를 할 수 없다.
>
> **2**
>
> <임용행위가 당연무효이거나 취소된 공무원의 임용시부터 퇴직시까지의 사실상의 근로에 대한 국가 또는 지방자치단체의 부당이득반환의무>
>
> 임용행위가 당연무효이거나 취소된 공무원(이하 이를 통칭하여 '임용결격공무원 등'이라 한다)의 공무원 임용시부터 퇴직시까지의 사실상의 근로(이하 '이 사건 근로'라 한다)는 법률상 원인 없이 제공된 것으로서, 국가 및 지방자치단체는 이 사건 근로를 제공받아 이득을 얻은 반면 임용결격공무원 등은 이 사건 근로를 제공하는 손해를 입었다 할 것이므로, 손해의 범위 내에서 국가 및 지방자치단체는 위 이득을 민법 제741조에 의한 부당이득으로 반환할 의무가 있다(대판 2017.5.11. 2012다200486).
> ✓ **비교** 판례 1 [4]의 내용과 비교하여 숙지할 것

4. 수익적 행정행위

취소·철회가 제한됨

5. 행정계획 - 계획보장청구권

(1) 원칙적으로 신뢰보호의 원칙 적용을 부정함
(2) 예외적으로 공익보다 사인의 신뢰이익이 더 큰 경우에는 인정함

6. 취소소송

처분사유의 추가·변경이 제한됨

7. 법령 개정의 경우

📋 판례정리

1	<법령의 개정시 입법자가 구 법령의 존속에 대한 당사자의 신뢰를 침해하여 신뢰보호원칙을 위반하였는지 여부의 판단기준> 한편으로는 침해받은 이익의 보호가치, 침해의 중한 정도, 신뢰가 손상된 정도, 신뢰침해의 방법 등과 다른 한편으로는 새 법령을 통해 실현하고자 하는 공익적 목적을 종합적으로 비교·형량하여야 한다(대판 2006.11.16. 2003두12899).
2	개정 법령이 기존의 사실·법률관계를 적용대상으로 하면서 종전보다 불리한 법률효과를 규정하고 있는 경우에도 그러한 사실관계 등이 개정 법률이 시행되기 이전에 이미 완성된 것이 아니라면 이를 소급입법이라고 할 수 없고, 다만, 개정 법령의 적용에 관한 공익상의 요구보다 개정 전 법령의 존속에 대한 국민의 신뢰를 보호할 만한 가치가 있다고 인정되는 경우에 한하여, 개정 법령의 적용을 제한할 수 있을 뿐이다(대판 2000.3.10. 97누13818).

4 신뢰보호의 방법 및 위반의 효과

신뢰보호의 방법	원칙적으로 존속보호, 보충적으로 가치보호
위반의 효과	① 신뢰보호의 원칙에 반하는 행정작용 ⇨ 위헌, 위법 • 행정작용이 **행정행위**인 경우: **무효 또는 취소할 수 있는** 행위 • 행정작용이 **행정입법이나 공법상 계약**인 경우: **무효** ② 위반한 행정작용에 대한 손해배상청구 가능

📋 판례정리

1	폐기물처리업에 대하여 사전에 관할 관청으로부터 적정통보를 받고 막대한 비용을 들여 허가요건을 갖춘 다음 허가신청을 하였음에도 다수 청소업자의 난립으로 안정적이고 효율적인 청소업무의 수행에 지장이 있다는 이유로 한 불허가처분이 신뢰보호의 원칙 및 비례의 원칙에 반한 것으로서 재량권을 일탈·남용한 위법한 행위이다(대판 1998.5.8. 98두4061). **07. 국가직 7급** 폐기물처리업에 대하여 관할 관청의 사전 적정통보를 받고 막대한 비용을 들여 허가요건을 갖춘 다음 허가신청을 하였음에도 청소업자의 난립으로 효율적인 청소업무의 수행에 지장이 있다는 이유로 한 불허가처분은 재량권을 남용한 위법한 처분이다.
2	운전면허취소사유에 해당하는 음주운전을 적발한 경찰관의 소속 경찰서장이 사무착오로 위반자에게 운전면허정지처분을 한 상태에서 위반자의 주소지 관할 지방경찰청장이 위반자에게 운전면허취소처분을 한 것은 선행처분에 대한 당사자의 신뢰 및 법적 안정성을 저해하는 것으로서 허용될 수 없다(대판 2000.2.25. 99두10520).
3	동사무소 직원이 행정상 착오로 국적이탈을 사유로 주민등록을 말소한 것을 신뢰하여 만 18세가 될 때까지 별도로 국적이탈신고를 하지 않았던 사람이, 만 18세가 넘은 후 동사무소의 주민등록 직권 재등록사실을 알고 국적이탈신고를 하자 '병역을 필하였거나 면제받았다는 증명서가 첨부되지 않았다'는 이유로 반려한 처분은 신뢰보호의 원칙에 반하여 위법하다(대판 2008.1.17. 2006두10931).
4	변리사 제1차 시험을 절대평가제에서 상대평가제로 환원하는 내용의 변리사법 시행령 개정조항을 즉시 시행하도록 정한 부칙 부분은 헌법에 위반되어 무효이다(대판 2006.11.16. 2003두12899 전합).

5	<한약사 국가시험의 응시자격 제한 사건> 한약사 국가시험의 응시자격에 관하여 개정 전의 약사법 시행령 제3조의2에서 '필수 한약 관련과목과 학점을 이수하고 대학을 졸업한 자'로 규정하고 있던 것을 '한약학과를 졸업한 자'로 응시자격을 변경하면서, 그 개정 이전에 이미 한약자원학과에 입학하여 대학에 재학 중인 자에게도 개정 시행령이 적용되게 한 개정 시행령 부칙은 헌법상 신뢰보호의 원칙과 평등의 원칙에 위배되어 허용될 수 없다(대판 2007.10.29. 2005두4649 전합).
6	귀책사유의 유무는 상대방과 그로부터 신청행위를 위임받은 수임인 등 관계자 모두를 기준으로 판단하여야 한다(대판 2002.11.8. 2001두1512).
7	충전소 설치 예정지로부터 100m 내에 있는 건물주의 동의를 모두 얻지 못하였음에도 불구하고 이를 갖춘 양 허가신청을 하여 … 수익적 행정행위인 액화석유가스 충전사업허가 취소처분에 위법이 없다(대판 1992.5.8. 91누13274).
8	수익적 처분이 상대방의 허위 기타 부정한 방법으로 인하여 행하여졌다면 … 이러한 경우에까지 상대방의 신뢰를 보호하여야 하는 것은 아니라고 할 것이다(대판 1995.1.20. 94누6529).
9	건축주와 그로부터 건축설계를 위임받은 건축사가 상세계획지침에 의한 건축한계선의 제한이 있다는 사실을 간과한 채 … 귀책사유가 있으므로 … 건축한계선을 침범하였다는 이유로 위반부분의 철거를 명하였다 하더라도 위 처분이 신뢰보호원칙에 반한다고 할 수 없다(대판 2002.11.8. 2001두1512).
10	허위의 고등학교 졸업증명서를 제출하는 사위의 방법에 의한 하사관 지원의 하자를 이유로 하사관 임용일로부터 33년이 경과한 후에 행정청이 행한 하사관 및 준사관 임용취소처분은 적법하다(대판 2002.2.5. 2001두5286). **15. 국회직 8급** 수익적 행정처분의 하자가 당사자의 사실은폐나 기타 사위의 방법에 의한 신청행위에 기인한 것이라면, 당사자는 처분에 의한 이익을 위법하게 취득하였음을 알아 취소가능성도 예상하고 있었을 것이므로, 그 자신이 처분에 관한 신뢰이익을 원용할 수 없다.
11	<영유아보육법상 보조금 반환명령> '거짓이나 그 밖의 부정한 방법'이란 정상적인 절차에 의하여는 보조금을 지급받을 수 없음에도 위계 기타 사회통념상 부정이라고 인정되는 행위로서 보조금 교부에 관한 의사결정에 영향을 미칠 수 있는 적극적 및 소극적 행위를 뜻하고, 반드시 적극적 부정행위가 있어야만 하는 것은 아니다(대판 2012.12.27. 2011두30182).
12	개인의 신뢰이익에 대한 보호가치는 법령에 따른 개인의 행위가 국가에 의하여 일정 방향으로 유인된 신뢰의 행사인지 아니면 단지 법률이 부여한 기회를 활용한 것으로서 원칙적으로 사적 위험부담의 범위에 속하는 것인지 여부에 따라 달라진다. 의무사관후보생의 징집면제연령을 31세에서 36세로 상향조정한 병역법 제71조 제1항 단서는 국가가 입법을 통해 개인의 행위를 일정 방향으로 유도하였다고 볼 수도 없고, 따라서 단지 법률이 부여한 기회를 활용한 것으로서 신뢰보호원칙에 위배되지 않는다(헌재 2002.11.28. 2002헌바45).
13	행정청이 상대방에게 장차 어떤 처분을 하겠다고 확약 또는 공적인 의사표명을 하였다고 하더라도, 그 자체에서 상대방으로 하여금 언제까지 처분의 발령을 신청하도록 유효기간을 두었는데도 그 기간 내에 상대방의 신청이 없었다거나 확약 또는 공적인 의사표명이 있은 후에 사실적·법률적 상태가 변경되었다면, 그와 같은 확약 또는 공적인 의사표명은 행정청의 별다른 의사표시를 기다리지 않고 실효된다(대판 1996.8.20. 95누10877). **18. 국가직 7급** 확약이 있은 후에 사실적·법률적 상태가 변경되었다면, 그 확약은 행정청의 별다른 의사표시를 기다리지 않고 실효된다.
14	임용 당시 구 군인사법에 따른 임용결격사유가 있는데도 장교·준사관 또는 하사관으로 임용된 경우, 임용행위는 당연무효이다. 과거 소년이었을 때 죄를 범하여 형의 집행유예를 선고받은 사람이 장교·준사관 또는 하사관으로 임용된 경우, 그 임용은 유효하다(대판 2019.2.14. 2017두62587).

| 15 | 법적으로 혼인한 상태가 아닌 대한민국 국적인 부와 중화인민공화국 국적인 모 사이에 출생한 甲과 乙이 출생신고에 따라 주민등록번호를 부여받고 가족관계등록부에 등록되었으며 각각 17세 때 주민등록증을 발급받았는데, 관할 행정청이 '외국인 모와의 혼인외자 출생신고'라며 가족관계등록부를 말소하고 출입국관리 행정청이 부모들에게 甲과 乙에 대한 국적 취득 절차를 안내했음에도 이를 진행하지 않다가 성년이 된 후 국적법에 따라 국적보유판정을 신청했으나, 법무부장관이 대한민국 국적 보유자가 아니라는 이유로 甲과 乙에게 국적비보유 판정을 한 사안에서, 위 판정은 甲과 乙의 신뢰에 반하여 이루어진 것으로 신뢰보호의 원칙에 위배된다(대판 2024.3.12. 2022두60011). |

5 공적 견해표명의 인정 여부

공적 견해표명 긍정	공적 견해표명 부정
① 상대방의 **구체적 질의**에 대한 국세청의 회신 ② 보건사회부장관에 의하여 이루어진 비과세의 견해표명 ③ 4년 동안 그 면허세를 부과할 수 있는 점을 알면서도 피고가 수출확대라는 공익상 필요에서 한 건도 이를 부과하지 않은 경우 ④ 대통령이 담화를 발표하고 이에 따라 국방부장관이 삼청교육 관련 피해자들에게 그 피해를 보상하겠다고 공고하고 피해신고까지 받은 경우 ⑤ 도시계획구역 내 생산녹지로 답인 토지에 대하여 종교회관 건립을 이용목적으로 하는 토지거래계약의 허가를 받으면서 담당공무원이 관련 법규상 허용된다고 한 경우 ⑥ 시의 도시계획과장과 도시계획국장이 도시계획사업의 준공과 동시에 사업부지에 편입한 토지에 대한 완충녹지 지정을 해제함과 동시에 아울러 당초의 토지소유자들에게 환매하겠다는 약속을 한 경우 ⑦ 폐기물처리업허가거부에 있어서 폐기물처리업사업계획에 대한 적정통보 ✓ **비교** 공적 견해표명 부정 중 판례 ④와 비교할 것 폐기물처리업허가를 함에 있어서 폐기물처리업사업계획에 대한 적정통보는 서로 밀접한 관련이 있기 때문에 폐기물처리업사업계획에 대한 적정통보는 폐기물처리업허가를 하겠다는 공적인 견해표명으로 볼 수 있지만, 국토이용계획변경신청 승인과 폐기물처리업사업계획에 대한 적정통보는 그 제도적 취지와 결정단계에서 고려할 사항이 다르기 때문에 폐기물처리업사업계획에 대한 적정통보가 국토이용계획변경신청을 승인해주겠다는 공적 견해표명을 의미하는 것이 아님 ⑧ 사업소세 도입 이래 20년 이상 사업소세를 부과하지 않으면서, 다른 과세관청의 유사 사례에 대한 사업소세 과세시도를 보면서도 같은 시도를 취하지 않은 경우	① 상대방의 **추상적 질의**에 대한 행정청의 회신내용이 일반론적인 견해표명인 경우 ② 울산지방해운항만청장이 도세인 지역개발세의 과세관청이나 그 상급관청과 아무런 상의 없이 이를 면제한다는 취지의 공적인 견해를 표명한 경우 ③ 면세사업자등록증 교부(부가가치세 비과세의 공적견해표명은 아님) ④ 국토이용계획변경신청 승인거부에 있어서 폐기물처리업사업계획에 대한 적정통보 ⑤ 「개발이익환수에 관한 법률」에 정한 개발사업을 시행하기 전에 행정청이 민원예비심사에 대하여 관련 부서 의견으로 '저촉사항 없음'이라고 기재한 경우 ⑥ 헌재의 위헌결정 ⑦ 행정청 사이의 회신(문화체육부장관이 서울시장에게 한 회신) ⑧ 총무과 민원팀장에 불과한 사람이 민원봉사차원에서 상담에 응한 안내 ⑨ 당초 정구장 시설을 설치한다는 도시계획결정을 하였다가 정구장 대신 청소년수련시설을 설치한다는 도시계획 변경결정 및 지적승인 ⑩ 사정이 비슷한 원고의 형들에 대하여 한 제2국민역 처분 ⑪ 확정되지 아니한 법률(입법예고는 공적 견해표명이라 볼 수 없음) ⑫ 재정경제부가 보도자료를 통해 '법인세법 시행규칙을 개정하여 법제처의 심의를 거쳐 6월 말경 공포·시행할 예정'이라고 밝힌 경우

⑬ 행정청이 지구단위계획을 수립하면서 그 권장용도를 판매·위락·숙박시설로 결정하여 고시한 행위를 해당 지구 내에서 공익과 무관하게 언제든지 숙박시설에 대한 건축허가가 가능하리라는 공적인 견해를 표명한 것은 아니라고 한 경우

⑭ 납세자가 구「자유무역협정의 이행을 위한 관세법의 특례에 관한 법률」제10조에 따라 수입신고 시 또는 그 사후에 협정관세 적용을 신청하여 세관장이 형식적 심사만으로 수리한 경우

⑮ 단순히 착오로 어떤 처분을 계속한 경우, 이러한 경우에는 추후 오류를 발견하면 합리적인 방법으로 변경이 가능함(묵시적 견해표명 X)

⑯ 교육환경평가승인신청거부 사건

⑰ 토지의 양도로 인한 소득이 사업소득에 해당하는 사실을 알지 못하고 양도소득세 부과처분을 한 경우(종합소득세를 부과하지 않겠다는 견해를 공적으로 표명한 것이 아님)

⑱ 행정청이 용도지역을 자연녹지지역으로 결정한 것(이후 용도지역을 자연녹지지역으로 유지하거나 보전녹지지역으로 변경하지 않겠다는 취지의 공적인 견해표명을 한 것이라고 볼 수 없음)

제3절 평등의 원칙

1 의의

개념	행정작용을 함에 있어 그 상대방인 국민을 평등하게 대우하여야 한다는 원칙
근거	① 헌법 제11조 ② 「행정기본법」 제9조
적용례	① 재량권통제의 원칙 ② 재량준칙과 평등의 원칙: 재량준칙을 법규로 전환시키는 전환규범의 역할을 함
위반의 효과	위헌·위법
한계	위법한 행정작용에서는 적용되지 않음(불법의 평등은 인정될 수 없음)

10. 지방직 9급 평등의 원칙은 행정작용에 있어서 특별히 합리적인 차별사유가 없는 한 국민을 공평하게 처우하여야 한다는 원칙으로 재량권 행사의 한계원리로서 중요한 의미를 갖는다.

> 「행정기본법」 제9조【평등의 원칙】행정청은 합리적 이유 없이 국민을 차별하여서는 아니 된다.

> **판례정리**

1	재량권 행사의 준칙인 규칙이 그 정한 바에 따라 되풀이 시행되어 행정관행이 이룩되게 되면 **평등의 원칙이나 신뢰보호의 원칙에 따라** 행정기관은 그 상대방에 대한 관계에서 그 규칙에 따라야 할 **자기구속을 당하게 되고**, 그러한 경우에는 대외적인 구속력을 가지게 된다 할 것이다(헌재 1990.9.3. 90헌마13).
2	국립대학교 법학전문대학원에 입학원서를 제출한 제칠일안식일예수재림교 신자 甲이 1단계 서류전형 평가 합격 통지와 함께 토요일 오전반으로 면접고사 일정이 지정되자, 토요일 일몰 전에 세속적 행위를 금지하는 안식일에 관한 종교적 신념을 지키기 위해 면접 일정을 토요일 오후 마지막 순번으로 변경해 달라는 취지의 이의신청서를 제출했으나, 총장이 이를 거부하고 면접평가에 응시하지 않은 甲에게 불합격 통지를 한 사안에서, 甲의 면접일시 변경을 거부함으로써 甲이 종교적 신념을 이유로 받게 된 중대한 불이익을 방치한 총장의 행위는 헌법상 평등원칙을 위반한 것으로 위법하고, 위법하게 지정된 면접일정에 응시하지 않았음을 이유로 한 불합격처분은 취소되어야 한다(대판 2024.4.4. 2022두56661).

2 위반의 인정 여부

평등의 원칙 위반 인정	① 선행단체에게는 사회단체등록신청을 받아들이면서도 후행단체에게는 합리적인 이유 없이 등록신청을 반려한 행정청의 조치 ② 지방의회가 조례로써 지방의회의 출석요구를 받고도 정당한 이유 없이 불출석하는 자에게 직급에 따라 차등적으로 과태료를 부과한 경우 **16. 국가직 7급** 조례안이 지방의회의 조사를 위하여 출석요구를 받은 증인이 5급 이상 공무원인지 여부, 기관(법인)의 대표나 임원인지 여부 등 증인의 사회적 신분에 따라 미리부터 과태료의 액수에 차등을 두고 있는 것은 평등의 원칙에 위반된다. ③ 동일한 징계사유에 해당하는 공무원 중 1인에게만 파면처분을 하고 나머지 3명은 견책처분을 한 경우 ④ 해외근무자들의 자녀를 대상으로 한 특별전형에서 외교관, 공무원의 자녀에 대하여만 획일적으로 과목별 실제취득점수에 20%의 가산점을 부여하여 합격 사정을 한 경우 ⑤ 행정안전부의 지방조직 개편지침의 일환으로 청원경찰의 인원감축을 위한 면직처분 대상자를 선정함에 있어서 초등학교 졸업 이하 학력소지자 집단과 중학교 중퇴 이상 학력소지자 집단으로 나누어 각 집단별로 같은 감원비율 상당의 인원을 선정한 경우 ⑥ 다른 직종들에 대해서는 법인을 구성하여 업무를 수행할 수 있도록 하면서 약사에게만 이를 금지하는 경우 ⑦ 국·공립학교의 채용시험에 국가유공자와 그 가족이 응시하는 경우 만점의 10%를 가산하는 경우 ⑧ 제대군인에게 가산점을 지급하는 경우 ⑨ 개발제한구역 훼손부담금의 부과율을 규정함에 있어서 전기공급시설 등과는 달리 집단에너지공급시설에 차등을 두는 경우 ⑩ 재외국민 영유아를 제외한 보건복지부 지침 ⑪ 플라스틱제품의 수입업자가 부담하는 폐기물부담금의 산출기준을 아무런 제한 없이 그 수입가만을 기준으로 한 것은, 국내 제조업자에 비하여 과도하게 차등을 둔 것으로서 합리적 이유 없는 차별에 해당함 ⑫ 국회의원과는 달리 지방의원에게 개인후원회를 금지하고 있도록 규정한 「정치자금법」에 규정한 경우

평등의 원칙 위반 부정	① 일반직 직원의 정년을 58세로 규정하면서 전화교환직렬 직원의 정년을 53세로 규정한 경우 ☑ **비교** 교환직렬직종의 정년을 43세로 규정한 경우는 평등원칙 위반 ② 지역의료보험조합 정관에서 피보험자의 생활수준별로 구분한 등급에 따라 소득금액을 차등 규정한 경우 ③ 유예기간 없이 개인택시운송사업면허기준을 변경하고 그에 기하여 한 행정청의 면허신청접수거부처분 ④ 개전의 정이 있는지 여부에 따라 징계의 종류의 선택과 양정을 달리 할 수 있으므로 학습지 채택료를 수수하고 담당 경찰관에게 금품을 전달하려고 한 비위를 저지른 사립중학교 교사들 중 잘못을 시인한 교사들은 정직 또는 감봉에, 잘못을 시인하지 아니한 교사들은 파면에 처한 경우 **14. 사회복지직 9급** 같은 정도의 비위를 저지른 자들 사이에 있어서도 그 직무의 특성 등에 비추어 개전의 정이 있는지 여부에 따라 징계 종류의 선택과 양정에서 차별적으로 취급하는 것은 평등원칙에 반하지 아니 한다. ⑤ 위험물저장시설인 주유소와 LPG 충전소 중에서 주유소는 허용하면서 LPG 충전소는 금지하는 경우 ⑥ 국유 잡종재산(현 일반재산) 무단점유자에 대하여 20% 할증된 변상금을 부과한 경우 ⑦ 대법원장 70세, 대법관 65세, 그 이외 법관 63세로 법관의 정년을 달리 하는 경우

제4절 자기구속의 원칙

1 의의

개념	① 행정청은 자기 스스로 정한 시행기준을 합리적 이유 없이 이탈할 수 없다는 원칙 ② 자기구속이며 일반적·추상적 구속
기능	① 순기능: 행정권의 자의 방지 ② 역기능: 행정의 탄력적 운용 저해
근거	① 통설: 평등의 원칙 ② 대법원, 헌법재판소: '신뢰보호의 원칙'과 '평등의 원칙'은 자기구속의 법리의 근거라는 점을 명시적으로 밝힘 ③ 「행정절차법」 제4조에서는 행정청은 법령등의 해석 또는 관행이 일반적으로 국민들에게 받아들여졌을 때에는 공익 또는 제3자의 정당한 이익을 현저히 해칠 우려가 있는 경우를 제외하고는 새로운 해석 또는 관행에 따라 소급하여 불리하게 처리하여서는 안된다고 규정하고 있음
요건	① 재량행위의 영역일 것 ② 동종의 사안일 것 ③ 동일한 행정청일 것 ④ 선례가 있을 것(선례필요설, 다수설) ⑤ 일정한 행정관행이 존재할 것(판례) **18. 국가직 9급** 행정의 자기구속의 원칙은 법적으로 동일한 사실관계, 즉 동종의 사안에서 적용이 문제되는 것으로 주로 재량의 통제법리와 관련된다.

적용	전환규범으로서의 역할을 수행함
한계	① 위법한 선례인 경우 불인정 ② 특수한 사정변경이 있는 경우 자기구속으로부터 이탈 가능 **17. 국가직 7급** 행정청이 위법한 행정처분을 반복적으로 한 선례가 있다 하더라도 신뢰보호의 원칙과 행정의 자기구속의 원칙에 따라 선례구속의 법리가 통용되는 것은 아니다.

📑 판례정리

1	행정의 자기구속의 법리는 본래 법규성이 없고 행정규칙에 불과한 재량준칙을 법규로 전환시키는 전환규범으로서의 역할을 수행한다. 재량권 행사의 준칙인 규칙이 그 정한 바에 따라 되풀이 시행되어 행정관행이 이룩되게 되면 평등의 원칙이나 신뢰보호의 원칙에 따라 행정기관은 그 상대방에 대한 관계에서 그 규칙에 따라야 할 자기구속을 당하게 되는 경우에는 대외적인 구속력을 가지게 된다(헌재 1990.9.3. 90헌마13). **12. 지방직 7급** 헌법재판소는 재량준칙의 대외적 구속력 인정과 관련한 행정의 자기구속의 법리의 근거를 평등의 원칙이나 신뢰보호의 원칙에서 찾고 있다.

2 위반의 효과

위헌·위법

📑 판례정리

1	위법한 행정처분이 수차례에 걸쳐 반복적으로 행하여졌다 하더라도 그러한 처분이 위법한 것인 때에는 행정청에 대하여 자기구속력을 갖게 된다고 할 수 없다(대판 2009.6.25. 2008두13132).
2	시장이 농림수산식품부에 의하여 공표된 '2008년도 농림사업시행지침서'에 명시되지 않은 '시·군별 건조저장시설 개소당 논 면적'을 충족하지 못하였다는 이유로 신규 건조저장시설 사업자 인정신청을 반려한 사안에서 … 위 지침이 되풀이 시행되어 행정관행이 이루어졌다거나 그 공표만으로 신청인이 보호가치 있는 신뢰를 갖게 되었다고 볼 수 없다(대판 2009.12.24. 2009도7967).
3	상급행정기관이 하급행정기관에 대하여 업무처리지침이나 법령의 해석적용에 관한 기준을 정하여 발하는 이른바 '행정규칙이나 내부지침'은 일반적으로 행정조직 내부에서만 효력을 가질 뿐 대외적인 구속력을 갖는 것은 아니므로 행정처분이 그에 위반하였다고 하여 그러한 사정만으로 곧바로 위법하게 되는 것은 아니다. 다만, 재량권 행사의 준칙인 행정규칙이 그 정한 바에 따라 되풀이 시행되어 행정관행이 이루어지게 되면 평등의 원칙이나 신뢰보호의 원칙에 따라 행정기관은 그 상대방에 대한 관계에서 그 규칙에 따라야 할 자기구속을 받게 되므로, 이러한 경우에는 특별한 사정이 없는 한 그를 위반하는 처분은 평등의 원칙이나 신뢰보호의 원칙에 위배되어(재량준칙에 위배 ×) 재량권을 일탈·남용한 위법한 처분이 된다(대판 2009.12.24. 2009두7967).

제5절 부당결부금지의 원칙

1 의의

개념	행정청은 행정작용을 할 때 상대방에게 해당 행정작용과 실질적인 관련이 없는 의무를 부과해서는 안 된다는 원칙
근거	「행정기본법」 제13조
요건	공권력 행사와 상대방의 급부 사이에 실질적 관련성이 없을 것
적용 범위	① 공법상 계약 ② 부관 ③ 공급거부, 관허사업의 제한 등 행정의 실효성 확보수단 ④ 행정행위의 철회
관련 문제	① 승합차를 음주운전한 경우: 제1종 보통면허, 제1종 대형면허 모두 취소 ② 제1종 보통면허로 운전 가능한 차량을 음주운전한 경우: 제1종 보통면허, 제1종 대형면허, 원동기면허 모두 취소(제1종 보통면허, 제1종 대형면허는 취소해서는 안된다) ③ 제1종 특수면허로 운전 가능한 차량(레이카크레인)을 음주운전한 경우: 제1종 특수면허만 취소 ④ 부당결부금지원칙과 관허사업 제한의 문제(「건축법」 제79조, 「국세징수법」 제7조): 「건축법」 제79조(「국세징수법」 제7조)는 시정명령 불이행시(국세 체납시) 다른 법령에 따른 영업이나 허가·면허·인가·등록·지정 등을 하지 아니하도록 요청을 할 수 있고, 요청을 받은 행정청은 이에 따라야 한다고 규정하고 있음. 「건축법」 제79조의 경우에는 시정명령 불이행을 한 해당 건축물에서 할 영업 등을 제한하는 것이기 때문에 부당결부금지원칙의 위반이 아니라는 견해가 일반적이며, 「국세징수법」 제7조의 경우에는 견해의 대립이 존재함. 체납행위와 허가 제한이 되는 사업간에 실질적 관련성이 없기 때문에 부당결부금지의 원칙에 반한다는 견해와 국가재정의 안정을 위하여 입법정책상 불가피한 규정으로 보아 합헌으로 보는 견해가 대립함

2 위반의 효과

위헌·위법(일반적으로 취소사유)
04. 서울시 9급 부당결부금지의 원칙에 위반한 국가 등의 작용은 위법한 작용이다.

판례정리

1	65세대의 공동주택을 건설하려는 사업주체인 지역주택조합에게 주택건설촉진법 제33조에 의한 주택건설사업계획의 승인처분을 함에 있어 그 주택단지의 진입도로 부지의 소유권을 확보하여 진입도로 등 간선시설을 설치하고 … 인근 주민들의 기존 통행로를 대체하는 통행로를 설치하고 그 부지 일부를 기부채납하도록 조건을 붙인 경우 … 평등의 원칙 등에 위배되는 위법한 부관이라 할 수 없다(대판 1997.3.14. 96누16698). ◇ **주의** 위법이 아님에 주의할 것
2	건축물의 건축허가와 도로기부채납의무는 별개의 것인바, 도로기부채납의무를 불이행하였음을 이유로 하는 준공거부처분은 건축법에 근거 없이 이루어진 부당결부로서 위법하다(대판 1992.11.27. 92누10364). **13. 국가직 9급** 건축물에 인접한 도로의 개설을 위한 도시계획사업시행가처분은 건축물에 대한 건축허가처분과는 별개의 행정처분이므로 사업시행허가를 함에 있어 조건으로 내세운 기부채납의무를 이행하지 않았음을 이유로 한 건축물에 대한 준공거부처분은 「건축법」에 근거 없이 이루어진 것으로서 위법하다.
3	주택사업계획승인과 토지기부채납의무는 아무런 관련이 없는 것인바, 토지를 기부채납하도록 하는 부관을 붙인 사실은 부당결부금지의 원칙에 위반되어 위법하다 하겠으나 그 부관의 하자가 중대하고 명백하여 당연무효라고는 볼 수 없다(대판 1997.3.11. 96다49650). ◇ **주의** 취소사유에 해당함
4	제1종 보통운전면허와 제1종 대형운전면허의 소지자가 제1종 보통운전면허로 운전할 수 있는 승합차를 음주운전하다가 적발되어 두 종류의 운전면허를 모두 취소당한 경우, 제1종 대형운전면허 부분에 대한 운전면허취소처분이 재량권의 한계를 넘는 위법한 처분이 아니다(대판 1997.3.11. 96누15176). **18. 지방직 9급** 행정청이 여러 종류의 자동차운전면허를 취득한 자에 대해 그 운전면허를 취소하는 경우, 취소사유가 특정 면허에 관한 것이 아니고 다른 면허와 공통된 것이거나 운전면허 받은 사람에 관한 것일 경우에는 여러 면허를 전부 취소할 수 있다.
5	택시의 운전은 제1종 보통면허 및 특수면허 모두로 운전한 것이 되므로 택시의 음주운전을 이유로 제1종 보통면허 및 제1종 특수면허 모두를 취소할 수 있다(대판 1996.6.28. 96누4992).
6	제1종 특수·대형·보통면허를 가진 자가 제1종 특수면허만으로 운전할 수 있는 차량(트레일러)을 운전하다 운전면허취소사유가 발생한 경우, 제1종 대형·보통면허는 취소할 수 없다(대판 1995.11.16. 95누8850 전합).
7	혈중알코올농도 0.140%의 주취상태로 125cc 이륜자동차를 음주운전한 사람에 대해 제1종 대형, 제1종 보통·특수 운전면허도 취소할 수 있다(대판 2018.2.28. 2017두67476).
8	고속국도 관리청이 고속도로 부지와 접도구역에 송유관 매설을 허가하면서 상대방과 체결한 협약에 따라 송유관 시설을 이전하게 될 경우 그 비용을 상대방에게 부담하도록 하였고, 그 후 도로법 시행규칙이 개정되어 접도구역에는 관리청의 허가 없이도 송유관을 매설할 수 있게 된 사안에서, 위 협약이 효력을 상실하지 않을 뿐만 아니라 위 협약에 포함된 부관이 부당결부금지의 원칙에도 반하지 않는다(대판 2009.2.12. 2005다65500).
9	제1종 대형, 제1종 보통 자동차운전면허를 가지고 있는 甲이 배기량 400cc의 오토바이를 절취하였다는 이유로 지방경찰청장이 甲의 제1종 대형, 제1종 보통 자동차운전면허를 모두 취소한 사안에서, 위 오토바이를 훔쳤다는 사유만으로 제1종 대형면허나 보통면허를 취소할 수 없다고 본 원심판단은 정당하다(대판 2012.5.24. 2012두1891).
10	부담은 법치주의와 사유재산 존중, 조세법률주의 등 헌법의 기본원리에 비추어 비례의 원칙이나 부당결부금지의 원칙에 위배되지 않아야만 적법한 것인바, 행정처분과 부관 사이에 실제적 관련성이 있다고 볼 수 없는 경우 공무원이 위와 같은 공법상의 제한을 회피할 목적으로 행정처분의 상대방과 사이에 사법상 계약을 체결하는 형식을 취하였다면 이는 법치행정의 원리에 반하는 것으로서 위법하다고 보지 않을 수 없다(대판 2010.1.28. 2007도9331).

제6절 기타 일반원칙

1 권리남용금지의 원칙

행정청은 행정권한을 남용하거나 그 권한의 범위를 넘어서는 안 된다는 일반원칙

2 신의성실의 원칙

의의	① 행정청은 법령 등에 따른 의무를 성실히 수행하여야 한다는 일반원칙 ② 「행정절차법」 제4조에 신의성실의 원칙을 규정함 **15. 경행특채 1차** 「행정절차법」은 신뢰보호의 원칙은 물론 신의성실의 원칙에 관해 명시적으로 규정하고 있다.
적용범위	① 당사자간에 계약 등 구체적인 법률관계가 있을 때에만 적용되는 것으로 보는 것이 일반적 ② 구체적 관계를 전제로 하지 않는 행정작용, 예컨대 행정규칙 또는 행정계획 등에 적용 불가
합법성의 원칙과 충돌하는 경우	구체적인 사안에서의 신의성실원칙의 보호가치와 합법성원칙의 보호가치를 비교·형량하여 결정

「행정기본법」 제11조 【성실의무 및 권한남용금지의 원칙】 ① 행정청은 법령 등에 따른 의무를 성실히 수행하여야 한다.

「행정절차법」 제4조 【신의성실 및 신뢰보호】 ① 행정청은 직무를 수행할 때 신의(信義)에 따라 성실히 하여야 한다.

「국세기본법」 제15조 【신의·성실】 납세자가 그 의무를 이행할 때에는 신의에 따라 성실하게 하여야 한다. 세무공무원이 직무를 수행할 때에도 또한 같다.

판례정리

1	근로복지공단의 요양 불승인처분에 대한 취소소송을 제기하여 승소확정판결을 받은 근로자가 요양으로 인하여 취업하지 못한 기간의 휴업급여를 청구한 경우, 그 휴업급여청구권이 시효완성으로 소멸하였다는 근로복지공단의 항변은 신의성실의 원칙에 반하여 허용될 수 없다(대판 2008.9.18. 2007두2173 전합).
2	채무자인 국가가 시효완성 전에 채권자인 주주의 권리행사나 시효중단을 불가능 또는 현저히 곤란하게 하거나 그러한 조치가 불필요하다고 믿게 하는 행동을 하였거나, 객관적으로 채권자가 권리를 행사할 수 없는 장애사유가 있었거나, 또는 일단 시효완성 후에 채무자인 국가가 시효를 원용하지 아니할 것 같은 태도를 보여 채권자로 하여금 그와 같이 신뢰하게 하였거나, 채권자보호의 필요성이 크고 같은 조건의 다른 채권자가 채무의 변제를 수령하는 등의 사정이 있어 채무이행의 거절을 인정함이 현저히 부당하거나 불공평하게 되는 등의 특별한 사정이 있는 경우에 한하여 채무자인 국가가 소멸시효의 완성을 주장하는 것이 신의성실의 원칙에 반하여 권리남용으로서 허용될 수 없다고 할 수 있을 것이다(대판 1994.12.9. 93다27604).

제5장 행정법관계

제1절 공법관계와 사법관계

1 구별실익

행정법관계	행정법관계는 행정상 법률관계 중 공법이 적용되는 법률관계를 말하는 것이므로, 행정상 법률관계가 모두 행정법관계인 것은 아님
공법관계	① 공법 및 공법원리 적용 ② 행정소송, 자력집행·행정벌의 대상이 될 수 있음
사법관계	① 사법 및 사법원리 적용 ② 민사소송, 자력집행·행정벌의 대상이 될 수 없음

18. 지방교행 행정상 법률관계를 공법관계와 사법관계로 구분하는 것은 각각의 소송절차와도 관련된다.

2 구별기준

1. 1차적 기준

관련 법규정의 내용과 성질 등을 기준으로 구분함

18. 지방교행 공법관계와 사법관계는 1차적으로 관계법령의 규정 내용과 성질 등을 기준으로 구별한다.

2. 2차적 기준

구분	공법	사법	비판
주체설	국가, 공공단체 등을 일방 또는 쌍방 당사자로 하는 법률관계를 규율하는 법	당사자가 모두 사인인 경우의 법률관계	국고행위의 설명 곤란
종속설	상하관계에 적용되는 법	대등관계에 적용되는 법	부자관계, 공법상 계약의 설명 곤란
이익설	공익에 봉사하는 법	사익에 봉사하는 법	실제상 공익과 사익의 구별이 명확한 것이 아님
귀속설 (신주체설)	공권력의 주체에 대해서만 권리·의무를 귀속시키는 법	모든 권리의 주체에게 공통적으로 권리·의무를 귀속시키는 법	구체적 법률관계에서 행정주체가 공권력주체의 지위를 가지는지 여부가 불분명한 경우가 있음

⊘ 주의 판례와 다수견해는 각각의 기준을 종합적으로 고려하는 종합적 기준설을 취하고 있음

3 공법관계와 사법관계의 구별

근무관계	공법관계	① 농지개량조합과 직원의 근무관계 ② 도시재개발조합의 조합원 지위확인 ③ 토지개량조합과 직원의 복무관계 ④ 어업협동조합의 임원선출 ⑤ 국가나 지방자치단체에 근무하는 청원경찰의 근무관계 ⑥ 공립유치원 전임강사의 근무관계 ⑦ 재건축조합의 관리처분계획안에 대한 조합총회결의의 효력 다툼 ⑧ 지방소방공무원의 근무관계
	사법관계	① 한국조폐공사 직원의 근무관계 ② 종합방송위원회 직원의 근무관계 ③ 서울특별시 지하철공사의 임원과 직원의 근무관계 ④ 교직원의료보험관리공단 직원의 근무관계 ⑤ 고궁(창덕궁 비원) 안내원들의 근무관계 ⑥ 토지개량조합 직원의 퇴직금을 포함한 급여청구권 ⑦ 한국마사회의 조교사 및 기수면허 부여 또는 취소는 일반 사법상의 법률관계에서 이루어지는 단체 내부의 징계 ⑧ 청원주에 의하여 고용된 청원경찰의 근무관계
행정기관과 계약	공법관계	① 서울특별시의 경찰국 산하 서울대공전술연구소 소장의 채용계약 ② 서울특별시 시립무용단원의 위촉 ③ 광주시립합창단원에 대한 위촉 ④ 공중보건의사 채용계약 ⑤ 국립의료원 부설주차장에 관한 위탁관리용역 운영계약은 행정재산의 사용·수익 허가로서 특허 ⑥ 행정청인 국방부장관·서울특별시장의 입찰참가자격 제한 ⑦ 중학교 의무교육의 위탁관계 **18. 지방교행** 「초·중등교육법」상 사립중학교에 대한 중학교 의무교육의 위탁관계는 공법관계에 속한다. ⑧ 공유재산의 관리청이 하는 행정재산의 사용·수입에 대한 허가 ⑨ 방위사업청과 체결한 '한국형 헬기 민군겸용 핵심구성품 개발협약' ⑩ 「귀속재산처리법」에 의한 귀속재산의 매각행위 ⑪ 조달청이 국가종합전자조달시스템인 나라장터 종합쇼핑몰에 하는 거래정지조치 처분
	사법관계	① 시의 물품구입계약 ② 사립학교 교원과 학교법인의 관계 ③ 사업자와 토지소유자의 토지 협의취득 ④ 「예산회계법」에 의한 입찰보증금국고귀속조치 ⑤ 공설시장 점포에 대한 시장의 사용허가 및 취소행위 ⑥ 국가나 지방자치단체가 당사자가 되는 공공계약(조달계약) ⑦ 지방자치단체의 일반재산 입찰, 수의계약을 통한 매각

재산상 법률관계	공법관계	① 국유재산의 무단점유자에 대한 변상금부과처분 　**19. 변호사**「국유재산법」상 국유재산의 무단점유자에 대한 변상금의 부과는 순전히 사경제 주체로서 행하는 사법상의 법률행위라 할 수 없고 이는 관리청이 공권력을 가진 우월적 지위에서 행한 것으로서 행정소송의 대상이 되는 행정처분이라고 보아야 한다. ② 행정재산의 목적 외 사용 ③ 행정재산의 사용·수익허가에 대한 취소 ④ 행정재산의 사용·수익자에 대한 허가 　**19. 서울시 9급(6월)** 행정재산의 사용·수익허가 신청의 거부는 행정소송의 대상이 된다. ⑤ 귀속재산불하처분 ⑥ 기부채납받은 행정재산의 사용·수익에 대한 허가 ⑦ 국방부장관의 징발재산 매수결정 ⑧ 조세채무관계
	사법관계	① 국유 일반재산(구 잡종재산)의 매각행위 ② 국유 일반재산(구 잡종재산)의 대부행위 및 대부료 납입고지 ③ 폐천부지 양여행위 ④ 국유광업권의 매각행위 ⑤ 기부채납받은 공유재산의 기부자에 대한 무상사용허가
공공서비스 영조물 이용관계	공법관계	① 전화요금의 강제징수 ② 수도료의 부과·징수와 수도료의 납부관계, 단수처분 ③ 국립병원의 강제입원 ④ 국·공립도서관이용관계
	사법관계	① 전화가입 계약·해지 ② 국·공립병원의 유료입원 ③ 국영철도·지방자치단체 지하철의 이용 ④ 시영버스·시영식당의 이용
각종 권리	공법관계	① 「공유수면 관리 및 매립에 관한 법률」에 정한 권리를 가진 자가 취득한 손실보상청구권 ② 「하천법」상 준용하천의 제외지로 편입된 토지소유자가 직접 하천관리청을 상대로 한 손실보상청구권 ③ 토지수용위원회의 수용보상금증감청구소송 ④ 공무원연금관리공단의 급여결정
	사법관계	① 조세과오납반환의 부당이득반환청구권 　☑ **비교** 일반적으로 세금반환청구소송은 사법관계, 부가가치세 환급세액 반환청구는 공법관계 ② 결과제거청구권 ③ 징발재산에 대한 환매권 　**18. 서울시 7급** 사업시행자가 환매권의 존부에 관한 확인을 구하는 소송은 민사소송이다. ④ 행정청의 결정에 의한 손실보상청구 ⑤ 손해배상청구권

> **판례정리**

1	수산업법상의 어업면허에 대한 처분 등이 행정처분에 해당된다 하여도 이로 인한 손실보상청구권은 공법상의 권리가 아니라 사법상의 권리이다(대판 1998.2.27. 97다46450). ✓ **비교** 「하천법」의 각 규정들에 의한 손실보상청구권은 공법상의 권리임이 분명하므로 그에 관한 쟁송도 행정소송(당사자소송) 절차에 의하여야 함(대판 2006.5.18. 2004다6207). **19. 국회직 8급** 판례는 구 「하천법」상 하천구역 편입토지에 대한 손실보상청구를 공법상의 권리라고 보아 당사자소송에 의하여야 한다고 보고 있다.
2	국유재산의 관리청이 행정재산의 사용·수익을 허가한 다음 그 사용·수익하는 자에 대하여 하는 사용료 부과는 순전히 사경제주체로서 행하는 사법상의 이행청구라 할 수 없고, 이는 관리청이 공권력을 가진 우월적 지위에서 행한 것으로서 항고소송의 대상이 되는 행정처분이라 할 것이다(대판 1996.2.13. 95누11023).

제2절 행정상 법률관계

1 조직법적 관계

(1) 행정주체 상호간의 관계
(2) 행정주체 내부관계

2 작용법적 관계

1. 공법관계

구분	권력관계	관리관계
개념	행정주체에게 우월적 지위가 인정되는 법률관계	공권력주체가 아니라 공적 재산 또는 사업의 관리주체로서 국민을 대하는 관계
특성	① 공정력, 존속력 등 우월한 효력 인정 ② 일반원리적 규정 이외에는 사법규정의 적용 배제	① 사법관계와 달리 공행정 목적을 수행함 ② 단, 대등관계로서 원칙적으로 사법의 규율을 받음

11. 사회복지직 9급 권력관계란 행정주체에게 개인에게는 인정되지 않는 우월적 지위가 인정되는 법률관계이다.

2. 사법관계(국고관계)

구분	(협의의) 국고관계	행정사법관계
개념	행정주체가 일반사인과 같은 사법상의 재산권주체로서 사인과 맺는 관계	행정주체가 공행정작용을 수행하면서 사법적 형식으로 국민과 맺는 법률관계

18. 지방교행 행정사법 영역에서는 원칙적으로 사법이 적용되지만, 공법원리 또한 추가로 적용될 수 있다.

제3절 행정법관계의 당사자(행정주체와 행정객체)

1 행정주체

1. 의의
(1) 개념

행정관계에서 행정권을 행사하고 그 행위의 법적 효과가 궁극적으로 귀속되는 당사자

(2) 행정기관과의 구별

구분	행정주체	행정기관
개념	행정법관계에서 행정권을 행사하고 그 행위의 법적 효과가 궁극적으로 귀속되는 당사자	행정을 실제로 수행하는 자
예	국가, 지방자치단체, 사단법인, 재단법인, 영조물법인, 공무수탁사인	국가의 기관을 구성하는 장관 등
법인격성	법인격 있음 ⇨ 행정기관이 한 행위의 법적 효과의 귀속주체는 행정주체임	독립적인 법인격 없음 ⇨ 직무수행의 권한은 있으나 독자적인 권리는 없음(원칙)
종류	① 국가 ② 공공단체 ③ 공무수탁사인	① 행정청: 국가 또는 지방단체의 의사를 결정·표시할 수 있는 행정기관, 항고소송의 피고적격을 가짐 ② 의결기관: 의사결정권한만 있으며, 외부에 표시할 권한은 없음 ③ 보조기관(예 차관·국장·실장 등) ④ 보좌기관(예 차관보·비서실 등)

2. 종류

(1) 국가

시원적 주체(국가는 절대로 행정객체가 될 수 없음)

(2) 공공단체

① 지방자치단체: 지역 + 주민
  ㉠ 광역지방자치단체: 특별시, 광역시, 특별자치시, 도, 제주특별자치도
  ㉡ 기초지방자치단체: 시, 군, 자치구
② 공공조합: 조합원 등 구성원(예 도시개발조합, 대한변호사·약사·의사회, 국민연금공단)
③ 영조물법인: 이용자(예 한국도로공사, 서울대학교병원, 서울대학교, 인천국제공항공사, LH공사)
④ 공법상의 재단법인: 수혜자(예 한국학술진흥재단, 한국연구재단, 한국학중앙연구원)

(3) 공무수탁사인

① 개념: 공행정사무를 위탁받아 자신의 이름으로 처리할 수 있는 권한을 부여받은 행정주체인 사인
② 예: 별정우체국장, 선장, 사립대학교의 장, 토지를 수용하는 사업시행자, 민영교도소 등

  ✓ **주의** 주차위반차량을 견인하는 사업자는 행정보조인일 뿐, 공무수탁사인이 아님

  10. 지방직 9급 공무수탁사인은 행정임무를 자기책임하에 수행함이 없이 단순한 기술적 집행만을 행하는 사인인 행정보조인과는 구별된다.

③ 법적 근거: 공권력 행사의 권한이 사인에게 이전되는 제도이므로 법적 근거가 필요함
④ 공무수탁사인의 공무수행과 권리구제
  ㉠ 항고소송: 피고는 공무수탁사인
  ㉡ 당사자소송(공법상 계약) 또는 민사소송(사법상 계약): 피고는 공무수탁사인
⑤ 손해배상청구: 공무를 위탁한 국가 또는 지방자치단체를 상대로 청구 가능
⑥ 손실보상청구
  ㉠ 관련 문제: 소득세원천징수의무자
  ㉡ 판례: 원천징수행위는 행정처분이 아님
    ☑ **주의** 원천징수의무자에 대한 소득금액 변동 통지는 처분에 해당함

10. 지방직 9급 「소득세법」에 의한 원천징수의무자의 원천징수행위는 법령에서 규정된 징수 및 납부의무를 이행하기 위한 것에 불과한 것이지, 공권력의 행사로서의 행정처분에 해당되지 아니한다고 보는 것이 판례의 입장이다.

2 행정객체

의의	공권력 행사의 상대방을 의미하며, 일반적으로 사인은 행정객체임
공공단체	국가나 다른 공공단체에 대해서는 행정객체로서의 기능을 함
행정기관	법인격성이 인정될 수 없으므로 권리·의무의 주체가 되지 못함

📖 판례정리

1	원천징수의무자인 행정청의 원천징수행위가 행정처분에 해당하지 않는다(대판 1990.3.23. 89누4789). ☑ **비교** 과오납금반환청구소송을 제기하여야 함(민사소송)
2	원천징수의무자에 대한 소득금액변동의 통지는 항고고송의 대상이 되는 조세행정처분에 해당한다 (대판 2006.4.20. 2002두1878).
3	<국가임무의 수행방법과 입법재량> 국가가 자신의 임무를 스스로 수행할 것인지, 아니면 그 임무의 기능을 민간 부문으로 하여금 수행하게 할 것인지 하는 문제는 입법자가 당해 사무의 성격과 수행방식의 효율성 정도 및 비용 … 종합적으로 고려하여 판단해야 할 사항으로서 그 판단에 관하여는 입법자에게 광범위한 입법재량 내지 형성의 자유가 인정된다(헌재 2007.6.28. 2004헌마262). **10. 지방직 9급** 국가가 자신의 임무를 스스로 수행할 것인지 아니면 그 임무의 기능을 민간 부문으로 하여금 수행하게 할 것인지에 대하여 입법자에게 광범위한 입법재량 내지 형성의 자유가 인정된다고 보는 것이 판례의 입장이다.

제6장 공권(개인적 공권)

제1절 공권과 공의무

1 공권

1. 의의 및 종류

(1) 의의

공법관계의 당사자가 자신의 이익실현을 위하여 일정한 이익을 주장할 수 있는 공법상의 힘

(2) 종류

① 국가적 공권: 행정주체가 개인 또는 단체에 대하여 가지는 권리로서, 권한의 성격이 강함
② 개인적 공권: 개인이 자기의 이익을 위하여 행정주체에 대해 가지는 권리

(3) 개인적 공권과 반사적 이익의 구별

> ✓ **주의** 반사적 이익
> 행정법규가 공익만을 위해 행정주체 또는 사인에게 의무를 부과한 결과, 그에 따른 반사적 효과로 이와 관련된 개인이 얻게 되는 이익

구분	구별기준	구별실익	
		원고적격 인정 여부	손해배상청구권 인정 여부
개인적 공권	법규의 사익보호성 긍정	인정	인정
반사적 이익	법규의 사익보호성 부정	부정	부정

2. 성립요건

(1) 법률규정에 의한 공권의 성립

① 행정청의 의무의 존재: 재량행위에도 일정한 공권의 성립 가능
② 사익보호성
  ㉠ 학설: 처분의 근거법규 및 관련 법규의 목적, 취지 등을 종합적으로 고려하여 판단
  ㉡ 판례: 근거법률 외에 관계법률까지 고려하여 판단
  ㉢ 재판청구가능성[소구가능성 – 의사력(법상의 힘)]이 없음: 개괄주의를 취하므로 더이상 공권의 성립요건이 아님

(2) 헌법규정에 의한 공권의 성립

> 📖 **판례정리**
>
> 1. 행정처분에 있어서 불이익처분의 상대방은 직접 개인적 이익의 침해를 받은 자로서 원고적격이 인정되지만, 수익처분의 상대방은 그의 권리나 법률상 보호되는 이익이 침해되었다고 볼 수 없으므로 달리 특별한 사정이 없는 한 취소를 구할 이익이 없다(대판 1995.8.22. 94누8129).

2	헌법 제32조 제1항이 규정하는 근로의 권리는 사회적 기본권으로서 국가에 대하여 직접 일자리를 청구하거나 일자리에 갈음하는 생계비의 지급청구권을 의미하는 것이 아니라 고용증진을 위한 사회적·경제적 정책을 요구할 수 있는 권리에 그치며, 근로의 권리로부터 국가에 대한 직접적인 직장존속청구권이 도출되는 것도 아니다. 나아가 근로자가 퇴직급여를 청구할 수 있는 권리도 헌법상 바로 도출되는 것이 아니라 퇴직급여법 등 관련 법률이 구체적으로 정하는 바에 따라 비로소 인정될 수 있는 것이므로 계속근로기간이 1년 미만인 근로자가 퇴직급여를 청구할 수 있는 권리가 헌법 제32조 제1항에 의하여 보장된다고 보기는 어렵다(헌재 2011. 7.28. 2009헌마408).

(3) 법률의 헌법에 대한 적용우위원칙
① 1차적으로 개별법규, 2차적으로 헌법상 기본권에서 도출함
② 사회적 기본권은 행정법상 개인적 공권이 되기는 어려움
    17. 지방직 9급 사회권적 기본권의 성격을 가지는 연금수급권은 헌법규정만으로 실현할 수 없다.
③ 헌법상의 모든 기본권이 행정법상의 개인적 공권이 되는 것은 아님
④ 사법부의 태도

대법원	• 변호인접견권, 알권리, 정보공개청구권: 구체적 권리로 봄 • 헌법상 환경권: 개인적 공권을 곧바로 도출할 수 없음
헌법재판소	• 변호인접견권, 알권리, 경쟁의 자유: 구체적 권리로 봄 • 근로의 권리: 개인적 공권을 곧바로 도출할 수 없음

(4) 조리에 의한 공권의 성립
조리상 신청권이 인정될 수 있음

(5) 기타
① 공법상 계약, 법규명령, 관습법: 개인적 공권 성립 가능
    12. 국가직 9급 개인적 공권은 공법상 계약을 통해서도 성립할 수 있다.
② 행정규칙(예 철거민에 대한 시영아파트 특별분양지침): 개인적 공권 성립 불가능

3. 개인적 공권의 확대화 경향

(1) 처분의 상대방이 아닌 제3자에게 공권이 성립하는 경우
제3자에게 공권이 성립하며, 제3자는 원고적격을 가짐

(2) 경원자
공권 성립 ⇨ 원고적격 ○

법률상 이익의 인정	법률상 이익의 부정
• 병마개 제조업자로 지정받지 못한 자 • LPG 충전사업 신규허가를 받지 못한 자 • 법학전문대학원 인가를 받지 못한 대학교	• 검정신청한 교과서의 과목과 전혀 관계없는 과목의 교과용 도서에 대한 합격결정처분 • 교수 임용에 대한 같은 학과 기존 교수 • 대학생의 대학교수 임명 취소

(3) 경업자

① 기존업자가 특허업자인 경우: 공권 성립 ○ ⇨ 원고적격 ○
② 기존업자가 허가업자인 경우: 공권 성립 × ⇨ 원고적격 ×
③ 허가에서 법이 기존업자의 이익도 보호하고 있는 것으로 해석되는 경우의 기존업자: 공권 성립 ○ ⇨ 원고적격 ○
④ 최근의 판례 경향: 수익적 행정처분의 근거가 되는 법률이 해당 업자들 사이의 과당경쟁으로 인한 경영의 불합리를 방지하는 것도 목적으로 하고 있는 경우 또한 일반소매인의 영업소간에 일정한 거리 제한을 두고 있는 경우 법률상 이익이 있어 원고적격이 인정된다고 보고 있음(대판 2008.3.27. 2007두23811).

13. 국가직 9급 수익적 행정처분의 근거가 되는 법률이 해당 업자들 사이의 과다경쟁으로 인한 경영의 불합리를 방지하는 목적도 가지고 있는 경우, 기존업자가 경업자에 대한 면허나 인·허가 등의 수익적 행정처분의 취소를 구할 원고적격이 있다.

법률상 이익의 인정	법률상 이익의 부정
• 주류제조면허허가 • 기존 시외버스를 시내버스로 전환하는 것을 허용하는 사업계획변경인가처분에 대한 기존 시내버스업자의 이익 **15. 국회직 8급** 기존 시내버스업자는 시외버스사업을 하는 자에 대해 시내버스로 전환함을 허용하는 사업계획변경인가처분의 취소를 구할 법률상 이익이 있다. • 개별 화물자동차운송사업면허 • 선박운항사업면허 처분 • 약종상 • 분뇨 축산폐수 수집운반업자의 이익 • 자동차운송사업면허에 대한 당해 노선의 기존 업자 • 신규 담배소매인(일반소매인) 지정처분에 대한 기존 담배소매인(일반소매인) • 중계유선방송사업자의 이익	• 한의사면허 • 숙박업구조변경허가 • 석탄가공업 • 공중목욕장영업 • 양곡가공업 • 장의자동차 • 신규 담배소매인(구내소매인) 지정처분에 대한 동일시설물 내 기존 담배소매인(일반소매인)

(4) 인근주민소송

① 사익보호성의 확대로 인해 인근주민의 소송제기 가능성이 커짐
② 법률상 이익의 확대 경향
③ 허가로 얻는 이익: 종래에는 반사적 이익, 오늘날에는 법률상 이익으로 보는 경우가 있음

법률상 이익의 인정	법률상 이익의 부정
• 연탄공장 설치허가에 대한 인근주민의 이익 **18. 지방교행** 주거지역 내에서 법령상의 제한면적을 초과하는 연탄공장의 건축허가처분으로 불이익을 받고 있는 인근주민은 당해 처분의 취소를 소구할 법률상 자격이 있다. • LPG충전소설치허가에 대한 인근주민의 이익 • 화장장설치허가에 대한 인근주민의 이익 • 사설납골시설의 인가에 대한 인근주민의 이익	• 순수 공익: 행정주체가 행정목적을 달성하기 위한 통제를 가하는 결과 개인이 이익을 얻는 경우 • 지역 경관을 비롯한 주거 생활환경상의 이익 • 의사의 진료행위 거부금지의무, 약사의 조제행위 거부금지의무 • 횡단보도설치로 인한 지하상가 상인의 이익 • 상수원보호구역변경처분에 대한 인근주민의 이익

- 공장설립으로 인한 수질오염 우려가 있는 취수장으로부터 수도관을 연결해 물을 공급받는 자들의 환경상의 이익
- 환경영향평가대상지역 안의 주민들이 얻는 환경상의 이익
  - 원자로시설부지사전승인
  - 전원개발사업실시계획승인처분
  - 속리산국립공원 내 용화온천 집단시설지구 기반조성사업시행허가처분
  - 환경영향평가대상지역 밖의 주민이라 할지라도 수인한도를 넘는 환경피해를 받거나 받을 우려가 있는 것을 스스로 입증한 경우(예 새만금 사건)

- 문화재의 지정이 있음으로써 국민일반 또는 학술연구자가 이를 활용하고 그로 인하여 얻는 이익
- 환경영향평가대상지역 밖의 주민들이 얻는 환경상의 이익(입증하지 못한 경우)
- 영향권 내의 건물·토지를 소유하거나 환경상 이익을 일시적으로 향유하는 사람의 이익
- 개발제한구역해제결정에서 누락된 토지소유자의 이익

판례정리

1	**<새만금 사건 – 환경영향평가대상지역 관련>** 법률상 보호되는 이익이라 함은 당해 처분의 근거법규 및 관련 법규에 의하여 보호되는 개별적·직접적·구체적 이익이 있는 경우를 말하고, 공익보호의 결과로 국민일반이 공통적으로 가지는 일반적·간접적·추상적 이익이 생기는 경우에는 법률상 보호되는 이익이 있다고 할 수 없다(대판 2006.3.16. 2006두330).
2	**<강정마을 사건>** 국방부 민·군 복합형 관광미항(제주해군기지) 사업시행을 위한 해군본부의 요청에 따라 제주특별자치도지사가 절대보존지역이던 서귀포시 강정동 해안변지역에 관하여 절대보존지역을 변경(축소)하고 고시한 사안에서, 절대보존지역의 유지로 지역주민회와 주민들이 가지는 주거 및 생활환경상 이익은 지역의 경관 등이 보호됨으로써 반사적으로 누리는 것일 뿐 근거법규 또는 관련 법규에 의하여 보호되는 개별적·직접적·구체적 이익이라고 할 수 없다는 이유로, 지역주민회 등은 위 처분을 다툴 원고적격이 없다(대판 2012.7.5. 2011두13187).
3	**<취수장 사건>** 김해시장이 낙동강에 합류하는 하천수 주변의 토지에 구 산업집적활성화 및 공장설립에 관한 법률 제13조에 따라 공장설립을 승인하는 처분을 한 사안에서, 공장설립으로 수질오염 등이 발생할 우려가 있는 취수장에서 물을 공급받는 부산광역시 또는 양산시에 거주하는 주민들도 위 처분의 근거법규 및 관련 법규에 의하여 법률상 보호되는 이익이 침해되거나 침해될 우려가 있는 주민으로서 원고적격이 인정된다(대판 2010.4.15. 2007두16127).

(5) 공물의 일반사용으로 인한 이익

원칙	일반적인 시민생활에서 도로를 이용만 하는 사람은 법률상 이익이 없음
예외	① 직접적 이해관계를 가지는 경우 법률상 이익 인정: 일반적인 시민생활에 있어 도로를 이용만 하는 사람은 그 용도폐지를 다툴 법률상의 이익이 있다고 말할 수는 없지만, 도로의 용도폐지처분에 관하여 직접적인 이해관계를 가지는 사람이 그와 같은 이익을 현실적으로 침해당한 경우에는 그 취소를 구할 법률상의 이익이 있음(대판 1992.9.22. 91누13212) **19. 서울시 7급** 공공용재산이라고 하여도 당해 공공용재산의 성질상 특정 개인의 생활에 개별성이 강한 직접적이고 구체적인 이익을 부여하고 있어서 그에게 그로 인한 이익을 가지게 하는 것이 법률적인 관점으로도 이유가 있다고 인정되는 특별한 사정이 있는 경우에는 그와 같은 이익은 법률상 보호되어야 한다. ② 인접주민의 고양된 일반사용(도로와 같은 공공용물에 인접하여 거주하거나 토지를 소유하고 있는 자의 일반사용)의 경우에도 개인적 공권이 인정됨. 다만, 구체적으로 공물을 사용하여야 함 **19. 국회직 8급** 공물의 인접주민은 다른 일반인보다 인접공물의 일반사용에 있어 특별한 이해관계를 가지는 경우가 있고 그러한 의미에서 다른 사람에게 인정되지 아니하는 이른바 고양된 일반사용권이 보장될 수 있다.

(6) 무하자재량행사청구권
(7) 행정개입청구권

4. 개인적 공권의 특수성

(1) 불융통성

(2) 이전성의 제한
① 생명·신체의 침해로 인한 국가배상청구권은 이전이 제한됨
② 단, 손실보상청구권, 재산침해로 인한 국가배상청구권 등은 이전 가능

(3) 포기성의 제한
소권, 선거권, 연금청구권, 봉급청구권, 「석탄산업법 시행령」상의 재해위로금청구권

◎ **주의** 권리의 불행사와 구별하여야 함

(4) 보호의 특수성
행정소송 제기

(5) 대행의 제한
선거권의 대행 또는 위임금지

2 공의무

(1) 포기나 이전의 제한(예 부제소특약)
(2) 다만, 순수한 경제적 성질을 가지는 의무(예 납세의무 등)는 상속 인정

> **판례정리**
>
> 1. 공익사업을 위한 토지 등의 취득 및 보상에 관한 법률상의 사업시행자의 세입자에 대한 주거이전비지급의무는 강행규정이므로 주거이전비를 포기하는 취지의 포기각서를 제출하였다 하더라도 무효이다(대판 2011.7.14. 2011두3685).

3 공권·공의무의 승계

행정주체의 승계	지방자치단체의 폐치, 분합 그 밖의 공공단체의 통·폐합의 경우에 많이 이루어짐 ◇ **주의** 회사합병이 있는 경우에는 피합병회사의 권리·의무는 모두 합병으로 인하여 존속한 회사에게 승계되지만, 신설회사는 그렇지 않음
사인의 권리·의무 승계	명문규정이 없는 경우
승계의 가능 여부	「민법」상 권리·의무 승계규정을 준용하여 승계가능성을 긍정함
승계요건의 문제	① 대물적 성질이 있는 경우: 승계 인정 ② 일신전속적인 경우 승계: 불인정
제재사유의 승계 여부	석유판매업의 양도·양수가 이루어진 경우 양도인에게 발생한 제재사유가 영업의 양수인에게 승계되는 것으로 보아 양수인에게 제재처분을 할 수 있음(판례)

제2절 무하자재량행사청구권과 행정개입청구권

1 무하자재량행사청구권

개념	① 행정청에게 재량권을 하자 없이 행사하여 줄 것을 요구할 수 있는 권리 ② 재량행위의 영역에서도 공권이 성립할 수 있음
법적 성질	형식적 권리성: 특정 내용의 처분을 할 것을 요구하는 권리가 아님
인정 여부	① 다수설(긍정): 사익보호성 도출시 인정된다는 견해 ② 판례: (검사임용을 받지 못한 사법연수원 수료생이 이를 다툰 사건에서) 행정청에는 적어도 재량권의 한계일탈이나 남용이 없는 위법하지 않은 응답을 할 의무가 있고, 이에 대해 임용신청자로서도 재량권의 한계일탈이나 남용이 없는 적법한 응답을 요구할 권리가 있음(판례는 무하자재량행사청구권을 명시적으로 언급하지는 않았지만, 무하자재량행사청구권의 법리를 인정한 것으로 보는 것이 다수 견해)
인정범위	재량권이 인정되는 영역이면 수익적·침익적 행위, 선택재량·결정재량의 경우에도 인정됨 **15. 교행직 9급** 처분의 근거법규가 재량규정으로 되어 있는 경우일지라도 공권이 성립될 수 있다.
성립요건	① 의무의 존재 ② 사익보호성

2 행정개입청구권

개념	① 협의: 자기의 이익을 위하여 타인에 대해 일정한 행위를 발동하여 줄 것을 청구하는 권리 ② 광의: 협의 + 자기의 이익을 위하여 자기에게 일정한 행위를 발동하여 줄 것을 청구하는 권리(행정행위발급청구권 포함) **06. 경북 9급** 행정개입청구권은 특정한 내용의 처분을 하여 줄 것을 청구하는 권리라는 점에서 실체적 권리이다.
오늘날의 경향	행정개입청구권의 성립요건 완화
등장배경	행정편의주의의 극복
논의되는 영역	① 재량행위의 경우 재량권이 영(0)으로 수축하는 경우에 인정됨(신체·생명 등 중대한 개인적 법익에 대한 위험이 존재하여야 되고, 그러한 위험이 행정권의 발동에 의하여 제거될 수 있어야 하고, 자구노력으로는 그 위해로부터 벗어날 수 없을 정도의 위험이어야 함) **11. 사회복지직 9급** 재량권이 영(0)으로 수축하는 경우 무하자재량청구권이 행정개입청구권으로 전환된다. ② 기속행위의 경우에 인정됨
성질	실체적 권리(특정 처분을 할 것 요구), 사전예방적·사후구제적 권리
인정 여부	① 통설: 인정 ② 판례: 손해배상청구와 관련하여 행정개입청구의 법리를 인정함
성립요건	① 의무의 존재(개입의무의 발생) ② 사익보호성

판례정리

1	무장공비가 출현하여 그 공비와 격투 중에 있는 가족구성원인 청년이 위협받고 있던 경우에, 다른 가족구성원이 경찰에 세 차례나 출동을 요청하였음에도 불구하고 즉시 출동하지 않아 사살된 사건에서 행정청의 부작위로 인한 손해에 대하여 국가의 손해배상책임을 긍정하였다(대판 1971.4.6. 71다124).
2	국민이 행정청에 대하여 제3자에 대한 건축허가와 준공검사의 취소 및 제3자 소유의 건축물에 대한 철거명령을 요구할 수 있는 법규상 또는 조리상 권리가 인정된다고 볼 수 없다(대판 1999.12.7. 97누17568).
3	건축법에 위반한 건축물에 대하여 시정명령을 해야 하는 작위의무가 인정된다고 볼 수 없다(헌재 2010.4.20. 2010헌마189). **15. 국가직 9급** 규제권한발동에 관해 행정청의 재량을 인정하는 「건축법」의 규정은 소정의 사유가 있는 경우 행정청에 건축물의 철거 등을 명할 수 있는 권한을 부여한 것일 뿐, 행정청에 그러한 의무가 있음을 규정한 것은 아니다.
4	주거지역 내의 도시계획법과 건축법의 제한면적을 초과한 연탄공장건축허가처분으로 불이익을 받고 있는 제3거주자는 당해 행정처분의 취소를 소구할 법률상 자격이 있다(대판 1975.5.13. 73누96).

5	경찰관이 농민들의 시위를 진압하고 시위과정에 도로상에 방치된 트랙터 1대에 대하여 이를 도로 밖으로 옮기거나 후방에 안전표지판을 설치하는 것과 같은 위험발생방지조치를 취하지 아니한 채 그대로 방치하고 철수하여 버린 결과, 야간에 그 도로를 진행하던 운전자가 위 방치된 트랙터를 피하려다가 다른 트랙터에 부딪혀 상해를 입은 경우 국가배상책임이 인정된다(대판 1998.8.25. 98다16890). ◎ **주의** 「경찰관 직무집행법」 제5조는 형식상 경찰관에게 재량에 의한 직무수행권한을 부여한 것처럼 되어 있으나, 경찰관에게 그러한 권한을 부여한 취지와 목적에 비추어 볼 때 구체적인 사정에 따라 경찰관이 그 권한을 행사하여 필요한 조치를 취하지 아니하는 것이 현저히 불합리하다고 인정되는 경우에는 그러한 권한의 불행사는 직무상 의무에 위반한 것이 되어 위법하게 됨
6	환경영향평가 대상지역 안에 거주하는 주민에게는 공유수면매립면허의 처분청에게 공유수면매립법 제32조에서 정한 취소·변경 등의 사유가 있음을 내세워 면허의 취소·변경을 요구할 조리상의 신청권이 있다고 보아야 함이 상당하다(대판 2006.3.16. 2006두330). ◎ **주의** 조리상 신청권의 문제인지 행정개입청구권의 문제인지 수험생들이 많이 헷갈리는 판례임. 조리상 신청권과 행정개입청구권을 엄밀하게 구분하려고 하기 보다는 행정개입청구권은 하나의 강학상 개념이고, 행정개입청구권이 소송법의 영역에서는 조리상 신청권으로 표현될 수 있다고 봄이 타당함. 다만, 이를 행정개입청구권의 문제로 보는 경우 판례의 태도와는 다르게 행정개입청구권의 존부를 원고적격의 구비 여부에서 검토하여야 함

3 무하자재량행사청구권과 행정개입청구권의 비교

구분	무하자재량행사청구권	행정개입청구권
개념	하자 없는 재량행사를 구하는 권리	특정 처분의 발동을 구하는 권리
성질	형식적 권리	실체적 권리
성립요건	① 의무의 존재(특정 처분을 할 의무가 아니라 하자 없는 재량행사를 할 의무) ② 사익보호성	① 의무의 존재(행정권의 개입의무) ② 사익보호성
인정범위	재량행위에서만 성립하는 권리	기속행위의 경우에 성립하며, 재량행위의 경우에도 재량권이 영(0)으로 수축되는 경우에는 성립 가능

제7장 특별권력관계

1 특별권력관계론

1. 종래의(전통적) 특별권력관계론

(1) 의의
① 일반권력관계: 국민이 일반통치권에 복종하는 지위에서 성립되는 법률관계를 말하며, 법치주의가 전면적으로 적용됨
② 특별권력관계: 특별한 법률원인에 의하여 성립되며, 법치주의가 제한되는 관계

(2) 이론의 성립배경
독일 특유의 이론, 군주의 영역확보를 위한 타협의 산물

(3) 이론적 기초
불침투이론(국가 내부에는 법이 침투할 수 없다는 이론)

(4) 이론의 내용
① 법률유보의 배제
② 기본권의 제약
③ 사법심사의 배제

구분	일반권력관계	특별권력관계
기초	일반통치권	특별권력
규율	행정주체와 일반국민	특별권력주체와 내부구성원
성립	당연히 성립함	특별한 원인(법률규정 또는 동의)에 의하여 성립함
내용	과세권, 형벌권 등	명령권, 징계권
법치주의와의 관계	전면적으로 적용됨	법률유보 배제, 기본권 제약, 사법심사 배제(불침투이론)

(5) 종래 특별권력관계론의 동요
① 독일의 재소자 판결의 등장
② 민주국가의 등장
③ 공무원 등의 인격주체성

(6) 인정 여부

학설	울레(Ule)의 수정설	① 기본관계의 행위: 특별권력관계를 성립·변경·종료시키는 관계로서, 상대방의 권리·의무에 직접적인 영향을 미치므로 사법심사의 대상 ○ • 공무원의 임명·전직·퇴직·징계·파면 • 국·공립대학의 입학, 국·공립대학생의 징계, 국립학교 학생의 퇴학, 공립고등학교의 퇴학 • 수형자의 입소·퇴소 • 군인의 입대·제대 • 형의 집행 ② 경영관계의 행위: 특별권력관계의 목표를 실현하는 데에 필요한 행위로서, 기본적으로 사법심사의 대상 × • 군복무관계: 사법심사 적용 • 폐쇄적 영조물이용관계(예 재소자관계, 전염병환자의 강제격리관계): 사법심사 적용 • 일반 공무원관계(예 훈령, 직무명령, 시험) • 개방적 영조물이용관계(예 도서관이용관계) ☑ **주의** 군복무관계, 폐쇄적 영조물이용관계는 경영관계임에도 불구하고 사법적 권리보호가 인정되어야 하므로 사법심사가 적용됨
	제한적 긍정설	① 법치주의의 완화 적용 ② 폭넓은 재량권의 부여
검토 (특별행정법관계)		① 일반론: 법률유보의 원칙 적용, 요건을 갖춘 경우 사법심사가 허용됨 ② 개괄적 규정에 의한 수권도 가능, 폭넓은 재량권 인정

2. 특별행정법관계(특별권력관계)

성립		① 법률의 규정에 의한 성립: 병역의무자의 군입대, 수형자의 교도소 수감, 전염병환자의 강제입원 ② 동의에 의한 성립 • 임의적 동의: 공무원의 임용, 국·공립대학의 입학 • 강제적 동의: 학령아동의 초등학교 취학 ☑ **주의** 특별권력관계가 무조건 동의에 의하여 성립되는 것은 아님 **09. 국회직 9급** 특별권력관계의 성립은 직접 법률에 의거하는 경우와 상대방의 동의에 의하는 경우가 있는데, 상대방의 동의는 자유로운 의사에 기한 자발적인 동의만을 의미하는 것은 아니다.
소멸		① 목적달성에 의한 경우(예 국·공립학교의 졸업, 병역의무의 이행) ② 스스로의 임의탈퇴에 의한 경우(예 공무원의 사임, 학생의 자퇴) ③ 권력주체의 일방적 배제에 의한 경우(예 학생의 퇴학, 공무원의 파면)
종류	공법상의 근무관계	공무원관계와 군복무관계
	공법상의 영조물이용관계	국·공립학교 재학관계, 도서관이용관계, 전염병환자의 재원관계, 교도소 수감관계 등
	공법상 특별감독관계	공공조합 등 공공단체와 별정우체국장 등 공무를 위탁받은 사인이 국가로부터 특별한 감독을 받는 관계
	공법상의 사단관계	임업협동조합 등 공공조합과 그 조합원의 관계

내용	① 명령권: 법률의 수권 없이 법규성을 갖는 특별명령 제정 불가능 ② 징계권: 임의적 동의에 의하여 성립된 경우 특별권력관계의 배제 및 이익박탈에 그쳐야 함
특별행정법관계와 법치주의	① 법률유보의 원칙 적용 ② 기본권 제한: 법률에 근거하여 최소한 범위 내에서만 제한됨 ③ 사법심사: 처분성이 인정되는 한 긍정함

15. 경행특채 1차 특별행정법관계(특별권력관계)의 종류에는 공법상의 근무관계, 공법상의 영조물이용관계, 공법상의 특별감독관계, 공법상의 사단관계가 있다.

📖 판례정리

1	농지개량조합과 그 직원과의 관계는 사법상의 근로계약관계가 아닌 공법상의 특별권력관계이고, 그 조합의 직원에 대한 징계처분의 취소를 구하는 소송은 행정소송사항에 속한다(대판 1995.6.9. 94누10870).
2	<국립교육대학 학생에 대한 퇴학처분> 국가공권력의 하나인 징계권을 발동하여 학생으로서의 신분을 일방적으로 박탈하는 국가의 교육행정에 관한 의사를 외부에 표시한 것이므로, 행정처분임이 명백하다(대판 1991.11.22. 91누2144). **15. 경행특채 1차** 국립교육대학 학생에 대한 퇴학처분은 행정처분으로서 행정소송의 대상이 된다.
3	육군사관생도 甲이 여자 친구와 원룸에서 동침하거나 성관계를 맺은 행위가 육군사관학교의 생도 생활예규 제35조 제6호에서 정한 동침 및 성관계 금지규정을 위반하였다는 등의 이유로 육군사관학교장이 甲에게 퇴학처분을 한 사안에서, 위 규정은 도덕적 한계를 넘는 동침 및 성관계 행위를 금지하는 것으로 해석해야 하는데, 甲의 행위가 도덕적 한계를 넘은 것으로서 위 규정을 위반한 것으로 볼 수 없다. … 원고에게 퇴학처분을 한 것은 사회통념상 현저하게 타당성을 잃어 징계재량권을 일탈·남용한 것에 해당한다(대판 2014.5.16. 2014두35225).
4	육군3사관학교 사관생도인 甲이 4회에 걸쳐 학교 밖에서 음주를 하여 '사관생도 행정예규' 제12조에서 정한 품위유지의무를 위반하였다는 이유로 육군3사관학교장이 교육운영위원회의 의결에 따라 甲에게 퇴학처분을 한 사안에서, 위 금주조항은 사관생도의 일반적 행동자유권, 사생활의 비밀과 자유 등 기본권을 과도하게 제한하는 것으로서 무효인데도 위 금주조항을 적용하여 내린 퇴학처분이 적법하다고 본 원심판결에 법리를 오해한 잘못이 있다(대판 2018.8.30. 2016두60591).
5	<군인이 상관의 지시와 명령에 대하여 헌법소원 등 재판청구권을 행사하는 것이 군인의 복종의무에 위반하였다고 볼 수 없다는 판례> 상관의 지시나 명령을 준수하는 이상 그에 대하여 소를 제기하거나 헌법소원을 청구하였다는 사실만으로 상관의 지시나 명령을 따르지 않겠다는 의사를 표명한 것으로 간주할 수도 없다. 종래 군인이 상관의 지시나 명령에 대하여 사법심사를 청구하는 행위를 무조건 하극상이나 항명으로 여겨 극도의 거부감을 보이는 태도 역시 모든 국가권력에 대하여 사법심사를 허용하는 법치국가의 원리에 반하는 것으로 마땅히 배격되어야 한다(대판 2018.3.22. 2012두26401 전합).
6	<그 외 특별권력관계> [1] 동장과 구청장은 특별권력관계에 해당된다. 위법한 처분에 대한 취소소송제기가 가능하다. [2] 서울교육대학장의 재학생에 대한 징계권 발동은 행정처분으로 항고소송제기가 가능하다. [3] 국립교육대학장의 학생에 대한 징계처분이 교육적 재량행위라는 이유만으로 사법심사의 대상에서 당연히 제외되는 것은 아니다. [4] 교도소장의 미결수용자에 대한 다른 수용시설로의 이송처분은 항고소송제기가 가능하다. [5] 경찰공무원 등 공무원의 근무관계에서 위법한 처분은 항고소송제기가 가능하다. [6] 기동대장의 진압명령에 대해 전투경찰대원은 헌법소원제기가 가능하다.

2 공법관계에 대한 법규정의 흠결시 타법 적용

1. 개설

명문에 의한 사법규정의 적용	「국가배상법」 등의 규정
명문의 규정이 없는 경우	① 부정설과 긍정설이 있으며, 긍정설은 직접적용설과 유추적용설로 나뉨 ② 현재 유추적용설이 통설 **☑ 주의 유추적용설** 공법관계의 내용 및 사법규정의 성질에 따라 사법규정을 유추적용할 수 있다는 학설인 유추적용설은 유추적용을 제한하거나 사법규정에 반대되는 규정이 없는 한 유추적용할 수 있다는 일반적 유추적용설과 법령에 특별한 규정이 있거나 내용이 유사한 경우에 한하여 제한적으로 유추적용을 인정하는 한정적 유추적용설로 나누어 짐

2. 사법규정의 유추적용 및 그의 한계

(1) 사법규정의 성질

법일반원리적 규정, 사인 상호간 이해조절규정

(2) 공법관계의 유형에 따른 적용의 한계

구분	법일반원리적 규정	사인간 이해조절규정
권력관계	적용 ○	적용 ×
관리관계	적용 ○	적용 ○

3. 공법규정의 흠결시 다른 공법규정의 유추적용 인정 여부

유추적용을 인정한 판례	유추적용을 부정한 판례
① 제외지 소유자에 대해 손실보상을 한다는 명문규정이 없더라도 「하천법」 규정을 유추적용하여 손실을 보상하여야 함 ② 「관세법」에는 환급가산금에 관한 규정이 존재하지 않으나 「국세기본법」에는 환급가산금규정이 존재하므로 관세의 경우에도 「국세기본법」상 환급가산금규정을 유추적용하여 환급가산금을 지급하여야 함 ③ 공공사업지구 밖에서 발생한 간접손실에 관하여 명문의 근거법령이 없더라도 헌법의 재산권 규정과 「공공용지의 취득 및 손실보상에 관한 특례법」 및 그 시행규칙을 유추적용할 수 있음 ④ 「행정소송법」 제21조, 제22조, 제37조, 제42조의 소의 변경 이외에 「민사소송법」의 소의 변경 규정 적용도 가능함	① 조세법률주의의 원칙상 과세요건이나 비과세요건 또는 조세감면요건을 막론하고 조세법규의 해석은 특별한 사정이 없는 한 법문대로 해석하여야 함 ② 항고소송에 대하여는 「민사집행법」상 가처분에 관한 규정이 적용되지 않음

제8장 행정법상의 법률요건과 법률사실

제1절 법률요건과 법률사실의 의의 및 종류

1 의의

법률요건	행정법관계의 발생·변경 또는 소멸의 법률효과를 발생시키는 행위
법률사실	법률요건을 이루는 개개의 사실

2 종류

1. 사건

(1) 개념

사람의 정신작용을 요소로 하지 않는 법률사실

(2) 종류

출생·사망	의사의 사망으로 의사면허가 실효되는 것
시간의 경과	제소기간(처분이 있음을 안 날로부터 90일 등)의 경과로 소송을 제기하지 못하는 것
일정한 연령의 도달	「공직선거법」상 만 18세에 도달하여 선거권을 취득하는 것
물건의 소유·점유	가옥의 소유로 재산세 납부의무를 부담하는 것
거주	일정한 지역에 거주함으로써 지방자치단체의 주민이 되는 것

2. 용태

(1) 개념

사람의 정신작용을 요소로 하여 이루어지는 법률사실

(2) 종류

외부적 용태	① 사람의 정신작용이 외부에 표시되어 일정한 공법적 효과를 발생시키는 것 ② 공법행위가 주로 외부적 용태에 해당함
내부적 용태	① 사람의 정신작용이 외부로 나타나지 않은 상태에서 공법적 효과를 발생시키는 것 ② 고의, 과실, 선의, 악의 등이 내부적 용태에 해당함

제2절 행정법상의 사건

1 시간의 경과

1. 기간

개념	한 시점에서 다른 시점까지의 시간적 간격을 의미함
기간의 계산	행정에 관한 기간의 계산에 관하여는 이 법 또는 다른 법령에 특별한 규정이 있는 경우를 제외하고는 「민법」을 준용함

「행정기본법」 제6조【행정에 관한 기간의 계산】① 행정에 관한 기간의 계산에 관하여는 이 법 또는 다른 법령 등에 특별한 규정이 있는 경우를 제외하고는 「민법」을 준용한다.
② 법령등 또는 처분에서 국민의 권익을 제한하거나 의무를 부과하는 경우 권익이 제한되거나 의무가 지속되는 기간의 계산은 다음 각 호의 기준에 따른다. 다만, 다음 각 호의 기준에 따르는 것이 국민에게 불리한 경우에는 그러하지 아니하다.
1. 기간을 일, 주, 월 또는 연으로 정한 경우에는 기간의 첫날을 산입한다.
2. 기간의 말일이 토요일 또는 공휴일인 경우에도 기간은 그 날로 만료한다.

2. 시효

개념	① 일정한 사실상태가 지속된 경우 그 계속된 사실상태를 존중하는 것 ② 법률생활 안정도모
사법규정의 적용	공법관계에도 「민법」의 시효에 관한 규정이 유추적용됨
금전채권의 소멸시효	① 국가 등의 국민에 대한 금전채권: (다른 법률에 특별한 규정이 없는 한) 원칙 5년 ② 다른 법률의 의미 　• 5년보다 짧은 기간의 규정은 포함됨 　• 5년보다 긴 기간의 규정은 포함되지 않음 　• 구체적 예: 국가배상청구권은 손해 및 가해자를 안 날로부터 3년의 소멸시효 ③ 국가의 사법상 행위에서 발생한 금전채권: 원칙 5년 ④ 국민의 국가에 대한 금전채권: 원칙 5년 　**16. 지방직 9급** 국가에 대한 금전채권은 다른 법률에 특별한 규정이 없는 한 5년간 행사하지 않으면 소멸한다.
소멸시효의 중단·정지 등	① 기산점: 권리를 행사할 수 있는 때 ② 중단·정지 　• 「민법」의 규정이 유추적용됨 　• 「국세기본법」은 독촉, 납세고지 등에 의한 시효중단의 효력을 인정함

> 판례정리

1	예산회계법 제98조에서 법령의 규정에 의한 납입고지를 시효중단사유로 규정하고 있는바, 이러한 납입고지에 의한 시효중단의 효력은 그 납입고지에 의한 부과처분이 취소되더라도 상실되지 않는다(대판 2000.9.8. 98두19933). **11. 국가직 7급** 법령의 규정에 의한 납입고지에 의한 시효중단의 효력은 그 납입고지에 의한 부과처분이 취소되더라도 상실되지 않는다.
2	세무공무원이 체납자의 재산을 압류하기 위해 수색을 하였으나 압류할 목적물이 없어 압류를 실행하지 못한 경우에도 시효중단의 효력은 발생한다(대판 2001.8.21. 2000다12419). **08. 지방직 7급** 「국세징수법」상 세무공무원이 체납자의 재산을 압류하기 위해 수색을 하였으나 압류할 목적물이 없어 압류를 실행하지 못한 경우에도 시효중단의 효력은 발생한다.
3	변상금부과처분에 대한 취소소송이 진행 중이라도, 그 부과권자로서는 위법한 처분을 스스로 취소하고 그 하자를 보완하여 다시 적법한 부과처분을 할 수도 있는 것이어서, 취소소송이 진행되는 동안에도 그 부과권의 소멸시효가 진행된다(대판 2006.2.10. 2003두5686). **17. 국가직 9급** 변상금부과처분에 대한 취소소송이 진행 중이면 변상금부과권의 권리행사에 법률상의 장애사유가 있는 경우에 해당하지 않으므로, 그 부과권의 소멸시효는 중단되지 않는다.
4	사법상의 원인에 기한 국가채권의 경우에 납입고지에 있어 민법상 최고보다 더 강한 시효중단의 효력을 인정한 것은 평등권을 침해하지 않는다(헌재 2004.3.25. 2003헌바22).
5	채권자가 동일한 목적을 달성하기 위하여 복수의 채권을 갖고 있는 경우, 어느 하나의 청구권을 행사하는 것이 다른 채권에 대한 소멸시효중단의 효력이 있다고 할 수 없다(대판 2002.5.10. 2000다39735).
6	특별시장 등이 거짓이나 부정한 방법으로 화물자동차 유가보조금(이하 '부정수급액'이라 한다)을 교부받은 운송사업자 등으로부터 부정수급액을 반환받을 권리에 대해서는 지방재정법 제82조 제1항에서 정한 5년의 소멸시효가 적용된다. 그 소멸시효는 부정수급액을 지급한 때부터 진행하므로, 반환명령일을 기준으로 이미 5년의 소멸시효가 완성된 부정수급액에 대해서는 반환명령이 위법하다(대판 2019.10.17. 2019두33897).
7	변상금부과처분이 당연무효인 경우 납부하거나 징수당한 오납금은 부당이득이고, 그 부당이득반환청구권은 납부·징수시에 발생하여 확정되며, 그때부터 소멸시효가 진행한다(대판 2005.1.27. 2004다50143).
8	과세처분의 취소 또는 무효확인청구의 소는 조세환급을 구하는 부당이득반환청구권의 소멸시효중단사유인 재판상 청구에 해당한다(대판 1992.3.31. 91다32053 전합).

(1) 소멸시효 완성의 효과
  ① 절대적 소멸설: 시효이익을 받는 자의 의사와 무관하게 권리가 소멸함
  ② 소급효: 기산일에 소급하여 권리가 소멸함

(2) 공물의 취득시효

국유 또는 공유의 공물	일반재산(구 잡종재산)
① 법규정: 공물은 공용폐지되지 않는 한 시효취득의 대상이 아님 ② 입증책임: 시효취득의 이익을 주장하는 자 ③ 예정공물의 경우: 시효취득의 대상이 아님	시효취득 가능

> **판례정리**

1	공용폐지 의사표시가 없는 한 공물의 시효취득은 부정되며, 이때의 공용폐지의 의사표시는 명시적이든 묵시적이든 상관없으나 적법한 의사표시는 있어야 한다(대판 1994.3.22. 93다56220).
2	행정재산이 본래의 용도에 사용되지 않고 있다는 사실만으로 용도폐지의 의사표시가 있었다고 볼 수는 없다(대판 1994.3.22. 93다56220).
3	구 국유재산법 제5조 제2항이 잡종재산에 대하여까지 시효취득을 배제하고 있는 것은 합리적 사유 없이 국가만을 우대하므로 평등원칙에 위반된다(헌재 1998.5.13. 89헌가97).
4	<공용폐지(공물의 성질을 소멸시키는 행정청의 의사표시)> 묵시적 의사표시도 가능하다. 다만, 본래 용도에 사용되지 않거나 행정주체가 점유를 상실하였다는 정도의 사정만으로는 곧바로 묵시적 공용폐지를 인정할 수는 없다. 묵시적 공용폐지가 인정되기 위해서는 주위의 사정을 종합하여 객관적으로 공용폐지 의사가 객관적으로 추단될 수 있어야 한다(대판 2009.12.10. 2006다87358). **18. 국회직 8급** 공물의 공용폐지에 관하여 국가의 묵시적인 의사표시가 있다고 인정되려면 공물이 사실상 본래의 용도에 사용되고 있지 않다거나 행정주체가 점유를 상실하였다는 정도의 사정만으로는 부족하고, 주위의 사정을 종합하여 객관적으로 공용폐지 의사의 존재가 추단될 수 있어야 한다.
5	원래 잡종재산이던 것이 행정재산으로 된 경우 잡종재산일 당시에 취득시효가 완성되었다고 하더라도 행정재산으로 된 이상 이를 원인으로 하는 소유권이전등기를 청구할 수 없다(대판 1997.11.14. 96다10782).

2 공법상 주소

자연인의 경우 행정법상 주민등록지가 주소이며, 원칙적으로 1개소에 한정됨

제3절 공법상 사무관리와 부당이득

1 공법상 사무관리

의의	① 개념: 법률상 의무 없이 타인을 위하여 사무를 관리하는 행위 ② 사법규정의 적용
예	① 강제관리: 문제 있는 재단의 사립학교에 대한 강제관리 ② 보호관리: 재해시 행하는 구호, 시·군에서 행하는 행려병자·사자의 관리 ③ 역무제공: 개인이 행하는 것으로 비상재해시 임의적인 행정사무의 일부관리

판례정리

1	사인이 국가를 대신하여 처리할 수 있는 성질의 것으로서, 사무처리의 긴급성 등 국가의 사무에 대한 사인의 개입이 정당화되는 경우에 한하여 사무관리가 성립하고, 그 범위 내에서 비용의 상환을 청구할 수 있다(대판 2014.12.11. 2012다15602).
2	사무관리가 성립하기 위하여는 우선 그 사무가 타인의 사무이고 타인을 위하여 사무를 처리하는 의사, 즉 관리의 사실상의 이익을 타인에게 귀속시키려는 의사가 있어야 하며, 나아가 그 사무의 처리가 본인에게 불리하거나 본인의 의사에 반한다는 것이 명백하지 아니할 것을 요한다. 여기에서 '타인을 위하여 사무를 처리하는 의사'는 관리자 자신의 이익을 위한 의사와 병존할 수 있고, 반드시 외부적으로 표시될 필요가 없으며, 사무를 관리할 당시에 확정되어 있을 필요가 없다(대판 2013.8.22. 2013다30882).

2 공법상 부당이득

의의	① 개념: 법률상 원인 없이 이득을 얻고 타인에게 손실을 가하는 것(「민법」 제741조) ② 부당이득이 있는 경우, 이득자는 손실자에게 그 이득을 반환하여야 하는 반환의무가 발생하고, 손실자는 부당이득반환청구권을 취득함. 행정법관계에서 성립하는 부당이득반환청구권을 공법상의 부당이득반환청구권이라고 함 ③ 사법규정의 적용 **17. 지방직 9급** 공법상 부당이득에 관한 일반법은 없으므로 특별한 규정이 없는 경우, 「민법」상 부당이득반환의 법리가 준용된다.
공법상 부당이득반환청구권의 성질	① 공권설(통설): 당사자소송 ② 사권설(판례): 민사소송(판례는 부당이득반환청구소송의 일종인 조세과오납금반환청구소송을 민사소송으로 다루고 있음)
공법상 부당이득반환청구권의 성립요건	① 법률상 원인이 없을 것: 행정처분에 의하여 이익이 발생한 경우 법률상 원인이 없는 것으로 인정되기 위해서는 처분이 무효이거나 취소가 된 상태이어야 함 ② 재산적 이익의 변동이 있을 것
부당이득의 유형 — 행정주체의 부당이득	① 행정행위에 의하여 성립한 경우: 행정행위는 공정력을 가지므로 당연무효이거나 권한 있는 기관에 의하여 취소됨으로써 부당이득이 성립됨 ⇨ 단순위법이 있는 경우에는 행정행위가 취소되기 전까지 부당이득이 되지 아니함 ② 행정행위에 의하지 않고 성립한 경우: 행정주체가 정당한 권한 없이 타인의 토지를 도로로 조성·사용한 경우
부당이득의 유형 — 사인의 부당이득	① 행정행위에 의하여 성립한 경우: 행정행위가 당연무효이거나 권한 있는 기관에 의하여 취소됨으로써 부당이득이 성립됨 ② 행정행위에 의하지 않고 성립한 경우: 공무원이 봉급을 추가 수령한 경우 등
소멸시효	① 금전채권: 5년. 단, 특별규정이 있음 ② 판례: 오납금에 대한 납부자의 부당이득반환청구권은 납부 또는 징수시 발생하여 확정되며, 그때부터 소멸시효가 진행됨

공법상 부당이득반환의 청구절차	① 현재 실무에서는 판례의 태도에 따라 민사소송절차에 의하고 있음 ② 행정처분에 의하여 부당이득이 발생한 경우 처분이 무효이거나 권한 있는 기관에 의하여 취소된 상태이어야 함. 다만, 개인은 「행정소송법」 제10조 제2항에 따라 취소소송과 부당이득반환청구소송을 병합하여 제기할 수 있으며, 부당이득반환청구가 인용되기 위해서는 그 소송절차에서 판결에 의하여 해당 처분이 취소되면 충분하고, 그 처분의 취소가 확정되어야 하는 것은 아님(소의 병합 파트에서 자세히 다룰 것) **선생님 tip** 취소소송과 부당이득반환청구소송의 병합 그 소송절차에서 판결에 의하여 해당 처분이 취소되면 충분하고, 그 처분의 취소가 확정되어야 하는 것은 아님

판례정리

1	납세의무자에 대한 국가의 부가가치세 환급세액 지급의무는 … 부가가치세 법령에 의하여 그 존부나 범위가 구체적으로 확정되고 조세 정책적 관점에서 특별히 인정되는 공법상 의무라고 봄이 타당하다. 그렇다면 납세의무자에 대한 국가의 부가가치세 환급세액 지급의무에 대응하는 국가에 대한 납세의무자의 부가가치세 환급세액 지급청구는 민사소송이 아니라 행정소송법 제3조 제2호에 규정된 당사자소송의 절차에 따라야 한다(대판 2013.3.21. 2011다95564 전합). **주의** 기존의 판례는 부가가치세 환급세액의 지급청구에 대하여 민사소송으로 보았음(민사소송에서 당사자소송으로 판례를 변경한 사례) **19. 서울시 7급** 납세의무자에 대한 국가의 부가가치세 환급세액 지급의무는 그 납세의무자로부터 어느 과세기간에 과다하게 거래징수된 세액 상당을 국가가 실제로 납부받았는지와 관계없이 부가가치세 법령의 규정에 의하여 직접 발생하는 것으로 당사자소송의 절차에 따라야 한다.
2	개발부담금부과처분이 취소된 이상, 그 후의 부당이득으로서의 과오납금반환에 관한 법률관계는 단순한 민사관계에 불과한 것이고, 행정소송절차에 따라야 하는 관계로 볼 수 없다(대판 1995.12.22. 94다51253).
3	조세부과처분이 당연무효임을 전제로 하여 이미 납부한 세금의 반환을 청구하는 부당이득반환청구로서 민사소송절차에 따라야 한다(대판 1993.4.28. 94다55019). **비교** 조세과오납금청구소송 관련 판례(판례 1)와 비교하여 숙지할 것
4	국유재산의 무단점유자에 대하여 국유재산법 제51조에 의한 변상금 부과·징수권의 행사와 별도로 민사상 부당이득반환청구의 소를 제기할 수 있다(대판 2014.7.16. 2011다76402 전합). **19. 서울시 7급** 「국유재산법」에 의한 변상금 부과·징수권은 민사상 부당이득반환청구권과 법적 성질을 달리하므로, 국가는 무단점유자를 상대로 변상금 부과·징수권의 행사와 별도로 국유재산의 소유자로서 민사상 부당이득반환청구의 소를 제기할 수 있다.
4-1	또한, 그 권리는 동일한 금액범위 안에서 경합하여 병존하게 되고 민사상 부당이득반환청구권이 만족을 얻어 소멸하면 그 범위 내에서 변상금 부과·징수권도 소멸한다(대판 2014.9.4. 2012두5688).

제9장 사인의 공법행위

제1절 공법행위

1 공법행위의 의의

	개념	공법적 법률효과의 발생을 가져오는 행위의 총체
유형	행정주체의 공법행위	① 권력행위(행정행위) ② 비권력행위(공법상 계약, 공법상 합동행위)
	사인의 공법행위	① 자체완성적 공법행위 ② 행위요건적 공법행위

2 사인의 공법행위

1. 의의
사인이 행하는 공법적 행위로 공법적 효과가 발생함

2. 법적 근거
일반법은 없음. 단, 「행정절차법」, 「민원 처리에 관한 법률」에 일부규정이 있음

3. 구별개념
(1) 행정주체의 공법행위와의 구별
    ① 사인의 공법행위에는 공정력, 자력집행력 등이 인정되지 않음
    ② 공법적 효과의 발생을 목적으로 한다는 점에서 공통됨
(2) 사인의 사법행위와의 구별
    ① 사인의 공법행위에는 명확성, 객관성, 정형성이 요구됨
    ② 사적 자치의 원칙이 적용되지 않음
    ③ 비권력적 행위라는 점에서 공통됨

4. 종류 - 행위의 효과에 의한 분류

구분	자기완결적(자체완성적, 자족적) 공법행위	행위요건적(행정요건적) 공법행위
개념	사인의 공법행위만으로 법률효과를 완결시키는 행위	사인의 공법행위가 단순히 행정작용의 요건 등에 그치고 그 자체만으로 법률효과를 완성하지 못하는 행위
예	출생신고, 투표행위, 건축신고	신청, 공법상 계약의 승낙

✓ **주의** 건축신고는 자기완결적 신고이나, 수리를 거부하면 항고소송의 대상이 됨

14. 서울시 9급 사인의 행위만으로 공법적 효과를 가져오는 것과 국가나 지방자치단체의 행위의 전제요건이 되는 것으로 구분할 수 있다.

5. 적용법리

사인의 공법행위를 규율하는 일반적·통칙적 규정은 없음

(1) 의사능력

의사능력 없는 자의 행위는 무효

03. 관세사 사인의 공법행위에서도 의사능력이 필요하고, 의사능력이 없으면 무효이다.

(2) 행위능력

민법규정이 적용되나 우편법 등의 예외규정이 있음(예 5살 꼬마가 보내는 편지)

10. 국가직 7급 행위무능력자에 의한 사인의 공법행위도 유효한 것이라고 보는 개별법이 있다.

(3) 대리

행위의 성질상 대리가 허용되지 않는 경우도 있음(예 선거, 투표 등)

03. 관세사 사인의 공법행위에 있어서 법규정상 또는 행위의 성질상 대리가 허용되지 않는 경우가 많다.

(4) 형식

① 반드시 요식행위인 것은 아님
② 다만, 「행정절차법」에 따르면 처분을 구하는 신청은 문서로 하여야 함

(5) 효력발생시기

도달주의가 원칙. 단, 발신주의를 규정하고 있는 경우도 있음(「국세기본법」제5조의2)

📋 판례정리

1	주민등록의 신고는 행정청에 도달하기만 하면 신고로서의 효력이 발생하는 것이 아니라 행정청이 수리한 경우에 비로소 신고의 효력이 발생한다 할 것이고, 따라서 주민등록신고서를 행정청에 제출하였다가 행정청이 이를 수리하기 전에 신고서의 내용을 수정하여 위와 같이 수정된 전입신고서가 수리되었다면 수정된 사항에 따라서 주민등록신고가 이루어진 것으로 보는 것이 타당하다(대판 2009.1.30. 2006다17850).
2	행정절차에 관한 공통적인 사항을 규정하여 국민의 행정참여를 도모함으로써 행정의 공정성·투명성 및 신뢰성을 확보하고 국민의 권익을 보호함을 목적으로 하는 행정절차법 제3조 제1항은 "처분·신고·행정상 입법예고·행정예고 및 행정지도의 절차에 관하여 다른 법률에 특별한 규정이 있는 경우를 제외하고는 이 법이 정하는 바에 의한다."고 규정하고 있고, 행정절차법 제40조 제1항·제2항은 법령 등에서 행정청에 대하여 일정한 사항을 통지함으로써 의무가 끝나는 신고를 규정하고 있는 경우에 그 신고가 신고서의 기재사항에 흠이 없을 것, 필요한 구비서류가 첨부되어 있을 것, 기타 법령 등에 규정된 형식상의 요건에 적합할 것의 요건을 갖춘 경우에는 신고서가 접수기관에 도달된 때에 신고의 의무가 이행된 것으로 보고있다(대판 2011.1.20. 2010두14954). **15. 국회직 8급** 법령 등에서 행정청에 대하여 일정한 사항을 통지함으로써 의무가 끝나는 신고는 그 기재사항에 흠이 없고, 필요한 구비서류가 첨부되어 있으며, 기타 법령 등에 규정된 형식상의 요건에 적합할 때에는 신고서가 접수기관에 도달된 때에 신고의 의무가 이행된 것으로 본다.

(6) 의사표시
① 「민법」 적용 ○: 사기, 강박 ⇨ 사직서의 제출이 상급기관이나 상급관청의 강박에 의하여 의사결정의 자유를 박탈할 정도에 이른 것이라면 그 의사표시는 무효. 다만, 강박에 이르지 않고 의사결정의 자유를 제한하는 정도에 그친 것이라면 「민법」 제110조의 취소규정을 준용하여 그 효력을 따져보아야 함(대판 1997.12.12. 97누13962)
② 「민법」 적용 ✕: 단체적 성질이 강한 경우, 비진의의사표시의 무효에 관한 규정(표시대로 효력 발생)

> **판례정리**
>
> 1 군인사정책상 필요에 의해서 복무연장지원서와 전역지원서를 동시에 제출하게 한 피고 측의 방침에 따라 위 양 지원서를 함께 제출한 이상, 가사 전역지원의 의사표시가 진의 아닌 의사표시라고 하더라도 그 무효에 대한 법리를 선언한 민법 제107조 제1항 단서의 규정은 성질상 사인의 공법행위에는 적용되지 않는다 할 것이므로 그 표시된 대로 유효한 것으로 보아야 할 것이다(대판 1994.1.11. 93누10057).
>
> 2 일괄사표를 제출하였다가 선별수리하는 형식으로 의원면직되었다고 하더라도 공무원들이 임용권자 앞으로 일괄사표를 제출한 경우 그 사직원의 제출은 제출 당시 임용권자에 의하여 수리 또는 반려 중 어느 하나의 방법으로 처리되리라는 예측이 가능한 상태에서 이루어진 것으로서 그 사직원에 따른 의원면직은 그 의사에 반하지 아니하고, 비록 사직원제출자의 내심의 의사가 사직할 뜻이 아니었다 하더라도 그 의사가 외부에 객관적으로 표시된 이상 그 의사는 표시된 대로 효력을 발하는 것이며, 민법 제107조는 그 성질상 사인의 공법행위에 적용되지 아니하므로 사직원제출을 받아들여 의원면직처분한 것을 당연무효라고 할 수 없다(대판 1992.8.14. 92누909).

(7) 부관
원칙적으로 사인의 공법행위에는 부관을 붙일 수 없음
03. 관세사 사인의 공법행위에는 부관을 붙일 수 없는 것이 원칙이다.

(8) 의사표시의 철회, 보완 등
① 명문으로 금지되거나 성질상 불가능한 경우가 아닌 한 행정행위가 성립하기 전에 철회가 가능함
② 다만, 투표행위와 같이 합성된 법률효과를 내는 경우에는 철회가 제한됨
주의 사인의 공법행위는 일부인용이 가능함

6. 사인의 공법행위의 하자

(1) 사인의 공법행위 하자의 효력
① 의사표시 하자의 효력: 원칙적으로 민법규정이 유추적용됨
② 납세신고 하자의 효력: 원칙적으로 중대·명백설에 따라 판단함

(2) 행위요건적 공법행위의 하자와 그에 기초한 행정행위의 효력
① 동기에 불과한 경우: 사인의 공법행위가 무효이더라도 행정행위는 유효함
② 전제요건(다수설)
  ㉠ 사인의 공법행위에 취소사유가 있는 경우, 행정행위는 유효함
  ㉡ 사인의 공법행위가 무효인 경우, 행정행위는 무효임 ⇨ 사인의 공법행위가 무효인 경우에도 행정행위는 취소할 수 있는 유효한 행정행위로 보는 원칙상 취소사유설도 존재함. 하지만 원칙상 취소사유설도 효력발생요건인 상대방의 동의나 신청을 요하는 행정행위에서 동의나 신청이 존재하지 않는 경우에는 그 행정행위는 무효라고 봄

제2절 신청과 신고

1 신청

1. 개념
행정청에 일정한 조치를 취해 줄 것을 요구하는 의사표시

2. 근거
「행정절차법」 제17조(처분의 신청), 「민원 처리에 관한 법률」 제8조(민원의 신청)

3. 요건
(1) 신청권의 존재
신청권의 존부는 구체적 사건에서 신청인이 누구인가를 고려하지 않고 관계법규의 해석에 의하여 일반 국민에게 그러한 신청권을 인정하고 있는가를 살펴 추상적으로 결정되는 것이고, 신청인이 그 신청에 따른 단순한 응답을 받을 권리를 넘어서 신청의 인용이라는 만족적 결과를 얻을 권리를 의미하는 것은 아님(대판 2009.9.10. 2007두20638)

(2) 신청의 방법
원칙적으로 문서에 의하고, 전자문서의 경우 행정청의 컴퓨터 등에 입력된 때 신청한 것으로 봄

4. 신청의 효과
(1) 접수의무
접수를 보류 또는 거부하거나 부당하게 되돌려 보내서는 안 됨

(2) 처리의무(응답의무)
① 처분이 허가인 경우 행정청은 형식적 심사 외에 실질적 심사도 거침
② 응답의무는 신청된 내용대로 처분할 의무와는 구별됨(거부처분을 하여도 무방함)

5. 부적법한 신청의 효과
(1) 곧바로 접수를 거부해서는 안 되며, 보완에 필요한 상당한 기간을 정하여 지체 없이 보완을 요구해야 함(「행정절차법」 제40조 제4항)
(2) 건축불허가 처분을 하면서 그 사유의 하나로 소방시설과 관련된 소방서장의 건축부동의 의견을 들고 있으나 그 보완이 가능한 경우, 보완 요구 없이 곧바로 건축허가신청을 거부한 것은 재량권 남용에 해당함(대판 2004.10.15. 2003두6573)
(3) 실질적인 요건에 흠이 있는 경우라도 그것이 민원인의 단순한 착오나 일시적인 사정에 의한 것이라면 보완의 대상이 됨
(4) 보완하지 않고 수리한 경우, 무효가 아닌 이상 수리는 취소될 때까지는 유효함(수리가 취소사유인 경우, 무신고영업 ✕)

2 신고

1. 자기완결적 신고와 행위요건적 신고

구분	자기완결적 공법행위의 신고 (수리를 요하지 않는 신고)	행위요건적 공법행위의 신고 (수리를 요하는 신고)
개념	행정청에 도달함으로써 효과가 발생하는 신고	행정청이 수리함으로써 완전한 법적 효과가 발생하는 신고
예	「건축법」상 건축신고, 골프장이용료 변경신고	건축주명의 변경신고, 허가 등 지위승계신고, 어업의 신고, 주민등록신고, 인·허가 의제 효과를 수반하는 건축신고
관련 법률	「행정절차법」 제40조에서 규정하고 있는 신고	「행정기본법」 제34조
요건	① 형식적 요건(신고서의 기재사항 기록 여부, 구비서류 첨부 여부 등) 요구 ② 「행정절차법」상 신고요건은 신고의 기재사항이 진실되어야 함을 의미하는 것이 아님 **18. 지방직 7급** 「행정절차법」상 신고요건으로는 신고서의 기재사항에 흠이 없고 필요한 구비서류가 첨부되어 있으면 족하고, 신고의 기재사항의 그 진실함이 입증되어야 하는 것은 아니다. ③ 신고를 규정한 법령 외에 다른 법령의 요건을 구비하지 못한 경우 신고는 부적법(대판 2009.4.23. 2008도6829)	① 형식적 요건 이외에 실질적 요건이 필요한 경우도 있음 ② 다만, 판례는 수리를 요하는 신고와 허가를 구별하고 수리를 요하는 신고에 있어서 그 신고가 사실상 허가제로 변질될 위험이 있기 때문에 그 해당 여부가 문제된다고 볼 만한 객관적인 사정이 있는 경우에만 실질적 심사가 허용된다고 판시하고 있음(대판 2014.4.10. 2011두6998)
신고수리	아무런 법적 효과가 발생하지 않는 것으로 처분이 아님	법적 효과를 발생시키는 처분에 해당함
신고수리의 거부	자기완결적 신고수리의 거부 중 건축신고 반려행위와 건축물착공신고 반려행위와 같이 신고가 반려된 상태에서 건축이나 영업을 개시하면 시정명령, 이행강제금, 벌금의 대상이 될 우려가 있어 당사자의 법적 지위가 불안정해지는 경우에는 처분성을 인정함(그렇다고 모든 경우에서 처분성을 인정하는 것은 아님)	공권력 행사의 거부로서 거부처분에 해당함
효과	접수기관에 도달한 때 효과 발생	행정청이 수리함으로써 효과 발생
부적법한 신고의 경우	지체 없이 보완을 요구하여야 함. 수리하여도 신고의 효과가 발생하지 않음 **10. 지방직 7급** 자기완결적 신고에서 형식적인 흠이 있는 신고의 경우 지체 없이 상당한 기간을 정하여 보완을 요구하여야 하며, 신고인이 상당한 기간 내에 보완을 하지 아니한 때에는 그 이유를 명시하여 신고서를 되돌려 보내야 한다.	보완을 요구하여야 함. 부적법함에도 수리한 경우 수리행위는 하자 있는 행정행위가 됨

2. 자기완결적 신고와 행위요건적 신고의 구별기준

(1) 관계법령이 신고와 등록을 구분하여 규정하고 있는 경우 '신고'는 자기완결적 신고, '등록'은 행위요건적 신고에 해당함
(2) 신고요건으로 형식적 요건 이외에 실질적 요건을 요구하는 경우에는 행위요건적 신고에 해당함
(3) 자체완성적 신고의 대상의 되는 행위일지라도 그 신고가 인·허가의제의 효과를 갖는 경우나 타 법상의 요건충족을 전제로 하는 경우에는 수리를 요하는 신고에 해당함

자기완결적 신고로 본 예	행위요건적 신고로 본 예
① 체육시설의 설치·이용에 관한 변경신고서 ② 건축신고 ③ 골프장이용료 변경신고 ④ 수산제조업신고 ⑤ 원격평생교육신고 ⑥ 축산물판매업신고 ⑦ 당구장업신고(대판 1998.4.24. 97도3121) ⑧ 가설건축물신고(대판 2019.1.10. 2017두75606) ⑨ 의원, 치과의원, 한의원, 조산소(대판 1985.4.23. 84도2953) ⑩ 숙박업(대판 2017.5.30. 2017두34087)	① 액화석유가스충전사업 지위승계신고 ② 건축주명의 변경신고 ③ 어업신고 ④ 납골당 설치신고(단, 신고필증 교부행위가 필수는 아님) ⑤ 주민등록전입신고 ⑥ 인·허가의제 효과를 수반하는 건축신고 ⑦ 대규모점포의 개설등록 ⑧ 노동조합설립신고(대판 2014.4.10. 2011두6998) ⑨ 학교환경위생정화구역 내에서의 당구장업신고(대판 1991.7.12. 90누8350) ⑩ 사회단체등록 ⑪ 혼인신고 ⑫ 건강기능식품 판매신고 ⑬ 골프장의 회원모집계획서 제출

📑 판례정리

1	체육시설의 설치·이용에 관한 법률 제18조에 의한 변경신고서는 그 신고 자체가 위법한 것이거나 신고에 무효사유가 없는 한 이것이 도지사에게 제출되어 '접수된 때'에 신고가 있었다고 볼 것이고, 도지사의 '수리행위'가 있어야만 신고가 있었다고 볼 것은 아니다(대결 1993.7.6. 93마635). **15. 경행특채 1차** 「체육시설의 설치·이용에 관한 법률」 제20조에 의한 변경신고서는 도지사의 수리행위가 있어야만 신고가 있었다고 볼 것은 아니다.
2	높이 2미터 미만의 담장설치공사는 건축법 등 관계법령의 규정상 어떠한 허가나 신고 없이 가능한 행위인데, 원고가 이와 같은 사정을 알지 못한 채 담장설치신고를 하였고 동장이 이를 반려하였다고 하여 그러한 반려조치를 원고의 구체적인 권리·의무에 직접적인 변동을 초래하는 행정처분이라고 볼 수 없다(대판 1990.6.12. 90누2468).

3	<건축신고 반려행위> 당사자로 하여금 반려행위의 적법성을 다투어 그 법적 불안을 해소한 다음 건축행위에 나아가도록 함으로써 장차 있을지도 모르는 위험에서 미리 벗어날 수 있도록 길을 열어 주고, 위법한 건축물의 양산과 그 철거를 둘러싼 분쟁을 조기에 근본적으로 해결할 수 있게 하는 것이 법치행정의 원리에 부합한다. 그러므로 건축신고 반려행위는 항고소송의 대상이 된다(대판 2010.11. 18. 2008두167). **17. 지방직 9급** 「건축법」상 착공신고가 반려될 경우 당사자에게 그 반려행위를 다툴 실익이 있으므로, 착공신고 반려행위의 처분성은 인정된다.
4	수산제조업의 신고를 하고자 하는 자가 그 신고서를 구비서류까지 첨부하여 제출한 경우 시장·군수·구청장으로서는 형식적 요건에 하자가 없는 한 수리하여야 할 것이고, 나아가 관할 관청에 신고업의 신고서가 제출되었다면 담당 공무원이 법령에 규정되지 아니한 다른 사유를 들어 그 신고를 수리하지 아니하고 반려하였다고 하더라도, 그 신고서가 제출된 때에 신고가 있었다고 볼 것이다(대판 1999.12.24. 98다57419).
5	불특정 다수인을 대상으로 학습비를 받고 정보통신매체를 이용하여 원격평생교육을 실시하기 위해 구 평생교육법 제22조 제2항에 따라 형식적 요건을 모두 갖추어 신고한 경우, 실체적 사유를 들어 신고수리를 거부할 수 없다(대판 2016.7.22. 2014두42179).
6	구 축산물가공처리법령에서 규정하는 시설기준을 갖추어 축산물판매업신고를 한 경우, 행정관청은 당연히 그 신고를 수리하여야 하며 담당 공무원이 위 법령상의 시설기준이 아닌 사유로 그 신고수리를 할 수 없다는 통보를 하고 미신고 영업으로 고발할 수 있다는 통지를 한 것이 위법한 직무집행에 해당한다(대판 2010.4.29. 2009다97925).
7	<식품위생법 제25조 제3항에 의한 영업양도에 따른 지위승계신고를 수리하는 행위의 성질> 단순히 양도·양수인 사이에 이미 발생한 사법상의 사업양도의 법률효과에 의하여 양수인이 그 영업을 승계하였다는 사실의 신고를 접수하는 행위에 그치는 것이 아니라, 영업허가자의 변경이라는 법률효과를 발생시키는 행위라고 할 것이다(대판 1995.2.24. 94누9146).
8	구 관광진흥법 제8조 제4항에 의한 지위승계신고를 수리하는 허가청의 행위 및 구 체육시설의 설치·이용에 관한 법률 제20조, 제27조에 의한 영업양수신고나 문화체육관광부령으로 정하는 체육시설업의 시설기준에 따른 필수시설인수신고를 수리하는 관계 행정청의 행위가 항고소송의 대상에 해당한다(대판 2012.12.13. 2011두29144). **14. 지방직 9급** 행정청이 구 「관광진흥법」의 규정에 의하여 유원시설업자 지위승계신고를 수리하는 처분을 하는 경우, 종전 유원시설업자에 대하여도 「행정절차법」상 처분의 사전통지절차를 거쳐야 한다.
9	수산업법 제44조 소정의 어업신고는 수리를 요하는 신고에 해당한다. 어업신고를 수리하면서 공유수면매립구역을 조업구역에서 제외한 것이 위법한 경우, 적법한 신고가 있는 것으로 볼 수 없다(대판 2000.5.26. 99다37382).
10	납골당설치신고가 '수리를 요하는 신고'에 해당하며 수리행위에 신고필증 교부 등 행위는 필요하지 않다. 수리란 신고를 유효한 것으로 판단하고 법령에 의하여 처리할 의사로 이를 수령하는 수동적 행위이므로 수리행위에 신고필증 교부 등 행위가 꼭 필요한 것은 아니다(대판 2011.9.8. 2009두6766). **17. 국가직 9급(10월)** 수리를 요하는 신고의 경우, 수리행위에 신고필증의 교부가 필수적이지 않으므로, 신고필증 교부의 거부는 「행정소송법」상 처분으로 볼 수 없다.
11	주민등록전입신고와 관련하여 주민등록법의 입법 목적과 주민등록의 법률상 효과 이외에 지방자치법 및 지방자치의 이념까지도 고려하여 수리를 거부할 수 없다(대판 2009.6.18. 2008두10997 전합). **17. 지방직 7급** 주민등록전입신고 수리 여부에 대한 심사는 「주민등록법」의 입법 목적과 법률효과 이외에 「지방자치법」 및 지방자치의 이념은 고려대상이 될 수 없다.

12	건축법 제14조 제2항에 의한 인·허가의제 효과를 수반하는 건축신고가, 행정청이 그 실체적 요건에 관한 심사를 한 후 수리하여야 하는 이른바 '수리를 요하는 신고'에 해당한다(대판 2011.1.20. 2010두14954 전합).
13	허가권자가 양수인에게 '건축할 대지의 소유 또는 사용에 관한 권리를 증명하는 서류'의 제출을 요구하거나, 양수인에게 이러한 권리가 없다는 실체적인 이유를 들어 신고수리를 거부할 수 없다(대판 2015.10.29. 2013두11475).
14	자체완성적 신고도 적법한 형식과 요건을 갖춘 신고이어야 한다. 소정의 시설을 갖추지 못한 체육시설업의 신고는 부적법한 것으로 그 수리가 거부될 수밖에 없고 그러한 상태에서 신고체육시설업의 영업행위를 계속하는 것은 무신고 영업행위에 해당한다(대판 1998.4.24. 97도3121).
15	체육시설의 회원을 모집하고자 하는 자의 시·도지사 등에 대한 회원모집계획서 제출은 수리를 요하는 신고에서의 신고에 해당하며, 시·도지사 등의 검토결과 통보는 수리행위로서 처분에 해당한다(대판 2009.2.26. 2006두16243).
16	공동주택 입주민의 옥외운동시설인 테니스장을 배드민턴장으로 변경하고 그 변동사실을 신고하여 관할시장이 그 신고를 수리한 경우, 그 변동사실은 신고할 사항이 아니고 관할시장이 그 신고를 수리하였다 하더라도 그 수리는 항고소송의 대상이 되는 행정처분이 아니다(대판 2000.12.22. 99두455).
17	구 노인복지법상 유료노인복지주택의 설치신고를 받은 행정관청으로서는 그 유료노인복지주택의 시설 및 운영기준이 위 법령에 부합하는지와 아울러 그 유료노인복지주택이 적법한 입소대상자에게 분양되었는지와 설치신고 당시 부적격자들이 입소하고 있지는 않은지 여부까지 심사하여 그 신고의 수리 여부를 결정할 수 있다(대판 2007.1.11. 2006두14537).
18	노동조합을 설립할 때 행정관청에 설립신고서를 제출하게 하고 그 요건을 충족하지 못하는 경우 설립신고서를 반려하도록 하고 있는 노동조합 및 노동관계조정법이 헌법상 금지된 단체결성에 대한 허가제에 해당하지 않는다(헌재 2012.3.29. 2011헌바53).
19	주택건설사업이 양도되었으나 그 변경승인을 받기 이전에 행정청이 양수인에 대하여 양도인에 대한 사업계획승인을 취소하였다는 사실을 통지한 경우, 위 통지가 항고소송의 대상이 되는 행정처분이라고 할 수 없다(대판 2000.9.26. 99두646). ✓ **주의** 주택건설사업의 양수인이 '사업주체의 변경승인신청을 한 이후에 …'라는 판례는 항고소송의 대상이 됨
20	부가가치세법상의 사업자등록은 과세관청으로 하여금 부가가치세의 납세의무자를 파악하고 그 과세자료를 확보케 하려는 데 입법취지가 있는 것으로써, 이는 단순한 사업사실의 신고로 사업자가 소관 세무서장에게 소정의 사업자등록신청서를 제출함으로써 성립되는 것이다(대판 2011.1.27. 2008두2200).
21	체육시설의 설치·이용에 관한 법률 규정에 의하면 체육시설업은 등록체육시설업과 신고체육시설업으로 나누어지고, 당구장업 같은 신고체육시설업을 하고자 하는 자는 그 신고가 적법한 요건을 갖춘 경우 행정청의 수리처분 등 별단의 조치를 기다릴 필요 없이 그 접수시에 신고로서의 효력이 발생하는 것이다(대판 1998.4.24. 97도3121). ✓ **주의** 원칙적으로 당구장업은 신고체육시설업으로서 자기완결적 신고에 해당함
21-1	체육시설의 설치·이용에 관한 법률에 따른 당구장업의 신고요건을 갖춘 자라 할지라도 학교보건법 제5조 소정의 학교환경 위생정화구역 내에서는 같은 법 제6조에 의한 별도 요건을 충족하지 아니하는 한 적법한 신고를 할 수 없다(대판 1991.7.12. 90누8350). ✓ **주의** 다만, 타법(학교보건법)상의 요건충족을 하는 경우에는 당구장업도 행정요건적 신고가 됨
22	가설건축물 존치기간을 연장하려는 건축주 등이 법령에 규정되어 있는 제반 서류와 요건을 갖추어 행정청에 연장신고를 한 경우, 행정청이 법령에서 요구하지 않은 '대지사용승낙서' 등의 서류가 제출되지 아니하였거나, 대지소유권자의 사용승낙이 없다는 등의 사유를 들어 연장신고의 수리를 거부해서는 안 된다(대판 2018.1.25. 2015두35116).

23	정신과의원을 개설하려는 자가 법령상 요건을 갖춰 개설신고를 하면 원칙적으로 수리하고 신고필증을 교부하여야 한다(대판 2018.10.25. 2018두44032).
24	숙박업을 하려는 자가 법령상의 시설·설비를 갖춰 신고하면, 원칙적으로 수리하여야 한다(대판 2017.5.30. 2017두34087).
25	식품위생법과 건축법은 입법 목적, 규정사항 등이 다르므로 식품위생법상(일반음식점영업) 영업신고요건을 갖춘 자라도, 당해 건축물이 건축법상 무허가 건물이면 적법한 신고를 하지 못한다(대판 2009.4.23. 2008도6829).

3. 지위승계신고

법적 성질	행위요건적 신고이고, 양도자의 사업허가 취소와 더불어 양수자에게 적법하게 사업을 할 수 있는 권리를 설정하여 주는 설권적 처분의 성질을 가짐(대판 2001.2.9. 2000도2050)
지위승계신고수리에 관한 양도인과 양수인의 지위	① 양도인: 지위승계신고수리는 종전 사업자인 양도인에 대한 영업허가의 효력을 상실시켜 양도인의 권익을 제한하는 처분이므로, 양도인에게 「행정절차법」상의 사전통지 및 의견제출기회를 부여하여야 함(대판 2003.2.14. 2001두7015) **17. 국가직 9급(10월)** 행정청은 식품위생법규정에 의하여 영업자 지위승계신고수리처분을 함에 있어서 종전의 영업자에 대하여 「행정절차법」상 사전통지를 하고 의견제출기회를 주어야 한다. ② 양수인: 지위승계신고의 수리가 있기 전에는 여전히 종전의 영업자인 양도인이 영업허가자이고 행정제재처분은 양도인을 기준으로 판단하여 그 양도인에게 행하여야 할 것이고, 한편 양도인이 그의 의사에 따라 양수인에게 영업을 양도하면서 양수인으로 하여금 영업을 하도록 허락하였다면 그 양수인의 영업 중 발생한 위반행위에 대한 행정적인 책임은 영업허가자인 양도인에게 귀속됨(대판 1995.2.24. 94누9146)

판례정리 - 지위승계신고수리에 대항하는 양도인과 양수인의 항고소송

1	채석허가를 받은 자에 대한 관할 행정청의 채석허가 취소처분에 대하여 수허가자의 지위를 양수한 양수인에게 그 취소처분의 취소를 구할 법률상 이익이 있다(대판 2003.7.11. 2001두6289). **19. 서울시 9급(6월)** 甲과 乙이 사업양도양수계약을 체결하였으나 지위승계신고 이전에 甲에 대해 영업허가가 취소되었다면, 乙은 이를 다툴 법률상 이익이 있다.
2	사업의 양도행위가 무효라고 주장하는 양도자가 양도·양수행위의 무효를 구함이 없이 사업양도·양수에 따른 허가관청의 지위승계신고수리처분의 무효확인을 구할 법률상 이익이 있다(대판 2005.12.23. 2005두3554).

gosi.Hackers.com

해커스공무원 학원·인강
gosi.Hackers.com

제2편 행정작용법

제1장 법규명령
제2장 행정규칙
제3장 행정행위
제4장 법률행위적 행정행위
제5장 준법률행위적 행정행위
제6장 행정행위의 부관
제7장 행정행위의 요건과 효력
제8장 행정행위의 하자와 하자승계
제9장 행정행위의 취소와 철회 및 실효
제10장 행정계획
제11장 공법상 계약
제12장 확약 등
제13장 사실행위와 행정지도
제14장 그 밖의 행정작용

제1장 법규명령

제1절 행정입법부작위

의의	법규명령을 제정·개정할 의무가 있음에도 하지 않는 것
요건	① 행정입법의 제정의무: 법률의 규정이 내용적으로 충분히 명확한 경우에는 제정의무가 없음 ② 상당한 기간의 경과 ③ 행정입법이 제정되지 않았을 것
권리구제	① 항고소송의 가능성 ✕: 추상적인 법령의 제정 여부 등은 부작위위법확인소송의 대상이 될 수 없음(대법원) ② 헌법소원의 가능성 ○: 행정입법부작위도 헌법소원의 대상이 될 수 있음(헌법재판소) ③ 국가배상청구의 가능성 ○

제2절 법규명령

1 법규명령

1. 의의
행정권이 정립하는 일반적·추상적 규율

2. 법형식에 따른 분류

헌법에 명시 ○	대통령령 (법제처 심사 + 국무회의 심의)	① 대통령이 제정하는 법규명령(예 ~법 시행령) ② 총리령·부령보다 우월한 효력을 가짐 **19. 국회직 8급** 대통령령은 총리령 및 부령보다 우월한 효력을 가진다.
	총리령, 부령 (법제처 심사)	① 국무총리, 행정 각부의 장이 발하는 명령(예 ~법 시행규칙) ② 행정 각부의 장에 해당하지 않는 국무총리직속기관(예 법제처장 등)이나 행정 각부 소속기관은 독자적으로 법규명령을 발할 수 없음(예 처령 ✕) **19. 서울시 9급(6월)** 행정 각부가 아닌 국무총리 소속의 독립기관은 독립하여 법규명령을 발할 수 없다. ③ 법률 또는 대통령령으로 정할 사항을 부령으로 규정한 경우: 무효
	대법원규칙	법률에 저촉되지 아니하는 범위 안에서 소송에 관한 절차, 법원의 내부규율과 사무처리에 관한 규칙을 제정할 수 있음
	헌법재판소규칙	법률에 저촉되지 아니하는 범위 안에서 심판에 관한 절차, 내부규율과 사무처리에 관한 규칙을 제정할 수 있음

	중앙선거관리위원회 규칙	법령의 범위 안에서 선거관리, 국민투표관리 또는 정당사무에 관한 규칙을 제정할 수 있음
헌법에 명시 ×	감사원규칙	① 「감사원법」에 따른 규칙을 제정할 수 있음 ② 법규명령설(통설): 헌법은 일정한 법형식, 즉 대통령령, 총리령, 부령 등의 행정입법을 규정하고 있으나 그것은 예시적인 것으로 보아야 함 **13. 국회직 8급** 헌법이 인정하고 있는 위임입법의 형식은 예시적인 것으로 보아야 한다. ③ 「행정기본법」 제2조에서는 '법령등'의 범위에 감사원규칙을 명시하고 있어, 이제는 감사원규칙이 법규명령으로 인정되었다고 볼 수 있음
	법령보충규칙	① 법규명령성: 행정규칙의 형식(예 고시, 훈령 등)으로 규정되어 있으나 실질은 법률내용을 구체적으로 정함 ② 「행정규제기본법」: 고시형식의 법규명령 가능성을 인정함

3. 위임명령의 근거 및 한계

(1) 위임명령의 근거

① 개별적·구체적 근거가 있을 것: 구체적 위임 없이 국민의 권리·의무에 관한 사항을 새롭게 규정한 위임명령은 무효

② 사후에 위임의 근거가 부여되면 그때부터 유효한 법규명령이 되고, 사후에 위임의 근거가 없어지면 그때부터 위임명령은 무효(소급 ×)가 됨

> ✓ **주의** 법률상 근거가 마련된 시점부터는 유효

③ 법률의 시행령이나 시행규칙의 내용이 모법의 해석상 가능한 것을 명시하거나 모법을 구체화하기 위한 것인 경우, 모법에 위임규정이 없더라도 무효가 아님

④ 시행령의 규정이 모법에 저촉되는지 여부가 명백하지 않은 경우, 모법과 시행령을 종합적으로 살펴 모법에 합치된다는 해석이 가능하다면, 시행령의 규정을 모법 위반으로 무효라고 선언해서는 안 됨

> **📋 판례정리**
>
> **1**
> <근거법률의 사후보완의 경우>
> 법규명령의 경우 구법에 위임의 근거가 없어 무효였더라도 사후에 법 개정으로 위임의 근거가 부여되면 그때부터는 유효한 법규명령이 된다고 할 것이나, 반대로 구법의 의하여 유효한 법규명령이 법 개정으로 위임의 근거가 없어지게 되면 그때부터 무효인 법규명령이 되는 것은 당연하다(대판 1995.6.30. 93추83).
> **19. 서울시 9급(2월)** 법규명령이 법률상 위임의 근거가 없어 무효이더라도 나중에 법률의 개정으로 위임의 근거가 부여되면 그때부터는 유효한 법규명령으로서 구속력을 갖는다.

(2) 위임명령의 한계

상위법령의 위임의 한계	① 일반적·포괄적 위임금지: 구체적 범위를 정하여 위임하여야 함
	• 구체적 위임 여부의 판단기준: 예측가능성 유무
	• 구체성의 정도: 기본권 침해영역에서 강화되고, 급부영역에서 완화됨
	• 조례, 공법적 단체의 정관에 자치법적 사항을 위임한 경우: 포괄적 위임도 가능함
	   17. 서울시 7급 법률이 공법적 단체 등의 정관에 자치법적 사항을 위임한 경우에는 헌법 제75조가 정하는 포괄적인 위임입법의 금지는 원칙적으로 적용되지 않는다고 봄이 상당하다.
	• 사실관계가 수시로 변화할 수 있는 사항: 구체성·명확성의 요건이 완화됨
	② 국회전속적 입법사항의 위임금지
	• 국회가 법률로 정해야 하며 법규명령으로 정할 수 없음이 원칙
	• 세부적 사항은 위임이 가능함
	   14. 지방직 9급 국회전속적 입법사항은 본질적인 내용은 법률에 의하여 규정되어야 하는 것을 의미하며, 입법자가 법률에서 구체적으로 범위를 정하여도 법규명령에 위임될 수 없다는 것을 의미하는 것이 아니다.
	• 대한민국 국민이 되는 요건(헌법 제2조 제1항), 공공필요에 의한 재산권의 수용·사용·제한 및 그에 대한 보상(헌법 제23조 제3항), 조세의 종목과 세율(헌법 제59조) 등
	③ 처벌규정의 위임문제: 형벌법규의 위임은 구성요건의 구체적인 기준을 정하고, 형벌의 종류·상한·폭을 명확히 규정하고, 특히 긴급한 필요가 있거나 부득이한 사정이 있는 경우에 한정함
	   13. 지방직 7급 처벌규정의 위임은 죄형법정주의로 인하여 어떠한 경우에도 허용되지 않는 것이 아니다.

위임명령의 제정상 한계	① 재위임의 문제: 전면적 재위임은 금지됨 **18. 국가직 9급** 법규명령이 법률에서 위임받은 사항에 관하여 대강을 정하고 그중의 특정 사항에 대하여 범위를 정하여 하위법령에 다시 위임하는 경우에는 재위임이 허용된다. ② 내용적 한계 • 법률에서 수권되지 않은 사항에 대해서 규정할 수 없음 • 상위법령의 위반금지

📑 판례정리

1	국민의 기본권을 제한하거나 침해할 소지가 있는 사항에 관한 위임에 있어서는 구체성 내지 명확성이 보다 엄격하게 요구된다(대판 2000.10.19. 98두6265).
2	구 공무원연금법 제47조 제3호에서 퇴직연금 지급정지 대상기관을 총리령으로 정하도록 위임하고 있는 것은 포괄위임지의 원칙에 위반된다. 나아가 동법에서 퇴직연금 지급정지의 요건 및 내용을 대통령령으로 정하도록 위임하고 있는 것도 포괄위임금지의 원칙에 위반된다(헌재 2005.10.27. 2004헌가20).
3	위임의 구체성의 정도는 규제대상의 종류와 성격에 따라 달라진다고 할 것이므로 보건위생 등 급부행정영역에서 기본권 침해영역보다 구체성의 요구가 다소 약화되어도 무방하다(대판 1995.12.8. 95카기16).
4	병의 복무기간은 국방의무의 본질적 사항에 관한 것이어서, 이는 반드시 법률로 정하여야 할 입법사항에 속한다(대판 1985.2.28. 85초13).

5	<처벌법규의 위임(헌재 1997.5.27. 94헌바22)> [1] 특히 긴급한 필요가 있거나 미리 법률로써 자세히 정할 수 없는 부득이한 사정이 있는 경우에 한정되어야 한다. [2] 범죄의 구성요건은 처벌대상인 행위가 어떠한 것일 거라고 예측할 수 있을 정도로 구체적이어야 한다. [3] 형벌의 종류 및 그 상한과 폭을 명백히 규정하여야 한다.
6	법령의 위임이 없음에도 법령에 규정된 처분요건에 해당하는 사항을 부령에서 변경하여 규정한 경우에는 그 부령의 규정은 행정청 내부의 사무처리기준 등을 정한 것으로서 행정조직 내에서 적용되는 행정명령의 성격을 지닐 뿐 … 처분의 요건까지를 위임한 것이라고 볼 수는 없다. 따라서 이 사건 규칙 조항에서 위와 같이 처분의 적법 여부는 그러한 규칙 등에서 정한 요건에 합치하는지 여부가 아니라 일반 국민에 대하여 구속력을 가지는 법률 등 법규성이 있는 관계법령의 규정을 기준으로 판단하여야 한다(대판 2013.9.12. 2011두10584).
7	공공기관법 제39조 제3항에서 부령에 위임한 것은 '입찰참가자격의 제한기준 등에 관하여 필요한 사항'일 뿐 … 처분의 요건을 완화하여 정한 것은 상위법령의 위임 없이 규정한 것이므로 이는 행정기관 내부의 사무처리준칙을 정한 것에 지나지 않는다(대판 2013.9.12. 2011두10584).
8	법령의 위임관계는 반드시 하위법령의 개별조항에서 위임의 근거가 되는 상위법령의 해당 조항을 구체적으로 명시하고 있어야만 하는 것은 아니다(대판 1999.12.24. 99두5658). **15. 지방직 9급** 법령의 위임관계는 반드시 하위법령의 개별조항에서 위임의 근거가 되는 상위법령의 해당 조항을 구체적으로 명시하고 있어야만 하는 것은 아니다.
9	일반적·추상적·개괄적인 규정이라 할지라도 법관의 법보충 작용으로서의 해석을 통하여 그 의미가 구체적·명확화될 수 있다면 그 규정이 명확성을 결여하여 과세요건명확주의에 반하는 것으로 볼 수는 없다(대판 2001.4.27. 2000두9076).
10	법령의 위임에 의하여 효력을 갖는 법규명령의 경우, 구법의 위임의 근거가 없어 무효였더라도 사후에 법 개정으로 위임의 근거가 부여되면 그때부터는 유효한 법규명령이 되나, 반대로 구법의 위임에 의한 유효한 법규명령이 법 개정으로 위임의 근거가 없어지게 되면 그때부터 무효인 법규명령이 된다(대판 1995.6.30. 93추83).
11	법률이 공법적 단체 등의 정관에 자치법적 사항을 위임한 경우에는 헌법 제75조가 정하는 포괄적인 위임입법의 금지는 원칙적으로 적용되지 않는다고 봄이 상당하고, 그렇다 하더라도 그 사항이 국민의 권리·의무와 관련되는 것일 경우에는 적어도 권리·의무에 관한 기본적이고 본질적인 사항은 국회가 정하여야 한다(대판 2007.10.12. 2006두14476).
12	조례에 대한 법률의 위임은 법규명령에 대한 법률의 위임과 같이 반드시 구체적으로 범위를 정하여야 할 필요가 없으며 포괄적인 것으로 족하다(헌재 1995.4.20. 92헌마264).
13	법률의 위임규정 자체가 그 의미 내용을 정확하게 알 수 있는 용어를 사용하여 위임의 한계를 분명히 하고 있는데도 시행령이 그 문언적 의미의 한계를 벗어났다든지, 위임규정에서 사용하고 있는 용어의 의미를 넘어 그 범위를 확장하거나 축소함으로써 위임 내용을 구체화하는 단계를 벗어나 새로운 입법을 한 것으로 평가할 수 있다면, 이는 위임의 한계를 일탈한 것으로서 허용되지 않는다(대판 2012.12.20. 2011두30878).
14	의료기기 판매업자의 의료기기법 위반행위에 대하여 보건복지부령이 정하는 기간 이내의 범위에서 업무정지를 명할 수 있도록 규정한 의료기기법은 포괄위임금지원칙에 위배된다(헌재 2011.9.29. 2010헌가93).
15	당직의료인의 수와 자격 등 배치기준을 규정하고 이를 위반하면 의료법 제90조에 의한 처벌이 대상이 되도록 한 의료법 시행령 제18조 제1항이 위임입법의 한계를 벗어난 것으로서 무효이다(대판 2017.2.16. 2015도16014).

16	공기업·준정부기관 계약사무규칙은 부정당행위 관여 여부와 무관하게 법인 대표자 지위에 있다는 이유만으로 입찰참가자격 제한처분대상이 될 수 있게 해 처분대상을 확대하였으나 이는 상위법령의 위임이 없어 위임의 한계를 벗어나 대외적 효력이 없다(대판 2017.6.15. 2016두52378). ◇ **비교** 「공공기관의 운영에 관한 법률」에 따라 입찰참가자격 제한기준을 정하고 있는 공기업·준정부기관 계약사무규칙(기획재정부령), 「국가를 당사자로 하는 계약에 관한 법률 시행규칙」은 비록 부령의 형식이나 입찰참가자격 제한처분에 관한 행정청 내부 재량준칙이어서 대외적으로 국민이나 법원을 기속하는 효력이 없음(대판 2014.11.27. 2013두18964)

4. 집행명령의 근거 및 한계

(1) 집행명령의 근거

상위명령의 개별적·구체적 수권규정이 없어도 가능

	판례정리
1	집행명령은 상위법령이 폐지되면 특별한 규정이 없는 한 실효된다. 그러나 상위법령이 개정됨에 그친 경우에는 성질상 이와 모순·저촉되지 아니하는 한 개정된 상위법령의 시행을 위한 집행명령이 새로이 제정·발효될 때까지는 여전히 그 효력을 유지한다(대판 1989.9.12. 88누6962).

(2) 집행명령의 한계

새로운 입법사항을 규정할 수 없음

19. 지방직 9급 집행명령은 상위법령의 집행에 필요한 세칙을 정하는 범위 내에서만 가능하고 새로운 국민의 권리·의무를 정할 수 없다.

5. 성립요건 및 효력발생

성립요건	① 주체: 대통령, 국무총리 등 정당한 권한을 가진 기관이 제정하여야 함
	◇ **주의** 법규명령 중에는 법률적 효력을 가지는 것도 있음(예 긴급명령, 긴급재정명령)
	② 절차
	• 대통령령: 법제처의 심사 + 국무회의의 심의
	   17. 국가직 9급 대통령령을 제정하려면 국무회의의 심의와 법제처의 심사를 거쳐야 한다.
	• 총리령, 부령: 법제처의 심사
	   18. 지방직 7급 국무회의에 상정될 총리령안과 부령안은 법제처의 심사를 받아야 한다.
	③ 형식: 조문형식에 의해야 하고 일정한 형식을 갖춰야 함
	④ 근거 및 내용: 법령에 근거하여 수권의 범위 내에서 제정하여야 하고, 내용상 상위법령에 반하면 안 됨
	⑤ 공포: 외부에 표시함으로써 유효하게 성립함

효력발생	① 공포한 날로부터 20일이 경과함으로써 효력이 발생함 **14. 국가직 9급** 대통령령, 총리령 및 부령은 특별한 규정이 없으면 공포한 날부터 20일이 경과함으로써 효력이 발생한다. ② 국민의 권리 제한, 의무 부과와 관련된 법규명령은 적어도 30일이 경과한 날로부터 시행

6. 하자 및 소멸사유

하자	① 하자 있는 법규명령의 효력: 무효, 법률합치적 해석이 가능하면 법규명령을 무효라고 해서는 안 됨 ② 하자 있는 법규명령에 따른 행정행위: 중대·명백설에 따라 판단(일반적으로 취소사유) **06. 관세사** 하자 있는 법규명령은 무효이나, 위헌·위법의 법규명령에 근거한 행정행위도 중대명백설에 따라 특별한 사정이 없는 한 취소사유가 된다.
소멸사유	① 폐지: 법규명령의 효력을 장래에 향하여 소멸시키는 의사표시를 말하며, 명시적·묵시적으로 가능함 ② 종기의 도래 또는 해제조건의 성취로 소멸함 ③ 근거법령의 소멸 등 　• 근거법령이 소멸된 경우: 법규명령이 소멸함 　　⇨ 법률에 대한 위헌결정이 선고되면 법률의 위임에 근거한 법규명령도 원칙적으로 효력을 상실함 　• 집행명령의 근거법령이 개정됨에 불과한 경우: 효력 유지

판례정리

1	집행명령은 근거법령인 상위법령이 폐지되면 특별한 규정이 없는 이상 실효되는 것이나, 상위법령이 개정됨에 그친 경우에는 그 집행명령은 상위법령의 개정에도 불구하고 당연히 실효되지 아니하고 개정법령의 시행을 위한 집행명령이 제정·발효될 때까지는 여전히 그 효력을 유지한다(대판 1989.9.12. 88누6962).

2 법규명령에 대한 통제

1. 입법적 통제

직접적 통제	개념	법규명령의 성립·발효에 대한 동의 또는 승인권이나, 일단 유효하게 성립한 법규명령의 효력을 소멸시키는 권한을 의회에 유보하는 방법에 의한 통제
	종류	의회제출제도, 특히 대통령령의 경우에는 입법예고시에도 국회 소관상임위원회에 제출하도록 규정함(10일 이내)
간접적 통제	개념	국회가 법규명령의 효력발생에 직접 관여하는 것이 아니라, 국정감사권 발동 등으로 간접적으로 법규명령의 적법·타당성을 확보하는 것
	종류	국정감사, 조사 등

구분	대통령령	총리령·부령
국무회의 심의	○	×
제·개정, 폐지 시 국회 제출	○	○
입법예고	○	○
입법예고 시 국회 상임위 제출	○	×
법제처 심사	○	○

「국회법」제98조의2 【대통령령 등의 제출 등】 ① 중앙행정기관의 장은 법률에서 위임한 사항이나 법률을 집행하기 위하여 필요한 사항을 규정한 대통령령·총리령·부령·훈령·예규·고시 등이 제정·개정 또는 폐지된 때에는 10일 이내에 이를 국회 소관상임위원회에 제출하여야 한다. 다만, 대통령령의 경우에는 입법예고를 하는 때(입법예고를 생략하는 경우에는 법제처장에게 심사를 요청하는 때를 말한다)에도 그 입법예고안을 10일 이내에 제출하여야 한다.

2. 사법적 통제

(1) 일반법원에 의한 통제

구체적 규범통제 (간접적 통제)	개념	명령·규칙의 위헌·위법 여부가 구체적 사건을 해결하기 위한 전제문제로 되는 경우에 법규명령을 심사하여 통제하는 것(헌법 제107조 제2항) 12. 지방직 9급 법규명령에 대한 사법적 통제로 우리나라는 구체적 규범통제를 원칙으로 한다.
	주체	각급 법원, 대법원이 최종적으로 심사 09. 국가직 7급 명령, 규칙 또는 처분이 헌법이나 법률에 위반되는지 여부가 재판의 전제가 된 경우에는 대법원은 이를 최종적으로 심사할 권한을 가진다.
	종류	① 명령: 법규명령 ② 규칙: 대법원·국회·헌법재판소의 규칙, 지방자치단체의 조례 및 규칙을 포함 ○, 행정규칙 포함 ×
	효력	해당 사건에 한하여 적용이 배제됨(개별적 효력설, 형식적으로는 여전히 유효한 것)
	공고	대법원에 의하여 명령·규칙이 위헌·위법이라고 판단되는 경우 행정안전부장관에게 통보하고, 행정안전부장관은 관보에 게재 19. 국가직 9급 취소소송의 선결문제(구체적 규범심사)로서 명령·규칙이 대법원의 판결에 의하여 헌법 또는 법률에 위반됨이 확정된 경우 대법원은 지체 없이 그 사유를 행정안전부장관에게 통보하여야 한다.
항고소송에 의한 직접적 통제 (처분적 법규의 경우)	법규명령	원칙적으로 항고소송의 대상 ×
	처분법규	항고소송의 대상 ○(예 두밀분교폐지 조례, 약제급여·비급여목록 및 급여상한금액표에 관한 보건복지부고시, 항정신병 치료제의 요양급여 인정기준에 관한 보건복지부고시, 구「청소년 보호법」에 따른 청소년 보호위원회의 청소년유해매체물의 결정·고시) 18. 지방교행 처분적 법률은 형식적 의미의 법률에 해당한다.
	행정입법 부작위	부작위위법확인소송의 대상이 될 수 있는 것은 구체적 권리의무에 관한 분쟁이어야 하고, 추상적인 법령에 관하여 제정의 여부 등은 그 자체로서 국민의 구체적인 권리·의무에 직접적 변동을 초래하는 것이 아니어서 그 소송의 대상이 될 수 없음(대판 1992.5.8. 91누11261)

📋 **판례정리**

1	추상적인 법령에 관하여 제정의 여부 등은 그 자체로서 국민의 구체적인 권리·의무에 직접적 변동을 초래하는 것이 아니어서 부작위위법확인소송의 대상이 될 수 없다(대판 1992.5.8. 91누11261). **08. 지방직 7급** 일반적·추상적인 법령이나 규칙 등은 그 자체로서 국민의 구체적인 권리·의무에 직접적 변동을 초래하게 하지 않으므로 취소소송의 대상이 될 수 없다.
2	법령의 효력을 가진 명령이라도 그 효력이 다른 행정행위를 기다릴 것 없이 직접적으로 또 그 자체로서 국민의 권리훼손 기타 이익침해의 효과를 발생케 하는 성질의 것이라면 행정소송법상 처분이다(대판 1954.8.19. 4286행상37).
3	약제급여·비급여목록 및 급여상한금액표에 관한 보건복지부고시는 다른 집행행위의 매개 없이 그 자체로서 국민건강보험가입자, 국민건강보험공단, 요양기관 등의 법률관계를 직접 규율하는 성격을 가지므로 항고소송의 대상이 되는 행정처분에 해당한다(대판 2006.9.22. 2005두2506). **18. 국가직 9급** 보건복지부고시인 구 약제급여·비급여목록 및 급여상한금액표는 그 자체로서 국민건강보험가입자, 국민건강보험공단, 요양기관 등의 법률관계를 직접 규율하는 성격을 가지므로 항고소송의 대상이 되는 행정처분에 해당한다.
4	[1] 구 청소년 보호법 제22조의 규정에 의한 청소년보호위원회의 '청소년유해매체물' 고시가 항고소송의 대상이 되는 행정처분에 해당한다. [2] 청소년보호위원회가 청소년유해매체물 고시를 하는 것은, 처분의 상대방이 정해져 있는 행정처분, 즉 당해 유해매체물의 소유자 등 특정인을 대상으로 하고 그 특정인에 대해서만 그 효력이 발생하는 처분이 아니라, 고시에 의하여 다른 집행행위의 매개 없이 그 자체로서 일반 불특정 다수인에 대하여 표시의무, 포장의무, 판매·대여·배포 금지의무 등의 각종 법률상 효력을 발생시키고, 그 효력 또한 고시에서 정하여진 고시의 효력발생일을 기준으로 하여 불특정 다수인에게 일률적으로 적용되는 행정처분에 해당한다(대판 2007.6.14. 2004두619).

(2) 헌법재판소에 의한 통제

① **헌법재판소**: 명령·규칙이 별도의 집행행위를 기다리지 않고 직접 기본권을 침해하는 경우 헌법소원의 대상이 됨(대법원은 부정적인 입장, 헌법소원의 보충성원칙 때문에 집행행위를 통해 처분적 명령이 항고소송의 대상이 되는 경우에는 헌법소원의 대상성이 부정됨)
② **효력**: 헌법재판소의 인용결정이 있는 경우 법규명령의 효력이 상실됨
③ **행정입법부작위의 경우**: 법률의 명시적 위임에도 불구하고 법규명령이 제정되지 않아 그 부작위가 기본권을 직접 침해하는 것이라면 헌법소원의 대상이 됨[군법무관 보수 사건(헌재 2004.2.26. 2001헌마718)]

📋 **판례정리**

1	헌법 제111조 제1항에서 법률의 위헌 여부 심사권을 헌법재판소에 부여한 이상 통일적인 헌법 해석과 규범통제를 위하여 공권력의 의한 기본권 침해를 이유로 하는 헌법소원심판청구 사건에 있어서 법률의 하위규범인 명령·규칙의 위헌 여부 심사권이 헌법재판소의 관할에 속함은 당연한 것이다(헌재 1990.10.15. 89헌마178). **14. 국가직 9급** 명령·규칙 그 자체에 의하여 직접 기본권이 침해되었을 경우에는 그것을 대상으로 하여 헌법소원심판을 청구할 수 있다.

2	행정권력의 부작위에 대한 헌법소원은 공권력의 주체에게 헌법에서 유래하는 작위의무가 특별히 구체적으로 규정되어 이에 의거하여 기본권의 주체가 행정행위를 청구할 수 있음에도 공권력의 주체가 그 의무를 해태하는 경우에 허용되고, 특히 행정명령의 제정 또는 개정의 지체가 위법으로 되어 그에 대한 법적 통제가 가능하기 위하여는 첫째, 행정청에게 시행명령을 제정(개정)할 법적 의무가 있어야 하고 둘째, 상당한 기간이 지났음에도 불구하고 셋째, 명령제정(개정)권이 행사되지 않아야 한다(헌재 2004.2.26. 2001헌마718).

> **헌법 제107조** ① 법률이 헌법에 위반되는 여부가 <u>재판의 전제</u>가 된 경우에는 법원은 헌법재판소에 제청하여 그 심판에 의하여 재판한다.
> ② 명령·규칙 또는 처분이 헌법이나 법률에 위반되는 여부가 <u>재판의 전제</u>가 된 경우에는 대법원은 이를 최종적으로 심사할 권한을 가진다.
> 「행정소송법」 제6조 【명령·규칙의 위헌판결 등 공고】 ① 행정소송에 대한 대법원판결에 의하여 명령·규칙이 헌법 또는 법률에 위반된다는 것이 확정된 경우에는 대법원은 지체 없이 그 사유를 <u>행정안전부장관에게</u> 통보하여야 한다.

📑 판례정리

1	법원행정처장이 법무사를 보충할 필요가 없다고 인정하면 법무사시험을 실시하지 아니해도 된다는 것으로서 상위법인 법무사법 제4조 제1항에 의하여 모든 국민에게 부여된 법무사 자격 취득의 기회를 하위법인 시행규칙으로 박탈한 것이어서 평등권과 직업선택의 자유를 침해한 것이다(헌재 1990.10.15. 89헌마178).
2	삼권분립의 원칙, 법치행정의 원칙을 당연한 전제로 하고 있는 우리 헌법하에서 행정권의 행정입법 등 법집행의무는 헌법적 의무라고 보아야 한다. … 치과전문의제도의 실시를 법률 및 대통령령이 규정하고 있고 … 따라서 보건복지부장관에게는 헌법에서 유래하는 행정입법의 작위의무가 있다. 20년 이상이 경과되었음에도 치과전문의와 관련된 시행규칙을 제정하지 않은 것은 헌법에 위반된다(헌재 1998.7.16. 96헌마246).
3	진정입법부작위를 대상으로 하는 헌법소원은 원칙적으로 허용되지 아니하고 … 헌법에서 기본권보장을 위하여 법령에 명시적인 입법위임을 하였음에도 불구하고 입법자가 상당한 기간 내에 이를 이행하지 아니하거나 또는 헌법 해석상 특정인에게 구체적인 기본권이 생겨 이를 보장하기 위한 국가의 행위의무 내지 보호의무가 발생하였음이 명백함에도 불구하고 입법자가 아무런 입법조치를 취하지 않고 있는 경우에 한하여 허용될 뿐이며 … 부진정입법부작위를 대상으로 헌법소원을 제기하려면, 결함이 있는 당해 입법규정 그 자체를 대상으로 한다(헌재 2009.7.14. 2009헌마349). **16. 사회복지직 9급** 부진정입법부작위에 대해서는 입법부작위 그 자체를 헌법소원의 대상으로 할 수 없다.
4	구 군법무관임용법 제5조 제3항 및 군법무관임용 등에 관한 법률 제6조가 군법무관의 봉급과 그 밖의 보수를 법관 및 검사의 예에 준하여 지급하도록 하는 대통령령을 제정할 것을 규정하였는데, 대통령이 지금까지 해당 대통령령을 제정하지 않은 것은 군법무관들의 기본권을 침해한다(헌재 2004.2.26. 2001헌마718).

3. 행정적 통제

행정감독권에 의한 통제	① 하급행정청에 대하여 법규명령의 시정지시 또는 폐지를 명할 수 있음(다만, 상급행정청이라도 하급행정청의 법규명령을 스스로 개정 또는 폐지할 수는 없음) ② 국민권익위원회 　• 법령 등의 부패유발요인 분석·검토 후 개선 권고 　• 법령 등의 합리적 개선 권고, 의견 표명
절차적 통제	법규명령의 제정에 있어 일정한 절차를 거치도록 함으로써 법규명령의 적법성을 확보(예 법제처의 심사, 국무회의 심의, 관련 부처간의 협의)
행정심판에 의한 통제(시정조치요구권)	중앙행정심판위원회는 일정한 사유가 있는 경우 관계행정기관에 법규명령의 개정·폐지 등을 요청할 수 있다고 규정함(「행정심판법」 제59조)

제2장 행정규칙

제1절 행정규칙의 의의 및 종류

1 의의

1. 개념

상급행정기관이나 상급자가 하급행정기관 또는 하급자에 대하여 행정의 조직과 활동을 규율할 목적으로 그의 권한범위 내에서 발하는 일반적·추상적 규율

15. 국회직 8급 상급행정기관이 하급행정기관에 대하여 업무처리지침이나 법령의 해석작용에 관한 기준을 정하여서 발하는 이른바 행정규칙은 일반적으로 행정조직 내부에서의 효력만 가질 뿐, 대외적인 구속력을 갖지 않는다.

2. 법규명령과 행정규칙의 비교

구분	법규명령	행정규칙
법형식	시행령(대통령령), 시행규칙(부령) 등	훈령, 고시 등
권력적 기초	일반권력관계	특별행정법관계
법적 근거	① 위임명령: 상위법령의 개별적·구체적 수권을 요함 ② 집행명령: 개별적·구체적 수권은 필요하지 않음	불필요
성질	법규성(재판규범성, 대외적 구속력) 인정	법규성(재판규범성, 대외적 구속력) 부정
효력	양면적 구속력	일면적 구속력
위반의 효과	위법한 작용이 됨	곧바로 위법한 작용이 되는 것은 아님 (행정규칙에 따른 처분이 적법한 처분으로 추정되는 것도 아님)
존재형식	조문의 형식	조문의 형식 또는 구술로도 가능함
공포	공포가 필요함	공포가 필요한 것은 아니고, 수명기관에 도달하면 효력이 발생함
한계	법률유보의 원칙, 법률우위의 원칙이 적용됨	법률우위의 원칙만 적용됨

2 종류

고시	① 개념: 행정기관이 법령이 정하는 방법에 의하여 일정사항을 불특정 다수인에게 알리는 행위 ② 유형: 행정규칙적 고시, 일반처분적 고시, 법규명령적 고시
훈령	① 훈령 ② 지시 ③ 일일명령 ④ 예규: 법규문서 이외의 문서로서 행정사무의 통일을 기하기 위하여 반복적 행정사무의 처리기준을 제시하는 명령

제2절 행정규칙의 법규성 인정 여부

1 법규명령형식의 행정규칙, 행정규칙형식의 법규명령

1. 법규명령형식의 행정규칙

(1) 학설

법규명령설(다수설)

(2) 판례

① 부령 형식인 경우[행정규칙설(판례)]
  ㉠ 제재적 처분기준인 경우: 법규성 부정
  ㉡ 특허의 인가기준: 법규성 긍정(「여객자동차 운수사업법 시행규칙」에 규정된 인가처분기준)

판례정리

1	검찰보존사무규칙이 검찰청법 제11조에 기하여 제정된 법무부령이기는 하지만, 그 사실만으로 같은 규칙 내의 모든 규정이 법규적 효력을 가지는 것은 아니다. 기록의 열람·등사의 제한을 정하고 있는 같은 규칙 제22조는 법률상의 위임근거가 없어 행정기관 내부의 사무처리준칙으로서 행정규칙에 불과하다(대판 2006.5.25. 2006두3049). **18. 서울시 7급** 법무부령으로 제정된 검찰보존사무규칙상의 기록의 열람·등사의 제한규정은 구 「공공기관의 정보공개에 관한 법률」 제9조 제1항의 '다른 법률 또는 법률에 의한 명령에 의하여 비공개사항으로 규정된 경우'에 해당한다고 볼 수 없다.
2	제재적 재량처분의 기준을 정하고 있는 공중위생법 시행규칙은 형식은 부령으로 되어 있으나 그 성질을 행정기관 내부의 사무처리준칙을 규정한 것에 불과한 것으로서 대외적으로 국민을 기속하는 것은 아니다(대판 1991.6.23. 90누6545).
3	공공기관의 운영에 관한 법률 제39조 제2항·제3항에 따라 입찰참가자격 제한기준을 정하고 있는 구 공기업 준정부기관 계약사무규칙 [별표 2], 제3항 등은 비록 부령의 형식으로 되어 있으나 규정의 성질과 내용이 공기업·준정부기관이 행하는 입찰참가자격 제한처분에 관한 행정청 내부의 재량준칙을 정한 것에 지나지 아니하여 대외적으로 국민이나 법원을 기속하는 효력이 없다(대판 2014.11.27. 2013두18964).

4	도로교통법 시행규칙 제53조 제1항이 정한 [별표 16]의 운전면허행정처분기준은 부령의 형식으로 되어 있으나, 그 규정의 성질과 내용이 운전면허의 취소처분 등에 관한 사무처리기준과 처분절차 등 행정청 내부의 사무처리준칙을 규정한 것에 지나지 아니한다(대판 1997.5.30. 96누5773). **14. 지방직 9급** 구 「도로교통법 시행규칙」 제53조 제1항이 정한 [별표 16]의 운전면허행정처분기준은 부령의 형식으로 되어 있으나, 그 규정의 성질과 내용이 운전면허의 취소처분 등에 관한 사무처리기준과 처분절차 등 행정청 내부의 사무처리준칙을 규정한 것에 지나지 아니하므로 대외적 구속력이 없다.
5	규정형식상 부령인 시행규칙 또는 지방자치단체의 규칙으로 정한 행정처분의 기준은 행정청 내의 사무처리준칙을 규정한 것에 불과하므로 대외적으로 국민이나 법원을 구속하는 힘이 없다(대판 1995.10.17. 94누14148 전합).
6	자동차운수사업법 제31조 등의 규정에 의한 사업면허의 취소 등의 처분에 관한 규칙은 행정명령의 성질을 가지는 것이라 할 것이고, 행정조직 내부에서 관계행정기관이나 직원을 구속함에 그치고 대외적으로 국민이나 법원을 구속하는 것은 아니다(대판 1990.1.25. 89누5773).
7	법인세 신고시 세무조정사항을 기입한 소득금액조정합계표 작성요령은 법률의 위임을 받은 것이기는 하나 법인세의 부과징수라는 행정적 편의를 도모하기 위한 절차적 규정으로서 단순히 행정규칙의 성질을 가지는 데 불과하여 과세관청이나 일반국민을 기속하는 것이 아니다(대판 2003.9.5. 2001두403).
8	구 식품위생법 시행규칙 제53조에서 [별표 15]로 식품위생법 제58조에 따른 행정처분의 기준을 정하였다고 하더라도 이는 대외적으로 국민이나 법원을 기속하는 힘이 있는 것은 아니다(대판 1995.3.28. 94누6925).
9	의사면허자격정지처분의 세부적인 기준은 행정조직 내부에 있어서의 행정명령의 성질을 가지는 것으로서 대외적으로 국민이나 법원을 기속하는 효력이 있는 것은 아니므로 의사면허자격정지처분의 적법 여부는 그 처분의 보건복지부령이 정하는 기준에 적합한지 여부에 따라 판단할 것이 아니라 의료법의 규정과 취지에 적합한지 여부에 따라 판단하여야 한다(대판 1996.2.23. 95누16318).
10	구 여객자동차 운수사업법 시행규칙은 구 여객자동차 운수사업법의 위임에 따라 시외버스운송사업의 사업계획변경에 관한 절차, 인가기준 등을 구체적으로 규정한 것으로서, 대외적인 구속력이 있는 법규명령이라 할 것이고, 그것을 행정청 내부의 사무처리준칙을 규정한 행정규칙에 불과하다고 할 수는 없다(대판 2006.6.27. 2003두4355). ✓ **주의** 제재적 처분기준이 아니기 때문에 법규명령에 해당함
11	공사낙찰적격심사세부기준은 공공기관의 내부규정에 불과하여 대외적 구속력이 없다(대판 2014.12.24. 2010두6700).
12	건강보험심사평가원이 요양급여비용 심사·지급업무 처리기준(보건복지가족부 고시 제2000-41호로 제정된 것)에 근거하여 제정한 심사지침인 '방광내압 및 요누출압 측정시 검사방법'은 내부적 업무처리 기준으로서 행정규칙에 불과하다(대판 2017.7.11. 2015두2864).
13	경기도교육청의 '학교장·교사 초빙제 실시'는 행정조직 내부에서만 효력을 가지는 행정상의 운영지침을 정한 것이어서, 국민이나 법원을 구속하는 행정규칙에 해당하므로 헌법소원의 대상이 되지 않는다(헌재 2001.5.31. 99헌마413).
14	서울특별시가 정한 개인택시운송사업면허지침은 행정청 내부의 사무처리준칙에 불과하므로, 대외적으로 국민을 기속하는 법규명령의 경우와는 달리 외부에 고지되어야만 효력이 발생하는 것은 아니다(대판 1997.1.21. 95누12941).

② **대통령령 형식인 경우: 법규명령설(다수설, 판례)**

11. 국가직 9급 판례는 재량권행사의 기준이 대통령령의 형식으로 제정된 경우 법적 구속력을 인정한다.

③ 효력
  ㉠ 절대적 구속력을 인정한 경우: 「주택법 시행령」에 규정된 처분기준, 「국토의 계획 및 이용에 관한 법률」 및 같은 법 시행령이 정한 이행강제금의 부과기준
  ㉡ 최고한도액을 규정한 것으로 본 경우: 「청소년 보호법 시행령」에 규정된 과징금처분기준 등

판례정리

1	국민건강보험법 시행령 제61조 제1항 [별표 5]의 업무정지처분 및 과징금부과의 기준은 법규명령이기는 하나 모법의 위임규정의 내용과 취지 및 헌법상의 과잉금지의 원칙과 평등의 원칙 등에 비추어 업무정지의 기간 및 과징금액은 확정적인 것이 아니라 최고한도라고 할 것이다(대판 2006.2.9. 2005두1982).
2	구 청소년 보호법 시행령 제40조 [별표 6]의 '위반행위의 종별에 따른 과징금처분기준'은 법규명령이며, 그 과징금의 수액은 정액이 아니라 최고한도액이다(대판 2001.3.9. 99누5207). **19. 지방직 9급** 구 「청소년 보호법 시행령」 제40조 [별표 6]의 위반행위의 종별에 따른 과징금처분기준에서 정한 과징금 수액은 정액이 아니고 최고한도액이다.
3	국토의 계획 및 이용에 관한 법률 및 같은 법 시행령이 정한 이행강제금의 부과기준은 단지 상한을 정한 것에 불과한 것이 아니라 위반행위 유형별로 계산된 특정 금액을 규정한 것이므로 행정청에 이와 다른 이행강제금액을 결정할 재량권이 없다고 보아야 한다(대판 2004.11.27. 2013두8653).

2. 행정규칙형식의 법규명령

(1) 성질
① 판례: 법규명령성 ○(법령보충규칙)
② 시행규칙으로 정하도록 위임하였는데 행정규칙으로 정한 경우: 법규명령성 ×

(2) 한계
① **정당성**: 법규명령의 형식으로 제정되지 않고 행정규칙으로 제정될 현실적인 필요성이 있어야 함
② **위임의 한계 준수**: 포괄적 위임금지 등 위임의 한계를 준수하여야 함. 만약 위임의 범위를 벗어난 경우에는 대외적 구속력이 인정되지 않음
  18. 서울시 9급 법령에 근거를 둔 고시가 상위법령의 위임범위를 벗어난 경우에는 법규명령으로서 대외적 구속력을 인정하지 않는다.
③ **상위법령에 위배되지 않을 것**: 위반된 경우에는 무효

판례정리

1	행정규칙에서 사용하는 개념이 달리 해석할 여지가 있다 하더라도 행정청이 수권의 범위 내에서 법령이 위임한 취지 및 형평과 비례의 원칙에 기초하여 합목적적으로 기준을 설정하여 그 개념을 해석·적용하고 있다면, 개념이 달리 해석할 여지가 있다는 것만으로 이를 사용한 행정규칙이 법령의 위임한계를 벗어났다고는 할 수 없다(대판 2008.4.10. 2007두4841).
2	보건사회부장관이 정한 1994년 노인복지사업지침은 대외적으로 구속력이 있는 법규명령의 성질을 가진다. 한편, 노인복지사업지침 가운데 노령수당의 지급대상자를 70세 이상으로 규정한 부분은 법령의 위임한계를 벗어난 것이어서 그 효력이 없다(대판 1996.4.12. 95누7727).

3	위임규정에서 사용하고 있는 용어의 의미를 넘어 범위를 확장하거나 축소함으로써 위임 내용을 구체화하는 단계를 벗어나 새로운 입법을 한 것으로 평가할 수 있다면, 이는 위임의 한계를 일탈한 것으로서 허용되지 아니한다(대판 2016.8.17. 2015두51132).
4	상위법령에서 세부사항 등을 시행규칙으로 정하도록 위임하였음에도 이를 고시 등 행정규칙으로 정하였다면 그 역시 대외적 구속력을 가지는 법규명령으로서 효력이 인정될 수 없다(대판 2002.7.5. 20다72076). **17. 서울시 7급** 상위법령에서 세부사항 등을 시행규칙으로 정하도록 위임하였음에도 이를 고시 등 행정규칙으로 정하였다면 이때 고시 등 행정규칙은 대외적 구속력을 갖는 법규명령으로서 효력이 인정될 수 없다.
5	학원의 설립·운영에 관한 법률 시행령 제18조에서 수강료의 기준에 관하여 조례 등에 위임한 바 없으므로, 이 사건 제주도학원의 설립·운영에 관한 조례나 그에 근거한 이 사건 제주도학원업무처리지침의 관계규정이 법령의 위임에 따라 법령의 구체적인 내용을 보충하는 기능을 가진 것이라고는 보기 어려우므로 법규명령이라고는 볼 수 없고, 행정기관 내부의 업무처리지침에 불과하다 할 것이다(대판 1995.5.23. 94도2502).

(3) 공포 여부

법규성이 인정된다 하더라도 행정규칙형식으로 제정된 이상, 법규명령의 형식과 같이 반드시 공포를 거칠 필요는 없고, 적당한 방법으로 표시 또는 통보하면 됨

19. 서울시 7급 고시가 법령의 규정을 보충하는 기능을 가지면서 그와 결합하여 대외적인 구속력이 있는 법규명령으로서의 효력을 가지는 경우에도 그 자체가 법령은 아니고 행정규칙에 지나지 않으므로 적당한 방법으로 이를 일반인 또는 관계인에게 표시 또는 통보함으로써 그 효력이 발생한다.

(4) 효력

① 수권법령(상위법)과 결합하여 대외적인 구속력이 있는 법규명령으로서의 효력을 가짐
② 법률의 위임을 받았더라도 행정편의를 위한 절차적 규정은 법규보충규칙이 아님

📋 판례정리	
1	지방공무원보수업무 등 처리지침 [별표 1] '직종별 경력환산율표 해설'이 정한 민간근무경력의 호봉 산정에 관한 부분은 지방공무원법 제45조 제1항과 구 지방공무원 보수규정 제8조 제2항, 제9조의2 제2항, [별표 3]의 단계적 위임에 따라 행정안전부장관이 행정규칙의 형식으로 법령의 내용이 될 사항을 구체적으로 정한 것으로 법규명령으로서의 효력을 갖게 된다(대판 2016.1.28. 2015두53121).
2	재산제세사무처리규정이 국세청의 훈령형식으로 되어 있다 하더라도 이에 의한 거래지정은 소득세법 시행령의 위임에 따라 그 규정의 내용을 보충하는 기능을 가지면서 그와 결합하여 대외적 효력을 발생하게 된다(대판 1987.9.29. 86누484). **13. 국가직 9급** 국세청장의 훈령형식으로 되어 있는 재산제세사무처리규정은 「소득세법 시행령」의 위임에 따라 「소득세법 시행령」의 내용을 보충하는 기능을 가지므로 「소득세법 시행령」과 결합하여 대외적 효력을 갖는다.
3	조세의 감면 또는 중과 등 특례에 관한 사항은 국민의 권리·의무에 직접적으로 영향을 미치는 입법사항이므로, 업종의 분류에 관한 사항은 대통령령이나 총리령, 부령 등 법규명령에 위임하는 것이 바람직하다. … 고도의 전문적·기술적 지식이 요구되고, 막대한 인력과 시간이 소요되며, 분류되는 업종의 범위 역시 방대하다. … 대통령이나 행정 각부의 장에게 위임하기보다는 통계청장이 고시하는 한국표준산업분류에 위임할 필요성이 인정된다(헌재 2004.7.24. 2013헌바183).

4	개별토지가격합동조사지침은 지가공시 및 토지 등의 평가에 관한 법률 제10조의 시행을 위한 집행명령으로서 법률보충적인 구실을 하는 법규적 성질을 가지고 있는 것으로 보아야 할 것이므로 위 지침에 규정된 절차에 위배하여 이루어진 지가결정은 위법하다(대판 1994.2.8. 93누111).
5	구 식품위생법에 따라 보건사회부장관이 발한 고시인 식품영업허가기준은 대외적으로 구속력이 있는 법규명령의 성질을 가진다(대판 1995.11.14. 92도496).
6	산업자원부장관이 공업배치 및 공장설립에 관한 법률 제8조의 규정에 따라 공장입지의 기준을 구체적으로 정한 고시는 법규명령으로서 효력을 가진다(대판 2003.9.26. 2003두2274).
7	수입선다변화품목의 지정 및 그 수입절차 등에 관한 1991.5.13.자 상공부 고시 제91-21호는 법규명령으로서의 효력을 가지나, 그 자체가 법령은 아니고 행정규칙에 지나지 않으므로 적당한 방법으로 이를 일반인 또는 관계인에게 표시 또는 통보함으로써 그 효력이 발생한다(대판 1993.11.23. 93도662).
8	건설교통부장관이 정한 택지개발업무처리지침에 의한 토지이용에 관한 계획은 택지개발촉진법령의 위임에 따라 그 규정의 내용을 보충하면서 그와 결합하여 대외적인 구속력이 있는 법규명령으로서의 효력을 가지는 것으로 보아야 할 것이다(대판 2008.3.27. 2006두3742).
9	전라남도 주유소등록요건에 관한 고시는 석유사업법 및 그 시행령과 결합하여 대외적인 구속력이 있는 법규명령으로서의 효력을 갖게 된다(대판 1998.9.25. 98두7503).
10	산림청장이 정한 '산지전용서가기준의 세부검토기준에 관한 규정'은 법령의 내용이 될 사항을 구체적으로 정한 것으로서 대외적으로 구속력이 있는 법규명령으로서 효력을 가진다(대판 2008.4.10. 2007두4841).
11	허가관청인 지방자치단체장이 제정한 액화석유가스 판매사업 허가기준에 관한 고시는 당해 법률 및 그 시행령의 위임한계를 벗어나지 아니하는 한 그 법령의 규정과 결합하여 대외적인 구속력이 있는 법규명령으로서의 효력을 갖게 된다(대판 2002.9.27. 2000두7933).
12	청소년유해매체물의 표시방법에 관한 정보통신부고시는 상위법령과 결합하여 대외적 구속력을 갖는 법규명령으로 기능하고 있는 것이므로 헌법소원의 대상이 된다(헌재 2004.1.29. 2001헌마894).
13	지식경제부 고시인 '신·재생에너지이용 발전전력의 기준가격 지침'은 당해 법률과 그 시행령의 위임한계를 벗어나지 아니하는 한 그와 결합하여 대외적으로 구속력이 있는 법규명령으로서 효력을 가진다(대판 2016.2.18. 2014두6135).
14	공익사업을 위한 토지 등의 취득 및 보상에 대한 법률의 위임을 받아 협의취득 보상액 산정의 구체적인 기준을 정한 시행규칙은 비록 행정규칙의 형식이나 법률의 내용을 구체적으로 정해 보충하는 기능을 가지므로, 공익사업을 위한 토지 등의 취득 및 보상에 대한 법률 규정과 결합하여 대외적 구속력을 가진다(대판 2012.3.29. 2011다104253). **14. 지방직 9급** 「공익사업을 위한 토지 등의 취득 및 보상에 관한 법률」 제68조 제3항은 협의취득의 보상액 산정에 관한 구체적 기준을 시행규칙에 위임하고 있고, 위임범위 내에서 동법 시행규칙 제22조는 토지에 건축물 등이 있는 경우에는 건축물 등이 없는 상태를 상정하여 토지를 평가하도록 규정하고 있는데, 이는 대외적 구속력이 있다.

(5) 실정법적 근거 - 「행정규제기본법」 제4조 제2항

규제는 법률에 직접 규정하되, 규제의 세부적인 내용은 법률 또는 상위법령에서 구체적으로 범위를 정하여 위임한 바에 따라 대통령령·총리령·부령 또는 조례·규칙으로 정할 수 있음. 다만, 법령에서 전문적·기술적 사항이나 경미한 사항으로서 업무의 성질상 위임이 불가피한 사항에 관하여 구체적으로 범위를 정하여 위임한 경우에는 고시 등으로 정함

법령보충적 행정규칙	① 국세청장 훈령인 '재산제세사무처리규정' ② 건설부장관 훈령인 '건축사사무소의 등록취소 및 폐쇄처분에 관한 규정' ③ 국무총리 훈령인 '개별토지가격합동조사지침' ④ 국세청장 훈령인 '주류도매면허제도개선업무처리지침' ⑤ 보건복지부장관의 고시인 '식품제조영업허가기준' ⑥ 노령수당에 관한 보건복지부장관의 1994년도 '노인복지사업지침' ⑦ 산업자원부장관이 정한 '공장입지기준고시' ⑧ 수입선다변화품목의 지정에 관한 상공부고시 ⑨ 공정거래위원회가 정한 시장지배적 지위남용행위의 유형 및 기준 ⑩ 산업입지 개발에 관한 통합지침 ⑪ 산림청장이 정한 산지전용허가기준의 세부검토기준에 관한 규정 ⑫ 건설교통부장관이 정한 택지개발업무처리지침 ⑬ 관세율표상 품목분류의 기준을 정한 관세청고시 ⑭ 전라남도 주유소등록요건에 관한 고시 ⑮ 불공정거래행위의 지정고시(공정거래위원회가 정한 표시·광고에 관한 공정거래지침) ⑯ 지방자치단체장이 정한 액화석유가스판매사업허가기준 ⑰ 청소년유해매체물의 표시방법에 관한 정보통신부고시 ⑱ 「총포·도검·화약류 등 단속법 시행규칙」 ⑲ 구 「여객자동차 운수사업법 시행규칙」 ⑳ 행정안전부장관이 정한 2014년도 건물 및 기타물건 시가표준액 조정기준

2 행정규칙의 효력(구속력)

내부적 효력	① 행정규칙의 내용이 위법함이 명백한 경우 복종을 거부할 수 있음 ② 내부적으로는 구속력이 있으므로 공무원은 행정규칙을 준수하여야 할 의무가 있으며, 이를 위반할 경우 징계책임이 인정됨 **16. 국가직 7급** 제재적 행정처분의 가중사유나 전제요건에 관한 규정이 법령이 아닌 행정규칙의 형식으로 되어 있다면 이는 행정청 내부의 재량준칙을 규정한 것에 불과하더라도 관할 행정청이나 담당 공무원은 이를 준수할 의무가 있다.
외부적 효력	① 법령해석규칙: 대외적 구속력 부정 ② 재량준칙: 평등의 원칙, 자기구속의 원칙을 매개로 간접적으로 대외적 구속력을 지님 ③ 법령보충규칙 • 법규성 여부: 상위법령과 결합하여 대외적 구속력을 가짐 • 재위임: 법령보충적 행정규칙의 재위임도 가능함 • 사법적 통제: 법원 또는 헌법재판소의 통제대상이 됨 ④ 규범구체화 규칙: 독일연방행정법원의 빌(Whyl) 원자력발전소 관련 판결에서 유래 ⑤ 원칙적으로 외부적 효력이 없음

3 행정규칙의 통제

입법적 통제	행정규칙의 제출절차(「국회법」 제98조의2)
사법적 통제	① 법령보충규칙처럼 국민에게 효력이 있는 경우에는 헌법소원의 대상이 될 수 있음 ② 청소년유해매체물의 표시방법에 관한 정보통신부고시는 헌법소원의 대상이 됨

제3장 행정행위

제1절 행정행위의 의의 및 종류

1 의의

행정행위의 개념	행정청이 법 아래에서 구체적 사실에 관한 법집행으로 행하는 권력적 단독행위로서 공법행위
쟁송법 개념상 처분과 행정행위의 관계	① 이원설(통설): 처분의 개념이 행정행위의 개념보다 더 넓음 ② 판례: 기본적으로 일원설의 입장이나, 최근의 경향에는 점차 처분의 범위를 넓혀가고 있음 **17. 국가직 9급**「행정소송법」상 처분의 개념과 강학상 행정행위의 개념이 다르다고 보는 견해는 처분의 개념을 강학상 행정행위의 개념보다 넓게 본다.
형식적 행정행위	권력성을 갖지 않는 행위 중 일정한 행위를 항고소송의 대상으로 보자는 견해 ⇨ 통설은 이러한 개념을 부정함

2 행정행위의 개념적 요소 및 종류

1. '행정청'의 행위(기능적 개념)

(1) 국회 등의 기관

(2) 공무수탁 등의 경우
　① 공공단체뿐만 아니라 일반사인도 공무를 위탁받은 경우에는 행정청이 됨
　② 각종 징계위원회의 경우: 행정청에 포함되지 않음

2. 구체적 사실에 관한 행위(일반처분)

(1) 의의
　구체적 사실과 관련하여 불특정 다수인을 대상으로 하여 발하여지는 행정청의 권력적·단독적 규율행위

(2) 성질
　일반적·구체적 행정행위의 유형 중 하나임. 다만,「행정절차법」상 사전통지 및 의견청취 절차의 생략이 가능하고(대판 2008.6.12. 2007두1767), 처분의 효력 발생일에 처분이 있음을 알았다고 간주함(대판 2007.6.14. 2004두619)

대인적 일반처분	물적 행정행위로서 일반처분
① 특정일, 특정 시간 및 특정 장소의 집회행위 금지조치, 해산명령 ② 일정시간 이후의 통행금지조치 ③ 청소년유해매체물 결정 및 고시	① 도로의 공용개시행위, 도로의 일정구역에 설치되는 속도제한 표지판, 횡단보도 설치행위 **15. 서울시 9급** 지방경찰청장이 횡단보도를 설치하여 보행자통행방법 등을 규제하는 것은 행정행위에 해당한다. ② 일방통행 표지판, 개별공시지가결정, 주차금지구역설정행위 ③ 토지거래허가구역의 지정, 개별제한구역의 지정

> **판례정리**
>
> 1. 도로구역을 변경한 이 사건 처분은 상대방을 특정할 수 없는 것으로, 행정절차법 제21조 제1항의 사전통지나 제22조 제3항의 의견청취의 대상이 되는 처분은 아니라고 할 것이다(대판 2008. 6.12. 2007두1767).
>   ✓ **주의** 일반처분은 의견청취의 대상이 되지 않음
>
> 2. 구 청소년 보호법에 따른 청소년유해매체물 결정 및 고시처분은 당해 유해매체물의 소유자 등 특정인만을 대상으로 한 행정처분이 아니라 일반불특정 다수인을 상대방으로 하여 일률적으로 각종 의무를 발생시키는 행정처분으로서, 정보통신윤리위원회가 특정 인터넷 웹사이트를 청소년유해매체물로 결정하고 청소년보호위원회가 효력발생시기를 명시하여 고시함으로써 그 명시된 시점에 효력이 발생하였다고 봄이 상당하다(대판 2007.6.14. 2004두619).

3. 법적 행위(규율행위)

(1) 외부적 행위

(2) 상대방에 대해 직접적인 법적 효과가 발생하는 행위
 ① 단순한 사실행위: 행정행위가 아님
 ② 행정행위의 효과가 법에 규정되어야 함(판례는 어떠한 처분의 근거가 행정규칙에 규정되어 있다고 하더라도 그 처분이 상대방의 권리·의무에 직접 영향을 미치는 행위라면, 이 경우에도 항고소송의 대상이 되는 행정처분에 해당한다고 봄)

4. 권력적 단독행위로서 공법행위

사법(私法)행위, 공법상 계약, 공법상 합동행위 등도 행정행위가 아님

5. 거부행위

(1) 단순한 사실행위, 사법상 계약체결 요구에 대한 거부 등은 행정행위가 아님
(2) 신청인에게 법규상·조리상 신청권 필요
(3) 묵시적 거부도 인정될 수 있음

6. 행정행위의 분류기준에 따른 종류

(1) 법률행위적 행정행위와 준법률행위적 행정행위
① 법률행위적 행정행위: 행정청의 의사표시를 구성요소로 함. 그 표시된 효과의사의 내용에 따라 법적 효과가 발생함
② 준법률행위적 행정행위: 행정청의 의사표시 이외의 정신작용을 구성요소로 함. 법규가 정한 바에 따라 법적 효과가 발생함

(2) 기속행위와 재량행위(후술)

(3) 수익적 행정행위와 침익적 행정행위

구분	수익적 행정행위	침익적 행정행위
법률의 유보	법률유보가 완화됨	법률유보가 엄격함
신청 (협력을 요하는 행정행위)	보통 신청을 전제로 함 (협력을 요하는 행정행위)	신청과 무관함 (일방적 행정행위)
절차	절차적 통제가 완화됨	절차적 통제가 엄격함
부관	부관과 친함	비교적 거리가 멀음
취소, 철회	신뢰보호의 원칙 등으로 취소·철회가 제한됨	원칙적으로 제한이 없음 (취소의 취소에 관해서는 후술)
강제집행	개념상 강제집행과는 무관함	강제집행이 따를 수 있음
구제수단 (후술)	① 수익적 행정행위의 거부: 의무이행심판 또는 거부처분취소소송 ② 수익적 행정행위의 부작위: 의무이행심판 또는 부작위위법확인소송	취소심판 또는 취소소송

(4) 대인적 행정행위와 대물적 행정행위

대인적 행정행위	대물적 행정행위
① 행정행위 상대방의 주관적 사정을 고려: 운전면허, 의사면허 ② 이전 불가(일신전속적)	① 그 행위의 대상인 물건이나 시설의 객관적 사정을 고려: 자동차검사, 건축물의 준공검사 ② 이전 가능

(5) 일방적 행정행위와 협력을 요하는(쌍방적) 행정행위
(6) 요식행위와 불요식행위
(7) 적극적 행정행위와 소극적 행정행위
(8) 단계적 행정행위
   잠정적 행정행위, 예비결정, 부분허가

> **판례정리**
>
> 1. 석유판매업 등록은 원칙적으로 대물적 허가의 성격을 갖고, 또 사업정지 등의 제재처분은 대물적 처분의 성격을 갖고 있으므로, 석유판매업자의 지위를 승계한 자에 대하여 종전의 석유판매업자가 유사석유제품을 판매하는 위법행위를 하였다는 이유로 사업정지 등 제재처분을 취할 수 있다(대판 2005.10.23. 2003두8005).

제2절 복효적 행정행위(제3자효 행정행위)

1 의의

상대방에게 이익을 주지만 제3자에게는 불이익을 주는 행정행위 또는 상대방에게 불이익을 주지만 제3자에게는 이익을 주는 행정행위(예 화장장 설치허가, 연탄공장 건축허가)

2 내용

행정절차에 대한 참가	직권 또는 신청
원고적격	제3자효 행정행위의 경우 제3자도 원고적격이 있음
판결의 효력	제3자에 대해서도 효력이 있음 **04. 전북 9급** 제3자효 행정행위의 제3자는 법률상 이익이 침해당한 경우 행정심판 청구인적격 및 행정소송 원고적격을 가진다.
소송참가	직권 또는 신청
재심청구	만약 일정한 사유로 소송에 참가하지 못할 경우 재심청구 가능
처분의 집행정지	제3자도 신청할 수 있음
쟁송제기기간	제3자는 정당한 사유가 있는 것으로 보아 1년이 경과해도 소제기가 가능할 수 있음
고지	제3자도 고지를 요구할 수 있음 ☑ **주의** 제3자에 대한 고지의무 ×

제3절 기속행위와 재량행위

1 의의

기속행위	법규에서 정한 요건이 충족되면 행정청이 반드시 어떠한 행위를 발하거나 발하지 말아야 하는 행위
재량행위	① 선택가능성을 행정청에 부여하는 행위 ② 필요성: 구체적 타당성이 있는 행정권의 행사 가능, 개별적 정의의 실현 ③ 유형: 결정재량, 선택재량

2 구별기준

요건재량설	① 기속행위: 중간목적(교통안전, 위생)을 규정한 경우 ② 재량행위: 법규정의 요건이 공백규정이거나 공익 등 종국목적만 규정한 경우
효과재량설	① 기속행위: 법적 효과가 침익적인 경우 ② 재량행위: 법적 효과가 수익적인 경우

통설 및 판례	① 법문언기준설: 법규정의 표현을 기준으로 함. 단, 규정방식이 명확하지 않은 경우 입법목적, 취지뿐만 아니라 행위의 성질을 종합적으로 고려하여 판단하여야 함 ② 허가는 원칙적으로 기속행위이며, 특허는 재량행위라고 봄

📄 판례정리

1	도로교통법에 의하면, 술에 취한 상태에 있다고 인정할 만한 상당한 이유가 있음에도 불구하고 경찰공무원의 측정에 응하지 아니한 때에는 필요적으로 운전면허를 취소하도록 되어 있어 처분청이 그 취소 여부를 선택할 수 있는 재량의 여지가 없음이 그 법문상 명백하므로, 위 법조의 요건에 해당하였음을 이유로 한 운전면허취소처분에 있어서 재량권의 일탈 또는 남용의 문제는 생길 수 없다(대판 2004.11.12. 2003두12042). **15. 국회직 8급** 음주측정거부를 이유로 운전면허취소를 함에 있어서 행정청이 그 취소 여부를 선택할 수 있는 재량의 여지가 없음이 법문상 명백하므로 재량권의 일탈·남용의 문제는 생길 수 없다.
2	구 총포·도검·화약류 등 단속법의 규정에 의하면, 면허관청은 화약류관리보안책임자면허를 받은 사람이 같은 법의 규정을 위반하여 벌금 이상의 형의 선고를 받음으로써 화약류관리보안책임자의 결격사유에 해당하게 된 경우에는 그 면허를 취소하여야 한다. … 재량의 여지가 없음이 그 법문상 명백하다(대판 1996.8.23. 96누1665).
3	국토의 계획 및 이용에 관한 법률에서 정한 도시지역 안에서 토지의 형질변경행위를 수반하는 건축허가는 … 그 금지요건에 해당하는지 여부를 판단함에 있어서 행정청에게 재량권이 부여되어 있다(대판 2005.7.14. 2004두6181).
4	행정행위가 그 재량성의 유무 및 범위와 관련하여 이른바 기속행위 내지 기속재량행위와 재량행위 내지 자유재량행위로 구분된다고 할 때, 그 구분은 당해 행위의 근거가 된 법규의 체제·형식과 그 문언(**선생님 tip** 체·형·문), 당해 행위가 속하는 행정 분야의 주된 목적과 특성(**선생님 tip** 분·목·특) 당해 행위 자체의 개별적 성질과 유형 등을 모두 고려하여 판단하여야 한다(대판 2001.2.9. 98두17593). ✅ **주의** 종합적 기준설에 따른 판례
4-1	개발행위의 허가는 상대방에게 수익적인 것이 틀림이 없으므로 그 법률적 성질은 재량행위 내지 자유재량행위에 속하는 것이고, 조건이나 기한, 부담 등의 부관을 붙일 수 있다(대판 2004.3.25. 2003두12837). ✅ **주의** 수익적 처분의 경우에는 성질설을 활용하여 재량행위로 판시한 판례가 있음

3 구별실익

구분	기속행위	재량행위
법원의 통제	행정권행사에 잘못이 있는 경우에는 곧바로 위법한 행위가 됨 ⇨ 법원의 통제 가능	재량권의 한계를 넘지 않는 한 재량을 그르친 경우 부당한 행위가 됨 ⇨ 법원에 의한 통제 불가능
사법심사의 방식	법원이 독자적인 결론을 도출한 후 행정청의 판단과 비교	법원이 독자적 결론을 도출함이 없이 행정청의 행위에 재량권의 일탈·남용이 있는지를 심사

	기속행위	재량행위
부관의 허용성	① 종래 통설(전통적 견해): 법률에 근거가 없는 한 부관을 붙일 수 없음 ② 최근의 다수설: 요건충족적 부관은 붙일 수 있음	통설 및 판례: 법률에 근거가 없더라도 부관을 붙이는 것이 가능함
선원주의	일반적으로 적용됨	적용되기 어려움
요건충족에 따른 효과의 부여	원칙적으로 법에 정해진 효과를 부여하여야 함	요건이 충족되어도 공익과 이익형량을 통하여 법에 정해진 효과를 부여하지 않을 수 있음
판례	① 난민인정행위 ② 자동차운송알선사업 등록처분 ③ 「국유재산법」상 무단점유자에 대한 변상금 부과 ④ 음주측정거부를 이유로 한 운전면허취소 ⑤ 지방병무청장의 공익근무요원소집처분 ⑥ 등록(수리를 요하는 신고) ⑦ 「식품위생법」상 일반음식점영업허가 ⑧ 학교법인이사취임승인처분 ⑨ 관광사업 양도에 의한 지위승계신고수리	① 구 「자동차운수사업법」에 의한 자동차운송사업면허 ② 개발제한구역 내의 건축물의 용도변경허가 ③ 「야생생물 보호 및 관리에 관한 법률」상의 용도변경승인행위 ④ 주택건설사업계획승인처분 ⑤ 마을버스운송사업면허 ⑥ 개인택시운송사업면허 ⑦ 귀화허가 ⑧ 난민인정결정의 취소

판례정리

1	구 주택건설촉진법 제33조에 의한 주택건설사업계획 승인의 법적 성질은 재량행위에 속한다. 및 법규에 명문의 근거가 없어도 국토 및 자연의 유지와 환경보전 등 공익상 필요를 이유로 그 승인신청을 불허가 결정을 할 수 있다(대판 2007.5.10. 2005두13315).
2	<주택재건축사업시행인가의 법적 성질(= 재량행위) 및 이에 대하여 법령상의 제한에 근거하지 않은 조건(부담)을 부과할 수 있는지 여부> 재량행위에 속하므로, 처분청으로서는 법령상의 제한에 근거한 것이 아니라 하더라도 공익상 필요 등에 의하여 필요한 범위 내에서 여러 조건(부담)을 부과할 수 있다(대판 2007.7.12. 2007두6663).
3	마을버스운송사업면허는 재량행위에 속한다. 마을버스 한정면허시 확정되는 마을버스노선을 정함에 있어서 기존 일반노선버스의 노선과의 중복 허용 정도에 대한 판단의 법적 성질은 재량행위에 속한다(대판 2002.6.28. 2001두10028).
4	야생동·식물보호법 제16조 제3항에 의한 용도변경승인행위 및 용도변경의 불가피성 판단에 필요한 기준을 정하는 행위의 법적 성질은 재량행위에 속한다(대판 2011.1.27. 2010두23033). **19. 서울시 7급(10월)** 야생 동·식물보호법령에 따른 용도변경승인의 경우 환경부장관의 용도변경승인처분은 재량행위이다.
5	폐기물처리업허가에 관한 폐기물처리사업계획서가 적합한지를 심사하면서 구 폐기물관리법 제25조 제2항 각 호에서 열거한 사항 외의 사유로 부적합통보를 할 수 있다(대판 2011.11.10. 2011두12283).
6	국유재산의 무단점유 등에 대한 변상금의 징수는 기속행위이다(대판 1998.9.22. 98두7602).
7	육아휴직 중 국가공무원법 제73조 제2항에 따른 복직명령의 법적 성질은 기속행위에 속한다(대판 2014.6.12. 2012두4852).
8	사립학교법 제20조의2가 정한 임원취임승인 취소처분이 재량행위에 해당한다(대판 2017.12.28. 2017두53361).

기속행위에 해당하는 경우	재량행위에 해당하는 경우

① 「건축법」상 허가
② 주유소허가
③ 「식품위생법」상 일반음식점허가
④ 광천음료수제조허가
⑤ 「기부금품의 모집 및 사용에 관한 법률」상 기부금품모집허가
⑥ 학교법인이사취임승인처분
  ✓ **주의** 이사취임승인취소처분은 재량행위
⑦ 토지거래허가
⑧ 국유재산의 무단점유 등에 대한 변상금징수 여부
⑨ 「공중위생관리법」상 영업허가
⑩ 총포화약류판매업허가
⑪ 의약품제조업허가사항 변경허가
⑫ 국유재산무단점유자에 대한 변상금부과처분 및 징수
⑬ 공중보건의 편입취소 및 현역병입영명령
⑭ 「석유사업법」상 석유판매허가
⑮ 음주측정거부시 운전면허취소
⑯ 경찰공무원임용령에서 정한 부정응시자 자격의 제한
⑰ 난민인정
  ✓ **주의** 난민인정결정취소는 재량행위
⑱ 등록(수리를 요하는 신고)
⑲ 관광사업 양도에 의한 지위승계신고수리
⑳ 공무원에 대한 복직명령
㉑ 마을버스 운수사업자가 유류사용량을 실제보다 부풀려 유가보조금을 과다지급 받은 것에 대한 환수처분
㉒ 「부동산 실권리자명의 등기에 관한 법률」상 과징금 부과 여부는 기속행위, 과징금 액수결정은 재량행위
  ✓ **비교** 공정거래위원회는 과징금 액수결정과 부과처분 모두 재량행위
㉓ 육아휴직 복직명령
	① 귀화허가
	② 개인택시운송사업면허
	  ✓ **주의** 개인택시운송사업면허의 기준에 관한 설정도 재량행위에 속함
	③ 자동차운송사업면허
	④ 공익사업인정
	⑤ 어업면허
	⑥ 공무원의 임용
	⑦ 공유수면매립면허
	⑧ 산림형질변경허가
	⑨ 「산림법」에 의한 산림훼손허가
	⑩ 「도시계획법」상 토지형질변경허가
	⑪ 농지전용허가
	⑫ 입목의 벌채·굴채허가
	⑬ 개발제한구역 내 건축허가
	⑭ 학교환경위생정화구역 안의 유흥음식점영업허가
	⑮ 제주도지사의 절대보전지역 지정 및 변경행위
	⑯ 「야생생물 보호 및 관리에 관한 법률」상의 용도변경승인
	⑰ 공정거래위원회의 과징금부과
	⑱ 도로점용허가
	⑲ 구 「토지수용법」상 사업인정
	⑳ 「자연공원법」상 공원사업시행허가
	㉑ 총포·도검·화약류소지허가
	㉒ 주택조합 설립인가
	㉓ 행정재산 사용허가 및 취소
	㉔ 공무원에 대한 징계처분
	㉕ 국립대학 학생에 대한 퇴학처분
	㉖ 구 「도시계획법」상 도시계획결정
	㉗ 재외동포에 대한 사증발급
	[판단여지]
	① 공정거래위원회의 과징금부과
	② 감정평가사시험의 합격기준 선택
	③ 사법시험문제의 출제행위
	④ 건설공사를 계속하기 위한 고분발굴 여부
	⑤ 한약조제시험 실시기관인 국립보건원장의 평가방법 및 채점기준의 설정
	⑥ 공인중개사시험의 출제행위
	⑦ 교과서 검정

4 재량권의 한계

1. 의의
일정한 한계를 넘으면 위법한 행정행위가 됨

2. 재량권의 일탈·남용
(1) 재량행위의 경우 외적 한계를 넘으면 일탈이 되고, 내적 한계를 넘으면 남용이 됨(「행정소송법」 제27조)
(2) 판례는 재량권의 일탈과 재량권의 남용을 명확히 구분하지 않음

3. 재량권의 불행사(재량의 해태도 포함)

	판례정리
1	<중고등학교 교과서 검정> 문교부장관이 관계법령과 심사기준에 따라 처분을 한 것이라면 그 처분은 유효한 것이고 그 처분이 현저히 부당하다거나 또는 재량권의 남용에 해당된다고 볼 수밖에 없는 특별한 사정이 있는 때가 아니면 동 처분을 취소할 수 없다(대판 1988.11.8. 86누618).
2	<제재적 행정처분이 재량권의 범위를 유탈한 것인지 여부의 판단기준> 처분사유인 위반행위의 내용과 당해 처분에 의해서 달성하려는 공익목적 및 이에 따르는 제반사정 등을 객관적으로 심리하여 공익침해의 정도와 그 처분으로 인하여 개인이 입을 불이익을 비교교량하여 판단하여야 한다(대판 1989.4.25. 88누3079).
3	음주측정거부를 이유로 운전면허취소를 함에 있어서 행정청이 그 취소 여부를 선택할 수 있는 재량의 여지가 없다(대판 2004.11.12. 2003두12042). **15. 국회직 8급** 음주측정거부를 이유로 운전면허취소를 함에 있어서 행정청이 그 취소 여부를 선택할 수 있는 재량의 여지가 없음이 법문상 명백하므로 재량권의 일탈·남용의 문제는 생길 수 없다.
4	국립교육대학 교수회의 학생에 대한 무기정학처분의 징계의결에 대하여 학장이 징계의 재심을 요청하여 다시 개최된 교수회에서 표결을 거치지 아니한 채 학장이 직권으로 징계의결 내용을 변경하여 퇴학처분을 한 것이 학칙에 규정된 교수회의 심의·의결을 거치지 아니한 것이어서 위법하다(대판 1991.11.22. 91누2144).
5	부동산 실권리자명의 등기에 관한 법률 시행령 제3조의2 단서의 과징금 임의적 감경사유가 있음에도 이를 전혀 고려하지 않거나 감경사유에 해당하지 않는다고 오인하여 과징금을 감경하지 않은 경우, 그 과징금 부과처분이 재량권을 일탈·남용한 위법한 처분이라고 할 수밖에 없다(대판 2010.7.15. 2010두7031).
6	당해 공무원의 동의 없는 지방공무원법 제29조의2의 규정에 의한 전출명령은 위법하여 취소되어야 하므로, 그 전출명령이 적법함을 전제로 내린 징계처분이 징계양정에 있어 재량권을 일탈하여 위법하다(대판 2001.12.11. 99두1823). **19. 서울시 7급** 지방자치단체의 장은 다른 지방자치단체의 장의 동의를 얻어 그 소속공무원이 전입하도록 할 수 있는데, 공무원 본인의 동의가 반드시 있어야 한다.
7	학교법인의 교비회계자금을 법인회계로 부당전출한 행위의 위법성 정도와 임원들의 이에 대한 가공의 정도, 학교법인이 사실상 행정청의 시정 요구 대부분을 이행하지 아니하였던 사정 등을 참작하여, 임원취임승인취소처분이 재량권을 일탈·남용하였다고 볼 수 없다(대판 2007.7.19. 2006두19297 전합).

8	교통법규 위반 운전자로부터 1만 원을 받은 경찰공무원을 해임처분한 것은 징계재량권의 일탈·남용이 아니다(대판 2006.12.21. 2006두16274).
9	개인택시운송사업자의 자동차운전면허가 취소된 경우, 필요적으로 개인택시운송사업면허가 취소되는 것은 아니다. 비록 법령상의 취소사유가 있다고 하더라도 그 취소권의 행사는 기득권의 침해를 정당화할 만한 중대한 공익상의 필요가 있는 때에 한한다(대판 2016.7.22. 2014두36297).
10	혈중알코올농도 0.140%의 주취상태로 125cc 이륜자동차를 운전하였다는 이유로 자동차운전면허(제1종 대형, 제1종 보통, 제1종 특수, 제2종 소형)를 모두 취소하는 처분이 재량권 일탈·남용에 해당하지 않는다(대판 2018.2.28. 2017두67476).
11	징계위원회의 심의과정에 반드시 제출되어야 하는 공적사항이 제시되지 않은 상태에서 결정한 징계처분이 위법하다(대판 2012.6.28. 2011두20505).
12	'제주특별자치도 설치 및 국제자유도시 조성을 위한 특별법'상 도지사의 절대보전지역 지정 및 변경행위의 법적 성격은 재량행위에 속하며, 도지사가 절대보전지역의 면적을 축소하는 경우 주민의 견청취절차를 거칠 필요가 없다(대판 2012.7.5. 2011두19239 전합).
13	당해 공무원의 동의 없는 지방공무원법 제29조의3의 규정에 의한 전출명령은 위법하여 취소되어야 하므로, 그 전출명령이 적법함을 전제로 내린 징계처분은 그 전출명령이 공정력에 의하여 취소되기 전까지는 유효하다고 하더라도 징계양정에 있어 재량권을 일탈하여 위법하다(대판 2001.12.11. 99두1823).
14	'심재륜 사건'에서의 면직처분은 징계면직된 검사가 그 징계사유인 비행에 이르게 된 동기와 경위, 그 비행의 내용과 그로 인한 검찰조직과 국민에게 끼친 영향의 정도, 그 검사의 직위와 그동안의 행적 및 근무성적, 징계처분으로 인한 불이익의 정도 등 제반사정에 비추어, 비례의 원칙에 위반된 재량권 남용으로서 위법하다(대판 2001.8.24. 2000두7704).
15	미성년자를 출입시켰다는 이유로 2회나 영업정지에 갈음한 과징금을 부과받은 지 1개월 만에 다시 만 17세도 되지 아니한 고등학교 1학년 재학생까지 포함된 미성년자들을 연령을 확인하지 않고 출입시킨 행위에 대한 영업허가취소처분이 재량권을 일탈한 위법한 처분이라고 보기 어렵다(대판 1993.10.26. 93누5185).
16	행정청이 건설산업기본법 및 구 건설산업기본법 시행령의 규정에 따라 건설업자에 대하여 영업정지처분을 할 때 건설업자에게 영업정지기간의 감경에 대한 참작사유가 있음에도 이를 전혀 고려하지 않거나 감경사유에 해당하지 않는다고 오인하여 영업정지기간을 감경하지 아니한 경우, 그 영업정지처분은 위법하다(대판 2016.8.29. 2014두45956).
17	초음파 검사를 통하여 알게 된 태아의 성별을 고지한 의사에 대한 의사면허자격정지처분은 재량권의 일탈·남용이 아니다(대판 2002.10.25. 2002두4822).
18	생물학적 동등성 시험 자료 일부에 조작이 있음을 이유로 해당 의약품의 회수 및 폐기를 명한 행정처분이 재량권을 일탈·남용하여 위법하다고 볼 수 없다(대판 2008.11.13. 2008두8628).

재량권의 일탈·남용을 인정한 사례	재량권의 일탈·남용을 부정한 사례
① 심재륜 사건: 징계면직된 검사 ② 박사학위논문심사과정을 통과한 자에게 한 정당한 이유 없는 학위수여 부결 ③ 육지에서 7시간 거리 낙도근무자가 풍랑을 만난 사건 ④ 해외근무자들의 자녀를 대상으로 한 특별전형에서 외교관·공무원의 자녀에게만 20% 가산점을 준 경우 ⑤ 동의 없는 전출명령이 적법함을 전제로 내린 징계명령 ⑥ 급량비를 일시전용한 시립무용단원에 대한 해촉 ⑦ 부정휘발유를 구입·판매한 것을 이유로 한 허가취소처분(관리인의 부정휘발유 취급사실을 몰랐고 15년 이상 경영하며 처음 위법행위를 함) ⑧ 여객자동차 운수사업법령은 구체적인 휴업허가의 기준을 규정하고 있지 않으나, 행정청이 내부적으로 설정한 기준이 그 자체로 객관적으로 합리적이지 않거나 타당하지 않음에도 그에 따라 처분한 경우 또는 기준 설정시와 처분 당시를 비교해 수송수요와 공급상황이 달라졌는지 고려하지 않고, 설정된 기준만을 기계적으로 적용하여 마땅히 고려할 사항을 살피지 않은 경우 재량권을 일탈·남용하여 위법함	① 약사의 의약품 개봉판매행위에 대한 과징금 부과처분 ② 대학의 신규교원 채용과정 중 서류심사위원으로 관여하면서 인사서류를 조작한 사립학교의 교원에 대한 해임 ③ 비록 1만 원이지만 단속 대상에게 먼저 적극적으로 요구하여 돈을 받은 경찰관에 대한 해임 ④ 초음파검사를 통하여 알게 된 태아의 성별을 고지한 의사에 대한 의사면허자격정지처분 ⑤ 생물학적 동등성 시험자료 일부가 조작되었음을 이유로 해당 의약품의 회수 및 폐기를 명하는 경우 ⑥ 유해화학물질인 말라카이트그린이 들어있음에도 신고서에 그 사실을 기재하지 않은 자에 대한 영업정지 1개월 ⑦ 교통사고를 일으키고도 구호조치 없이 도주한 수사 담당경찰관에 대한 해임 ⑧ 전국공무원노동조합 간부들과 함께 시장의 사택을 방문한 사무국장에게 한 파면처분(집단행위 금지의무의 위반) ⑨ 학교법인의 교비회계자금을 법인회계로 부당전출한 것과 관련된 이들에 대한 임원취임승인취소처분 ⑩ 부실공사를 한 건설업체에 대한 면허취소처분(성수대교 사건) ⑪ 허위의 무사고 증명을 제출하여 사위의 방법으로 개인택시면허를 받은 자에 대한 제재

제4장 법률행위적 행정행위

1 개설

1. 명령적 행위
주로 질서유지를 위하여 국민에 대하여 일정한 작위, 부작위, 급부, 수인 등의 의무를 명하거나 해제하는 행정행위

2. 명령적 행위와 형성적 행위의 구별

명령적 행위	개인의 자연적 자유를 제한하거나 제한된 자유를 회복시킴(하명, 허가, 면제) **선생님 tip** 하·허·면
형성적 행위	국민의 권리, 권리능력, 법률상의 힘을 새로이 발생·변경·소멸하게 함(특허, 대리, 인가) **선생님 tip** 특·대·인

2 명령적 행위

1. 하명

개념	작위, 부작위, 급부, 수인 등의 의무를 명하는 행위, 법규하명과는 구별됨
성질	법령의 근거가 필요함
대상	사실행위 ○, 법률행위 ○
상대방	특정인, 불특정 다수인(일반처분의 성질을 가짐)
효과	① 대인적 하명의 효과: 상대방에게만 효력이 발생함 ② 대물적 하명의 효과: 양수인에게 승계됨
위반행위	행정상 강제집행 또는 행정상 제재가 부과되지만 위반행위의 사법(私法)적 효력은 유효함이 원칙
하명의 해제신청	① 일정한 경우 하명의 해제신청권이 인정되기도 함 ② 공사중지명령에 대하여 명령의 상대방이 해제를 구하기 위해서는 원인사유가 해제되었음이 인정되어야 함

2. 허가

(1) 의의
① 개념: 부작위의무를 해제하는 행위, 학문상 개념
② 법규허가의 불가능: 행정행위로서의 허가만이 가능
③ 상대적 금지의 해제: 절대적 금지(예 청소년에 대한 주류판매금지)에 대해서는 허가 불가능
④ 예방적 금지의 해제

(2) 성질
① 종래 통설
  ㉠ 명령적 행위
  ㉡ 유력설: 명령적 행위 + 형성적 행위
② 원칙적으로 기속행위: 단, 예외적으로 재량행위인 경우도 있음[㉠ 중대한 공익상의 이유(판례는 기속재량행위라고 표현), ㉡ 인·허가가 의제되는 허가에 있어서 의제되는 행정행위가 재량행위인 경우 그 범위 내에서 행정청은 재량권을 가짐]
  09. 국회직 9급 허가가 자유를 회복시켜 주는 행위라고 해서 법률이 허가를 반드시 기속행위로 규정하고 있는 것은 아니다.
③ 원칙적 선원주의 적용: 선원주의란, 둘 이상의 출원이 경합한 경우에 먼저 출원한 자를 우선시키는 주의를 말함

(3) 형식, 상대방, 대상, 신청 여부
① 형식: 행정행위의 형식으로만 가능하며, 법규허가는 불가능함
② 상대방: 불특정 다수인 가능(예 통행금지의 해제)
③ 대상: 사실행위 ○, 법률행위 ○
④ 신청 여부
  ㉠ 신청을 전제로 하지 않는 허가도 가능(예 통행금지의 해제)
  ㉡ 판례는 신청의 내용과 다른 허가가 당연무효가 아니라고 판시함

(4) 효과
① 금지의 해제
② 허가로 인한 영업상 이익: 원칙적으로 반사적 이익(단, 법률상 이익인 경우도 있음)
③ 허가영업을 할 수 있는 지위: 법률상 이익
④ 다른 법률에 의한 금지는 해제하지 않는 것이 원칙

(5) 인·허가 의제제도
① 주된 허가를 받으면 다른 법률상 인·허가도 받은 것으로 보는 제도
  13. 서울시 9급 인·허가 의제제도는 하나의 인·허가를 받으면 다른 허가, 인가, 특허, 신고 또는 등록 등을 받은 것으로 보는 제도를 말한다.
② 법률의 명시적 근거가 필요함
③ 주된 허가담당관청에만 신청하면 됨
④ 주된 허가담당기관에 관하여 규정된 절차만 거치면 충분함(절차집중효)
⑤ 주된 허가요건뿐만 아니라 의제되는 인·허가요건까지 모두 구비된 경우에 주된 신청에 대한 허가를 할 수 있음(실체집중 부정)
⑥ 의제되는 인·허가요건 미비를 이유로 주된 허가를 거부한 경우에도 주된 허가거부처분을 대상으로 소송을 제기하여야 함
  16. 지방직 7급 인·허가 의제에 있어서 인·허가가 의제되는 행위의 요건불비를 이유로 사인이 신청한 주된 인·허가에 대한 거부처분이 있는 경우 주된 인·허가의 거부처분을 대상으로 소송을 제기해야 한다.
  ✓ **주의** 부분 인·허가 의제가 허용되는 경우에는 그 효력을 제거하기 위한 법적 수단으로 의제된 인·허가의 취소·철회가 가능하고, 쟁송취소 역시 가능함

	판례정리
1	건설부장관이 관계기관의 장과의 협의를 거쳐 주택건설사업계획의 승인을 한 경우 별도로 도시계획법 소정의 중앙도시계획위원회의 의결이나 주민의 의견청취 등 절차를 거칠 필요는 없다(대판 1992.11.10. 92누1162).
2	국토의 계획 및 이용에 관한 법률상의 개발행위허가가 의제되는 건축허가신청이 동 법령이 정한 개발행위허가기준에 부합하지 아니하면, 행정청은 건축허가를 거부할 수 있다(대판 2016.8.24. 2016두35762).
3	건축불허가처분을 하면서 건축불허가사유 외에 형질변경불허가사유나 농지전용불허가사유를 들고 있는 경우, 그 건축불허가처분에 관한 쟁송에서 형질변경불허가사유나 농지전용불허가사유에 관하여도 다툴 수 있다(대판 2001.1.16. 99두10988). **11. 지방직 7급** 건축허가를 받은 경우에 토지형질변경허가나 농지전용허가를 받은 것으로 보는 인·허가 의제의 경우, 건축허가권자가 건축불허가처분을 하면서 그 처분사유로 건축불허가사유뿐만 아니라 형질변경불허가사유나 농지전용불허가사유를 들고 있다면, 그 건축불허가처분에 대한 쟁송과는 별개로 형질변경불허가처분이나 농지전용불허가처분에 대한 쟁송을 제기하여야 하는 것은 아니다.
4	주된 인·허가에 관한 사항을 규정하고 있는 법률에서 주된 인·허가가 있으면 다른 법률에 의한 인·허가를 받은 것으로 의제한다는 규정을 둔 경우, 주된 인·허가가 있으면 다른 법률에 의한 인·허가가 있는 것으로 보는 데 그치고, 거기에서 더 나아가 다른 법률에 의하여 인·허가를 받았음을 전제로 하는 그 다른 법률의 모든 규정들까지 적용되는 것은 아니다(대판 2016.11.24. 2014두47686). ✓ **비교** 주택건설사업계획승인처분에 따라 의제된 인·허가에 하자가 있어 이해관계인이 위법함을 다투고자 하는 경우, 취소를 구할 대상(= 의제된 인·허가) 및 의제된 인·허가가 주택건설사업계획승인처분과 별도로 항고소송의 대상이 되는 처분에 해당함(대판 2018.11.29. 2016두38792) **19. 서울시 7급** 주택건설사업계획승인처분에 따라 의제된 인·허가에 하자가 있어 이해관계인이 위법함을 다투고자 하는 경우, 취소를 구할 대상(= 의제된 인·허가) 및 의제된 인·허가는 주택건설사업계획승인처분과 별도로 항고소송의 대상이 되는 처분에 해당한다. ✓ **비교** 구 「중소기업창업 지원법」에 따른 사업계획승인의 경우, 의제된 인·허가만을 취소·철회하여 사업계획승인의 효력은 유지하면서 그 의제된 인·허가의 효력만 소멸시킬 수 있음(대판 2018.7.12. 2017두48734)

(6) 무허가행위의 효과
① 행정상 강제집행 또는 행정상 제재가 부과되지만 위반행위의 사법적 효력은 유효함이 원칙임(= 허가를 받아 행하여야 할 행위를 허가 없이 한 경우에는 행정상의 강제집행이나 행정벌의 대상은 되지만, 행위 자체의 법률적 효력은 부인되지 않음)
② 타인 명의로 허가를 받은 경우: 건축허가 명의와 상관없이 실제로 건물을 건축한 자가 건물의 소유권을 취득함

(7) 허가효과의 승계
① 대인적 허가는 일신전속적인 것이므로 이전성이 인정되지 않으나, 대물적 허가는 이전성이 인정됨
② 판례는 대물적 허가의 경우 법령상의 명문의 규정이 없는 경우에도 양도인의 위법사유를 들어 양수인에게 사업정지 등 제재처분을 할 수 있다고 판시함(예 개인택시운송사업면허, 석유판매업 등록)

(8) 허가의 기준
① 처분시 법령을 기준으로 함
② 원칙적으로 법령에 근거가 없는 한 허가요건을 추가할 수 없음

(9) 허가의 갱신 및 소멸
① 갱신은 종전 허가가 동일성을 유지한 채로 지속되는 것이고 신규 허가가 아님 ⇨ **갱신 전 위법 사유를 들어 갱신 후에도 제재조치 가능**
② 갱신기간의 만료 전 적법한 갱신신청이 있었음에도 갱신 가부의 결정이 없는 경우에는 주된 행정행위는 효력이 유지됨
③ 기한 경과 후 행해진 갱신허가신청에 따른 허가는 신규 허가
④ 장기 계속성이 예정된 행정행위에 붙은 기한이 사업의 성질상 부당하게 짧은 경우에는 허가의 갱신기간(조건의 존속기간)으로 봄. 다만, 이 같은 경우라도 허가기간이 연장되기 위하여는 종기가 도래하기 전에 그 허가기간의 연장에 관한 신청이 있어야 함(대판 2007.10.11. 2005두12404)

> **18. 지방직 7급** 허가에 붙은 기한이 그 허가된 사업의 성질상 부당하게 짧은 경우에 그 기한은 허가 자체의 존속기간이 아니라 허가조건의 존속기간으로 보아야 한다.
>
> **18. 지방직 7급** 종전 허가의 유효기간이 지난 후에 한 허가기간 연장신청은 종전의 허가처분과는 별도의 새로운 허가를 내용으로 하는 행정처분을 구하는 것이라고 보아야 한다.

📋 판례정리

1	건설업면허의 갱신이 있으면 기존 면허의 효력은 동일성을 유지하면서 장래에 향하여 지속한다 할 것이고 갱신에 의하여 갱신 전의 면허는 실효되고 새로운 면허가 부여된 것이라고 볼 수는 없으므로 면허갱신에 의하여 갱신 전의 건설업자의 모든 위법사유가 치유된다거나 일정한 시일의 경과로서 그 위법사유가 치유된다고 볼 수 없다(대판 1984.9.11. 83누658).
2	유료직업 소개사업의 허가갱신은 허가취득자에게 종전의 지위를 계속 유지시키는 효과를 갖는 것에 불과하고 갱신 후에는 갱신 전의 법 위반사항을 불문에 붙이는 효과가 발생하는 것이 아니므로 일단 갱신이 있은 후에도 갱신 전의 법 위반사실을 근거로 허가를 취소할 수 있다(대판 1982.7.27. 81누174).
3	종전의 결혼예식장영업을 자진폐업한 이상 예식장영업허가는 자동적으로 소멸하고 동일한 건물 중 일부에 대하여 다시 예식장영업허가신청을 하였다 하더라도 이는 전혀 새로운 영업허가의 신청임이 명백하므로 일단 소멸한 종전의 영업허가권이 당연히 되살아난다고 할 수는 없다(대판 1985.7.9. 83누412).
4	종전의 허가가 기한의 도래로 실효한 이상 원고가 종전 허가의 유효기간이 지나서 신청한 이 사건 기간연장신청은 … 종전의 허가처분과는 별도의 새로운 허가를 내용으로 하는 행정처분을 구하는 것이라고 보아야 할 것이어서, 이러한 경우 허가권자는 이를 새로운 허가신청으로 보아 법의 관계규정에 의하여 허가요건의 적합 여부를 새로이 판단하여 그 허가 여부를 결정하여야 할 것이다(대판 1995.11.10. 94누11866).
5	허가에 붙은 기한이 그 허가된 사업의 성질상 부당하게 짧아 그 기한을 허가조건의 존속기간으로 볼 수 있는 경우에 허가기간이 연장되기 위하여는 그 종기 도래 이전에 연장에 관한 신청이 있어야 한다(대판 2007.10.11. 2005두12404).
6	허가에 붙은 당초의 기한이 상당기간 연장되어 허가된 사업의 성질상 부당하게 짧은 경우에 해당하지 아니하게 된 경우 관계법령의 규정에 따라 허가 여부의 재량권을 가진 행정청이 기간 연장을 불허가하는 것이 가능하다(대판 2004.3.25. 2003두12837).

7	어업에 관한 허가 또는 신고의 경우 유효기간이 지나면 당연히 효력이 소멸하며, 이 경우 다시 어업허가를 받거나 신고를 하더라도 종전 허가나 신고의 효력 등이 계속된다고 볼 수 없다(대판 2011.7.28. 2011두5728). **12. 사회복지직 9급** 어업에 관한 허가 또는 신고의 경우에는 어업면허와 달리 유효기간 연장제도가 마련되어 있지 아니하므로 그 유효기간이 경과하면 그 허가나 신고의 효력이 당연히 소멸하며, 재차 허가를 받거나 신고를 하더라도 허가나 신고의 기간만 갱신되어 종전의 어업허가나 신고의 효력 또는 성질이 계속된다고 볼 수 없고 새로운 허가 내지 신고로서의 효력이 발생한다.
8	<사도개설허가에서 정해진 공사기간 내에 사도로 준공검사를 받지 못한 경우, 이 공사기간을 사도개설허가 자체의 존속기간(유효기간)으로 볼 수 없다는 이유로 사도개설허가가 당연히 실효되는 것은 아니라고 한 사례> 사도개설허가 자체의 존속기간(즉, 유효기간)을 정한 것이라 볼 수 없고, 사도개설허가에서 정해진 공사기간 내에 사도로 준공검사를 받지 못하였다 하더라도, 이를 이유로 행정관청이 새로운 행정처분을 하는 것은 별론으로 하고, 사도개설허가가 당연히 실효되는 것은 아니다(대판 2004.11.25. 2004두7023).
9	<인·허가신청 후 처분 전에 관계법령이 개정 시행된 경우 새로운 법령 및 허가기준에 따라서 한 처분은 적법하다는 판례> 행정행위는 처분 당시에 시행 중인 법령 및 허가기준에 의하여 하는 것이 원칙이고, 인·허가 신청 후 처분 전에 관계법령이 개정 시행된 경우 신법령 부칙에서 신법령 시행 전에 이미 허가신청이 있는 때에는 종전의 규정에 의한다는 취지의 경과규정을 두지 아니한 이상 당연히 허가신청 당시의 법령에 의하여 허가 여부를 판단하여야 하는 것은 아니며, 소관 행정청이 허가신청을 수리하고도 정당한 이유 없이 처리를 늦추어 그 사이에 법령 및 허가기준이 변경된 것이 아닌 한 새로운 법령 및 허가기준에 따라서 한 불허가처분이 위법하다고 할 수 없다(대판 1992.12.8. 92누13813). **18. 지방직 7급** 허가신청 후 허가기준이 변경되었다 하더라도 허가관청이 허가신청을 수리하고도 정당한 이유 없이 그 처리를 늦추어 그 사이에 허가기준이 변경된 것이 아닌 이상, 허가관청은 변경된 허가기준에 따라서 처분을 하여야 한다.

(10) 예외적 허가

억제적 금지의 해제이며, 재량행위에 속함

08. 선관위 9급 허가는 예방적 금지의 해제, 예외적 승인은 억제적 금지의 해제에 관한 것이다.

📄 판례정리

1	<구 도시계획법상 개발제한구역 내에서의 건축허가의 법적 성질(= 재량행위 내지 자유재량행위)> 개발제한구역 안에서는 구역지정의 목적상 건축물의 건축 등의 개발행위는 원칙적으로 금지되고, 다만, 구체적인 경우에 이와 같은 구역지정의 목적에 위배되지 아니할 경우 예외적으로 허가에 의하여 그러한 행위를 할 수 있게 되어 있음이 그 규정의 체제와 문언상 분명하다(대판 2003.3.28. 2002두11905). **19. 서울시 9급(2월)** 개발제한구역 내에서는 구역지정의 목적상 건축물의 건축 및 공작물의 설치 등 개발행위가 원칙적으로 금지되고 예외적으로 허가에 의하여 그러한 행위를 할 수 있게 되어 있으므로 그 허가는 재량행위에 속한다.

2	학교보건법 제6조 제1항 단서의 규정에 의하여 시·도교육위원회교육감 또는 교육감이 지정하는 자가 학교환경위생정화구역 안에서의 금지행위 및 시설의 해제신청에 대하여 그 행위 및 시설이 학습과 학교보건에 나쁜 영향을 주지 않는 것인지의 여부를 결정하여 그 금지행위 및 시설을 해제하거나 계속하여 금지(해제거부)하는 조치는 시·도교육위원회교육감 또는 교육감이 지정하는 자의 재량행위에 속하는 것이다(대판 1996.10.29. 96누8253).

분류	허가	예외적 허가
성질	① 예방적 금지의 해제 ② 기속행위의 성질 ③ 본래의 자유 회복	① 억제적 금지의 해제 ② 재량행위의 성질 ③ 권리의 범위를 확대
판례	① 의사면허, 한의사면허 ② 양곡가공업허가 ③ 일반음식점영업허가 ④ 자동차운전면허 ⑤ 수렵면허 ⑥ 화약제조허가 ⑦ 상가지역 내 유흥주점업허가	① 치료목적의 아편사용허가 ② 개발제한구역 내의 건축허가, 용도변경허가 ③ 학교환경위생정화구역 내의 유흥주점업허가 ④ 카지노업허가 ⑤ 「자연공원법」이 적용되는 지역 내의 산림훼손허가

판례정리

1	식품위생법상 일반음식점영업허가신청에 대하여 관계법령에서 정하는 제한사유 외에 공공복리 등의 사유를 들어 거부할 수 없고, 위 법리는 일반음식점 허가사항의 변경허가의 경우에도 적용된다(대판 2000.3.24. 97누12532).
2	건축허가의 법적 성격 및 건축 중인 건물의 소유자와 건축허가 명의자가 일치하여야 하는 것도 아니다. 건축허가는 … 상대적 금지를 관계법규에 적합한 일정한 경우에 해제함으로써 일정한 건축행위를 하도록 회복시켜 주는 행정처분(허가)일 뿐, 건축허가서에 건축주로 기재된 자가 그 소유권을 취득하는 것은 아니며, 건축 중인 건물의 소유자와 건축허가의 건축주가 반드시 일치하여야 하는 것도 아니다(대판 2009.3.12. 2006다28454). **14. 지방직 9급** 건축허가시 건축허가서에 건축주로 기재된 자는 당연히 그 건물의 소유권을 취득하는 것은 아니며, 건축 중인 건물의 소유자와 건축허가의 건축주는 일치하여야 하는 것도 아니다.
3	건축허가권자는 건축허가신청이 건축법 등 관계법규에서 정하는 어떠한 제한에 배치되지 않는 이상 당연히 같은 법조에서 정하는 건축허가를 하여야 하고, 중대한 공익상의 필요가 없는데도 관계법령에서 정하는 제한사유 이외의 사유를 들어 요건을 갖춘 자에 대한 허가를 거부할 수는 없다(대판 2009.9.24. 2009두8946). **19. 국가직 9급** 건축허가권자는 중대한 공익상의 필요가 없는데도 관계법령에서 정하는 제한사유 이외의 사유를 들어 건축허가요건을 갖춘 자에 대한 허가를 거부할 수 없다.

4	<국토의 계획 및 이용에 관한 법률에 의하여 지정된 도시지역 안에서 토지의 형질변경행위를 수반하는 건축허가의 법적 성질(= 재량행위)> 토지의 형질변경허가는 그 금지요건이 불확정개념으로 규정되어 있어 그 금지요건에 해당하는지 여부를 판단함에 있어서 행정청에게 재량권이 부여되어 있다고 할 것이다(대판 2005.7.14. 2004두6181). **19. 국가직 9급** 토지의 형질변경허가는 금지요건이 불확정개념으로 규정되어 있어 그 금지요건에 해당하는지 여부를 판단함에 있어서 행정청에게 재량권이 부여되어 있다고 할 것이므로, 같은 법에 의하여 지정된 도시지역 안에서 토지의 형질변경행위를 수반하는 건축허가는 결국 재량행위에 속한다.
5	<산림훼손 금지 또는 제한지역에 해당하지 않더라도 산림훼손허가를 거부할 수 있는 경우 및 그 거부처분에 법규상 명문의 근거가 필요하지 않다는 판례> 산림훼손을 필요로 하는 사업계획에 나타난 사업의 내용, 규모, 방법과 그것이 환경에 미치는 영향 등 제반 사정을 종합하여 사회관념상 공익침해의 우려가 현저하다고 인정되는 경우에 불허가할 수 있다(대판 1997.9.12. 97누1228).
6	법령상 토사채취가 제한되지 않는 산림 내에서의 토사채취에 대하여 국토와 자연의 유지, 환경보전 등 중대한 공익상 필요를 이유로 그 허가를 거부할 수 있다(대판 2007.6.15. 2005두9736).
7	국토 및 자연의 유지와 환경의 보전 등 중대한 공익상 필요가 있는 경우, 입목굴채허가를 거부할 수 있다(대판 2001.11.30. 2001두5866).
8	담배 일반소매인으로 지정되어 영업을 하고 있는 기존업자의 신규업자에 대한 이익이 '법률상 보호되는 이익'에 해당한다(대판 2008.3.27. 2007두23811).
9	담배 일반소매인으로 지정되어 영업을 하고 있는 기존업자의 신규 구내소매인에 대한 이익이 법률상 보호되는 이익으로서 기존업자가 신규 구내소매인 지정처분의 취소를 구할 원고적격은 없다(대판 2008.4.10. 2008두402).
10	분뇨와 축산폐수·수집·운반업 및 정화조청소업으로 하여 분뇨 등 관련 영업허가를 받아 영업을 하고 있는 기존업자의 이익이 법률상 보호되는 이익이라고 본다(대판 2006.7.28. 2004두6716).
11	석유판매업(주유소)허가는 소위 대물적 허가의 성질을 갖는 것이어서 그 사업의 양도도 가능하고 이 경우 양수인은 양도인의 지위를 승계하게 됨에 따라 양도인의 위 허가에 따른 권리의무가 양수인에게 이전되는 것이므로 … 양수인이 그 양수 후 허가관청으로부터 석유판매업허가를 다시 받았다 하더라도 이는 석유판매업의 양수도를 전제로 한 것이어서 이로써 양도인의 지위승계가 부정되는 것은 아니므로 양도인의 귀책사유는 양수인에게 그 효력이 미친다(대판 1986.7.22. 86누203). **13. 경행특채** 석유판매업허가는 소위 대물적 허가의 성질을 갖는 것이어서 양도인의 귀책사유는 양수인에게 그 효력이 미친다.
12	개인택시운송사업의 양도·양수가 있고 그에 대한 인가가 있은 후 그 양도·양수 이전에 있었던 양도인에 대한 운송사업면허취소사유를 들어 양수인의 사업면허를 취소할 수 있다(대판 1998.6.26. 96누18960).
13	건축허가서는 허가된 건물에 관한 실체적 권리의 득실변경의 공시방법이 아니며 추정력도 없으므로 건축허가서에 건축주로 기재된 자가 건물의 소유권을 취득하는 것은 아니므로, 자기 비용과 노력으로 건물을 신축한 자는 그 건축허가가 타인의 명의로 된 여부에 관계없이 그 소유권을 원시취득한다(대판 2002.4.26. 2000다16350).
14	회사가 분할된 경우, 신설회사에 대하여 분할하는 회사의 분할 전 법 위반행위를 이유로 과징금을 부과할 수 없다(대판 2011.5.26. 2008두18335).
15	건축허가를 받은 자가 건축허가가 취소되기 전에 공사에 착수한 경우, 착수기간이 지났다는 이유로 허가권자가 구 건축법 제11조 제7항에 따라 건축허가를 취소할 수 없다(대판 2017.7.11. 2012두22973).

3. 면제

(1) 개념
법령에 의하여 부과된 작위, 급부, 수인 등의 의무를 특정한 경우에 해제해 주는 행위

(2) 허가와 면제의 비교
① 허가: 부작위의무의 해제
② 면제: 작위, 급부, 수인 등 의무의 해제
③ 면제도 의무를 해제하는 행위라는 점에서는 허가와 성질이 동일함

3 형성적 행위

1. 특허 - 상대방을 위한 행위

개념	① 신청인에 대하여 새로운 권리, 능력 또는 포괄적 법률관계를 설정하여 주는 행위 ② 법규특허도 가능하며, 법규특허는 신청이 필요하지 않음 ⊙ **주의** 법규허가는 불가능
종류	공유수면매립면허, 도로점용허가, 하천점용허가, 공무원의 임용, 귀화허가 등
특허의 형식 및 상대방	특정인에 대해서만 가능 **19. 서울시 7급** 특허는 성질상 불특정다수인을 상대로 할 수 없고, 특정인을 대상으로 행하여진다.
성질	① 쌍방적 행정행위(신청을 요건으로 함), 재량행위, 수정특허는 인정되지 않음 ② 특허의 대상인데, 특허 없이 한 행위는 무효
효과	① 법률상 이익: 새로운 독점적·배타적인 법률상의 힘을 부여하는 행위, 양립할 수 없는 이중특허의 경우 후행의 특허는 무효(특허 아닌 허가는 반사적 이익) ② 특허로 인하여 발생하는 권리는 공권인 경우도 있고, 사권인 경우도 있음

📋 판례정리 - 특허 관련 판례

1	<행정청이 도시 및 주거환경정비법 등 관련 법령에 의하여 행하는 조합설립인가처분의 법적 성격(= 특허)> 조합설립인가처분은 단순히 사인들의 조합설립행위에 대한 보충행위로서의 성질을 갖는 것에 그치는 것이 아니라 법령상 요건을 갖출 경우 도시 및 주거환경정비법상 주택재건축사업을 시행할 수 있는 권한을 갖는 행정주체(공법인)로서의 지위를 부여하는 일종의 설권적 처분을 갖는다(대판 2009.9.24. 2008다60568). **17. 지방직 9급** 「도시 및 주거환경정비법」상의 조합설립인가처분은 특허의 성질을 가진다. ⊙ **주의** 판례가 변경된 사례(인가 ⇨ 특허임). '인가'라는 형식적 명칭에 얽매이지 말 것!
2	법무부장관이 법률에 정한 귀화요건을 갖춘 귀화신청인에게 귀화를 허가할 것인지 여부에 관하여 재량권을 가진다(대판 2010.7.15. 2009두19069). **17. 국가직 9급(10월)** 귀화허가는 외국인에게 대한민국 국적을 부여함으로써 국민으로서의 법적 지위를 포괄적으로 설정하는 행위에 해당하나 법무부장관은 귀화신청인이 「국적법」 소정의 귀화요건을 모두 갖춘 경우라 할지라도 관계 법령에서 정하는 제한사유 외에 공익상의 이유로 귀화허가를 거부할 수 있다.
3	공유수면매립면허가 설권행위인 특허에 해당한다(대판 1989.9.12. 88누9206).

4	<개인택시운송사업면허는 재량행위이며, 그 면허기준의 해석·적용 방법> 그 면허를 위하여 필요한 기준을 정하는 것도 역시 행정청의 재량에 속하는 것이므로, 그 설정된 기준이 객관적으로 합리적이 아니라거나 타당하지 않다고 볼 만한 다른 특별한 사정이 없는 이상 행정청의 의사는 가능한 한 존중되어야 한다(대판 1996.10.11. 96누6172).
5	도로법 제40조에 규정된 도로점용의 의미는 특별사용을 뜻하는 것이고, 도로점용허가의 법적 성질은 재량행위에 속한다(대판 2002.10.25. 2002두5795). ✓ **주의** 특별사용은 일반사용과 병행이 가능함
6	보세구역의 설영특허는 공기업의 특허로서, 그 특허의 부여 여부는 행정청의 자유재량에 속한다. 특허기간의 갱신 여부도 행정청의 자유재량에 해당한다(대판 1989.5.9. 88누4188).
7	수도권 대기환경개선에 관한 특별법 제14조 제1항에서 정한 대기오염물질 총량관리사업장 설치의 허가 또는 변경허가처분의 여부 및 내용의 결정이 행정청의 재량에 속한다(대판 2013.5.9. 2012두22799). **19. 서울시 9급(6월)** 구 「수도권 대기환경개선에 관한 특별법」상 대기오염물질 총량관리사업장 설치의 허가는 특허에 해당한다.
8	비관리청 항만공사 시행허가의 허가 여부는 행정청의 재량에 속하고, 허가처분의 적법 여부는 재량권의 남용 여부의 판단에 달려 있다(대판 1998.9.8. 98두6272).
9	구 공유수면관리법상 공유수면의 점유·사용허가는 행정청의 재량에 속한다(대판 2004.5.28. 2002두5016).
10	<도시 및 주거환경정비법상 토지 등 소유자들이 조합을 따로 설립하지 않고 직접 시행하는 도시환경정비사업 시행인가의 성질(= 특허)> 사업시행인가를 받은 토지 등 소유자들은 관할 행정청의 감독 아래 정비구역 안에서 구 도시정비법상의 도시환경정비사업을 시행하는 목적 범위 내에서 법령이 정하는 바에 따라 일정한 행정작용을 행하는 행정주체로서의 지위를 가진다. 그렇다면 토지 등 소유자들이 직접 시행하는 도시환경정비사업에서 토지 등 소유자에 대한 사업시행인가처분은 단순히 사업시행계획에 대한 보충행위로서의 성질을 가지는 것이 아니라 그 도시정비법상 정비사업을 시행할 수 있는 권한을 가지는 행정주체로서의 지위를 부여하는 일종의 설권적 처분의 성격을 가진다(대판 2013.6.13. 2011두19994). ✓ **주의** 다만, 조합설립인가를 받아 조합이 사업시행인가를 받는 경우 사업시행인가는 강학상 인가의 성질을 가짐
11	출입국관리법상 체류자격 변경허가(= 특허)는 신청인에게 당초의 체류자격과 다른 체류자격에 해당하는 활동을 할 수 있는 권한을 부여하는 일종의 설권적 처분의 성격을 가진다(대판 2016.7.14. 2015두48846). **19. 서울시 9급(2월)** 「출입국관리법」상 체류자격 변경허가는 신청인에게 당초의 체류자격과 다른 체류자격에 해당하는 활동을 할 수 있는 권한을 부여하는 일종의 설권적 처분이다.
12	개발촉진지구 안에서 시행되는 지역개발사업에 관한 지정권자의 실시계획승인처분이 설권적 처분의 성격을 가진 독립된 행정처분이다(대판 2014.9.26. 2012두5602).

2. 대리

개념	① 제3자가 해야 할 일을 행정청이 대신하여 행함으로써 제3자가 스스로 행한 것과 같은 법적 효과를 발생시키는 행정행위 ② 공법상의 대리는 법정대리임 ③ 행정기관간의 대리와 구별하여야 함
종류	① 감독적 입장: 감독청에 의한 정관작성, 임원임명 ② 조정적 입장: 토지보상액에 대한 토지수용위원회의 재결 ③ 행정목적의 달성: 조세체납처분으로서의 공매행위 ④ 개인보호의 입장: 행려병사자의 유류품 처분

3. 인가

개념	제3자의 법률적 행위를 동의로써 보충하여 그 법률상의 효과를 완성시키는 행정행위
종류	재단법인정관변경허가, 토지거래허가, 학교법인의 임원에 대한 감독청의 취임승인 등
성질	법률의 명문규정에 따라 기속행위·재량행위의 판단
대상	법률행위만을 대상으로 함(계약, 합동행위) **선생님 tip** 법·인(법률행위만 인가) **17. 국가직 9급** 인가의 대상은 법률행위에 한하며, 사실행위는 인가의 대상이 될 수 없다.
형식, 상대방 및 출원	① 형식: 행정행위의 형식(법규에 의한 인가 ✕) ② 상대방: 특정인 ○ ③ 출원: 신청을 요건으로 함, 수정인가 ✕ **08. 지방직 7급** 법규정이 없다면, 행정주체가 출원의 내용을 수정하여 인가할 수 없다고 봄이 일반적이다.
효과	법률효과의 완성, 인가를 받지 않으면 기본행위의 효력이 발생하지 않음(다만, 인가를 받지 않더라도 원칙적으로 강제집행 또는 처벌의 문제가 발생하지 않음)
기본행위의 하자 및 실효와 인가	① 기본행위에 하자가 있는 경우 　• 기본행위가 무효: 인가를 받더라도 인가의 효력은 무효 　• 기본행위가 일단 유효(취소사유 존재): 기본행위가 취소·실효되면 인가도 효력 상실 ② 인가에 하자가 있는 경우 　• 기본행위 적법 + 인가 무효: 기본행위는 무인가행위로서 효력이 발생하지 못함 　• 기본행위 적법 + 인가 취소사유 존재: 기본행위는 유인가행위로 효력이 발생하나, 인가가 취소되면 효력 상실
쟁송방법	기본행위에 하자가 있는 경우 기본행위를 다투어야 함(기본행위의 하자를 이유로 인가처분을 다툴 수 없음)
인가의 대표적인 예	① 재단법인의 정관변경허가　② 지방채기채승인 ③ 토지거래허가　④ 수도공급규정인가 ⑤ 하천사용권양도인가　⑥ 공기업양도인가 ⑦ 공법인설립인가　⑧ 학교법인의 이사장 등에 대한 임원취임승인 ⑨ 사립대설립인가　⑩ 공익법인의 기본재산에 대한 감독관청의 처분허가 ⑪ 공공조합정관승인　⑫ 도시환경정비조합이 수립한 사업시행계획인가 승인

판례정리

1	**<기본행위인 학교법인의 임원선임행위가 무효인 경우에는 그에 대한 감독청의 인가가 유효한 것으로 될 수 없다는 판례>** 사립학교법 제20조 제2항에 의한 학교법인의 임원에 대한 감독청의 취임승인은 학교법인의 임원선임행위를 보충하여 그 법률상의 효력을 완성케 하는 보충적 행정행위이므로 기본행위인 학교법인의 임원선임행위가 불성립 또는 무효인 경우에는 비록 그에 대한 감독청의 취임승인이 있었다 하여도 이로써 무효인 그 선임행위가 유효한 것으로 될 수는 없는 것이다(대판 1987.8.18. 86누152). **14. 서울시 9급** 인가의 전제가 되는 기본행위에 하자가 있다면, 행정청의 적법한 인가가 있더라도 그 하자는 치유가 되지 않는다.
2	기본행위인 정관변경결의가 적법·유효하고, 보충행위인 인가처분 자체에만 하자가 있다면 그 인가처분의 무효나 취소를 주장할 수 있지만, 인가처분에 하자가 없다면 기본행위에 하자가 있다 하더라도 따로 그 기본행위의 하자를 다투는 것은 별론으로 하고 기본행위의 무효를 내세워 바로 그에 대한 행정청의 인가처분의 취소 또는 무효확인을 소구할 법률상의 이익이 없다(대판 1996.5.16. 95누4810). **09. 국회직 9급** 기본행위의 무효를 내세워 그에 대한 행정청의 인가처분의 취소 또는 무효확인을 구하는 소송은 법률상의 이익이 없어 각하된다.
3	행정청의 재건축주택조합의 조합장 명의변경에 대한 인가에 하자가 없고 기본행위인 조합장 명의변경에 하자가 있는 경우, 기본행위의 하자를 내세워 바로 그에 대한 행정청의 인가처분의 취소를 구할 수는 없다(대판 2005.10.14. 2005두1046).
4	구 교육법 제85조 제3항·제1항 소정의 교육부장관의 사립대학에서 공립대학으로의 설립자변경인가처분은 당사자간의 설립자변경행위를 보충하여 그 법률효과를 완성시키는 의미에서의 인가처분일 뿐만 아니라, 사실상 사립대학을 폐지하고 새로운 공립대학을 설립하는 내용을 포함하고 있다(대판 1997.10.10. 96누4046).
5	구 사립학교법 제20조 제1항·제2항은 학교법인의 이사장·이사·감사 등의 임원은 이사회의 선임을 거쳐 관할청의 승인을 받아 취임하도록 규정하고 있는바, 관할청의 임원취임승인행위는 학교법인의 임원선임행위의 법률상 효력을 완성케 하는 보충적 법률행위이다(대판 2007.12.27. 2005두9651). **19. 국회직 8급** 관할청의 구 「사립학교법」에 따른 학교법인의 이사장 등 임원취임승인행위는 인가에 해당한다.
6	자동차관리법상 자동차관리사업자로 구성하는 사업자단체인 조합 또는 협회의 설립인가처분은 국토해양부장관 또는 시·도지사가 자동차관리사업자들의 단체결성행위를 보충하여 효력을 완성시키는 처분에 해당한다(대판 2015.5.29. 2013두536).
7	행정청이 도시정비법 등 관련 법령에 근거하여 행하는 조합설립인가처분은 단순히 사인들의 조합설립행위에 대한 보충행위로서의 성질을 갖는 것에 그치는 것이 아니라 법령상 요건을 갖출 경우 도시정비법상 주택재건축사업을 시행할 수 있는 권한을 갖는 행정주체(공법인)로서의 지위를 부여하는 일종의 설권적 처분의 성격을 갖는다고 보아야 한다. … 조합설립인가처분이 있은 이후에는 조합설립결의의 하자를 이유로 조합설립의 무효를 주장하는 것은 조합설립인가처분의 취소 또는 무효확인을 구하는 항고소송의 방법에 의하여야 할 것이고, 이와는 별도로 조합설립결의만을 대상으로 그 효력 유무를 다투는 확인의 소를 제기하는 것은 확인의 이익이 없어 허용되지 아니한다 할 것이다(대판 2009.10.15. 2009다30427). ✓ **비교** 판례 6과 판례 7을 구분하여 숙지하여야 함
8	도시 및 주거환경정비법에 기초하여 도시환경정비사업조합이 수립한 사업시행계획은 그것이 인가·고시를 통해 확정되면 이해관계인에 대한 구속적 행정계획으로 독립된 행정처분에 해당하므로, 사업시행계획을 인가하는 행정청의 행위는 도시환경정비사업조합의 사업시행계획에 대한 법률상의 효력을 완성시키는 보충행위에 해당한다(대판 2010.12.9. 2010두1248).

9	조합설립추진위원회 구성승인처분은 조합의 설립을 위한 주체인 추진위원회의 구성행위를 보충하여 그 효력을 부여하는 처분(= 인가)이다. … 추진위원회 구성승인처분을 다투는 소송 계속 중에 조합설립인가처분이 이루어진 경우에는, 추진위원회 구성승인처분에 위법이 존재하여 조합설립인가 신청행위가 무효라는 점 등을 들어 직접 조합설립인가처분을 다툼으로써 정비사업의 진행을 저지하여야 한다(대판 2013.1.31. 2011두11112). **18. 지방직 9급** 구 「도시 및 주거환경정비법」상 조합설립추진위원회 구성승인처분을 다투는 소송 계속 중에 조합설립인가처분이 이루어졌다면 조합설립추진위원회 구성승인처분의 취소를 구할 법률상 이익은 없다.
10	사회복지법인의 설립이나 설립 후의 정관변경의 허가에 관한 구체적인 기준이 정하여져 있지 아니한 점 등에 비추어 보면, 사회복지법인의 정관변경을 허가할 것인지의 여부는 주무관청의 정책적 판단에 따른 재량에 맡겨져 있다고 할 것이고, 주무관청이 정관변경허가를 함에 있어서는 비례의 원칙 및 평등의 원칙에 적합하고 행정처분의 본질적 효력을 해하지 않는 한도 내에서 부관을 붙일 수 있다(대판 2002.9.24. 2000두5661).
11	주택건설사업계획 승인처분에 따라 의제된 인·허가가 위법함을 다투고자 하는 이해관계인은, 주택건설사업계획 승인처분의 취소를 구할 것이 아니라 의제된 인·허가의 취소를 구하여야 하며, 의제된 인·허가는 주택건설사업계획 승인처분과 별도로 항고소송의 대상이 되는 처분에 해당한다(대판 2018.11.29. 2016두38792).

4. 조합설립 관련 쟁점

구분	내용
절차	① 조합설립추진위원회의 승인: 강학상 인가 ② 조합설립인가: 설권적 처분, 조합은 행정주체로서의 지위를 가짐 ③ 사업시행인가: 강학상 인가. 다만, 조합설립인가를 거치지 않고 사업시행인가를 받은 경우 사업시행인가는 설권적 처분의 성질을 가짐 ④ 관리처분계획인가: 강학상 인가
쟁송수단	① 조합설립결의의 하자가 있는 경우: 항고소송 ② 사업시행계획안(관리처분계획안)에 대한 총회결의에 하자가 있는 경우[사업시행계획(관리처분계획) 인가 전]: 당사자소송으로 총회결의 무효확인의 소 제기 ③ 사업시행계획안(관리처분계획안)에 대한 총회결의에 하자가 있는 경우[사업시행계획(관리처분계획) 인가 후]: 항고소송으로 사업시행계획의 취소 또는 무효를 다툼 　✓ **주의** 사업시행계획인가를 다투는 것이 아니라 사업시행계획 자체를 항고소송으로 다투는 것임(사업시행계획인가가 있으면 사업시행계획이 행정처분으로서 효력이 발생되기 때문에 사업시행계획인가의 기본행위인 총회결의를 다툴 확인의 이익이 없는 것임)

📌 **판례정리**

1	행정청이 도시정비법 등 관련 법령에 근거하여 행하는 조합설립 인가처분은 단순히 사인들의 조합설립행위에 대한 보충행위로서의 성질을 갖는 것에 그치는 것이 아니라 법령상 요건을 갖출 경우 도시정비법상 주택재건축사업을 시행할 수 있는 권한을 갖는 행정주체(공법인)로서의 지위를 부여하는 일종의 설권적 처분의 성격을 갖는다고 보아야 한다. 조합설립결의는 조합설립 인가처분이라는 행정처분을 하는 데 필요한 요건 중 하나에 불과한 것이어서, 조합설립 인가처분이 있은 이후에는 조합설립결의의 하자를 이유로 조합설립의 무효를 주장하는 것은 조합설립 인가처분의 취소 또는 무효확인을 구하는 항고소송의 방법에 의하여야 할 것이고, 이와는 별도로 조합설립결의만을 대상으로 그 효력 유무를 다투는 확인의 소를 제기하는 것은 확인의 이익이 없어 허용되지 아니한다. 행정주체인 재건축조합을 상대로 관리처분계획안에 대한 조합 총회결의의 효력 등을 다투는 소송은 행정처분에 이르는 절차적 요건의 존부나 효력 유무에 관한 소송으로서 그 소송결과에 따라 행정처분의 위법 여부에 직접 영향을 미치는 공법상 법률관계에 관한 것이므로, 이는 행정소송법상의 당사자소송에 해당한다. 다만, 관리처분계획에 대한 관할 행정청의 인가·고시까지 있게 되면 관리처분계획은 행정처분으로서 효력이 발생하게 되므로, 총회결의의 하자를 이유로 하여 행정처분의 효력을 다투는 항고소송의 방법으로 관리처분계획의 취소 또는 무효확인을 구하여야 하고, 그와 별도로 행정처분에 이르는 절차적 요건 중 하나에 불과한 총회결의 부분만을 따로 떼어내어 효력 유무를 다투는 확인의 소를 제기하는 것은 특별한 사정이 없는 한 허용되지 않는다(대판 2009.10.15. 2009다10638).

4 허가·특허·인가의 비교

구분	허가	특허	인가
의의	법규에 의한 일반적·상대적 금지를 특정한 경우에 해제하여 자연적 자유를 회복시켜주는 행위	특정 상대방을 위하여 권리, 능력, 법적 지위 등을 설정하여 주는 행위	제3자(타자)의 법률행위를 보충하여 그 법률적 효력을 완성시켜 주는 행위
성질	① 명령적 행정행위 ② 기속행위 ③ 쌍방적 행정행위 • 신청 없이 행해지는 경우도 있음(예 통행금지 해제) • 수정허가 가능	① 형성적 행정행위(직접 상대방을 위한 행위) ② 재량행위 ③ 쌍방적 행정행위 • 반드시 신청을 요함 • 수정특허 불가	① 형성적 행정행위(타자를 위한 행위) ② 재량행위 ③ 쌍방적 행정행위 • 반드시 신청을 요함 • 수정인가 불가
상대방	① 특정인: 신청이 있는 경우 ② 불특정 다수인: 신청이 없는 경우	언제나 특정인(반드시 신청을 요하므로 신청한 자에 대해서만 특허)	언제나 특정인(반드시 신청을 요하므로 신청한 자에 대해서만 인가)
대상	① 사실행위(원칙) ② 법률행위	① 사실행위(원칙) ② 법률행위	① 사실행위는 제외 ② 법률행위만 대상으로 함

효과	① 자연적 자유의 회복(상대적 금지해제) • 반사적 이익 발생 • 행정쟁송 제기 불가 ② 일신전속적이 아닌 한 이전 가능(대물적 허가) ③ 공법적 효과 ○, 사법적 효과 ×	① 권리 설정 • 권리(공권·사권) 발생 • 행정쟁송 제기 가능 ② 일신전속적이 아닌 한 이전 가능(대물적 특허) ③ 공법적 효과 ○, 사법적 효과 ○	① 타인간 법률행위의 효력을 보충·완성(보충적 효력 ⇨ 권리 설정 아님) ② 이전 불가 ③ 공법적 효과 ○, 사법적 효과 ×
형식	① 법규허가 불가 ② 허가처분	① 법규특허 가능 ② 특허처분	① 법규인가 불가 ② 인가처분
적법 유효 요건	무허가행위 ① 행위 자체는 유효 ② 단, 행정강제·행정벌 가능 ⇨ 허가는 적법요건	무특허행위 ① 행위 자체가 무효 ⇨ 특허는 유효요건 ② 행정강제·행정벌 불가	무인가행위 ① 행위 자체가 무효 ⇨ 인가는 유효요건 ② 행정강제·행정벌 불가
국가 감독	질서유지를 위한 최소한의 소극적 감독 ⇨ 사기업	공익사업조성을 위한 특별한 적극적 감독 ⇨ 공기업	-
사례	① 건축허가 ② 운전면허 ③ 의사면허 ④ 영업허가 ⑤ 담배소매업 지정 ⑥ 통금해제 ⑦ 수출입허가 ⑧ 택시미터검사 ⑨ 총포·도검·화약류영업허가 ⑩ 보도관제해제 ⑪ 일시적 도로사용허가 ⑫ 차량검사 합격처분	① 자동차운수사업면허 ② 광업허가 ③ 어업면허 ④ 귀화허가 ⑤ 공기업특허 ⑥ 공물사용권특허 ⑦ 도로·하천점용허가 ⑧ 공용수용권설정 ⑨ 공유수면매립면허 ⑩ 사설철도허가 ⑪ 하천도강료 징수권설정 ⑫ 공무원임명	① 하천사용권양도인가 ② 특허기업 요금인가 ③ 공법인설립인가 ④ 사립대설립인가 ⑤ 공공조합정관승인 ⑥ 토지거래허가 ⑦ 지방채기채승인 ⑧ 수도공급규정인가 ⑨ 공기업양도인가 ⑩ 학교법인의 이사장 등에 대한 임원취임승인 ⑪ 공익법인의 기본재산에 대한 감독관청의 처분허가 ⑫ 도시환경정비조합이 수립한 사업시행계획인가 승인

제5장 준법률행위적 행정행위

1 의의

준법률행위적 행정행위에 의하여 별도의 법적 효과가 발생하더라도 이는 법률규정에 의한 효과이지, 준법률행위적 행정행위 자체의 효과는 아님

2 공증

1. 의의

개념	의문이나 분쟁이 없는 것을 전제로 하여 공적으로 증명하는 인식행위
종류	각종 증서의 발급, 증서에의 기재
효과	공적 증명력이 발생함

2. 처분성 인정 여부

공증의 처분성을 인정하는 판례	공증의 처분성을 부정하는 판례
① 건축물대장 작성신청 거부행위 ② 건축물대장상의 용도변경신청 거부행위 ③ 지적공부소관청의 지목변경신청 반려행위 ④ 지적공부소관청의 토지분할신청의 거부행위 ⑤ 특허청장의 상표사용권등록설정행위 ⑥ 구 「사회단체등록에 관한 법률」에 의한 사회단체등록행위 ⑦ 의료유사업자 자격증의 갱신발급행위 ⑧ 지적공부소관청이 토지대장을 말소한 행위 ⑨ 토지면적등록 정정신청 반려 처분	① 무허가건물을 무허가건물관리대장에서 삭제하는 행위 ② 자동차운전면허대장에 일정한 사항을 등재하는 행위 ③ 가옥대장에 일정한 사항을 등재하는 행위(현재는 건축물대장으로 변경되었으며 처분성을 인정함) ④ 멸실된 지적공부를 복구하거나 지적공부에 기재된 일정한 사항을 변경하는 행위 ⑤ 인감증명발급 ⑥ 토지대장의 소유자 명의변경을 거부하는 행위 ⑦ 하천대장, 온천관리대장에 기재하는 행위

3 통지

1. 의의

개념	행정청이 특정인 또는 불특정 다수인에 대하여 특정한 사실 또는 의사를 알리는 행위를 말하는 것으로, 일정한 법적 효과를 발생시키는 것을 의미함
성질	① 독립성이 없는 교부나 송달과는 구별됨 ② 계고는 처분임. 다만, 반복적 계고는 처분이 아님 ③ 당연퇴직의 통보는 항고소송의 대상이 되는 처분이 아님

종류	① 의사의 통지: 행정청의 의사를 알리는 행위(예 대집행의 계고, 납세의 독촉 등) ② 관념의 통지: 행정청의 과거 일정한 사실을 알리는 행위(예 특허출원의 공고, 귀화고시, 토지세 목의 공고 등)

06. 관세사 이미 성립한 행정행위의 효력발생요건으로서의 교부나 송달은 준법률행위적 행정행위인 통지와는 구별된다.

2. 처분성 인정 여부

통지의 처분성을 인정하는 판례	통지의 처분성을 부정하는 판례
① 대집행계고 및 통지, 납세독촉 ② 농지처분의무통지 ③ 국공립대상 조교수에 대한 임용기간만료통지 ④ 과세관청 소득처분과 그에 따른 소득금액변동통지 ⑤ 구「도시재개발법」상 분양신청기간의 통지 ⑥ 구「공무원연금법」상 과다지급된 퇴직연금에 대한 지급된 급여의 환수를 위한 행정청의 환수통지 ⑦「교통안전공단법」상 분담금 납부통지	① 정년퇴직의 인사발령통보 ②「공무원법」상 당연퇴직의 인사발령통보 **14. 사회복지직 9급**「국가공무원법」상 결격사유에 근거한 당연퇴직의 인사발령통보는 처분성이 인정되지 않는다. ③ 공무원연금법령의 개정사실과 퇴직연금수급자가 퇴직연금 중 일부 금액의 지급정지대상자가 되었다는 사실의 통보

📋 판례정리

1	**<정년퇴직 발령>** 국가공무원 제74조에 의하면 공무원이 소정의 정년에 달하면 그 사실에 대한 효과로서 공무담임권이 소멸되어 당연히 퇴직되고 따로 그에 대한 행정처분이 행하여져야 비로소 퇴직되는 것은 아니라 할 것이며 피고의 원고에 대한 정년퇴직발령은 정년퇴직사실을 알리는 이른바 관념의 통지에 불과하므로 행정소송의 대상이 되지 아니한다(대판 1983.2.8. 81누263).
2	**<당연퇴직처분의 인사발령>** 당연퇴직의 인사발령은 법률상 당연히 발생하는 퇴직사유를 공적으로 확인하여 알려주는 이른바 관념의 통지에 불과하고 공무원의 신분을 상실시키는 새로운 형성적 행위가 아니므로 행정소송의 대상이 되는 독립한 행정처분이라고 할 수 없다(대판 1995.11.14. 95누2036).
3	과세관청의 소득처분과 그에 따른 소득금액변동통지가 있는 경우 원천징수의무자인 법인으로서는 소득금액변동통지서에 기재된 소득처분의 내용에 따라 원천징수세액을 그 다음 달 10일까지 관할 세무서장 등에게 납부하여야 할 의무를 부담하는 점에 비추어 보면, 소득금액변동통지는 원천징수의무자인 법인의 납세의무에 직접 영향을 미치는 과세관청의 행위로서, 항고소송의 대상이 되는 조세행정처분이라고 봄이 상당하다(대판 2006.4.20. 2002두1878 전합).
4	소득의 귀속자에 대한 소득금액변동통지는 원천납세의무자인 소득 귀속자의 법률상 지위에 직접적인 법률적 변동을 가져오는 것이 아니므로 항고소송의 대상이 되는 행정처분이라고 볼 수 없다(대판 2015.3.26. 2013두9267).
5	기간제로 임용된 국공립대학의 조교수에 대해 임용기간의 만료를 이유로 재임용을 거부한 임용기간만료의 통지는 행정소송의 대상이 되는 처분에 해당한다(대판 2004.4.22. 2000두7735). **14. 서울시 7급** 기간제로 임용되어 임용기간이 만료된 공립대학의 교원은 재임용 여부에 관하여 심사를 요구할 법규상 또는 조리상의 신청권을 가진다.

4 수리

성질	**원칙적 기속행위**: 수리 대상인 기본행위가 존재하지 않거나 무효인 때에는 수리를 하였더라도 수리는 당연무효 **11. 국회직 8급** 판례는 수리행위의 대상인 기본행위가 존재하지 않거나 무효인 때에는 그 수리행위는 당연무효가 된다고 한다.
효과	사법상(예 혼인신고의 수리)·공법상(예 공무원 사직서의 수리)의 효과 발생

판례정리

1	수리대상인 사업양도·양수가 존재하지 아니하거나 무효인 때에는 수리를 하였다 하더라도 그 수리는 당연무효이다(대판 2005.12.23. 2005두3554).

5 확인

의의	의문이나 다툼이 있는 경우 행정청이 행하는 판단의 표시행위
성질	준사법적 행위, 원칙적 기속행위(판단여지와 재량이 인정되는 경우도 있음)
종류	합격자·당선인결정, 도로·하천구역결정 등 각종의 결정, 발명특허, 행정심판의 재결, 친일재산 국가귀속결정, 준공검사처분, 교과서의 검정 등
효과	불가변력 발생, 그 밖의 법적 효과는 개별법규의 규정에 의하여 발생

11. 국회직 8급 확인은 특정한 사실 또는 법률관계의 존부(存否) 또는 정부(正否)에 대하여 다툼이 있는 경우에 행정청이 공권적으로 판단하는 행위이다.

판례정리

1	'친일반민족행위자 재산의 국가귀속에 관한 특별법' 제2조 제2호에 정한 친일재산이 친일반민족행위자재산조사위원회의 국가귀속결정은 당해 재산이 친일재산에 해당한다는 사실을 확인하는 이른바 준법률행위적 행정행위의 성격을 가진다(대판 2008.11.13. 2008두13491). **18. 지방교행**「친일반민족행위자 재산의 국가귀속에 관한 특별법」에 따른 친일재산은 친일반민족행위자재산조사위원회가 국가귀속결정을 하여야 비로소 국가의 소유로 되는 것이 아니다.
2	상표권의 말소등록은 상표권이 소멸하였음을 확인하는 사실적·확인적 행위에 지나지 않고, 말소등록으로 비로소 상표권 소멸의 효력이 발생하는 것이 아니어서, 상표권의 말소등록은 항고소송의 대상이 아니다(대판 2015.10.29. 2014두2362).
3	국방전력발전업무훈령 제113조의5 제1항에 의한 연구개발확인서 발급은 '확인적 행정행위'로서 공권력의 행사인 '처분'에 해당하고, 연구개발확인서 발급 거부는 신청에 따른 처분 발급을 거부하는 '거부처분'에 해당한다(대판 2020.1.16. 2019다264700).
4	토지 및 임야조사사업을 통한 사정(査定)은 원칙적으로는 '소유자'의 신고로 시작되고 이에 따른 토지·임야 조사 및 측량, 토지·임야조사부 및 지적도·임야도의 조제, 사정 후 공시 및 이의신청절차를 거쳐 사정명의인이 확정되도록 되어 있어 확인적 성격이 있음을 부인할 수는 없다. … 사정이라는 제도가 반드시 사정명의인의 해당 토지나 임야에 대한 기존의 소유권을 확인받는 절차에 불과하다고 볼 것은 아니다. 이러한 사정에 의한 취득 역시 친일반민족행위자 재산의 국가귀속에 관한 특별법 제2조 제2호에서 말하는 취득에 포함된다고 보아야 한다(대판 2013.3.28. 2009두11454).

6 공증·통지·수리·확인의 비교

구분	공증	통지	수리	확인
의의	의문·다툼이 없는 사실을 공적으로 증명하는 행위	특정사실 또는 의사를 알리는 행위	개인의 행정청에 대한 행위를 유효한 행위로 받아들이는 행위	의문·다툼이 있는 사실에 대하여 공적 권위로써 그 존부·정부를 확인하는 행위
성질	인식표시	의사통지 + 관념통지	인식표시	판단표시
공통효과	각 법령에 따라 공적 증명력 발생	각 법령에 따름	각 법령에 따름	각 법령에 따라 불가변력 발생
종류	① 등록(외국인 광업권) ② 등재(토지대장 등) ③ 발명서·합격증의 발급 ④ 영수증 교부 ⑤ 여권 감찰 발급 ⑥ 검인 증인날인	① 관념의 통지 • 토지세목공고 • 특허출원공고 • 귀화고시 ② 의사의 통지 • 납세독촉 • 대집행계고	원서·신고서·행정심판청구서·소장의 수리	① 당선인결정, 합격자결정 ② 도로구역결정 ③ 발명특허 ④ 교과서의 검·인정 ⑤ 소득금액결정 ⑥ 행정심판재결

제6장 행정행위의 부관

1 부관의 의의

개념	종래 다수설	행정행위의 효과를 제한하기 위하여 그 행위의 요소인 주된 의사표시에 붙여진 종된 의사표시
	새로운 견해	행정행위의 효과를 제한 또는 요건을 보충하거나 특별한 의무를 부과하기 위하여 주된 행정행위에 부가된 종된 규율
구별 개념	법정부관	① 법규에서 직접 행정행위의 효과를 제한함. 법정부관은 부관이 아니므로 부관의 한계에 관한 일반원칙이 적용되지 않음 ② 법정부관은 법령 그 자체이므로 법령에 대한 규범통제방식에 의하여 통제 ③ 법정부관이 처분성을 갖는 경우 처분법규로서 취소소송의 대상이 됨
	행정행위의 내용적 제한	부관이 아님
	특성	① 부관의 부종성 ② 주된 행정행위가 효력을 발생하지 않으면 부관도 효력이 발생하지 않음

「행정기본법」 제17조【부관】① 행정청은 처분에 재량이 있는 경우에는 부관(조건, 기한, 부담, 철회권의 유보 등을 말한다. 이하 이 조에서 같다)을 붙일 수 있다.
② 행정청은 처분에 재량이 없는 경우에는 법률에 근거가 있는 경우에 부관을 붙일 수 있다.

판례정리

1	식품제조영업허가기준이라는 고시에 정한 허가기준에 따라 보존음료수 제조업의 허가에 붙여진 전량수출 또는 주한외국인에 대한 판매에 한한다는 내용의 조건은 이른바 법정부관으로서, 행정행위에 부관을 붙일 수 있는 한계에 관한 일반적인 원칙이 적용되지는 않는다(대판 1994.3.8. 92누1728). **19. 국회직 8급** 고시에서 정하여진 허가기준에 따라 보존음료수 제조업의 허가에 부가된 조건은 행정행위에 부관을 부가할 수 있는 한계에 관한 일반적인 원칙이 적용되지 아니한다.
2	<행정청이 수익적 행정처분을 하면서 부관으로 부담을 붙이는 방법> 수익적 행정처분에 있어서는 법령에 특별한 근거규정이 없다고 하더라도 그 부관으로서 부담을 붙일 수 있고, 그와 같은 부담은 행정청이 행정처분을 하면서 일방적으로 부가할 수도 있지만 부담을 부가하기 이전에 상대방과 협의하여 부담의 내용을 협약의 형식으로 미리 정한 다음 행정처분을 하면서 이를 부가할 수도 있다(대판 2009.2.12. 2005다65500). **19. 변호사** 부담은 행정청이 행정처분을 하면서 일방적으로 부가할 수도 있지만 부담을 부가하기 이전에 상대방과 협의하여 부담의 내용을 협약의 형식으로 미리 정한 다음 행정처분을 하면서 이를 부가할 수도 있다.

2 부관의 종류

1. 개관

조건 (불확실한 사실)	① 정지조건: 효력 발생 ② 해제조건: 효력 소멸(별도의 의사표시 불필요, 즉 실효됨)
기한 (확실한 사실)	① 시기: 효력 발생 ② 종기: 효력 소멸(별도의 의사표시 불필요, 즉 실효됨)
부담	① 독립적 소송대상이 됨 ② 독립하여 강제집행의 대상이 됨 ③ 불이행의 철회사유
철회권의 유보	① 철회를 위해서는 철회의 일반원칙을 준수하여야 함 ② 상대방의 신뢰보호 주장을 약화시킴
법률효과의 일부배제	① 법적 근거 필요 ② 부관성 여부가 논의되나 판례는 **부관이라고 봄**

2. 조건(불확실한 사실)

정지조건	① 효력발생을 장래의 불확실한 사실에 의존하는 것 ② 일정한 조건이 성취되어야 비로소 주된 행정행위의 효력이 발생함
해제조건	① 효력소멸을 장래의 불확실한 사실에 의존하는 것(예 일정 기간 내 공사에 착수할 것을 조건으로 하는 공유수면매립면허) ② 처음부터 행정행위의 효력이 발생하되 조건이 성취되면 행정행위의 효력이 상실됨 ③ 조건 성취시 별도의 의사표시 없이 주된 행정행위는 효력 상실: 실효사유

12. 국회직 9급 조건이 성취되어야 행정행위가 비로소 효력을 발생하는 조건을 정지조건이라 하고, 행정행위가 일단 효력을 발생하고 조건이 성취되면 행정행위가 효력을 상실하는 조건을 해제조건이라 한다.

3. 기한(확실한 사실)

종류	① 시기와 종기 • 시기: 일정한 사실의 발생에 의하여 행정행위의 효력을 발생시킴 • 종기: 일정한 사실의 발생에 의하여 행정행위의 효력을 소멸하게 함 ② 확정기한과 불확정기한 • 확정기한: 도래하는 시기까지 확실한 기한 • 불확정기한: 도래하는 시기까지는 확실하지 않은 기한
종기 도래의 효과	① 특별한 의사표시 없이 당연히 효력을 상실함 ② 장기계속성이 예정되어 있는 행정행위에 부당하게 짧은 기한이 붙은 경우는 행정행위의 존속기한이 아니라 행정행위 조건의 존속기한, 즉 갱신기간으로 보아야 함 ③ 종전의 허가의 유효기간이 지난 후의 기간연장신청은 새로운 허가신청으로 보아야 함 ④ 허가조건의 존속기간이 종료되기 전에 연장신청 없이 허가기간이 만료된 경우 허가의 효력이 상실됨

4. 부담

(1) 개념
행정행위의 주된 내용에 부가하여 그 행정행위의 상대방에게 작위, 부작위, 급부 등의 의무를 부과하는 부관(예 공장건축허가를 하면서 근로자의 정기 건강진단의 의무를 부과하는 것)

(2) 특징
① 주된 행정행위와 독립하여 별도로 소송제기 가능
② 주된 행정행위의 효력이 발생하지 않으면 부담의 효력이 발생하지 않음

05. 서울시 9급 부담에 의해 부과된 의무의 불이행이 있는 경우에 당해 의무의 불이행은 독립하여 강제집행의 대상이 된다.

(3) 부담의 불이행 효과
① 주된 행정행위의 철회 가능
② 부담에 대해서는 독립하여 강제집행의 대상이 됨
③ 후속조치의 불이행 가능

판례정리

1	부담부 행정처분에 있어서 처분의 상대방이 부담을 이행하지 아니한 경우에는 처분행정청으로서는 이를 들어 당해 처분을 취소·철회할 수 있는 것이다(대판 1989.10.24. 89누2431). **19. 변호사** 부담부 행정처분에 있어서 처분의 상대방이 부담의무를 이행하지 아니한 경우에 처분행정청은 이를 이유로 해당 처분을 철회할 수 있다.
2	행정청이 수익적 행정처분을 하면서 부가한 부담의 위법 여부는 처분 당시 법령을 기준으로 판단하여야 하고, 부담이 처분 당시 법령을 기준으로 적법하다면 처분 후 부담의 전제가 된 주된 행정처분의 근거법령이 개정됨으로써 행정청이 더이상 부관을 붙일 수 없게 되었다 하더라도 곧바로 위법하게 되거나 그 효력이 소멸하게 되는 것은 아니다(대판 2009.2.12. 2005다65500). **19. 지방직 9급** 부관이 처분 당시의 법령으로는 적법하였으나 처분 후 근거법령이 개정되어 더이상 부관을 붙일 수 없게 되었다 하더라도 당초의 부관의 효력이 곧바로 소멸하는 것은 아니다.
3	고속도로 관리청이 고속도로 부지와 접도구역에 송유관 매설을 허가하면서 상대방과 체결한 협약에 따라 송유관 시설을 이전하게 될 경우 그 비용을 상대방에게 부담하도록 하였고, 그 후 도로법 시행규칙이 개정되어 접도구역에는 관리청의 허가 없이도 송유관을 매설할 수 있게 된 사안에서, 위 협약에 포함된 부관이 부당결부금지의 원칙에도 반하지 않는다(대판 2009.2.12. 2005다65500).
4	사도개설허가에서 정해진 공사기간 내에 사도로 준공검사를 받지 못한 경우, 이 공사기간을 사도개설허가 자체의 존속기간으로 볼 수 없으므로 사도개설허가가 당연히 실효되는 것은 아니다(대판 2004.11.25. 2004두7023).

(4) 부담의 부가방법
부담은 행정청이 행정처분을 하면서 일방적으로 부가할 수도 있지만, 부담을 부가하기 이전에 상대방과 협의하여 **부담의 내용을 협약의 형식으로 미리 정한 다음 행정처분을 하면서 이를 부가할 수도 있음**

판례정리

1	부담을 부가하기 이전에 상대방과 협의하여 부담의 내용을 협약의 형식으로 미리 정한 다음 행정처분을 하면서 이를 부가할 수도 있다(대판 2009.2.12. 2005다65500).

(5) 부담이 처분 당시 법령을 기준으로 적법하다면 처분 후 부담의 전제가 된 주된 행정처분의 근거 법령이 개정됨으로써 행정청이 더이상 부관을 붙일 수 없게 되었다 하더라도 곧바로 위법하게 되는 것은 아님

(6) 조건과 부담

구분	조건	부담
효력발생	조건의 성취가 있어야 비로소 행정행위의 효력이 발생(정지조건부 행정행위)	처음부터 행정행위의 효력이 발생
효력소멸	사실의 성취에 의하여 당연히 행정행위의 효력이 소멸(해제조건부 행정행위)	행정청이 철회함으로써 행정행위의 효력이 소멸
강제집행의 대상	독자적으로 강제집행의 대상이 되지 않음	독립하여 강제집행의 대상이 됨
쟁송대상 여부 (다수설, 판례)	행정행위 전체를 대상으로 하여 소송을 제기	독립하여 행정쟁송의 대상이 됨

5. 철회권의 유보

의의	일정한 사유가 발생한 경우에 주된 행정행위를 철회할 수 있는 권한을 행정청에 유보하는 부관(상대방의 신뢰보호를 약화시킴)
해제조건과 구별	① 해제조건: 조건사실이 발생하면 당연히 행정행위의 효력이 소멸됨 ② 철회권의 유보: 효력을 소멸시키려면 행정청의 별도의 의사표시(철회)를 필요로 함
법적 근거	법령에 규정된 사유 외에도 철회권을 유보할 수 있다는 취지로 판시함
철회권행사의 한계	철회의 제한에 관한 일반원리가 그대로 적용됨

📖 **판례정리**

1 | 행정청이 종교단체에 대하여 기본재산전환인가를 함에 있어 인가조건을 부가하고 그 불이행시 인가를 취소할 수 있도록 한 경우, 인가조건의 의미는 철회권을 유보한 것이다(대판 2003.5.30. 2003다6422).

6. 사후변경의 유보(부담유보)

의의	행정청이 사후에 행정행위에 부관의 부담을 부가하거나 이미 부가된 부관의 내용을 변경할 수 있는 권한을 유보하는 부관
인정근거	오늘날 행정현실을 예측하고 사회적·경제적 변화 및 기술진보의 변화에 대처할 수 있도록 하기 위하여 인정됨

7. 법률효과의 일부배제

(1) 공유수면매립준공인가를 하면서 매립지 일부에 대하여 국가에 소유권을 귀속시킨 행위
(2) 부관성 인정(다수설, 판례)
(3) 법률에 특별한 근거가 있는 경우에만 이러한 부관을 붙일 수 있음
(4) 법률효과의 일부배제는 내용적 제한이 없음(다수설)
   08. 국가직 7급 법률효과의 일부배제는 행정행위의 부관으로서, 행정행위와 독립하여 행정소송의 대상으로 삼을 수 없다.

8. 수정부담

(1) 신청과 다른 내용의 행정행위
(2) 부관이 아니라 수정된 행정행위로 봄(독립된 행정행위인 수정허가로 봄)

3 부관의 가능성

구분	준법률행위적 행정행위와 부관	기속행위와 부관
종래 다수설	① 법률행위적 행정행위: 부관을 붙일 수 있음 ② 준법률행위적 행정행위: 부관을 붙일 수 없음	법률에 특별한 근거규정이 없는 한 부관을 붙일 수 없음
새로운 견해	① 법률행위적 행정행위라도 귀화허가 등은 성질상 부관 부관을 붙일 수 없음 ② 준법률행위적 행정행위라도 공증인 여권의 발급 등에는 종기 등 부관을 붙일 수 있음	기속행위에 대해서도 요건충족적 부관은 붙일 수 있음 **15. 서울시 9급** 기속행위의 경우에도 법률의 규정이 있으면 부관을 붙일 수 있다.

판례	① 재량행위에는 법령의 근거가 없어도 부관을 붙일 수 있으나, 기속행위에는 법령에 근거 없는 한 부관을 붙일 수 없고, 붙였다 하더라도 무효임
	   15. 서울시 9급 재량행위의 경우에는 법에 근거가 없는 경우에도 부관을 붙일 수 있다.
	   19. 국가직 9급 기속행위에 대해서는 법령상 특별한 근거가 없는 한 부관을 붙일 수 없고, 가사 부관을 붙였다고 하더라도 이는 무효이다.
	② 수익적 행정행위에는 법률에 근거가 없더라도 부관을 붙일 수 있음	

4 부관의 내용상 한계

법령상의 한계	법령에 위배되어서는 안 됨(행정의 법률적합성원칙)
목적상의 한계	주된 행정행위의 목적에 반하거나 본질적 효력을 해치지 않는 범위 내의 것이어야 함
이행 가능성의 한계	상대방이 이행 가능한 부관이어야 함
행정법의 일반원칙상 한계	행정법의 일반원칙 등을 준수하여야 함

판례정리

1	<주택재건축사업시행 인가의 법적 성질은 재량행위에 속하며, 이에 대하여 법령상의 제한에 근거하지 않은 조건(부담)을 부과할 수 있다는 판례> 주택재건축사업시행의 인가는 상대방에게 권리나 이익을 부여하는 효과를 가진 이른바 수익적 행정처분으로서 법령에 행정처분의 요건에 관하여 일의적으로 규정되어 있지 아니한 이상 행정청의 재량행위에 속하므로, 처분청으로서는 법령상의 제한에 근거한 것이 아니라 하더라도 공익상 필요 등에 의하여 필요한 범위 내에서 여러 조건(부담)을 부과할 수 있다(대판 2007.7.12. 2007두6663).
2	65세대의 주택건설사업에 대한 사업계획승인시 '진입도로 설치 후 기부채납, 인근 주민의 기존 통행로 폐쇄에 따른 대체 통행로 설치 후 그 부지 일부 기부채납'을 조건으로 붙인 것이 위법한 부관에 해당하지 않는다(대판 1997.3.14. 96누16698).
3	행정처분과 부관 사이에 실제적 관련성이 있다고 볼 수 없는 경우 공무원이 위와 같은 공법상의 제한을 회피할 목적으로 행정처분의 상대방과 사이에 사법상 계약을 체결하는 형식을 취하였다면 이는 법치행정의 원리에 반하는 것으로서 위법하다(대판 2009.12.10. 2007다63966). **19. 서울시 9급(6월)** 행정처분과의 실제적 관련성이 없어 부관으로 붙일 수 없는 부담은 사법상 계약의 형식으로도 부과할 수 없다.
4	주택사업계획승인을 하면서 그 주택사업과는 아무런 관련이 없는 토지를 기부채납하도록 하는 부관을 주택사업계획승인에 붙인 경우, 그 부관은 부당결부금지의 원칙에 위반되어 위법하다(대판 1997.3.11. 96다49650). ✅ **주의** 다만, 기부채납한 토지 가액은 주택사업계획의 100분의 1 상당에 불과하고, 사업자가 부관에 대하여 그동안 아무런 의의를 제기하지 아니하였기 때문에 중대명백설에 따라 당연무효라고 볼 수 없다고 판시한 사례
5	<기선선망어업의 허가를 하면서 부속선을 사용하수 없도록 제한한 부관은 위법하다는 판례> 기선선망어업의 허가를 하면서 운반선, 등선 등 부속선을 사용할 수 없도록 제한한 부관은 그 어업허가의 목적달성을 사실상 어렵게 하여 그 본질적 효력을 해하는 것일 뿐만 아니라 위 시행령의 규정에도 어긋나는 것이며, 더욱이 어업조정이나 기타 공익상 필요하다고 인정되는 사정이 없는 이상 위법한 것이다(대판 1990.4.27. 89누6808).

5 부관의 사후변경(판례)

① 법률에 명문규정 있는 경우, ② 변경이 미리 유보된 경우, ③ 상대방의 동의가 있는 경우에 원칙적으로 허용되며, ④ 사정변경의 경우에도 예외적으로 사후변경이 허용됨(①②③은 원칙, ④는 예외)

선생님 tip 법·미·동·사

> 「행정기본법」제17조 【부관】③ 행정청은 부관을 붙일 수 있는 처분이 다음 각 호의 어느 하나에 해당하는 경우에는 그 처분을 한 후에도 부관을 새로 붙이거나 종전의 부관을 변경할 수 있다.
> 1. 법률에 근거가 있는 경우
> 2. 당사자의 동의가 있는 경우
> 3. 사정이 변경되어 부관을 새로 붙이거나 종전의 부관을 변경하지 아니하면 해당 처분의 목적을 달성할 수 없다고 인정되는 경우

판례정리

1	**<사후부관의 예>** 면허 발급 이후에도 운송사업자의 동의하에 여객자동차운송사업의 질서 확립을 위하여 운송사업자가 준수할 의무를 정하고 이를 위반할 경우 감차명령을 할 수 있다는 내용의 면허조건을 붙일 수 있고, 운송사업자가 조건을 위반하였다면 여객자동차법 제85조 제1항 제38호에 따라 감차명령을 할 수 있으며, 감차명령은 행정소송법 제2조 제1항 제1호가 정한 처분으로서 항고소송의 대상이 된다(대판 2016.11.24. 2016두45028). **17. 국가직 7급** 택시회사들의 자발적 감차와 그에 따른 감차보상금의 지급 및 자발적 감차 조치의 불이행에 따른 행정청의 직권 감차명령을 내용으로 하는 택시회사들과 행정청 간의 합의가 있는 경우 행정청의 감차명령은 「행정소송법」 제2조 제1항 제1호가 정한 처분으로서 항고소송의 대상이 된다.

6 하자 있는 부관

부관의 하자와 주된 행정행위의 효력	① 부관이 본체인 행정행위의 중요한 요소(본질적 요소)인 경우: 부관이 무효이면 본체인 행정행위도 무효[예 기부채납을 받은 공원시설의 사용·수익허가에서 허가기간은 행정행위의 본질적 요소에 해당함. 따라서 부관인 허가기간에 위법사유가 있으면, 허가 전체가 위법함(판례)] ② 부관이 본체인 행정행위의 중요한 요소가 아닌 경우: 부관만 무효
하자 있는 부관과 행정쟁송(판례)	① 부담만이 독립하여 항고소송의 대상이 되며, 본안판단에서 부관이 위법한 경우 부담만의 독립취소가 가능함 ② 부담을 제외한 부관의 취소를 구하는 소송은 각하판결을 하여야 함(부진정 일부 취소소송 불인정) ③ 어업면허처분을 함에 있어 면허의 유효기간을 1년으로 정한 경우, 어업면허 중 면허의 유효기간만의 취소를 구하는 청구는 허용될 수 없음 ④ 부담 이외의 부관으로 인하여 권리침해를 받은 자: 행정청에 대하여 부관이 없는 행정행위 또는 부관의 내용을 변경하여 행정행위를 발해 줄 것을 신청 ⇨ 거부된 경우 거부처분취소소송을 제기하여야 함(부관만의 일부 취소를 구하는 소송은 허용되지 않음)

판례정리

1	건축허가를 하면서 일정 토지를 기부채납하도록 하는 내용의 허가조건은 부관을 붙일 수 없는 기속행위 내지 기속적 재량행위인 건축허가에 붙인 부담이거나 또는 법령상 아무런 근거가 없는 부관이어서 무효이다(대판 1995.6.13. 94다56883).
2	<행정소송에 관한 부제소특약의 효력(무효)> 지방자치단체장이 도매시장법인의 대표이사에 대하여 지방자치단체장이 개설한 농수산물도매시장의 도매시장법인으로 다시 지정함에 있어서 그 지정조건으로 '지정기간 중이라도 개설자가 농수산물 유통정책의 방침에 따라 도매시장법인 이전 및 지정취소 또는 폐쇄 지시에도 일체 소송이나 손실보상을 청구할 수 없다'라는 부관을 붙였으나, 그중 부제소특약에 관한 부분은 허용될 수 없다(대판 1998.8.21. 98두8919).
3	[1] 이른바 부관으로서 부담을 붙일 수 있다 하더라도 행정처분과 부관 사이에 실제적 관련성이 있다고 볼 수 없는 경우 공무원이 위와 같은 공법상의 제한을 회피할 목적으로 행정처분의 상대방과 사이에 사법상 계약을 체결하는 형식을 취하였다면 이는 법치행정의 원리에 반하는 것으로서 위법하다. [2] 지방자치단체가 골프장사업계획승인과 관련하여 사업자로부터 기부금을 지급받기로 한 증여계약은 공무수행과 결부된 금전적 대가로서 그 조건이나 동기가 사회질서에 반하므로 민법 제103조에 의해 무효라고 본 사례이다(대판 2009.12.10. 2007다63966).
4	행정행위의 부관 중 행정행위에 부수하여 그 상대방에게 일정한 의무를 부과하는 행정청의 의사표시인 부담의 경우에는 다른 부관과는 달리 행정행위의 불가분적인 요소가 아니고, 그 존속이 본체인 행정행위의 존재를 전제로 하는 것일 뿐이므로 부담 그 자체로서 행정쟁송의 대상이 될 수 있다(대판 1992.1.21. 91누1264).
5	어업면허의 유효기간 1년은 그 면허처분에 붙인 부관이며, 이러한 부관에 대하여는 독립한 행정쟁송을 제기할 수 없다(대판 1988.8.19. 86누202).
6	행정행위의 부관은 부담인 경우를 제외하고는 독립하여 행정소송의 대상이 될 수 없는바, 기부채납받은 행정재산에 대한 사용·수익허가에서 공유재산의 관리청이 정한 사용·수익허가의 기간은 그 허가의 효력을 제한하기 위한 행정행위의 부관으로서 이러한 사용·수익허가의 기간에 대해서는 독립하여 행정소송을 제기할 수 없다(대판 2001.6.15. 99두509).
7	공유수면매립준공인가처분 중 매립지 일부에 대하여 한 국가 및 지방자치단체에의 귀속처분만이 독립하여 행정소송의 대상이 될 수 없다(대판 1993.10.8. 93누2032).
8	어업면허처분 중 그 면허유효기간만의 취소를 구하는 소는 허용될 수 없다(대판 1986.8.19. 86누202).

7 부담의 하자와 부담의 이행행위인 법률행위의 효력

부담의 이행행위의 의의	부담의 이행행위란 부담의 이행(주로 기부채납)을 위하여 시행한 매매계약, 증여계약 등의 법률행위를 의미함
학설	① 부담의 이행행위를 사법상의 법률행위로 보고, 그의 효력을 부담과 별개로 논의해야 한다는 독립설과 ② 부담의 이행행위를 공법상의 법률행위로 보고, 부담이 무효이거나 취소되면 부담의 이행행위는 법률상 원인 없이 이루어진 부당행위라고 보는 종속설이 대립함
판례	최근의 판례는 부담이 무효가 된다고 하더라도 부담의 이행행위는 부담을 붙이는 행정처분과는 어디까지나 별개의 법률행위이므로 별도로 판단하여야 한다고 판시하고 있음(독립설의 입장)

📑 판례정리

1	**<기부채납의 법적 성질(증여계약) 및 그 해제의 효과>** 기부채납은 증여계약이고, 증여계약이 해제되면 특별한 사정이 없는 한 기부자는 그의 소유재산에 처분권뿐만 아니라 사용·수익권까지 포함한 완전한 소유권을 회복한다(대판 1996.11.8. 96다20581).
2	토지소유자가 토지형질변경행위허가에 붙은 기부채납의 부관에 따라 토지를 국가나 지방자치단체에 기부채납한 경우 기부채납의 부관이 당연무효이거나 취소되지 아니한 이상 토지소유자는 부관으로 인하여 증여계약의 중요부분에 착오가 있음을 이유로 증여계약을 취소할 수 없다(대판 1999.5.25. 98다53134). ✅ **주의** 종속설의 입장이라고 평가하기는 어렵고, 독립설의 입장에서도 부담의 하자는 부담의 이행행위의 취소사유가 될 수 있음(다만, 종속설의 입장처럼 무조건 부담이 무효라고 해서 자동적으로 부담의 이행행위가 부당이득이 되지는 않는다는 의미). 그리고 이 경우에도 부담의 이행행위의 취소를 위하여 부담의 무효를 주장하기 위해서는 부담이 당연무효이거나 이미 권한 있는 기관에 의하여 취소되어야 함
3	행정처분에 붙인 부담인 부관이 무효가 되면 그 부담의 이행으로 한 사법상 법률행위도 당연히 무효가 되는 것은 아니며, 행정처분에 붙인 부담인 부관이 제소기간 도과로 불가쟁력이 생긴 경우에도 그 부담의 이행으로 한 사법상 법률행위의 효력을 다툴 수 있다(대판 2009.6.25. 2006다18174). ✅ **주의** 독립설의 입장 **15. 지방직 9급** 행정처분에 붙인 부담이 무효가 되었더라도, 그 처분을 받은 사람이 부담의 이행으로 한 사법상 법률행위도 당연히 무효가 되는 것은 아니다.
4	건축허가를 하면서 일정 토지를 기부채납하도록 한 허가조건의 효력 및 무효인 건축허가조건을 유효한 것으로 믿고 토지를 증여한 경우에 그 소유권이전등기의 말소를 청구할 수 없다(대판 1995.6.13. 94다56883).

제7장 행정행위의 요건과 효력

제1절 행정행위의 성립요건과 효력발생요건

1 행정행위의 성립요건

내부적 성립요건	① **주체**: 정당한 권한을 가진 행정청이 그 권한 내에서 정상적 의사에 따라 행함
	② **내용**: 법률상·사실상 실현 가능한 행위, 행정의 법률적합성의 원칙에 따라 적법해야 함
	③ **절차**: 행정행위에 관하여 일정한 절차(예 청문, 공청회 등) 요구시 그에 관한 절차를 거쳐야 함
	④ **형식**
	  • 서면주의: 처분은 원칙적으로 문서로 하여야 함
	    04. 국회직 8급 우리「행정절차법」은 행정청이 처분을 하는 때에는 다른 법령 등에 특별한 규정이 있는 경우를 제외하고는 문서로 하여야 한다고 규정하고 있다.
	  • 이유제시: 원칙적으로 이유를 제시하여야 하나, 일정한 경우에는 생략 가능
	선생님 tip 주·내·절·형

외부적 성립요건	외부적 표시행위 필요

2 행정행위의 효력발생요건

도달주의		상대방이 알 수 있는 상태에 두는 것

통지의 방법	송달
	(특정인)
		① 우편, 교부 또는 정보통신망 이용시 송달받을 자의 주소, 거소, 영업소, 사무소 또는 전자우편주소로 함. 다만, 송달받을 자가 동의하는 경우 그를 만나는 장소에서 송달 가능
		② 교부송달 및 우편송달은 상대방이 처분의 내용을 이미 알고 있는 경우에도 송달이 필요하다는 것이 판례의 입장임
		14. 서울시 9급 납세고지서의 교부송달 및 우편송달에 있어서 반드시 납세의무자 또는 그와 일정한 관계에 있는 사람의 현실적인 수령행위를 전제로 하고 있다고 보아야 하며, 납세자가 과세처분의 내용을 이미 알고 있는 경우에도 납세고지서의 송달이 불필요하다고 할 수 없다.
		③ 우편송달시
		  • 등기우편: 그 무렵 수취인에게 도달되었다고 추정됨
		    18. 국가직 9급 등기에 의한 우편송달의 경우라도 수취인이 주민등록지에 실제로 거주하지 않는 경우에는 우편물의 도달사실을 처분청이 입증해야 한다.
		    ✓ **주의** 간주와는 다름
		  • 보통우편: 상당한 기간 내에 도달된 것으로 추정할 수 없음
		    18. 지방교행 처분서를 보통우편의 방법으로 발송한 경우에는 그 우편물이 상당한 기간 내에 도달하였다고 추정할 수 없다.

	④ 교부에 의한 송달은 수령확인서를 받고 문서를 교부함. 사무원, 피용자, 동거인으로서 사리 분별할 지능이 있는 사람에게 문서 교부할 수 있음 **✓ 주의** 송달받을 자, 사무원, 피용자, 동거인이 정당한 사유 없이 수령을 거부하면 그 사실을 수령확인서에 적고 문서를 송달할 장소에 놓아둘 수 있음 ⑤ 정보통신망 이용시 송달받을 자의 동의가 있어야 함. 송달받을 자는 전자우편주소를 지정하여야 함. 지정한 컴퓨터에 입력된 때 도달한 것으로 봄 **✓ 주의** 행정청이 전자우편주소를 지정하여야 하는 것은 아님
고시·공고 (불특정 다수인, 기타 송달이 불가능한 경우)	① 송달받을 자의 주소 등을 통상의 방법으로 확인할 수 없는 경우, 송달이 불가능한 경우: 송달받을 자가 알기 쉽도록 관보, 공보, 게시판, 일간신문 중 하나 이상에 공고하고, 인터넷에도 공고하여야 함 **18. 지방교행** 송달이 불가능할 경우에는 송달받을 자가 알기 쉽도록 관보, 공보, 게시판, 일간신문 중 하나 이상에 공고하고, 인터넷에도 공고하여야 한다. ② 「행정절차법」상 공고는 공고일로부터 14일이 경과한 때 효력 발생 ③ 행정처분이 유효하게 성립된 경우, 통상 그 성립과 동시에 효력이 발생하지만, 상대방에게 고지를 요하는 행정행위는 이를 고지함으로써 비로소 효력이 발생하고, 이는 상대방이 인식할 수 있는 상태이면 충분함 **✓ 주의** 상대방이 현실적으로 안 때가 아님 ④ 효력발생일을 명시하지 않은 경우 고시, 공고일로부터 5일이 경과하면 효력 발생(행정효율과 협업촉진에 관한 규정: 대통령령)

📖 판례정리

1	면허관청이 운전면허를 취소하였다 하더라도 위 규정에 따른 적법한 통지나 공고가 없으면 그 효력이 발생할 수 없다(대판 1998.9.8. 98두9653).
2	우편물이 등기취급의 방법으로 발송된 경우 그것이 도중에 유실되었거나 반송되었다는 등의 특별한 사정에 대한 반증이 없는 한 그 무렵 수취인에게 배달되었다고 추정할 수 있다(대판 2017.3.9. 2016두60577). **17. 국가직 7급(10월)** 상대방이 있는 행정처분에 대해 행정심판을 거치지 않고 바로 취소소송을 제기하는 경우 처분이 있음을 안 날이란 통지·공고 기타의 방법에 의해 당해 행정처분이 있었다는 사실을 현실적으로 안 날을 의미한다.
3	구 국토의 계획 및 이용에 관한 법률상 도시계획시설사업 시행자 지정처분이 '고시'의 방법으로만 성립하거나 효력이 생기는 것은 아니다(대판 2017.7.11. 2016두36120).
4	서훈은 서훈대상자의 공적에 의해 수여되는 고도의 일신전속적 성격으로, 유족이라 하더라도 제3자는 서훈수여처분 상대방이 될 수 없고, 망인에게 수여된 서훈의 취소에서도 유족은 그 처분의 상대방이 될 수 없으므로 그 결정이 처분권자의 의사에 따라 상당한 방법으로 대외적으로 표시됨으로써 효력이 발생한다(대판 2014.9.26. 2013두2518).
5	청소년유해매체물 결정 및 고시처분은 일반 불특정 다수인을 상대방으로 하여 일률적으로 금지의무를 발생시키는 행정처분으로, 위 처분이 있었음을 웹사이트 운영자에게 통지하지 않았더라도 효력이 발생한다. 고시 또는 공고에 의해 행정처분을 하는 경우 처분의 상대방이 불특정 다수인이므로 고시·공고가 있었음을 현실적으로 알았는지 관계없이 고시가 효력을 발생하는 날 처분이 있음을 알았다고 보아야 한다(대판 2007.6.14. 2004두619). **18. 국가직 9급** 구 「청소년 보호법」에 따라 정보통신윤리위원회가 특정 웹사이트를 청소년유해매체물로 결정하고 청소년보호위원회가 효력발생시기를 명시하여 고시하였으나 정보통신윤리위원회가 청소년보호위원회가 웹사이트 운영자에게는 위 처분이 있었음을 통지하지 않았다 하더라도 처분의 효력이 발생하지 않는다고 볼 수는 없다.

제2절 행정행위의 적용문제

원칙	① 처분시의 법령을 적용함 ② 허가의 신청 후 처분 전에 법령의 개정으로 허가기준이 변경된 경우: 원칙적으로 개정된 처분시의 법령 적용
예외	① 구법에 대한 신뢰보호를 위한 개정법령의 적용 제한: 개정법령의 적용이 제한될 수 있음 ② 법률관계를 확인하는 처분: 해당 법률관계 확정시(지급사유 발생시)의 법령 적용 ③ 신의성실의 원칙 위반이 있는 경우: 변경 전의 법령이 적용될 수 있음(판례의 취지) ④ 법령 위반행위에 대한 과징금 등 행정제재처분: 법령 위반행위시의 법에 따라야 함이 원칙 ⑤ 법령 위반에 대한 형사처벌의 문제: 사정변경에 따른 경우 행위 당시의 법령 적용 ⑥ 경과규정을 둔 경우: 신청시의 법령을 적용할 수 있음 ⑦ 시험에 따른 합격 또는 불합격처분: 시험일자의 법령 적용 ⑧ 예외적 소급적용: 일반국민의 이해에 직접 관계가 없는 경우, 오히려 그 이익을 증진하는 경우, 불이익이나 고통을 제거하는 경우 등의 특별한 사정이 있는 경우에 한하여 허용

📋 판례정리

1	허가신청 후 허가기준이 변경되었다 하더라도 허가관청이 허가신청을 수리하고도 정당한 이유 없이 처리를 늦추어 그 사이에 허가기준이 변경된 것이 아닌 이상 변경된 허가기준에 따라 처분하여야 한다(대판 1996.8.20. 95누10877).
2	건설업자가 면허수첩을 대여한 것이 그 당시 시행된 건설업 소정의 건설업면허취소사유에 해당된다면 그 후 시행령이 개정되어 면허취소사유에 해당하지 않게 되었더라도 대여행위 당시 시행된 건설업법을 적용해 건설업면허를 취소하여야 한다(대판 1982.12.28. 82누1). **15. 서울시 9급** 건설업면허수첩 대여행위가 그 행위 후 법령 개정으로 취소사유에서 삭제되었다면, 신법을 적용하여 건설업면허취소를 취소하여야 하는 것은 아니다.
3	신법령이 피적용자에게 유리해 이를 적용하도록 하는 경과규정을 두는 등 특별한 규정이 없는 한 변경 전 발생한 사항에 대하여는 변경 후 신법령이 아니라 변경 전 구법령이 적용된다(대판 2002.12.10. 2001두3228). **14. 국가직 9급** 경과규정 등의 특별규정 없이 법령이 변경된 경우, 그 변경 전에 발생한 사항에 대하여 적용할 법령은 개정 전의 구 법령이다.
4	국민연금법상 장애연금은 치료종결 후에도 장애가 있을 때 지급사유가 발생하고 그때 장애연금지급청구권을 취득하므로 장애연금 지급을 위한 장애등급결정은 장애연금지급청구권을 취득할 당시, 즉 치료종결 후 장애가 있게 된 당시의 법령에 따른다(대판 2014.10.15. 2012두15135).
5	산업재해보상보험법상 장해급여는 치료종결 후 장해가 있는 경우 지급사유가 발생하고, 그때 근로자는 장해급여지급청구권을 취득하므로, 장해급여 지급을 위한 장해등급결정 역시 장해급여지급청구권을 취득할 당시, 즉 지급사유 발생 당시의 법령을 따름이 원칙이다(대판 2007.2.22. 2004두12957).

제3절 행정행위의 효력

1 구속력

행정행위가 성립요건과 효력발생요건의 법정요건을 갖추어 행하여진 경우에 그 내용에 따라 상대방·제3자·처분청·관계행정청 등을 구속하는 실체법적 효과가 발생하게 되는데, 이를 구속력이라고 함

2 공정력

행정행위가 요건을 결여하여 성립상의 하자가 있어도 그 하자가 중대·명백하여 당연무효로 인정되는 경우를 제외하고는, 권한 있는 기관에 의하여 직권 또는 쟁송절차를 거쳐 취소되기까지는 상대방과 행정청 및 제3자에 대하여 유효한 것으로 통용되는 힘

3 구성요건적 효력

행정행위가 유효하게 존재하는 이상 모든 국가기관은 그의 존재를 존중하여 스스로의 판단의 기초 내지는 구성요건으로 삼아야 하는 행정행위의 기속력

4 존속력(확정력)

1. 불가쟁력(형식적 확정력)

행정행위에 대하여 쟁송기간이 경과하거나 쟁송수단을 모두 거친 경우에는 행정행위의 상대방 기타 이해관계인이 더이상 그 행정행위의 효력을 다툴 수 없게 되는 것

2. 불가변력(실질적 확정력)

행정청은 행정행위에 하자가 있거나 사후에 사정변경을 이유로 행정행위를 취소·변경할 수 있으나, 예외적으로 일정한 경우에는 법적 안정성을 이유로 행정청이 직권으로 취소·변경할 수 없는 효력을 갖는 것

5 자력강제력(자력집행력, 제재력)

자력집행력	① 행정행위에 의해 부과된 의무를 상대방이 불이행할 경우, 행정청이 스스로 강제력을 발동하여 그 의무를 실현시키는 힘 ② 하명행위에 인정됨 ③ 별도의 법적 근거가 있어야 함
제재력	① 행정행위의 상대방이 의무를 이행하지 않을 경우, 그에 대한 제재로 행정벌을 부과하는 효력 ② 명시적인 법적 근거가 있어야 함

제4절 공정력과 존속력

1 공정력

1. 의의

(1) 개념

비록 위법하더라도 당연무효가 아닌 한 권한 있는 기관에 의해서 취소되기 전까지 누구도 그 효력을 부인할 수 없는 힘

(2) 성질

적법성 추정이 아니라, 취소되기 전까지 잠정적으로 유효한 것으로 통용되는 힘

> ✓ **주의** 적법성 추정이 아니라는 점이 매우 중요!

15. 사회복지직 9급 공정력은 행위가 위법하더라도 당연무효인 경우를 제외하고는 권한 있는 기관에 의해 취소되지 않는 한 유효한 것으로 통용되는 효력을 말한다.

(3) 근거

① 실정법적 근거(「행정기본법」제15조): 직권취소·취소심판·취소소송에 관한 규정이 간접적 근거가 됨
② 이론적 근거[법적안정설(통설)]: 행정법관계의 안정성 유지, 상대방의 신뢰보호

> 「행정기본법」제15조【처분의 효력】처분은 권한이 있는 기관이 취소 또는 철회하거나 기간의 경과 등으로 소멸되기 전까지는 유효한 것으로 통용된다. 다만, 무효인 처분은 처음부터 그 효력이 발생하지 아니한다.

2. 선결문제

민사·형사법원은 행정행위의 효력은 부인할 수 없으나 위법성의 판단은 가능함(즉, 민사에서 무효 여부를 심사·판단할 수는 있으나, 무효확인판결을 내리는 것은 안 됨)

(1) 국가배상청구소송, 위법 여부가 문제되는 형사소송에서는 민사·형사법원은 처분의 위법성을 심사하여 본안판단을 할 수 있음(위법성을 심사하는 것이 행정처분의 효력을 부인하는 것이 아니기 때문)

(2) 부당이득반환청구소송, 조세과오납금반환소송, 효력 여부가 문제되는 형사소송(예 무면허운전죄)에서는 민사·형사법원은 처분의 효력의 유무를 심사할 수 있음. 하지만, 처분의 하자가 단순 위법한 하자인 경우 민사·형사법원은 처분을 취소할 권한이 없으므로 권한 있는 기관(처분을 발한 행정청 또는 행정법원)에 의하여 취소되기 전까지 처분은 유효이고, 민사·형사법원은 처분이 유효임을 전제로 본안판단을 해야 함

> ✓ **주의** 많은 학생들이 부당이득반환청구소송에서 단순위법처분의 공정력 때문에 원고의 소가 기각되니까 무조건 민사·형사법원이 처분의 효력 유무를 심사할 수 없다고 착각함. 하지만, 민사·형사법원이 처분의 효력 유무를 '심사'할 수 없는 것이 아니라, 그 효력을 '부인'할 수 없어 그 하자가 단순 위법한 경우 취소되지 않는 이상 '유효'임을 전제로 소를 기각하여야 한다는 것임

18. 국가직 7급 처분의 효력 유무가 당사자소송의 선결문제인 경우, 당사자소송의 수소법원은 이를 심사하여 하자가 중대·명백한 경우에는 처분이 무효임을 전제로 판단할 수 있으나, 단순한 취소사유에 그칠 때에는 처분의 효력을 부인할 수 없다.

3. 인정 여부

권력적 사실행위	인정 ○
비권력적 사실행위, 사법행위	인정 ×

📋 판례정리

1	국세 등의 부과 및 징수처분 등과 같은 행정처분이 당연무효임을 전제로 하여 민사소송을 제기한 때에는 그 행정처분의 당연무효인지의 여부가 선결문제이므로, 법원은 이를 심사하여 그 행정처분의 하자가 중대하고 명백하여 당연무효라고 인정될 경우에는 이를 전제로 하여 판단할 수 있으나, 그 하자가 단순한 취소사유에 그칠 때에는 법원은 그 효력을 부인할 수 없다(대판 1973.7.10. 70다439).
2	취소소송에 병합할 수 있는 당해 처분과 관련되는 부당이득반환소송에는 당해 처분의 취소를 선결문제로 하는 부당이득반환청구가 포함되고, 이러한 부당이득반환청구가 인용되기 위해서는 그 소송절차에서 판결에 의해 당해 처분이 취소되면 충분하고 그 처분의 취소가 확정되어야 하는 것은 아니라고 보아야 한다(대판 2009.4.9. 2008두23153). **17. 국가직 7급(10월)** 행정처분의 취소를 구하는 취소소송에서 그 처분의 취소를 선결문제로 하는 부당이득반환청구가 병합된 경우, 그 청구의 인용을 위해서는 그 소송절차에서 판결에 의해 당해 처분이 취소되면 충분하고 그 처분의 취소가 확정되어야 할 필요는 없다.
3	조세의 과오납이 부당이득이 되기 위하여는 당연무효이어야 하고, 과세처분의 하자가 단지 취소할 수 있는 정도에 불과할 때에는 과세관청이 이를 스스로 취소하거나 항고소송절차에 의하여 취소되지 않는 한 그로 인한 조세의 납부가 부당이득이 된다고 할 수 없다(대판 1994.11.11. 94다28000). **19. 서울시 7급** 조세의 과오납이 부당이득이 되기 위하여는 납세 또는 조세의 징수가 전혀 법률상의 근거가 없거나 과세처분의 하자가 중대하고 명백하여 당연무효이어야 하고 과세처분의 하자가 단지 취소할 수 있는 정도에 불과할 때에는 과세관청이 이를 스스로 취소하거나 항고소송절차에 의하여 취소되지 않는 한 그로 인한 조세의 납부가 부당이득이 된다고 할 수 없다.
4	연령미달의 결격자가 형의 이름으로 운전면허시험에 응시·합격하여 교부받은 운전면허는 당연무효가 아닌 취소사유에 불과하여 취소되지 않는 한 유효하므로 그의 운전행위는 무면허운전에 해당하지 아니한다(대판 1982.6.8. 80도2646). **11. 지방직 7급** 연령미달의 자가 다른 사람의 이름으로 면허시험에 응시·합격하여 교부받은 운전면허는 무효가 아니고 「도로교통법」상 취소사유에 해당하여 취소되지 않는 한 유효하므로 그의 운전행위는 무면허운전에 해당하지 않는다.
5	부정한 방법으로 받은 수입승인서를 함께 제출하여 수입면허를 받았다고 하더라도, 그 수입면허가 당연무효인 것으로 인정되지 않는 한 관세법 제181조 소정의 무면허수입죄가 성립되지 않는다(대판 1989.3.28. 89도149).
6	위법한 행정대집행이 완료되면 그 처분의 무효확인 또는 취소를 구할 소의 이익은 없다 하더라도 미리 그 행정처분의 취소판결이 있어야만, 그 행정처분의 위법임을 이유로 한 손해배상청구를 할 수 있는 것은 아니다(대판 1972.4.28. 72다337).
7	구 도시계획법에서 정한 조치명령을 받은 자가 이에 위반한 경우 이로 인하여 같은 법에 정한 처벌을 하기 위하여는 그 처분이나 조치명령이 적법한 것이라야 하고, 그 처분이 당연무효가 아니라 하더라도 그것이 위법한 처분으로 인정되는 한 같은 법 제92조 위반죄가 성립될 수 없다(대판 1992. 8.18. 90도1709). **14. 국가직 9급** 구 「도시계획법」에 정한 처분이나 조치명령을 받은 자가 이에 위반한 경우, 이로 인하여 동법 제92조에 정한 처벌을 하기 위하여는 그 처분이나 조치명령이 적법한 것이라야 하고, 그 처분이 당연무효가 아니라 하더라도 그것이 위법한 처분으로 인정되는 한 동법 제92조 위반죄가 성립될 수 없다.
8	소방공무원이 행정처분인 명령을 구술로 고지한 것은 행정절차법 위반으로 하자가 중대·명백해 당연무효이고, 무효인 명령에 따른 의무 위반이 생기지 않으므로 행정형벌을 부과할 수 없다(대판 2011.11.10. 2011도11109).

4. 한계

(1) 무효인 행정행위에는 공정력이 인정되지 않고, 처분에만 인정(행정지도 등 ×)됨
(2) 존재하지 않는(부존재) 행정행위의 경우에도 공정력이 발생하지 않음

5. 입증책임

공정력과 입증책임은 무관함

6. 공정력과 구성요건적 효력을 구분하는 견해

구분	공정력	구성요건적 효력
의의	상대방 또는 이해관계인을 구속하는 효력	다른 국가기관 등에 미치는 효력(근거는 권력분립에 따른 기관간의 권한 존중)
내용	행정행위가 무효가 아닌 한 상대방 또는 이해관계인은 행정행위가 권한 있는 기관(처분청, 행정심판위원회 또는 수소법원)에 의하여 취소되기까지는 그의 효력을 부인할 수 없는 힘	무효가 아닌 행정행위가 존재하는 이상 비록 흠(하자)이 있는 행정행위일지라도, 다른 국가기관(지방자치단체기관을 포함한 행정기관 및 법원 등)은 그의 존재, 유효성 및 내용을 존중하며 스스로의 판단의 기초 내지는 구성요건으로 삼아야 하는 구속력
범위	상대방 또는 이해관계인	다른 국가기관
이론적 근거	행정의 안정성과 실효성 확보	권력분립에 따른 기관간의 권한 존중
실정법적 근거	「행정기본법」 제15조	직접적인 근거규정은 없으나, 권한분배와 권력분립원리에서 근거를 찾음

2 존속력(확정력)

1. 불가쟁력

개념	쟁송제기기간이 경과하거나 쟁송수단을 다 거친 경우 상대방 또는 이해관계인은 더이상 행정행위의 효력을 다툴 수 없게 되는 힘 **15. 서울시 9급** 일정한 불복기간이 경과하거나 쟁송수단을 다 거친 후에는 더이상 행정행위를 다툴 수 없게 되는 효력을 행정행위의 불가쟁력이라 한다.
내용	① 상대방 또는 이해관계인에 대한 효력 ② 행정상 손해배상청구 가능 ③ 무효인 행정행위는 불가쟁력이 발생하지 않으므로 무효확인소송의 제기시 쟁송제기기간의 제한을 받지 않음 ④ 불가쟁력이 발생한 행정행위의 재심사청구: 「행정절차법」상 명문규정이 없음 ⑤ 처분청이 취소·철회하는 것은 가능하고 행정상 손해배상을 청구하는 것도 가능함. 불가쟁력이 발생한 행정행위에 대하여 변경신청을 하고, 그 변경신청 거부에 대하여 거부처분취소소송을 하는 것은 허용되지 않음

2. 불가변력(실질적 존속력, 실질적 확정력)

개념	행정청 자신도 직권으로 취소·변경할 수 없는 효력 ⊘ **주의** 설령 위법하더라도 바꿀 수 없음
불가변력이 인정되는 행정행위	① 준사법적 행정행위: 행정심판의 재결, 토지수용재결 ② 확인행위: 국가시험 합격자결정, 당선인결정 등
내용	① 불가변력 발생시 행정청은 직권으로 취소할 수 없으나, 이해관계인은 쟁송기간이 경과하지 않은 경우 취소소송제기 가능 **14. 서울시 7급** 실질적 존속력이 발생한 행위라도 형식적 존속력이 발생하지 않은 동안에는 상대방은 그 행위를 다툴 수 있다. ② 무효인 행정행위의 경우 불가변력이 발생하지 않음 ③ 동종의 행정행위라도 그 대상이 다르면 인정되지 않음 ④ 수익적 행정행위는 신뢰보호의 원칙에 의하여 취소가 제한되는 것일 뿐 불가변력이 발생하는 것은 아니라는 것이 다수설 ⑤ 실질적 존속력이 있는 행정행위를 철회하거나 취소하면 위법한 행위가 됨 ⑥ 명문의 규정이 없더라도 해당 행정행위의 성질에 따라 인정

📋 판례정리

1	행정처분이나 행정심판 재결이 불복기간의 경과로 인하여 확정될 경우 확정력은 처분으로 인하여 법률상 이익을 침해받은 자가 처분이나 재결의 효력을 더이상 다툴 수 없다는 의미일 뿐 판결에 있어서와 같은 기판력이 인정되는 것은 아니어서 처분의 기초가 된 사실관계나 법률적 판단이 확정되고 당사자들이나 법원이 이에 기속되어 모순되는 주장이나 판단을 할 수 없게 되는 것은 아니다(대판 1993.4.13. 92누17181). **17. 국가직 7급(10월)** 산업재해 요양보상급여취소처분이 불복기간의 경과로 인해 확정되었더라도 요양급여청구권 없음이 확정되는 것은 아니므로 다시 요양급여를 청구할 수 있다.
2	과세관청이 과세처분에 대한 이의신청절차에서 납세자의 이의신청사유가 옳다고 인정하여 과세처분을 직권으로 취소한 경우, 허위의 자료를 제출하는 등 부정한 방법에 기초하여 직권취소되었다는 등의 특별한 사유 없이 이를 번복하고 종전과 동일한 처분을 하는 것은 위법하다(대판 2017.3.9. 2016두56790).

3. 불가쟁력과 불가변력의 비교

구분	불가쟁력	불가변력
상대방	상대방 및 이해관계인 구속	처분청 등 행정기관 구속
성질	절차법적 효력	실체법적 효력
효력의 발생범위	모든 행정행위	일정한 행정행위
효력의 독립성	불가쟁력 발생 ⇨ 불가변력이 발생하는 것은 아님(직권취소는 가능)	불가변력 발생 ⇨ 불가쟁력이 발생하는 것은 아님(쟁송제기는 가능)

제8장 행정행위의 하자와 하자승계

제1절 행정행위의 하자

1 하자의 의의 및 판단시점

의의	① 개념 • 위법: 법령을 위반한 경우 • 부당: 재량행사에 있어 합목적성 판단을 그르쳤으나 재량권의 한계를 넘지 않은 경우 ② 행정행위에 오기, 오산 기타 이에 준하는 명백한 오류가 있는 경우 행정청은 직권 또는 신청에 의하여 지체 없이 정정할 수 있음(하자와는 구별됨)
판단시점	행정행위의 위법 여부는 처분시를 기준으로 판단함

판례정리

1	甲 등이 '4대강 살리기 사업' 중 한강 부분에 관한 각 하천공사시행계획 및 각 실시계획승인처분에 보의 설치와 준설 등에 대한 구 국가재정법 제38조 등에서 정한 예비타당성조사를 하지 않은 절차상 하자가 있다는 이유로 각 처분의 취소를 구한 사안에서, 예산이 각 처분 등으로써 이루어지는 '4대강 살리기 사업' 중 한강 부분을 위한 재정 지출을 내용으로 하고 예산의 편성에 절차상 하자가 있다는 사정만으로 곧바로 각 처분에 취소사유에 이를 정도의 하자가 존재한다고 보기 어렵다고 한 사례이다(대판 2015.12.10. 2011두32515).
2	민원사무를 처리하는 행정기관이 민원 1회방문 처리제를 시행하는 절차의 일환으로 민원사항의 심의·조정 등을 위한 민원조정위원회를 개최하면서 민원인에게 회의일정 등을 사전에 통지하지 않은 경우, 민원사항에 대한 행정기관의 장의 거부처분에 취소사유에 이를 정도의 흠이 존재한다고 보기 어렵다. 다만, 행정기관의 장의 거부처분이 재량행위인 경우에, 위와 같은 사전통지의 흠결로 민원인에게 의견진술의 기회를 주지 아니한 결과 민원조정위원회의 심의과정에서 고려대상에 마땅히 포함시켜야 할 사항을 누락하는 등 재량권의 불행사 또는 해태로 볼 수 있는 구체적 사정이 있다면, 거부처분은 재량권을 일탈·남용한 것으로서 위법하다(대판 2015.8.27. 2013두1560).
3	공정거래위원회의 과징금 납부명령 등이 재량권 일탈·남용으로 위법한지는 다른 특별한 사정이 없는 한 과징금 납부명령 등이 행하여진 '의결일' 당시의 사실상태를 기준으로 판단하여야 한다(대판 2015.5.28. 2015두36256).
4	행정청이 문서에 의하여 처분을 한 경우 그 처분시의 문언이 불분명하다는 등의 특별한 사정이 없는 한, 그 문언에 따라 어떤 처분을 하였는지 여부를 확정하여야 할 것이고, 처분시의 문언만으로도 행정청이 어떤 처분을 하였는지가 분명함에도 불구하고 처분경위나 처분 이후의 상대방의 태도 등 다른 사정을 고려하여 처분시의 문언과는 달리 다른 처분까지 포함되어 있는 것으로 확대하여서는 아니 된다(대판 2016.10.17. 2016두42449). **12. 경행특채** 행정청이 어떤 처분을 하였는지가 분명하다면, 처분경위나 처분 이후의 상대방의 태도 등 다른 사정을 고려하여 처분서의 문언과는 달리 다른 처분까지 포함되어 있는 것으로 확대해석할 수 없다.

2 행정행위의 부존재와 무효

구분	부존재	무효
외관의 존재 여부	외관상 존재 자체가 없는 것	처음부터 아무런 효력이 없고, 외관은 존재함
전환의 인정 여부	전환 부정	전환 인정
취소소송 가능 여부	취소소송 불가능	무효선언적 의미의 취소소송이 가능

08. 국회직 8급 무효인 행정행위는 행정행위의 외형을 갖추고 있는 데 대해서, 행정행위의 부존재는 외형 자체가 존재하지 않는다.

3 행정행위의 무효와 취소

1. 의의

무효인 행정행위	행정행위의 효력이 처음부터 발생하지 않는 행정행위
취소할 수 있는 행정행위	권한 있는 기관이 취소하기 전까지 유효한 행위로 통용되는 행정행위

2. 무효와 취소의 구별

구분	무효(무효확인소송)	취소(취소소송)
공정력 발생 여부	×	○
불가쟁력 발생 여부	×	○
선결문제의 판단 여부	○	×
치유와 전환의 인정 여부	전환 인정	치유 인정
신뢰보호원칙의 적용 여부	×	○
쟁송형태의 구분	무효확인심판, 무효확인소송	취소심판, 취소소송
쟁송제기기간의 제한 여부	×	○
사정판결, 사정재결 인정 여부	×	○
간접강제의 인정 여부	×	○
예외적 행정심판전치주의의 적용 여부	×	○
집행부정지원칙의 적용 여부	현재의 「행정소송법」 제38조 제1항에서는 무효확인소송에 「행정소송법」 제23조를 준용하고 있어, 무효와 취소간에 집행부정지원칙이 적용되는 점에 차이가 없음	
국가배상의 인정 여부	행정작용이 위법하기만 하면 인정되며, 구별실익이 아님	
하자승계의 인정 여부	선행행위가 무효인 경우 후행행위도 위법이 됨	① 선행행위와 후행행위가 별개의 효과를 발생시키는 경우: 원칙적으로 승계되지 않음 ② 양자가 결합하여 하나의 법률효과를 발생시키는 경우: 승계됨

15. 서울시 9급 취소사유인 하자가 있는 행정행위에 대해서는 사정재결·사정판결이 인정된다는 것이 판례의 입장이다.

15. 국가직 9급 사정판결에 관한 「행정소송법」 규정은 무효등확인소송에는 준용되지 않는다.

3. 무효와 취소의 구별기준

(1) 통설(중대 · 명백설)
하자가 중대하고 명백한 경우에는 무효이고, 그렇지 않으면 취소사유라는 견해

(2) 대법원
중대 · 명백설의 입장

13. 서울시 7급 (무효와 취소) 양자의 구별기준으로 중대 · 명백설이 통설 및 판례이다.

판례정리 - 행정행위가 무효인 경우

1	건축주 등이 장기간 시정명령을 이행하지 아니하였으나 그 기간 중에 시정명령의 이행 기회가 제공되지 아니하였다가 뒤늦게 이행 기회가 제공된 경우, 이행 기회가 제공되지 아니한 과거의 기간에 대한 이행강제금까지 한꺼번에 부과할 수는 없으며, 이를 위반하여 이루어진 이행강제금 부과처분의 하자는 중대 · 명백하다(대판 2016.7.14. 2015두46598).
2	후행 도시계획의 결정을 하는 행정청이 선행 도시계획의 결정 · 변경 등에 관한 권한을 가지고 있지 아니한 경우, 선행 도시계획과 양립할 수 없는 내용이 포함된 후행 도시계획결정의 효력은 무효이다(대판 2000.9.8. 99두11257).
3	과세관청이 과세예고 통지 후 과세전적부심사 청구나 그에 대한 결정이 있기 전에 과세처분을 한 경우, 절차상 하자가 중대 · 명백하여 과세처분은 무효이다(대판 2016.12.27. 2016두49228). **19. 국가직 7급** 과세관청이 과세예고 통지 후 과세전적부심사 청구나 그에 대한 결정이 있기 전에 과세처분을 한 경우, 특별한 사정이 없는 한 그 과세처분은 절차상 하자가 중대 · 명백하여 당연무효이다.
4	행정청이 법령규정의 문언상 처분요건의 의미가 분명함에도 합리적인 근거 없이 그 의미를 잘못 해석한 결과, 처분요건이 충족되지 아니한 상태에서 해당 처분을 한 경우 무효사유에 해당한다(대판 2014.5.16. 2011두27094).
5	도지사의 인사교류안 작성과 그에 따른 인사교류의 권고가 전혀 이루어지지 않은 상태에서 행하여진 관할구역 내 시장의 인사교류에 관한 처분은 당연무효이다(대판 2005.6.24. 2004두10968).
6	구 환경영향평가법상 환경영향평가를 실시하여야 할 사업에 대하여 환경영향평가를 거치지 아니하였음에도 승인 등 처분을 한 경우, 그 처분의 하자는 당연무효이다. 반면에 국방 · 군사시설 사업에 관한 법률 및 구 산림법에서 보전임지를 다른 용도로 이용하기 위한 사업에 대하여 승인 등 처분을 하기 전에 미리 산림청장과의 협의를 거치지 아니한 승인처분은 취소할 수 있는 원인이 되는 하자 정도에 불과하다(대판 2006.6.30. 2005두14363). **19. 지방직 9급** 구 「환경영향평가법」상 환경영향평가를 실시하여야 할 사업에 대하여 환경영향평가를 거치지 아니하였음에도 승인 등 처분을 한 경우, 그 처분은 당연무효이다. ✓ **비교** 환경평가를 거쳐야 할 대상사업에 대해 환경영향평가절차를 거쳤다면, 그 환경영향평가 내용이 다소 부실하더라도, 부실이 환경영향평가제도의 입법취지를 달성할 수 없을 정도여서 환경영향평가를 하지 않은 것과 다를 바 없는 정도가 아닌 이상, 그 부실은 처분의 재량권 일탈 · 남용 여부를 판단하는 하나의 요소가 될 뿐, 그 부실로 인해 당연히 처분이 위법한 것은 아님(대판 2006.3.16. 2006두330)
7	입지선정위원회가 그 구성방법 및 절차에 관한 시행령의 규정에 위배하여 군수와 주민대표가 선정 · 추천한 전문가를 포함시키지 않은 채 임의로 구성되어 의결을 한 경우, 그에 터잡아 이루어진 폐기물처리시설 입지결정처분의 하자는 무효사유에 해당한다(대판 2007.4.12. 2006두20150). **19. 국가직 7급** 주민대표의 참여 없이 의결이 이루어지는 등 폐기물처리시설의 입지를 선정하는 입지선정위원회의 구성방법이나 절차가 위법한 경우, 의결기관인 입지선정위원회의 의결에 터잡아 이루어진 폐기물처리시설 입지결정처분 또한 위법하게 된다.

8	음주운전 단속경찰관이 자신의 명의로 운전면허행정처분통지서를 작성·교부하여 행한 운전면허정지처분은 권한 없는 자에 의하여 행하여진 점에서 무효의 처분에 해당한다(대판 1997.5.16. 97누2313). **12. 지방직 7급** 음주운전 단속경찰관이 자신의 명의로 운전면허행정처분통지서를 작성·교부하여 행한 운전면허정지처분은 위법하며, 무효의 원인이 된다.
9	부동산을 양도한 사실이 없음에도 세무당국이 부동산을 양도한 것으로 오인하여 양도소득세를 부과하였다면 그 부과처분은 착오에 의한 행정처분으로서 그 표시된 내용에 중대하고 명백한 하자가 있어 당연무효이다(대판 1980.12.23. 80누393). **11. 지방직 9급** 부동산을 양도한 사실이 없음에도 세무당국이 부동산을 양도한 것으로 오인한 양도소득세 부과처분은 착오에 의한 행정처분으로서 당연무효인 행정행위에 해당한다.
10	구 국토의 계획 및 이용에 관한 법률이 도시·군계획시설사업의 시행자로 지정하기 위한 요건으로 정한 대상 토지의 소유요건과 동의요건을 갖추지 못한 사인에 대한 사업자 지정은 중요한 부분을 위반한 처분으로 당연무효이다(대판 2017.7.11. 2016두35120). ✓ **주의** 명백성을 검토하지 아니한 채로 중대성만 가지고 당연무효를 인정한 예외적인 판례
11	조세채권 소멸시효가 완성되어 부과권이 소멸된 후 부과한 과세처분은 무효이다(대판 1988.3.22. 87누1018).
12	권한이 없는 동장이 허가한 유기장 영업허가는 무효이다(대판 1976.2.24. 76누1).
13	보건복지부장관이 가지는 의료업정지권한을 도지사가 군수에게 위임한 경우에 그 효력은 무효이다(대판 1975.4.8. 75누41).
14	납세자가 아닌 제3자의 재산을 대상으로 한 압류처분은 그 처분의 내용이 법률상 실현될 수 없는 것이어서 당연무효이다(대판 2001.2.23. 2000다68924).

판례정리 - 행정행위가 무효가 아닌 or 취소인 경우

1	주민등록말소처분이 주민등록법에 규정한 최고·공고의 절차를 거치지 아니하였다 하더라도 그러한 하자는 중대하고 명백한 것이라고 할 수 없어 처분의 당연무효사유에 해당하지 않는다(대판 1994.8.26. 94누3223).
2	적법한 권한 위임 없이 세관출장소장에 의하여 행하여진 관세부과처분이 그 하자가 중대하기는 하지만 객관적으로 명백하다고 할 수 없어 당연무효는 아니다(대판 2004.11.26. 2003두2403). **15. 사회복지직 9급** 무권한은 중대하기는 하나 명백하다고는 할 수 없는 하자이므로 당연무효사유는 아니라는 것이 판례의 입장이다.
3	화장장 및 묘지공원 부지에 대한 개발제한구역 해제 여부의 결정을 위하여 개최된 중앙도시계획위원회의 표결과정에서 표결권이 없는 광역교통실장이 참석하여 다른 표결권자 대신 표결한 경우, 이러한 잘못이 있다 하여 건설교통부장관의 개발제한구역 해제결정까지 위법하다고 할 수 없다(대판 2007.4.12. 2005두2544).
4	5급 이상의 국가정보원 직원에 대한 의원면직처분이 임면권자인 대통령이 아닌 국가정보원장에 의해 행해진 것으로 위법하더라도 그러한 하자가 중대한 것이라고 볼 수는 없으므로 대통령의 내부결재가 있었는지에 관계없이 당연무효는 아니다(대판 2007.7.26. 2005두15748). **18. 지방직 9급** 5급 이상의 국가정보원 직원에 대해 임면권자인 대통령이 아닌 국가정보원장이 행한 의원면직처분은 당연무효에 해당하지 않는다.

5	행정청이 사전에 교통영향평가를 거치지 아니한 채 건축허가 전까지 교통영향평가 심의필증을 교부받은 것을 부관으로 하여 실시계획변경 및 공사시행변경 인가처분에 중대하고 명백한 흠이 있다고 할 수 없으므로 이를 무효로 보기는 어렵다(대판 2010.2.25. 2009두402). ✓ **비교** 구「환경영향평가법」상 환경영향평가를 실시하여야 할 사업에 대하여 환경영향평가를 거치지 아니하였음에도 승인 등 처분을 한 경우, 그 처분의 하자가 행정처분의 당연무효사유에 해당함(대판 2006.6.30. 2005두14363)
6	학교환경위생정화구역에서의 금지행위 및 시설의 해제 여부에 관한 행정처분을 함에 있어 학교환경위생정화위원회의 심의를 누락한 흠이 있다면, 특별한 사정이 없는 한 이는 행정처분을 위법하게 하는 취소사유가 된다(대판 2007.3.15. 2006두15906). **13. 지방직 9급** 구「학교보건법」상 학교환경위생정화구역에서의 금지행위 및 시설의 해제 여부에 관한 행정처분을 하면서 학교환경위생정화위원회의 심의를 누락한 흠은 행정처분을 위법하게 하는 취소사유가 된다.
7	관할행정청이 주민등록신고시 거주용 여권의 무효확인서를 첨부하지 아니하고 여행용 여권의 무효확인서를 첨부하는 위법이 있었다고 하여 주민등록을 말소하는 처분을 한 경우, 이 처분이 최고 공고의 절차를 거치지 아니하였다 하더라도 그러한 하자는 처분의 당연무효사유에 해당하는 것이라고는 할 수 없다(대판 1994.8.26. 94누3223).
8	건설부장관이 택지개발예정지구를 지정함에 있어 미리 관계중앙행정기관의 장과 협의를 거치지 아니하였다고 하더라도 이는 위 지정처분의 취소할 수 있는 원인이 되는 하자 정도에 불과하다(대판 2000.10.13. 99두653).
9	환경영향평가절차가 완료되기 전에 공사를 시행하여 사전공사시행금지규정을 위반한 경우 승인기관의 장이 한 사업계획 등에 대한 승인 등의 처분이 위법하게 된다고는 볼 수 없다(대판 2014.3.13. 2012두1006).

행정처분이 무효라는 판례	행정처분이 취소라는 판례
① 권한 없는 행정청의 처분(주체) ② 행정기관의 권한범위 밖의 행위(주체) ③ 위법하게 구성된 입지선정위원회의 입지결정처분(절차) ④ 계고서에 의하지 않은 계고(절차) ⑤ 독촉서에 의하지 않은 독촉(절차) ⑥ 체납자 아닌 제3자에 대한 압류(내용) ⑦ 행정재산의 착오에 의한 매각처분(내용) ⑧ 특정되지 않은 계고처분(내용) ⑨ 적법한 건축물에 대한 철거명령, 대집행계고(내용) ⑩ 거부처분이 행해진 후 거부처분이 취소되지 않는 한 거부처분을 반복하는 것(내용) ⑪ 이미 위헌결정이 난 법률에 근거한 처분(내용) ⑫ 의견진술을 듣지 않은 공무원에 대한 징계처분(절차) ⑬ 구술로 고지한 시정보완명령(형식)	① 청문절차를 위반한 처분(절차) ② 납세고지서에 기재사항이 누락된 처분(형식) ③ 다른 행정기관의 필요적 자문을 거치지 않은 처분(절차) ④ 독촉절차 없는 압류처분(절차) ⑤ 기업자의 과실로 인하여 토지소유자나 관계인을 알지 못하여 이들의 참가 없이 한 수용재결(절차) ⑥ 택지개발계획을 승인함에 있어서 이해관계자의 의견을 듣지 아니하였거나 토지소유자에 대한 통지를 하지 아니한 하자(절차) ⑦ 2 이상의 시·도에 걸친 노선업종에 있어서 노선 관련 사업계획의 변경인가처분이 미리 관계도지사와의 협의를 거치지 않은 경우(절차) ⑧ 위헌·무효인 법률에 근거한 처분이나, 법률이 위헌·무효결정이 나기 전에 행해진 처분인 경우(내용)

(3) 헌법재판소
① 원칙: 중대·명백설의 입장
② 예외: 어떤 처분이 위헌법률에 근거하여 내려진 것이고 그 행정처분이 목적달성을 위하여서는 후행처분이 필요한데, 아직 후행처분은 이루어지지 않은 경우와 같이, 그 처분을 무효로 하더라도 법적 안정성을 크게 해치지 않는 반면에 그 하자가 중대하여 그 구제가 필요한 경우에 대하여는 그 예외를 인정하여 이를 당연무효사유로 봄

> **판례정리**
>
> | | |
> |---|---|
> | 1 | 헌법재판소법 제47조 제2항 본문은 위헌결정의 시간적 효력범위에 관하여 장래효를 원칙으로 규정하고 있으나, ① 위헌결정을 위한 계기를 부여한 사건(당해 사건), ② 위헌결정이 있기 전에 이와 동종의 위헌 여부에 관하여 헌법재판소에 위헌제청을 하였거나 법원에 위헌제청신청을 한 사건(동종 사건), 따로 위헌제청신청을 아니하였지만 ③ 당해 법률조항이 재판의 전제가 되어 법원에 계속 중인 사건(병행 사건)에 대하여 예외적으로 소급효가 인정된다(헌재 2013.6. 27. 2010헌마535).
19. 서울시 9급(2월) 헌법재판소의 위헌결정의 효력은 위헌제청을 한 당해 사건은 물론 위헌제청신청은 아니하였지만 당해 법률 또는 법률의 조항이 재판의 전제가 되어 법원에 계속 중인 사건에도 미친다. |
> | 2 | 위헌인 법률에 근거가 행정처분이 당연무효인지의 여부는 위헌결정의 소급효와는 별개의 문제로서, 위헌결정의 소급효가 인정된다고 하여 위헌인 법률에 근거한 행정처분이 당연무효가 된다고는 할 수 없고, 오히려 이미 취소소송의 제기기간을 경과하여 확정력이 발생한 행정처분에는 위헌결정의 소급효가 미치지 않는다고 보아야 한다(대판 1994.10.28. 92누9463).
18. 지방직 9급 위헌인 법률에 근거한 행정처분이 당연무효인지의 여부는 위헌결정의 소급효와는 별개의 문제로서 취소소송의 제기기간을 경과하여 확정력이 발생한 행정처분에는 위헌결정의 소급효가 미치지 않는다. |
> | 3 | 구 교원지위향상을 위한 특별법 제10조 제3항에 대한 헌법재판소 위헌결정의 효력이 위헌결정 이전에 있었던 헌법소원심판청구의 직접적 계기가 된 당해 결정에 미친다(대판 2008.2.1. 2007두20997).
[1] 헌법소원심판청구의 직접적 계기가 된 당해 결정에 대하여는 그 결정이 위헌결정 이전에 있었다고 하더라도 위헌결정의 효력이 미친다.
[2] 처분 당시에는 취소소송의 제기가 법제상 허용되지 않아 소송을 제기할 수 없다가 위헌결정으로 인하여 비로소 취소소송을 제기할 수 있게 된 경우, 객관적으로는 '위헌결정이 있은 날', 주관적으로는 '위헌결정이 있음을 안 날' 비로소 취소소송을 제기할 수 있게 되어 이때를 제소기간의 기산점으로 삼아야 한다. |

4 행정행위 하자의 구체적 내용

주체상 하자	① 무권한자의 행위: 원칙적 무효 ② 의사능력 없는 자의 행위: 원칙적 무효 ③ 착오로 인한 행위: 그 자체만으로 무효·취소 원인으로 인정되는 것은 아님 ④ 사기, 강박, 증뢰 등에 의한 행위: 취소사유
절차상 하자	① 청문절차를 거치지 않은 행위: 판례에 따르면 취소사유 ② 법령이 일정한 행정행위에 대하여 상대방의 신청 또는 동의를 필요적 절차로 규정하고 있는 경우: 상대방의 신청 또는 동의를 거치지 않은 행위는 원칙적으로 무효 **05. 선관위 9급** 법령이 일정한 행정행위에 대하여 상대방의 신청 또는 동의를 필요적 절차로 규정하고 있는 경우에 상대방의 신청 또는 동의를 결하는 행위는 무효이다.

내용상 하자	① 불명확·불가능한 행위: 원칙적 무효 ② 법률상 실현 불가능한 행위(예 인신매매업의 허가 등): 무효 ③ 선량한 풍속, 기타 사회질서(공서양속)에 반하는 행위: 취소사유
형식상 하자	법률상 문서를 요건으로 하고 있는 행정행위가 그러한 문서에 의하지 아니한 경우: 원칙적 무효
위헌인 법률에 근거한 행정행위	① 행정행위가 행해진 후 행정행위의 근거법률이 위헌결정된 경우: 원칙적 취소사유. 따라서 불가쟁력이 발생한 처분에 대해서는 취소소송을 제기할 수 없고, 무효확인소송을 제기해도 명백성을 인정받지 못해 본안판단에서 기각됨(다만, 헌법재판소의 경우 하자의 중대성 + 구제필요성 > 법적 안정성인 경우 예외적으로 처분의 무효를 인정) ② 위헌인 법률에 기한 행정처분의 집행이나 집행력을 유지하기 위한 행위: 위헌결정의 기속력에 위반되어 허용되지 않음 ③ 위헌결정 후 처분이 행해진 경우: 무효가 됨(과세처분 이후 조세부과의 근거가 되었던 법률규정에 대하여 위헌결정이 내려진 경우, 그 조세채권의 집행을 위한 체납처분은 당연무효)

> **판례정리**

1	법률에 근거하여 행정처분이 발하여진 후에 헌법재판소가 그 행정처분의 근거가 된 법률을 위헌으로 결정하였다면 … 하자가 있는 것이기는 하나 일반적으로 법률이 헌법에 위반된다는 사정이 헌법재판소의 위헌결정이 있기 전에는 객관적으로 명백한 것이라고 할 수는 없으므로 헌법재판소의 위헌결정 전에 행정처분의 근거되는 당해 법률이 헌법에 위반된다는 사유는 특별한 사정이 없는 한 그 행정처분의 취소소송의 전제가 될 수 있을 뿐 당연무효사유는 아니라고 봄이 상당하다(대판 1994.10.28. 92누9463).
2	행정처분의 근거법률이 헌법에 위반된다는 사정은 헌법재판소의 위헌결정이 있기 전에는 객관적으로 명백한 것이라고 할 수는 없으므로 특별한 사정이 없는 한 그러한 하자는 행정처분의 취소사유에 해당할 뿐 당연무효사유는 아니어서, 제소기간이 경과한 뒤에는 행정처분의 근거법률이 위헌임을 이유로 무효확인소송 등을 제기하더라도 행정처분의 효력에는 영향이 없음이 원칙이다(헌재 2014.1.28. 2010헌바251).

5 하자 있는 행정행위의 치유와 전환

1. 하자 있는 행정행위의 치유

인정 여부	① 원칙적으로 허용될 수 없고, 예외적으로 인정됨 ② 위법한 수익적 행정행위의 하자의 치유를 인정한다면 경원관계에 있는 다른 사람의 이익을 침해하는 경우에는 치유 부정 ③ 무효인 행정행위에 대한 치유 부정(판례), 취소할 수 있는 행정행위에서만 인정 ④ 내용상의 하자에 대해서는 치유 부정
이유제시의 하자치유시기	쟁송제기 전까지(판례)
치유의 효과	하자가 치유된 경우 행정행위는 처음부터 적법(소급효)

18. 서울시 7급 하자 있는 행정행위의 치유는 행정행위의 성질이나 법치주의의 관점에서 볼 때 원칙적으로 허용될 수 없는 것이고, 예외적으로 행정행위의 무용한 반복을 피하고 당사자의 법적 안정성을 위해 이를 허용하는 때에도 국민의 권리나 이익을 침해하지 않는 범위에서 구체적 사정에 따라 합목적적으로 인정하여야 한다.

18. 지방교행 행정행위의 하자의 치유는 무효인 행정행위에는 인정할 수 없다.

판례정리

1	하자 있는 행정행위의 치유와 전환은 행정행위의 성질이나 법치주의의 관점에서 볼 때 원칙적으로 허용될 수 없는 것이지만, 행정행위의 무용한 반복을 피하고 당사자의 법적 안정성을 위해 이를 허용하는 때에는 국민의 권리와 이익을 침해하지 않는 범위에서 구체적 사정에 따라 합목적적으로 인정해야 할 것이다(대판 1983.7.26. 82누420).
2	행정청이 식품위생법의 청문절차를 이행함에 있어 청문서 도달기간을 다소 어겼지만 영업자가 이의하지 아니한 채 청문일에 출석하여 의견을 진술하고 변명하는 등 방어의 기회를 충분히 가진 경우 하자가 치유된다(대판 1992.10.23. 92누2844). **15. 국가직 9급** 청문서가 「행정절차법」에서 정한 날짜보다 다소 늦게 도달하였을 경우에도, 당사자가 이에 대하여 이의하지 아니하고 청문일에 출석하여 의견을 진술하였다면 청문서 도달기간을 준수하지 않은 하자는 치유된다.
3	개발부담금 납부고지서에 그 산출근거가 누락되었지만, 이전에 산정내역서를 첨부한 개발부담금 예정변경통지를 하였다면 그 하자는 치유된다(대판 1998.11.13. 97누2153).
4	조세체납법인에 대한 체납처분절차상 공매통지에 하자가 있으나, 원고회사의 공매절차연기신청에 대해 처분청이 이에 응하여 공매기일을 연기하고 다시 적법한 공고를 하고 그 회사에 통지한 다음 이를 공매처분하였다면, 위 공매통지의 흠결은 치유된다(대판 1971.2.23. 70누161).
5	원래의 징계과정에 절차 위반의 하자가 있더라도 재심과정에서(쟁송이 아니고 징계위원회 내부행위임) 보완되었다면 그 절차 위반의 하자는 치유된다(대판 1999.3.26. 98두4672).

판례정리 - 치유를 불인정하는 판례

1	주류면허취소처분의 근거와 위반사실의 적시를 빠뜨린 하자는 상대방이 처분 당시 그 취지를 알고 있었다거나 그 후 알게 되었다 하여도 치유될 수 없다(대판 1990.9.11. 90누1786).
2	납세고지서에 세액산출근거 등의 기재사항이 누락되었거나 과세표준과 세액의 계산명세서가 첨부되지 않았다면 적법한 납세의 고지라고 볼 수 없으며, 위와 같은 납세고지의 하자는 납세의무자가 그 나름대로 산출근거를 알고 있다거나 사실상 이를 알고서 쟁송에 이르렀다 하더라도 치유되지 않는다(대판 2002.11.13. 2001두1543).
3	무효인 환지변경처분 후에 이의를 유보함이 없이 변경처분에 따른 청산금을 교부받았다 하더라도 그 사정만으로 무효인 행정처분의 흠이 치유된다고 볼 수 없다(대판 1992.11.10. 91누8227).
4	토지등급결정내용의 열람에 갈음하는 개별통지는 토지등급결정의 효력발생요건이라고 해석함이 상당하므로 이러한 절차를 누락한 경우 그 결정은 대외적으로 아무런 효력을 발생할 수 없는 것이고, 토지등급결정내용의 개별통지가 있다고 볼 수 없어 토지등급결정이 무효인 이상 토지소유자가 그 결정 이전이나 이후에 토지등급결정내용을 알았다거나 또는 그 결정 이후 매년 정기 등급수정의 결과가 토지소유자 등의 열람에 공하여졌다 하더라도 개별통지의 하자가 치유되는 것은 아니다(대판 1997.5.28. 96누5308).
5	과세처분이 있은 지 4년이 지나서 그 취소소송이 제기된 때에 보정된 납세고지서를 송달하였다는 사실이나 오랜 기간의 경과로써 과세처분의 하자가 치유되었다고 볼 수는 없다(대판 1983.7.26. 82누420).

2. 하자 있는 행정행위의 전환

(1) 무효인 행정행위의 경우 전환이 인정될 수 있음
(2) 전환의 요건
   ① 요건, 목적, 효과 등에서 실질적 공통성이 있어야 함
   ② 행정청 및 상대방이 그 전환을 의욕하는 것으로 인정되어야 함
   09. 국회직 8급 전환 전의 행위와 전환 후의 행위는 목적·효과에 있어서 실질적 공통성이 있어야 한다.
(3) 전환 역시 하나의 행정행위로서 처분성이 인정되므로, 이해관계인은 전환행위에 대하여 항고소송을 제기할 수 있음
(4) 전환으로 인하여 발생한 새로운 행정행위는 종전 행정행위의 발령 당시로 소급하여 효력이 발생함
(5) 전환을 행정행위로 보는 다수설에 따르면 전환을 함에 있어서는 의견청취절차 등 「행정절차법」이 적용됨. 전환된 행정행위에 대하여 제소를 하는 경우 제소기간은 전환행위가 있음을 안 날부터 90일 이내임
(6) 소송계속 중에 행정행위의 전환이 이루어진다면, 처분변경으로 인한 소의 변경이 가능함

제2절 행정행위의 하자승계

논의의 전제 (필수 암기)	① 선행행위의 위법사유는 무효가 아닌 취소사유일 것(무효라면 그 하자는 당연히 후행행위에 승계됨) **14. 경행특채 1차** 선행행위의 흠이 후행행위에 승계되는가의 문제는 취소인 행정행위에만 해당하고, 선행행위가 무효로 될 수 있는 행정행위와는 무관하다. ② 선행행위에는 불가쟁력이 발생할 것 **16. 사회복지직 9급** 제소기간이 경과하여 선행행위에 불가쟁력이 발생하여 더이상 다툴 수 없게 된 경우에 하자의 승계 문제가 발생한다. ③ 후행행위에는 고유한 위법사유가 없을 것 ④ 선행행위와 후행행위 모두 처분성을 가질 것
하자승계의 인정범위	① 통설 • 하자승계 긍정: 선행행위와 후행행위가 결합하여 하나의 법률효과 발생을 목적으로 하는 경우 • 하자승계 부정: 양 행위가 독립하여 별개의 법률효과 발생을 목적으로 하는 경우 **17. 지방직 9급** 선행행위에 대하여 불가쟁력이 발생하지 않았거나 선행행위와 후행행위가 서로 독립하여 각각 별개의 법률효과를 목적으로 하는 때에는 원칙적으로 선행행위의 하자를 이유로 후행행위의 효력을 다툴 수 없다. ② 판례: 통설과 유사하나 독립하여 별개의 법률효과 발생을 목적으로 하더라도 수인한도를 넘는 불이익을 가져오고 그 결과가 당사자에게 예측 가능한 것이 아닌 경우 하자승계를 긍정(= 구속력을 인정하지 않음)[예 개별공시지가 - 양도소득세 부과, 표준공시지가 - 수용재결(보상금산정) 등] **17. 지방직 9급** 선행행위와 후행행위가 서로 독립하여 별개의 법률효과를 목적으로 하는 경우라도 선행행위의 불가쟁력이나 구속력이 그로 인하여 불이익을 입는 자에게 수인한도를 넘는 가혹함을 가져오고 그 결과가 예측 가능한 것이 아닌 때에는 하자의 승계를 인정할 수 있다.

하자승계 긍정	하자승계 부정
① 선행 분묘개장명령과 후행 계고처분 사이 ② 선행 귀속재산의 임대처분과 후행 매각처분 사이 ③ 선행 한지의사시험자격인정과 후행 한지의사면허처분 사이 ④ 선행 안경사국가시험합격무효처분과 안경사면허취소처분 사이 ⑤ 계고처분과 대집행비용납부명령 사이 ⑥ 선행 독촉처분과 후행 가산금·중가산금 징수처분 ⑦ 강제징수절차인 독촉, 압류, 매각, 청산의 각 행위 ⑧ 대집행절차인 계고, 통지, 실행, 비용징수의 각 행위 ⑨ 개별공시지가결정과 개발부담금 부과처분 ⑩ 개별공시지가결정(통지되지 않은 경우)과 과세처분 ⇨ 통지된 경우는 하자승계 부정 ⑪ 표준공시지가결정과 수용재결 ⑫ 친일반민족행위자결정과 독립유공자배제자결정 ⑬ 무효인 조례와 그에 근거한 지방세 부과처분 ⑭ 환지예정지지정처분과 공작물이전명령 **선생님 tip** 특히 ⑩⑪⑫는 독립하여 별개의 효과를 가져오는 것이지만 하자의 승계를 긍정한 사안(개과·표수·친독) ⑮ 기준지가고시처분과 토지수용처분 ⑯ 어업정지처분과 어업허가취소처분	① 선행 과세처분과 후행 체납처분 사이 ② 선행 직위해제처분과 후행 면직처분 사이 **14. 경행특채 1차** 「경찰공무원법」상 직위해제처분과 면직처분은 후자가 전자의 처분을 전제로 한 것이기는 하나 각각 단계적으로 별개의 법률효과를 발생하는 행정처분이어서 선행 직위해제처분의 위법사유가 면직처분에는 승계되지 않는다. ③ 선행 변상판정과 후행 변상명령 사이 ④ 선행 사업인정과 후행 수용재결 사이 ⑤ 선행 액화석유가스(LPG)판매사업허가처분과 후행 사업개시신고반려처분 사이 ⑥ 선행 도시계획결정과 후행 수용재결 사이 ⑦ 선행 택지개발예정지구의 지정과 후행 택지개발계획승인 ⑧ 선행 택지개발계획의 승인과 후행 수용재결처분 ⑨ 보충역편입처분과 공익근무요원소집처분 ⑩ 토지구획정리사업 시행인가처분과 환지청산금 부과처분 ⑪ 표준공시지가결정과 개별공시지가결정, 표준공시지가결정과 과세처분 ⑫ 사업계획승인처분과 도시계획시설변경 및 지적승인고시처분 ⑬ 토지등급의 설정 또는 수정처분과 과세처분(대판 1995.3.28. 93누23565) ⑭ 선행 수강거부처분과 수료처분(대판 1994.12.23. 93누477) ⑮ 건물철거명령과 계고처분 사이 ⑯ 감사원시정요구결정과 그에 따른 처분취소 ⑰ 도시·군계획시설결정과 실시계획인가(대판 2017.7.18. 2016두49938) ⑱ 선행업무정지처분과 중개사무소개설등록취소처분(대판 2019.1.31. 2017두40372) ⑲ 도시·군계획시설결정과 실시계획인가 **18. 국가직 9급** 「국토의 계획 및 이용에 관한 법률」상 도시·군계획시설결정과 실시계획인가는 별개의 법률효과를 목적으로 하는 것이므로 선행처분인 도시·군계획시설결정의 하자는 실시계획인가에 승계되지 않는다. ⑳ 운수권 배분 실효처분 및 노선면허거부처분간 ㉑ 지방의회의안의결과 지방세부과처분간

> 📄 **판례정리**

1	양도소득세산정의 기초가 되는 개별공시지가결정에 대하여 한 재조사청구에 따른 조정결정을 통지받고서도 더이상 다투지 아니한 경우, 위 개별공시지가결정의 위법을 이 사건 과세처분의 위법사유로 주장할 수 없다(대판 1998.3.13. 96누6059). ◎ **주의** 개별공시지가결정과 과세처분 사이에서 승계가 되지 않는 예외적인 판례 **17. 국가직 9급(10월)** 개별공시지가결정에 대한 재조사청구에 따른 감액조정에 대하여 더이상 불복하지 아니한 경우에는 선행처분의 불가쟁력이나 구속력이 수인한도를 넘는 가혹한 것이거나 예측 불가능하다고 볼 수 없어 이를 기초로 한 양도소득세 부과처분 취소소송에서 다시 개별공시지가결정의 위법을 당해 과세처분의 위법사유로 주장할 수 없다.

제9장 행정행위의 취소와 철회 및 실효

제1절 행정행위의 취소

1 의의

1. 개념
(1) 취소란 일단 유효하게 성립한 행정행위를 나중에 성립상의 하자를 이유로 권한 있는 기관이 그 효력을 소멸시키는 행위
(2) 취소는 명시적으로 할 수도 있으나, 종전 처분과 양립할 수 없는 처분을 함으로써 묵시적으로 종전 처분을 취소할 수도 있음

2. 구별개념

✓ **주의** 취소와 철회는 그 자체가 별개의 행정행위 ⇨ 사전통지·의견제출의 기회 필요

부존재	외관상 존재 자체가 없는 것
무효	외관은 존재하나 처음부터 아무런 효력이 없는 것
취소	① 행정행위시부터 존재한 하자를 이유로 효력을 소멸시킴 ② 취소되기 전까지는 유효하며 효력을 소멸시키기 위하여 행정청의 별도 의사표시가 필요함
철회	일단 발생한 효력이 후발적 사정으로 소멸되며 효력소멸을 위한 행정청의 의사표시가 필요함
실효	일정한 사정의 발생으로 당연히 효력이 소멸되며 행정청이 별도의 의사표시를 할 필요가 없음

07. 국가직 7급 행정행위의 직권취소는 별개의 행정행위에 의하여 원행정행위의 효력을 소멸시키는 것인 데 반하여, 행정행위의 실효는 일정한 사유의 발생에 따라 당연히 기존의 행정행위의 효력이 소멸하는 것이다.

3. 쟁송취소와 직권취소의 구별

구분	쟁송취소	직권취소
동기	상대방 또는 이해관계인의 쟁송제기	행정청의 직권
취소권자	행정청(행정심판위원회) 또는 법원	행정청(처분청, 감독청)
대상	주로 부담적 행정행위(복효적 행정행위)	수익적·부담적 행정행위
사유	① 심판: 위법 또는 부당 ② 소송: 위법	위법 또는 부당
기간의 제한	기간의 제한이 있음	원칙적으로 기간의 제한이 없음
절차	①「행정심판법」·「행정소송법」에 따른 절차 ② 당사자의 쟁송제기로 절차가 개시됨	①「행정절차법」에 따른 절차 ② 행정청의 직권에 의하여 절차가 개시됨

제한	취소사유가 있으면 취소하여야 함 (단, 사정판결·사정재결은 예외)	공익과 사익을 비교·형량하여야 함
효과	① 원칙상 소급함 ② 불가변력 인정	① 수익적 행정행위는 상대방에게 귀책사유가 있는 경우 외에는 원칙상 소급하지 않음(다수설) ② 불가변력 부정
범위	① 행정소송에 의한 취소: 적극적 변경 불가능 ② 행정심판: 적극적 변경 가능	적극적 변경 가능

2 법적 근거 및 취소권자

1. 직권취소

(1) 처분청은 법적 근거가 없어도 직권취소를 할 수 있음

> **18. 서울시 7급** 처분청은 명문의 근거가 없어도 직권취소를 할 수 있다.

(2) 권한 없는 행정기관이 한 당연무효인 행정처분의 취소권자는 해당 처분을 한 처분청임(판례)

(3) 감독청의 취소권 행사에 대해서는 견해가 대립함(단, 행정권한의 위임 및 위탁에 관한 규정에는 근거가 있음)

> ✓ **주의** 처분청과 감독청을 구분하여 알아두어야 함

📋 판례정리

1	국세감액결정처분은 이미 부과된 과세처분에 하자가 있음을 이유로 사후에 이를 일부 취소하는 처분이므로 취소의 효력은 그 취소된 국세부과처분이 있었을 당시에 소급하여 발생하는 것이고, 이는 판결 등에 의한 취소이거나 과세관청의 직권에 의한 취소이거나에 따라 차이가 있는 것이 아니다(대판 1995.9.15. 94다16045). **18. 지방직 9급** 국세감액결정처분은 이미 부과된 과세처분에 하자가 있음을 이유로 사후에 이를 일부 취소하는 처분이고, 취소의 효력은 판결 등에 의한 취소이거나 과세관청의 직권에 의한 취소이거나에 관계없이 그 부과처분이 있었을 당시로 소급하여 발생한다.
2	직권취소를 할 수 있다는 사정만으로 이해관계인에게 처분청에 대하여 그 취소를 요구할 신청권이 부여된 것으로 볼 수는 없으므로, 처분청이 법규상 또는 조리상의 신청권이 없이 한 이해관계인의 복구준공통보 등의 취소신청을 거부하더라도 그 거부행위는 항고소송의 대상이 되는 처분에 해당하지 않는다(대판 2006.6.30. 2004두701). **15. 국회직 8급** 처분청이 법령의 근거가 없어도 직권취소를 할 수 있다는 사정이 있는 경우, 이해관계인에게 처분청에 대하여 그 취소를 요구할 신청권이 부여된 것으로 볼 수 없다.
3	행정처분을 한 처분청은 원칙적으로 별도의 법적 근거가 없더라도 스스로 이를 직권으로 취소할 수 있다(대판 1995.9.15. 95누6311).

2. 쟁송취소

> **판례정리**
>
> 1. 취소소송에 의한 행정처분 취소의 경우에는 수익적 행정처분의 취소·철회 제한에 관한 법리가 적용되지 않는다(대판 2019.10.17. 2018두104).
> 2. 영업의 금지를 명한 영업허가취소처분 자체가 나중에 행정쟁송절차에 의하여 취소되었다면 그 영업허가취소처분은 그 처분시에 소급하여 효력을 잃게 되며, 그 영업허가취소처분 이후의 영업행위를 무허가영업이라고 볼 수는 없다(대판 1993.6.25. 93도277).

구분	행정심판	행정소송
법적 근거	「행정심판법」	「행정소송법」
취소권자	행정심판위원회	법원

3 취소사유

(1) 단순한 위법 또는 부당한 하자가 있는 경우
(2) 사기, 강박, 증뢰 등 부정행위에 의한 경우
(3) 행정청이 직권취소를 할 수 있다는 사정만으로 이해관계인에게 처분청에 대하여 취소를 요구할 신청권이 부여된 것으로 볼 수는 없음
(4) 취소소송이 진행 중인 경우라도 행정청은 직권취소할 수 있음

4 직권취소의 한계

부담적 행정행위	특별한 제한이 없음
수익적 행정행위	행정법의 일반원칙에 따른 제한을 받음
취소가 제한되는 경우	① 신뢰보호의 원칙 ② 실권의 법리 ③ 포괄적 신분설정행위 ④ 인가 등 사법(私法)형성적 행정행위 ⑤ 불가변력이 있는 행정행위 ⑥ 하자 있는 행정행위의 치유와 전환 ⑦ 비례의 원칙에 의한 제한 ⑧ 복효적 행정행위
취소가 제한되지 않는 경우	① 위험의 방지, 중대한 공익상의 필요 ② 수익자의 책임

> **판례정리**

1	설사 부과의 취소에 위법사유가 있다고 하더라도 당연무효가 아닌 한 일단 유효하게 성립하여 부과처분을 확정적으로 상실시키는 것이므로, 과세관청은 부과의 취소를 다시 취소함으로써 원부과처분을 소생시킬 수는 없고 납세의무자에게 종전의 과세대상에 대한 납부의무를 지우려면 다시 법률에서 정한 부과절차에 따라 동일한 내용의 새로운 처분을 하는 수밖에 없다(대판 1995.3.10. 94누7027). **18. 지방직 9급**「국세기본법」상 상속세부과처분의 취소에 하자가 있는 경우, 부과의 취소의 취소에 대하여는 법률이 명문으로 그 취소요건이나 그에 대한 불복절차에 대하여 따로 규정을 두고 있지 않다면, 과세관청은 부과의 취소를 다시 취소함으로써 원부과처분을 소생시킬 수 없다. **14. 지방직 9급** 현역병입영대상편입처분을 보충역편입처분으로 변경한 경우, 보충역편입처분에 불가쟁력이 발생한 이후 보충역편입처분이 하자를 이유로 직권취소되었다 하더라도 종전의 현역병입영대상편입처분의 효력은 되살아나는 것은 아니다.
2	당초처분에 취소사유인 하자가 있는 경우 그것이 처분 전체에 영향을 미치는 절차상 사유에 해당하는 등의 사정이 없는 한 당초처분 자체를 취소하고 새로운 과세처분을 하는 대신 하자가 있는 해당 부분 세액을 감액하는 경정처분에 의해 당초처분의 하자를 시정할 수 있다(대판 2006.3.9. 2003두2861).
3	행정청이 일단 행정처분을 한 경우에는 법령에 규정이 있는 때, 행정처분에 하자가 있는 때, 행정처분의 존속이 공익에 위반되는 때, 또는 상대방의 동의가 있는 때 등의 특별한 사유가 있는 경우를 제외하고는 행정처분을 자의로 취소할 수 없다(대판 1990.2.23. 89누7061).
4	외형상 하나의 행정처분이라 하더라도 가분성이 있거나 그 처분대상의 일부가 특정될 수 있다면 일부만의 취소도 가능하고 그 일부의 취소는 당해 취소 부분에 관하여만 효력이 생긴다. … 공정거래위원회의 법위반사실공표명령이 하나의 조항으로 이루어졌으나 그 대상이 된 사업자의 광고행위와 표시행위로 인한 각 법위반사실이 별개로 특정될 수 있는 경우, 그 중 하나의 법위반사실이 인정되지 않는다고 하여 법위반사실공표명령 전부를 취소할 수 없다(대판 2000.12.12. 99두12243).

5 직권취소의 절차

「행정절차법」상의 처분절차에 따라야 함(수익적 행정행위 포함)

6 취소의 효과

구분		효과
직권취소	침익적 행정행위	소급효
	수익적 행정행위	상대방에게 귀책사유가 있을 때를 제외하고는 취소의 효과가 소급하지 않는 것이 원칙
쟁송취소		소급효

7 취소의 취소(판례)

침익적 처분 - 부정	과세관청이 부과의 취소를 다시 취소함으로써 원부과처분을 소생시킬 수 없음
제3자의 이해관계가 없는 수익적 처분 - 긍정	광업권취소처분 후 새로운 이해관계인이 생기기 전에는 취소처분을 취소하여 광업권을 회복시킬 수 있음 ✓ **주의** 이해관계인이 생긴 후와 구별하기

> **판례정리**

1	지방병무청장이 재신체검사 등을 거쳐 현역병 입영대상편입처분을 보충역편입처분이나 제2국민역편입처분으로 변경하거나 보충역편입처분을 제2국민역편입처분으로 변경하는 경우, 그 후 새로운 병역처분의 성립에 하자가 있었음을 이유로 하여 이를 취소한다고 하더라도 종전의 병역처분의 효력이 되살아난다고 할 수 없다(대판 2002.5.28. 2001두9653).
2	행정청이 의료법인의 이사에 대한 이사취임승인취소처분을 직권으로 취소한 경우, 법원에 의하여 선임된 임시이사는 법원의 해임결정이 없더라도 당연히 그 지위가 소멸된다(대판 1997.1.21. 96누3401).
3	광업권 허가에 대한 취소처분을 한 후 적법한 광업권 설정의 선출원이 있는 경우에는 취소처분을 취소하여 광업권을 복구시키는 조처는, 원고의 선출원 권리를 침해하는 위법한 처분이라고 하지 않을 수 없다(대판 1967.10.23. 67누126). ◎ **주의** 이해관계인이 생긴 후에 해당

제2절 행정행위의 철회

1 의의

1. 개념

새로운 사정이 발생하였음을 이유로 장래에 향하여 그 효력을 소멸시키는 행정행위

2. 직권취소와의 구별

구분	직권취소	철회
사유	원시적 하자	후발적 사유
주체	처분청, 감독청(법률에 명문규정이 없는 경우 견해 대립)	처분청(감독청은 법률에 명문규정이 없는 경우에는 불가능)
법적 근거	판례에 따르면 필요 없음	판례에 따르면 필요 없음
소급효	원칙적 소급효 (단, 수익적 행정행위의 직권취소의 경우 상대방에게 귀책사유가 없다면 장래를 향하여 소멸)	장래효

18. 서울시 7급 명문의 규정이 없는 경우, 감독청이 철회권을 가지지 않는다는 것이 통설이다.

2 철회권자와 법적 근거

철회권자	① 철회는 처분청만 할 수 있음 ② 감독청은 법률에 근거가 없는 한 직접 철회가 불가능함
법적 근거(판례)	처분청은 별도의 법적 근거가 없더라도 행정행위를 철회하거나 변경할 수 있음

> **판례정리**
>
> 1. 부담부 행정처분에 있어서 처분의 상대방이 부담을 이행하지 아니한 경우에 처분행정청으로서는 당해 처분을 취소(철회)할 수 있다(대판 1989.10.24. 89누2431).

3 사유

(1) 철회권유보사실의 발생
(2) 상대방의 의무 위반(부담의 불이행 등)
(3) 사정변경
(4) 공익상의 필요가 있는 경우
(5) 기타 법령이 정한 사실의 발생 등

4 제한

(1) 부담적 행정행위는 특별한 제한이 없으나, 수익적 행정행위에서는 철회가 제한됨
(2) 신뢰보호원칙 등에 의하여 제한됨
(3) 외형상 하나의 행정행위라도 가분성이 있거나 일부가 특정될 수 있는 경우, 일부철회만으로 목적을 달성할 수 있으면 일부철회 가능

> **판례정리**
>
> 1. 국고보조조림결정에서 정한 조건에 일부만 위반했음에도 그 조림결정 전부를 취소한 것은 위법하다(대판 1986.12.9. 86누276).

(4) 철회의 요건인 결격사유에 관하여 처분이 이루어져 실제로 결격사유가 발생하기 전까지는 철회 불가

> **판례정리**
>
> 1. 개인택시운송사업자에게 운전면허취소사유가 있으나 그에 따른 운전면허취소처분이 이루어지지는 않은 경우, 관할관청이 개인택시운송사업면허를 취소할 수 할 수 없다(대판 2008.5.15. 2007두26001).
>   **19. 국가직 9급** 개인택시운송사업자의 운전면허가 아직 취소되지 않은 경우 운전면허취소사유가 있다 해도 행정청은 명문규정이 없다면 개인택시운송사업면허를 취소할 수 없다.

(5) 수익적 행정행위의 철회처분을 하면서 처분의 효력을 과거로 소급·상실시키려면 법적 근거가 필요함

> **판례정리**
>
> 1. 행정청이 평가인증이 이루어진 이후에 새로이 발생한 사유를 들어 영유아보육법 제30조 제5항에 따라 평가인증을 철회하는 처분을 하면서, 별도의 법적 근거 없이 평가인증의 효력을 과거로 소급하여 상실시킬 수 없다(대판 2018.6.28. 2015두58195).

5 절차

(1) 철회 역시 하나의 행정행위로서 「행정절차법」 규정이 적용됨
(2) 판례는 「행정절차법」이 제정되기 이전부터 철회에 이유제시가 필요하다는 입장

6 효과

원칙적 장래효

판례정리 - 운전면허 관련 판례

1	제1종 보통면허로 운전할 수 있는 차량을 음주운전한 경우 이와 관련된 원동기장치자전거면허까지 취소할 수 있다(대판 1996.11.8. 96누9959).
2	제1종 보통 및 대형 운전면허의 소지자가 제1종 보통 운전면허로 운전할 수 있는 차를 음주운전한 경우 제1종 대형면허도 취소할 수 있다(대판 1997.3.11. 96누15176).
3	택시를 음주운전한 것을 이유로 제1종 보통면허 및 제1종 특수면허까지 취소할 수 있다(대판 1996.6.28. 96누4992).
4	한 사람이 여러 종류의 자동차운전면허를 소지한 경우 제1종 대형면허를 취소할 때에 제1종 보통면허까지 취소할 수 있다(대판 1997.2.28. 96누17578).
5	제1종 대형, 제1종 보통 자동차운전면허를 가지고 있는 甲이 배기량 400cc의 오토바이를 절취하였다는 이유로 지방경찰청장이 제1종 대형, 제1종 보통 자동차운전면허를 모두 취소한 사안에서 위 오토바이를 훔쳤다는 사유만으로 제1종 대형면허나 보통면허를 취소할 수 없다(대판 2012.5.24. 2012두1891).
6	혈중알코올농도 0.140%의 주취상태로 125cc 이륜자동차를 음주운전한 사람에 대해 제1종 대형, 제1종 보통 특수 운전면허도 취소할 수 있다(대판 2018.2.28. 2017두67476).
7	제1종 특수면허 차량 음주운전의 경우 다른 제1종 보통, 제1종 대형의 면허까지 취소한 것은 위법하다(대판 1995.11.16. 95누8850 전합).
8	<한 사람이 여러 종류의 자동차운전면허를 취득하는 경우, 특정의 면허의 취소 또는 정지에 의하여 다른 운전면허에까지 당연히 그 취소 또는 정지의 효력이 미치는 것은 아니다라는 판례> 한 사람이 여러 종류의 자동차운전면허를 취득하는 경우뿐만 아니라 이를 취소 또는 정지함에 있어서도 서로 별개의 것으로 취급함이 원칙이라 할 것이고, 그 취소나 정지의 사유가 특정의 면허에 관한 것이 아니고 다른 면허와 공통된 것이거나 운전면허를 받은 사람에 관한 것일 경우에는 여러 운전면허 전부를 취소 또는 정지할 수도 있다고 보는 것이 상당하지만 … 특정의 면허의 취소 또는 정지에 의하여 다른 운전면허에까지 당연히 그 취소 또는 정지의 효력이 미치는 것은 아니다(대판 2000.9.26. 2000두5425).

7 일부철회의 문제

가분성이 있거나 처분대상의 일부가 특정될 수 있다면 일부만의 철회가 가능함

> **판례정리 - 일부철회 긍정 판례**
>
> 1. [1] 외형상 하나의 행정처분이라 하더라도 가분성이 있거나 그 처분대상의 일부가 특정될 수 있다면 그 일부만의 취소도 가능하고 그 일부의 취소는 당해 취소부분에 관하여 효력이 생긴다고 할 것인바, 이는 한 사람이 여러 종류의 자동차운전면허를 취득한 경우 그 각 운전면허를 취소하거나 그 운전면허의 효력을 정지함에 있어서도 마찬가지이다.
>   [2] 제1종 보통, 대형 및 특수면허를 가지고 있는 자가 레이카크레인을 음주운전한 행위는 제1종 특수면허의 취소사유에 해당될 뿐 제1종 보통 및 대형면허의 취소사유는 아니므로, 3종의 면허를 모두 취소한 처분 중 제1종 보통 및 대형면허에 대한 부분은 이를 이유로 취소하면 될 것이나, 제1종 특수면허에 대한 부분은 원고가 재량권의 일탈·남용하여 위법하다는 주장을 하고 있음에도, 원심이 그 점에 대하여 심리·판단하지 아니한 채 처분 전체를 취소한 조치는 위법하다(대판 1995.11.16. 95누8850 전합).

제3절 행정행위의 실효

의의	일단 효력이 발생한 행정행위가 일정사실의 발생에 의하여 장래를 향하여 당연히 그 효력이 소멸되는 것
사유	① 행정행위 대상의 소멸 　• 사람의 사망: 운전면허를 받은 자의 사망으로 인한 운전면허의 실효 　• 물건의 소멸: 자동차가 파괴된 경우 자동차검사합격처분의 실효 　• 자진폐업, 대물적 허가에 있어 영업시설이 모두 철거된 경우 ② 해제조건의 성취, 종기의 도래 ③ 목적의 달성
효과	행정청의 특별한 의사표시 없이 그때부터 장래를 향하여 당연히 효력이 소멸됨 ⊘ **주의** 의사표시가 필요한 취소·철회와 구별되는 개념

> **판례정리**
>
> 1. 청량음료 제조업허가는 신청에 의한 처분이고, 이와 같이 신청에 의한 허가처분을 받은 원고가 그 영업을 폐업한 경우에는 그 영업허가는 당연실효되고, 이런 경우 허가 행정청의 허가취소처분은 허가의 실효됨을 확인하는 것에 불과하므로 원고는 그 허가취소처분의 취소를 구할 소의 이익이 없다(대판 1981.7.14. 80누593).

제10장 행정계획

1 의의 및 내용

> 「행정절차법」제40조의4【행정계획】행정청은 행정청이 수립하는 계획 중 국민의 권리·의무에 직접 영향을 미치는 계획을 수립하거나 변경·폐지할 때에는 관련된 여러 이익을 정당하게 형량하여야 한다.

1. 행정계획의 종류

(1) 구속적 계획

국민 또는 행정기관에 대하여 일정한 구속력을 가지는 일체의 행정계획

(2) 비구속적 계획

단순한 내부지침에 불과한 것으로 국민은 물론 행정기관에 대해서도 아무런 법적 구속력을 가지지 못하는 계획

2. 법적 성질 – 복수성질설

행정계획은 종류와 내용이 다양하고 그 형식도 다양하게 존재하므로 행정계획의 법적 성질은 개별적으로 검토하여야 한다는 견해(다수설)

판례정리

1	재건축정비사업조합이 행정주체의 지위에서 수립한 사업시행계획은 이해관계인에 대한 구속적 행정계획으로서 독립된 행정처분에 해당한다(대결 2009.11.2. 2009마596). **15. 교행직 9급** 국민의 권리·의무에 구체적·개별적인 영향을 미치는 행정계획은 처분성이 인정된다. **18. 지방교행** 주택재건축정비사업조합의 사업시행계획은 항고소송의 대상이 된다.
2	택지개발촉진법에 의한 택지개발예정지구의 지정과 택지개발계획의 승인은 후자가 전자의 처분을 전제로 하는 것이기는 하나 각각 단계적으로 별개의 법률효과를 발생하는 독립한 행정처분이다(대판 1996.12.6. 95누8409).
3	구 도시계획법 제7조가 도시계획결정 등 처분의 고시를 도시계획구역·도시계획결정 등의 효력발생요건으로 규정하였다고 볼 것이어서 건설부장관 또는 그의 권한의 일부를 위임받은 서울특별시장·도지사 등이 기안·결재 등의 과정을 거쳐 정당하게 도시계획결정 등의 처분을 하였다고 하더라도 이를 관보에 게재하여 고시하지 아니한 이상 대외적으로는 아무런 효력을 발생하지 아니한다(대판 1985.12.10. 85누186).
4	국토의 계획 및 이용에 관한 법률에 따른 도시기본계획이 행정청에 대한 직접적인 구속력은 없다(대판 2007.4.12. 2005두1893). **19. 서울시 7급** 「국토의 계획 및 이용에 관한 법률」에 따른 도시기본계획은 일반 국민에 대한 직접적인 구속력은 인정되지 않고, 도·시의 장기적 개발방향과 미래상을 제시하는 도시계획입안의 지침이 된다 할지라도 행정청에 대한 직접적인 구속력은 인정되지 않는다.

처분성 긍정	처분성 부정
① 도시계획결정 ② 개발제한구역지정처분 ③ 구「도시재개발법」상의 관리처분계획 　**19. 서울시 7급** 「도시재개발법」에 의한 재개발조합의 관리처분계획은 토지 등의 소유자에게 구체적이고 결정적인 영향을 미치는 것으로서 조합이 행한 처분에 해당한다. ④ 환지예정지지정 및 환지처분 　✅ **주의** 처분성이 긍정되는 경우 「행정절차법」 적용 ○ ⑤ 도시관리계획입안제안 반려처분 ⑥ 도시계획시설결정	① 도시기본계획 ② 환지계획 　**14. 국가직 7급** 환지계획은 그 자체가 직접 토지소유자 등의 법률상 지위를 변동시키거나 또는 환지예정지 지정이나 환지처분과는 다른 고유한 법률효과를 수반하는 것이 아니어서 이를 항고소송의 대상이 되는 처분에 해당한다고 할 수 없다. ③ 택지공급방법 결정행위: 내부적인 행정계획에 불과 ④ 4대강 살리기 마스터플랜 ⑤ 「택지개발촉진법」상 택지공급방법결정

3. 법적 근거

(1) 조직법적 근거가 필요함
(2) 구속적 계획에는 작용법적 근거가 필요함

4. 절차

(1) 절차적 통제가 중요함. 다만, 「행정절차법」에는 계획확정절차에 관한 명문규정이 없음
(2) 일정한 행정계획은 「행정절차법」상 행정예고의 대상이 됨

> **판례정리**
>
> 1. 환지계획인가 후에 다시 공람절차 등을 밟지 아니한 채 수정된 내용에 따라 한 환지예정지 지정처분은 당연무효이다(대판 1999.8.20. 97누6889).

5. 행정계획의 효력발생요건

(1) 법령 등의 형식은 공포하여야 효력이 발생함
(2) 구 도시계획결정(현 도시관리계획결정)과 같은 국민의 권리·의무와 관련되는 계획은 고시하지 아니한 이상, 대외적으로 아무런 효력이 발생하지 않음(판례)

6. 행정계획의 집중효

(1) **개념**

행정계획이 확정되면 다른 법령에 의하여 받게 되어 있는 승인 또는 허가 등을 받은 것으로 간주하는 효력을 말하며, 대체효라고도 함

　07. 국회직 8급 행정계획이 확정되면 다른 법령상의 승인이나 허가 등을 받은 것으로 의제되는 것을 집중효라 하고, 이는 계획결정확정으로 인하여 인·허가를 대체한다는 점에서 대체효과라고도 한다.

(2) **법적 근거**

행정기관의 권한 변경을 가져오게 되므로, 반드시 개별법상의 명시적 근거를 요함

(3) 절차집중효설

판례는 실체집중을 부정하고, 절차집중을 인정함

18. 서울시 7급 판례에 따르면 행정계획의 구속효는 계획마다 상이하나 집중효에 있어서는 절차집중은 인정되나, 실체집중은 부정된다.

판례정리

1	건설부장관이 구 주택건설촉진법 제33조에 따라 관계기관의 장과의 협의를 거쳐 사업계획승인을 한 이상 그 절차와 별도로 도시계획법 제12조 등 소정의 중앙도시계획위원회의 의결이나 주민의 의견청취 등 절차를 거칠 필요는 없다(대판 1992.11.10. 92누1162).
2	건축불허가처분을 받은 사람은 그 건축불허가처분에 관한 쟁송에서 건축법상의 건축불허가사유뿐만 아니라 같은 도시계획법상의 형질변경불허가사유나 농지법상의 농지전용불허가사유에 관하여도 다툴 수 있는 것이지, 그 건축불허가처분에 관한 쟁송과는 별개로 형질변경불허가처분이나 농지전용불허가처분에 관한 쟁송을 제기하여 이를 다투어야 하는 것은 아니다(대판 2001.1.16. 99두10988).
3	구 광업법에 의하여 채광계획인가를 받으면 공유수면점용허가를 받은 것으로 의제되고, 공유수면점용을 허용하지 않기로 결정하였다면, 채광계획 인가관청은 이를 사유로 하여 채광계획을 인가하지 아니할 수 있다(대판 2002.10.11. 2001두151).

7. 계획재량

(1) 개념
행정청이 행정계획을 입안하고 결정함에 있어 광범위한 형성의 자유를 가지는 것

(2) 형식
목표, 절차 등만을 규정하는 형식(목표·수단 프로그램)

8. 형량명령

(1) 행정계획에 계획재량이 인정된다 하더라도 이러한 재량 역시 법령 등을 위반할 수 없으며 관련된 여러 이익간의 정당한 비교교량이 요구되는데, 이를 형량명령이라고 함
(2) 이익형량을 함에 있어서는 법령에서 고려하도록 규정한 이익은 물론 법령에 규정되지 않은 이익도 행정계획과 관련이 있으면 모두 형량명령에 포함시켜야 함
(3) 주민의 입안 제안 또는 변경신청을 받아들여 도시관리계획결정을 하거나 도시계획시설을 변경할 것인지를 결정할 때에도 동일하게 적용

9. 형량의 하자(형량명령을 위반한 것)

조사의 결함	조사의무를 이행하지 않은 경우
형량의 해태	형량을 전혀 행하지 않은 경우
형량의 흠결	포함시켜야 할 사항을 빠뜨린 경우
형량의 오형량	객관성·비례성을 결한 경우
평등원칙의 위반	이익간의 형량에 있어서 평등원칙을 위반한 경우

14. 서울시 7급 형량시에 여러 이익간의 형량을 행하기는 하였으나 그것이 객관성·비례성을 결한 경우를 형량의 오형량이라고 한다.

2 행정계획 관련 사인의 권리

계획보장청구권	① 인정 여부: 계획의 가변성으로 인하여 인정되기 어려움 ② 내용 • 계획존속청구권: 원칙적으로 인정되지 않음 • 계획이행청구권: 원칙적으로 인정되지 않음 • 경과조치청구권: 원칙적으로 인정되지 않음
계획변경청구권	① 원칙: 인정되지 않음 ◎ **주의** 행정계획이 일단 확정된 후, 사정변경이 있었다 하여도 지역주민에게 일일이 그 계획변경청구권이 인정되지 않음 ② 예외: 예외적으로 인정됨 • 계획변경신청을 거부하는 것이 실질적으로 처분 자체를 거부하는 것이 되는 경우: 국토이용계획변경청구가 거부되면 실질적으로 폐기물처리업허가를 거부하게 되는 경우 • 계획구역 안에 토지 등을 소유하고 있는 주민: 도시계획구역 내에 토지 등을 소유하고 있는 주민으로서는 입안권자에게 도시계획입안을 요구할 수 있는 법규상 또는 조리상의 신청권이 존재 • 산업단지에 입주하려는 자와 토지소유자: 이미 산업단지 지정이 이루어진 상황에서 산업단지 안의 토지소유자로서 종전 산업단지개발계획을 일부 변경해 산업단지개발계획에 적합한 시설을 설치하여 입주하려는 자는 산업단지개발계획의 변경을 요청할 법규상·조리상 신청권이 존재함(대판 2017.8.29. 2016두44186) • 문화재보호구역 내에 있는 토지소유자: 보호구역 지정의 해제를 요구할 법규상·조리상 신청권이 있음(대판 2004.4.27. 2003두8821)
행정계획과 권리구제	비구속적 행정계획이더라도 국민의 기본권에 직접 영향을 끼치는 내용일 때에는 공권력행위로서 헌법소원의 대상이 됨
행정계획과 헌법상 재산권	장기미집행 도시계획시설결정의 실효제도는 헌법상 재산권으로부터 당연히 도출되는 권리는 아님(헌재)

📋 판례정리

1	도시계획의 수립에 있어서 공청회를 열지 아니하고 이주대책을 수립하지 아니하였더라도 이는 절차상의 위법으로서 취소사유에 불과하다(대판 1990.1.23. 87누947). **12. 지방직 9급** 공청회와 이주대책이 없는 도시계획수립행위는 절차상의 위법으로 취소인 행정행위에 불과하다.
2	폐기물처리시설의 입지선정위원회가 주민의 의견이 반영된 전문연구기관의 재조사결과에 관하여 새로이 공람·공고 절차를 거치지 않고 입지를 선정한 경우, 그 입지선정이 위법하다고 볼 수 없다(대판 2002.5.28. 2001두8469).
3	행정주체가 가지는 이와 같은 형성의 자유는 무제한적인 것이 아니라 그 행정계획과 관련되는 자들의 이익을 공익과 사익 사이에는 물론이고, 공익 상호간 또는 사익 상호간에도 정당하게 비교·형량하여야 한다는 제한이 있는 것이고, 따라서 행정주체가 행정계획을 입안·결정함에 있어서 이익형량을 전혀 행하지 아니하거나 이익형량의 고려대상에 마땅히 포함시켜야 할 사항을 누락한 경우 또는 이익형량을 하였으나 정당성·객관성이 결여된 경우에는 그 행정계획결정은 재량권을 일탈·남용한 것으로서 위법한 것으로 보아야 한다(대판 1996.11.29. 96누8567).

4	피고로부터 폐기물처리사업계획의 적정통보를 받은 원고가 폐기물처리업허가를 받기 위하여는 이 사건 부동산에 대한 용도지역을 '농림지역 또는 준농림지역'에서 '준도시지역(시설용도지구)'으로 변경하는 국토이용계획변경이 선행되어야 하고, 원고의 위 계획변경신청을 피고가 거부한다면 이는 실질적으로 원고에 대한 폐기물처리업허가신청을 불허하는 결과가 되므로, 원고는 위 국토이용계획변경의 입안 및 결정권자인 피고에 대하여 그 계획변경을 신청할 법규상 또는 조리상 권리를 가진다(대판 2003.9.23. 2001두10936). **19. 서울시 7급** 일정한 기간 내에 요건을 갖추어 일정한 행정처분을 신청할 수 있는 법률상 지위에 있는 자에 대해 국토이용계획변경신청을 거부하는 것이 실질적으로 당해 행정처분 자체를 거부하는 결과가 되는 경우에는 그 신청인은 계획변경을 신청할 권리가 있다.
5	장래 일정한 기간 내에 관계법령이 규정하는 시설 등을 갖추어 일정한 행정처분을 구하는 신청을 할 수 있는 법률상 지위에 있는 자의 국토이용계획변경신청을 거부하는 것이 실질적으로 당해 행정처분 자체를 거부하는 결과가 되는 경우에는 예외적으로 그 신청인에게 국토이용계획변경을 신청할 권리가 인정된다고 봄이 상당하므로, 이러한 신청에 대한 거부행위는 항고소송의 대상이 되는 행정처분에 해당된다(대판 2003.9.23. 2001두10936).
6	후행 도시계획의 결정을 하는 행정청이 선행 도시계획의 결정·변경 등에 관한 권한을 가지고 있지 아니한 경우, 선행 도시계획과 양립할 수 없는 내용이 포함된 후행 도시계획결정의 효력은 무효이다(대판 2000.9.8. 99두11257). **16. 지방직 7급** 도시계획의 결정·변경 등에 관한 권한이 없는 행정청이 이미 도시계획이 결정·고시된 지역에 대하여 행한 다른 내용의 결정·고시는 무효이다.
7	국공립대학의 총장직선제 개선 여부를 재정지원 평가요소로 반영하고 이를 개선하지 않을 경우 다음 연도에 지원금을 삭감 또는 환수하도록 규정한 교육부장관의 2012년도와 2013년도 대학교육역량강화사업 기본계획은 … 행정계획일 뿐이므로 헌법소원의 대상이 되는 공권력 행사에 해당하지 아니한다(헌재 2016.10.27. 2013헌마576). ✅ **비교** 학칙시정요구 판례와는 다른 판례임 **17. 지방직 9급** 국공립대학의 총장직선제 개선 여부를 재정지원 평가요소로 반영하고 이를 개선하지 않을 경우 다음 연도에 지원금을 삭감 또는 환수하도록 규정한 교육부장관의 '대학교육역량강화사업 기본계획'은 헌법소원의 대상이 되지 않는다.
8	행정계획이 헌법소원의 대상이 되는 공권력의 행사에 해당할 것인지의 여부는 일률적으로 말할 수 없고, 그 행정계획의 구체적인 성격을 고려하여 개별적으로 판단하여야 한다. … 비구속적 행정계획안이나 행정지침이라도 국민의 기본권에 직접적으로 영향을 끼치고, 앞으로 법령의 뒷받침에 의하여 그대로 실시될 것이 틀림없을 것으로 예상될 수 있을 때에는 공권력행위로서 예외적으로 헌법소원의 대상이 된다고 할 것이다(헌재 2012.12.29. 2009헌마330).
9	**〈국립대학교 입시요강 판례〉** 서울대학교의 '94학년도 대학입학고사 주요요강'은 교육법 시행령 제71조의2의 규정이 개정되어 그대로 시행될 수 있을 것이, 그것을 제정하여 발표하게 된 경위에 비추어 틀림없을 것으로 예상되므로 이를 제정·발표한 행위는 헌법소원의 대상이 되는 헌법재판소법 제68조 제1항 소정의 공권력의 행사에 해당된다고 할 것이며 헌법소원 외에 달리 구제방법도 없다는 말이 된다(헌재 1992.10.1. 92헌마68·76). ✅ **비교** 판례 8과 판례 9를 구분할 것 **15. 국가직 9급** 국립대학의 대학입학고사 주요요강은 헌법소원의 대상인 공권력의 행사에 해당된다.

제11장 공법상 계약

1 공법상 계약

1. 의의
(1) 개념

복수당사자간의 반대방향에 선 의사표시의 합치를 말하며, 공법상 계약에 대한 규정이 있음

> 「행정기본법」 제27조 【공법상 계약의 체결】 ① 행정청은 법령 등을 위반하지 아니하는 범위에서 행정목적을 달성하기 위하여 필요한 경우에는 공법상 법률관계에 관한 계약(이하 '공법상 계약'이라 한다)을 체결할 수 있다. 이 경우 계약의 목적 및 내용을 명확하게 적은 계약서를 작성하여야 한다.
> ② 행정청은 공법상 계약의 상대방을 선정하고 계약 내용을 정할 때 공법상 계약의 공공성과 제3자의 이해관계를 고려하여야 한다.

(2) 구별개념

① 공법상 계약: 반대방향의 의사합치가 요구됨
② 공법상 합동행위: 동일방향의 의사합치가 요구됨

> **12. 지방직 7급** 공법상 합동행위는 공법적 효과발생을 목적으로 하는 복수당사자간의 동일방향의 의사의 합치로 성립되는 공법 행위이며, 지방자치단체조합을 설립하는 행위 등이 이에 해당한다.

(3) 인정범위

급부영역 외 침해적·권력적 행정분야, 기속행위에서 인정됨

2. 법적 근거
(1) 실정법상 근거

「행정기본법」 제27조에는 공법상 계약에 관한 규정이 있음

(2) 법률유보의 문제

공법상 계약은 법률의 근거 없이도 가능함

> **17. 국가직 9급** 다수설에 따르면 공법상 계약은 당사자의 자유로운 의사의 합치에 의하므로 원칙적으로 법률유보의 원칙이 적용되지 않는다고 본다.

3. 한계
법률우위의 원칙에 위반될 수 없음

4. 공법상 계약의 종류

행정주체와 사인간의 공법상 계약	별정우체국장의 지정, 전문직 공무원의 채용계약, 지원입대, 서울특별시립무용단원의 위촉, 국립극장전속단원 채용계약, 광주시립합창단원의 재위촉, 자금지원에 관한 계약
행정주체 상호간의 공법상 계약	공공단체 상호간의 사무위탁(예 지방자치단체간의 교육사무위탁)
사인 상호간의 공법상 계약	① 공무수탁사인과 일반사인간에 성립하는 계약 ② 공무수탁사인은 행정주체에 해당하므로 순수 사인간의 공법상 계약은 인정되기 어려움

📋 판례정리

1	구 공공용지의 취득 및 손실보상에 관한 특례법은 사업시행자가 토지 등의 소유자로부터 토지 등의 협의취득 및 그 손실보상의 기준과 방법을 정한 법으로서, 이에 의한 협의취득 또는 보상합의는 공공기관이 사경제주체로서 행하는 사법상 매매 내지 사법상 계약의 성질을 가진다(대판 2004.9.24. 2002다68713).
2	<옴부즈만 채용행위> 지방계약직공무원인 이 사건 옴부즈만 채용행위는 공법상 대등한 당사자 사이의 의사표시의 합치로 성립하는 공법상 계약에 해당한다(대판 2014.4.24. 2013두6244).
3	중소기업기술정보진흥원장의 협약의 해지 및 그에 따른 환수통보가 행정청이 우월한 지위에서 행하는 공권력의 행사로서 행정처분에 해당하지 않는다. 중소기업정보화지원사업에 따른 지원금 출연을 위하여 중소기업청장이 체결하는 협약은 공법상 대등한 당사자 사이의 의사표시의 합치로 성립하는 공법상 계약에 해당한다(대판 2015.8.27. 2015두41449). **19. 변호사** 중소기업정보화지원사업에 따른 지원금 출연을 위하여 관계 행정기관의 장이 사인과 체결하는 협약은 공법상 대등한 당사자 사이의 의사표시 합치로 성립하는 공법상 계약에 해당한다.
4	과학기술기본법령상 사업[해양생물유래 고부가식품·향장·한약 기초소재 개발 인력양성사업에 대한 2단계 두뇌한국(BK)21 사업] 협약의 해지 통보는 단순히 대등 당사자의 지위에서 형성된 공법상 계약을 계약당사자의 지위에서 종료시키는 의사표시에 불과한 것이 아니라 행정청이 우월적 지위에서 연구개발비의 회수 및 관련자에 대한 국가연구개발사업 참여제한 등의 법률상 효과를 발생시키는 행정처분에 해당한다(대판 2014.12.11. 2012두28704).
5	한국환경산업기술원장이 환경기술개발사업 협약을 체결한 甲 주식회사 등에게 연차평가 실시 결과 절대평가 60점 미만으로 평가되었다는 이유로 연구개발중단 조치 및 연구비 집행중지 조치를 한 사안에서, 각 조치는 항고소송의 대상이 되는 행정처분에 해당한다(대판 2015.12.24. 2015두264).
6	甲 광역자치단체가 乙 유한회사와 '관계 법령 등의 변경으로 사업의 수익성에 중대한 영향을 미치는 경우 협약당사자 간의 협의를 통해 통행료를 조정하고, 통행료 조정사유가 발생하였으나 실제로 통행료 조정이 이루어지지 못한 경우 보조금을 증감할 수 있다'는 내용으로 체결한 터널 민간투자사업 실시협약은 공법상 계약이다(대판 2019.1.31. 2017두46455).

5. 공법상 계약의 특징

성립상 특징	① 「행정절차법」 규정이 적용되지 않음(「행정절차법」에 따른 이유제시를 하지 않아도 됨). 「행정절차법」에 공법상 계약에 관한 규정이 없음 ② 부합계약성: 행정주체가 일방적으로 계약내용을 정하고 상대방은 이를 받아들일 수밖에 없는 이른바 부합계약성을 띠는 경우가 많음 ③ 제3자의 권리가 침해되는 경우 관련된 제3자의 동의를 얻어야 함 ④ 구두 또는 문서로 할 수 있음. 단, 문서가 바람직함
효력상 특징	① 비권력성: 공정력, 자력집행력이 인정되지 않음 ② 하자 있는 공법상 계약은 무효 ③ 계약의 해지·변경: 행정주체 ⇨ 자유, 상대방인 국민 ⇨ 제한 ④ 계약강제: 공법상 계약은 자력집행력이 없으므로 원칙적으로 당사자는 스스로 의무를 실현할 수는 없고 법원의 판결을 받아 계약내용을 실현

6. 공법상 계약해지 등에 관한 분쟁

원칙적으로 당사자소송으로 해결

☑ **주의** 공법상 계약의 무효확인을 구하는 당사자소송의 청구는 해당 소송에서 추구하는 권리구제를 위한 다른 직접적인 구제방법이 있는 이상, 소송요건을 구비하지 못한 위법한 청구임(즉, 무효확인을 구하는 당사자소송은 보충성 요건이 필요함)

> 📋 **판례정리**
>
> **1**
>
> <공법상 계약의 해지시 행정절차법에 의한 근거와 이유를 제시하여야 하는 것은 아니다는 판례>
> 계약직 공무원 채용계약해지의 의사표시는 항고소송의 대상이 되는 처분 등의 성격을 가진 것으로 인정되지 아니하므로 행정처분과 같이 행정절차법에 의하여 근거와 이유를 제시하여야 하는 것은 아니다(대판 2002.11.26. 2002두5948).
>
> ☑ **비교** 지방계약직 공무원에 대하여 「지방공무원법」, 지방공무원징계 및 소청규정에 정한 징계절차에 의하지 않고서는 보수를 삭감할 수 없다고 봄이 상당함(대판 2008.6.12. 2006두16328)
>
> **19. 서울시 9급(2월)** 계약직 공무원에 대한 채용계약해지의 의사표시는 국가 또는 지방자치단체가 대등한 지위에서 행하는 의사표시로 이해된다.
>
> **17. 국가직 7급** 공법상 계약의 무효확인을 구하는 당사자소송의 청구는 당해 소송에서 추구하는 권리구제를 위한 다른 직접적인 구제방법이 있는 이상 소송요건을 구비하지 못한 위법한 청구이다.

7. 공법상 계약 정리

(1) 도시계획사업의 시행자가 그 사업에 필요한 토지를 협의취득하는 행위는 사법상의 법률행위(민사소송)
(2) 창덕궁관리소장의 1년 단위로 채용한 비원안내원 채용계약은 사법상 고용계약(민사소송)
(3) 국립의료원부설주차장 운영계약의 실질은 행정처분으로서 강학상 특허(항고소송)
(4) 서울특별시무용단원의 위촉은 공법상 계약이고, 그 해촉은 당사자소송으로 무효확인을 청구하여야 함
(5) 공중보건의사 채용계약해지의 의사표시는 공법상 당사자소송으로 무효확인을 청구하여야 함
(6) 지방직 전문공무원 채용계약해지의 의사표시는 공법상 당사자소송으로 의사표시의 무효확인을 청구하여야 함

(7) 계약직 공무원 계약해지의 의사표시는 처분이 아니므로 「행정절차법」에 의하여 근거와 이유를 제시하여야 하는 것은 아님
(8) 지방계약직 공무원에 대하여 법률상 징계절차에 의하지 않고서는 보수를 삭감할 수 없음

2 그 밖의 행정형식 - 공법상 합동행위

공법상 합동행위란 복수당사자간의 서로 동일방향에 선 의사표시의 합치를 의미함(예 지방자치단체조합설립행위, 공공조합설립행위 등)

제12장 확약 등

제1절 확약

개념	행정청이 자기구속의 의도로 사인에 대하여 장래의 작위 또는 부작위를 약속하는 의사표시 중 약속된 대상이 행정행위인 경우
근거	① 「행정절차법」에 확약에 관한 규정이 신설됨 ② 확약에 관한 일반법이 없음 ③ 개별법에 확약에 관한 별도규정이 없더라도 확약은 가능함 ⇨ 본처분권한포함설(통설)
법적 성질 (판례)	어업권 우선순위결정에 관한 사건에서 어업권 우선순위결정을 확약으로 보면서 이는 행정처분이 아니므로 공정력·불가쟁력 등과 같은 효력이 인정되지 않는다고 봄 **15. 경행특채 1차** 어업권면허에 선행하는 우선순위결정은 강학상 확약에 불과하고 행정처분은 아니므로 우선순위결정에 공정력이나 불가쟁력과 같은 효력은 인정되지 아니한다.
허용성	기속행위와 요건사실이 완성된 경우에도 확약이 허용됨
실효	확약 후 사실적·법률적 상태가 변경되었다면 확약은 행정청의 별다른 의사표시를 기다리지 않고 실효됨

「행정절차법」제40조의2【확약】① 법령등에서 당사자가 신청할 수 있는 처분을 규정하고 있는 경우 행정청은 당사자의 신청에 따라 장래에 어떤 처분을 하거나 하지 아니할 것을 내용으로 하는 의사표시(이하 "확약"이라 한다)를 할 수 있다.
② 확약은 문서로 하여야 한다.
③ 행정청은 다른 행정청과의 협의 등의 절차를 거쳐야 하는 처분에 대하여 확약을 하려는 경우에는 확약을 하기 전에 그 절차를 거쳐야 한다.
④ 행정청은 다음 각 호의 어느 하나에 해당하는 경우에는 확약에 기속되지 아니한다.
1. 확약을 한 후에 확약의 내용을 이행할 수 없을 정도로 법령등이나 사정이 변경된 경우
2. 확약이 위법한 경우
⑤ 행정청은 확약이 제4항 각 호의 어느 하나에 해당하여 확약을 이행할 수 없는 경우에는 지체 없이 당사자에게 그 사실을 통지하여야 한다.

📋 **판례정리**

1	자동차운송사업양도양수계약에 기한 양도양수인가신청에 대하여 내인가를 한 후 해당 내인가에 기한 본인가신청이 있었으나 일정한 사유로 내인가를 취소한 경우, 내인가의 법적 성질이 행정행위의 일종으로 볼 수 있든 아니든 피고가 위 내인가를 취소함으로써 다시 본인가에 대하여 따로 인가 여부의 처분을 한다는 사정이 보이지 않는다면 위 내인가취소를 인가신청을 거부하는 처분으로 보아야 할 것이다(대판 1991.6.28. 90누4402).
2	시의 도시계획과장과 도시계획국장이 도시계획사업의 준공과 동시에 사업부지에 편입한 토지에 대한 완충녹지지정을 해제함과 아울러 당초의 토지소유자들에게 환매하겠다는 약속을 했음에도, 이를 믿고 토지를 협의매매한 토지소유자의 완충녹지지정 해제신청을 거부한 것은 신뢰보호원칙에 위반된다(대판 2008.10.9. 2008두6127).

제2절 예비결정(사전결정), 부분허가, 가행정행위

1 예비결정(사전결정)

개념	종국적인 행정결정이 행해지기 전에 사전적인 단계로서 우선적으로 심사하여 내린 결정
대표적인 예	① 「건축법」상 사전결정 ② 폐기물처리사업계획에 대한 적정결정 또는 부적정결정
법적 성질	행정행위(통설)
법적 효과	① 원칙: 예비결정은 후행결정에 대하여 구속력을 가짐. 행정청은 합리적 사유 없이 종국적 결정에서 예비결정의 내용과 모순되는 결정을 하지 못함 ② 예외: 예비결정시 파악하지 못한 공익을 현저히 해치는 사정이 있다면 예비결정에 구속되지 않고 다시 재량권 행사 가능

📋 **판례정리**

1	폐기물처리업허가를 받으려면 먼저 사업계획에 대한 적정통보를 받아야 하고, 적정통보를 받은 자만이 시설, 자본금 등을 갖춰 허가신청을 할 수 있으므로, 부적정통보는 허가신청 자체를 제한하는 행정처분이다(대판 1998.4.28. 97누21086). **19. 변호사** 폐기물처리업의 허가를 받기 위하여 먼저 허가권자로부터 사업계획에 대한 적정통보를 받아야 하고 그 적정통보를 받은 자만이 허가신청을 할 수 있고, 그 사업계획 부적정통보는 항고소송의 대상이 될 수 있다. ✓ **비교** 주택건설사업계획 승인은 수익적 처분으로 재량행위여서 그 전 단계인 주택건설사업계획의 사전결정 역시 재량행위이므로, 관계법령상 제한사유가 없는 경우에도 공익상 필요가 있으면 사전결정신청에 대해 불허가하는 결정을 할 수 있음(헌재 2011.12.27. 97누1501)

2 부분허가

개념	단계적 행정행위의 일부에 대하여 행하는 허가
법적 성질	행정행위
판례	① 원자로 시설부지 사전승인: 처분성 긍정 ② 부지 사전승인 후 건설허가처분이 내려진 경우: 부지 사전승인은 독립된 존재가치가 상실되므로 소송대상이 아니고, 건설허가처분만이 소송대상이 됨(부분허가는 이후에 본 허가에 흡수됨)

3 가행정행위

개념	최종적인 행정행위가 있기 전에 계속적인 심사를 유보한 상태에서 행정법 관계의 권리·의무에 대하여 잠정적으로 확정하는 효력을 가지는 행정행위
인정영역	급부행정, 침해행정
대표적인 예	① 잠정적으로 세금을 부과하는 것 ② 최종적으로 징계처분을 내리기 전에 직위해제처분을 하는 것
특징	① 존속력(특히, 불가변력)을 가지지 못함 ② 신뢰보호의 원칙 주장이 어려움 ③ 법적 근거 불필요
법적 성질	행정행위성 긍정

19. 국회직 8급 가행정행위는 그 효력발생이 시간적으로 잠정적이라는 것 외에는 보통의 행정행위와 같은 것이므로 가행정행위로 인한 권리침해에 대한 구제도 보통의 행정행위와 다르지 않다.

제13장 사실행위와 행정지도

제1절 사실행위

1 의의

개념	행정상 사실행위란 사실상의 결과발생을 목적으로 하는 행정주체의 모든 행위

종류	① 권력적·비권력적 사실행위
	  • 권력적 사실행위: 불법건축물의 강제철거, 전염병환자의 강제격리 등
	  • 비권력적 사실행위: 도로건설, 여론조사, 폐기물수거 등
	② 집행적·독립적 사실행위
	  • 집행적 사실행위: 경찰관의 무기사용, 강제징수, 대집행
	  • 독립적 사실행위: 행정지도, 관용차의 운전, 도로공사

2 작용법적 근거

권력적 사실행위	법적 근거가 필요함
비권력적 사실행위	법적 근거가 필요하지 않음

3 권리구제

권력적 사실행위	처분성 긍정(예 단수조치) ☑ 주의 • 단수조치는 단수요청과는 다름 • 미결수용자의 교도소 이송조치, 주민등록 말소처분, 수형자의 서신을 교도소장이 검열하는 행위 ⇨ 일원설(실체법적 개념설)과 이원설(쟁송법적 개념설)이 권력적 사실행위를 인정하는 근거는 다름. 일원설은 권력적 사실행위를 수인하명과 사실행위가 결합된 합성행위로 보고, 이원설은 그 밖에 이에 준하는 행정작용에 권력적 사실행위가 포함된다고 봄(단기간에 종료되어 항고소송의 소의 이익이 없는 경우 헌법소원도 가능)
비권력적 사실행위	처분성 부정

4 한계

법률우위의 원칙이 적용됨

권력적 사실행위	비권력적 사실행위
① 체납처분 ② 단수처분 ③ 교도소장이 수형자 甲을 '접견내용 녹음·녹화 및 접견시 교도관 참여대상자'로 지정한 행위 ④ 금융기관의 임원에 대한 금융감독원장의 문책경고 　✓ 비교 전 대표이사에게 한 문책경고는 처분성이 없음 ⑤ 수형자의 서신을 교도소장이 검열하는 행위 ⑥ 교도소장의 수형자에 대한 출정 제한행위 ⑦ 불문경고 **선생님 tip** 경고 중 '문'이 들어가는 판례들이 권력적 사실행위인 경우가 많음	① 감사원의 결정 및 그 통지 ② 진정을 수리한 국가기관이 진정을 거부하는 의도로 한 '민원회신'이라는 제목의 통지 ③ 의료보험연합회의 심사결과통지 ④ 공원관리청이 행한 경계측량 및 표지의 설치 ⑤ 운수사업면허 대상자를 선정하는 경우의 추첨행위 ⑥ 급수공사비 내역과 이를 지정기일 내에 선납하라는 납부통지 ⑦ 행정권 내부에서의 행위, 알선 권유, 사실상의 통지 ⑧ 서면경고 ⑨ 국립대학교 대학입학고사 주요요강[비권력적 사실행위이지만 국민의 기본권에 직접 영향을 끼치는 내용이고, 그대로 실시될 것이 틀림이 없을 것으로 예상되므로 헌법소원의 대상으로 인정됨(헌재 1992.10.1. 92헌마68)]

제2절 행정지도

1 의의 및 법적 근거

개념	지도, 권고, 조언 등을 행하는 행정작용을 말하며 일본에서 비롯된 개념
법적 성질	비권력적 사실행위
법적 근거	조직법적 근거 ○, 작용법적 근거는 필요 ✕(= 법률유보가 적용되지 않음)

2 「행정절차법」 규정

비례의 원칙 및 임의성의 원칙	목적달성에 필요한 최소한도에 그칠 것. 상대방 의사에 반하여 부당하게 강요해서는 안 됨
불이익조치금지의 원칙	행정지도에 따르지 아니하였다고 하여 불이익조치를 해서는 안 됨
문서 또는 구두	행정지도는 반드시 문서로 하여야 하는 것은 아니며 구두로도 가능함
행정지도실명제	행정지도의 취지, 내용 및 신분을 밝혀야 함 **19. 서울시 9급(2월)** 행정지도를 하는 자는 그 상대방에게 그 행정지도의 취지 및 내용과 신분을 밝혀야 한다.

서면교부청구권	구술로 행정지도가 이루어진 경우, 상대방이 서면교부를 요구하는 경우에는 직무수행에 특별한 지장이 없는 한 교부하여야 함
의견제출	상대방은 행정지도의 방식, 내용 등 의견제출을 할 수 있음 17. **국가직 9급** 행정지도의 상대방은 행정지도의 내용에 동의하지 않는 경우 이를 따르지 않을 수 있고, 행정지도의 내용이나 방식에 대해서도 의견제출권을 갖는다.
다수인을 대상으로 하는 행정지도의 공표	특별한 사정이 없는 한 행정지도의 공통적인 사항을 공표하여야 함 15. **교행직 9급** 「행정절차법」은 행정지도에 관한 규정을 두고 있다.

3 행정지도 관련 정리

(1) 주류거래를 일정기간 중지하여 줄 것을 요청한 행위는 권고 내지 협조를 요청하는 권고적 성격의 행위로 원고의 법률상의 지위에 직접적인 법률상의 변동을 초래하는 행정처분이라 볼 수 없음
(2) 소속 장관의 서면에 의한 경고는 항고소송의 대상이 되는 처분에 해당하지 않음
(3) 행정규칙에 의한 '불문경고조치'는 처분에 해당함
(4) 금융기관의 임원에 대한 금융감독원장의 문책경고는 처분에 해당함
(5) 시정조치에 대한 결과를 증빙서를 첨부한 문서로 보고하도록 하는 것은 행정처분에 해당함
(6) 국가인권위원회의 성희롱결정 및 시정조치권고는 처분에 해당함
(7) 교육인적자원부장관의 국·공립대학총장들에 대한 학칙시정요구는 헌법소원의 대상이 됨
(8) 서울대학교의 '94학년도 대학입학고사주요요강'은 헌법소원의 대상이 됨
(9) 한계를 일탈하지 않은 행정지도에 의한 손해는 배상책임이 없으나, 한계를 일탈한 위법한 행정지도는 불법행위를 구성함
(10) 위법한 행정지도에 대해 '보상 문제는 관련 부서와의 협의 및 상급기관의 질의, 전문기관의 자료에 의하여 처리해야 하므로, 처리기간이 지연됨을 양지하여 달라'는 취지의 공문을 보낸 사유만으로 자신의 채무를 승인한 것으로 볼 수 없음
(11) 한국전력공사가 전기공급의 적법 여부를 조회한 데 대한 관할 구청장의 회신은 권고적 성격의 행위에 불과한 것으로서 항고소송의 대상이 되는 행정처분이라고 볼 수 없음(대판 1995.11.21. 95누9099)
(12) 구청장이 도시재개발구역 내 건물소유자에게 건물의 자진철거를 요청하는 공문을 보냈더라도 그 공문의 제목이 지장물철거촉구로 되어 있어 철거명령이 아니며, 처분이 아님(대판 1989.9.12. 88누8883)

> **04. 행시** 판례는 구청장이 도시재개발구역 내의 건물소유자에게 건물의 자진철거를 요청하면서 '지장물철거촉구'라는 제목의 공문을 보낸 경우 이 요청행위는 행정소송의 대상이 되는 처분으로 볼 수 없다고 한 바 있다.

(13) 기획재정부장관이 6차례에 걸쳐 공공기관 선진화 추진계획을 확정, 공표한 행위는 공권력 행사에 해당하지 않는다(헌재 2011.12.29. 2009헌마330).

4 권리구제

행정쟁송	① 행정지도는 비권력적 사실행위이므로 처분성이 없어 취소소송, 취소심판을 제기할 수 없음 ② 다만, 행정행위의 실질을 띠는 규제적 행정지도의 경우에는 처분성이 인정됨(국가인권위원회의 성희롱결정 및 시정조치권고에서 시정조치권고는 공공기관의 장에게 법률적 의무를 부과시키고 성희롱행위자로 결정된 자의 인격권에 영향을 줌)
손해배상청구	① 직무행위성: 직무행위의 범위는 권력적 작용뿐만 아니라, 행정지도 등 비권력적 공행정작용까지 포함되므로 행정지도의 직무행위성이 인정됨 ② 인과관계: 원칙적으로 인과관계의 인정이 곤란함. 다만, 사실상 강제성으로 인하여 구체적인 사정하에 상대방이 행정지도를 따를 수밖에 없는 경우 인과관계가 인정되어 손해배상청구권이 인정될 수 있음
손실보상청구	임의적 협력을 전제로 하는 행정지도는 그로 인한 손실이 공권력행사로 인한 특별한 희생이라고 보기 어려우므로 손실보상청구권이 부정됨
헌법소원청구	한계를 넘어 규제적·구속적 성격을 강하게 갖는 경우 헌법소원의 대상이 됨
행정지도와 위법성조각 여부	행정지도에 따른 행위는 위법성이 조각되지 않으므로 형사처벌의 대상이 됨

📋 판례정리

1	행정권 내부에서의 행위나 알선, 권유, 사실상의 통지 등과 같이 상대방 또는 기타 관계자들의 법률상 지위에 직접적인 법률적 변동을 일으키지 아니하는 행위는 항고소송의 대상이 될 수 없다. 수도사업자가 급수공사신청자에 대하여 급수공사비 내역과 이를 지정기일 내에 선납하려는 취지로 한 납부통지는 행정처분이라고 볼 수 없다(대판 1993.10.26. 93누6331).
2	<방송통신위원회의 시정요구가 항고소송 대상에 해당한다는 판례> 이 사건 시정요구는 단순한 행정지도로서의 한계를 넘어 규제적·구속적 성격을 상당히 강하게 갖는 것으로서 항고소송의 대상이 되는 공권력의 행사라고 봄이 상당하다(헌재 2012.2.23. 2008헌마500).
3	<학칙시정요구가 헌법소원의 대상이 되는 공권력행사라고 볼 수 있다는 판례> 교육인적자원부장관의 대학총장들에 대한 이 사건 학칙시정요구는 그 법적 성격은 대학총장의 임의적인 협력을 통하여 사실상의 효과를 발생시키는 행정지도의 일종이지만, 그에 따르지 않을 경우 일정한 불이익조치를 예정하고 있어 사실상 상대방에게 그에 따를 의무를 부과하는 것과 다를 바 없다(헌재 2003.6.26. 2002헌마337). ✓ 비교 판례 2와 구별하여 암기하여야 함 **15. 경행특채 1차** 행정지도가 단순한 행정지도의 한계를 넘어 규제적·구속적 성격을 상당히 강하게 갖는 경우, 헌법소원의 대상이 되는 공권력의 행사로 볼 수 있다.
4	재무부장관이 제일은행장에 대하여 한 국제그룹의 해체준비착수지시와 언론발표지시는 단순한 행정지도로서의 한계를 넘어선 것이고, 이와 같은 공권력의 개입은 일종의 권력적 사실행위로서 헌법소원의 대상이 되는 공권력의 행사에 해당한다(헌재 1993.7.29. 89헌마31).
5	행정관청이 국토이용관리법 소정의 토지거래계약신고에 관하여 공시된 기준시가를 기준으로 매매가격을 신고하도록 행정지도를 하여 그에 따라 허위신고를 한 것이라 하더라도 이와 같은 행정지도는 법에 어긋나는 것으로서 그와 같은 행정지도나 관행에 따라 허위신고행위에 이르렀다고 하여도 이것만 가지고서는 그 범법행위가 정당화될 수 없다(대판 1994.6.14. 93도3247).

제14장 그 밖의 행정작용

제1절 비공식 행정작용

개념	법적 구속력이 발생하지 않는 사실행위
문제점 – 제3자의 위험부담	행정기관과 상대방 사이에 비공식적으로 이루어지는 결과가 외부에 공개되지 않으므로 제3자 보호의 문제를 가져올 수 있음
법적 근거 및 한계	① 법적 근거: 법률의 근거 없이도 가능 ② 한계: 법률우위의 원칙이 적용됨

98. 국가직 7급 비공식 행정작용은 사실행위로서 아무런 법적 효과를 발생하지 않는 작용이므로 처분성이 인정되지 않는다.

제2절 행정의 자동결정(자동적 처분)

성질	행정행위(통설), 프로그램의 법적 성질은 행정규칙
대상	① 기속행위: 허용 ② 재량행위: 재량준칙을 정형화·세분화하여 프로그램화하면 재량행위도 예외적으로 허용될 수 있음
법적 근거	「행정절차법」에는 명문규정이 없고, 「행정기본법」에 명문규정이 있음
권리구제	행정쟁송 제기 가능, 손해배상청구 가능

16. 사회복지직 9급 행정의 자동결정은 컴퓨터를 통하여 이루어지는 자동적 결정이지만 행정행위의 개념적 요소를 구비하는 경우에는 행정행위로서의 성격을 인정할 수 있다.

> 「행정기본법」 제20조【자동적 처분】 행정청은 법률로 정하는 바에 따라 완전히 자동화된 시스템(인공지능 기술을 적용한 시스템을 포함한다)으로 처분을 할 수 있다. 다만, 처분에 재량이 있는 경우는 그러하지 아니하다.

✓ **주의** 인공지능 기술을 적용한 시스템 포함

제3절 행정사법 및 협의의 국고작용

1 행정사법

개념	직접적으로 공행정목적을 추구하며, 형식은 사법형식
적용영역	① 급부행정 등 선택가능성이 인정되는 영역에서 주로 적용 ② 조세, 경찰 등 선택가능성이 없는 영역에는 행정사법에 의한 작용이 인정되지 않음
특징	공법적 구속을 받음. 행정사법은 행정이 공법적 구속을 피하기 위하여 사법으로 도피하는 것을 막는 기능을 함
권리구제	민사소송 제기 가능

2 협의의 국고작용

의의	재산권의 주체로서 일반사인과 같은 지위에서 행하는 작용
구분	조달활동, 영리활동
권리구제	민사소송 제기 가능

gosi.Hackers.com

해커스공무원 학원·인강
gosi.Hackers.com

제3편
행정절차와 행정공개

제1장 행정절차법
제2장 행정공개와 개인정보 보호

제1장 행정절차법

제1절 행정절차

1 행정절차의 필요성

(1) 행정의 민주화
(2) 행정작용의 적정화
(3) 행정의 능률화
(4) 행정작용에 대한 사전적 구제

13. 서울시 7급 행정절차는 행정의 민주화, 행정의 능률화, 사전적 행정구제 등의 기능을 수행한다.

2 현행 「행정절차법」의 기본개요

1. 「행정절차법」이 규정하고 있는 원칙 및 절차

규정 있음	처분, 신고, 행정상 입법예고, 행정예고, 행정지도, 신의성실원칙, 신뢰보호원칙, 청문회, 공청회, 국민참여, 확약, 위반사실 등의 공표, 행정계획
규정 없음	부당결부금지원칙, 행정행위 하자의 치유와 전환, 제3자효 행정행위에 있어서 제3자 통지제도, 행정조사, 행정자동화결정 등

2. 「행정절차법」의 기본개요

공통 사항	① 처분의 방식
	  • 원칙: 문서주의
	  • 예외: 전자문서로 하는 경우에는 당사자 등의 동의가 있거나 당사자가 전자문서로 처분을 신청한 경우이어야 함. 공공의 안전 또는 복리를 위하여 긴급히 처분을 할 필요가 있거나, 사안이 경미한 경우에는 구술 기타 방법으로 할 수 있음
	② 처분기준의 설정·공표: 처분기준을 공표하는 것이 해당 처분의 성질상 현저히 곤란하거나 공공의 안전 또는 복리를 현저히 해하는 것으로 인정될 만한 상당한 이유가 있는 경우에는 이를 공표하지 아니할 수 있음(예외)
	14. 경행특채 2차 행정청은 필요한 처분기준을 당해 처분의 성질에 비추어 될 수 있는 한 구체적으로 정하여 공표하여야 하지만, 처분기준을 공표하는 것이 당해 처분의 성질상 현저히 곤란하거나 공공의 안전 또는 복리를 현저히 해하는 때에는 공표하지 아니할 수 있다.
	③ 처분의 이유제시(예외)
	  • 신청내용을 모두 그대로 인정하는 처분인 경우
	  • 단순·반복적인 처분 또는 경미한 처분으로서 당사자가 그 이유를 명백히 알 수 있는 경우
	  • 긴급을 요하는 경우

	④ 처분의 정정 ⑤ 고지
신청에 의한 처분	① 처분의 신청 • 원칙: 문서주의 • 예외: 다른 법령 등에 특별한 규정이 있는 경우와 행정청이 미리 다른 방법을 정하여 공시한 경우에는 문서로 하지 않아도 됨. 전자문서로 신청하는 경우에는 행정청의 컴퓨터에 입력된 때에 신청한 것으로 봄 ② 처리기간의 설정·공표
불이익처분	① 처분의 사전통지: 의무를 부과하거나 권익을 제한하는 처분을 하는 경우 <예외> • 공공의 안전 또는 복리를 위하여 긴급히 처분을 할 필요가 있는 경우 • 법령 등에서 요구된 자격이 없거나 없어지면 반드시 일정한 처분을 해야 하는 경우, 그 자격이 없거나 없어지게 된 사실이 법원 재판 등에 의해 객관적으로 증명된 때 • 해당 처분의 성질상 의견청취가 현저히 곤란하거나 명백히 불필요하다고 인정될 만한 상당한 이유가 있는 경우 ② 의견청취(청문, 공청회, 의견제출) <예외> • 공공의 안전 또는 복리를 위하여 긴급히 처분을 할 필요가 있는 경우(처분의 사전통지의 예외와 공통된 사유) • 법령 등에서 요구된 자격이 없거나 없어지게 되면 반드시 일정한 처분을 하여야 하는 경우에, 그 자격이 없거나 없어지게 된 사실이 법원의 재판 등에 의하여 객관적으로 증명된 때(처분의 사전통지의 예외와 공통된 사유) • 해당 처분의 성질상 의견청취가 현저히 곤란하거나 명백히 불필요하다고 인정될 만한 상당한 이유가 있는 경우(처분의 사전통지의 예외와 공통된 사유) • 당사자가 의견진술의 기회를 포기한다는 뜻을 명백히 표시한 경우

제2절 행정절차의 입법례 및 현행 행정절차법의 내용

1 「행정절차법」의 내용

1. 법적 근거

(1) 헌법적 근거

헌법 제12조에 적법절차의 원칙이 규정되어 있음

> **판례정리**
>
> 1 헌법 제12조의 적법절차원리는 형사절차상의 영역에 한정되지 않고 입법·행정 등 국가의 모든 공권력의 작용에 적용된다(헌재 1992.12.24. 92헌마78).

(2) 법률적 근거

개별법 ⇨ 「민원 처리에 관한 법률」 ⇨ 「행정절차법」 순서로 적용됨

2. 특징

(1) 공법상 행정절차에 관한 일반법이며, 사법절차와는 무관
(2) 주로 절차적 규정이나, 실체적 규정도 있음
(3) 「행정절차법」의 규정 여부
　① 규정이 있는 경우: 처분, 신고, 확약, 위반사실 등의 공표, 행정계획, 행정상 입법예고, 행정예고 및 행정지도의 절차(이하 "행정절차")
　　선생님 tip 처·신·입·행·지
　② 규정이 없는 경우: 공법상 계약, 행정계획의 확정절차, 행정조사, 행정행위의 하자치유와 절차 하자의 효과
　　14. 경행특채 2차 「행정절차법」은 법령 등을 제정·개정 또는 폐지하려는 경우에 해당 입법안을 마련한 행정청이 예고하는 행정상 입법예고에 관한 규정을 두고 있다.

3. 통칙적 규정

(1) 적용범위

일반법으로서 「행정절차법」	처분, 신고, 확약, 위반사실 등의 공표, 행정계획, 행정상 입법예고, 행정예고, 행정지도의 절차
적용 제외 (「행정절차법」 제3조 제2항)	① 국회 또는 지방의회의 의결을 거치거나 동의 또는 승인을 얻어 행하는 사항 등 ② 법원 또는 군사법원의 재판에 의하거나 그 집행으로 행하는 사항 ③ 헌법재판소의 심판을 거쳐 행하는 사항 ④ 각급 선거관리위원회의 의결을 거쳐 행하는 사항 ⑤ 감사원이 감사위원회의 결정을 거쳐 행하는 사항 ⑥ 형사, 행형 및 보안처분 관계법령에 의하여 행하는 사항 ⑦ 심사청구, 해양안전심판, 조세심판, 특허심판, 행정심판 기타 불복절차에 의한 사항 등 ⑧ 「병역법」에 따른 징집, 소집, 외국인의 출·입국, 난민인정, 귀화, 공무원 인사관계 법령에 따른 징계 등 해당 행정작용의 성질상 행정절차를 거치기 곤란하거나 거칠 필요가 없다고 인정되는 사항과 행정절차에 준하는 절차를 거친 사항으로서 대통령령으로 정하는 사항 ✓ **주의** 대통령령으로 정하는 사항 　「독점규제 및 공정거래에 관한 법률」, 「하도급거래 공정화에 관한 법률」, 「약관의 규제에 관한 법률」에 따라 공정거래위원회의 의결·결정을 거쳐 행하는 사항

「행정절차법」이 적용된다고 본 판례	「행정절차법」이 적용되지 않는다고 본 판례
① 대통령이 甲을 한국방송공사 사장직에서 해임처분하는 과정 ② 지방병무청장이 행하는 산업기능요원 편입취소처분 ③ 진급예정자명단에 포함된 자에 대하여 하는 진급선발취소처분: 의견제출의 기회를 주어야 함 ④ 시보임용취소에 따른 정규임용취소	① 「국가공무원법」상의 직위해제 ② 공정거래위원회의 시정조치 및 과징금납부명령 ③ 공무원 인사관계 법령에 의한 처분 ④ 외국인의 난민인정 ⑤ 구 「군인사법」상 보직해임처분 ⑥ 중앙선거관리위의 선거중립의무 준수 요청조치

⑤ 별정직 공무원에 대한 직권면직처분
⇨ 공무원 인사관계 법령에 의한 처분에 관한 사항이라 하더라도 전부에 대하여 「행정절차법」의 적용이 배제되는 것이 아니라, 성질상 행정절차를 거치고 곤란하거나 불필요하다고 인정되는 처분이나 행정절차를 준하는 절차를 거치도록 하고 있는 처분의 경우에만 「행정절차법」의 적용이 배제되는 것으로 보아야 함(대판 2013.1.16. 2011두30687)

📑 판례정리

1

<육군3사관학교 퇴교처분취소 사건>

[1] 행정절차법의 적용이 제외되는 공무원 인사관계 법령에 의한 처분에 관한 법리가 육군3사관학교 생도에 대한 퇴학처분에도 적용되지만, 생도에 대한 퇴학처분과 같이 신분을 박탈하는 징계처분은 행정절차법의 적용이 제외되는 경우인 행정절차법 시행령 제2조 제8호에 해당하지 않는다.

[2] 육군3사관학교 사관생도에 대한 징계절차에서 징계심의대상자가 대리인으로 선임한 변호사가 징계위원회 심의에 출석하여 진술하는 것을 막은 경우, 징계처분은 위법하여 취소되어야 하지만 징계심의대상자의 대리인이 관련된 행정절차나 소송절차에서 이미 실질적인 증거조사를 하고 의견을 진술하는 절차를 거쳐서 징계심의대상자의 방어권 행사에 실질적으로 지장이 초래되었다고 볼 수 없는 특별한 사정이 있는 경우에는, 징계권자가 징계심의대상자의 대리인에게 징계위원회에 출석하여 의견을 진술할 기회를 주지 아니하였더라도 그로 인하여 징계위원회 심의에 절차적 정당성이 상실되었다고 볼 수 없으므로 징계처분을 취소할 것은 아니다(대판 2018.3.13. 2016두33339).

2

<공무원 정규임용처분취소 사건>

정규임용처분을 취소하는 처분은 원고의 이익을 침해하는 처분이라 할 것이고, 한편 지방공무원법 및 그 시행령에는 이 사건 처분과 같이 정규임용처분을 취소하는 처분을 함에 있어 행정절차에 준하는 절차를 거치도록 하는 규정이 없을 뿐만 아니라 위 처분이 성질상 행정절차를 거치기 곤란하거나 불필요하다고 인정되는 처분이라고 보기도 어렵다고 할 것이어서 이 사건 처분이 행정절차법의 적용이 제외되는 경우에 해당한다고 할 수 없으며, 나아가 이 사건 처분은, 지방공무원법 제31조 제4호 소정의 공무원임용 결격사유가 있어 당연무효인 이 사건 시보임용처분과는 달리, 위 시보 임용처분의 무효로 인하여 시보공무원으로서의 경력을 갖추지 못하였다는 이유만으로, 위 결격사유가 해소된 후에 한 별도의 정규임용처분을 취소하는 처분이어서 행정절차법 제21조 제4항 및 제22조 제4항에 따라 원고에게 사전통지를 하지 않거나 의견제출의 기회를 주지 아니하여도 되는 예외적인 경우에 해당한다고 할 수도 없다. 그렇다면 피고가 이 사건 처분을 함에 있어 원고에게 처분의 사전통지를 하거나 의견제출의 기회를 부여하지 아니한 이상, 이 사건 처분은 절차상 하자가 있어 위법하다고 할 것이다(대판 2009.1.30. 2008두16155).

(2) 행정절차의 일반원칙
① 신의성실 및 신뢰보호

> 제4조【신의성실 및 신뢰보호】① 행정청은 직무를 수행할 때 신의(信義)에 따라 성실히 하여야 한다.
> ② 행정청은 법령 등의 해석 또는 행정청의 관행이 일반적으로 국민들에게 받아들여졌을 때에는 공익 또는 제3자의 정당한 이익을 현저히 해칠 우려가 있는 경우를 제외하고는 새로운 해석 또는 관행에 따라 소급하여 불리하게 처리하여서는 아니 된다.

② 투명성: 법령 등의 내용이 명확하지 않은 경우, 행정청에 해석을 요청할 수 있음

> 제5조【투명성】① 행정청이 행하는 행정작용은 그 내용이 구체적이고 명확하여야 한다.
> ② 행정작용의 근거가 되는 법령 등의 내용이 명확하지 아니한 경우 상대방은 해당 행정청에 그 해석을 요청할 수 있으며, 해당 행정청은 특별한 사유가 없으면 그 요청에 따라야 한다.
> **10. 국가직 7급** 행정작용의 근거가 되는 법령 등의 내용이 명확하지 아니한 경우 상대방은 당해 행정청에 대하여 그 해석을 요청할 수 있다.
> ③ 행정청은 상대방에게 행정작용과 관련된 정보를 충분히 제공하여야 한다.

(3) 행정절차의 관할 및 협조(행정응원)
(4) 송달, 기간 및 기한의 특례
① 송달의 효력발생: 도달주의
② 기간 및 기한의 특례
  ㉠ 천재지변 기타 당사자 등의 책임 없는 사유가 있는 경우 기간의 진행이 정지됨
  ㉡ 외국에 거주 또는 체류하는 자에 대한 기간 및 기한은 행정청이 그 우편이나 통신에 소요되는 일수를 고려하여 정함

2 신고·확약·위반사실 등의 공표·행정계획

1. 신고
자기완결적 신고(행정청에 대하여 일정사항을 통지함으로써 의무가 끝나는 신고)에 관하여 규정

2. 확약

확약의 실시	① 법령등에서 당사자가 신청할 수 있는 처분을 규정하고 있는 경우 ② 행정청은 당사자의 신청에 따라 장래에 어떤 처분을 하거나 하지 아니할 것을 내용으로 하는 의사표시(이하 "확약")를 할 수 있음
확약의 방법	문서로 하여야 함
협의를 거쳐야 하는 처분	다른 행정청과의 협의 등의 절차를 거쳐야 하는 처분에 대해 확약을 하려는 경우에는 확약을 하기 전에 그 절차를 거쳐야 함

기속 ×	행정청은 다음의 어느 하나에 해당하는 경우에는 확약에 기속되지 아니함 ① 확약을 한 후에 확약의 내용을 이행할 수 없을 정도로 법령등이나 사정이 변경된 경우 ② 확약이 위법한 경우
확약의 통지	행정청은 확약이 위 기속되지 않는 경우에 해당하여 확약을 이행할 수 없는 경우에는 지체 없이 당사자에게 그 사실을 통지하여야 함

3. 위반사실 등의 공표

제40조의3【위반사실 등의 공표】① 행정청은 법령에 따른 의무를 위반한 자의 성명·법인명, 위반사실, 의무 위반을 이유로 한 처분사실 등(이하 "위반사실등"이라 한다)을 법률로 정하는 바에 따라 일반에게 공표할 수 있다.
② 행정청은 위반사실등의 공표를 하기 전에 사실과 다른 공표로 인하여 당사자의 명예·신용 등이 훼손되지 아니하도록 객관적이고 타당한 증거와 근거가 있는지를 확인하여야 한다.
③ 행정청은 위반사실등의 공표를 할 때에는 미리 당사자에게 그 사실을 통지하고 의견제출의 기회를 주어야 한다. 다만, 다음 각 호의 어느 하나에 해당하는 경우에는 그러하지 아니하다.
1. 공공의 안전 또는 복리를 위하여 긴급히 공표를 할 필요가 있는 경우
2. 해당 공표의 성질상 의견청취가 현저히 곤란하거나 명백히 불필요하다고 인정될 만한 타당한 이유가 있는 경우
3. 당사자가 의견진술의 기회를 포기한다는 뜻을 명백히 밝힌 경우
④ 제3항에 따라 의견제출의 기회를 받은 당사자는 공표 전에 관할 행정청에 서면이나 말 또는 정보통신망을 이용하여 의견을 제출할 수 있다.
⑤ 제4항에 따른 의견제출의 방법과 제출 의견의 반영 등에 관하여는 제27조 및 제27조의2를 준용한다. 이 경우 "처분"은 "위반사실등의 공표"로 본다.
⑥ 위반사실등의 공표는 관보, 공보 또는 인터넷 홈페이지 등을 통하여 한다.
⑦ 행정청은 위반사실등의 공표를 하기 전에 당사자가 공표와 관련된 의무의 이행, 원상회복, 손해배상 등의 조치를 마친 경우에는 위반사실등의 공표를 하지 아니할 수 있다.
⑧ 행정청은 공표된 내용이 사실과 다른 것으로 밝혀지거나 공표에 포함된 처분이 취소된 경우에는 그 내용을 정정하여, 정정한 내용을 지체 없이 해당 공표와 같은 방법으로 공표된 기간 이상 공표하여야 한다. 다만, 당사자가 원하지 아니하면 공표하지 아니할 수 있다.

4. 행정계획

제40조의4【행정계획】행정청은 행정청이 수립하는 계획 중 국민의 권리·의무에 직접 영향을 미치는 계획을 수립하거나 변경·폐지할 때에는 관련된 여러 이익을 정당하게 형량하여야 한다.

3 행정상 입법예고·행정예고

1. 행정상 입법예고
법령 등을 제정, 개정 또는 폐지하고자 할 때에는 해당 입법안을 마련한 행정청은 이를 예고하여야 함

입법예고를 하지 않아도 되는 경우	① 입법내용이 국민의 권리·의무 또는 일상생활과 관련이 없는 경우 ② 입법이 긴급을 요하는 경우 ③ 상위법령 등의 단순한 집행을 위한 경우 ④ 예고함이 공익에 현저히 불리한 영향을 미치는 경우 ⑤ 입법내용의 성질, 그 밖의 사유로 예고가 필요 없거나 곤란하다고 판단되는 경우 **17. 지방직 9급** 국민생활에 매우 큰 영향을 주는 사항 및 그 밖에 널리 국민의 의견을 수렴할 필요가 있는 사항에 대한 정책, 제도 및 계획을 수립·시행하는 경우라도 예고로 인하여 공공의 안전 또는 복리를 현저히 해칠 우려가 있는 때에는 행정청은 이를 예고하지 아니할 수 있다.
예고의 방법	① 입법안의 취지, 주요 내용 또는 전문(全文)을 다음의 구분에 따른 방법으로 공고하여야 하며, 추가로 인터넷, 신문 또는 방송 등을 통하여 공고할 수 있음 • 법령의 입법안을 입법예고하는 경우: 관보 및 법제처장이 구축·제공하는 정보시스템을 통한 공고 • 자치법규의 입법안을 입법예고하는 경우: 공보를 통한 공고 ② 대통령령을 입법예고하는 경우에는 국회소관상임위원회에 제출 **18. 국가직 9급** 행정청은 대통령령을 입법예고하는 경우에는 이를 국회소관상임위원회에 제출하여야 한다. ③ 예고된 입법안에 대하여 온라인공청회 등을 통하여 널리 의견수렴 가능 ④ 전문의 열람·복사 요청시 특별한 사유가 없는 한 응하여야 하고 복사비용은 요청자에게 부담시킬 수 있음
재입법예고	행정청은 입법예고 후 국민생활과 직접 관련된 내용이 추가되는 등 중요한 변경이 발생하는 경우 해당 부분에 대한 입법예고를 다시 하여야 함
예고의 기간	특별한 사정이 없는 한 40일(자치법규는 20일) 이상 **08. 국가직 7급** 행정상 입법예고의 기간은 특별한 사정이 없는 한 40일 이상으로 하며, 누구든지 예고된 입법안에 대하여 의견을 제출할 수 있다.
의견제출	누구든지 예고된 입법안에 대하여 의견을 제출할 수 있음

2. 행정예고

원칙 (원칙적 행정예고)	행정청은 정책, 제도 및 계획(이하 '정책 등'이라 함)을 수립·시행하거나 변경하려는 경우에는 이를 예고하여야 함
행정예고를 하지 않아도 되는 경우	① 신속하게 국민의 권리를 보호하여야 하거나 예측이 어려운 특별한 사정이 발생하는 등 긴급한 사유로 예고가 현저히 곤란한 경우 ② 법령 등의 단순한 집행을 위한 경우 ③ 정책 등의 내용이 국민의 권리·의무 또는 일상생활과 관련이 없는 경우 ④ 정책 등의 예고가 공공의 안전 또는 복리를 현저히 해칠 우려가 상당한 경우
입법예고와 행정예고의 관계	법령 등의 입법을 포함하는 행정예고는 입법예고로 갈음 가능 **07. 관세사** 행정예고를 입법예고로 갈음할 수 있다.
예고의 기간	20일 이상, 긴급한 필요 있는 경우 10일 이상으로 단축 가능

제3절 행정절차의 입법례 및 현행 행정절차법의 처분 등

1 처분절차

1. 수익적 처분절차와 침해적 처분절차의 공통사항

(1) 처분기준의 설정, 공표
① 원칙적으로 처분의 성질에 비추어 되도록 구체적으로 정하여 공표함. 변경하는 경우에도 공표함
② 다만, 처분기준을 공표하는 것이 해당 처분의 성질상 현저히 곤란하거나 공공의 안전 또는 복리를 현저히 해치는 것으로 인정될 만한 상당한 이유가 있는 경우에는 처분기준을 공표하지 아니할 수 있음

(2) 처분의 이유제시
① (예외) 이유제시의무가 면제되는 경우
　㉠ 신청내용을 모두 그대로 인정하는 처분인 경우
　㉡ 단순, 반복적인 처분 또는 경미한 처분으로서 당사자가 그 이유를 명백히 알 수 있는 경우
　㉢ 긴급을 요하는 경우
　㉣ 처분 후 당사자가 요청하는 경우: 단순, 반복적인 처분 또는 경미한 처분으로서 당사자가 그 이유를 명백히 알 수 있는 경우와 긴급을 요하는 경우에는 이유제시 없이 처분을 한 후라도 당사자가 요청하는 경우에는 그 근거와 이유를 제시하여야 함
　　✓ **주의** '처분의 성질상 이유제시가 현저히 곤란한 경우'는 당사자가 요청하는 경우라 할지라도 근거와 이유를 제시하지 않아도 됨
　18. 국가직 9급 신청내용을 모두 그대로 인정하는 처분인 경우 이유제시의무가 면제되고, 처분 후 당사자가 요청하는 경우라도 근거와 이유를 제시할 의무가 없다.
② 판례의 입장: 「행정절차법」이 제정되기 이전에도 판례는 개별법상 명문의 규정이 없더라도 이유제시를 하여야 하고 그렇지 않은 경우에는 위법한 처분이라고 판시한 바 있음
③ 이유제시의 정도
　㉠ 당사자가 근거규정 등을 명시하여 신청하는 인·허가 등을 거부하는 소극적 처분: 당사자가 그 근거를 알 수 있을 정도로 상당한 이유를 제시한 경우에는 해당 처분의 근거 및 이유를 구체적 조항 및 내용까지 명시하지 않았더라도 그로 말미암아 그 처분이 위법한 것이 된다고 할 수 없음
　㉡ 적극적 처분: 처분 당시 당사자가 어떠한 근거와 이유로 처분이 이루어진 것이지를 충분히 알 수 있어서 그에 불복하여 행정구제절차로 나아가는 데에 별다른 지장이 없었던 것으로 인정되는 경우
④ 이유제시의 시기: 이유제시는 원칙적으로 **처분시**에 이루어져야 함
　✓ **주의** 사전에 이루어져야 하는 것이 아님
⑤ 이유제시의 하자와 하자의 치유
　㉠ 이유제시의 하자
　　ⓐ 처분의 하자가 없더라도 이유제시를 하지 않은 경우, 처분이 위법하게 됨
　　ⓑ 이유제시가 누락된 처분: 취소의 대상(판례)
　㉡ 이유제시 하자의 치유
　　ⓐ 인정 여부: 원칙적으로 치유가 인정되지 않고, 국민의 권익을 침해하지 않는 범위 내에서 제한적으로 인정됨(판례)
　　ⓑ 치유의 시기: 쟁송제기 전(= 불복신청에 편의를 줄 수 있는 시간 내)까지 가능(판례)

⑥ **거부처분**: 거부처분의 경우에도 이유제시는 하여야 함

> **18. 지방직 7급** 처분의 이유제시에 관한 「행정절차법」의 규정은 침익처분 및 수익처분 모두에 적용된다.

판례정리

1	**<행정처분의 근거 및 이유부기의 정도>** 처분서에 기재된 내용과 관계법령 및 당해 처분에 이르기까지 전체적인 과정 등을 종합적으로 고려하여, 처분 당시 당사자가 어떠한 근거와 이유로 처분이 이루어진 것인지를 충분히 알 수 있어서 그에 불복하여 행정구제절차로 나아가는 데에 별다른 지장이 없었던 것으로 인정되는 경우에는, 처분서에 처분의 근거와 이유가 구체적으로 명시되어 있지 않았다고 하더라도 그로 말미암아 그 처분이 위법한 것으로 된다고 할 수는 없다(대판 2013.11.14. 2011두18571).
2	**<주류도매업면허의 취소처분에 그 대상이 된 위반사실을 특정하지 아니한 경우 위법하다는 판례>** "상기 주류도매장은 무면허 주류판매업자에게 주류를 판매하여 주세법 제11조 및 국세법사무처리규정 제26조에 의거 지정조건 위반으로 주류판매면허를 취소합니다."라고만 되어 있어서, 원고의 영업기간과 거래상대방 등에 비추어 원고가 어떠한 거래행위로 인하여 이 사건 처분을 받았는지 알 수 없게 되어 있다면 이 사건 면허취소처분은 위법하다(대판 1990.9.11. 90누1786).
3	지방세법 시행령 제8조 등 납세고지서에 관한 법령규정들은 강행규정으로서 이들 법령이 요구하는 기재사항 중 일부를 누락시킨 하자가 있는 경우 이로써 그 부과처분은 위법하게 되지만, 이러한 납세고지서 작성과 관련한 하자는 그 고지서가 납세의무자에게 송달된 이상 과세처분의 본질적 요소를 이루는 것은 아니어서 과세처분의 취소사유가 됨은 별론으로 하고 당연무효의 사유로는 되지 아니한다(대판 1998.6.26. 96누12634).
4	인·허가 등을 거부하는 처분을 함에 있어 당사자가 그 근거를 알 수 있을 정도로 상당한 이유를 제시한 경우에는 당해 처분의 근거 및 이유를 구체적 조항 및 내용까지 명시하지 않았더라도 그로 말미암아 그 처분이 위법한 것이 된다고 할 수 없다(대판 2002.5.17. 2000두8912). **13. 국가직 7급** 판례에 의하면 이유제시의 정도는 당사자가 처분사유를 이해할 수 있을 정도로 구체적이어야 하나, 인·허가사항의 거부 등 신청 당시 당사자가 근거규정을 알 수 있을 정도의 상당한 이유가 있다면 당해 처분의 근거 및 이유의 구체적 조항 및 내용을 명시하지 않았더라도 그로 말미암아 그 처분이 위법한 것은 아니다.
5	납세고지서에 세액산출근거 등의 기재사항이 누락되었거나 과세표준과 세액의 계산명세서가 첨부되지 않았다면 적법한 납세의 고지라고 볼 수 없으며, 위와 같은 납세고지의 하자는 납세의무자가 그 나름대로 산출근거를 알고 있다거나 사실상 이를 알고서 이르렀다 하더라도 치유되지 않는다(대판 2002.11.13. 2001두1543).
6	납세고지서에 그 기재사항의 일부가 누락되었다고 하더라도 지방세부과처분에 앞서 보낸 과세예고통지서에 납세고지서의 필요적 기재사항이 제대로 기재되어 있었다면, 이로써 납세고지서의 흠결이 보완되어 하자가 치유될 수 있다(대판 1996.10.15. 96누7878). ☑ **비교** 판례 5와 구별하여 암기하여야 함
7	교육부장관이 어떤 후보자를 총장 임용에 부적격하다고 판단하여 배제하고 다른 후보자를 임용제청하는 경우라면 배제한 후보자에게 연구윤리 위반, 선거부정, 그 밖의 비위행위 등과 같은 부적격사유가 있다는 점을 구체적으로 제시할 의무가 있다. 그러나 부적격사유가 없는 후보자들 사이에서 어떤 후보자를 상대적으로 더욱 적합하다고 판단하여 임용제청하는 경우라면, 이 경우에는 교육부장관이 어떤 후보자를 총장으로 임용제청하는 행위 자체에 그가 총장으로 더욱 적합하다는 정성적 평가 결과가 당연히 포함되어 있는 것으로, 이로써 행정절차법상 이유제시의무를 다한 것이라고 보아야 한다. 여기에서 나아가 교육부장관에게 개별 심사항목이나 고려요소에 대한 평가 결과를 더 자세히 밝힐 의무까지는 없다(대판 2018.6.15. 2016두57564).

(3) 처분의 방식

① **문서주의**: 전자문서로 하는 경우 당사자 등의 동의가 있거나 당사자가 전자문서로 처분을 신청한 경우이어야 함

② 공공의 안전 또는 복리를 위하여 긴급히 처분을 할 필요가 있거나 사안이 경미한 경우에는 말 또는 그 밖의 방법으로 할 수 있음. 이 경우 당사자가 요청하면 지체 없이 처분에 관한 문서를 교부하여야 함

> **13. 지방직 9급** 행정청이 처분을 할 때에는 다른 법령 등에 특별한 규정이 있는 경우를 제외하고는 문서로 하여야 하며 전자문서로 하는 경우에는 당사자 등의 동의가 있어야 한다. 다만, 신속히 처리할 필요가 있거나 사안이 경미한 경우에는 말 또는 그 밖의 방법으로 할 수 있다.

③ **처분실명제**: 처분행정청 및 담당자의 소속, 성명과 연락처(전화번호, 모사전송번호, 전자우편주소 등)를 기재

판례정리

1	면허관청이 임의로 출석한 상대방의 편의를 위하여 구두로 면허정지사실을 알린 경우 면허정지처분으로서의 효력이 없다(대판 1996.6.14. 95누17823). **13. 지방직 9급** 면허관청이 운전면허정지처분을 하면서 통지서에 의하여 면허정지사실을 통지하지 아니하거나, 처분집행예정일 7일 전까지 이를 발송하지 아니한 경우에는 절차와 형식을 갖추지 아니한 조치로서 효력이 없으며, 면허관청이 임의로 출석한 상대방의 편의를 위하여 구두로 면허정지사실을 알렸다 하더라도 마찬가지이다.
2	행정절차법 제24조 제1항의 규정 취지를 감안해 보면, 행정청이 문서에 의하여 처분을 한 경우 원칙적으로 그 처분서의 문언에 따라 어떤 처분을 하였는지 확정하여야 하나, 그 처분서의 문언만으로는 행정청이 어떤 처분을 하였는지 불분명하다는 등 특별한 사정이 있는 때에는 처분 경위나 처분 이후의 상대방의 태도 등 다른 사정을 고려하여 처분서의 문언과 달리 그 처분의 내용을 해석할 수도 있다(대판 2010.2.11. 2009두18035). **18. 변호사** 당사자가 제출한 소송자료에 의하여 법원이 처분의 적법 여부에 관한 합리적인 의심을 품을 수 있음에도 단지 구체적 사실에 관한 주장을 하지 아니하였다는 이유만으로 당사자에게 석명 또는 직권에 의한 심리·판단을 하지 아니하는 것은 허용될 수 없다.
3	행정청이 문서에 의하여 처분을 한 경우 그 처분서의 문언이 불분명하다는 등의 특별한 사정이 없는 한, 그 문언에 따라 어떤 처분을 하였는지 여부를 확정하여야 할 것이고, 처분서의 문언만으로도 행정청이 어떤 처분을 하였는지가 분명함에도 불구하고 처분경위나 처분 이후의 상대방의 태도 등 다른 사정을 고려하여 처분서의 문언과는 달리 다른 처분까지 포함되어 있는 것으로 확대해석하여서는 아니 된다(대판 2005.7.28. 2003두469). ✓ **주의 2번 판례, 3번 판례 비교 필요** 　2번 판례는 특별한 사정이 '있는' 때, 3번 판례는 특별한 사정이 '없는' 때에 관한 것
4	소방시설의 시정보완명령을 구두로 고지한 것은 행정소송법 제24조에 위반한 것으로 그 하자가 중대하고 명백하여 위 시정보완명령은 당연무효라고 할 것이고, 무효인 위 시정보완명령에 위반하였음을 이유로 행정형벌을 부과할 수 없다(대판 2011.11.10. 2011도11109). **19. 국가직 9급** 건물소유자에게 소방시설 불량사항을 시정·보완하라는 명령을 구두로 고지한 것은 「행정절차법」에 위반한 것으로 하자가 중대·명백하여 당연무효이다.

5	**<스티브 유 사건>** 행정처분의 처분방식에 관한 행정절차법 제24조 제1항을 위반한 처분이 무효이다. 행정절차에 관한 일반법인 행정절차법은 제24조 제1항에서 "행정청이 처분을 할 때에는 다른 법령 등에 특별한 규정이 있는 경우를 제외하고는 문서로 하여야 하며, 전자문서로 하는 경우에는 당사자 등의 동의가 있어야 한다. 다만, 신속히 처리할 필요가 있거나 사안이 경미한 경우에는 말 또는 그 밖의 방법으로 할 수 있다."라고 정하고 있다. 이 규정은 처분내용의 명확성을 확보하고 처분의 존부에 관한 다툼을 방지하여 처분상대방의 권익을 보호하기 위한 것이므로, 이를 위반한 처분은 하자가 중대·명백하여 무효이다(대판 2019.7.11. 2017두38874). ✓ **주의** • 스티브 유 사건의 쟁점: 처분에 해당하는지 여부 • 입국금지결정 ⇨ 처분 ×, 사증발급거부 ⇨ 처분 ○

(4) 처분의 정정 및 고지

① **처분의 정정**: 처분에 오기, 오산 기타 이에 준하는 명백한 잘못이 있는 때에는 직권 또는 신청에 의하여 지체 없이 정정하고 이를 당사자에게 통지하여야 함

14. 국회직 8급 행정청은 처분에 오기·오산이 있을 때에는 직권으로 또는 신청에 따라 정정하고 그 사실을 당사자에게 통지하면 된다.

② **처분의 고지**
  ㉠ 처분에 관하여 행정심판 및 행정소송을 제기할 수 있는지의 여부, 그 밖에 불복을 할 수 있는지의 여부, 청구절차 및 청구기간, 그 밖에 필요한 사항을 알려야 함
  ㉡ 고지를 하지 않은 경우의 제재에 대해서는 아무런 규정이 없음

📄 **판례정리**	
1	행정절차법상 신청인의 행정청에 대한 신청의 의사표시는 명시적이고 확정적인 것이어야 한다고 할 것이므로 신청인이 신청에 앞서 행정청의 허가업무 담당자에게 신청서의 내용에 대한 검토를 요청한 것만으로는 다른 특별한 사정이 없는 한 명시적이고 확정적인 신청의 의사표시가 있었다고 하기 어렵다(대판 2004.9.24. 2003두13236).

2. 수익적 처분(신청에 의한 처분)의 절차

처분의 신청 (문서주의가 원칙)	① 문서주의 원칙: 전자문서로 하는 경우 행정청의 컴퓨터 등에 입력된 때 신청한 것으로 봄 ② 다만, 다른 법령 등에 필요한 규정이 있는 경우와 행정청이 미리 다른 방법을 정하여 공시한 경우 그러하지 아니함 **17. 지방직 9급** 행정청에 처분을 구하는 신청은 문서로 함이 원칙이며, 행정청은 신청에 필요한 구비서류, 접수기관, 처리기간, 그 밖에 필요한 사항을 게시하거나 이에 대한 편람을 갖추어 두고 누구나 열람할 수 있도록 하여야 한다.

처리기간	① 처리기간 설정 및 공표: 처리기간을 미리 정하여 공표하여야 함 ② 처리기간의 연장: 부득이한 사유로 처리기간 내에 처리하기 곤란한 경우, 해당 처분의 처리기간의 범위에서 한 번만 그 기간을 연장할 수 있음 **04. 국가직 9급** 행정청이 처리기간을 신청인에게 공표하였으나 그 처리기간 내에 처리하기 곤란한 경우에는 해당 처분의 처리기간의 범위에서 한 번만 그 기간을 연장할 수 있다.
다수의 행정청이 관여하는 처분	다수의 행정청이 관여하는 처분을 구하는 신청을 접수한 경우에는 관계행정청과 신속한 협조를 통하여 해당 처분이 지연되지 아니하도록 하여야 함

판례정리

1	<행정절차법 제17조 제5항이 행정청으로 하여금 신청에 대하여 거부처분을 하기 전에 반드시 신청인에게 신청의 내용이나 처분의 실체적 발급요건에 관한 사항까지 보완할 기회를 부여하여야 할 의무를 정한 것인지 여부: 소극> 행정절차법 제17조가 '구비서류의 미비 등 흠의 보완'과 '신청 내용의 보완'을 분명하게 구분하고 있는 점에 비추어 보면, 행정절차법 제17조 제5항은 신청인이 신청할 때 관계 법령에서 필수적으로 첨부하여 제출하도록 규정한 서류를 첨부하지 않은 경우와 같이 쉽게 보완이 가능한 사항을 누락하는 등의 흠이 있을 때 행정청이 곧바로 거부처분을 하는 것보다는 신청인에게 보완할 기회를 주도록 함으로써 행정의 공정성·투명성 및 신뢰성을 확보하고 국민의 권익을 보호하려는 행정절차법의 입법 목적을 달성하고자 함이지, 행정청으로 하여금 신청에 대하여 거부처분을 하기 전에 반드시 신청인에게 신청의 내용이나 처분의 실체적 발급요건에 관한 사항까지 보완할 기회를 부여하여야 할 의무를 정한 것은 아니라고 보아야 한다(대판 2020.7.23. 2020두36007).

3. 침해적 처분의 절차

(1) 처분의 사전통지

의의	당사자에게 의무를 과하거나 권익을 제한하는 처분을 하는 경우에는 미리 처분의 제목, 당사자의 성명 또는 명칭과 주소 등을 당사자 등(당사자 + 신청 또는 직권에 의하여 행정절차에 참여하게 된 이해관계인을 포함)에게 통지하여야 함 **19. 서울시 9급(6월)** 행정행위는 상대방에 대한 통지(도달)로서 효력이 발생하며, 행정청은 개별법에서 달리 정하지 않는 한 제3자인 이해관계인에 대한 행정행위 통지의무를 부담하지 않는다.
사전통지의 생략	① 공공의 안전 또는 복리를 위하여 긴급히 처분을 할 필요가 있는 경우 ② 법령 등에서 요구된 자격이 없거나 없어지게 되면 반드시 일정한 처분을 하여야 하는 경우에 그 자격이 없거나 없어지게 된 사실이 법원의 재판 등에 의하여 객관적으로 증명된 경우 ③ 해당 처분의 성질상 의견청취가 현저히 곤란하거나 명백히 불필요하다고 인정될 만한 상당한 이유가 있는 경우 등 ⇨ 사전통지의무가 면제되는 경우에는 의견청취의무도 면제된다고 볼 수 있음
거부처분의 경우	사전통지의 대상이 아님(판례)
수리를 요하는 신고의 경우	영업자지위승계신고를 수리하는 처분은 종전 영업자에게 사전통지하여야 함(판례)

'고시'의 방법에 의한 처분 등	① '고시'의 방법으로 불특정 다수인을 상대로 의무를 부과하거나 권익을 제한하는 처분은 「행정절차법」 제22조 제3항에 의하여 그 상대방에게 의견제출의 기회를 주어야 하는 것은 아님 ② 도로구역변경결정은 사전통지나 의견청취의 대상이 아님
사전통지를 하지 않은 경우	예외사유에 해당하지 않는 한 위법한 처분
의견제출에 필요한 기간	10일 이상으로 고려하여 정하여야 함

판례정리

1	사전통지나 의견제출 기회제공의 예외사유인 '의견청취가 현저히 곤란하거나 명백히 불필요하다고 인정될 만한 상당한 이유가 있는 경우'에 해당하는지 판단하는 기준 및 이때 처분의 상대방이 이미 행정청에 위반사실을 시인하였다거나 처분의 사전통지 이전에 의견을 제출할 기회가 있었다는 사정을 고려하지 않는다(대판 2016.10.27. 2016두41811). **17. 국가직 7급** '의견청취가 현저히 곤란하거나 명백히 불필요하다고 인정될 만한 상당한 이유가 있는 경우'에 해당하는지는 해당 행정처분의 성질에 비추어 판단하여야 하며, 처분상대방이 이미 행정청의 위반사실을 시인하였다거나 처분의 사전통지 이전에 의견을 진술할 기회가 있었다는 사정을 고려하여 판단할 것은 아니다.
2	공사중지명령에 대한 사전통지를 하고 의견제출의 기회를 준다면 많은 액수의 손실보상금을 기대하여 공사를 강행할 우려가 있다는 사정은 사전통지 및 의견제출절차의 예외사유에 해당하지 아니한다(대판 2004.5.28. 2004두1254). **10. 지방직 7급** 「건축법」의 공사중지명령에 대한 사전통지를 하고 의견제출의 기회를 준다면 많은 액수의 손실보상금을 기대하여 공사를 강행할 우려가 있다는 사정은 사전통지 및 의견제출절차의 예외사유에 해당하지 아니한다.
3	원고가 수사과정 및 징계과정에서 자신의 비위행위에 대한 해명 기회를 가졌다는 사정만으로 원고에게 사전통지를 하지 않거나 의견제출의 기회를 주지 아니하여도 되는 예외적인 경우에 해당한다고 할 수 없다(대판 2007.9.21. 2006두20631). **19. 국회직 8급** 군인사법령에 의하여 진급예정자 명단에 포함된 자에 대하여 사전통지를 하지 아니하거나 의견제출의 기회를 부여하지 아니한 채 진급선발을 취소하였다면, 이 사건 처분은 절차상 하자가 있어 위법하다.
4	행정지도방식에 의한 사전고지나 그에 따른 당사자의 자진 폐공 약속 등의 사유만으로는 사전통지 등을 하지 않아도 되는 행정절차법 소정의 예외의 경우에 해당한다고 볼 수 없으므로 그 처분은 위법하다(대판 2000.11.14. 99두5870). **19. 국가직 9급** 용도를 무단변경한 건물의 원상복구를 명하는 시정명령 및 계고처분을 하는 경우, 사전에 통지를 하여야 한다.
5	불이익처분의 직접 상대방인 당사자 또는 행정청이 참여하게 한 이해관계인이 아닌 제3자에 대하여는 사전통지 및 의견제출에 관한 같은 법 제21조, 제22조가 적용되지 않는다(대판 2009.4.23. 2008두686). **17. 국가직 7급** 처분의 사전통지가 적용되는 제3자는 '행정청이 직권 또는 신청에 따라 행정절차에 참여하게 한 이해관계인'으로 한정된다.
6	신청에 따른 처분이 이루어지지 아니한 경우에는 아직 당사자에게 권익이 부과되지 아니하였으므로 … 신청에 대한 거부처분은 사전통지의 대상이 아니다(대판 2003.11.28. 2003두674). **19. 서울시 9급(6월)** 특별한 사정이 없는 한 신청에 대한 거부처분은 '당사자의 권익을 제한하는 처분'에 해당한다고 할 수 없는 것이어서 처분의 사전통지 대상이 된다고 할 수 없다.

(2) 의견청취절차

의견청취	청문, 공청회, 의견제출
적용 제외	① 공공의 안전 또는 복리를 위하여 긴급히 처분을 할 필요가 있는 경우 ② 법령 등에서 요구된 자격이 없거나 없어지게 되면 반드시 일정한 처분을 하여야 하는 경우에 그 자격이 없거나 없어지게 된 사실이 법원의 재판 등에 의하여 객관적으로 증명된 경우 ③ 해당 처분의 성질상 의견청취가 현저히 곤란하거나 명백히 불필요하다고 인정될 만한 상당한 이유가 있는 경우 ④ 당사자가 의견진술의 기회를 포기한다는 뜻을 명백히 표시한 경우

> **판례정리**
>
> 1 행정청이 당사자와 사이에 도시계획사업의 시행과 관련된 협약을 체결하면서 관계법령 및 행정절차법에 규정된 청문의 실시 등 의견청취절차를 배제하는 조항을 두었다고 하더라도, 이러한 협약이 체결되었다고 하여 청문의 실시에 관한 규정의 적용이 배제된다거나 청문을 실시하지 않아도 되는 예외적인 경우에 해당한다고 할 수 없다(대판 2004.7.8. 2002두8350).
> **19. 서울시 7급** 협약이 체결되었다고 하여 청문의 실시에 관한 규정의 적용이 배제된다거나 청문을 실시하지 않아도 되는 예외적인 경우에 해당한다고 할 수 없다.

① 청문

청문의 실시	• 다른 법령 등에서 청문을 실시하도록 규정하고 있는 경우 • 행정청이 필요하다고 인정하는 경우 • 인·허가 등의 취소, 신분·자격의 박탈, 법인이나 조합 등의 설립허가의 취소의 경우 청문을 실시
청문통지서의 반송	청문의 배제 ×
청문일의 불출석	청문의 배제 ×
협약	청문의 배제 ×
청문의 통지	청문이 시작되는 날부터 10일 전까지 통지하여야 함 ⊘ **주의** 공청회의 경우 14일 전까지 통지 **11. 지방직 7급** 행정청은 청문을 실시하고자 하는 경우에 청문이 시작되는 날부터 10일 전까지 당사자 등에게 통지를 하여야 한다.
청문의 주재자	다음의 처분을 하려는 경우 청문 주재자를 2명 이상으로 선정 가능함(1명이 대표) • 다수 국민의 이해가 상충되는 처분 • 다수 국민에게 불편이나 부담을 주는 처분 • 그 밖에 전문적이고 공정한 청문을 위하여 행정청이 청문 주재자를 2명 이상으로 선정할 필요가 있다고 인정하는 처분 • 행정청은 청문이 시작되는 날부터 7일 전까지 청문 주재자에게 청문과 관련한 필요한 자료를 미리 통지하여야 함 ⊘ **주의** 　• 청문 주재자의 선정에서 당사자의 신청은 요건이 아님 　• 청문 주재자의 제척·기피·회피

청문의 공개	당사자의 신청 또는 청문 주재자가 필요하다고 인정하는 경우
증거조사	신청 또는 직권에 의하여 필요한 조사를 할 수 있으며, 당사자 등이 주장하지 아니한 사실에 대하여도 조사할 수 있음
청문의 종결	• 불출석의 정당한 사유가 없는 경우: 다시 의견진술 및 증거제출의 기회를 주지 않고 청문을 마칠 수 있음 **14. 국가직 9급** 청문 주재자는 당사자 등의 전부 또는 일부가 정당한 사유 없이 청문기일에 출석하지 아니한 경우, 이들에게 다시 의견진술 및 증거제출의 기회를 주지 아니하고 청문을 마칠 수 있다. • 불출석의 정당한 사유가 있는 경우: 10일 이상의 기간을 정하여 의견진술 및 증거제출을 요구하여야 함
청문의 재개	새로운 사정이 발견되어 청문을 재개할 필요가 있다고 인정하는 때
청문결과의 반영	• 상당한 이유가 있다고 인정하는 경우에는 청문결과를 반영하여야 함 • 청문절차에서 나타난 사인의 의견에 구속되는 것은 아님
문서의 열람 및 복사	• 청문의 통지가 있는 날부터 청문이 끝날 때까지 문서의 열람 또는 복사를 요청할 수 있음(의견제출의 경우에는 처분의 사전 통지가 있는 날부터 의견제출기한까지) • 이 경우 행정청은 다른 법령에 따라 공개가 제한되는 경우를 제외하고는 그 요청을 거부할 수 없음
청문을 결한 경우	판례는 취소사유로 보는 것이 주류적 입장

판례정리

1	주택조합설립인가처분 취소처분은 청문절차를 거치도록 규정하고 있지 아니하므로 청문절차를 거치지 아니한 것이 위법하지 아니하다(대판 1994.3.22. 93누18969).
2	국민의 권익보호를 위한 행정절차에 관한 훈령은 대외적 구속력을 가지지 않으므로 이 훈령에 규정된 청문절차를 거치지 아니한 문화재지정처분은 위법하지 않다(대판 1994.8.9. 94누3414).
3	청문절차를 거치지 아니한 건축사사무소 등록취소처분은 위법하다(대판 1984.9.11. 82누166).

② 청문 주재자에 관한 법조문

제29조【청문 주재자의 제척·기피·회피】① 청문 주재자가 다음 각 호의 어느 하나에 해당하는 경우에는 청문을 주재할 수 없다.
  1. 자신이 당사자등이거나 당사자등과 「민법」 제777조 각 호의 어느 하나에 해당하는 친족관계에 있거나 있었던 경우
  2. 자신이 해당 처분과 관련하여 증언이나 감정(鑑定)을 한 경우
  3. 자신이 해당 처분의 당사자등의 대리인으로 관여하거나 관여하였던 경우
  4. 자신이 해당 처분업무를 직접 처리하거나 처리하였던 경우
  5. 자신이 해당 처분업무를 처리하는 부서에 근무하는 경우. 이 경우 부서의 구체적인 범위는 대통령령으로 정한다.

② 청문 주재자에게 공정한 청문 진행을 할 수 없는 사정이 있는 경우 당사자등은 행정청에 기피신청을 할 수 있다. 이 경우 행정청은 청문을 정지하고 그 신청이 이유가 있다고 인정할 때에는 해당 청문 주재자를 지체 없이 교체하여야 한다.
③ 청문 주재자는 제1항 또는 제2항의 사유에 해당하는 경우에는 행정청의 승인을 받아 스스로 청문의 주재를 회피할 수 있다.

판례정리

1	행정처분의 상대방에 대한 청문통지서가 반송되었거나, 행정처분의 상대방이 청문일시에 불출석하였다는 이유로 청문을 실시하지 아니하고 한 침해적 행정처분은 위법하다(대판 2001.4.13. 2000두3337). **09. 국가직 9급** 개별 법률에서 청문에 관한 규정을 두고 있지 않은 경우에도 침해적 행정처분을 함에 있어 청문을 실시하지 아니한 경우에는 취소로 보는 것이 판례의 입장이다.

③ 공청회

공청회의 개최	• 다른 법령 등에서 공청회를 개최하도록 규정하고 있는 경우 • 행정청이 인정하는 경우 • 국민생활에 큰 영향을 미치는 처분으로서 대통령령으로 정하는 처분에 대하여 대통령령으로 정하는 수 이상의 당사자등이 공청회 개최를 요구하는 경우
공고	공청회 개최 14일 전까지 제목, 일시, 장소, 주요 내용 등을 당사자 등에게 통지하고 관보, 공보, 인터넷 또는 일간신문 등에 공고하는 등의 방법으로 널리 알려야 함 ✅ **주의** 예정대로 개최하지 못하여 새로 일시 및 장소 등을 정한 경우에는 공청회 개최 7일 전까지 알려야 함
온라인공청회	공청회와 병행하여서만 정보통신망을 이용한 공청회(온라인공청회)를 실시할 수 있으나 다음의 어느 하나에 해당하는 경우에는 온라인공청회를 단독으로 개최할 수 있음 • 국민의 생명·신체·재산의 보호 등 국민의 안전 또는 권익보호 등의 이유로 제38조에 따른 공청회를 개최하기 어려운 경우 • 공청회가 행정청이 책임질 수 없는 사유로 개최되지 못하거나 개최는 되었으나 정상적으로 진행되지 못하고 무산된 횟수가 3회 이상인 경우 • 행정청이 널리 의견을 수렴하기 위하여 온라인공청회를 단독으로 개최할 필요가 있다고 인정하는 경우 **17. 국가직 9급(10월)** 행정청은 「행정절차법」 제38조에 따른 공청회와 병행하여서만 정보통신망을 이용한 공청회(이하 "온라인공청회"라 한다)를 실시할 수 있다.
공청회의 주재자	행정청은 해당 공청회의 사안과 관련된 분야에 전문적 지식이 있거나 그 분야에 종사한 경험이 있는 사람으로서 대통령령으로 정하는 자격을 가진 사람 중에서 공청회의 주재자를 선정함 **07. 국가직 7급** 공청회의 주재자는 공청회를 공정하게 진행하여야 하며, 공청회의 원활한 진행을 위하여 발표 내용을 제한할 수 있다.

공청회의 발표자	원칙적으로 발표를 신청한 자 중에서 행정청이 선정함
공청회 및 온라인공청회 결과의 반영	상당한 이유가 있는 경우 반영하여야 함
공청회의 재개최	행정청은 공청회를 마친 후 처분을 할 때까지 새로운 사정이 발견되어 공청회를 다시 개최할 필요가 있다고 인정할 때에는 공청회를 다시 개최할 수 있음

④ 의견제출(약식청문)

의의	침익적 처분에 있어 의견청취의 일반절차
의견제출의 기회제공	청문을 실시하거나 공청회를 개최하는 경우 외에는 당사자에게 의무를 과하거나 권익을 제한하는 처분을 하는 경우 의견제출의 기회를 주어야 함
의견제출의 방법	서면, 말 또는 정보통신망을 이용하여 의견제출
의견제출의 효과	당사자 등이 제출한 의견이 상당한 이유가 있다고 인정하는 경우 반영하여야 함
제출의견의 반영	• 행정청은 당사자 등이 제출한 의견을 반영하지 아니하고 처분을 한 경우 당사자등이 처분이 있음을 안 날부터 90일 이내에 그 이유의 설명을 요청하면 서면으로 그 이유를 알려야 함 • 다만, 당사자등이 동의하면 말, 정보통신망 또는 그 밖의 방법으로 알릴 수 있음

> **판례정리**
>
> | 1 | 퇴직연금의 환수결정은 당사자에게 의무를 과하는 처분이기는 하나, 관련 법령에 따라 당연히 환수금액이 정하여지는 것이므로, 퇴직연금의 환수결정에 앞서 당사자에게 의견진술의 기회를 주지 아니하여도 행정절차법 제22조 제3항이나 신의칙에 어긋나지 아니한다(대판 2000.11.28. 99두5443).
19. 국가직 7급 공무원연금관리공단의 퇴직연금의 환수결정은 관련 법령에 따라 당연히 환수금액이 정해지는 것이므로, 퇴직연금의 환수결정에 앞서 당사자에게 의견진술의 기회를 주지 아니하여도 「행정절차법」에 위반되지 않는다. |
> |---|---|
> | 2 | 건축불허가처분을 하면서 그 사유의 하나로 소방시설과 관련된 소방서장의 건축부동의의견을 듣고 있으나 그 보완이 가능한 경우, 보완을 요구하지 아니한 채 곧바로 건축허가신청을 거부한 것은 재량권의 범위를 벗어난 것이다(대판 2014.10.15. 2003두6573). |

2 행정절차의 하자 - 절차상 하자 있는 행정행위의 효력

1. 독자적 위법사유성

재량행위의 경우	독자적 위법사유가 됨
기속행위의 경우	① 학설: 적극설(통설) ② 판례: 재량행위뿐만 아니라 조세부과처분과 같은 기속행위의 경우에도 절차하자를 독자적 위법사유로 인정함

2. 절차상 하자 있는 행정행위의 효력(청문절차의 위반)

법령상 요구되는 청문절차의 결여	취소할 수 있는 행정행위
훈령상 요구되는 청문절차의 결여	위법하지 않음(주류적 판례)

3. 절차하자의 치유

이유제시 하자의 치유시기	쟁송제기 전까지
청문의 하자와 취소판결의 기속력	청문의 하자를 보완하여 동일한 내용의 처분을 하는 것은 기속력에 반하지 않음

📄 판례정리

1	납세고지서에 과세연도, 세목, 세액 및 그 산출근거, 납부기한과 납부장소 등의 명시를 요구한 국세징수법 제9조 등은 강행규정으로 보아야 하고, 따라서 납세고지서에 세액산출근거 등의 기재사항이 누락되었거나 과세표준과 세액의 계산명세서가 첨부되지 않았다면 적법한 납세의 고지라고 볼 수 없으며, 위와 같은 납세고지의 하자는 납세의무자가 그 나름대로 산출근거를 알고 있다거나 사실상 이를 알고서 쟁송에 이르렀다 하더라도 치유되지 않는다(대판 2002.11.13. 2001두1543).
2	<음주운전 여부에 대한 조사과정에서 운전자 본인의 동의를 받지 아니하고 법원의 영장도 없이 한 혈액채취 조사결과를 근거로 한 운전면허 정지·취소처분은 위법하다는 판례> 긴급한 상황이 발생한 경우에는 수사기관은 예외적인 요건하에 음주운전 범죄의 증거 수집을 위하여 운전자의 동의나 사전영장 없이 혈액을 채취하여 압수할 수 있으나 이 경우에도 형사소송법에 따라 사후에 지체 없이 법원으로부터 압수영장을 받아야 한다(대판 2016.12.27. 2014두46850).
3	행정청이 청문서 도달기간을 다소 어겼다 하더라도, 영업자가 이에 대하여 이의하지 아니한 채 스스로 청문일에 출석하여 그 의견에 진술하고 변명하는 등 방어의 기회를 충분히 가졌다면, 청문서 도달기간을 준수하지 아니한 하자는 치유되었다고 할 것이다(대판 1992.10.23. 92누2844).
4	택지초과소유부담금의 납부고지서에 납부금액 및 산출근거, 납부기한과 납부장소 등의 필요적 기재사항의 일부가 누락되었다면 그 부과처분은 위법하다고 할 것이나, 납부의무자에게 교부한 부담금예정통지서에 납부고지서의 필요적 기재사항이 제대로 기재되었다면 … 하자가 치유될 수 있는 것이다(대판 1997.12.26. 97누990).
5	행정행위의 성질이나 법치주의 관점에서 볼 때 하자 있는 행정행위의 치유는 원칙적으로 허용될 수 없는 것일 뿐만 아니라, 이를 허용하는 경우에도 국민의 권리와 이익을 침해하지 않는 범위에서 구체적 사정에 따라 합목적적으로 가려야 한다고 할 것인바 … 이 치유를 허용하려면 적어도 처분에 대한 불복 여부의 결정 및 불복신청에 편의를 줄 수 있는 상당한 기간 내에 하여야 할 것이다(대판 1983.7.26. 82누420). **13. 국가직 7급** 판례는 이유제시의 하자의 추완이나 보완은 처분에 대한 불복 여부의 결정 및 불복신청에 편의를 줄 수 있는 상당한 기간 내에 하여야 한다는 입장이다.
6	청문절차 없이 어떤 행정처분을 한 경우에도 관계법령에서 청문절차를 시행하도록 규정하지 않고 있는 경우에는 그 행정처분이 위법하게 되는 것이 아니라고 할 것이다(대판 1994.3.22. 93누18969).
7	과세처분에 대한 전심절차가 모두 끝나고 상고심의 계류 중에 세액산출근거의 통지가 있었다고 하여 이로써 위 과세처분의 하자가 치유되었다고는 볼 수 없다(대판 1984.4.10. 83누393). **09. 국회직 8급** 판례에 의하면 하자의 치유는 행정쟁송의 제기 전까지 가능하다.

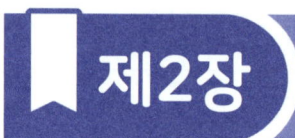

제2장 행정공개와 개인정보 보호

제1절 정보공개제도

1 법적 근거

법률상 근거	「공공기관의 정보공개에 관한 법률」에 근거함
헌법재판소	정보공개청구권은 알 권리의 한 요소이며, 알 권리는 헌법 제21조상의 표현의 자유에서 도출된다고 봄 **10. 지방직 9급** 헌법재판소는 정보공개청구권을 알 권리의 핵심으로 파악하고 있으며, 알 권리의 헌법상 근거를 헌법 제21조의 표현의 자유에서 찾고 있다.

판례정리

1	헌법상 입법의 공개(제50조 제1항), 재판의 공개(제109조)와는 달리 행정의 공개에 대하여서는 명문규정을 두고 있지 않지만 '알 권리'의 생성기반을 살펴볼 때 이 권리의 핵심은 정부가 보유하고 있는 정보에 대한 국민의 '알 권리', 즉 국민의 정부에 대한 일반적 정보공개를 구할 권리(청구권적 기본권)라고 할 것이며, 이러한 '알 권리'의 실현은 … 그러한 법률이 제정되어 있지 않다고 하더라도 불가능한 것은 아니고 헌법 제21조에 의해 직접 보장될 수 있다고 하는 것이 헌법재판소의 확립된 판례인 것이다(헌재 1991.5.13. 90헌마133).
2	청주시의회에서 의결한 청주시 행정정보공개조례안이 주민의 권리를 제한하거나 의무를 부과하는 조례라고는 단정할 수 없어 그 제정에 있어서 반드시 법률의 개별적 위임이 따로 필요한 것은 아니라고 한 사례이다(대판 1992.6.23. 92추17). **13. 국가직 9급** 청주시의회에서 의결한 청주시 행정정보공개조례안은 행정에 대한 주민의 알 권리의 실현을 그 근본내용으로 하면서도 이로 인한 개인의 권익침해 가능성을 배제하고 있으므로, 이를 들어 주민의 권리를 제한하거나 의무를 부과하는 조례라고는 단정할 수 없고, 따라서 그 제정에 있어서 반드시 법률의 개별적 위임이 따로 필요한 것은 아니다.

2 주요 내용

1. 용어의 정의

정보	직무상 작성 또는 취득하여 관리하고 있는 문서, 도면, 사진, 필름, 테이프, 슬라이드 및 그 밖에 이에 준하는 매체 등에 기록된 사항 **11. 지방직 9급** 정보란 공공기관이 직무상 작성 또는 취득하여 관리하고 있는 문서·도면·사진·필름·테이프·슬라이드 및 그 밖에 이에 준하는 매체 등에 기록된 사항을 말한다.
공개	정보를 열람하게 하거나 그 사본, 복제본을 교부하는 것

공공기관	① 국가기관 • 국회, 법원, 헌법재판소, 중앙선거관리위원회 • 중앙행정기관(대통령 소속기관과 국무총리 소속기관 포함) 및 그 소속기관 • 「행정기관 소속 위원회의 설치·운영에 관한 법률」에 따른 위원회 ② 지방자치단체 ③ 「공공기관의 운영에 관한 법률」 제2조에 따른 공공기관 ④ 「지방공기업법」에 따른 지방공사 및 지방공단 ⑤ 그 밖에 대통령령으로 정하는 기관(예 각급 학교, 지방공사 및 지방공단, 특별법에 의하여 설립된 특수법인 등)

판례정리

1	사립대학교는 정보공개의무를 지는 공공기관에 해당한다(대판 2006.8.24. 2004두2783). **15. 국가직 9급** 구 「공공기관의 정보공개에 관한 법률 시행령」 제2조 제1호가 정보공개의무기관으로 사립대학교를 들고 있는 것이 모법의 위임범위를 벗어난 것으로 위법하다고 볼 수 없다.
1-1	구 공공기관의 정보공개에 관한 법률 시행령 제2조 제1호가 정보공개의무를 지는 공공기관의 하나로 사립대학교를 들고 있는 것이 모법의 위임범위를 벗어났다거나 사립대학교가 국비의 지원을 받는 범위 내에서만 공공기관의 성격을 가진다고 볼 수 없다(대판 2006.8.24. 2004두2783).
2	한국방송공사(KBS)는 정보공개의무가 있는 공공기관에 해당한다(대판 2010.12.23. 2008두13101).
3	한국증권업협회는 정보공개의무가 있는 공공기관에 해당하지 않는다(대판 2010.4.29. 2008두5643). **17. 지방직 9급** 한국방송공사(KBS)는 「공공기관의 정보공개에 관한 법률」에 따라 정보공개의무가 있는 공공기관에 해당하는 반면, 한국증권업협회는 그에 해당하지 아니한다.

2. 정보공개의 청구권자

모든 국민	① 모든 국민은 정보의 공개를 청구할 권리를 가짐 ② 자연인뿐만 아니라 법인, 법인격 없는 사단, 재단 등 단체도 포함 ✓ 주의 • 지방자치단체는 정보공개의 청구권자에 해당하지 않음 • 정보공개청구는 이해관계를 요구하지 않으므로 이를 거부하면 거부처분이 됨
외국인의 경우	① 국내에 일정한 주소를 두고 거주하거나 학술·연구를 위하여 일시적으로 체류하는 사람 **15. 지방직 9급** 학술·연구를 위하여 일시적으로 체류하는 외국인은 정보공개청구를 할 수 있다. ② 국내에 사무소를 두고 있는 법인 또는 단체

판례정리

1	환경운동연합은 정보공개청구권을 가진다(대판 2003.12.12. 2003두8050). **18. 지방교행** 정보공개청구인은 자신에게 해당 정보의 공개를 구할 법률상 이익이 있음을 입증하여야 하는 것은 아니다.

3. 공공기관의 정보공개의무

(1) 정보공개의 원칙
공공기관이 보유·관리하는 정보는 「공공기관의 정보공개에 관한 법률」이 정하는 바에 따라 적극적으로 공개하여야 함

(2) 공개대상 정보의 원문공개
공공기관 중 중앙행정기관 및 대통령령으로 정하는 기관은 공개청구가 없더라도 전자적 형태로 보유·관리하는 정보 중 공개대상으로 분류된 정보를 공개하여야 함

> **판례정리**
>
> **1** <특정의 정보에 대한 공개청구가 없다면 정보의 공개의무도 없다는 판례>
> 정부의 공개의무는 특별한 사정이 없는 한 국민의 적극적인 정보수집행위, 특히 특정의 정보에 대한 공개청구가 있는 경우에야 비로소 존재하므로, 정보공개청구가 없었던 경우 대한민국과 중화인민공화국이 2000.7.31. 체결한 양국간 마늘교역에 관한 합의서 및 그 부속서 중 "2003.1.1.부터 한국의 민간기업이 자유롭게 마늘을 수입할 수 있다." 부분을 사전에 마늘재배농가들에게 공개할 정부의 의무는 인정되지 아니한다(헌재 2004.12.16. 2002헌마579).
> **08. 국가직 7급** 국민의 알 권리에서 파생되는 정부의 정보공개의무는 특별한 사정이 없는 한 적극적인 정보수집행위, 특히 특정 정보에 대하여 공개청구가 있는 경우에야 비로소 존재한다.

(3) 정보공개의무
특정의 정보에 대한 공개청구가 있는 경우에야 비로소 존재함

4. 행정정보의 공표

공공기관은 다음의 어느 하나에 해당하는 정보에 대해서는 공개의 구체적 범위, 공개의 주기, 시기 및 방법 등을 미리 정하여 정보통신망 등을 통하여 알리고, 정기적으로 공개하여야 함

(1) 국민생활에 매우 큰 영향을 미치는 정책에 관한 정보
(2) 국가의 시책으로 시행하는 공사 등 대규모 예산이 투입되는 사업에 관한 정보
(3) 예산집행의 내용과 사업평가 결과 등 행정감시를 위하여 필요한 정보
(4) 그 밖에 공공기관의 장이 정하는 정보

5. 공개대상정보 및 비공개대상정보

(1) 공개대상정보
공공기관이 보유·관리하는 정보

(2) 비공개대상정보 - 그 사유에 해당하는지에 대해서는 해당 **공공기관이 입증**(판례)

① 비밀 또는 비공개사항과 관련된 정보: 다른 법률 또는 법률에서 위임한 명령(국회규칙, 대법원규칙, 헌법재판소규칙, 중앙선거관리위원회규칙, 대통령령 및 조례로 한정함)에 따라 비밀이나 비공개사항으로 규정된 정보
⇨ 법률이 위임한 명령은 정보의 공개에 관하여 법률의 구체적인 위임 아래 제정된 법규명령을 의미함(대판 2010.6.10. 2010두2913)
19. 지방직 9급 학교폭력대책자치위원회가 피해학생의 보호를 위한 조치, 가해학생에 대한 조치, 학교폭력과 관련된 분쟁의 조정 등에 관하여 심의한 결과를 기재한 회의록은 「공공기관의 정보공개에 관한 법률」 소정의 비공개대상정보에 해당한다.

② **국가이익 관련 정보**: 국가안전보장, 국방, 통일, 외교관계 등에 관한 사항으로서 공개될 경우 국가의 중대한 이익을 현저히 해칠 우려가 있다고 인정되는 정보
③ **공공안전 관련 정보**: 공개될 경우 국민의 생명, 신체 및 재산의 보호에 현저한 지장을 초래할 우려가 있다고 인정되는 정보
④ 진행 중인 재판에 관련된 정보와 범죄의 예방, 수사, 공소의 제기 및 유지, 형의 집행, 교정, 보안처분에 관한 사항으로서 공개될 경우 그 직무수행을 현저히 곤란하게 하거나 형사피고인의 공정한 재판을 받을 권리를 침해한다고 인정할 만한 상당한 이유가 있는 정보
   ㉠ 그 정보가 재판의 소송기록 자체에 포함된 내용일 필요는 없음. 그러나 재판에 관련된 일체의 정보가 그에 해당하는 것은 아니고 진행 중인 재판의 심리 또는 재판결과에 구체적으로 영향을 미칠 위험이 있는 정보에 한정됨(대판 2011.11.24. 2009두19021)
     17. 국가직 7급 「공공기관의 정보공개에 관한 법률」 제9조 제1항 제4호의 '진행 중인 재판에 관련된 정보'에 해당한다는 사유로 정보공개를 거부하기 위해서 그 정보가 진행 중인 재판의 소송기록 그 자체에 포함된 내용이어야 할 필요는 없다.
   ㉡ 공개될 경우 그 직무수행을 현저히 곤란하게 한다고 인정할 만한 상당한 이유가 있는 정보라 함은 업무수행의 공정성 등의 이익과 공개에 의하여 보호되는 국민의 알 권리의 보장과 국정에 대한 국민의 참여 및 국정운영의 투명성 확보 등의 이익을 비교·교량하여 구체적인 사안에 따라 신중하게 판단되어야 함(대판 2004.12.9. 2003두12707)
⑤ 감사·감독·검사·시험·규제·입찰계약·기술개발·인사관리에 관한 사항이나 의사결정과정 또는 내부검토과정에 있는 사항 등으로서 공개될 경우 업무의 공정한 수행이나 연구·개발에 현저한 지장을 초래한다고 인정할 만한 상당한 이유가 있는 정보
⑥ 해당 정보에 포함되어 있는 성명·주민등록번호 등 「개인정보 보호법」 제2조 제1호에 따른 개인정보로서 공개될 경우 사생활의 비밀 또는 자유를 침해할 우려가 있다고 인정되는 정보. 다만, 다음에 열거한 사항은 제외함
   ㉠ 법령에서 정하는 바에 따라 열람할 수 있는 정보
   ㉡ 공공기관이 공표를 목적으로 작성하거나 취득한 정보로서 사생활의 비밀 또는 자유를 부당하게 침해하지 아니하는 정보
   ㉢ 공공기관이 작성하거나 취득한 정보로서 공개하는 것이 공익이나 개인의 권리구제를 위하여 필요하다고 인정되는 정보
   ㉣ 직무를 수행한 공무원의 성명·직위
   ㉤ 공개하는 것이 공익을 위하여 필요한 경우로서 법령에 따라 국가 또는 지방자치단체가 업무의 일부를 위탁 또는 위촉한 개인의 성명·직업
     18. 국가직 7급 공개하는 것이 공익을 위하여 필요한 경우로서 법령에 따라 국가가 업무의 일부를 위탁 또는 위촉한 개인의 성명·직업은, 공개되면 사생활의 비밀 또는 자유가 침해될 우려가 있다고 인정되더라도 공개대상정보에 해당한다.
   ⇨ 구체적 사안에 따라 개인의 권리구제 필요성과 비교·교량하여 개별적으로 공개 여부를 판단하여야 함

판례정리

1	오로지 상대방을 괴롭힐 목적으로 정보공개를 구하고 있다는 등의 특별한 사정이 없는 한 정보공개의 청구가 신의칙에 반하거나 권리남용에 해당한다고 볼 수 없다(대판 2006.8.24. 2004두2783). **비교** 정보공개 청구목적이 손해배상소송에서 제출할 증거자료 획득을 위한 것이고 위 소송이 이미 종결되었더라도, 오로지 피고를 괴롭힐 목적으로 공개를 구하는 등 특별한 사정이 없는 한 권리남용이 아님(대판 2004.9.23. 2003두1370) **19. 국가직 7급** 정보공개를 청구한 목적이 손해배상소송에 제출할 증거자료를 획득하기 위한 것이었고 그 소송이 이미 종결되었다 하더라도, 그러한 정보공개청구가 권리남용에 해당하는 것으로 볼 수 없다.
2	전자적 형태로 보유·관리되는 정보의 경우에는, 그 정보가 청구인이 구하는 대로는 되어 있지 않다고 하더라도, 공개청구를 받은 공공기관이 공개청구대상정보의 기초자료를 전자적 형태로 보유·관리하고 있고, 당해 기관에서 통상 사용되는 컴퓨터 하드웨어 및 소프트웨어와 기술적 전문지식을 사용하여 … 그 공공기관이 공개청구대상정보를 보유·관리하고 있는 것으로 볼 수 있다(대판 2010.2.11. 2009도6001).

판례정리 -「공공기관의 정보공개에 관한 법률」제9조 제1항의 비공개대상정보 해당 판례

1	학교폭력대책자치위원회 회의록
2	국가정보원이 직원에게 지급하는 현금급여 및 월초수당에 관한 정보
3	국가정보원의 조직·소재지 및 정원에 관한 정보
4	문제은행 출제방식을 채택하고 있는 치과의사 국가시험의 문제지와 정답지
5	망인들에 대한 독립유공자서훈 공적심사위원회의 심의·의결 과정 및 그 내용을 기재한 회의록

판례정리

1	불기소처분 기록이나 내사기록 중 피의자신문조서 등 조서에 기재된 피의자 등의 인적사항 이외의 진술내용 역시 개인의 사생활의 비밀 또는 자유를 침해할 우려가 인정되는 경우에는 위 비공개대상정보에 해당한다(대판 2017.9.7. 2017두44558).
2	형사소송법 제59조의2가 구 공공기관의 정보공개에 관한 법률 제4조 제1항에서 정한 '정보의 공개에 관하여 다른 법률에 특별한 규정이 있는 경우'에 해당하며, 형사재판확정기록의 공개에 관하여 구 공공기관의 정보공개에 관한 법률에 의한 공개청구가 허용되지 않는다(대판 2016.12.15. 2013두20882).
3	교육공무원의 근무성적평정의 결과를 공개하지 아니한다고 규정하고 있는 교육공무원 승진규정 제26조를 근거로 정보공개청구를 거부하는 것이 타당하지 않다. … 교육공무원 승진규정은 정보공개에 관한 사항에 관하여 구체적인 법률의 위임에 따라 제정된 명령이라고 할 수 없다(대판 2006.10.26. 2006두11910).
4	검찰보존사무규칙의 법적 성질은 행정규칙이며, 같은 규칙에서 불기소사건기록 등의 열람·등사를 제한하는 것이 구 공공기관의 정보공개에 관한 법률 제7조 제1항 제1호 '다른 법률 또는 법률에 의한 명령에 의하여 비공개사항으로 규정된 경우'에 해당하지 않는다(대판 2004.9.23. 2003두1370).

5	공직자윤리법상의 등록의무자가 구 공직자윤리법 시행규칙 제12조 관련 [별지 14호 서식]에 따라 정부공직자윤리위원회에 제출한 문서에 포함되어 있는 고지거부자의 인적사항이, 구 공공기관의 정보공개에 관한 법률 제7조 제1항 제6호 단서 다목에 정한 '공개하는 것이 공익을 위하여 필요하다고 인정되는 정보'에 해당되지 않는다(대판 2007.12.13. 2005두13117).
6	국방부의 한국형 다목적 헬기(KMH) 도입사업에 대한 감사원장의 감사결과보고서가 군사2급 비밀에 해당하는 이상 공공기관의 정보공개에 관한 법률 제9조 제1항 제1호의 비공개정보에 해당한다(대판 2006.11.10. 2006두9351).
7	보안관찰법 소정의 보안관찰 관련 통계자료가 공공기관의 정보공개에 관한 법률 제7조 제1항 제2호·제3호 소정의 비공개대상정보에 해당한다(대판 2004.3.18. 2001두8254 전합). **19. 지방직 9급** 「보안관찰법」 소정의 보안관찰 관련 통계자료는 「공공기관의 정보공개에 관한 법률」 소정의 비공개대상정보에 해당한다.
8	<공공기관의 정보공개에 관한 법률 제9조 제1항 제4호에서 비공개대상정보로 정하고 있는 '진행 중인 재판에 관련된 정보'의 범위> 반드시 그 정보가 진행 중인 재판의 소송기록 자체에 포함된 내용일 필요는 없다. 그러나 재판에 관련된 일체의 정보가 그에 해당하는 것은 아니고, 진행 중인 재판의 심리 또는 재판결과에 구체적으로 영향을 미칠 위험이 있는 정보에 한정된다고 보는 것이 타당하다(대판 2011.11.24. 2009두19021).
9	사법시험 제2차 시험의 '답안지 열람'은 시험문항에 대한 채점위원별 채점결과의 열람과 달리 사법시험업무의 수행에 현저한 지장을 초래한다고 볼 수 없다(대판 2003.3.14. 2000두6114). **13. 국가직 9급** 사법시험 제2차 시험의 답안지는 공개대상인 정보이나, 시험문항에 대한 채점위원별 채점결과는 비공개정보에 해당한다.
10	사면대상자들의 사면실시건의서와 그와 관련된 국무회의 안건자료에 관한 정보가 구 공공기관의 정보공개에 관한 법률에서 정한 비공개사유에 해당하지 않는다. 그 공개로 얻는 이익이 그로 인하여 침해되는 당사자들의 사생활의 비밀에 관한 이익보다 더욱 크므로 비공개사유에 해당하지 않는다(대판 2006.12.7. 2005두241).
11	지방자치단체 업무추진비 세부항목별 집행내역 및 그에 관한 증빙서류에 포함된 개인에 관한 정보는 '공개하는 것이 공익을 위하여 필요하다고 인정되는 정보'에 해당하지 않는다(대판 2003.3.11. 2001두6425). **19. 지방직 9급** 지방자치단체의 업무추진비 세부항목별 집행내역 및 그에 관한 증빙서류에 포함된 개인에 관한 정보는 「공공기관의 정보공개에 관한 법률」 소정의 '공개하는 것이 공익을 위하여 필요하다고 인정되는 정보'에 해당하지 않는다.
12	정보공개법 제9조 제1항 제6호 본문의 규정에 따라 비공개대상이 되는 정보에는 구 정보공개법상 이름·주민등록번호 등 정보의 형식이나 유형을 기준으로 비공개대상정보에 해당하는지 여부를 판단하는 '개인식별정보'뿐만 아니라 그 외에 정보의 내용을 구체적으로 살펴 '개인에 관한 사항의 공개로 인하여 개인의 내밀한 내용의 비밀 등이 알려지게 되고, 그 결과 인격적·정신적 내면생활에 지장을 초래하거나 자유로운 사생활을 영위할 수 없게 될 위험성이 있는 정보'도 포함된다(대판 2012.6.18. 2011두2361).
13	'2002학년도부터 2005학년도까지의 대학수학능력시험 원데이터'가 비공개대상정보에 해당하지 않는다(대판 2010.2.25. 2007두9877). **16. 사회복지직 9급** '2002학년도부터 2005학년도까지의 대학수학능력시험 원데이터'는 연구목적으로 그 정보의 공개를 청구하는 경우, 공개로 인하여 초래될 부작용이 공개로 얻을 수 있는 이익보다 더 클 것이라 볼 수 없으므로, 그 공개로 대학수학능력시험 업무의 공정한 수행이 객관적으로 현저하게 지장을 받을 것이라는 개연성이 없어 비공개대상정보에 해당하지 않는다.
14	국회의 특수활동비 내역은 비공개대상정보가 아니다(대판 2018.5.3. 2018두31733).

15	甲이 외교부장관에게 한·일 군사정보보호협정 및 한·일 상호군수지원협정과 관련하여 각종 회의자료 및 회의록 등의 정보에 대한 공개를 청구하였으나, 외교부장관이 공개청구정보 중 일부를 제외한 나머지 정보들에 대하여 비공개결정을 한 사안에서, 위 정보는 구 공공기관의 정보공개에 관한 법률 제9조 제1항 제2호, 제5호에 정한 비공개대상정보에 해당하고, 공개가 가능한 부분과 공개가 불가능한 부분을 쉽게 분리하는 것이 불가능하여 같은 법 제14조에 따른 부분공개도 가능하지 않다(대판 2019.1.17. 2015두46512). **19. 서울시 7급(10월)** 한·일 군사정보보호협정 및 한·일 상호군수지원협정과 관련하여 각종 회의자료 및 회의록 등의 정보는「정보공개법」상 공개가 가능한 부분과 공개가 불가능한 부분을 쉽게 분리하는 것이 불가능한 비공개정보에 해당한다.
16	<공공기관의 정보공개에 관한 법률 제9조 제1항 제7호에서 비공개대상정보로 정한 '법인 등의 경영·영업상 비밀'의 의미 및 그 공개 여부를 판단하는 기준과 방법> '법인 등의 경영·영업상 비밀'은 '타인에게 알려지지 아니함이 유리한 사업활동에 관한 일체의 정보' 또는 '사업활동에 관한 일체의 비밀사항'을 의미하는 것이다(대판 2018.11.29. 2016두45165).

6. 정보공개절차

정보공개의 청구 등	① 청구방법: 문서 또는 말 ② 공개 여부의 결정 　• 결정기간: 청구를 받은 날부터 **10일** 이내 　• 결정기간의 연장: **10일** 이내 ③ 제3자와 관련 있는 경우 지체 없이 통지하여야 하고, 제3자의 의견청취 가능함 ④ 청구인이 사본 또는 복제물의 교부를 원하는 경우 이를 교부하여야 함
정보공개의 방법	① 부분공개 　• 비공개대상정보와 공개가능한 정보가 혼합된 경우, 분리할 수 있으면 공개 가능 부분에 대해 공개하여야 함 　• 물리적 분리뿐만 아니라 비공개대상에 관한 부분을 삭제하고 나머지 부분만 공개가 가능한 경우까지 포함함 ② 정보의 전자적 공개 　• 전자적 형태로 보유·관리하는 정보에 대해 전자적 형태의 공개를 요청하는 경우: 요청에 응하여야 함 　　**11. 국가직 7급** 공공기관은 전자적 형태로 보유·관리하는 정보에 대하여 청구인이 전자적 형태로 공개를 요청하는 경우에는 원칙적으로 이에 응하여야 한다. 　• 전자적 형태로 보유·관리하지 않는 정보에 대한 전자적 형태의 공개를 요청하는 경우: 전자적 형태로 변환하여 공개할 수 있음 ③ 비용부담: 실비의 범위 안에서 청구인이 부담함 　⊘ **주의** 비용감면사유 　　• 공공복리의 유지·증진 ○ 　　• 비용의 과다 × 　**19. 국가직 9급** 정보의 공개 및 우송 등에 소요되는 비용은 실비의 범위에서 청구인의 부담으로 한다. 또한, 그 액수가 너무 많아서 청구인에게 과중한 부담을 주는 경우라 할지라도 비용을 감면할 수는 없다.

판례정리

1	공공기관의 정보공개에 관한 법률상 공개청구의 대상이 되는 정보란 공공기관이 직무상 작성 또는 취득하여 현재 보유·관리하고 있는 문서에 한정되는 것이기는 하나, 그 문서가 반드시 원본일 필요는 없다(대판 2006.5.25. 2006두3049).
2	오로지 상대방을 괴롭힐 목적으로 정보공개를 구하고 있다는 등의 특별한 사정이 없는 한, 정보공개청구가 권리남용에 해당한다고 볼 수 없다(대판 2004.9.23. 2003두1370).
3	국민의 정보공개청구가 권리의 남용에 해당하는 것이 명백한 경우, 정보공개청구권의 행사를 허용하지 않는 것이 옳다(대판 2014.12.24. 2014두9349). **17. 지방직 7급** 정보공개청구권은 국민의 알 권리에 근거한 헌법상 기본권이나, 일정한 경우 권리남용을 이유로 정보공개를 거부하는 것은 허용된다.
4	공개청구의 대상이 이미 다른 사람에게 공개하여 널리 알려져 있다거나 인터넷이나 관보 등을 통하여 공개하여 인터넷 검색이나 도서관에서의 열람 등을 통하여 쉽게 알 수 있다는 사정만으로는 소의 이익이 없다거나 비공개결정이 정당화될 수는 없다(대판 2008.11.27. 2005두15694). **19. 국가직 9급** 이미 다른 사람에게 공개하여 널리 알려져 있다거나 인터넷이나 관보 등을 통하여 공개하여 인터넷 검색이나 도서관에서의 열람 등을 통하여 쉽게 알 수 있다는 사정만으로는 소의 이익이 없다고 할 수 없다.
5	정보공개를 청구하는 자가 공공기관에 대해 정보의 사본 또는 출력물의 교부의 방법으로 공개방법을 선택하여 정보공개청구를 한 경우, 공개청구를 받은 공공기관이 그 공개방법을 선택할 재량이 없다(대판 2003.12.12. 2003두8050).
6	법원이 행정청의 정보공개거부처분의 위법 여부를 심리한 결과, 공개를 거부한 정보에 비공개대상 정보에 해당하는 부분과 공개가 가능한 부분이 혼합되어 있고 공개청구의 취지에 어긋나지 아니하는 범위 안에서 두 부분을 분리할 수 있음을 인정할 수 있을 때에는, 위 정보 중 공개가 가능한 부분을 특정하고 판결의 주문에 행정청의 위 거부처분 중 공개가 가능한 정보에 관한 부분만을 취소한다고 표시하여야 한다(대판 2003.3.11. 2001두6425).
7	\<한일군사정보보호협정\> 나아가 이 사건 쟁점 정보는 상호 유기적으로 결합되어 있어 공개가 가능한 부분과 공개가 불가능한 부분을 용이하게 분리하는 것이 불가능하고, 이 사건 쟁점 정보에 관한 목록에는 '문서의 제목, 생산 날짜, 문서 내용을 추론할 수 있는 목차 등'이 포함되어 있어 목록의 공개만으로도 한·일 양국간의 논의 주제와 논의 내용, 그에 대한 우리나라의 입장 및 전략을 추론할 수 있는 가능성이 충분하여 부분공개도 가능하지 않다(대판 2019.1.17. 2015두46512).
8	\<전자적 형태의 특정한 정보공개방법을 지정하여 청구 가능\> [1] 정보공개청구인에게 특정한 정보공개방법을 지정하여 청구할 수 있는 법령상 신청권이 있다. [2] 공공기관이 공개청구의 대상이 된 정보를 청구인이 신청한 공개방법 이외의 방법으로 공개하기로 하는 결정을 한 경우, 정보공개방법에 관한 부분에 대하여 일부 거부처분을 한 것이고, 이에 대하여 항고소송으로 다툴 수 있다(대판 2016.11.10. 2016두44674). **18. 국가직 7급** 공공기관이 공개청구대상정보를 청구인이 신청한 공개방법 이외의 방법으로 공개하는 결정을 한 경우, 정보공개청구 중 정보공개방법 부분에 대하여 일부 거부처분을 한 것이다.

7. 불복구제절차

이의신청	① 정보공개 여부의 결정통지를 받은 날 또는 정보공개 청구 후 20일이 경과한 날부터 30일 이내에 문서로 이의신청 ② 임의적 절차 **16. 국가직 9급** 정보공개청구자는 정보공개와 관련한 공공기관의 비공개결정에 대해서는 이의신청을 할 수 있는 것뿐만 아니라, 부분공개의 결정에 대해서도 따로 이의신청을 할 수 있다.
행정심판	임의적 절차
행정소송	① 정보공개를 청구하였다가 거부처분을 받은 것 자체가 법률상 이익의 침해에 해당함 ② 재판장은 필요하다고 인정되는 때에는 당사자를 참여시키지 아니하고 제출된 공개청구정보를 비공개로 열람·심사할 수 있음

8. 공개결정에 대한 제3자의 불복절차

제3자의 비공개 요청	① 공개대상정보가 제3자와 관련된 경우에는 제3자에게 지체 없이 통지하여야 함 ② 제3자는 통지받은 날부터 3일 이내에 정보의 비공개 요청을 할 수 있음 **11. 사회복지직 9급** 제3자의 비공개 요청에도 불구하고 공공기관이 공개결정을 하는 때에는 공개결정이유와 공개 실시일을 명시하여 지체 없이 문서로 통지하여야 한다.
제3자의 이의신청 및 쟁송제기	① 이의신청은 통지를 받은 날로부터 7일 이내에 하여야 함 ② 행정심판·행정소송 제기가 가능함

판례정리

1	청구인이 정보공개거부처분의 취소를 구하는 소송에서 공공기관이 청구정보를 증거 등으로 법원에 제출하여 법원을 통하여 그 사본을 청구인에게 교부 또는 송달되게 하여 결과적으로 청구인에게 정보를 공개하는 셈이 되었다고 하더라도, 이러한 우회적인 방법은 정보공개법이 예정하고 있지 아니한 방법으로서 정보공개법에 의한 공개라고 볼 수는 없으므로, 당해 정보의 비공개결정의 취소를 구할 소의 이익은 소멸되지 않는다(대판 2016.12.15. 2012두11409·2012두11416). **18. 국가직 7급** 정보비공개결정 취소소송에서 공공기관이 청구정보를 증거로 법원에 제출하여 법원을 통하여 그 사본을 청구인에게 교부되게 하여 정보를 공개하게 된 경우라도 비공개결정의 취소를 구할 소의 이익이 소멸하는 것은 아니다.
2	정보공개청구권은 법률상 보호되는 구체적 권리이므로 공공기관에 대하여 정보공개를 청구하였다가 거부처분을 받은 것 자체가 법률상 이익의 침해에 해당한다(대판 2004.8.20. 2003두8302).
3	경찰서장의 수사기록사본교부거부처분은 행정소송의 대상이 된다 할 것이므로 직접 헌법소원심판의 대상으로 삼을 수 없다(헌재 2001.2.22. 2000헌마620).
4	정보공개를 구하는 자가 공개를 구하는 정보를 행정기관이 보유·관리하고 있을 상당한 개연성이 있다는 점을 입증함으로써 족하다 할 것이지만, 공공기관이 그 정보를 보유·관리하고 있지 아니한 경우에는 특별한 사정이 없는 한 정보공개거부처분의 취소를 구할 법률상의 이익이 없다(대판 2006.1.13. 2003두9459).

5	공개를 구하는 정보를 공공기관이 한 때 보유·관리하였으나 후에 그 정보가 담긴 문서 등이 폐기되어 존재하지 않게 된 것이라면, 그 정보를 더이상 보유·관리하고 있지 아니하다는 점에 대한 입증책임은 공공기관에게 있다고 할 것이다(대판 2004.12.9. 2003두12707). **19. 국가직 7급** 공개청구된 정보를 공공기관이 한때 보유·관리하였으나 후에 그 정보가 담긴 문서가 정당하게 폐기되어 존재하지 않게 된 경우, 정보 보유·관리 여부의 입증책임은 공공기관에게 있다.
6	제3자의 비공개요청이 있다는 사유만으로 정보공개법상 정보의 비공개사유에 해당하지 않는다(대판 2008.9.25. 2008두8680).
7	수사기록에 들어있는 특정인을 식별할 수 있는 개인에 관한 정보 중 관련자들의 이름은 원칙적으로 공개되어야 할 것이고, 주민등록번호는 원칙적으로 비공개하여야 할 것이며, 주소·연락처는 구체적 사안에 따라 개인의 권리구제의 필요성과 비교·교량하여 개별적으로 공개 여부를 판단하여야 할 것이다(대판 2003.12.26. 2002두1342).

9. 정보공개심의회와 정보공개위원회 비교

구분	정보공개심의회	정보공개위원회
업무	정보공개 여부 등을 심의	정보공개에 관한 정책수립, 제도 개선, 기준 마련, 정보공개운영실태 평가 등
소속기관	국가기관, 지방자치단체 등	행정안전부장관

15. 국회직 8급 정보공개심의회는 위원장 1명을 포함하여 5명 이상 7명 이하의 위원으로 구성한다.

제2절 개인정보 보호제도

1 법적 근거

법률상 근거	「개인정보 보호법」
대법원	개인정보자기결정권의 헌법적 근거를 제10조와 제17조에서 찾고 있음
헌법재판소	헌법에 명시되지 않은 독자적 기본권으로 봄

18. 국가직 9급 헌법재판소는 개인정보자기결정권을 사생활의 비밀과 자유, 일반적 인격권 등을 이념적 기초로 하는 독자적 기본권으로서 헌법에 명시되지 않은 기본권으로 보고 있다.

판례정리

1	개인정보자기결정권의 헌법상 근거로는 헌법 제17조의 사생활의 비밀과 자유, 헌법 제10조 제1문의 인간의 존엄과 가치 및 행복추구권에 근거를 둔 일반적 인격권 또는 위 조문들과 동시에 우리 헌법의 자유민주적 기본질서 규정 또는 국민주권원리와 민주주의원리 등을 고려할 수 있으나, 개인정보자기결정권으로 보호하려는 내용을 위 각 기본권들 및 헌법원리들 중 일부에 완전히 포섭시키는 것은 불가능하다고 할 것이므로, 그 헌법적 근거를 굳이 어느 한두 개에 국한시키는 것은 바람직하지 않은 것으로 보이고, 오히려 개인정보자기결정권은 이들을 이념적 기초로 하는 독자적 기본권으로서 헌법에 명시되지 아니한 기본권이라고 보아야 할 것이다(헌재 2005.5.26. 2004헌마190).

2 주요 내용

1. 용어의 정의 및 적용대상

(1) 개인정보

> 「개인정보 보호법」 제2조 【정의】 이 법에서 사용하는 용어의 뜻은 다음과 같다.
> 1. '개인정보'란 살아 있는 개인에 관한 정보로서 다음 각 목의 어느 하나에 해당하는 정보를 말한다.
>   가. 성명, 주민등록번호 및 영상 등을 통하여 개인을 알아볼 수 있는 정보
>   나. 해당 정보만으로는 특정 개인을 알아볼 수 없더라도 다른 정보와 쉽게 결합하여 알아볼 수 있는 정보. 이 경우 쉽게 결합할 수 있는지 여부는 다른 정보의 입수 가능성 등 개인을 알아보는 데 소요되는 시간, 비용, 기술 등을 합리적으로 고려하여야 한다.
>   다. 가목 또는 나목을 제1호의2에 따라 가명처리함으로써 원래의 상태로 복원하기 위한 추가 정보의 사용·결합 없이는 특정 개인을 알아볼 수 없는 정보(이하 '가명정보'라 한다)
>
> ✓ **주의** '가명처리'란 개인정보의 일부를 삭제하거나 일부 또는 전부를 대체하는 등의 방법으로 추가 정보가 없이는 특정 개인을 알아볼 수 없도록 처리하는 것을 말함

(2) 정보주체

처리되는 정보에 의하여 알아볼 수 있는 사람으로서 그 정보의 주체가 되는 사람

(3) 개인정보처리자

업무를 목적으로 개인정보파일을 운용하기 위하여 스스로 또는 다른 사람을 통하여 개인정보를 처리하는 공공기관, 법인, 단체 및 개인 등

(4) 공공기관

① 국회, 법원, 헌법재판소, 중앙선거관리위원회의 행정사무를 처리하는 기관, 중앙행정기관(대통령 소속기관과 국무총리 소속기관을 포함한다) 및 그 소속기관, 지방자치단체
② 그 밖의 국가기관 및 공공단체 중 대통령령으로 정하는 기관

(5) 적용대상

전자적으로 처리되는 개인정보 외에 수기문서까지 개인정보의 보호범위에 포함됨

	판례정리
1	개인정보자기결정권의 보호대상이 되는 개인정보는 반드시 개인의 내밀한 영역이나 사사의 영역에 속하는 정보에 국한되지 않고 공적 생활에서 형성되었거나 이미 공개된 개인정보까지 포함한다(헌재 2005.5.26. 99헌마513).
2	개인의 지문정보는 개인정보이나, 지문날인제도가 과잉금지원칙에 위배하여 청구인들의 개인정보자기결정권을 침해하였다고 볼 수 없다(헌재 2005.5.26. 99헌마513).

2. 개인정보 보호 원칙

> 제3조【개인정보 보호 원칙】① 개인정보처리자는 개인정보의 처리 목적을 명확하게 하여야 하고 그 목적에 필요한 범위에서 최소한의 개인정보만을 적법하고 정당하게 수집하여야 한다.
> ② 개인정보처리자는 개인정보의 처리 목적에 필요한 범위에서 적합하게 개인정보를 처리하여야 하며, 그 목적 외의 용도로 활용하여서는 아니 된다.
> ③ 개인정보처리자는 개인정보의 처리 목적에 필요한 범위에서 개인정보의 정확성, 완전성 및 최신성이 보장되도록 하여야 한다.
> ④ 개인정보처리자는 개인정보의 처리 방법 및 종류 등에 따라 정보주체의 권리가 침해받을 가능성과 그 위험 정도를 고려하여 개인정보를 안전하게 관리하여야 한다.
> ⑤ 개인정보처리자는 제30조에 따른 개인정보 처리방침 등 개인정보의 처리에 관한 사항을 공개하여야 하며, 열람청구권 등 정보주체의 권리를 보장하여야 한다.
> ⑥ 개인정보처리자는 정보주체의 사생활 침해를 최소화하는 방법으로 개인정보를 처리하여야 한다.
> ⑦ 개인정보처리자는 개인정보를 익명 또는 가명으로 처리하여도 개인정보 수집목적을 달성할 수 있는 경우 익명처리가 가능한 경우에는 익명에 의하여, 익명처리로 목적을 달성할 수 없는 경우에는 가명에 의하여 처리될 수 있도록 하여야 한다.
> ⑧ 개인정보처리자는 이 법 및 관계법령에서 규정하고 있는 책임과 의무를 준수하고 실천함으로써 정보주체의 신뢰를 얻기 위하여 노력하여야 한다.

3. 개인정보 보호위원회

(1) 업무

개인정보 보호에 관한 사항을 심의·의결

(2) 소속

국무총리 소속(보호위원회는 이제 「정부조직법」상 중앙행정기관이 됨)

(3) 구성

① 보호위원회는 상임위원 2명(위원장 1명, 부위원장 1명)을 포함한 9명의 위원으로 구성함
② 위원장과 부위원장은 국무총리의 제청으로, 그 외 위원 중 2명은 위원장의 제청으로, 2명은 대통령이 소속되거나 소속되었던 정당의 교섭단체 추천으로, 3명은 그 외의 교섭단체 추천으로 대통령이 임명 또는 위촉함

(4) 임기

3년, 1차에 한하여 연임 가능(위원이 궐위된 때에는 지체 없이 새로운 위원을 임명 또는 위촉하여야 함. 이 경우 후임으로 임명 또는 위촉된 위원의 임기는 새로이 개시됨)

(5) 기본계획

보호위원회는 개인정보의 보호와 정보주체의 권익 보장을 위하여 3년마다 개인정보 보호 기본계획을 관계 중앙행정기관의 장과 협의하여 수립

> ✓ **비교** 중앙행정기관의 장은 기본계획에 따라 매년 개인정보 보호를 위한 시행계획을 작성하여 보호위원회에 제출하고, 보호위원회의 심의·의결을 거쳐 시행하여야 함

4. 개인정보의 처리

> 제15조【개인정보의 수집·이용】① 개인정보처리자는 다음 각 호의 어느 하나에 해당하는 경우에는 개인정보를 수집할 수 있으며 그 수집 목적의 범위에서 이용할 수 있다.
> 1. 정보주체의 동의를 받은 경우
> 2. 법률에 특별한 규정이 있거나 법령상 의무를 준수하기 위하여 불가피한 경우
> 3. 공공기관이 법령 등에서 정하는 소관 업무의 수행을 위하여 불가피한 경우
> 4. 정보주체와 체결한 계약을 이행하거나 계약을 체결하는 과정에서 정보주체의 요청에 따른 조치를 이행하기 위하여 필요한 경우
> 5. 명백히 정보주체 또는 제3자의 급박한 생명, 신체, 재산의 이익을 위하여 필요하다고 인정되는 경우
> 6. 개인정보처리자의 정당한 이익을 달성하기 위하여 필요한 경우로서 명백하게 정보주체의 권리보다 우선하는 경우. 이 경우 개인정보처리자의 정당한 이익과 상당한 관련이 있고 합리적인 범위를 초과하지 아니하는 경우에 한한다.
> 7. 공중위생 등 공공의 안전과 안녕을 위하여 긴급히 필요한 경우
> ② 개인정보처리자는 제1항 제1호에 따른 동의를 받을 때에는 다음 각 호의 사항을 정보주체에게 알려야 한다. 다음 각 호의 어느 하나의 사항을 변경하는 경우에도 이를 알리고 동의를 받아야 한다.
> 1. 개인정보의 수집·이용 목적
> 2. 수집하려는 개인정보의 항목
> 3. 개인정보의 보유 및 이용기간
> 4. 동의를 거부할 권리가 있다는 사실 및 동의 거부에 따른 불이익이 있는 경우에는 그 불이익의 내용

(1) 개인정보의 수집·이용
① 개인정보처리자는 법률에 근거하여 개인정보를 수집할 수 있으며 그 수집 목적의 범위에서 이용할 수 있음
② 개인정보처리자는 정보주체의 동의를 받은 경우, 다음의 사항을 정보주체에게 알려야 함. 다음의 어느 하나의 사항을 변경하는 경우에도 이를 알리고 동의를 받아야 함
  ㉠ 개인정보의 수집 제한
    ⓐ 목적에 필요한 최소한의 개인정보를 수집하여야 함
    ⓑ 최소한의 개인정보 수집이라는 입증책임은 개인정보처리자가 부담함
      16. 지방직 7급 개인정보처리자가 「개인정보 보호법」상의 허용요건을 충족하여 개인정보를 수집하는 경우에는 그 목적에 필요한 최소한의 개인정보를 수집하여야 한다. 이 경우 개인정보처리자가 최소한의 개인정보 수집이라는 의무를 위반한 경우 그 입증책임은 이의를 제기하는 개인정보처리자가 부담한다.
    ⓒ 개인정보처리자는 정보주체의 동의를 받아 개인정보를 수집하는 경우 필요한 최소한의 정보 외의 개인정보 수집에는 동의하지 아니할 수 있다는 사실을 구체적으로 알리고 개인정보를 수집하여야 함
  ㉡ 고유식별정보의 처리 제한
    ⓐ 개인정보처리자는 주민등록번호 등 법령에 의하여 개인을 고유하게 구별하기 위하여 부여된 고유식별정보에 대해 원칙적으로 처리할 수 없음
    ⓑ 단, 별도의 동의를 얻거나, 법령에 의한 경우 등 제한적으로 예외가 인정됨
  ㉢ 개인정보의 목적 외 이용·제공 제한
    ⓐ **원칙**: 개인정보처리자는 개인정보를 법령에서 인정되는 범위를 초과하여 제3자에게 제공하여서는 아니 됨

ⓑ 예외

> 제18조【개인정보의 목적 외 이용·제공 제한】 ② 제1항에도 불구하고 개인정보처리자는 다음 각 호의 어느 하나에 해당하는 경우에는 정보주체 또는 제3자의 이익을 부당하게 침해할 우려가 있을 때를 제외하고는 개인정보를 목적 외의 용도로 이용하거나 이를 제3자에게 제공할 수 있다. 다만, 제5호부터 제9호까지에 따른 경우는 공공기관의 경우로 한정한다.
> 1. 정보주체로부터 별도의 동의를 받은 경우
> 2. 다른 법률에 특별한 규정이 있는 경우
> 3. 명백히 정보주체 또는 제3자의 급박한 생명, 신체, 재산의 이익을 위하여 필요하다고 인정되는 경우
> 4. 삭제
> 5. 개인정보를 목적 외의 용도로 이용하거나 이를 제3자에게 제공하지 아니하면 다른 법률에서 정하는 소관 업무를 수행할 수 없는 경우로서 보호위원회의 심의·의결을 거친 경우
> 6. 조약, 그 밖의 국제협정의 이행을 위하여 외국정부 또는 국제기구에 제공하기 위하여 필요한 경우
> 7. 범죄의 수사와 공소의 제기 및 유지를 위하여 필요한 경우
> 8. 법원의 재판업무 수행을 위하여 필요한 경우
> 9. 형(刑) 및 감호, 보호처분의 집행을 위하여 필요한 경우
> 10. 공중위생 등 공공의 안전과 안녕을 위하여 긴급히 필요한 경우

③ 개인정보처리자는 당초 수집 목적과 합리적으로 관련된 범위에서 정보주체에게 불이익이 발생하는지 여부, 암호화 등 안전성 확보에 필요한 조치를 하였는지 여부 등을 고려하여 대통령령으로 정하는 바에 따라 정보주체의 동의 없이 개인정보를 이용할 수 있음

판례정리

1. <공개된 개인정보를 수집하여 제3자에게 제공한 행위에 대하여 개인정보자기결정권의 침해를 이유로 위자료를 청구한 사건>
   [1] 개인정보자기결정권을 침해·제한한다고 주장되는 행위의 내용이 이미 정보주체의 의사에 따라 공개된 개인정보를 별도의 동의 없이 영리 목적으로 수집·제공하였다는 것인 경우, 정보처리행위의 위법성 여부를 판단하는 기준 및 정보처리자에게 영리 목적이 있었다는 사정만으로 곧바로 정보처리행위를 위법하다고 할 수 없다.
   [2] 이미 공개된 개인정보를 정보주체의 동의가 있었다고 객관적으로 인정되는 범위 내에서 수집·이용·제공 등 처리를 할 때 정보주체의 별도의 동의는 불필요하다고 보아야 하고, 동의를 받지 아니한 경우, 개인정보 보호법 제15조나 제17조를 위반한 것으로 볼 수 없다.
   [3] 법률정보 제공 사이트를 운영하는 甲 주식회사가 공립대학교인 乙 대학교 법과대학 법학과 교수로 재직 중인 丙의 개인정보를 위 법학과 홈페이지 등을 통해 수집하여 위 사이트 내 '법조인' 항목에서 유료로 제공한 사안에서, 甲 회사의 행위를 丙의 개인정보자기결정권을 침해하는 위법한 행위로 평가할 수는 없다(대판 2016.8.17. 2014다235080).

2	개인정보자기결정권을 침해·제한한다고 주장되는 행위의 내용이 이미 정보주체의 의사에 따라 공개된 개인정보를 별도의 동의 없이 영리 목적으로 수집·제공하였다는 것인 경우, 정보처리행위의 위법성 여부를 판단하는 기준 및 정보처리자에게 영리 목적이 있었다는 사정만으로 곧바로 정보처리행위를 위법하다고 할 수 없다(대판 2016.8.17. 2014다235080). **18. 국회직 8급** 개인정보자기결정권의 보호대상이 되는 개인정보는 개인의 신체, 신념, 사회적 지위, 신분 등과 같이 개인의 인격주체성을 특징짓는 사항으로서 그 개인의 동일성을 식별할 수 있는 일체의 정보이고, 이미 공개된 개인정보 또한 포함된다.
3	변호사 정보 제공 웹사이트 운영자의 인맥지수 서비스 제공행위는 변호사들의 개인정보에 관한 인격권을 침해하는 위법한 것이나 '승소율이나 전문성지수 등'을 제공하는 서비스는 위법한 행위로 평가할 수 없다(대판 2011.9.2. 2008다42430).

(2) 개인정보의 처리 제한

① 주민등록번호 처리의 제한

> **제24조【고유식별정보의 처리 제한】** ① 개인정보처리자는 다음 각 호의 경우를 제외하고는 법령에 따라 개인을 고유하게 구별하기 위하여 부여된 식별정보로서 대통령령으로 정하는 정보(이하 "고유식별정보"라 한다)를 처리할 수 없다.
>
> **선생님 tip** 고유식별정보란 주민등록번호, 여권번호, 운전면허의 면허번호, 외국인등록번호를 의미한다.
> 1. 정보주체에게 제15조 제2항 각 호 또는 제17조 제2항 각 호의 사항을 알리고 다른 개인정보의 처리에 대한 동의와 별도로 동의를 받은 경우
> 2. 법령에서 구체적으로 고유식별정보의 처리를 요구하거나 허용하는 경우
>
> **제24조의2【주민등록번호 처리의 제한】** ① 제24조 제1항에도 불구하고 개인정보처리자는 다음 각 호의 어느 하나에 해당하는 경우를 제외하고는 주민등록번호를 처리할 수 없다.
> 1. 법률·대통령령·국회규칙·대법원규칙·헌법재판소규칙·중앙선거관리위원회규칙 및 감사원규칙에서 구체적으로 주민등록번호의 처리를 요구하거나 허용한 경우
> 2. 정보주체 또는 제3자의 급박한 생명, 신체, 재산의 이익을 위하여 명백히 필요하다고 인정되는 경우
> 3. 제1호 및 제2호에 준하여 주민등록번호 처리가 불가피한 경우로서 보호위원회가 고시로 정하는 경우
> ② 개인정보처리자는 제24조 제3항에도 불구하고 주민등록번호가 분실·도난·유출·위조·변조 또는 훼손되지 아니하도록 암호화 조치를 통하여 안전하게 보관하여야 한다. 이 경우 암호화 적용대상 및 대상별 적용시기 등에 관하여 필요한 사항은 개인정보의 처리 규모와 유출시 영향 등을 고려하여 대통령령으로 정한다.
> ③ 개인정보처리자는 제1항 각 호에 따라 주민등록번호를 처리하는 경우에도 정보주체가 인터넷 홈페이지를 통하여 회원으로 가입하는 단계에서는 주민등록번호를 사용하지 아니하고도 회원으로 가입할 수 있는 방법을 제공하여야 한다.
> ④ 보호위원회는 개인정보처리자가 제3항에 따른 방법을 제공할 수 있도록 관계법령의 정비, 계획의 수립, 필요한 시설 및 시스템의 구축 등 제반 조치를 마련·지원할 수 있다.

② 고정형 영상정보처리기기의 설치·운영 제한
　㉠ 원칙: 불특정 다수가 이용하는 개인의 사생활을 현저히 침해할 우려가 있는 장소의 내부를 볼 수 있도록 고정형 영상정보처리기기를 설치·운영하여서는 아니 됨
　㉡ 예외: 교도소, 정신보건시설 등 법령에 근거하여 사람을 구금하거나 보호하는 시설

> 제25조【고정형 영상정보처리기기의 설치·운영 제한】① 누구든지 다음 각 호의 경우를 제외하고는 공개된 장소에 고정형 영상정보처리기기를 설치·운영하여서는 아니 된다.
> 1. 법령에서 구체적으로 허용하고 있는 경우
> 2. 범죄의 예방 및 수사를 위하여 필요한 경우
> 3. 시설의 안전 및 관리, 화재 예방을 위하여 정당한 권한을 가진 자가 설치·운영하는 경우
> 4. 교통단속을 위하여 정당한 권한을 가진 자가 설치·운영하는 경우
> 5. 교통정보의 수집·분석 및 제공을 위하여 정당한 권한을 가진 자가 설치·운영하는 경우
> 6. 촬영된 영상정보를 저장하지 아니하는 경우로서 대통령령으로 정하는 경우

　　ⓐ 고정형 영상정보처리기기를 설치·운영하는 자는 정보주체가 쉽게 인식할 수 있도록 안내판 설치 등 필요한 조치를 하여야 함
　　ⓑ 설치 목적과 다른 목적으로 고정형 영상정보처리기기를 임의로 조작하거나 다른 곳을 비춰서는 안 되며, 녹음기능을 사용할 수 없음
　　　13. 경행특채 고정형 영상정보처리기기운영자는 고정형 영상정보처리기기의 설치 목적과 다른 목적으로 고정형 영상정보처리기기를 임의로 조작하거나 다른 곳을 비춰서는 아니 되며, 녹음기능은 사용할 수 없다.

③ 이동형 영상정보처리기기의 운영 제한: 개정된 「행정절차법」에서는 이동형 영상정보처리기기를 고정형 영상정보처리기기와 구분하고, 고정형 영상정보처리기기에 대한 규정을 준용하고 있음

> 제25조의2【이동형 영상정보처리기기의 운영 제한】① 업무를 목적으로 이동형 영상정보처리기기를 운영하려는 자는 다음 각 호의 경우를 제외하고는 공개된 장소에서 이동형 영상정보처리기기로 사람 또는 그 사람과 관련된 사물의 영상(개인정보에 해당하는 경우로 한정한다. 이하 같다)을 촬영하여서는 아니 된다.
> 1. 제15조 제1항 각 호의 어느 하나에 해당하는 경우
> 2. 촬영 사실을 명확히 표시하여 정보주체가 촬영 사실을 알 수 있도록 하였음에도 불구하고 촬영 거부 의사를 밝히지 아니한 경우. 이 경우 정보주체의 권리를 부당하게 침해할 우려가 없고 합리적인 범위를 초과하지 아니하는 경우로 한정한다.
> 3. 그 밖에 제1호 및 제2호에 준하는 경우로서 대통령령으로 정하는 경우
> ② 누구든지 불특정 다수가 이용하는 목욕실, 화장실, 발한실, 탈의실 등 개인의 사생활을 현저히 침해할 우려가 있는 장소의 내부를 볼 수 있는 곳에서 이동형 영상정보처리기기로 사람 또는 그 사람과 관련된 사물의 영상을 촬영하여서는 아니 된다. 다만, 인명의 구조·구급 등을 위하여 필요한 경우로서 대통령령으로 정하는 경우에는 그러하지 아니하다.

5. 개인정보 영향평가

(1) 의의
공공기관의 장은 대통령령으로 정하는 기준에 해당하는 개인정보파일의 운용으로 정보주체의 개인정보 침해가 우려되는 경우에는 위험요인의 분석과 개선사항 도출을 위한 평가를 하고 결과를 보호위원회에 제출하여야 함

(2) 영향평가 시 고려사항
① 처리하는 개인정보의 수
② 개인정보의 제3자 제공 여부
③ 정보주체의 권리를 해할 가능성 및 그 위험 정도
④ 그 밖에 대통령령으로 정한 사항

6. 개인정보 유출 통지 등

(1) 개인정보처리자는 개인정보가 분실·도난·유출되었음을 알게 되었을 때에는 지체 없이 해당 정보주체에게 유출등이된 개인정보 항목 등의 사실을 알려야 함. 다만, 정보주체의 연락처를 알 수 없는 경우 등 정당한 사유가 있는 경우에는 대통령령으로 정하는 바에 따라 통지를 갈음하는 조치를 취할 수 있음

(2) 개인정보의 유출등이 있음을 알게 되었을 때에는 통지 및 조치결과를 지체 없이 보호위원회 또는 대통령령으로 정하는 전문기관에 신고하여야 함

7. 정보주체의 권리보장

(1) 개인정보의 열람·정정·삭제청구권, 처리정지요구권
(2) 정정·삭제·처리정지 등의 요구를 대통령령으로 정하는 절차에 따라 대리인에게 하게 할 수 있음
(3) 손해배상청구와 입증책임
　① 개인정보처리자에게 손해배상을 청구할 수 있음
　② 개인정보처리자는 고의 또는 과실이 없음을 입증하지 아니하면 책임을 면할 수 없음
　③ 징벌적 손해배상: 개인정보처리자의 고의 또는 중대한 과실로 인하여 개인정보가 분실·도난·유출·위조·변조 또는 훼손된 경우로서 정보주체에게 손해가 발생한 때, 법원은 그 손해액의 5배를 넘지 아니하는 범위에서 손해배상액을 정할 수 있음
　　　18. 서울시 7급 개인정보처리자의 고의 또는 중대한 과실로 인하여 개인정보가 유출된 경우로서 정보주체에게 손해가 발생한 때에는 법원은 그 손해액의 5배를 넘지 아니하는 범위에서 손해배상액을 정할 수 있다.
　④ 법정 손해배상: 개인정보처리자의 고의 또는 과실로 인하여 개인정보가 분실·도난·유출·위조·변조 또는 훼손된 경우에는 300만원 이하의 범위에서 상당한 금액을 손해액으로 하여 배상을 청구할 수 있음

8. 개인정보 분쟁조정위원회 및 집단분쟁조정제도

(1) 개인정보 분쟁조정위원회

구성	위원장 1명을 포함한 30명 이내의 위원(위원은 당연직위원과 위촉위원으로 구성)
위원장	위원 중에서 공무원이 아닌 사람으로서 보호위원회 위원장이 위촉함
임기	2년, 1차 연임 가능
의결	재적위원 과반수의 출석, 출석위원 과반수의 찬성

(2) 조정의 신청

개인정보와 관련한 분쟁의 조정을 원하는 자는 분쟁조정위원회에 분쟁조정을 신청할 수 있음. 분쟁조정위원회는 당사자 일방으로부터 분쟁조정 신청을 받았을 때에는 그 신청내용을 상대방에게 알려야 하고, 개인정보처리자가 제2항에 따른 분쟁조정의 통지를 받은 경우에는 특별한 사유가 없으면 분쟁조정에 응하여야 함

18. 국가직 9급 국가 및 지방자치단체, 개인정보 보호단체 및 기관, 정보주체, 개인정보처리자는 정보주체의 피해 또는 권리침해가 다수의 정보주체에게 같거나 비슷한 유형을 발생하는 경우로서 일정한 사건에 대하여는 분쟁조정위원회에 집단분쟁조정을 의뢰 또는 신청할 수 있다.

(3) 처리기간

분쟁조정위원회는 분쟁조정신청을 받은 날부터 60일 이내에 이를 심사하여 조정안을 작성하여야 함

(4) 분쟁의 조정

① 조정안을 제시받은 당사자가 제시받은 날부터 15일 이내에 수락 여부를 알리지 않으면 조정을 수락한 것으로 봄
② 조정의 내용은 재판상 화해와 동일한 효력을 가짐

(5) 집단분쟁조정

① 국가 및 지방자치단체, 개인정보 보호단체 및 기관, 정보주체, 개인정보처리자는 정보주체의 피해 또는 권리침해가 다수의 정보주체에게 같거나 비슷한 유형으로 발생하는 경우로서 대통령령으로 정하는 사건에 대하여는 분쟁조정위원회에 일괄적인 분쟁조정을 의뢰 또는 신청할 수 있음
② 이 법에서 규정하지 아니한 사항에 대하여는 「민사소송법」을 준용함

9. 개인정보 단체소송

(1) 단체소송의 대상

집단분쟁조정을 거부하거나 집단분쟁조정의 결과를 수락하지 아니한 「개인정보 보호법」에 따른 일정한 요건을 갖춘 소비자단체, 비영리 민간단체 등

(2) 관할

피고의 주된 사무소 또는 영업소가 있는 곳, 주된 업무담당자의 주소가 있는 곳의 지방법원 본원 합의부

(3) 소송허가요건
① 개인정보처리자가 분쟁조정위원회의 조정을 거부하거나 조정결과를 수락하지 아니하였을 것
② 소송허가신청서의 기재사항에 흠결이 없을 것

(4) 확정판결의 효력
청구를 기각하는 판결이 확정된 경우 이와 동일한 사안에 관하여 다른 단체는 원칙적으로 단체소송을 제기할 수 없음

> 제51조【단체소송의 대상 등】다음 각 호의 어느 하나에 해당하는 단체는 개인정보처리자가 제49조에 따른 집단분쟁조정을 거부하거나 집단분쟁조정의 결과를 수락하지 아니한 경우에는 법원에 권리침해행위의 금지·중지를 구하는 소송(이하 '단체소송'이라 한다)을 제기할 수 있다.
> 1. 「소비자기본법」 제29조에 따라 공정거래위원회에 등록한 소비자단체로서 다음 각 목의 요건을 모두 갖춘 단체
>   가. 정관에 따라 상시적으로 정보주체의 권익증진을 주된 목적으로 하는 단체일 것
>   나. 단체의 정회원수가 1천명 이상일 것
>
>   **16. 지방직 9급** 「소비자기본법」에 따라 공정거래위원회에 등록한 소비자단체가 개인정보 단체소송을 제기하려면 그 단체의 정회원수가 1천명 이상이어야 한다.
>
>   다. 「소비자기본법」 제29조에 따른 등록 후 3년이 경과하였을 것
> 2. 「비영리민간단체 지원법」 제2조에 따른 비영리민간단체로서 다음 각 목의 요건을 모두 갖춘 단체
>   가. 법률상 또는 사실상 동일한 침해를 입은 100명 이상의 정보주체로부터 단체소송의 제기를 요청받을 것
>   나. 정관에 개인정보 보호를 단체의 목적으로 명시한 후 최근 3년 이상 이를 위한 활동실적이 있을 것
>   다. 단체의 상시 구성원 수가 5천명 이상일 것
>   라. 중앙행정기관에 등록되어 있을 것

(5) 「민사소송법」의 적용
단체소송에 관하여 이 법에 특별한 규정이 없는 경우에는 「민사소송법」을 적용

10. 개인정보 침해사실의 신고
(1) 개인정보에 관한 권익을 침해받은 사람은 보호위원회에 침해사실을 신고할 수 있음
(2) 보호위원회는 신고의 접수·처리 등에 관한 업무를 수행하기 위하여 전문기관을 지정할 수 있음. 이 경우 전문기관은 개인정보 침해 신고센터를 설치·운영하여야 함

11. 적용의 일부 제외

제58조【적용의 일부 제외】① 다음 각 호의 어느 하나에 해당하는 개인정보에 관하여는 제3장부터 제8장까지를 적용하지 아니한다.
1. 삭제
2. 국가안전보장과 관련된 정보 분석을 목적으로 수집 또는 제공 요청되는 개인정보
3. 삭제
4. 언론, 종교단체, 정당이 각각 취재·보도, 선교, 선거 입후보자 추천 등 고유 목적을 달성하기 위하여 수집·이용하는 개인정보

② 제25조 제1항 각 호에 따라 공개된 장소에 고정형 영상정보처리기기를 설치·운영하여 처리되는 개인정보에 대하여는 제15조, 제22조, 제22조의2, 제27조 제1항·제2항, 제34조 및 제37조를 적용하지 아니한다.
③ 개인정보처리자가 동창회, 동호회 등 친목 도모를 위한 단체를 운영하기 위하여 개인정보를 처리하는 경우에는 제15조, 제30조 및 제31조를 적용하지 아니한다.

12. 의견제시 및 개선권고

제61조【의견제시 및 개선권고】① 보호위원회는 개인정보 보호에 영향을 미치는 내용이 포함된 법령이나 조례에 대하여 필요하다고 인정하면 심의·의결을 거쳐 관계기관에 의견을 제시할 수 있다.
② 보호위원회는 개인정보 보호를 위하여 필요하다고 인정하면 개인정보처리자에게 개인정보 처리 실태의 개선을 권고할 수 있다. 이 경우 권고를 받은 개인정보처리자는 이를 이행하기 위하여 성실하게 노력하여야 하며, 그 조치결과를 보호위원회에 알려야 한다.
③ 관계 중앙행정기관의 장은 개인정보 보호를 위하여 필요하다고 인정하면 소관 법률에 따라 개인정보처리자에게 개인정보 처리 실태의 개선을 권고할 수 있다. 이 경우 권고를 받은 개인정보처리자는 이를 이행하기 위하여 성실하게 노력하여야 하며, 그 조치결과를 관계 중앙행정기관의 장에게 알려야 한다.
④ 중앙행정기관, 지방자치단체, 국회, 법원, 헌법재판소, 중앙선거관리위원회는 그 소속기관 및 소관 공공기관에 대하여 개인정보 보호에 관한 의견을 제시하거나 지도·점검을 할 수 있다.

해커스공무원 학원·인강
gosi.Hackers.com

제4편
행정의 실효성 확보수단

제1장 행정의 실효성 확보수단 개설
제2장 행정상 강제집행
제3장 행정상 즉시강제와 행정조사
제4장 행정벌과 새로운 의무이행 확보수단

제1장 행정의 실효성 확보수단 개설

1 전통적 의무이행 확보수단

행정강제	① 행정상 강제집행 　• 대집행 　• 이행강제금(집행벌) 　• 직접강제 　• 강제징수 ② 행정상 즉시강제 ③ 행정조사
행정벌	① 행정형벌 ② 행정질서벌(과태료)

08. 국가직 7급 행정상 강제집행은 행정법상 개별·구체적인 의무의 불이행을 전제로 그 불이행한 의무를 장래에 향해 실현시키는 것을 목적으로 한다는 점에서 과거의 의무 위반에 대한 제재로서 가하는 행정벌과 구별된다.

2 새로운 의무이행 확보수단

비금전적 제재	① 공급거부 ② 명단공표 ③ 관허사업 제한
금전적 제재	① 과징금 ② 가산세·가산금

제2장 행정상 강제집행

제1절 행정상 강제집행의 의의

개념	① 행정법상 의무불이행시 의무자의 신체 또는 재산에 실력을 가하여 의무이행 또는 이행이 있었던 것과 동일한 상태를 실현하는 것 ② 명령적 행위에서만 문제되며 형성적 행위에서는 문제되지 않음
특징	① 의무불이행을 전제로 함 　• 공법상 의무를 대상으로 함, 자력집행 　　⇨ 민사상 강제집행과 구별: 행정상 강제집행이 가능하면 민사상 강제집행을 허용하지 않음 　• 의무의 존재 및 불이행을 전제로 함 ⇨ 즉시강제와 구별 　• 장래에 대한 의무이행강제 ⇨ 행정벌과 구별 ② 법적 근거 필요: 의무를 명하는 행위와 의무내용을 강제적으로 실현하는 행위는 별개의 행정작용이므로 하명의 근거 외에 강제집행의 법적 근거가 필요함

14. 국가직 9급 행정대집행절차가 인정되는 공법상 의무의 이행에 대하여는 민사상 강제집행은 인정되지 않는다.

제2절 행정상 강제집행의 수단

1 대집행

1. 의의

대체적 작위의무 위반시 의무자가 하여야 할 일을 행정청 스스로 행하거나 제3자로 하여금 행하게 하고 의무자에게 비용을 징수하는 행정작용

18. 지방교행 대집행은 대체적 작위의무의 불이행이 있는 경우에 행정청이 스스로 의무자가 행할 행위를 대신 수행하는 조치이다.

2. 법적 근거

일반법으로 「행정대집행법」이 있음

3. 주체

처분을 명한 해당 행정청(행정청이 아닌 사인인 제3자에게 대집행 실행을 위탁한 경우 사법상의 도급계약에 불과하며, 제3자는 대집행 실행의 주체가 아니라 행정보조자임. 단, 법령에 의하여 대집행권한을 위탁받은 한국토지주택공사는 행정주체에 해당함)

☑ **주의** 한국토지주택공사는 행정주체는 맞지만, 국가손해배상에서의 공무원은 아님

4. 요건

(1) 대체적 작위의무 불이행

① **공법상 의무일 것**: 대집행의 대상이 되는 의무는 공법상 의무이며, 사법상 의무(예 건축도급계약상의 의무)는 대집행의 대상이 아님

㉠ **원칙**: 행정처분에 의하여 부과

㉡ **예외**: 법령에 의하여 직접 부과될 수도 있음

13. 국회직 8급 대집행의 원인이 되는 의무 불이행은 법령에 의하여 직접 부과된 의무와 법령에 의거한 행정청의 처분에 의해 부과된 의무를 불이행한 경우를 모두 포함한다.

② **작위의무일 것**

㉠ 부작위의무는 그 자체로 대집행의 대상이 되는 것은 아님(작위의무로 전환 후 불이행시 대집행이 가능하나, 이 경우 전환을 위해서는 별도의 법적 근거가 필요함)

㉡ 장례식장 사용중지 등 부작위의무 ✕

18. 서울시 9급 부작위하명에는 행정행위의 강제력의 효력이 있으나, 당해 하명에 따른 부작위의무의 불이행에 대하여는 별도의 법적 근거 없이는 대집행이 불가능하다.

③ **대체의무일 것**: 비대체의무는 원칙적으로 대집행의 대상이 아님(토지·건물의 명도의무 ✕)

(2) 다른 수단으로는 그 이행을 확보하기가 곤란할 것

(3) 불이행을 방치함이 심히 공익을 해할 것

13. 국회직 8급 대집행은 다른 수단으로 그 이행확보가 불가능한 경우 부득이한 수단으로서만 발동될 수 있다.

심히 공익을 해하는 경우	심히 공익을 해하는 경우가 아닌 경우
① 개발제한구역 내에 허가 없이 묘지를 설치한 불법형질변경을 방치하는 것 ② 허가 없이 무단증축된 부분이 상당히 크고, 도로 쪽 전면으로 돌출되어 있는 경우 ③ 골프연습장시설이 무허가로 용도변경하여 설치되었고, 개발제한구역 내에 위치하고 있어 합법화될 가능성 없는 경우 ④ 개발제한구역 및 도시공원에 속하는 임야상에 신축된 위법건축물인 대형 교회건물의 합법화가 불가능한 경우: 비록 신자들이 예배할 장소를 잃게 된다는 사정을 고려해도 교회건물의 철거의무의 불이행을 방치함은 심히 공익을 해침	① 건축허가면적보다 0.02m³ 정도 초과하여 이웃의 대지를 침범한 경우 ② 무단증축주택건물의 축조로 인하여 인접건물과 40cm 정도 근접해졌음에 불과한 경우 ③ 노후되어 붕괴될 위험에 처하여 있었는데도 대지에 관한 소유권 다툼때문에 수선허가를 받을 수 없어, 부득이 개수신고를 한 후 대수선을 한 경우 ④ 증축부분은 외관상 당초 허가된 건물의 외부로 돌출하지 아니하였거나 돌출되었더라도 크게 눈에 띄지 아니하며 위 옥탑부분 역시 3층 건물의 옥상에 있어 지면에서는 잘 보이지 않는 경우 ⑤ 도로관리청으로부터 도로점용허가를 받지 아니하고 광고물을 설치하였다는 점의 방치

(4) 단, 불가쟁력의 발생은 요건에 해당하지 않음. 즉, 쟁송제기기간 내에도 대집행 가능

(5) 대집행요건이 충족되는 경우에 대집행권을 발동할 것인지는 행정청의 재량에 속함

📑 **판례정리**

1	국유재산에 대한 임대차계약관계는 국가가 공권력의 주체로서가 아니고, 사경제적 주체로서 한 사법상의 법률관계에 불과하여 공법상의 행위의무가 발생하는 것이 아니므로, 그 지상에 있는 건물의 철거는 행정대집행법에 의한 철거계고처분에 의할 수는 없다(대판 1975.4.22. 73누215).
2	행정대집행의 절차가 인정되는 경우에는 행정대집행의 방법으로 그 의무내용을 실현할 수 있는 것이고, 따로 민사소송의 방법으로 공작물의 철거 및 그 속에 있는 물건의 수거 등을 구할 수는 없다(대판 2000.5.12. 99다18909).
3	국가에 대하여 권리를 가지는 자는 자신의 권리를 실현하기 위해 국가가 제3자에 대하여 가지는 행정대집행 권한을 대위하여 제3자를 상대로 민사소송의 방법으로 시설물의 철거를 구할 수 있다(대판 2009.6.11. 2009다1122).
4	구 공공용지의 취득 및 손실보상에 관한 특례법에 의한 협의취득시 건물소유자가 매매대상 건물에 대한 철거의무를 부담하겠다는 취지의 약정을 한 경우에는 그 철거의무가 행정대집행법에 의한 대집행의 대상이 되지 않는다(대판 2006.10.13. 2006두7096). **13. 국가직 7급** 구 「공공용지의 취득 및 손실보상에 관한 특례법」에 따른 토지 등의 협의취득시 건물소유자가 철거의무를 부담하겠다는 약정을 한 경우라도, 그 철거의무는 「행정대집행법」상 대집행의 대상이 되는 대체적 작위의무가 아니다.
5	국유일반재산인 대지에 대한 대부계약이 해지되어 국가가 원상회복으로 지상의 시설물을 철거하려는 경우, 행정대집행법에 따라 대집행을 하여야 하고 민사소송의 방법으로 시설물의 철거를 구하는 것은 허용되지 않는다(대판 2007.4.13. 2013다207941). ✓ **주의** 모든 국유재산은 행정대집행 대상 ✓ **비교** 1번 판례와 구별 필요 　1번 판례는 구 판례이고, 5번 판례는 신 판례 **18. 국가직 7급** 국유일반재산인 대지에 대한 대부계약이 해지되어 국가가 원상회복으로 지상의 시설물을 철거하려는 경우, 「행정대집행법」에 따라 대집행을 하여야 하고 민사소송의 방법으로 시설물의 철거를 구하는 것은 허용되지 않는다.
6	하천유수인용허가신청이 불허되었음을 이유로 하천유수인용행위를 중단할 것과 이를 불이행할 경우 행정대집행법에 의하여 대집행하겠다는 내용의 계고처분은 대집행의 대상이 될 수 없는 부작위의무에 대한 것으로서 그 자체로 위법하다(대판 1998.10.2. 96누5445).
7	건축주가 도립공원으로서 자연환경지구로 지정된 임야 위에 건축허가를 받을 수 없음을 알면서도 건축행위에 착수하였을 뿐만 아니라, 건축 도중 3회에 걸쳐 관할관청으로부터 건축중지 및 시공부분의 철거지시를 받고도 공사를 강행하여 건축물을 완공하였으며 … 위 건축물을 그대로 방치하는 것은 심히 공익을 해하는 것이고 이에 관한 철거대집행은 다른 수단으로써 그 이행을 확보하기 곤란한 경우에 해당한다고 볼 것이므로 위 건축물철거계고처분은 행정대집행법이 정한 요건을 구비한 것이다(대판 1989.10.10. 88누11230).
8	부작위의무로부터 그 의무를 위반함으로써 생긴 결과를 시정하기 위한 작위의무를 당연히 끌어낼 수는 없으며, 또 위 금지규정으로부터 작위의무, 즉 위반결과의 시정을 명하는 권한이 당연히 추론되는 것도 아니다(대판 1996.6.28. 96누4374).
9	관계법령에 위반하여 장례식장 영업을 하고 있는 자의 장례식장 사용중지의무는 비대체적 부작위의무로서 대집행의 대상이 아니다(대판 2005.9.28. 2005두7464). **18. 국회직 8급** 판례에 의하면 용도 위반 부분을 장례식장으로 사용하는 것을 중지할 것과 이를 불이행할 경우 행정대집행을 하겠다는 내용의 계고처분은 위법하다고 본다.

대집행의 대상이 되는 의무 (대체적 작위의무)		① 무허가건물의 철거의무 ② 지상의 묘목이나 비닐하우스의 철거의무 ③ 건물의 이전·보수·청소의무 ④ 불법광고판 철거의무 ⑤ 교통장애물 제거의무 ⑥ 위험축대 파괴의무 ⑦ 불법개간한 산림의 원상회복의무
대집행의 대상이 될 수 없는 의무	비대체적 작위의무	① 의사의 진료의무, 전문가의 감정의무 ② 국유지로부터의 퇴거의무 ③ 토지·건물의 명도나 인도의무 ④ 증인출석의무 ⑤ 도시공원시설 점유자의 퇴거 및 명도의무
	부작위의무	① 출입금지구역에 출입하지 않을 의무 ② 야간통행금지의무 ③ 토지형질 변경금지의무 ④ 야간에 소음을 내지 않을 의무 ⑤ 허가 없이 영업하지 아니할 의무 ⑥ 장례식장 사용중지의무
	수인의무	신체검사, 예방접종, 건강진단을 받을 의무 등

19. 변호사 퇴거의무 및 점유인도의무의 불이행은 행정대집행의 대상이 되지 않는다.

5. 절차

(1) 계고

① 처분(준법률행위적 행정행위로서 통지). 단, 반복된 계고는 처분성 부정
② 상당한 기간을 부여하여야 함(상당기간이 부여되지 않았다면 대집행영장으로 대집행시기를 늦추었더라도 위법)
③ 계고는 문서로 하여야 하며, 말로 하는 경우에는 무효임
④ 하명과 계고는 결합될 수도 있음(한 장의 문서로 가능하다는 것이 판례의 입장)
⑤ 생략 가능성
⑥ 대집행할 행위의 내용과 범위가 구체적으로 특정되어야 함. 다만, 특정 여부는 계고서만이 아닌 기타 사정 등을 종합하여 목적물 특정이 가능하면 됨

> **판례정리**
>
> 1. 상당한 의무이행기간을 부여하지 아니한 대집행계고처분 후에 대집행영장으로써 대집행의 시기를 늦추었더라도 대집행계고처분은 상당한 이행기한을 정하여 한 것이 아니어서 대집행의 적법절차에 위배된 것으로 위법한 처분이다(대판 1990.9.14. 90누2048).
> 2. 계고서라는 명칭의 1장의 문서로서 일정기간 내에 위법건축물의 자진철거를 명함과 동시에 그 소정기한 내에 자진철거를 하지 아니할 때에는 대집행할 뜻을 미리 계고한 경우라도, 건축법에 의한 철거명령과 행정대집행법에 의한 계고처분은 독립하여 있는 것으로서 각 그 요건이 충족되었다.

	계고를 함에 있어서는 의무자가 이행하여야 할 행위와 그 의무불이행시 대집행할 행위의 내용 및 범위가 구체적으로 특정되어야 할 것이지만 … 대집행의무자가 그 이행의무의 범위를 알 수 있을 정도로 하면 족하다(대판 1992.6.12. 91누13564). **19. 변호사** 1장의 문서에 철거명령과 계고처분을 동시에 기재하여 처분할 수 있다.
3	대집행계고를 함에 있어서 대집행할 행위의 내용 및 범위는 반드시 대집행계고서에 의하여서만 특정되어야 하는 것이 아니고, 계고처분 전·후에 송달된 문서나 기타 사정을 종합하여 행위의 내용이 특정되거나 실제 건물의 위치, 구조, 평수 등을 계고서의 표시와 대조·검토하여 대집행의무자가 그 이행의무의 범위를 알 수 있을 정도로 하면 족하다(대판 1996.10.11. 96누8086). **18. 국가직 9급** 대집행할 행위의 내용 및 범위는 반드시 대집행계고서에 의하여서만 특정되어야 하는 것이 아니고, 계고처분 전·후에 송달된 문서나 기타 사정을 종합하여 행위의 내용이 특정되거나 의무자가 그 이행의무의 범위를 알 수 있으면 족하다는 것이 판례의 입장이다.
4	행정대집행법상의 건물철거의무는 제1차 철거명령 및 계고처분으로서 발생하였고, 제2차·제3차의 계고처분은 새로운 철거의무를 부과한 것이 아니고, 다만, 대집행기한의 연기통지에 불과하므로 행정처분이 아니다(대판 1994.10.28. 94누5144). **19. 국회직 8급** 제1차 철거명령 및 계고처분에 불응하여 다시 철거촉구 및 대집행의 뜻을 알리는 제2차 계고처분은 행정처분의 성질을 갖지 않는다.
5	제1차로 창고건물의 철거 및 하천부지에 대한 원상복구명령을 하였음에도 이에 불응하므로 대집행계고를 하면서 다시 자진철거 및 토사를 반출하여 하천부지를 원상복구할 것을 명한 경우, 대집행계고서에 기재된 자진철거 및 원상복구명령은 취소소송의 대상이 되는 독립한 행정처분이 아니다(대판 2004.6.10. 2002두12618).

(2) 통지

① 처분(준법률행위적 행정행위)

② 생략 가능성

19. 서울시 7급 비상시 또는 위험이 절박한 경우에 있어서 계고·대집행 영장의 통지규정에서 정하는 수속을 취할 여유가 없을 경우에는 위의 두 수속 모두를 거치지 아니하고 대집행을 할 수 있다.

(3) 실행

① 처분(권력적 사실행위)

② 위법한 대집행 실행(계고 및 통지 ✕) ⇨ 공무집행방해죄 성립 ✕

③ 증표 제시

④ 실력행사에 대해서는 학설 대립

㉠ 「형법」 제136조의 공무집행방해죄나 「경찰관 직무집행법」 제5조의 위험발생의 방지규정에 따라 실력행사. 명문의 규정이 없는 이상 실력행사를 대집행의 일부로 보기는 힘듦

㉡ 행정청이 행정대집행의 방법으로 건물철거의무의 이행을 실현할 수 있는 경우에는 건물철거 대집행 과정에서 부수적으로 그 건물의 점유자들에 대한 퇴거 조치를 할 수 있는 것이고, 그 점유자들이 적법한 행정대집행을 위력을 행사하여 방해하는 경우 「형법」상 공무집행방해죄가 성립하므로, 필요한 경우에는 「경찰관 직무집행법」에 근거한 위험발생 방지조치 또는 「형법」상 공무집행방해죄의 범행방지 내지 현행범체포의 차원에서 경찰의 도움을 받을 수도 있음(대판 2017.4.28. 2016다21391)

(4) 비용징수
① 처분(하명)
② 의무자가 부담함. 의무자가 납부하지 않을 때는 「국세징수법」의 예에 따라 강제징수

14. 국가직 7급 대집행을 실시하기 위하여 지출한 비용은 「행정대집행법」 절차에 따라 「국세징수법」의 예에 의하여 징수할 수 있으므로 민사소송절차에 의한 청구는 소의 이익이 없어 부적법하다.

📋 판례정리

1	행정청이 행정대집행의 방법으로 건물철거의무이행을 실천하는 과정에서 부수적으로 건물점유자에 대한 퇴거조치를 실천하려 하자 점유자들이 이를 위력을 행사하여 방해하는 경우에, 행정청은 행정대집행법에 명문의 규정이 없는 이상 경찰관 직무집행법에 근거하여서는 경찰의 도움을 받을 수 있다(대판 2017.4.28. 2016다213916). **19. 국가직 9급** 행정청이 행정대집행의 방법으로 건물철거의무의 이행을 실현할 수 있는 경우에는 건물철거 대집행 과정에서 부수적으로 그 건물의 점유자들에 대한 퇴거조치를 할 수 있다. **19. 지방직 9급** 건물의 점유자가 철거의무자일 때에는 건물철거의무에 퇴거의무도 포함되어 있는 것이어서 별도로 퇴거를 명하는 집행권원이 필요하지 않다.
2	적법한 건축물에 대한 철거명령은 그 하자가 중대하고 명백하여 당연무효라고 할 것이고, 그 후행행위인 건축물철거 대집행계고처분 역시 당연무효라고 할 것이다(대판 1999.4.27. 97누6780). **17. 국가직 7급(10월)** 적법하게 건축된 건축물에 대한 철거명령을 전제로 행하여진 후행행위인 건축물철거 대집행계고처분은 당연무효라 할 것이다.
3	한국토지주택공사가 구 대한주택공사법 및 같은 법 시행령에 의해 대집행 권한을 위탁받아 대집행을 실시한 경우 행정대집행법이 대집행비용의 징수에 관하여 민사소송절차에 의한 소송이 아닌 간이하고 경제적인 특별구제절차를 마련해 놓고 있으므로 민사소송절차에 의하여 비용을 징수할 수 없다(대판 2011.9.8. 2000다48240).

6. 구제
(1) 대집행 각 단계행위 모두 행정쟁송의 대상인 처분에 해당함
(2) 소익 이익
보통 단기간에 종료되므로 대집행이 실행된 경우 소의 이익이 없으므로 항고소송 제기 ✕
(3) 대집행요건 충족 여부의 입증책임 – 행정청
① 건물철거명령과 대집행 계고처분 사이에는 철거명령이 무효가 아닌 한 하자승계 부정
② 대집행의 각 단계행위(계고 ⇨ 통지 ⇨ 실행 ⇨ 비용징수)의 하자승계 긍정

18. 국가직 9급 선행 계고처분의 위법성을 들어 대집행 비용납부명령의 취소를 구할 수 있다.

(4) 손해배상청구, 공법상 결과제거청구

2 이행강제금(집행벌)

1. 의의
행정법상 의무불이행시 이행강제금 부과의 뜻을 미리 알려 의무자에게 심리적 압박을 가하여 간접적으로 의무이행을 강제하는 것

> **판례정리**
>
> 1. 전통적으로 행정대집행은 대체적 작위의무에 대한 강제집행수단으로, 이행강제금은 부작위의무나 비대체적 작위의무에 대한 강제집행수단으로 이해되어 왔으나, 이는 이행강제금제도의 본질에서 오는 제약은 아니며, 이행강제금은 대체적 작위의무의 위반에 대하여도 부과될 수 있다(헌재 2004. 2.26. 2001헌바80).
>   **19. 국회직 8급** 「건축법」에 위반된 건축물의 철거를 명하였으나 불응하자 이행강제금을 부과·징수한 후 이후에도 철거를 하지 아니하자 다시 행정대집행 계고처분을 한 경우 그 계고처분은 유효하다.
>   **19. 변호사** 「건축법」상 이행강제금은 과거의 일정한 법률 위반행위에 대한 제재로서의 형벌이 아니라 장래의 의무이행 확보를 위한 강제수단일 뿐이어서 범죄에 대하여 국가가 형벌권을 실행하는 과벌에 해당하지 않으므로 헌법 제13조 제1항이 금지하는 '동일한 범죄에 대한 거듭된 처벌'에 해당되지 않는다.

2. 이행강제금(집행벌)과 행정벌의 구별

(1) 목적에 의한 구별
이행강제금은 장래의 의무이행을 확보한다는 점에서 행정벌과 목적을 달리함. 따라서 이행강제금과 행정벌은 병과가 가능하고 이중처벌금지의 원칙에 위반되지 않음

(2) 반복부과 여부에 따른 구별
이행강제금은 반복부과가 가능하지만, 행정벌은 반복부과가 불가능함

> **판례정리**
>
> 1. 형사처벌과 별도로 시정명령 위반에 대하여 이행강제금을 부과하는 건축법 제83조 제1항은 이중처벌에 해당하지 않으며, 시정명령 이행시까지 반복하여 부과가 가능하다. 이행강제금을 부과·징수할 수 있도록 정한 같은 조 제4항도 과잉금지원칙에 위반되지 않는다(대결 2005.8.19. 2005마30).
> 2. 이행강제금을 부과·징수할 때마다 그에 앞서 시정명령 절차를 다시 거쳐야 할 필요는 없다(대판 2013.12.12. 2012두20397).

3. 법적 근거 및 대상

(1) 법적 근거
① 일반법 ○(「행정기본법」)
② 개별법 ○(예「건축법」, 「농지법」, 「독점규제 및 공정거래에 관한 법률」 등)

(2) 대상
① 종래 통설: 이행강제금은 부작위의무, 비대체적 작위의무에 대한 강제집행수단
② 헌법재판소: 이행강제금은 대체적 작위의무에 대해서도 부과 가능

4. 절차(「건축법」의 경우)

시정명령 및 상당한 이행기간의 통지 ⇨ 계고처분 ⇨ 이행강제금의 부과

✓ **주의** 「건축법」상 이행강제금의 부과는 시정명령의 불이행과 그에 대한 이행강제금 부과를 문서로서 이루어진 계고가 필요함(대집행과 달리 생략 불가능)

5. 부과의 성질

(1) 행정행위(급부하명, 행정청의 직권취소 가능). 기한 내 납부하지 않은 경우 지방세 체납처분의 예에 따라 징수함
(2) 구 「건축법」상 이행강제금 납부의무는 일신전속적이므로 상속되지 않음

6. 권리구제

(1) 개별법에 특별한 규정을 두고 있는 경우
처분성 부정

> **판례정리**
>
> 1. 농지법 제62조 제1항에 따른 이행강제금 부과처분에 대한 불복절차는 비송사건절차법에 따른 재판이므로 농지법상 이행강제금 부과처분이 행정소송법상 항고소송의 대상이 될 수 없으며, 관할청이 위 이행강제금 부과처분을 하면서 재결청에 행정심판을 청구하거나 관할 행정법원에 행정소송을 할 수 있다고 잘못 안내한 경우, 행정법원의 항고소송 재판관할이 생긴다고 볼 수 없다(대판 2019.4.11. 2018두42955).

(2) 개별법에 특별한 규정을 두고 있지 않은 경우
처분성 긍정(항고소송의 제기 가능)
① 「건축법」상 이행강제금 부과는 항고소송의 대상이 되는 행정처분임
② 「건축법」상 이행강제금 납부의 최초 독촉은 항고소송의 대상이 되는 처분임

> **판례정리**
>
> 1. 건축법상 이행강제금 납부의무는 상속인 기타의 사람에게 승계될 수 없는 일신전속적인 성질의 것이므로 이미 사망한 사람에게 이행강제금을 부과하는 내용의 처분이나 결정은 당연무효이다(대결 2006.12.8. 2006마470).
>   **18. 지방직 9급** 「건축법」상의 이행강제금은 간접강제의 일종으로서 그 이행강제금 납부의무는 일신전속적인 성질의 것이므로 이미 사망한 사람에게 이행강제금을 부과하는 내용의 처분은 당연무효이다.
> 2. 국토의 계획 및 이용에 관한 법률상 토지의 이용의무 불이행에 따른 이행명령을 받은 의무자가 이행명령에서 정한 기간을 지나서 그 명령을 이행한 경우, 이행명령 불이행에 따른 최초의 이행강제금을 부과할 수 없다(대판 2014.12.11. 2013두15750).
> 3. 행정청에 국토의 계획 및 이용에 관한 법률 시행령 제124조의3 제3항에서 정한 토지이용의무를 위반한 자에게 부과할 이행강제금 부과기준과 다른 이행강제금액을 결정할 재량권이 없다(대판 2014.11.27. 2013두8653).
> 4. 이행강제금은 행정관청의 시정명령 위반행위에 대하여 과하는 제재이므로 일단 그 위반행위가 이루어지면 이행강제금 부과대상이 되는 것이고, 그 후에 이를 시정하였다 하여 이행강제금 부과대상에서 당연히 벗어나는 것은 아니다(대결 2007.7.13. 2007마637).
> 5. 위반건축물이 개정 건축법 시행 이전에 건축된 것일지라도 행정청이 '현행 건축법' 시행 이후에 시정명령을 하고, 건축물 소유자 등이 시정명령에 응하지 않은 경우에는 행정청은 현행 건축법에 따라 이행강제금을 부과할 수 있다(대판 2012.3.29. 2011두27919).

6	비록 건축주 등이 장기간 시정명령을 이행하지 아니하였더라도, 그 기간 중에는 시정명령의 이행기회가 제공되지 아니하였다가 뒤늦게 시정명령의 이행기회가 제공된 경우라면 시정명령의 이행기회가 제공되지 아니한 과거의 기간에 대한 이행강제금까지 한꺼번에 부과할 수는 없다. 그리고 이를 위반하여 이루어진 이행강제금 부과처분은 법규의 중요한 부분을 위반한 것으로서, 그러한 하자는 중대할 뿐만 아니라 객관적으로도 명백하다(대판 2016.7.14. 2015두4598).
7	<시정명령을 받은 의무자가 시정명령에서 정한 기간이 지났으나 이행강제금이 부과되기 전에 의무를 이행한 경우, 이행강제금 부과 불가능> 건축법상의 이행강제금은 시정명령의 불이행이라는 과거의 위반행위에 대한 제재가 아니라, 의무자에게 시정명령을 받은 의무의 이행을 명하고 그 이행기간 안에 의무를 이행하지 않으면 이행강제금이 부과된다는 사실을 고지함으로써 의무자에게 심리적 압박을 주어 의무의 이행을 간접적으로 강제하는 행정상의 간접강제수단에 해당한다. 이러한 이행강제금의 본질상 시정명령을 받은 의무자가 이행강제금이 부과되기 전에 그 의무를 이행한 경우에는 비록 시정명령에서 정한 기간을 지나서 이행한 경우라도 이행강제금을 부과할 수 없다. 나아가 시정명령을 받은 의무자가 그 시정명령의 취지에 부합하는 의무를 이행하기 위한 정당한 방법으로 행정청에 신청 또는 신고를 하였으나 행정청이 위법하게 이를 거부 또는 반려함으로써 결국 그 처분이 취소되기에 이르렀다면, 특별한 사정이 없는 한 그 시정명령의 불이행을 이유로 이행강제금을 부과할 수는 없다고 보는 것이 위와 같은 이행강제금 제도의 취지에 부합한다(대판 2018.1.25. 2015두35116). ☑ 비교 「독점규제 및 공정거래에 관한 법률」 제16조에 따른 이행강제금이 부과되기 전에 시정 조치를 이행하거나 부작위 의무를 명하는 시정조치 불이행을 중단한 경우 과거의 시정조치불이행기간에 대하여 이행강제금을 부과할 수 있음. 「건축법」상 이행강제금은 과거 시정조치 불이행기간에 대하여 이행강제금 부과 불가, 「독점규제 및 공정거래에 관한 법률」상 이행강제금은 부과 가능 **19. 지방직 7급** 「건축법」상 이행강제금은 행정상의 간접강제수단에 해당하므로, 시정명령을 받은 의무자가 이행강제금이 부과되기 전에 그 의무를 이행한 경우에는 비록 시정명령에서 정한 기간을 지나서 이행한 경우라도 이행강제금을 부과할 수 없다.
8	사용자가 이행하여야 할 행정법상 의무의 내용을 초과하는 것을 '불이행 내용'으로 기재한 이행강제금 부과 예고서에 의하여 이행강제금 부과 예고를 한 다음 이행강제금을 부과한 경우, 이행강제금 부과 예고 및 이행강제금 부과처분은 위법하다(대판 2015.6.24. 2011두2170).
9	노동위원회가 사용자에게 '부당한 징계 및 해고기간 동안 정상적으로 근무하였다면 받을 수 있었던 임금상당액을 지급하라'는 구제명령을 하고 구제명령 불이행을 이유로 이행강제금을 부과한 사안에서, 위 구제명령에서 지급의무의 대상이 되는 '임금상당액'의 액수를 구체적으로 특정하지 않았다고 하더라도 구제명령의 이행이 불가능할 정도로 불특정하여 위법·무효라고 할 수 없으므로 이행강제금 부과처분은 적법하다(대판 2010.10.28. 2010두12682).

3 직접강제

의의	행정법상 의무불이행이 있는 경우 행정기관이 직접 의무자의 신체·재산에 실력을 가해 의무자가 의무를 이행한 것과 같은 상태를 실현하는 작용
구별개념	① 직접강제: 의무불이행을 전제로 함 ② 즉시강제: 의무불이행을 전제하지 않음
법적 근거 및 대상	침해적 성격이 강하므로 반드시 법적 근거가 필요함 ① 근거: 일반법 ×, 개별법 ○(영업소폐쇄, 간판 등 시설물의 제거, 외국인의 강제퇴거) ② 대상: 작위의무, 부작위의무, 수인의무 등 일체의 의무불이행
권리구제	권력적 사실행위, 처분성 인정, 손해배상청구 및 결과제거청구 가능

4 행정상 강제징수

의의	행정법상 금전급부를 불이행한 경우 의무자의 재산에 실력을 가해 의무이행이 있었던 것과 같은 상태를 실현하는 행정작용
법적 근거	「국세징수법」이 실질적으로 일반법적 지위를 가짐 ✓ 주의 「국세기본법」이 아님

절차	\multicolumn{2}{l}{독촉 및 체납처분(압류·매각·청산)으로 이루어짐 **선생님 tip** 독·압·매·청 ① 독촉 • 준법률적 행정행위로서 통지 • 납부기간 경과 후 10일 내에 발부하여야 함 • 처분성 ○[단, 반복된 독촉은 처분성 ✕(판례)] • 압류처분에 앞서 독촉 생략시 압류처분의 중대·명백한 하자가 아님(판례) • **독촉은 소멸시효를 중단시키는 효력을 가짐** ② 체납처분}
	압류	• 처분(권력적 사실행위) • 대상 　- 금전가치가 있고 양도가치가 있는 모든 재산 　- 생활필수품 같은 일정 재산: 압류 금지(「국세징수법」) 　- 급여채권 등: 총액의 2분의 1에 해당하는 금액은 압류 금지 • 체납자 아닌 자의 재산 압류: 당연무효(판례) • 압류재산이 징수할 국세액을 초과할 때 그것만으로 압류처분이 당연무효인 것은 아님 • 압류 후 근거법률에 대하여 위헌결정: 압류처분이 당연무효가 되는 것은 아님 • 체납자 사망 후, 체납자 명의의 재산에 대한 압류: 상속인에 대한 것으로 봄 • 압류처분에 기한 압류등기가 경료된 경우에도 압류처분의 무효확인을 구할 이익이 있음 • 「국세징수법」상 체납처분에 의한 채권압류에서 압류조서가 작성되지 않은 경우, 채권압류 자체가 무효인 것은 아님 • 제3채무자에 대한 채권압류통지서에 피압류채권이 특정되지 않거나 체납자에 대한 채무이행 금지의 문언이 기재되지 않은 경우, 채권압류는 무효임
	매각	• 처분(공법상 대리) • 원칙: 입찰, 경매 등 공매 • 예외: 수의계약 • 공매의 대행: 세무서장은 자산관리공사로 하여금 공매를 대행하게 할 수 있으며, 이 경우 공매는 세무서장이 한 것으로 봄 　✓ 주의 소송은 자산관리공사를 피고로 하는 것에 유념하여야 함 　- 공매통지는 공매의 절차적 요건으로, 공매통지가 위법하면 공매처분도 위법함 　- 공매공고기간이 경과하지 않은 상태에서 공매는 위법함

		- 공매재산에 대한 평가 등이 잘못된 경우 매수인의 부당이득이 되는 것은 아님. 「국세징수법」에 따르면 공매는 공고한 날부터 10일이 지난 후에 함(동법이 정한 10일의 공매공고기간이 경과하지 않은 공매는 위법함) - 「국세징수법」상 공매통지 자체는 원칙적으로 행정처분이 아님. 공매결정·공매통지·공매공고는 처분성이 없음
	청산	체납처분비 ⇨ 국세 ⇨ 가산금
권리구제	① 행정소송 제기 가능. 「국세기본법」은 필요적 행정심판 전치절차를 규정함(후술) **15. 사회복지직 9급** 판례에 의하면 압류는 체납국세의 징수를 실현하기 위하여 체납자의 재산을 보전하는 강제행위로서 항고소송의 대상이 되는 처분이다. ② 독촉 및 체납처분의 각 단계는 하자가 승계됨. 단, 조세부과처분의 하자는 당연무효가 아닌 한 강제징수절차에 승계되지 않음	

15. 사회복지직 9급 「국세징수법」에 의한 강제징수절차는 독촉과 체납처분으로, 체납처분은 다시 재산압류, 압류재산의 매각, 청산의 단계로 이루어진다.

판례정리

1	성업공사(현 한국자산관리공사)가 체납압류된 재산을 공매하는 것은 세무서장의 공매권한 위임에 의한 것으로 보아야 할 것이므로, 성업공사가 한 그 공매처분에 대한 취소 등의 항고소송을 제기함에 있어서는 수임청으로서 실제로 공매를 행한 성업공사를 피고로 하여야 하고, 위임청인 세무서장은 피고적격이 없다(대판 1997.2.28. 96누1757).
2	체납자 등에 대한 공매통지가 공매의 절차적 요건이라고 보아야 하며, 체납자 등에게 공매통지를 하지 않았거나 적법하지 않은 공매통지를 한 경우 그 공매처분이 위법하다(대판 2008.11.20. 2007두18154).
3	성업공사가 당해 부동산을 공매하기로 한 결정 자체는 내부적인 의사결정에 불과하여 항고소송의 대상이 되는 행정처분이라고 볼 수 없고, 또한 위 공사가 한 공매통지는 공매의 요건이 아니고 공매사실 그 자체를 체납자에게 알려주는 데 불과한 것으로 이것 역시 행정처분에 해당한다고 할 수 없다(대판 1998.6.26. 96누12030).
4	한국자산관리공사가 인터넷으로 재공매(입찰)하기로 한 결정이 행정처분에 해당하지 않는다(대판 2007.7.27. 2006두8464).
5	공매통지가 행정처분에 해당하지 않으며, 공매통지의 결여나 위법을 들어 공매처분의 취소를 구할 수 있는 것이지 공매통지 자체를 항고소송 대상으로 삼아 그 취소를 구할 수는 없다(대판 2011.3.24. 2010두25527). **18. 지방직 9급** 「국세징수법」상 체납자에 대한 공매통지는 국가의 강제력에 의하여 진행되는 공매에서 체납자의 권리 내지 재산상의 이익을 보호하기 위하여 법률로 규정한 절차적 요건으로, 이를 이행하지 않은 경우 그 공매처분은 위법하다.
5-1	재공매(입찰)결정이 행정처분이라고 볼 수 없고, 판례는 내부의사결정으로 본다(대판 2007.7.27. 2006두8464).
6	공매에 의하여 재산을 매수한 자는 그 공매처분이 취소된 경우에 그 취소처분의 위법을 주장하여 행정소송을 제기할 법률상 이익이 있다(대판 1984.9.25. 84누201). **16. 지방직 9급** 과세관청이 체납처분으로서 하는 공매는 행정처분이다. **19. 국회직 8급** 「국세징수법」상 공매통지 자체는 원칙적으로 항고소송의 대상이 되는 행정처분이 아니다.

7	과세관청이 체납처분으로서 하는 공매에 있어서 공매재산에 대한 감정평가나 매각예정가격의 결정이 잘못되었다 하더라도, 매수인이 공매절차에서 취득한 공매재산의 시가와 감정평가액과의 차액 상당을 법률상의 원인 없이 부당이득한 것이라고는 볼 수 없다(대판 1997.4.8. 96다52915).
8	과세관청이 조세의 징수를 위하여 납세의무자 소유의 부동산을 압류한 이후에 압류등기가 된 부동산을 양도받아 소유권이전등기를 마친 사람은 위 압류처분에 대하여 사실상 간접적 이해관계를 가질 뿐, 법률상 직접적이고 구체적인 이익을 가지는 것은 아니어서 그 압류처분의 무효확인을 구할 당사자 적격이 없다(대판 1990.10.16. 89누5706). ✓ 비교 7번 판례, 8번 판례 구별 필요 　7번 판례는 공매'재산'에 관한 것이고, 8번 판례는 '부동산'에 관한 것임
9	세무서장의 국세환급금에 대한 결정은 이미 납세의무자의 환급청구권이 확정된 국세환급금에 대하여 내부적인 사무처리절차로서 과세관청의 환급절차를 규정한 것에 지나지 않고 국세환급금의 결정에 의하여 비로소 환급청구권이 확정되는 것이 아니므로, 국세환급금결정이나 그 결정을 구하는 신청에 대한 환급거부결정 등은 항고고송의 대상이 되는 처분이라고 볼 수 없다(대판 1994.12.2. 92누14250).
10	위헌결정 이후에는 부담금 등의 납부의무가 없음을 알면서도 압류해제거부로 인한 사실상의 손해를 피하기 위하여 부득이 부담금 등을 납부하게 된 경우 등 그 납부가 자기의 자유로운 의사에 반하여 이루어진 것으로 볼 수 있는 사정이 있는 때에는 납부자가 그 반환청구권을 상실하지 않는다(대판 2003.9.2. 2003다14348).
11	납세자에게 국세징수법 제14조 제1항 제1호 내지 제6호의 사유가 발생하고 납부고지가 된 국세의 납부기한도 도과하여 체납 상태에 있는 경우, 과세관청은 독촉장을 발급하거나 이미 발급한 독촉장에 기재된 납부기한의 도과를 기다릴 필요 없이 해당 국세에 대하여 교부청구를 할 수 있다(대판 2019.7.25. 2019다206933). ✓ 주의　교부청구란 쉽게 말해 다른 과세관청에 의한 공매절차가 진행 중일 때 끼어들어서 세금의 배당을 요구하는 제도
12	공매절차에서 세무서장 등은 매각대금이 완납되어 압류재산이 매수인에게 이전되기 전까지 성립·확정된 조세채권에 관해서만 교부청구를 할 수 있다(대판 2016.11.25. 2014두5316).

제3장 행정상 즉시강제와 행정조사

제1절 행정상 즉시강제

1 의의

「행정기본법」 제33조 【즉시강제】 ① 즉시강제는 다른 수단으로는 행정목적을 달성할 수 없는 경우에만 허용되며, 이 경우에도 최소한으로만 실시하여야 한다.
② 즉시강제를 실시하기 위하여 현장에 파견되는 집행책임자는 그가 집행책임자임을 표시하는 증표를 보여 주어야 하며, 즉시강제의 이유와 내용을 고지하여야 한다.
③ 제2항에도 불구하고 집행책임자는 즉시강제를 하려는 재산의 소유자 또는 점유자를 알 수 없거나 현장에서 그 소재를 즉시 확인하기 어려운 경우에는 즉시강제를 실시한 후 집행책임자의 이름 및 그 이유와 내용을 고지할 수 있다. 다만, 다음 각 호에 해당하는 경우에는 게시판이나 인터넷 홈페이지에 게시하는 등 적절한 방법에 의한 공고로써 고지를 갈음할 수 있다.
1. 즉시강제를 실시한 후에도 재산의 소유자 또는 점유자를 알 수 없는 경우
2. 재산의 소유자 또는 점유자가 국외에 거주하거나 행방을 알 수 없는 경우
3. 그 밖에 대통령령으로 정하는 불가피한 사유로 고지할 수 없는 경우

개념	미리 의무를 명할 시간적 여유가 없거나 그 성질상 의무를 명해서는 목적달성을 할 수 없는 경우, 직접 신체 또는 재산에 실력을 가함으로써 행정상 필요한 상태를 실현하는 행정작용
구별개념	① 강제집행과의 구별 　• 행정상 즉시강제: 의무의 존재와 불이행을 전제로 하지 않음 　• 강제집행: 의무의 존재와 불이행을 전제로 함 ② 행정조사와의 구별 　• 행정상 즉시강제: 필요한 상태를 실현하기 위한 목적 　• 행정조사: 조사 그 자체가 기본 목적
성질	권력적 사실행위로서 처분으로, 법적 근거가 필요함

19. 국가직 9급 즉시강제는 급박한 위험 또는 장애를 제거하기 위하여 미리 의무를 명할 시간적 여유가 없는 경우에 직접 개인의 신체 또는 재산에 실력을 가함으로써 행정목적을 실현하는 행정작용을 말하며, 의무의 존재와 그 불이행을 전제로 하지 않는다.
18. 지방교행 신체의 자유를 제한하는 즉시강제는 법률의 규정에 의하여 허용될 수 있다.

2 종류

구분	대인적 강제	대물적 강제	대가택 강제
「경찰관 직무집행법」	보호조치, 장구 및 무기의 사용	무기, 흉기 등의 물건의 임시영치, 위해 방지조치	위험방지를 위한 가택출입, 수색
개별법	① 강제격리 ② 「소방기본법」상의 화재현장에 있는 자에 대한 원조강제 ③ 「재난 및 안전관리 기본법」상의 응급조치 ④ 「마약류 관리에 관한 법률」상의 마약중독자의 격리 및 치료를 위한 치료보호 등 ⑤ 「경찰관 직무집행법」에 의한 보호조치	① 소방대상물의 파괴 ② 불법 게임물의 수거·폐기 ③ 「재난 및 안전관리 기본법」상의 응급조치 ④ 「마약류 관리에 관한 법률」상의 마약류에 관한 폐기 등	「조세범 처벌절차법」상 수색

3 한계

실체법적 한계	절차법적 한계(영장주의의 적용문제)
① 급박성 ② 비례의 원칙: 강제집행을 원칙으로 하고, 즉시강제는 예외적으로 인정됨 ③ 보충성의 원칙 ④ 소극성의 원칙: 적극적 행정목적의 달성을 위하여 발동해서는 안 됨	① 원칙적으로 영장 필요 ② 예외적으로 불필요[절충설(통설 및 대법원)]

> **판례정리**
>
> 1. 사전영장주의는 인신보호를 위한 헌법상의 기속원리이기 때문에 인신의 자유를 제한하는 모든 국가작용의 영역에서 존중되어야 하지만, 사전영장주의를 고수하다가는 도저히 행정목적을 달성할 수 없는 지극히 예외적인 경우에는 형사절차에서와 같은 예외가 인정된다(대판 1997.6.13. 96다56115).
>
> 2. 영장주의가 행정상 즉시강제에도 적용되는지에 관하여는 논란이 있으나, 행정상 즉시강제는 상대방의 임의이행을 기다릴 시간적 여유가 없을 때 하명 없이 바로 실력을 행사하는 것으로서, 그 본질상 급박성을 요건으로 하고 있어 법관의 영장을 기다려서는 그 목적을 달성할 수 없다고 할 것이므로, 원칙적으로 영장주의가 적용되지 않는다고 보아야 할 것이다(헌재 2002.10.31. 2000헌가12).
> **19. 서울시 9급(2월)** 불법 게임물에 대해 관계당사자에게 수거·폐기를 명하지 아니하고 행정상 강제집행으로 나아가는 것은 법익의 균형성의 원칙에 위배되는 것이 아니다.

4 구제

적법한 즉시강제에 대한 구제	손실보상청구 가능
위법한 즉시강제에 대한 구제	① 「인신보호법」상의 구제 ② 행정쟁송: 권력적 사실행위로서 처분 ⇨ 단, 행정상 즉시강제는 대부분 단기간에 종료되므로 협의의 소의 이익이 결여되는 경우가 많음. 다만, 계속적 성질을 가지는 경우에는 소의 이익이 인정됨 ③ 손해배상의 청구, 결과제거청구권 등 ④ 정당방위: 위법한 즉시강제에 저항하는 경우에는 공무집행방해죄가 성립하지 않음

📖 판례정리

1. 음반·비디오 및 게임물에 관한 법률에 근거하여 불법 사행성게임장을 단속하기 전에 단속공무원이 사전통지나 의견제출의 기회를 부여하지 않았다고 하여 적법절차원칙에 위반되는 것으로 볼 수 없다(헌재 2001.10.31. 2000헌가12).

제2절 행정조사

1 의의

개념	행정기관이 정책결정, 직무수행시 필요한 정보나 자료를 수집하기 위하여 현장조사, 문서열람, 시료채취 등을 하거나 조사대상자에게 보고 요구, 자료제출 요구, 출석·진술 요구를 행하는 활동
법적 근거	행정조사를 실시하기 위해서는 법률에 근거가 있어야 함. 다만, 조사대상자의 자발적인 협조를 얻어 실시하는 행정조사는 법률에 근거 없어도 가능
적용범위	① 「행정조사기본법」이 적용되지 않는 경우 　• 「근로기준법」 제101조에 따른 근로감독관의 직무에 관한 사항 　• 조세, 형사, 행형 및 보안처분에 관한 사항 　• 금융감독기관의 감독, 검사, 조사 및 감리에 관한 사항 ② 다만, 이러한 경우라도 「행정조사기본법」 제4조(행정조사의 기본원칙), 제5조(행정조사의 근거), 제28조(정보통신수단을 통한 행정조사)의 규정은 적용됨(동법 제3조 제3항) **12. 지방직 9급** 금융감독기관의 감독·검사·조사에 대하여는 「행정조사기본법」이 적용될 여지가 없는 것은 아니다.

2 한계

실체법적 한계	절차법적 한계
근거법에 규정된 한계 준수	① 영장주의: 판례는 우편물 통관검사절차에서 압수·수색영장 없이 진행된 우편물의 개봉, 시료채취, 성분분석 등 검사는 원칙적으로 적법하다고 봄 ② 증표의 제시 ③ 실력행사: 부정설(다수설)

3 행정조사의 기본원칙

조사범위의 최소화	① 조사목적을 달성하는 데 필요한 최소한의 범위 안에서 실시하여야 함 ② 다른 목적을 위한 남용 불가 **14. 서울시 9급** 행정조사는 조사목적을 달성하는 데 필요한 최소한의 범위 안에서 실시하여야 한다.
조사목적의 적합성	목적에 적합하도록 조사대상자를 선정하여 조사를 실시하여야 함
중복조사의 제한	유사 또는 동일한 사안에 대해서는 공동조사를 실시 **14. 국회직 8급** 행정기관은 유사하거나 동일한 사안에 대하여는 공동조사 등을 실시함으로써 행정조사가 중복되지 아니하도록 하여야 한다.
예방 위주의 행정조사	처벌보다는 법령준수를 유도하는 데에 중점 **14. 서울시 9급** 행정조사는 조사를 통해 법령 등의 위반사항을 발견하고 처벌하는 것보다는 법령 등을 준수하도록 유도하는 데 중점을 두어야 한다.
내용공표 및 비밀누설금지	다른 법률에 따르지 않고는 조사대상자 또는 조사내용을 공표하거나 비밀을 누설해서는 안 됨
조사결과에 대한 이용 제한	원칙적으로 조사목적 이외의 용도로 조사결과를 이용하거나, 타인에게 제공해서는 안 됨

판례정리

1. 공적 인물에 대하여는 사생활의 비밀과 자유가 일정한 범위 내에서 제한되어 그 사생활의 공개가 면책되는 경우도 있을 수 있으나 … 일반 국민의 알 권리와는 무관하게 국가기관이 평소의 동향을 감시할 목적으로 개인의 정보를 비밀리에 수집한 경우에는 그 대상자가 공적인물이라는 이유만으로 면책될 수 없다(대판 1988.7.24. 96다42789).

4 조사의 시행

1. 조사대상자와 조사대상의 선정

객관적인 기준에 따라 행정조사의 대상을 선정하여야 함

18. 지방직 9급 조사대상자가 조사대상 선정기준에 대한 열람을 신청한 경우에 행정기관은 그 열람이 당해 행정조사업무를 수행할 수 없을 정도로 조사활동에 지장을 초래한다는 이유로 열람을 거부할 수 있다.

2. 조사의 방법

1회 출석의 원칙	원칙적으로 조사원은 1회 출석으로 해당 조사를 종결하여야 함
시료채취	행정기관의 장은 시료채취로 조사대상자에게 손실을 입힌 때에는 대통령령으로 정하는 절차와 방법에 따라 그 손실을 보상하여야 함
공동조사의 대상	행정기관 내에 둘 이상의 부서, 서로 다른 행정기관이 동일한 조사대상자에게 행정조사를 실시하는 경우 공동조사하여야 함
중복조사의 제한	정기조사 또는 수시조사를 실시한 행정기관의 장은 동일한 사안에 대하여 동일한 조사대상자를 재조사하여서는 안 됨

3. 조사의 실시

(1) 법령에 근거한 행정조사

(2) 사전통지

① 조사개시 7일 전까지 조사대상자에게 서면으로 통지하여야 함

> ✓ **주의** 「행정조사기본법」에 나오는 기간은 모두 7일

② 단, 지정 통계의 작성을 위하여 조사하는 경우, 조사대상자의 자발적인 협조를 얻어 실시하는 행정조사의 경우 등에는 행정조사의 개시와 동시에 출석요구서 등을 조사대상자에게 제시 또는 구두로 통지할 수 있음

18. 국가직 9급 「행정조사기본법」에 따르면, 행정조사를 실시하는 경우 조사개시 7일 전까지 조사대상자에게 출석요구서 보고요구서·자료제출요구서, 현장출입조사서를 서면으로 통지하여야 하나, 조사대상자의 자발적인 협조를 얻어 행정조사를 실시하는 경우에는 미리 서면으로 통지하지 않고 행정조사의 개시와 동시에 이를 조사대상자에게 제시할 수 있다.

18. 국가직 7급 행정기관의 장이 조사대상자의 자발적인 협조를 얻어 행정조사를 실시하고자 하는 경우 조사대상자는 문서·전화·구두 등의 방법으로 당해 행정조사를 거부할 수 있다.

(3) 현장조사

① 해뜨기 전이나 해가 진 뒤에는 허용하지 않음

② 다만, 업무시간 내 또는 조사대상자가 동의한 경우 등은 가능

(4) 자발적인 협조에 따른 행정조사

① 조사대상자는 문서·전화·구두 등의 방법으로 해당 행정조사를 거부할 수 있음

② 조사대상자가 조사에 응할 것인지에 대한 응답을 하지 아니하는 경우 조사를 거부한 것으로 봄

(5) 조사결과의 통지

행정조사의 결과를 확정한 날부터 7일 이내에 통지하여야 함

(6) 자율신고제도

① 행정기관의 장은 그 신고내용을 행정조사에 갈음할 수 있음

② 자율신고자 등에게 행정조사의 감면 또는 행정·세제상의 지원 등 혜택을 부여할 수 있음

(7) 행정조사의 재조사

행정조사를 실시한 행정기관의 장은 이미 조사를 받은 조사대상자에 대하여 위법행위가 의심되는 새로운 증거를 확보한 경우를 제외하고서는 동일한 사안에 대하여 동일한 조사대상자를 재조사하여서는 안 됨

(8) 제3자에 대한 보충조사가 가능한 경우

> 「행정조사기본법」 제19조【제3자에 대한 보충조사】① 행정기관의 장은 조사대상자에 대한 조사만으로는 당해 행정조사의 목적을 달성할 수 없거나 조사대상이 되는 행위에 대한 사실 여부 등을 입증하는 데 과도한 비용 등이 소요되는 경우로서 다음 각 호의 어느 하나에 해당하는 경우에는 제3자에 대하여 보충조사를 할 수 있다.
> 1. 다른 법률에서 제3자에 대한 조사를 허용하고 있는 경우
> 2. 제3자의 동의가 있는 경우

(9) 예외적 수시조사

> 제7조【조사의 주기】행정조사는 법령 등 또는 행정조사운영계획으로 정하는 바에 따라 정기적으로 실시함을 원칙으로 한다. 다만, 다음 각 호 중 어느 하나에 해당하는 경우에는 수시조사를 할 수 있다.
> 1. 법률에서 수시조사를 규정하고 있는 경우
> 2. 법령 등의 위반에 대하여 혐의가 있는 경우
> 3. 다른 행정기관으로부터 법령 등의 위반에 관한 혐의를 통보 또는 이첩받은 경우
> 4. 법령 등의 위반에 대한 신고를 받거나 민원이 접수된 경우
> 5. 그 밖에 행정조사의 필요성이 인정되는 사항으로서 대통령령으로 정하는 경우

15. 경행특채 1차 행정조사는 정기적으로 실시함을 원칙으로 한다.

5 구제

1. 적법한 행정조사에 대한 구제

손실보상청구 가능

2. 위법한 행정조사에 대한 구제

판례	세무조사가 위법한 경우 그에 기초한 부가세 부과처분은 위법
항고쟁송	권력적인 강제조사의 경우 처분성이 인정되어 행정소송의 대상이 되지만, 단기간에 끝나는 행정조사의 경우에는 소의 이익이 부정됨
손해배상	요건 충족시 손해배상청구 가능

📖 판례정리

1	<우편물 통관검사절차에서 압수·수색영장 없이 진행된 우편물의 개봉, 시료채취, 성분분석 등 검사는 적법하다는 판례> 우편물 통관검사절차에서 이루어지는 우편물의 개봉, 시료채취, 성분분석 등의 검사는 수출입물품에 대한 적정한 통관 등을 목적으로 한 행정조사의 성격을 가지는 것으로서 수사기관의 강제처분이라고 할 수 없으므로, 압수·수색영장 없이 우편물의 개봉, 시료채취, 성분분석 등 검사가 진행되었다 하더라도 특별한 사정이 없는 한 위법하다고 볼 수 없다(대판 2013.9.26. 2013도7718). **18. 국가직 7급** 우편물 통관검사절차에서 이루어지는 우편물의 개봉, 시료채취, 성분분석 등의 검사는 수출입물품에 대한 적정한 통관 등을 목적으로 한 행정조사의 성격을 가지는 것으로서 수사기관의 강제처분이라고 할 수 없다.
2	납세자에 대한 부가가치세 부과처분이, 종전의 부가가치세 경정조사와 같은 세목 및 같은 과세기간에 대하여 중복하여 실시된 위법한 세무조사에 기초하여 이루어진 것이어서 위법하다(대판 2006.6.2. 2004두12070).
3	과세관청이나 수사기관의 강요로 타당한 근거도 없이 작성된 과세자료에 터잡은 과세처분은 그 하자가 중대하고 명백하여 무효이다(대판 1992.3.31. 91다32053).
4	구 국세기본법 제81조의4 제2항에 따라 금지되는 재조사에 기하여 과세처분을 하는 것은 위법하고 이는 과세관청이 그러한 재조사로 얻은 과세자료를 과세처분의 근거로 삼지 않았다거나 이를 배제하고서도 동일한 과세처분이 가능한 경우에도 마찬가지이다(대판 2017.12.13. 2016두55421).

5	세무조사가 과세자료의 수집 또는 신고내용의 정확성 검증이라는 본연의 목적이 아니라 부정한 목적을 위하여 행하여진 경우, 세무조사에 의하여 수집된 과세자료를 기초로 한 과세처분은 위법하다 (대판 2016.12.15. 2016두47659).

6 행정조사결정과 행정조사의 비교

행정조사는 준비행위인 '행정조사결정'과 구체적 실행행위인 '행정조사'로 구분할 수 있음. 최근의 판례는 행정조사결정인 세무조사결정에 대해서 납세의무자의 권리·의무에 직접 영향을 미치는 공권력의 행사에 따른 행정작용으로서 항고소송의 대상이 된다고 판시한 바 있음(대판 2011.3.10. 2009두23617)

19. 변호사 지방자치단체장의 세무조사결정은 납세의무자의 권리·의무에 직접적 영향을 미치는 행정작용으로서 항고소송의 대상이 된다.

📄 판례정리

1	<세무조사결정이 항고소송의 대상이 되는 행정처분에 해당한다는 판례> 부과처분을 위한 과세관청의 질문조사권이 행해지는 세무조사결정이 있는 경우 납세의무자는 세무공무원의 과세자료 수집을 위한 질문에 대답하고 검사를 수인하여야 할 법적 의무를 부담하게 되는 점, 세무조사는 기본적으로 적정하고 공평한 과세의 실현을 위하여 필요한 최소한의 범위 안에서 행하여져야 하고, 더욱이 동일한 세목 및 과세기간에 대한 재조사는 납세자의 영업의 자유 등 권익을 심각하게 침해할 뿐만 아니라 과세관청에 의한 자의적인 세무조사의 위험마저 있으므로 조세공평의 원칙에 현저히 반하는 예외적인 경우를 제외하고는 금지될 필요가 있는 점, 납세의무자로 하여금 개개의 과태료처분에 대하여 불복하거나 조사 종료 후의 과세처분에 대하여만 다툴 수 있도록 하는 것보다는 그에 앞서 세무조사결정에 대하여 다툼으로써 분쟁을 조기에 근본적으로 해결할 수 있는 점 등을 종합하면, 세무조사결정은 납세의무자의 권리·의무에 직접 영향을 미치는 공권력의 행사에 따른 행정작용으로서 항고소송의 대상이 된다(대판 2011.3.10. 2009두23617·23624).
2	<조사행위가 실질적으로 과세표준과 세액을 결정 또는 경정하기 위한 것으로서 납세자 등의 사무실 등에서 납세자 등을 직접 접촉하여 상당한 시일에 걸쳐 질문하거나 일정한 기간 동안의 장부 등을 검사·조사하는 경우, 재조사가 금지되는 '세무조사'로 보아야 한다는 판례> 세무공무원의 조사행위가 재조사가 금지되는 '세무조사'에 해당하는지 여부는 조사의 목적과 실시 경위, 질문조사의 대상과 방법 및 내용, 조사를 통하여 획득한 자료, 조사행위의 규모와 기간 등을 종합적으로 고려하여 구체적 사안에서 개별적으로 판단할 수밖에 없을 것인데, 세무공무원의 조사행위가 사업장의 현황 확인, 기장 여부의 단순 확인, 특정한 매출사실의 확인, 행정민원서류의 발급을 통한 확인, 납세자 등이 자발적으로 제출한 자료의 수령 등과 같이 단순한 사실관계의 확인이나 통상적으로 이에 수반되는 간단한 질문조사에 그치는 것이어서 납세자 등으로서도 손쉽게 응답할 수 있을 것으로 기대되거나 납세자의 영업의 자유 등에도 큰 영향이 없는 경우에는 원칙적으로 재조사가 금지되는 '세무조사'로 보기 어렵지만, 조사행위가 실질적으로 과세표준과 세액을 결정 또는 경정하기 위한 것으로서 납세자 등의 사무실·사업장·공장 또는 주소지 등에서 납세자 등을 직접 접촉하여 상당한 시일에 걸쳐 질문하거나 일정한 기간 동안의 장부·서류·물건 등을 검사·조사하는 경우에는 특별한 사정이 없는 한 재조사가 금지되는 '세무조사'로 보아야 할 것이다(대판 2017. 3.16. 2014두8360).

제4장 행정벌과 새로운 의무이행 확보수단

제1절 행정벌

1 행정벌의 의의 및 종류

1. 의의

개념	행정법상의 의무 위반에 대하여 일반통치권에 근거하여 과하는 벌
특성	간접적 행정법규의 실효성을 확보하는 수단
근거	헌법재판소는 행정형벌에 죄형법정주의가 적용된다고 봄

19. 서울시 9급(6월) 죄형법정주의원칙 등 형벌법규의 해석원리는 행정형벌에 관한 규정을 해석할 때에도 적용되어야 한다.

2. 구별개념

징계벌과 행정벌 - 병과 가능	징계벌	특별행정법관계의 질서유지
	행정벌	일반권력관계에서 의무 위반자에게 과하는 제재
이행강제금(집행벌)과 행정벌 - 병과 가능	이행강제금	장래의 의무이행 확보
	행정벌	과거의 행정법상 의무 위반행위에 대한 제재
형사벌과 행정벌 - 피침해규범의 성질에 따른 구별	형사벌(자연범)	법규범이 존재하기 이전부터 반윤리·반사회성을 띰
	행정벌(법정범)	그 자체로서는 반윤리·반사회성은 없으나 실정법에서 금지함으로써 비로소 범죄로 처벌되는 행위

> **판례정리**
>
> 1 | 어떤 행정법규 위반행위에 대하여 이를 단지 간접적으로 행정상의 질서에 장해를 줄 위험성이 있음에 불과한 경우로 보아 행정질서벌인 과태료를 과할 것인가, 아니면 직접적으로 행정목적과 공익을 침해한 행위로 보아 행정형벌을 과할 것인가 … 기본적으로 입법권자가 제반사정을 고려하여 결정할 그 입법재량에 속하는 문제이다(헌재 1997.8.21. 93헌바51).

3. 종류

구분	행정형벌	행정질서벌
개념	「형법」에 정해져 있는 벌을 과하는 것	「형법」상의 벌이 아닌 과태료를 과하는 것
형법총칙의 적용 여부	형법총칙이 적용됨	형법총칙이 적용되지 않음
과벌절차	① 형사소송절차에 의해 법원이 부과 ② 일사부재리원칙 적용	① 행정청이 부과 ② 일사부재리원칙 적용 안 됨
대상	직접적으로 행정목적을 침해하는 행위	간접적으로 행정목적을 침해하는 행위
고의·과실	필요	「질서위반행위규제법」상의 과태료 부과는 고의·과실이 필요

✓ **주의** 행정법규 위반행위에 대하여 과태료를 과할 것인지 행정형벌을 과할 것인지는 입법자의 입법재량에 속함

2 행정형벌의 특수성

1. 행정형벌의 법적 근거

원칙	형법총칙이 적용됨
예외	국민의 권익구제 관점에서 명문의 규정이 없어도 형법적용의 배제가 가능함

2. 특징

(1) 고의 또는 과실
① 고의: 행정범의 경우에도 원칙적으로 고의가 있어야 함
② 과실: 행정형벌 법규의 해석에 의하여 과실행위도 처벌한다는 뜻이 도출되는 경우에는 과실행위도 처벌 가능함(판례)

(2) 위법성의 인식
위법성을 현실적으로 인식하지 못했다 하더라도 위법성의 인식이 가능하면 범죄가 성립됨

> **판례정리**
>
> 1. 법정의 배출허용기준을 초과하는 배출가스를 배출하면서 자동차를 운행하는 행위를 처벌하는 구 대기환경보전법 제57조 제6호의 규정은 자동차의 운행자가 그 자동차에서 배출되는 배출가스가 소정의 운행 자동차 배출허용기준을 초과한다는 점을 실제로 인식하면서 운행한 고의범의 경우는 물론 과실로 인하여 그러한 내용을 인식하지 못한 과실범의 경우도 함께 처벌하는 규정이다(대판 1993.9.10. 92도1136).
>   **19. 국가직 9급** 행정범의 경우에는 과실행위를 벌한다는 명문의 규정이 없는 경우에도 그 법률규정 중에 과실행위를 벌한다는 명백한 취지를 알 수 있는 경우에는 과실행위에 행정형벌을 부과할 수 있다.
>
> 2. 허가를 담당하는 공무원이 허가를 요하지 않는 것으로 잘못 알려주어 이를 믿었기 때문에 허가를 받지 아니한 것이라면, 허가를 받지 않더라도 죄가 되지 않는 것으로 착오를 일으킨 데 대하여 정당한 이유가 있는 경우에 한하여 처벌할 수 없다(대판 1992.5.22. 91도2525).

| 3 | 행정상의 단속을 주안으로 하는 법규라 하더라도 명문규정이 있거나 해석상 과실범도 벌할 뜻이 명확한 경우를 제외하고는 형법의 원칙에 따라 고의가 있어야 벌할 수 있다(대판 1986.7. 22. 85도108). |

(3) 책임능력
책임능력에 관한 형법규정의 적용을 배제 또는 제한하는 규정을 두고 있는 경우가 있음

(4) 양벌규정
① 행위자 이외의 자의 책임의 성질: 과실책임(종업원의 범죄행위에 대한 법인의 책임은 종업원에 대한 주의·감독의무를 태만히 한 데에 대한 법인 자신의 과실책임). 즉, 양벌규정에 의한 사업주의 처벌은 무과실책임이 아님

> **판례정리**
>
> | 1 | 양벌규정에 의한 영업주의 처벌은 금지 위반행위자인 종업원의 처벌에 종속하는 것이 아니라 독립하여 그 자신의 종업원에 대한 선임감독상의 과실로 인하여 처벌되는 것이므로 종업원의 범죄성립이나 처벌이 영업주 처벌의 전제조건이 될 필요는 없다(대판 2006.2.24. 2005도7673).
> **19. 서울시 9급(6월)** 양벌규정에 의해 영업주가 처벌되기 위해서는 종업원의 범죄가 성립하거나 처벌이 이루어져야 함이 전제조건이 되어야 하는 것은 아니다. |

② 법인의 처벌가능성: 「형법」상 법인의 처벌가능성은 없지만, 행정법상의 의무에 위반된 행위를 한 때에는 행위자를 벌하는 외에 법인도 처벌한다는 양벌규정을 두는 경우가 많음. 지방자치단체도 양벌규정의 적용대상이 되는 법인임(자치사무일 경우)

(5) 공범
「형법」상의 공범규정이 그대로 적용되는 것은 아님

(6) 누범·경합범·작량감경
「형법」상의 누범·경합범·작량감경에 관한 규정의 적용을 배제하기도 함

> **판례정리**
>
> | 1 | 지방자치단체가 그 고유의 자치사무를 처리하는 경우에는 지방자치단체는 국가기관과는 별도의 독립한 공법인이므로, 지방자치단체 소속 공무원이 압축트럭 청소차를 운전하여 고속도로를 운행하던 중 제한축중을 초과 적재 운행함으로써 도로관리청의 차량운행 제한을 위반한 경우, 해당 지방자치단체가 도로법 제86조의 양벌규정에 따른 처벌대상이 된다(대판 2005.11.10. 2004도2657).
> **19. 서울시 9급(6월)** 지방자치단체 소속 공무원이 자치사무를 수행하던 중 법 위반행위를 한 경우 지방자치단체는 같은 법의 양벌규정에 따라 처벌되는 법인에 해당한다. |

3. 행정형벌의 과벌절차

(1) 원칙
법원이 형사소송절차에 따라 부과함

(2) 예외
① 통고처분
- ㉠ 의의: 행정청이 벌금 또는 과료에 상당하는 금액의 납부 등을 통고하는 준사법적 행위
- ㉡ 대상: 일정한 범죄에 인정됨(예 조세범, 관세범, 교통사범, 출입국관리사범, 경범죄사범)
- ㉢ 통고처분권자: 세무서장 등 행정청(검사 ×, 법원 ×)
- ㉣ 취지: 전과자 발생의 방지에 기여하고, 검찰 및 법원의 과중한 업무부담을 덜어주는 제도
- ㉤ 재량성 여부: 권한행정청의 재량
- ㉥ 효과
  - ⓐ 이행: 더이상 처벌을 받지 않음
  - ⓑ 불이행: 통고처분은 자동 실효, 행정청이 검찰에 고발하거나 즉결심판을 청구하여 형사소송절차에 따라 형벌 부과
- ㉦ 권리구제: 항고소송의 대상인 처분이 아님

📖 판례정리

1	통고처분은 상대방의 임의의 승복을 그 발효요건으로 하기 때문에 그 자체만으로는 통고이행을 강제하거나 상대방에게 아무런 권리·의무를 형성하지 않으므로 행정심판이나 행정소송의 대상으로서의 처분성을 부여할 수 없고, 통고처분에 대하여 이의가 있으면 통고내용을 이행하지 않음으로써 고발되어 형사재판절차에서 통고처분의 위법·부당함을 얼마든지 다툴 수 있기 때문에 관세법 제38조 제3항 제2호가 법관에 의한 재판받을 권리를 침해한다든가 적법절차의 원칙에 저촉된다고 볼 수 없다(헌재 1998.5.28. 96헌바4). **19. 국가직 7급**「관세법」상 통고처분은 상대방의 임의의 승복을 그 발효요건으로 하기 때문에 그 자체만으로는 통고이행을 강제하거나 상대방에게 아무런 권리·의무를 형성하지 않는다.
2	관세법 해석상 통고처분을 할 것인지의 여부는 관세청장 또는 세관장의 재량에 맡겨져 있고, 따라서 관세범에 대하여 통고처분을 하지 아니한 채 고발하였다는 것만으로는 그 고발 및 이에 기한 공소의 제기가 부적법하게 되는 것은 아니다(대판 2007.5.11. 2006도1993). **19. 국회직 8급**「도로교통법」에 의한 경찰서장의 통고처분에 대한 항고소송은 부적법하고 이에 대하여 이의가 있는 경우에는 통고처분에 따른 범칙금을 이행하지 아니함으로써 경찰서장의 즉결심판청구에 의하여 법원의 심판을 받을 수 있게 된다.
3	지방국세청장 또는 세무서장이 조세범칙행위에 대하여 고발을 한 후에 동일한 조세범칙행위에 대하여 통고처분을 하였더라도, 이는 법적 권한 소멸 후에 이루어진 것으로서 특별한 사정이 없는 한 효력이 없고, 조세범칙행위자가 이러한 통고처분을 이행하였더라도 조세범 처벌절차법 제15조 제3항에서 정한 일사부재리의 원칙이 적용될 수 없다(대판 2016.9.28. 2014도10748). ✅ **주의** 해당 판례는 일사부재리의 원칙 위반 판례가 아닌 것에 유의하여야 함 **18. 지방직 7급** 지방국세청장이 조세범칙행위에 대하여 형사고발을 한 후에 동일한 조세범칙행위에 대하여 한 통고처분은 원칙적 무효이다.
4	통고처분은 조세범칙자에게 벌금 또는 과료에 해당하는 금액 등을 납부할 것을 통고하는 처분일 뿐 벌금 또는 과료의 면제를 통고하는 처분이 아니며, 통고서는 범칙자별로 작성된다(대판 2014.10.15. 2013도5650).

5	범칙금 납부통고서를 받은 사람이 그 범칙금을 납부한 경우 그 범칙행위에 대하여 다시 벌받지 아니한다고 규정하고 있는 도로교통법 조항은 범칙금의 납부에 확정재판의 효력에 준하는 효력을 인정하는 취지로 해석하여야 한다(대판 2002.11.22. 2001도849).
6	이미 통고처분이 이루어진 범칙행위와 동일성이 인정되는 공소사실로 다시 기소된 경우 공소제기의 절차는 법률의 규정을 위반하여 무효이다(대판 2023.3.16. 2023도751).

② 즉결심판
  ㉠ 경미한 위반행위
  ㉡ 20만원 이하의 벌금, 구류 또는 과료에 해당하는 행정형벌

3 행정질서벌의 특수성

1. 법적 근거

(1) 「질서위반행위규제법」은 질서위반행위 법정주의를 선언하고 있으므로 과태료를 부과하기 위해서는 법률의 근거가 필요함
(2) 다른 법률의 규정 중 「질서위반행위규제법」의 규정에 저촉되는 것은 「질서위반행위규제법」으로 정하는 바에 따름
(3) 「질서위반행위규제법」상 질서위반행위는 법률(조례 포함)상 의무를 위반해 과태료를 부과하는 행위
   19. 지방직 9급 지방자치단체의 조례상의 의무를 위반하여 과태료를 부과하는 행위도 질서위반행위에 해당된다.
(4) 단, 대통령령으로 정하는 사법(私法)상·소송법상 의무를 위반하여 과태료를 부과하는 행위, 대통령령으로 정하는 법률에 따른 징계사유에 해당하여 과태료를 부과하는 행위는 「질서위반행위규제법」에서 말하는 질서위반행위에 포함되지 않음

2. 구체적 특수성

고의·과실, 위법성의 인식	고의·과실의 존재	고의 또는 과실이 없는 질서위반행위에 과태료를 부과하지 않음 **18. 변호사** 「질서위반행위규제법」은 행위자의 고의 또는 과실이 없다면 과태료를 부과하지 않도록 하고 있다.
	위법성의 인식	자신의 행위가 위법하지 아니한 것으로 오인하고 행한 질서위반행위는 그 '오인에 정당한 이유가 있는 때'에 한하여 과태료를 부과하지 아니함 **16. 지방직 7급** 자신의 행위가 위법하지 아니한 것으로 오인하고 행한 질서위반행위는 그 '오인에 정당한 이유가 있는 때'에 한하여 과태료를 부과하지 아니한다.
책임연령 등	책임연령	14세가 되지 아니한 자에게 과태료를 부과하지 않음
	심신장애	심신장애로 판단능력 등이 떨어지는 경우 과태료를 부과하지 않거나 감경함. 다만, 스스로 심신장애상태를 일으켜 질서위반행위를 한 자에 대해서는 과태료를 정상적으로 부과함 **19. 국가직 7급** 스스로 심신장애상태를 일으켜 질서위반행위를 한 자에 대하여는 과태료를 감경하지 아니한다.

부과대상자	행위자, 법인 등	법인의 대표자, 개인의 사용인 등이 법인에게 부과된 법률상의 의무위반 시 법인 또는 개인에게 과태료를 부과함 **18. 변호사** 법인의 대표자, 법인 또는 개인의 대리인·사용인 및 그 밖의 종업원이 업무에 관하여 법인 또는 그 개인에게 부과된 법률상의 의무를 위반한 때에는 법인 또는 그 개인에게 과태료를 부과한다.
	다수인의 질서위반행위	① 2인 이상이 질서위반행위에 가담한 때에는 각자가 질서위반행위를 한 것으로 봄 ② 신분이 없는 자가 신분에 의하여 성립하는 질서위반행위에 가담한 경우 신분이 없는 자에 대해서도 질서위반행위가 성립함 ③ 신분에 의하여 과태료를 감경 또는 가중하거나 과태료를 부과하지 아니하는 때에는 그 신분의 효과는 신분이 없는 자에게 미치지 아니함 **14. 국가직 7급** 신분에 의하여 과태료를 감경 또는 가중하거나 과태료에 처하지 아니하는 때에는 그 신분의 효과는 신분이 없는 자에게는 미치지 아니한다.
기타	시간적 범위	질서위반행위의 성립과 과태료처분은 행위시의 법률에 따름 ① 단, 질서위반행위 후 법률이 변경되어 그 행위가 질서위반행위에 해당하지 아니하게 되거나 과태료가 변경되기 전의 법률보다 가볍게 된 때에는 법률에 특별한 규정이 없는 한 변경된 법률을 적용함 ② 단, 행정청의 과태료처분이나 법원의 과태료재판이 확정된 후 법률이 변경되어 그 행위가 질서위반행위에 해당하지 아니하게 된 때에는 변경된 법률에 특별한 규정이 없는 한 과태료의 징수 또는 집행을 면제함 **19. 국가직 9급** 과태료를 부과하는 근거 법령이 개정되어 행위시의 법률에 의하면 과태료 부과대상이었지만 재판시의 법률에 의하면 부과대상이 아니게 된 때에는 특별한 사정이 없는 한 과태료를 부과할 수 없다.
	장소적 범위	대한민국 영역 밖에서 질서위반행위를 한 대한민국의 국민에게도 적용됨
	수개의 질서위반 행위의 경우	하나의 행위가 둘 이상의 질서위반행위에 해당하는 경우에는 각 질서위반행위에 대하여 정한 과태료 중 '가장 중한 과태료'를 부과함 **19. 서울시 9급(6월)** 하나의 행위가 둘 이상의 질서위반행위에 해당하는 경우에는 가장 중한 과태료를 부과한다. ✓ **주의** 행위가 복수일 때에는 과태료를 각각 부과함
	소멸시효	과태료 부과처분이나 법원의 과태료재판이 확정된 후 5년간 징수하지 아니하거나 집행하지 않으면 시효로 소멸함 **19. 서울시 9급(6월)** 과태료는 행정청의 과태료 부과처분이나 법원의 과태료재판이 확정된 후 5년간 징수하지 아니하거나 집행하지 아니하면 시효로 인하여 소멸한다.
	사법적 효력	질서위반행위에 과태료를 부과해도 사법적 효력까지 부인되는 것은 아니다. 예컨대, 주택공급계약이 구 주택건설촉진법 제27조 제4항, 제3항에 위반하였다고 하더라도(과태료 부과대상이라고 하더라도) 그 사법적 효력까지 부인된다고 할 수는 없음(대판 2007.8.23. 2005다59475·59482·59499)

3. 과태료의 부과·징수

사전통지 및 의견제출	행정청이 질서위반행위에 대하여 과태료를 부과하고자 하는 때에는 미리 당사자에게 일정한 사항을 통지하고, 10일 이상의 기간을 정하여 의견을 제출할 기회를 주어야 함
부과방식	행정청은 의견제출절차를 마친 후에 서면으로 과태료를 부과하여야 함
제척기간	행정청은 질서위반행위가 종료된 날(다수인이 질서위반행위에 가담한 경우에는 최종행위가 종료된 날을 말함)부터 5년이 경과한 경우에는 해당 질서위반행위에 대하여 과태료를 부과할 수 없음 ☑ **비교** 과태료의 시효와 구별 필요 과태료는 행정청의 과태료 부과처분이나 과태료재판이 확정된 후 5년간 징수하지 않거나 집행하지 아니하면 시효로 인하여 소멸
이의제기	① 과태료부과에 불복하는 당사자가 이의제기하는 경우, 과태료부과처분은 효력을 상실함 ② 과태료부과통지를 받은 날부터 60일 이내에 행정청에 서면으로 이의제기를 할 수 있음 **19. 지방직 9급** 행정청의 과태료부과에 불복하는 당사자는 과태료부과통지를 받은 날부터 60일 이내에 해당 행정청에 서면으로 이의제기를 할 수 있고, 이 경우 행정청의 과태료부과처분의 효력은 상실된다. ③ 이의제기를 받은 행정청은 이의제기를 받은 날부터 14일 이내에 이에 대한 의견 및 증빙서류를 첨부하여 관할법원에 통보
취소소송·헌법소원의 대상 여부	① 과태료부과는 행정소송의 대상이 되는 행정처분이 아님 ② 과태료부과처분의 취소를 구하는 헌법소원청구는 권리보호이익이 없음

4. 질서위반행위의 재판 및 집행

재판	① 과태료 사건은 다른 법령에 특별한 규정이 있는 경우를 제외하고는 당사자 주소지의 지방법원 또는 그 지원의 관할로 함 ☑ **주의** 행정법원이 아님에 주의할 것 **19. 서울시 9급(6월)** 과태료 사건은 다른 법령에 특별한 규정이 있는 경우를 제외하고는 당사자의 주소지의 지방법원 또는 그 지원의 관할로 한다. ② 과태료재판은 이유를 붙인 결정으로서 함 ③ 당사자와 검사는 즉시항고(집행정지 효력 ○) 가능 **15. 사회복지직 9급** 당사자와 검사는 과태료재판에 즉시항고할 수 있고, 이 경우 항고는 집행정지의 효력이 있다.
집행	① 과태료재판은 검사의 명령으로서 집행함 ② 검사가 과태료를 최초 부과한 행정청에 대하여 과태료재판의 집행을 위탁하여 지방자치단체장이 집행한 경우, 그 금원은 해당 지방자치단체의 수입이 됨

5. 병과의 가능성

(1) 대법원은 과태료부과 후 형사처벌을 한다고 하여, 일사부재리원칙에 위반되는 것이라고 할 수 없다고 봄

(2) 헌법재판소는 동일한 행위를 대상으로 하여 형벌을 부과하면서 과태료를 부과하는 것은 이중처벌금지의 기본정신에 배치될 여지가 있다고 봄

> **판례정리**
>
> 1 운행정지처분의 사유가 된 사실관계로 자동차 운송사업자가 이미 형사처벌을 받은 바 있다 하여 서울특별시장의 자동차운수사업법 제31조를 근거로 한 운행정지처분이 일사부재리의 원칙에 위반된다 할 수 없다(대판 1983.6.14. 82누439).

6. 관련 문제

(1) 관허사업의 제한, 신용정보의 제공, 고액·상습 체납자에 대한 감치 등의 규정이 있음
(2) 당사자가 이의제기 없이 그 기한 종료 후 사망한 경우 그 상속재산에 대해 강제집행할 수 있음
(3) 자진납부자에 대한 과태료 감경

제2절 행정상 새로운 의무이행 확보수단

1 금전적 제재

1. 과징금

의의	행정법상의 의무를 위반한 자에 대하여 가하는 금전상의 제재적 성격을 가짐
법적 근거	과징금 부과에 관한 일반법 ×, 개별법 ○
종류	① 본래적(전형적) 과징금 • 개념: 행정법규 위반, 행정법상 의무 위반으로 경제적 이익을 얻는 경우에 부과함(위반행위로 인한 수익을 정확히 계산할 수 없는 경우에도 부과 가능) • 경제적 이익을 박탈하기 위한 행정제재금 • 예: 「독점규제 및 공정거래에 관한 법률」 제6조의 과징금 ② 변형된 과징금 • 개념: 의무 위반행위가 철회·정지사유에 해당하나, 공중의 일상생활에 필수적 사업인 경우 인·허가의 정지에 갈음하여 부과 • 사업은 존속하나, 사업활동으로 인한 수익을 박탈하기 위한 행정제재금 • 예: 「여객자동차 운수사업법」 제88조의 과징금
특징	① 처분성: 「행정절차법」이 적용되며 행정소송의 대상이 되는 처분임 **19. 서울시 9급(6월)** 과징금부과처분에는 원칙적으로 「행정절차법」이 적용된다. ② 재량행위 여부: 과징금부과는 행정청의 재량으로 규정되는 경우가 많음(예 공정거래위원회) • 과징금납부의무 불이행시 강제징수함 • 과징금납부의무는 일신전속적 의무가 아님 ⇨ 상속인에게 승계됨 • 재량행위인 과징금부과처분이 법에 규정한 한도액을 초과하여 위법한 경우, 법원으로서는 그 전부를 취소할 수밖에 없음 ③ 병과의 가능성: 행정형벌과 과징금의 병과 가능

📌 판례정리

1	과징금부과처분은 행정목적의 달성을 위하여 행정법규 위반이라는 객관적 사실에 착안하여 가하는 제재이므로 반드시 현실적인 행위자가 아니라도 법령상 책임자로 규정된 자에게 부과되고 원칙적으로 위반자의 고의·과실을 요하지 아니하나, 위반자의 의무해태를 탓할 수 없는 정당한 사유가 있는 등의 특별한 사정이 있는 경우에는 이를 부과할 수 없다(대판 2014.10.15. 2013두5005). **18. 국가직 7급** 과징금부과처분의 경우 원칙적으로 위반자의 고의·과실을 요하지 아니하나, 위반자의 의무해태를 탓할 수 없는 정당한 사유가 있는 등의 특별한 사정이 있는 경우에는 이를 부과할 수 없다. **19. 서울시 9급(6월)** 과징금은 행정목적 달성을 위하여, 행정법규 위반이라는 객관적 사실에 착안하여 부과된다.
2	공정거래법에서 형사처벌과 아울러 과징금의 병과를 예정하고 있더라도 이중처벌금지원칙에 위반된다고 볼 수 없으며, 이 과징금부과처분에 대하여 공정력과 집행력을 인정한다고 하여 무죄추정의 원칙에 위반된다고도 할 수 없다(헌재 2003.7.24. 2001헌가25).
3	부동산 실권리자명의 등기에 관한 법률상 명의신탁자에 대하여 과징금을 부과할 것인지 여부는 기속행위에 해당하므로, 그 과징금을 일정한 범위 내에서 감경할 수 있을 뿐이지 그에 대하여 과징금 부과처분을 하지 않거나 과징금을 전액 감면할 수 있는 것은 아니다(대판 2007.7.12. 2005두17287). ✅ **주의** 「부동산 실권리자명의 등기에 관한 법률」상 과징금은 감경사안과는 별도로 반드시 부과하여야 함
4	재량권이 부여된 과징금부과처분이 법이 정한 한도액을 초과하여 위법할 경우 법원은 그 전부를 취소할 수밖에 없다(대판 1998.4.10. 98두2270). **19. 서울시 9급(6월)** 재량행위의 성격을 갖는 과징금부과처분이 법이 정한 한도액을 초과하여 위법한 경우에는 법원으로서는 그 전부를 취소할 수밖에 없다.
5	특별한 규정이 없는 한 신설회사에 대하여 분할하는 회사의 분할 전 위반행위를 이유로 과징금을 부과하는 것은 허용되지 않는다(대판 2007.11.29. 2006두18928).
6	구 독점규제 및 공정거래에 관한 법률 제24조의2 제1항에 의한 과징금을 부과하면서 추후 부과금 산정기준인 새로운 자료가 나올 경우 과징금액을 변경할 수 있다고 유보하거나 실제로 새로운 자료가 나왔다는 이유로 새로운 부과처분을 할 수 없다(대판 1999.5.28. 99두1571). **18. 지방직 9급** 부과관청이 추후에 부과금 산정기준이 되는 새로운 자료가 나올 경우 과징금액이 변경될 수도 있다고 유보하며 과징금을 부과하였더라도, 새로운 자료가 나온 것을 이유로 새로이 부과처분을 할 수 없다.
7	공정거래위원회의 과징금 납부명령 등이 재량권 일탈·남용으로 위법한지는 다른 특별한 사정이 없는 한 과징금 납부명령 등이 행하여진 '의결일' 당시의 사실상태를 기준으로 판단하여야 한다(대판 2017.4.26. 2016두32688).
8	여객자동차운수사업자가 범한 여러 가지 위반행위에 대하여 관할 행정청이 사업정지처분을 갈음하는 과징금 부과처분을 하기로 선택하는 경우, 관할 행정청이 여객자동차운송사업자의 여러 가지 위반행위를 인지했다면 인지한 여러 가지 위반행위 중 일부에 대해서만 우선 과징금 부과처분을 하고 나머지에 대해서는 차후에 별도의 과징금 부과처분을 할 수는 없다(대판 2021.2.4. 2020두48390).
9	공정거래위원회가 위반행위에 대한 과징금을 부과하면서 여러 개의 위반행위에 대하여 외형상 하나의 과징금 납부명령을 하였으나 여러 개의 위반행위 중 일부 위반행위에 대한 과징금 부과만 위법하고 소송상 그 일부 위반행위를 기초로 한 과징금액을 산정할 수 있는 자료가 있는 경우, 그 일부 위반행위에 대한 과징금액에 해당하는 부분만 취소하여야 한다(대판 2019.1.31. 2013두14726).

2. 가산세·가산금

가산세	① 개념: 세법상 의무의 성실한 이행확보를 위하여 그 세법에 의하여 산출된 세액에 가산하여 징수하는 금액. 본래의 조세채무와는 별개로 부과되는 세금 • 고의, 과실을 불문함. 단, 의무불이행의 정당한 사유가 있는 경우에는 부과하지 않음 • 세무공무원의 잘못된 설명을 믿고 신고납부의무를 불이행하였다 하더라도 그것이 관계법령에 어긋나는 것임이 명백한 경우 '정당한 사유'에 해당하지 않음 • 법령의 부지(不知)는 정당한 사유에 해당하지 않음 ② 법적 근거: 법적 근거 필요 ③ 병과의 가능성: 행정벌, 형사벌과 병과 가능 ④ 본세에 감면사유가 인정된다고 해서 가산세도 당연히 감면대상에 포함되는 것은 아님(대판 2018.11.29. 2016두53180) **18. 지방교행** 가산세는 세법상의 의무의 성실한 이행을 확보하기 위하여 세법에 의하여 산출된 세액에 가산하여 징수하는 금액을 말한다.
가산금	① 의의: 국세 등 급부의무 불이행에 대한 지연이자의 의미로 부과되는 부대세의 일종 ② 가산금의 독촉은 항고소송의 대상이 되는 처분임 ③ 중가산금은 이행강제금의 성격을 가짐 ◉ **주의** 가산금의 고지는 행정처분이 아님

📑 판례정리

1	세법상의 가산세는 행정상의 제재로서 납세자의 고의·과실은 고려되지 않는 것이고, 다만, 납세의무자가 그 의무를 알지 못한 것이 무리가 아니었다거나 그 의무의 이행을 당사자에게 기대하는 것이 무리라고 하는 사정이 있을 때 등 그 의무해태를 할 수 없는 정당한 사유가 있는 경우에는 이를 부과할 수 없다(대판 2003.9.5. 2001두403).
2	세법상 가산세는 과세권의 행사 및 조세채권의 실현을 용이하게 하기 위하여 납세자가 정당한 이유 없이 법에 규정된 신고·납세의무 등을 위반한 경우에 법이 정하는 바에 의하여 부과하는 행정상의 제재로서 납세자의 고의·과실은 고려되지 아니하는 것이고, 법령의 부지 또는 오인은 그 정당한 사유에 해당한다고 볼 수 없으며, 또한 납세의무자가 세무공무원의 잘못된 설명을 믿고 그 신고납부의무를 이행하지 아니하였다 하더라도 그것이 관계법령에 어긋나는 것임이 명백한 때에는 그러한 사유만으로는 정당한 사유가 있는 경우에 해당한다고 할 수 없다(대판 2002.4.12. 2000두5944). **19. 국가직 9급** 세법상 가산세는 납세자가 정당한 이유 없이 법에 규정된 신고·납세의무 등을 위반한 경우에 부과되는 행정상 제재로서, 납세의무자가 세무공무원의 잘못된 설명을 믿고 그 신고납부의무를 이행하지 아니한 경우라도 그것이 관계법령에 어긋나는 것임이 명백하다면 정당한 사유가 있는 경우에 해당하지 않는다.
3	하나의 납세고지서에 의하여 본세와 가산세를 함께 부과할 때에는 납세고지서에 본세와 가산세 각각의 세액과 산출근거 등을 구분하여 기재하여야 하고, 여러 종류의 가산세를 함께 부과하는 경우에는 가산세 상호 간에도 종류별로 세액과 산출근거 등을 구분하여 기재하여야 한다. 본세와 가산세 각각의 세액과 산출근거 및 가산세 상호 간의 종류별 세액과 산출근거 등을 제대로 구분하여 기재하지 않은 채 본세와 가산세의 합계액 등만을 기재한 경우에는 과세처분은 위법하다(대판 2018.12.13. 2018두128).

2 비금전적 제재

1. 명단공표

「행정절차법」 제40조의3 【위반사실 등의 공표】 ① 행정청은 법령에 따른 의무를 위반한 자의 성명·법인명, 위반사실, 의무 위반을 이유로 한 처분사실 등(이하 "위반사실등"이라 한다)을 법률로 정하는 바에 따라 일반에게 공표할 수 있다.
② 행정청은 위반사실등의 공표를 하기 전에 사실과 다른 공표로 인하여 당사자의 명예·신용 등이 훼손되지 아니하도록 객관적이고 타당한 증거와 근거가 있는지를 확인하여야 한다.
③ 행정청은 위반사실등의 공표를 할 때에는 미리 당사자에게 그 사실을 통지하고 의견제출의 기회를 주어야 한다. 다만, 다음 각 호의 어느 하나에 해당하는 경우에는 그러하지 아니하다.
1. 공공의 안전 또는 복리를 위하여 긴급히 공표를 할 필요가 있는 경우
2. 해당 공표의 성질상 의견청취가 현저히 곤란하거나 명백히 불필요하다고 인정될 만한 타당한 이유가 있는 경우
3. 당사자가 의견진술의 기회를 포기한다는 뜻을 명백히 밝힌 경우
④ 제3항에 따라 의견제출의 기회를 받은 당사자는 공표 전에 관할 행정청에 서면이나 말 또는 정보통신망을 이용하여 의견을 제출할 수 있다.
⑤ 제4항에 따른 의견제출의 방법과 제출 의견의 반영 등에 관하여는 제27조 및 제27조의2를 준용한다. 이 경우 "처분"은 "위반사실등의 공표"로 본다.
⑥ 위반사실등의 공표는 관보, 공보 또는 인터넷 홈페이지 등을 통하여 한다.
⑦ 행정청은 위반사실등의 공표를 하기 전에 당사자가 공표와 관련된 의무의 이행, 원상회복, 손해배상 등의 조치를 마친 경우에는 위반사실등의 공표를 하지 아니할 수 있다.
⑧ 행정청은 공표된 내용이 사실과 다른 것으로 밝혀지거나 공표에 포함된 처분이 취소된 경우에는 그 내용을 정정하여, 정정한 내용을 지체 없이 해당 공표와 같은 방법으로 공표된 기간 이상 공표하여야 한다. 다만, 당사자가 원하지 아니하면 공표하지 아니할 수 있다.

개념	행정법상의 의무 위반 또는 의무불이행이 있는 경우, 일정한 사실을 일반에게 공개하여 행정법상의 의무이행을 간접적으로 확보하는 강제수단
법적 근거	① 원칙적으로 법적 근거가 필요함 ② 행정법상 공표에 대한 일반법적 근거로는 「행정절차법」 제40조의3이 있고, 개별법으로는 「독점규제 및 공정거래에 관한 법률」 제5조 등이 있으며 「국세기본법」에는 고액·상습체납자의 명단 공개규정이 있음
특징	① 비권력적 사실행위 ② 처분성 인정 여부: 다툼이 있으나 다수설은 부정함 ③ 비권력적인 공행정작용: 행정상 손해배상청구 가능. 단, 적시된 사실의 내용이 진실이라는 증명이 없더라도 공표 당시 진실이라 믿었고 그렇게 믿을 만한 상당한 이유가 있다면 위법성이 부정됨

판례정리

1	**<명단공표를 권력적 사실행위로서 처분성을 인정한 사건>** 병무청장이 병역법 제81조의2 제1항에 따라 병역의무 기피자의 인적사항 등을 인터넷 홈페이지에 게시하는 등의 방법으로 공개한 경우, 병무청장의 공개결정이 항고소송의 대상이 되는 행정처분에 해당한다(대판 2019.6.27. 2018두49130). **주의** 병무청장의 인터넷 홈페이지 게시 이전에 이루어진 관할 지방병무청장의 공개대상자결정은 중간적 결정에 불과하여 별도로 다툴 소의 이익이 없음
2	관할 지방병무청장의 공개대상자결정의 경우 상대방에게 통보하는 등 외부에 표시하는 절차가 관계법령에 규정되어 있지 않아, 행정실무상으로도 상대방에게 통보되지 않는 경우가 많다. 또한 관할 지방병무청장이 위원회의 심의를 거쳐 공개대상자를 1차로 결정하기는 하지만, 병무청장에게 최종적으로 공개 여부를 결정할 권한이 있으므로, 관할 지방병무청장의 공개대상자결정은 병무청장의 최종적인 결정에 앞서 이루어지는 행정기관 내부의 중간적 결정에 불과하다. 가까운 시일 내에 최종적인 결정과 외부적인 표시가 예정되어 있는 상황에서, 외부에 표시되지 않은 행정기관 내부의 결정을 항고소송의 대상인 처분으로 보아야 할 필요성은 크지 않다(대판 2019.6.27. 2018두49130).
3	피해자의 진술 외에는 직접 증거가 없고 피의자가 피의사실을 강력히 부인하고 있어 보강수사가 필요한 상황이며, 피의사실의 내용이 국민들에게 급박히 알릴 현실적 필요성이 있다고 보기 어려움에도 불구하고, 검사가 마치 피의자의 범행이 확정된 듯한 표현을 사용하여 검찰청 내부절차를 밟지도 않고 각 언론사의 기자들을 상대로 언론에 의한 보도를 전제로 피의사실을 공표한 경우, 피의사실 공표행위의 위법성이 조각되지 않는다(대판 2001.11.30. 2000다68474).

2. 공급거부

개념	행정법상의 의무를 위반하거나 불이행한 자에 대하여 행정상 역무나 재화의 공급을 거부하는 행위
특징	① 법적 성질 　• 공급거부요청: 처분성 부정 　• 단수처분: 처분성 긍정 ② 법적 근거: 법적 근거가 필요함. 구「건축법」상 의무 위반의 경우 수도공급 등의 거부에 관한 규정이 있었으나, 현행「건축법」에는 삭제됨 ③ 부당결부금지원칙을 준수하여야 함

3. 관허사업제한

개념	행정법상 의무 위반행위시 각종 인·허가를 거부·정지·철회함으로써 행정법상 의무준수 또는 의무이행을 간접적으로 강제하는 것
종류	관련 사업의 제한, 의무 관련 사업의 제한(「국세징수법」제7조의 국세체납자에 대한 일반적 관허사업의 제한)
특징	①「국세징수법」,「질서위반행위규제법」,「건축법」등에 근거규정이 있음 ② 부당결부금지원칙과 관련하여 위헌성 여부가 문제됨

해커스공무원 학원·인강
gosi.Hackers.com

제5편
행정상
손해전보

제1장 행정상 손해배상
제2장 행정상 손실보상
제3장 행정상 손실보상제도의 흠결과 보충

제1장 행정상 손해배상

제1절 국가배상 개요

1 연혁

근대국가 초기	국가무책임사상(주권면책론, 위임이론)
오늘날	국가무책임사상의 극복

2 우리나라의 손해배상제도

1. 적용순서

특별법 ⇨ 「국가배상법」 ⇨ 「민법」

2. 법적 성격

(1) 사법설(판례)

    민사소송이라는 견해

(2) 공법설(통설)

    행정소송 중 당사자소송이라는 견해

3. 헌법과 「국가배상법」의 차이

구분	헌법	「국가배상법」
책임자	국가 또는 공공단체	국가 또는 지방자치단체
유형	직무행위로 인한 손해배상	직무행위, 영조물 하자로 인한 손해배상

4. 「국가배상법」상의 유형

「국가배상법」 제2조	공무원의 직무행위로 인한 손해배상
「국가배상법」 제5조	영조물의 설치·관리상의 하자로 인한 손해배상

제2절 국가배상법 제2조(공무원의 직무행위로 인한 손해배상)

1 배상책임의 요건

1. 공무원의 행위일 것
(1) 조직법상 개념이 아닌 기능상 개념이며, 가해공무원의 특정은 불필요함
(2) 널리 공무를 위탁받은 자(사인 ○), 기관 그 자체도 가능(「국가배상법」 제2조 제1항에도 명시)
(3) 공무위탁에는 일시적·한정적 공무위탁도 포함됨(통설·판례)
(4) 의용소방대원은 공무원의 범위에서 제외됨
(5) 법령에 의하여 대집행권한을 위탁받은 한국토지공사는 「국가배상법」상 공무원의 범위에서 제외됨

공무원에 해당하는 자	공무원에 해당하지 않는 자
① 소집 중인 향토예비군 ② 통장(전입신고서에 확인인을 찍는 행위) ③ 교통할아버지 ④ 전투경찰 ⑤ 국가나 지방자치단체에 소속된 청원경찰 ⑥ 시 청소차량 운전원 ⑦ 미군부대의 카투사 ⑧ 강제집행을 하는 집행관(집달관) ⑨ 국회의원, 검사, 법관, 헌법재판소의 재판관 ⑩ 별정우체국장 ⑪ 소방원 ⑫ 조세원천징수의무자 ⑬ 수산청장으로부터 뱀장어에 대한 수출추천업무를 위탁받은 수산업협동조합 ⑭ 시보임용 중인 공무원 ⑮ 변호사협회장	① 시영버스운전사 ② 한국토지공사(한국토지주택공사) ③ 공무집행에 자진하여 협력을 한 사인 ④ 의용소방대원 ⑤ 대한변호사협회 ⑥ 구 「부동산소유권 이전등기 등에 관한 특별조치법」상 보증인

2. 직무행위일 것

범위	① 권력 + 관리작용(행정지도 등 포함) ② 사경제적 작용은 제외됨 ③ 사익보호성: 공무원에게 부과된 직무가 사익을 보호하는 것으로 인정되어야 함 　•「소방기본법」: 국민의 생명, 재산, 공공 일반의 안전 도모 　•「공직선거법」상 출마자의 전과기록 열람: 정당의 개별적 이익 보호
내용	① 입법작용: 단, 위법성·고의·과실 요건의 충족이 어려움 　• 위법의 의미를 입법과정에서 국회가 가지는 국민에 대한 직무상 의무의 위반으로 봄 　• 국회의원은 정치적 책임을 짐 ② 사법작용: 단, 위법성·고의·과실 요건의 충족이 어려움 　• 판결 자체의 위법이 아니라 법관의 재판상 직무수행에 있어서의 공정한 재판을 위한 직무상 의무 위반으로서의 위법

- 재판에 대한 불복절차·시정절차가 마련되어 있는 경우: 원칙적 ✕
- 재판에 대한 불복절차·시정절차가 마련되어 있지 않은 경우: ○
③ 준법률행위적 행정행위
④ 부작위

15. 교행직 9급 「국가배상법」은 행정작용뿐만 아니라 입법작용 및 사법작용에도 적용된다.

3. 직무를 집행하면서(외형설)

(1) 실질적으로 직무집행행위가 아닌 경우, 주관적인 직무집행의사가 없더라도 외형상 직무행위로 보여질 때에는 '직무를 집행하면서'라는 요건을 충족한 것으로 봄

18. 국가직 9급 행위 자체의 외관이 객관적으로 관찰하여 공무원의 직무행위로 보일 때에는 그것이 실질적으로 직무행위가 아니거나 또는 행위자에게 주관적으로 공무집행의 의사가 없었다고 하더라도 그 행위는 직무행위에 해당한다.

(2) 경우에 따라서 감독행위도 직무에 해당함

(3) 실질적으로 공무집행행위가 아니라는 사정을 피해자가 알았더라도 무방함

직무행위와 관련성이 있는 행위	직무행위와 관련성이 없는 행위
군인이 '훈련' 휴식 중에 꿩을 사냥한 경우	① 수차례 외상술값 독촉을 받은 불쾌감으로 격분하여 총기탈취, 자물쇠파손, 실탄절취 후 민간주점 주인을 살인한 행위 ② 상급자로부터 구타당한 것에 원한을 품고 보초근무 중 근무 장소를 이탈하여 절취한 총탄으로 살인한 행위 ③ 부대이탈 후 민간인 사살 ④ 불법휴대 카빈총으로 보리밭의 꿩을 사격한 경우 ⑤ 군인이 휴식 중에 비둘기를 사냥한 경우 ⑥ 사격장 부근 논에서 잉어를 잡으려다 발생한 총기사고
① 훈계권 행사 ② 기합 또는 감방 내에서의 사형(私刑)	① 퇴근 후 음주난동행위 ② 휴가 중의 폭력행위 ③ 싸움, 상호 장난 ④ 피해자가 불법행위에 가담한 경우
① 근무시간 초과 후 위생검열 도중 가스관 폭발 ② 비번 중인 공무원이 불심검문을 가장하여 금품을 강탈한 행위 ③ 시위진압 도중 전경이 조경수를 짓밟는 행위 ④ 수사 도중의 고문행위 ⑤ 인사업무담당 공무원이 다른 공무원의 공무원증 등을 위조한 행위에 대하여 실질적으로는 직무행위에 속하지 아니한다 할지라도 외관상으로 직무집행 관련성을 인정함 ⑥ 직무와 관련된 뇌물수수행위	① 가솔린 불법처분 중 발화 ② 업무 도중의 절도행위 ③ 도봉구청장이 토지소유자의 토지매매계약에 따라 서울시에 양도소득세 감면신청을 하지 않은 부작위 ④ 구청 세무과 소속 공무원 甲이 乙에게 무허가 건물 세입자들에 대한 시영아파트 입주권 매매행위를 한 경우

① 퇴근 후의 사고(자가용) ② 출·퇴근시에 통근차로 출·퇴근하면서 사고를 낸 경우 ③ 상관명령에 의한 상관의 이삿집 운반	통상적인 출근 중의 사고(자가용)
① 학군단 소속차량의 장례식 참가차 운행 ② 지프 운전병이 상관을 귀대시키고 오던 중 친지와 음주 후 그에게 대리운전을 시키다가 발생한 사고 ③ 군인의 사전훈련지역 정찰행위	결혼식 참석을 위한 군용차 운행
군의관이 소속방위병의 불완전구순열 수술을 하던 중 소속방위병이 사망한 경우	군의관의 포경수술

판례정리

1	국가배상법이 정한 배상청구의 요건인 공무원의 직무에는 권력적 작용만이 아니라 행정지도와 같은 비권력적 작용도 포함하며, 단지 행정주체가 사경제주체로서 하는 활동만이 제외된다(대판 1998.7.10. 96다38971).
2	전투경찰들은 시위진압을 함에 있어서 합리적이고 상당하다고 인정되는 정도로 가능한 한 최루탄의 사용을 억제하고 또한 최대한 안전하고 평화로운 방법으로 … 합리적이고 상당하다고 인정되는 정도를 넘어 지나치게 과도한 방법으로 시위진압을 한 전투경찰들의 직무집행상의 과실로 발생한 사고로 인하여 원고들이 입은 손해를 배상할 책임이 있다(대판 1995.11.10. 95다23897).
3	수익적 행정처분인 허가 등을 신청한 사안에서 공무원이 신청인의 목적 달성에 필요한 안내나 배려 등을 하지 않았다는 사정만으로 직무집행에 있어 위법한 행위를 한 것이라고 볼 수 없다(대판 2017.6.29. 2017다211726).
4	국가의 철도운행사업은 국가가 공권력의 행사로서 하는 것이 아니고 사경제적 작용이라 할 것이므로, 이로 인한 사고에 공무원이 관여하였다고 하더라도 국가배상법을 적용할 것이 아니고 일반 민법의 규정에 따라야 하나, 공공의 영조물인 철도시설물의 설치 또는 관리의 하자로 인한 불법행위를 원인으로 하여 국가에 대하여 손해배상청구를 하는 경우에는 국가배상법이 적용된다(대판 1999.6.22. 99다7008). **19. 서울시 9급(2월)** 국가의 철도운행사업은 국가가 공권력의 행사로 하는 것이 아니고 사경제적 작용이라 할 것이므로, 이로 인한 사고에 공무원이 간여하였다고 하더라도 일반 「민법」의 규정에 따라야 한다.
5	국회의원은 입법에 관하여 원칙적으로 국민 전체에 대한 관계에서 정치적 책임을 질 뿐 국민 개개인의 권리에 대응하여 법적 의무를 지는 것은 아니므로, 국회의원의 입법행위는 그 입법 내용이 헌법의 문언에 명백히 위배됨에도 불구하고 국회가 굳이 당해 입법을 한 것과 같은 특수한 경우가 아닌 한 국가배상법 제2조 제1항 소정의 위법행위에 해당한다고 볼 수 없고 … 그 입법에 필요한 상당한 기간이 경과하도록 고의 또는 과실로 이러한 입법의무를 이행하지 아니하는 등 극히 예외적인 사정이 인정되는 사안에 한정하여 국가배상법 소정의 배상책임이 인정될 수 있으며 위와 같은 구체적인 입법의무 자체가 인정되지 않는 경우에는 애당초 부작위로 인한 불법행위가 성립할 여지가 없다(대판 2008.5.29. 2004다33469). **19. 국가직 9급** 국회의원의 입법행위는 그 입법 내용이 헌법의 문언에 명백히 위배됨에도 불구하고 국회가 굳이 당해 입법을 한 것과 같은 특수한 경우가 아닌 한 「국가배상법」 제2조 제1항 소정의 위법행위에 해당한다고 볼 수 없다.

6	헌법재판소 재판관의 위법한 직무집행의 결과 잘못된 각하결정을 함으로써 청구인으로 하여금 본안 판단을 받을 기회를 상실하게 한 이상, 설령 본안판단을 하였더라도 어차피 청구가 기각되었을 것이라는 사정이 있다고 하더라도 그 침해로 인한 정신상 고통에 대하여는 위자료를 지급할 의무가 있다(대판 2003.7.11. 99다2428).
7	무죄판결이 확정되었다고 하더라도 그러한 사정만으로 바로 검사의 구속 공소제기가 위법하다고 할 수 없고, 검사의 판단이 그 당시의 자료에 비추어 경험칙이나 논리칙상 도저히 합리성을 긍정할 수 없는 정도에 이른 경우에만 그 위법성을 인정할 수 있다(대판 2002.2.22. 2000다23447).
8	육군중사가 훈련에 대비하여 개인 소유의 오토바이를 운전하여 사전정찰차 훈련지역 일대를 돌아보고 귀대하다가 교통사고를 일으킨 경우, 오토바이의 운전행위는 국가배상법 제2조 소정의 직무집행행위에 해당한다(대판 1994.5.27. 94다6741).
9	서울특별시 소속 건설담당직원이 무허가건물이 철거되면 그 소유자에게 시영아파트입주권이 부여될 것이라고 허위의 확인을 하여 주었기 때문에 그 소유자와의 사이에 처음부터 그 이행이 불가능한 아파트입주권 매매계약을 체결하여 매매대금을 지급한 경우, 공무원의 허위확인행위와 매수인의 손해발생 사이에는 상당인과관계가 있다(대판 1996.11.29. 95다21709).
10	법관의 재판에 법령의 규정을 따르지 아니한 잘못이 있다 하더라도 이로써 바로 그 재판상 직무행위가 국가의 손해배상책임이 발생하는 것은 아니고, 국가배상책임이 인정되려면 당해 법관이 위법 또는 부당한 목적을 가지고 재판을 하였다거나 법이 법관의 직무수행상 준수할 것을 요구하고 있는 기준을 현저하게 위반하는 등 법관이 그에게 부여된 권한의 취지에 명백히 어긋나게 이를 행사하셨다고 인정할 만한 특별한 사정이 있어야 한다(대판 2003.7.11. 99다24218). **19. 지방직 9급** 헌법재판소 재판관이 청구기간 내에 제기된 헌법소원심판청구 사건에서 청구기간을 오인하여 각하결정을 한 경우, 이에 대한 불복절차 내지 시정절차가 없는 때에는 국가배상책임을 인정할 수 있다.
11	압수·수색할 물건의 기재가 누락된 압수·수색영장을 발부한 법관이 위법·부당한 목적을 가지고 있었다거나 법이 직무수행상 준수할 것을 요구하고 있는 기준을 현저히 위반하였다는 등의 자료를 찾아볼 수 없다면 그와 같은 압수·수색영장의 발부행위는 불법행위를 구성하지 않는다(대판 2001.10.12. 2001다47290).
12	국가가 구 농지개혁법에 따라 농지를 매수하였으나 분배하지 않아 그 농지가 원소유자의 소유로 환원되었는데도 담당공무원이 이를 제대로 확인하지 않은 채 제3자에게 처분하여 원소유자에게 손해를 입힌 경우, 국가배상법 제2조 제1항에서 정한 공무원의 고의 또는 과실에 의한 위법행위에 해당한다(대판 2019.10.31. 2016다243306).

4. 고의·과실

(1) 국가작용의 흠이 아니라, 공무원의 과실 여부를 기준으로 함

(2) '사용자'가 종업원 등의 '선임·감독에 대한 주의의무'를 다했는지를 기준으로 사용자의 책임을 인정하는 「민법」 제756조와는 구별됨

(3) 과실의 객관화 경향

추상적 과실(평균적 공무원의 주의의무 위반), 가해공무원의 특정 불요

15. 서울시 9급 「국가배상법」상 공무원의 과실에 관하여 판례는 당해 직무를 담당하는 평균적 공무원의 주의능력을 기준으로 판단한다.

(4) 입증책임

고의·과실의 입증책임은 피해자인 원고에게 있음

(5) 법령해석상의 잘못과 과실 인정 여부
① 원칙적으로 공무원이 관계법규를 알지 못하거나 필요한 지식을 갖추지 못하고 법규해석을 그르쳐 행정처분을 한 경우 과실이 있음
② 재량행위에서 공무원이 재량준칙을 따라 처분을 한 경우 과실인정이 어려움
③ 처분이 취소소송에서 취소되었다 하더라도 바로 과실을 인정할 수 없음
④ 처분의 근거법률이 사후적으로 위헌선언된 경우 과실을 인정하기 어려움

(6) 위헌·무효인 긴급조치에 근거하여 유죄판결을 받은 후 재심 무죄판결이 확정된 경우, 국가의 손해배상책임이 인정되는 것은 아님

판례정리

1	영업허가취소처분이 나중에 행정심판에 의하여 재량권을 일탈한 위법한 처분임이 판명되어 취소되었다고 하더라도 그 처분이 당시 시행되던 공중위생법 시행규칙에 정하여진 행정처분의 기준에 따른 것인 이상, 그 영업허가취소처분을 한 행정청 공무원에게 그와 같은 위법한 처분을 한 데 있어 어떤 직무집행상의 과실이 있다고 할 수는 없다(대판 1994.11.8. 94다26141).
2	수익적 행정처분인 허가 등을 신청한 사안에서 공무원이 신청인의 목적 달성에 필요한 안내나 배려 등을 하지 않았다는 사정만으로 직무집행에 있어 위법한 행위를 한 것이라고 볼 수 없다(대판 2017.6.29. 2017다211726).
3	<고의 또는 과실> 그 행정처분의 담당공무원이 보통 일반의 공무원을 표준으로 하여 볼 때 객관적 주의의무를 결하여 그 행정처분이 객관적 정당성을 상실하였다고 인정될 정도에 이른 경우에 비로소 국가배상법 제2조 소정의 국가배상책임의 요건을 충족하였다(대판 2003.11.27. 2001다33789).
4	일반적으로 공무원이 관계법규를 알지 못하거나 필요한 지식을 갖추지 못하고 법규의 해석을 그르쳐 행정처분을 하였다면 그가 법률전문가가 아닌 행정직 공무원이라고 하여 과실이 없다고는 할 수 없다(대판 2001.2.9. 98다52988).
5	국세가 확정되기 전에 보전압류를 한 후 보전압류에 의하여 징수하려는 국세의 전부 또는 일부가 확정되지 못하였다면 특별한 반증이 없는 한 과세관청의 담당공무원에게 고의 또는 과실이 있다고 사실상 추정되므로, 국가는 부당한 보전압류로 인한 손해를 배상할 책임이 있다. 이러한 법리는 보전압류 후 과세처분에 의해 일단 국세가 확정되었으나 과세처분이 취소되어 결국 국세가 확정되지 못한 경우에도 마찬가지로 적용된다(대판 2015.10.29. 2013다209534).
6	형벌에 관한 법령이 헌법재판소의 위헌결정으로 소급하여 효력을 상실하였거나 법원에서 위헌 무효로 선언된 경우, 그 법령이 위헌으로 선언되기 전에 그 법령에 기초하여 수사가 개시되어 공소가 제기되고 유죄판결이 선고되었더라도, 그러한 사정만으로 수사기관의 직무행위나 법관의 재판상 직무행위가 국가배상법 제2조 제1항에서 말하는 공무원의 고의 또는 과실에 의한 불법행위에 해당하여 국가의 손해배상책임이 발생한다고 볼 수는 없다(대판 2014.10.27. 2013다217962). **19. 지방직 9급** 형벌에 관한 법령이 헌법재판소의 위헌결정으로 소급하여 효력을 상실한 경우, 위헌 선언 전 그 법령에 기초하여 수사가 개시되어 공소가 제기되고 유죄판결이 선고되었더라도, 그러한 사정만으로 국가의 손해배상책임이 발생한다고 볼 수 없다.

7	그 나름대로 신중을 다하여 합리적인 근거를 찾아 그중 어느 한 견해를 따라 내린 해석이 결과적으로 잘못된 해석에 돌아가고, 이에 따른 처리가 법령의 부당집행이라는 결과를 가져오게 되었다고 하더라도, 그와 같은 처리방법 이상의 것을 성실한 평균적 공무원에게 기대하기는 어려운 일이고, 따라서 이러한 경우에까지 공무원의 과실을 인정할 수는 없다(대판 1995.10.13. 95다32747). **12. 국가직 9급** 법령해석에 여러 견해가 있어 관계 공무원이 신중한 태도로 어느 일설을 취하여 처분한 경우, 위법한 것으로 판명되었다고 하더라도 그것만으로 배상책임을 인정할 수 없다.
8	검사가 관련 법령의 해석에 관하여 대법원 판례 등의 선례가 없다는 이유 등으로 법원의 결정에 어긋나는 행위를 하였다면 특별한 사정이 없는 한 당해 검사에게 직무상 의무를 위반한 과실이 있다고 보아야 한다(대판 2012.11.15. 2011다48452).
9	구 부동산소유권 이전등기 등에 관한 특별조치법에 따라 확인서 발급신청을 접수한 대장소관청 담당공무원 甲이 현장조사를 하면서 주변에 인가가 없어 인근 거주 주민의 의견청취를 생략하고 허위 내용으로 작성된 보증서에 따라 확인서를 발급한 사안에서, 甲에게 확인서 발급 시 주의의무를 위반한 과실은 없다(대판 2012.2.9. 2011다35210).
10	행정입법에 관여한 공무원이 나름대로 합리적 근거를 찾아 어느 하나의 견해에 따라 경과규정을 두는 등의 조치 없이 새 법령을 그대로 시행 또는 적용하였으나 그 판단이 나중에 대법원이 내린 판단과 달라 결과적으로 신뢰보호 원칙 등을 위반하게 된 경우, 국가배상책임의 성립요건인 공무원의 과실이 있다고 볼 수 없다(대판 2013.4.26. 2011다14428).

5. 법령을 위반하여

(1) 법령의 범위

성문법과 불문법을 포함한 모든 법령 외에 인권·공서양속 등도 포함하여 해당 직무행위가 객관적으로 정당성을 상실한 경우까지를 의미함(다수설)

(2) 행정규칙 위반 ✕, 부당한 재량행위 ✕

(3) 절차상의 위법도 「국가배상법」상의 법령 위반에 해당함

(4) 부작위

(5) 작위의무의 존재

① 재량행위의 경우에도 재량이 영(0)으로 수축되는 경우에는 작위의무 인정
② 법령의 명시적 근거가 없더라도 일정한 경우 작위의무 인정
③ 작위의무를 인정한 경우
    ㉠ 부랑인 선도시설 및 정신질환 요양시설 내의 폭력에 대한 감독 담당공무원의 의무
    ㉡ 당뇨병 합병증으로 시력 저하를 호소하는 수용자에 대한 교도소 의무관의 의무
    ㉢ 시위과정에 도로상에 방치된 트랙터 1대에 대한 경찰관의 위험발생 방지조치의 의무
    ㉣ 토석채취공사 도중 경사지를 굴러 내린 암석이 가스저장시설을 충격하여 화재가 발생한 경우, 담당자가 취했어야 할 사고예방조치
    ㉤ 경찰서 대용감방 내의 폭력행위에 대한 담당자의 주의의무
    ㉥ 윤락업소에 감금된 윤락녀들을 방치했던 경찰관의 의무(정신적 고통만 인정, 사망에는 책임 ✕)

(6) 사익보호성(반사적 이익 ✕, 사익보호성이 '위법성' 요건에서 검토하는지에 대해서는 견해의 대립이 있음)

(7) 행정청이 규제 권한을 행사하지 않은 것이 직무상 의무를 위반한 것으로 되어 위법한 것으로 평가되는 경우 과실도 인정됨

판례정리

1	어떠한 행정처분이 후에 항고소송에서 취소되었다고 할지라도 그 기판력에 의하여 당해 행정처분이 곧바로 공무원의 고의 또는 과실로 인한 것으로서 불법행위를 구성한다고 단정할 수는 없는 것이고 그 행정처분의 담당 공무원이 보통 일반의 공무원을 표준으로 하여 볼 때 객관적 주의의무를 결하여 그 행정처분이 객관적 정당성을 상실하였다고 인정될 정도에 이른 경우에 국가배상법 제2조 소정의 국가배상책임의 요건을 충족하였다고 봄이 상당할 것이다(대판 2003. 12.11. 2001다65236).
2	경찰관이 교통법규 등을 위반하고 도주하는 차량을 순찰차로 추적하는 직무를 집행하는 중에 그 도주차량 주행에 의하여 제3자가 손해를 입었다고 하더라도, 그 추적이 당해 직무목적을 수행하는 데에 불필요하다거나 또는 도주차량의 도주의 태양 및 도로교통상황 등으로부터 예측되는 피해발생의 구체적 위험성의 유무 및 내용에 비추어 추적의 개시·계속 혹은 추적의 방법이 상당하지 않다는 등의 특별한 사정이 없는 한 그 추적행위를 위법하다고 할 수는 없다(대판 2000.11.10. 2000다26807).
3	공무원의 직무집행이 법령이 정한 요건과 절차에 따라 이루어진 것이라면 특별한 사정이 없는 한, 이는 법령에 적합한 것이고, 그 과정에서 개인의 권리가 침해되는 일이 생긴다고 하여 그 법령 적합성이 곧바로 부정되는 것은 아니다(대판 2000.11.10. 2000다26807). **18. 서울시 7급** 공무원의 직무집행이 법령이 정한 요건과 절차에 따라 이루어진 것이라면 특별한 사정이 없는 한 공무원의 행위는 법령에 적합한 것이나, 그 과정에서 개인의 권리가 침해되는 일이 생긴다고 하여 그 법령적 합성이 바로 부정되지 않는다.
4	甲이 국가의 의뢰로 도라산역사 내 벽면 및 기둥들에 벽화를 제작·설치하였는데, 국가가 작품 설치일로부터 약 3년 만에 벽화를 철거하여 소각한 행위는 현저하게 합리성을 잃은 행위로서 객관적 정당성을 결여하여 위법하므로 국가배상법 제2조 제1항에 따라 甲에게 위자료를 지급할 의무가 있다(대판 2015.8.27. 2012다204587).
5	성폭력범죄의 담당경찰관이 경찰서에 설치되어 있는 범인식별실을 사용하지 않고 공개된 장소인 형사과 사무실에서 피의자들을 한꺼번에 세워 놓고 나이 어린 학생인 피해자에게 범인을 지목하도록 한 행위는 국가배상법상의 '법령 위반' 행위에 해당한다(대판 2008.6.12. 2007다64365).
6	시청 소속공무원이 시장을 부패방지위원회에 부패혐의자로 신고한 후 동사무소로 하향 전보된 경우, 그 전보인사 조치는 해당 공무원에 대한 다면평가 결과, 원활한 업무수행의 필요성 등을 고려하여 이루어진 것으로 볼 여지도 있으므로, 사회통념상 용인될 수 없을 정도로 객관적 상당성을 결여하였다고 단정할 수 없어 불법행위를 구성하지 않는다(대판 2009.5.28. 2006다6215). **18. 서울시 9급** 국가배상책임에서의 법령 위반에는 널리 그 행위가 객관적인 정당성을 결여하고 있는 경우도 포함된다.
7	국민의 생명·재산 등에 대하여 절박하고 중대한 위험상태가 발생하였거나 발생할 상당한 우려가 있어서 국가가 초법규적·일차적으로 그 위험의 배제에 나서지 아니하면 국민의 생명 등을 보호할 수 없는 경우에는 형식적 의미의 법령의 근거가 없더라도 국가나 관련 공무원에 대하여 그러한 위험을 배제할 작위의무를 인정할 수 있다(대판 2002.7.26. 2010다95666).
8	<전자발찌 훼손·살인에 대한 국가배상사건> 위치추적 전자장치를 부착하고 보호관찰을 받고 있던 甲이 丙을 강간하려다 살해하였는데, 丙의 유족들이 경찰관과 보호관찰관의 위법한 직무수행을 이유로 국가를 상대로 손해배상을 구한 사안에서, 직전 범행의 수사를 담당하던 경찰관이 직전 범행의 특수성과 위험성을 고려하지 않은 채 통상적인 조치만 하였을 뿐 전자장치 위치정보를 수사에 활용하지 않은 것과 보호관찰관이 甲의 높은 재범의 위험성과 반사회성을 인식하였음에도 적극적 대면조치 등 이를 억제할 실질적인 조치를 하지 않은 것은 직무상의 의무를 위반한 것으로서 위법하므로 국가배상책임을 인정할 수 있다(대판 2022.7.14. 2017다290538).

9	수용자가 하나의 거실에 다른 수용자들과 함께 수용되어 거실 중 화장실을 제외한 부분의 1인당 수용면적이 인간으로서의 기본적인 욕구에 따른 일상생활조차 어렵게 할 만큼 협소한 경우(수용자 1인당 2㎡ 미만), 수용자의 인간으로서의 존엄과 가치를 침해하는 것으로 국가배상책임을 인정할 수 있다(대판 2022.7.14. 2017다266771).
10	법령의 위임에도 불구하고 보건복지부장관이 치과전문의제도의 실시를 위하여 필요한 시행규칙의 개정 등 절차를 마련하지 않은 입법부작위가 위헌이라는 헌법재판소 결정에 따른 후속조치로 사실상 전공의 수련과정을 수료한 치과의사들에게 그 수련경력에 대한 기득권을 인정하는 경과조치를 행정입법으로 제정하지 않았더라도 이러한 행정입법부작위가 위헌·위법하다고 볼 수 없으므로 국가배상책임은 성립하지 않는다(대판 2018.6.15. 2017다249769).
11	구 국가안전과 공공질서의 수호를 위한 대통령긴급조치(1975.5.13. 대통령긴급조치 제9호, 이하 '긴급조치 제9호'라고 한다)는 위헌·무효임이 명백하고 긴급조치 제9호 발령으로 인한 국민의 기본권 침해는 그에 따른 강제수사와 공소제기, 유죄판결의 선고를 통하여 현실화되었다. 이러한 경우 긴급조치 제9호의 발령부터 적용·집행에 이르는 일련의 국가작용은, 전체적으로 보아 공무원이 직무를 집행하면서 객관적 주의의무를 소홀히 하여 그 직무행위가 객관적 정당성을 상실한 것으로서 위법하다고 평가되고, 긴급조치 제9호의 적용·집행으로 강제수사를 받거나 유죄판결을 선고받고 복역함으로써 개별 국민이 입은 손해에 대해서는 국가배상책임이 인정될 수 있다(대판 2022.8.30. 2018다212610).

6. 타인에게 손해를 입히거나

(1) 타인

가해자인 공무원과 그 위법행위에 가담한 자 이외의 사람(자연인·법인 불문)

(2) 손해

재산상 손해, 생명·신체 등 비재산상 손해, 정신적 손해(예 위자료) 등 일체의 손해를 의미함. 재산권 침해로 인한 위자료청구도 가능함[다만, 재산상 손해는 특별한 사정이 없는 한 재산상 손해배상으로 위자됨(대판 1998.7.10. 96다38971)].

15. 교행직 9급 국가배상책임의 대상이 되는 손해에는 재산상의 손해는 물론 정신상의 손해도 포함된다.

📋 **판례정리**

<진주의료원 폐업 사건>

1
[1] 甲 도지사의 폐업결정은 행정청이 행하는 구체적 사실에 관한 법집행으로서의 공권력 행사로서 입원환자들과 소속 직원들의 권리·의무에 직접 영향을 미치는 것이므로 항고소송의 대상에 해당하지만 … 폐업결정의 취소로 회복할 수 있는 다른 권리나 이익이 남아있다고 보기도 어려우므로, 甲 도지사의 폐업결정이 법적으로 권한 없는 자에 의하여 이루어진 것으로서 위법하더라도 취소를 구할 소의 이익을 인정하기 어렵다.
[2] 국가배상책임이 성립하기 위해서는 공무원의 집무집행이 위법하다는 점만으로는 부족하고, 그로 인해 타인의 권리·이익이 침해되어 구체적 손해가 발생해야 한다(대판 2016.8.30. 2015두60617).

19. 국회직 8급 도지사에 의한 지방의료원의 폐업결정과 관련하여 국가배상책임이 성립하기 위하여서는 공무원의 직무집행이 위법하다는 점만으로는 부족하고 그로 인하여 타인의 권리·이익이 침해되어 구체적 손해가 발생하여야 한다.

2	한센병을 앓은 적이 있는 甲 등이 한센병 환자의 치료 및 격리수용을 위하여 운영·통제해 온 국립 소록도병원 등에 입원해 있다가 위 병원 등에 소속된 의사 등으로부터 정관절제수술 또는 임신중절수술을 받았음을 이유로 국가를 상대로 손해배상을 구한 사안에서, 국가배상책임을 인정하였다(대판 2017.2.15. 2014다230535).
3	국가배상법 제3조 제5항에 생명·신체에 대한 침해로 인한 위자료의 지급을 규정하였을 뿐이고 재산권 침해에 대한 위자료의 지급에 관하여 명시한 규정을 두지 아니하였으나 같은 법조 제4항의 규정이 재산권 침해로 인한 위자료의 지급의무를 배제하는 것이라고 볼 수는 없다(대판 1990.12.21. 90다60233).
4	일반적으로 타인의 불법행위로 인하여 재산권이 침해된 경우에는 그 재산적 손해의 배상에 의하여 정신적 고통도 회복된다고 보아야 하지만, 재산상의 손해 이외에 명예나 신용의 훼손 등으로 재산적 손해의 배상만으로는 회복할 수 없는 정신적 손해가 있는 경우에는 그로 인한 정신적 고통에 대하여 위자료를 지급하여야 한다(대판 1997.2.14. 96다36159).
5	甲이 소유하던 구분건물의 대지지분이 등기공무원의 과실로 실제 지분보다 많은 지분으로 등기부에 잘못 기재되어 있는 상태에서 乙이 부동산임의경매절차를 통해 위 구분건물을 낙찰받아 소유권이전등기를 마친 다음 이를 다시 丙 주식회사에 매도하여 丙 회사 명의의 소유권이전등기가 이루어졌는데, 그 후 丙 회사가 乙에게 '구분건물의 대지지분이 등기부 기재와 다르므로 등기부 기재대로 부족지분을 취득하여 이전해 달라'는 취지의 내용증명을 보내자, 乙이 등기공무원의 과실로 구분건물의 대지지분이 잘못 기재되는 바람에 실제 취득하지 못한 부족지분에 상응하는 만큼 매매대금을 과다 지급하는 손해를 입었다며 국가를 상대로 손해배상을 구한 사안에서, 국가 소속 등기공무원의 과실로 등기부에 대지지분이 잘못 기재되는 바람에 乙이 실제로 취득하지 못한 부족지분에 상응하는 만큼 매매대금을 과다 지급하였지만, 이후 丙 회사에 등기부 기재대로 대지지분이 존재하는 것을 전제로 구분건물을 매도하고 자신이 지급한 매수대금 이상의 매매대금을 수령한 이상, 최종매수인인 丙 회사가 국가의 불법행위로 매매대금이 초과 지급된 현실적인 손해를 입었다고 보아야 하고, 중간매도인인 乙은 丙 회사로부터 담보책임을 추궁당해 손해배상금을 지급하였거나 丙 회사에 대하여 손해배상의 지급을 명하는 판결을 받는 등으로 丙 회사에 대해 현실적·확정적으로 실제 변제하여야 할 성질의 채무를 부담하는 등 특별한 사정이 없는 한 위와 같이 매매대금을 과다 지급하였다거나 丙 회사로부터 부족지분의 이전을 요구받았다는 사정만으로 현실적으로 손해를 입었다고 볼 수 없고, 국가의 손해배상책임을 인정할 수 없다(대판 2019.8.14. 2016다217833).

7. 직무행위와 손해발생간의 인과관계

(1) 상당인과관계(결과발생의 개연성, 가해행위의 태양, 피해의 정도 등을 종합적으로 고려해야 함)
(2) 판례는 사익보호성 요건을 상당인과관계에서 검토하고 있음
(3) 형사책임과 국가배상책임은 형사재판에서 무죄판결이 확정되더라도 국가배상책임 인정 가능

판례정리

1	구청공무원 甲이 주택정비계장으로 부임하기 이전에 그의 처 등과 공모하여 乙에게 무허가 건물 철거 세입자들에 대한 시영아파트 입주권 매매행위를 한 경우 … 그 손해와 甲의 사후적 범행관여 사이에 상당인과관계를 인정하기 어렵다(대판 1993.1.15. 92다8514).
2	**<유흥주점 여종업원 사망 사건>** [1] 유흥주점에 감금된 채 윤락을 강요받으며 생활하던 여종업원들이 유흥주점에 화재가 났을 때 미처 피신하지 못하고 유독가스에 질식해 사망한 사안에서, 지방자치단체의 담당공무원이 위 유흥주점의 용도변경, 무허가 영업 및 시설기준에 위배된 개축에 대하여 시정명령 등 식품위생법상 취하여야 할 조치를 게을리 한 직무상 의무 위반행위와 위 종업원들의 사망 사이에 상당인과관계가 존재하지 않는다. [2] 소방공무원이 위 유흥주점에 대하여 화재발생 전 실시한 소방점검 등에서 구 소방법상 방염 규정 위반에 대한 시정조치 및 화재발생시 대피에 장애가 되는 잠금장치의 제거 등 시정조치를 명하지 않은 직무상 의무 위반은 현저히 불합리한 경우에 해당하여 위법하고, 이러한 직무상 의무 위반과 위 사망의 결과 사이에 상당인과관계가 존재한다(대판 2008.4.10. 2005다48994).
3	주민등록사무를 담당하는 공무원으로서는 개명과 같은 사유로 주민등록상의 성명을 정정한 경우에는 그 변경사항을 통보하여 본적지의 호적관서로 하여금 그 정정사항의 진위를 재확인할 수 있도록 할 직무상의 의무도 있고, 이러한 직무상 의무는 개인의 안전과 이익을 보호하기 위하여 설정된 것이다(사익보호성 검토). 따라서, 주민등록사무를 담당하는 공무원이 개명으로 인한 주민등록상 성명정정을 본적지 관할관청에 통보하지 아니한 직무 위반행위와 甲이 입은 손해 사이에는 상당인과관계가 존재한다(대판 2003.4.23. 2001다59842).
4	금융위원회의 설치 등에 관한 법률의 입법 취지 등에 비추어 볼 때, 피고 금융감독원에 금융기관에 대한 검사·감독의무를 부과한 법령의 목적이 금융상품에 투자한 투자자 개인의 이익을 직접 보호하기 위한 것이라고 할 수 없으므로, 피고 금융감독원 및 그 직원들의 위법한 직무집행과 부산2저축은행의 후순위사채에 투자한 원고들이 입은 손해 사이에 상당인과관계가 있다고 보기 어렵다(대판 2015.12.23. 2015다210194).
5	일정한 기준에 따라 상수원수의 수질을 유지하여야 할 의무를 부과하고 있는 법령의 규정은 국민들에게 양질의 수돗물이 공급되게 함으로써 국민 일반의 건강을 보호하여 공공 일반의 전체적인 이익을 도모하기 위한 것이지, 국민 개개인의 안전과 이익을 직접적으로 보호하기 위한 규정이 아니다(대판 2001.10.23. 99다36280). ✓ **주의** 법령이 정하는 고도의 정수처리방법이 아닌 일반적 정수처리방법으로 수돗물을 생산·공급하였다는 사유만으로 그 수돗물을 마신 개인에 대하여 손해배상책임이 발생하는 것은 아님

상당인과관계를 인정한 경우	상당인과관계를 불인정한 경우
① 특별송달 우편물에 대한 우편집배원의 고의 또는 과실로 인한 손해 ② 허위의 인감증명서 발급과 관련한 손해 ③ 군부대 내 총기·탄약·폭발물 등의 관리상 과실로 발생한 손해 ④ 헌병대 영창에서 탈주한 수용자들로 인한 손해: 국가공무원들의 직무상 의무 위반 인정 ⑤ 가스에 질식하여 사망한 여종업원에 대한 **소방공무원**의 책임	① 가스에 질식하여 사망한 여종업원에 대한 **지방자치단체 담당공무원**의 책임 불인정 ② 군병원에 입원 중이던 사병들이 탈영하여 강도살인행위를 한 경우, 병원의 당직 군의관의 책임 불인정 ③ 영내 거주기간을 초과하여 영내에 거주하도록 지시받은 육군하사가 자살한 경우, 지휘관의 책임 불인정 ④ 후순위사채에 투자한 투자자들의 국가배상청구 사건 ⑤ 고도의 정수처리방법이 아닌 일반적 정수처리방법으로 수돗물을 생산·공급하였다는 사유로 국가배상청구 사건

2 배상의 범위

1. 기준액설(통설·판례)

단순한 기준에 불과하고, 배상금액의 증감이 가능함

2. 이익공제의 규정 있음(과실상계도 행해짐)

3. 배상책임자

(1) 「국가배상법」 제2조
① 국가 또는 지방자치단체
② 지방자치단체 외의 공공단체는 「민법」에 의함

(2) 「국가배상법」 제6조 제1항

> 제6조【비용부담자 등의 책임】① 제2조·제3조 및 제5조에 따라 국가나 지방자치단체가 손해를 배상할 책임이 있는 경우에 공무원의 선임·감독 또는 영조물의 설치·관리를 맡은 자와 공무원의 봉급·급여, 그 밖의 비용 또는 영조물의 설치·관리 비용을 부담하는 자가 동일하지 아니하면 그 비용을 부담하는 자도 손해를 배상하여야 한다.

① 선임·감독자 외 비용부담자도 배상책임 부담
  ⇨ **선임·감독자**: 사무귀속주체, **비용부담자**: 대외적으로 비용을 지출한 자(형식적 비용부담자) 포함
② 비용: 봉급, 급여 기타 사무에 필요한 일체의 경비를 의미함
  ㉠ 지방자치단체장에게 기관위임된 사무의 경우: 지방자치단체가 경비를 대외적으로 지출하였다면 지방자치단체도 비용부담자로서 「국가배상법」상의 책임을 짐
    ⇨ 사무귀속주체: 국가, 비용부담자: 지방자치단체 포함(판례)

ⓒ 지방자치단체장간의 기관위임의 경우: 위임사무처리상의 불법행위에 대한 사무귀속주체로서의 손해배상책임의 주체는 상위 지방자치단체가 됨(판례)

> ✓ **주의** 항상 국가나 상위 지방자치단체가 사무귀속주체, 하위 지방자치단체가 형식적 비용부담자가 되는 것은 아님. 지방자치단체장이 교통신호기를 설치하고 그 관리권한을 지방경찰청장에게 위임한 경우 사무귀속주체는 「국가배상법」 제2조 또는 제5조에 의해 지방자치단체가 될 것이나, 「국가배상법」 제6조 제1항에 따라 교통신호기를 관리하는 경찰관에게 봉급 등의 비용을 부담하는 주체는 국가이므로 이 경우 국가가 형식적 비용부담자로서 국가배상책임을 짐(대판 1999.6.25. 99다11120)

(3) 「국가배상법」 제6조 제2항

> 제6조 【비용부담자 등의 책임】 ② 제1항의 경우에 손해를 배상한 자는 내부관계에서 그 손해를 배상할 책임이 있는 자에게 구상할 수 있다.

① 판례는 기본적으로 사무귀속주체설을 취함. 안산시가 안산경찰서장에게 그 권한을 위임한 사무로서 교통신호기의 관리사무에 대하여 안산시는 사무귀속주체가 되고, 안산경찰서장이 속한 국가가 손해를 배상한 경우 최종적인 배상책임은 안산시에 있음(대판 2001.9.25. 2001다41865)
② 기여도설을 취한 듯이 보인 판례도 있으나 이는 도로법 관련 판례로서 광역시와 국가가 모두 점유자·관리자·비용부담자로서 중첩적으로 책임을 지는 판례이기 때문에 일반화하기는 어려움

3 공무원의 배상책임

공무원의 외부적 책임 (선택적 청구권)	판례는 고의·중과실인 경우 선택적 청구를 긍정하고, 경과실인 경우 선택적 청구를 부정함
공무원의 내부적 책임(구상권)	「국가배상법」 제2조: 고의·중과실인 경우 가해공무원에게 구상권 행사
공무원의 국가에 대한 구상권	피해자에 대한 개인책임이 없는 경과실로 피해자에게 손해를 입힌 공무원이 피해자에게 손해를 직접 배상하였다면 공무원은 원칙적으로 국가에 대하여 구상권을 취득함

> 📖 **판례정리**
>
> | 1 | 공무원이 직무수행 중 불법행위로 타인에게 손해를 입힌 경우, 피해자에게 손해를 직접 배상한 경과실이 있는 경우에는 불법행위로 인한 손해배상책임을 지고, 공무원에게 경과실이 있을 뿐인 경우에는 공무원 개인은 손해배상책임을 부담하지 아니한다. … 피해자에게 손해를 직접 배상한 경과실이 있는 공무원은 특별한 사정이 없는 한 국가에 대하여 국가의 피해자에 대한 손해배상책임의 범위 내에서 공무원이 변제한 금액에 관하여 구상권을 취득한다고 봄이 타당하다(대판 2014.8.20. 2012다54478). **19. 국가직 9급** 피해자에게 손해를 직접 배상한 경과실이 있는 공무원은 특별한 사정이 없는 한 국가의 피해자에 대한 손해배상책임의 범위 내에서 자신이 변제한 금액에 관하여 국가에 대한 구상권을 취득한다. |
> |---|---|
> | 2 | 헌법 제29조 제1항 및 국가배상법 제2조를 그 각 입법취지에 비추어 합리적으로 해석하면 공무원이 공무집행상의 위법행위로 인하여 타인에게 손해를 입힌 경우에는 "공무원에게 고의 또는 중과실이 있는 때에는 공무원 개인도 불법행위로 인한 손해배상책임을 진다고 할 것이지만, 공무원에게 경과실뿐인 때에는 공무원 개인은 손해배상책임을 부담하지 아니한다."라고 할 것이다(대판 1996.2.15. 95다38677). |

4 「국가배상법」과 「자동차손해배상 보장법」의 관계

1. 「자동차손해배상 보장법」이 「국가배상법」에 우선하여 적용됨

15. 지방직 9급 「자동차손해배상 보장법」은 배상책임의 성립요건에 관하여 「국가배상법」에 우선하여 적용된다.

2. 책임성립 여부는 「자동차손해배상 보장법」에 따라 판단함

공무원이 자기를 위하여 자동차를 운행하는 자에 해당 (일반적으로 공무원의 개인차량인 경우)	국가 등이 자기를 위하여 자동차를 운행하는 자에 해당 (일반적으로 국가 또는 지방자치단체의 관용차량인 경우)
① 공무원의 경과실·중과실·고의를 불문하고 공무원이 자기를 위하여 자동차를 운행하는 자에 해당하는 한 공무원이 「자동차손해배상 보장법」상의 책임을 부담함 ② 이 경우 피해자는 「국가배상법」상의 요건을 증명하여 국가 또는 지방자치단체에 손해배상을 청구할 수도 있음	① 국가는 「자동차손해배상 보장법」의 규정에 의하여 손해배상책임을 부담함 ② 공무원의 개인책임에 관하여는 「자동차손해배상 보장법」 규정이 적용되지 않으므로 공무원은 일반원칙에 따라 고의 또는 중과실이 있는 경우에만 책임을 부담함

판례정리

1	국가 소속공무원이 관리권자의 허락을 받지 아니한 채 국가 소유의 오토바이를 무단으로 사용하다가 … 국가가 위 공무원의 무단운전에도 불구하고 위 오토바이에 대한 객관적·외형적인 운행지배 및 운행이익을 계속 가지고 있었다고 봄이 상당하다(대판 1988.1.19. 87다카2202).
2	군 소속차량의 운전수가 일과시간 후에 피해자의 적극적인 요청에 따라 동인의 개인적인 용무를 위하여 상사의 허락 없이 무단으로 위 차를 운행하다가 사고가 일어났다면, 군은 자동차손해배상 보장법 제3조 소정의 자기를 위하여 자동차를 운행하는 자에 해당되지도 아니하며 위 사고가 위 운전수의 직무집행 중의 과실에 기인된 것도 아니므로 군에 대하여 국가배상법상의 책임도 물을 수 없다(대판 1981.2.10. 80다2720).

5 기타 판례

판례정리

1	<국가배상법 제7조에서 정한 '상호보증'이 있는지 판단하는 기준> 우리나라와 외국 사이에 국가배상청구권의 발생요건이 현저히 균형을 상실하지 아니하고 외국에서 정한 요건이 우리나라에서 정한 그것보다 전체로서 과중하지 아니하여 중요한 점에서 실질적으로 거의 차이가 없는 정도라면 국가배상법 제7조가 정하는 상호보증의 요건을 구비하였다고 봄이 타당하다. … 외국에서 구체적으로 우리나라 국민에게 국가배상청구를 인정한 사례가 없더라도 실제로 인정될 것이라고 기대할 수 있는 상태이면 충분하다(대판 2015.6.11. 2013다208388). **19. 서울시 9급(6월)** 일본 「국가배상법」이 국가배상청구권의 발생요건 및 상호보증에 관하여 우리나라 「국가배상법」과 동일한 내용을 규정하고 있는 점 등에 비추어 우리나라와 일본 사이에 우리나라 「국가배상법」 제7조가 정하는 상호보증이 있다.

2	헌법 제29조 제1항 및 국가배상법 제2조를 그 각 입법취지에 비추어 합리적으로 해석하면 공무원이 공무집행상의 위법행위로 인하여 타인에게 손해를 입힌 경우에는 '공무원에게 고의 또는 중과실이 있는 때에는 공무원 개인도 불법행위로 인한 손해배상책임을 진다고 할 것이지만, 공무원에게 경과실뿐인 때에는 공무원 개인은 손해배상책임을 부담하지 아니한다'라고 할 것이다(대판 1996. 2.15. 95다38677). **18. 서울시 7급** 공무원책임에 대한 규정인 헌법 제29조 제1항 단서는 그 조항 자체로 공무원 개인의 구체적인 손해배상책임의 범위까지 규정한 것으로 보기는 어렵다.
3	법령에 의해 대집행권한을 위탁받은 한국토지공사가 국가공무원법 제2조에서 말하는 공무원에 해당하지 않는다(대판 2010.1.28. 2007다82950). ✓ **주의** 한국토지공사는 법령의 위탁에 의하여 대집행을 수권받은 자로서 공무인 대집행을 실시함에 따르는 권리·의무 및 책임이 귀속되는 행정주체의 지위에 있다고 볼 것이지, 「국가공무원법」상의 공무원이나 행정보조자가 아님 **13. 국회직 8급** 대법원은 「공익사업을 위한 토지 등의 취득 및 보상에 관한 법률」상 수용대상물의 인도·이전의무불이행에 대한 지방자치단체장의 대집행권한을 구 한국토지공사에 위탁한 것은 구 한국토지공사를 행정보조자로 고용한 것이 아니다.
4	배상결정전치주의에 대해 헌법재판소는 합헌으로 결정했으나, 이후 국가배상법이 선택적 결정전치주의로 개정되었다.
5	국회의원은 입법에 관하여 원칙적으로 국민 전체에 대한 관계에서 정치적 책임을 질 뿐 국민 개개인의 권리에 대응하여 법적 의무를 지는 것은 아니므로, 국회의원의 입법행위는 그 입법내용이 헌법의 문언에 명백히 위반됨에도 불구하고 국회가 굳이 당해 입법을 한 것과 같은 특수한 경우가 아닌 한 국가배상법 제2조 제1항 소정 위법행위에 해당된다고 볼 수 없다(대판 1997.6.13. 96다56115).
6	법관이 행하는 재판사무의 특수성과 그 재판과정의 잘못에 대하여는 따로 불복절차에 의하여 시정될 수 있는 제도적 장치가 마련되어 있는 점 등에 비추어 보면 법관의 재판에 법령의 규정을 따르지 아니한 잘못이 있다 하더라도 이로써 바로 그 재판상 직무행위가 국가배상법 제2조 제1항에서 말하는 위법한 행위로 되어 국가의 손해배상책임이 발생하는 것은 아니다(대판 2001.4.24. 2000다16114).
7	재판에 대하여 불복절차 내지 시정절차 자체가 없는 경우에는 부당한 재판으로 인하여 불이익 내지 손해를 입은 사람은 국가배상 이외의 방법으로는 자신의 권리 내지 이익을 회복할 방법이 없으므로, 이와 같은 경우에는 배상책임의 요건이 충족되는 한 국가배상책임을 인정하지 않을 수 없다(대판 2003.7.11. 99다24218). ✓ **주의** 헌법재판소 재판관이 청구기간 내에 제기된 헌법소원심판청구 사건에서 청구기간을 오인하여 각하결정을 한 경우, 이에 대한 불복절차 내지 시정절차가 없다고 보아 국가배상책임을 인정한 판례
8	경찰관은 피의자의 진술을 조서화하는 과정에서 조서의 객관성을 유지하여야 하고, 고의 또는 과실로 위 직무상 의무를 위반하여 피의자신문조서를 작성함으로써 피의자의 방어권이 실질적으로 침해되었다고 인정된다면, 국가는 그로 인하여 피의자가 입은 손해를 배상하여야 한다(대판 2020. 4.29. 2015다224797).
9	법원이 형사소송법 제272조 제1항에 따라 송부요구한 서류가 피고인의 무죄를 뒷받침할 수 있거나 적어도 법관의 유·무죄에 대한 심증을 달리할 만한 상당한 가능성이 있는 중요증거에 해당하는데도 검사가 정당한 이유 없이 피고인 또는 변호인의 열람·지정 내지 법원의 송부요구를 거절하는 것은, 피고인의 신속·공정한 재판을 받을 권리와 변호인의 조력을 받을 권리를 중대하게 침해하는 것이다(대판 2012.5.24. 2012도1284).

10 대통령긴급조치 제1호 및 제4호 위반 혐의로 영장 없이 체포되어 구속되었다가 기소되지 않은 채 구속취소로 석방된 甲이 구 민주화운동 관련자 명예회복 및 보상 등에 관한 법률상 민주화운동 관련자 인정결정을 받아 보상금 지급결정에 동의하고 보상금을 수령한 후 국가를 상대로 긴급조치 제1호 및 제4호에 근거한 수사 등이 불법행위에 해당한다며 국가배상을 구한 사안에서, 甲이 긴급조치 제1호, 제4호 위반 혐의로 체포되어 구속되었다가 구속취소로 석방되고 그 이후 자신에 대한 형사처분이 재심대상이 아니어서 형사재심절차를 거치지 아니한 채 국가배상청구에 이르게 된 경위, 긴급조치에 대한 사법적 심사가 이루어진 시기, 긴급조치 제1호, 제4호에 대한 위헌·무효 판단 이후에도 불법행위에 대한 국가배상청구를 원칙적으로 부정했던 대법원 판례의 존재, 민주화운동과 관련한 보상금 등 지급결정 동의에 재판상 화해의 효력을 인정하던 구 민주화보상법 제18조 제2항과 이에 대한 헌법재판소의 위헌 결정 등 제반 사정을 종합하면, 소 제기 당시까지도 甲이 국가를 상대로 긴급조치 제1호, 제4호에 기한 일련의 국가작용으로 인한 불법행위로 발생한 권리를 행사할 수 없는 장애사유가 있어 소멸시효가 완성되지 않았다고 보는 것이 타당하다(대판 2023.1.12. 2021다201184).

제3절 국가배상법 제5조(영조물의 설치·관리상의 하자로 인한 손해배상)

1 손해배상책임의 근거 및 성질

1. 손해배상책임의 근거

(1) 헌법에는 명문규정을 두고 있지 않음

(2) 「민법」 제758조와 구별

구분	「민법」 제758조	「국가배상법」 제5조
책임대상	공작물책임에 한정됨	영조물로, 책임대상이 넓음
면책규정	점유자의 면책규정이 있음	점유자의 면책규정이 없음

18. 국가직 9급 타인을 사용하여 어느 사무에 종사하게 한 자는 피용자가 그 사무집행에 관하여 제3자에게 가한 손해를 배상할 책임이 있다. 그러나 사용자가 피용자의 선임 및 그 사무감독에 상당한 주의를 한 때 또는 상당한 주의를 하여도 손해가 있을 경우에는 그러하지 아니하다.

(3) 무과실책임

「국가배상법」 제5조의 경우 고의·과실을 규정하지 않고 있다는 점에서 무과실책임의 일종으로 보고 있음(다만, 영조물의 하자는 요구함)

2. 손해배상책임의 요건

(1) 공공의 영조물일 것
① 범위: 강학상 공물, 사실상 관리하는 것도 포함됨. 판례는 특정 공공의 목적에 공여된 유체물 또는 물적 설비라고 표현함
② 종류: 자연공물·인공공물, 동산·부동산, 동물(예 경찰견) 등
③ 국유림 등 일반재산(개정 전 잡종재산)은 영조물이 아님[사물(私物)에 불과하므로 「민법」으로 해결]

(2) 설치나 관리의 하자가 있을 것

① **학설의 대립**: 객관설, 주관설(의무위반설), 절충설
② **판례의 입장**: 기본적으로 객관설의 입장을 취하나, 전형적인 객관설이 아닌 안전의무 위반도 고려함
  ⇨ 「국가배상법」 제5조 제1항의 영조물의 설치·관리의 하자란 영조물이 그 용도에 따라 통상 갖추어야 할 안전성을 갖추지 못한 상태에 있음을 말하는 것으로서, 위와 같은 안전성의 구비여부를 판단함에 있어서는 설치·관리자가 그 영조물의 위험성에 비례하여 사회통념상 일반적으로 요구되는 정도의 방호조치의무를 다하였는지 여부를 그 기준으로 삼아야 할 것(대판 2007.10.26. 2005다51235)
③ 객관적으로 보아 그 영조물의 결함에 영조물 설치·관리자의 관리행위가 미칠 수 없는 상황임이 입증된 경우라면 하자를 인정할 수 없음
④ 영조물 설치 및 보존에 있어서의 안전성은 완전무결한 상태를 유지할 정도의 고도의 안전성을 의미하는 것이 아니라 사회통념상 일반적으로 요구되는 정도의 것을 말함[판례는 고속국도에 놓여 있던 쇠파이프가 튕겨 운전자가 사망한 사건에서 쇠파이프를 제거하지 못한 국가의 과실을 인정했지만 넓은 국도상을 더 짧은 간격으로 일일이 순찰하면서 낙하물을 제거하는 것은 현실적으로 불가능하다고 하여 국가의 손해배상책임을 부정함(대판 1997.4.22. 97다3194)]
⑤ 사격장·공항 등에서 발생하는 소음이 수인한도를 넘는 경우 하자를 인정하여 손해배상책임을 긍정함

설치나 관리의 하자를 인정한 경우	설치나 관리의 하자를 부정한 경우
다른 자연적 사실이나 제3자의 행위 또는 피해자의 행위와 경합하여 손해가 발생한 경우	-
매향리사격장 소음, 김포공항 소음	서울시가 마련한 시설기준에 부합한 빗물펌프장 시설
서로 모순되는 신호가 들어오는 신호등 오작동	교차로의 진행방향 신호기의 정지신호가 단선으로 소등되어 있는 상태에서 그대로 진행하다가 다른 방향의 진행신호에 따라 교차로에 진입한 차량과 충돌한 경우
폭설로 고속도로 이용 차량이 장기간 고립된 경우	반대차선 진행차량의 바퀴에서 튕겨 나온 쇠파이프에 맞아 사망한 경우
여의도광장의 허술한 시설의 차량진입으로 인한 인신사고	고3 학생이 학교건물의 3층 난간을 넘어 들어가 흡연하던 중 실족하여 사망한 경우, 공사 중이며 아직 완성되지 않아 일반 공중의 이용에 제공되지 않는 옹벽, 노선인정 기타 공용개시가 없었지만 사실상 군민의 통행에 제공되고 있던 도로

> 📋 **판례정리**

1	관리청이 하천법 등 관련 규정과 하천시설기준에 의해 책정한 하천정비기본계획 등에 따라 개수를 완료한 하천이 위 기본계획 등에서 정한 계획홍수량 등을 충족하여 관리되고 있는 경우, 안전성을 인정할 수 있다(대판 2016.7.27. 2014다205829).
2	국가배상법 제5조 소정의 영조물의 설치·관리상의 하자로 인한 책임은 무과실책임이므로 그 손해의 방지에 필요한 주의를 해태하지 아니하였다 하여 면책을 주장할 수 없다(대판 1994.11.22. 94다32924).
3	국가배상법 제5조 제1항의 소정의 '공공의 영조물'이라 함은 국가 또는 지방자치단체에 의하여 특정 공공의 목적에 공여된 유체물 내지 목적 설비를 지칭하며, 행정주체 자신의 사용에 직접적으로 제공되는 공공물도 포함하여 국가 또는 지방자치단체가 소유권, 임차권 그 밖의 권한에 기하여 관리하고 있는 경우뿐만 아니라 사실상의 관리를 하고 있는 경우도 포함한다(대판 1995.1.24. 94다45302). **18. 변호사** '공공의 영조물'에는 국가 또는 지방자치단체가 사실상의 관리를 하고 있는 유체물도 포함된다.

(3) 타인에게 손해가 발생할 것
적극적·소극적, 재산상·비재산상, 정신적 손해 모두 포함

(4) 상당인과관계가 있을 것

3. 영조물 책임의 감면사유

(1) 불가항력(예견가능성 ×, 예견하였더라도 회피가능성 ×)
입증책임은 관리주체에게 있음

(2) 재정적 사유
참작사유일 뿐 절대적 면책사유가 아님

(3) 과실이 있었던 경우 과실상계 가능

> 📋 **판례정리**

1	관리청이 하천법 등 관련 규정에 책정한 하천정비기본계획에 따라 개수를 완료한 하천이 위 기본계획 등에서 정한 계획홍수량 등을 충족하여 관리되고 있는 경우, 당초부터 계획홍수량 및 계획홍수위를 잘못 책정하였다거나 그 후 이를 시급히 변경해야 할 사정이 생겼음에도 불구하고 이를 해태하였다는 등의 특별한 사정이 없는 한, 그 하천은 용도에 따라 갖추어야 할 안전성을 갖추고 있다(대판 2007.9.21. 2007다65678).
2	집중호우로 제방도로가 유실되면서 그 곳을 걸어가던 보행자가 강물에 휩쓸려 익사한 경우, 사고 당일의 집중호우가 50년 빈도의 최대강우량에 해당한다는 사실만으로 불가항력에 기인한 것으로 볼 수 없으므로 제방도로의 설치·관리상의 하자를 인정함이 타당하다(대판 2000.5.26. 99다53247). ✅ **비교** 600~1000년 발생빈도 강우량은 불가항력적인 재해 인정(대판 2003.10.23. 2001다48057)
3	고속도로를 주행하던 트럭의 앞바퀴가 고속도로상에 떨어져 있는 타이어에 걸려 중앙분리대를 넘어가 맞은편에서 오던 트럭과 충돌하여 부상을 입었는데, 위 타이어가 사고지점 고속도로상에 떨어진 것은 사고가 발생하기 10분 내지 15분 전이었다면 국가배상책임을 물을 수 없다(대판 1992.9.14. 92다3243).

4	소음 등을 포함한 공해 등의 위험지역으로 이주하여 거주하는 것이 피해자가 위험의 존재를 인식하고 그로 인한 피해를 용인하면서 접근한 것이라고 볼 수 있는 경우 가해자의 면책이 인정될 수 있다(대판 2015.10.15. 2013다23914).

4. 하자의 입증책임, 경합문제

하자의 입증책임	피해자인 원고(단, 불가항력은 행정주체가 입증책임을 부담)
경합문제	① 영조물의 하자와 제3자 행위 또는 자연현상의 경합: 국가 등 배상책임 성립 ② 「국가배상법」 제2조와 제5조의 경합: 별개이므로 항상 경합하는 것은 아니며, 양자 모두 성립시 제5조 책임을 묻는 것이 피해자의 배상책임요건 입증에 용이함 ③ 영조물책임의 감면사유와 공무원 과실의 경합: 공무원의 과실로 피해가 확대된 경우 그 한도 내에서 배상책임이 인정됨

판례정리

1	다른 자연적 사실이나 제3자의 행위 또는 피해자의 행위와 경합하여 손해가 발생하더라도 영조물의 설치 또는 관리상의 하자가 공동원인의 하나가 되는 이상 그 손해는 영조물의 설치 또는 관리상의 하자에 의하여 발생한 것이다(대판 1994.11.22. 94다32924).
2	강설의 특성, 기상적 요인과 지리적 요인, 이에 따른 도로의 상대적 안전성을 고려하면 겨울철 산간지역에 위치한 도로에 강설로 생긴 빙판을 그대로 방치하고 도로상황에 대한 경고나 위험표지판을 설치하지 않았다는 사정만으로 도로관리상의 하자가 있다고 볼 수 없다(대판 2000.4.25. 99다54998).

5. 배상책임자

배상책임자의 범위	① 「국가배상법」 제5조의 배상책임자: 국가 또는 지방자치단체 ② 「국가배상법」 제6조 제1항의 배상책임자 • 설치·관리자와 비용부담자가 다른 경우: 비용부담자도 배상책임이 있음 • 비용부담자의 의미: 병합설(다수설)에 따름
기관위임사무의 경우	① 기관위임사무의 경우 • 국가 또는 광역지방자치단체: 사무귀속주체로서 배상책임이 있음 • 수임기관: 관리비용을 지출하는 자로서 배상책임이 있음 ② 국가 등에 사무를 위임한 경우 • 지방자치단체: 사무귀속주체로서 배상책임이 있음 • 국가 등: 비용부담자로서의 배상책임이 있음 **18. 서울시 7급** 국가의 기관위임사무에 대한 감독은 국가의 하급행정기관에 대한 감독에 해당하기 때문에 적법성 여부뿐만 아니라 합목적성 여부에 대한 감독까지 포함한다.
최종적 배상책임자	① 학설이 대립함 ② 판례: 기여도설을 취한 판례가 있으나 기본적으로는 사무귀속주체설의 입장
원인책임자에 대한 구상	손해의 원인에 대해 책임을 부담할 자가 따로 있는 경우 국가 또는 지방자치단체는 이들에게 배상요구 가능

📋 **판례정리**

1	관광버스가 국도상에 생긴 웅덩이를 피하기 위하여 중앙선을 침범운행한 과실로 마주오던 트럭과 충돌하여 발생한 교통사고에 대하여 국가는 공동불법행위자로서의 손해배상책임이 인정된다(대판 1993.6.25. 93다14424).
2	지방자치단체장이 설치하여 관할 지방경찰청장에게 관리권한이 위임된 교통신호기의 고장으로 인하여 교통사고가 발생한 경우, 교통신호기를 관리하는 지방경찰청장 산하 경찰관들에 대한 봉급을 부담하는 국가도 국가배상법 제6조 제1항에 의한 배상책임을 부담한다(대판 1999.6.25. 99다11120). **15. 경행특채 1차** 지방자치단체장이 설치하여 관할 지방경찰청장에게 관리권한이 위임된 교통신호기 고장에 의한 교통사고가 발생한 경우 해당 지방자치단체뿐만 아니라 국가도 손해배상책임을 진다.
3	자동차 운전면허시험 관리업무는 국가행정사무이고 지방자치단체의 장인 서울특별시장은 국가로부터 그 관리업무를 기관위임받아 국가행정기관의 지위에서 그 업무를 집행하므로, 국가는 면허시험장의 설치 및 보존의 하자로 인한 손해배상책임을 부담한다(대판 1991.12.24. 91다34097).
4	광역시와 국가 모두가 도로의 점유자 및 관리자, 비용부담자로서의 책임을 중첩적으로 지는 경우에는, 광역시와 국가 모두가 궁극적으로 손해를 배상할 책임이 있는 자라고 할 것이고, 결국 광역시와 국가의 내부적인 부담 부분은, 그 도로의 인계·인수 경위, 사고의 발생 경위, 광역시와 국가의 그 도로에 관한 분담비용 등 제반사정을 종합하여 결정함이 상당하다(대판 1998.7.10. 96다4289). ☑ **주의** 광역시와 국가 모두 중첩적으로 사무귀속주체와 비용부담자가 되는 사안으로서 기여도설을 취한 예외적인 판례

2 손해배상청구권

주체	국민이 주체이며, 피해자가 외국인인 경우 상호보증이 있는 경우에 한하여 인정
이중배상금지	① 근거: 헌법,「국가배상법」 ② 이에 대한 자세한 내용은 같은 장 제4절 이중배상금지에서 후술
배상청구권의 양도금지	생명·신체의 침해로 인한 손해배상청구권은 양도 또는 압류할 수 없음 **13. 국가직 9급** 생명·신체의 침해로 인한 국가배상을 받을 권리는 양도하거나 압류하지 못한다.
소멸시효	① 소멸시효의 기간: 손해 및 가해자를 안 날로부터 3년, 있은 날로부터 5년(「국가배상법」에는 규정이 없음), 그 외에 국가에 대한 채권의 소멸시효기간은 5년(「국가재정법」) **18. 서울시 7급** 국가배상청구권은 피해자나 그 법정대리인이 그 손해 및 가해자를 안 날로부터 3년간 이를 행사하지 아니하면 시효로 인하여 소멸한다. ② 국가배상청구권의 소멸시효기간에 「민법」 제766조를 적용하도록 한 것은 위헌이 아님 (헌법재판소) ③ '손해 및 가해자를 안 날'의 의미: 직무행위 등 불법행위의 요건을 구비하였음을 인식한 날 ④ 시효의 중단: 국가배상청구소송을 제기하는 것만으로 보상청구권의 소멸시효가 중단되는 것이 아님(판례)

📋 **판례정리**

1	직무집행과 관련하여 공상을 입은 군인 등이 먼저 국가배상법에 따라 손해배상금을 지급받은 다음 보훈보상대상자 지원에 관한 법률이 정한 보상금 등 보훈급여금의 지급을 청구하는 경우, 국가배상법에 따라 손해배상을 받았다는 이유로 그 지급을 거부할 수 없다(대판 2017.2.3. 2015두60075). **19. 국가직 9급** 전투훈련 등 직무집행과 관련하여 공상을 입은 군인 등이 「국가배상법」에 따라 손해배상금을 지급받은 다음 「보훈보상대상자 지원에 관한 법률」이 정한 보상금 등 보훈급여금의 지급을 청구하는 경우, 보훈지청장은 「국가배상법」에 따라 손해배상을 받았다는 사정을 들어 지급을 거부할 수 없다.
2	경찰공무원이 낙석사고 현장 주변 교통정리를 위하여 사고현장 부근으로 순찰차를 운전하고 가다가 산에서 떨어진 대형 낙석이 순찰차를 덮쳐 사망한 사안에서 … 구 국가배상법 제2조 제1항 단서의 면책조항과 마찬가지로 전투·훈련 또는 이에 준하는 직무집행뿐만 아니라 '일반 직무집행'에 관하여도 국가나 지방자치단체의 배상책임을 제한하는 것이라고 해석하여 위 면책 주장을 받아들인 원심판단을 정당하다(대판 2011.3.10. 2010다85942). **19. 국회직 8급** 경찰공무원이 낙석사고 현장 부근으로 이동하던 중 대형 낙석이 순찰차를 덮쳐 사망한 사안에서 「국가배상법」의 이중배상금지 규정에 따른 면책조항은 전투·훈련 또는 이에 준하는 직무집행뿐만 아니라 일반 직무집행에 관하여도 국가나 지방자치단체의 배상책임을 제한하는 것으로 해석하여야 한다.
3	<이중배상금지에 관한 국가배상법 조항이 헌법에 위반되는지 여부> 헌법의 개별규정에 대한 위헌심사는 허용될 수 없다. 국가배상법 제2조 제1항 단서는 헌법 제29조 제1항에 의하여 보장되는 국가배상청구권을 헌법 내재적으로 제한하는 헌법 제29조 제2항에 직접 근거하고, 실질적으로 그 내용을 같이 하는 것이므로 헌법에 위반되지 아니한다(헌재 2001.2.22. 2000헌마38).
4	경찰서지서의 숙직실은 국가배상법 제2조 제1항 단서에서 말하는 전투·훈련에 관련된 시설이라고 볼 수 없으므로 위 숙직실에서 순직한 경찰공무원의 유족들은 국가배상법 및 민법의 규정에 의한 손해배상을 청구할 권리가 있다(대판 1979.1.30. 77다2389 전합).
5	경찰공무원인 피해자가 구 공무원연금법에 따라 공무상 요양비를 지급받는 것이 국가배상법 제2조 제1항 단서에서 정한 '다른 법령의 규정'에 따라 보상을 지급받는 것에 해당하지 않는다(대판 2019.5.30. 2017다16174).

3 배상금 청구절차

1. 행정절차

임의적 결정 전치주의	① 배상심의회에 배상신청을 하지 않고도 손해배상청구소송을 제기할 수 있음 ② 배상심의회에 대한 배상금지급신청은 손해배상청구권의 시효중단사유가 됨
배상심의회	① 성격: 합의제 행정관청의 성격 ② 배상심의회의 결정은 처분성이 부정됨 ③ 배상결정은 「민사소송법」에 의한 재판상 화해가 이루어진 것으로 본다는 규정은 위헌결정으로 삭제됨 ④ 따라서 배상결정에 동의, 배상금 수령한 경우에도 법원에 손해배상청구소송 제기 가능

📋 **판례정리**

1	국가배상법 제9조 본문의 규정에서 말하는 배상심의회의 위 결정을 거치는 것은 위 민사상의 손해배상청구를 하기 전의 전치요건에 불과하다고 할 것이므로 위 배상심의회의 결정은 이를 행정처분이라고 할 수 없어 행정소송의 대상이 아니다(대판 1981.2.10. 80누317).

2. 사법절차

소송의 유형	① 판례: 민사소송 ② 통설: 당사자소송(행정청이 아닌 행정주체가 당사자가 됨)
소송의 대표자	① 국가가 피고인 경우에는 법무부장관이 국가를 대표함 ② 지방자치단체가 피고인 경우에는 지방자치단체장이 지방자치단체를 대표함

제4절 이중배상금지

1 요건

적용대상자	군인, 군무원, 경찰공무원, 향토예비군대원 ① 향토예비군대원: 헌법에는 직접적인 규정이 없으나, 「국가배상법」상 명문 규정이 있음 ② 공익근무요원, 군입대 후 경비교도로 임용된 자: 손해배상청구권 허용 ③ 전투경찰: 손해배상청구권 제한
전투, 훈련 등 직무집행과 관련하여 손해를 받았을 것	① 경찰공무원이 경찰서 숙직실에서 취침 중 사망한 경우에도 국가의 손해배상책임 긍정 ② 직무집행이라 함은 전투·훈련 또는 이에 준하는 직무집행뿐만 아니라 일반 직무집행을 포함함
본인 또는 유족이 다른 법령의 규정에 의해 보상금을 지급받을 수 있을 것	① 다른 법령에 의하여 보상청구권이 발생한 이상, 그 권리가 시효로 소멸하였더라도 이중배상이 금지됨 ② 다른 법령에 의한 보상청구권의 소멸시효를 중단시키지는 않음 ③ 경찰공무원이 구 「공무원연금법」의 규정에 의하여 장해보상을 지급받는 것은 「국가배상법」 제2조 제1항 단서 소정의 '다른 법령의 규정'에 의한 재해보상을 지급받은 것에 해당하지 아니함 ④ 직무집행과 관련하여 공상을 입은 군인 등이 먼저 「국가배상법」에 따라 손해배상금을 지급받은 다음 「보훈보상대상자 지원에 관한 법률」이 정한 보상금 등 보훈급여금의 지급을 청구하는 경우, 「국가배상법」에 따라 손해배상을 받았다는 이유로 그 지급을 거부할 수 없음 ⑤ 구조대상 범죄피해를 받은 구조피해자가 사망한 경우, 사망한 구조피해자의 유족들이 「국가배상법」에 의하여 국가 또는 지방자치단체로부터 사망한 구조피해자의 소극적 손해에 대한 손해배상금을 지급받았다면 지구심의회는 유족들에게 같은 종류의 급여인 유족구조금에서 그 상당액을 공제한 잔액만을 지급하면 되고, 유족들이 지구심의회로부터 「범죄피해자 보호법」 소정의 유족구조금을 지급받았다면 국가 또는 지방자치단체는 유족들에게 사망한 구조피해자의 소극적 손해액에서 유족들이 지급받은 유족구조금 상당액을 공제한 잔액만을 지급하면 된다고 봄이 타당함(대판 2017.11.9. 2017다228083)

> **판례정리**

1	공무원이 공무집행 중 다른 공무원의 불법행위로 인하여 사망한 경우, 사망한 공무원의 유족들이 국가배상법에 의하여 국가 또는 지방자치단체로부터 사망한 공무원의 소극적 손해에 대한 손해배상금을 지급받았다면 공무원연금관리공단 등은 그 유족들에게 같은 종류의 급여인 유족보상금에서 그 상당액을 공제한 잔액만을 지급하면 되고, 그 유족들이 공무원연금관리공단 등으로부터 공무원연금법 소정의 유족보상금을 지급받았다면 국가 또는 지방자치단체는 그 유족들에게 사망한 공무원의 소극적 손해액에서 유족들이 지급받은 유족보상금 상당액을 공제한 잔액만을 지급하면 된다(대판 1998.11.19. 97다36873).
2	<군인연금법 제31조에서 정한 사망보상금이 불법행위로 인한 소극적 손해배상과 같은 종류의 급여인지 여부(적극) 및 군 복무 중 사망한 군인 등의 유족이 국가배상법에 따른 손해배상금을 지급받은 경우, 군인연금법 제31조에서 정한 사망보상금을 지급받을 수 있는지 여부(소극)> 원심은, 직무집행과 관련하여 공상을 입은 군인 등이 국가배상법에 따른 손해배상금을 지급받았더라도 보훈보상대상자 지원에 관한 법률에 따른 보훈급여금을 지급하여야 한다는 대판 2017.2.3. 2015두60075 판결의 법리가 이 사건에 적용됨을 전제로 하여, 군 복무 중 사망한 망인의 유족인 원고가 국가배상법에 따른 손해배상금을 받았다 하더라도 이러한 사유는 원고가 군인연금법 제31조가 정한 사망보상금을 지급받는 데 장애가 되지 않는다고 판단하였다. 그러나 다른 법령에 따라 지급받은 급여와의 조정에 관한 조항을 두고 있지 아니한 보훈보상대상자 지원에 관한 법률과 달리, 군인연금법 제41조 제1항은 "다른 법령에 따라 국가나 지방자치단체의 부담으로 이 법에 따른 급여와 같은 종류의 급여를 받은 사람에게는 그 급여금에 상당하는 금액에 대하여는 이 법에 따른 급여를 지급하지 아니한다."라고 명시적으로 규정하고 있다. 나아가 군인연금법이 정하고 있는 급여 중 사망보상금(군인연금법 제31조)은 일실손해의 보전을 위한 것으로 불법행위로 인한 소극적 손해배상과 같은 종류의 급여라고 봄이 타당하다(대판 1998.11.19. 97다36873 참조). 따라서 피고에게 군인연금법 제41조 제1항에 따라 원고가 받은 손해배상금 상당 금액에 대하여는 사망보상금을 지급할 의무가 존재하지 아니한다(대판 2018.7.20. 2018두36691). ◎ **주의** 군 복무 중 사망한 망인의 유족이 국가배상을 받은 경우, 국가가 사망보상금에서 정신적 손해배상금 상당액까지 공제할 수 있는지 문제 된 사안에서, 사망보상금에서 소극적 손해배상금 상당액을 공제할 수 있을 뿐 이를 넘어 정신적 손해배상금 상당액까지 공제할 수 없다고 한 사례(대판 2022.3.31. 2019두36711)

2 공동불법행위자의 구상권

대법원 (부정설의 입장)	민간인과 군인 등의 공동불법행위로 인해 다른 군인 등이 피해를 입은 경우, 민간인인 공동불법행위자는 자신의 부담부분만을 군인에게 배상하면 되고 국가에 대해 구상권을 행사할 수 없음(대판 2001.2.15. 96다42420 전합) **18. 변호사** 대법원은 공무원의 직무상 불법행위로 인하여 직무집행과 관련하여 피해를 입은 군인 등에 대하여 그 불법행위와 관련하여 공동불법행위책임을 지는 일반국민은 자신의 귀책부분에 한하여 손해배상의무를 부담하며, 자신의 귀책부분을 넘어서 배상한 경우 다른 공동불법행위자인 군인의 부담부분에 관하여 국가를 상대로 구상권을 행사할 수 없다고 판단하였다.
헌법재판소 (긍정설의 입장)	민간인이 공동불법행위자로서 손해액 전부를 배상한 후에 다른 공동불법행위자인 군인의 부담부분에 대해 국가에 대하여 구상권을 허용하지 않는다고 해석하는 한 헌법에 위반된다고 봄(헌재 1994.12.29. 93헌바21) **18. 변호사** 헌법재판소는 「국가배상법」 제2조 제1항 단서를, 일반국민이 직무집행 중인 군인과의 공동불법행위로 직무집행 중인 다른 군인에게 공상을 입혀 그 피해자에게 공동의 불법행위로 인한 손해를 배상한 다음 공동불법행위자인 군인의 부담부분에 관하여 국가에 대하여 구상권을 행사하는 것을 허용하지 아니한다고 해석하는 한 헌법에 위반된다고 판단하였다.

제2장 행정상 손실보상

제1절 손실보상의 성질 및 근거

1 손실보상청구권의 성질

1. 의의
적법한 공권력행사에 의한 재산상 특별한 손해에 대하여 재산권보장과 공평부담이라는 견지에서 행하는 조절적인 재산적 보상

2. 성질

판례의 입장	① 일반적 판례: 손실보상청구소송은 민사소송에 의함 ② 최근 판례:「하천법」부칙에 따른 손실보상금의 지급을 구하는 소송을 행정소송(당사자소송)으로 봄(대판 2006.5.18. 2004다6207 전합)
통설	공법상 당사자소송으로 봄

2 행정상 손실보상의 근거

1. 이론적 근거 – 특별희생설(통설)
사유재산권의 보장을 전제로 하여 공익을 위하여 특정인에게 특별한 희생 내지 불평등한 희생이 있는 경우, 이를 공동체 전체가 부담하여 보상하는 것이 정의·공평의 요구에 합치하는 것이라는 견해

2. 실정법적 근거
(1) 헌법 제23조 제3항
(2) 판례

대법원	판례의 태도는 일관되어 있지 않음(유추적용설, 위헌무효설 등)
헌법재판소	일정한 경우 법률에 보상규정을 두지 않은 것은 위헌이라고 판시(분리이론을 수용하고 있다고 평가됨)

판례정리

1	도로법 제4조 본문(도로를 구성하는 부지, 옹벽, 그 밖의 시설물에 대해서는 사권을 행사할 수 없다. 다만, 소유권을 이전하거나 저당권을 설정하는 경우에는 사권을 행사할 수 있다)이 도로로부터 소유자의 토지인도청구 등 사권의 행사를 제한한 심판대상조항이 청구인의 재산권을 침해하지 않는다(헌재 2013.10.24. 2012헌바376).
2	어떤 면허에 대한 처분 등이 행정처분에 해당한다 하여도 이로 인한 손실보상청구권은 공법상의 권리가 아니라 사법상의 권리이다. … 수산업법 소정의 요건에 해당한다고 하여 손실보상을 청구하려는 자는 행정관청이 그 보상청구를 거부하거나 보상금액을 결정한 경우라 해도 이에 대해서는 행정소송을 제기할 것이 아니라 면허업에 대한 처분을 한 행정관청이 속한 권리주체인 지방자치단체를 상대로 민사소송으로 직접 손실보상지급청구를 하여야 한다(대판 1996.7.26. 94누13848).
3	구 공유수면매립법 시행 당시 공유수면매립사업으로 인한 관행어업권자의 손실보상청구권은 행정소송을 제기하는 방법에 의하여 행사하여야 한다(대판 2001.6.29. 99다56468).
4	하천법 부칙 제2조의 규정에 의한 보상청구권 소멸시효가 만료된 하천구역 편입토지 보상에 관한 특별조치법 제2조 제1항에서 정하고 있는 손실보상청구권의 법적 성질과 그 쟁송 절차(= 행정소송), 손실보상금의 지급을 구하거나 손실보상청구권의 확인을 구하는 소송은 행정소송법 제3조 제2호 소정의 당사자소송에 의하여야 한다(대판 2006.5.18. 2004다6207).
5	공익사업을 위한 토지 등의 취득 및 보상에 관한 법률에 따른 보상청구권은 공법상 권리임이 분명하므로 그에 관한 쟁송은 민사소송이 아닌 행정소송절차에 의하여야 한다(대판 2012.10.11. 2010다23210).
6	공익사업을 위한 토지 등의 취득 및 보상에 관한 법률 제77조 제2항에 의하여 농업손실보상금을 청구하는 경우 공익사업법 제34조, 제50조 등에 규정된 재결절차를 거쳐 같은 법 제83조 내지 제85조에 따른 당사자소송에 의하여야 한다(대판 2011.10.13. 2009다4346).
7	개발제한구역제도 그 자체는 원칙적으로 합헌적인 규정인데, 다만 개발제한구역의 지정으로 말미암아 일부 토지소유자에게 사회적 제약의 범위를 넘는 가혹한 부담이 발생하는 예외적인 경우에 대하여 보상규정을 두지 않은 것에 위헌성이 있는 것이고, 보상의 구체적 기준과 방법은 헌법재판소가 결정할 성질의 것이 아니라 광범위한 입법형성권을 가진 입법자가 입법정책적으로 정할 사항이다(헌재 1998.12.24. 89헌마214).

18. 서울시 9급 대법원은 공용침해로 인한 특별한 손해에 대한 보상규정이 없는 경우에 관련 보상규정을 유추 적용하여 보상하려는 경향이 있다.

제2절 손실보상청구권의 요건

1 공공의 필요

(1) 순수 국고목적은 공공의 필요에 해당되지 않음
(2) 공공필요성이 인정되면 사기업을 위해서도 수용이 이루어질 수 있음
(3) 입증책임
사업시행자가 입증책임을 부담함(판례의 입장)

> **판례정리**
>
> | | |
> |---|---|
> | 1 | **<공공필요의 의미(헌법 제23조 제3항의 '공공필요'가 헌법 제37조 제2항의 '공공복리'보다 좁은 개념)>** 오늘날 공익사업의 범위가 확대되는 경향에 대응하여 재산권의 존속보장과의 조화를 위해서는, '공공필요'의 요건에 관하여, 공익성은 추상적인 공익 일반 또는 국가의 이익 이상의 중대한 공익을 요구하므로 기본권 일반의 제한사유인 '공공복리'보다 좁게 보는 것이 타당하다(헌재 2014.10.30. 2011헌바172 등). |
> | 2 | 행정기관이 개발촉진지구 지역개발사업으로 실시계획을 승인하고 이를 고시하기만 하면 고급골프장 사업과 같이 공익성이 낮은 사업에 대해서까지도 시행자인 민간개발자에게 수용권한을 부여하는 구 '지역균형개발 및 지방중소기업 육성에 관한 법률'제19조 제1항 등이 헌법 제23조 제3항에 위배된다(헌재 2014.10.30. 2011헌바29·172). |
> | 3 | 민간기업을 수용의 주체로 규정한 자체를 두고 위헌이라고 할 수 없으며, 나아가 이 사건 수용조항을 통해 민간기업에게 사업시행에 필요한 토지를 수용할 수 있도록 규정할 필요가 있다는 입법자의 인식에도 합리적인 이유가 있다 할 것이다(헌재 2009.9.24. 2007헌바114).
◎ **주의** 법률이 민간기업을 수용의 주체로 규정한 자체를 두고 위헌이라고 할 수는 없음 |
> | 4 | 간척사업의 시행으로 종래의 관행어업권자에게 구 공유수면매립법에서 정하는 손실보상청구권이 인정되기 위해서는 매립면허고시 후 매립공사가 실행되어 관행어업권자에게 실질적이고 현실적인 피해가 발생한 경우여야 한다(대판 2010.12.9. 2007두6571).
19. 지방직 9급 공유수면매립면허의 고시가 있다고 하여 반드시 그 사업이 시행되고 그로 인하여 손실이 발생한다고 할 수 없고, 매립면허고시 이후 매립공사가 실행되어 어업자에게 실질적이고 현실적인 피해가 발생한 경우에만 「공유수면 관리 및 매립에 관한 법률」에서 정하는 손실보상청구권이 발생한다. |

2 재산권에 대한 의도적인 침해

1. 재산권

(1) **개념**
일체의 재산적 가치가 있는 권리를 말하며 물권, 채권, 공법상·사법상 권리를 불문함
(2) 현존하는 구체적 가치일 것(기대이익과 자연적·문화적 학술가치는 손실보상의 대상이 아님)
(3) 위법한 건축물도 원칙적으로 손실보상의 대상이 됨

> **판례정리**
>
> | 1 | 문화적·학술적 가치는 특별한 사정이 없는 한 그 토지의 부동산으로서의 경제적·재산적 가치를 높여 주는 것이 아니어서 구 토지수용법 제51조 소정의 손실보상의 대상이 될 수 없으므로 토지가 철새 도래지로서 자연 문화적인 학술가치를 지녔다 하더라도 손실보상의 대상이 될 수 없다(대판 1989.9.12. 88누11216). |
> |---|---|
> | 2 | 토지수용법상의 사업인정고시 이전에 건축되고 공공사업용지 내의 토지에 정착한 지장물인 건물은 통상 적법한 건축허가를 받았는지 여부에 관계없이 손실보상의 대상이 된다(대판 2001.4.13. 2000두6411). |

2. 의도적 침해

(1) 개념
상대방의 손실은 공권력의 주체에 의하여 직접적으로 의도된 것임(반대견해 있음)

(2) 침해의 방식
국회제정의 형식적 의미의 법률에 의하여야 하며, 법률의 근거 없이 명령·조례로는 할 수 없음

(3) 손실보상이 인정되기 위해서는 침해가 **현실적으로 발생**하여야 함

3 적법한 침해

1. 손해배상과의 구별
손실보상은 적법한 침해에 해당하고, 손해배상은 위법한 침해에 해당함

2. 수용·사용·제한
모두 의회가 정한 형식적 의미의 법률에 근거하여야 함

4 특별한 희생

1. 개설

(1) 의의
특별한 희생이란, 사회적 제약의 한계를 넘는 희생을 의미함

(2) 사회적 제약과의 구별
사회적 제약(사회적 구속성, 「민법」상의 상린관계적 제한)은 보상할 필요가 없으나, 특별한 희생은 보상할 필요가 있음

2. 구체적 예

(1) 시료채취로 조사대상자에게 손실을 입힌 때에는 보상해야 함(「행정조사기본법」 제12조)
(2) 공공용물에 대한 일반사용이 적법한 개발행위로 인하여 제한됨으로써 얻는 불이익은 특별한 희생이 아님

(3) 도시계획 제한과 손실보상문제

① **대법원**: 개발제한구역의 지정 등은 사회적 제약의 범위 내라는 견해
② **헌법재판소**
　㉠ 헌법 합치: 종래 목적대로 사용 가능, 지가하락, 지가상승률의 상대적 감소
　㉡ 헌법 위반
　　ⓐ 종래 목적대로 사용 불가(예 나대지)
　　ⓑ 토지를 이용할 수 있는 방법이 전혀 없는 경우(예 사정변경으로 인한 용도폐지)
　　　⇨ 단, 헌법재판소는 분리이론적 입장임. 따라서 비례원칙 등과의 관계에서 판단함
　㉢ 다만, 개발제한구역제도 그 자체는 헌법에 위반되지 않는다는 점에서 단순위헌결정이 아니라 헌법 불합치결정을 함. 토지소유자는 개발제한구역의 지정 그 자체를 다투는 등의 행위를 할 수는 없고, 보상입법을 기다려 그에 따라 권리행사를 할 수 있을 뿐이라고 판시함
③ **현행법**: 개발제한구역 지정에 관하여 매수청구 등 보상규정을 둠

📋 판례정리

1	개발제한구역으로 지정된 토지를 원칙적으로 지정 당시의 지목과 토지현황에 의한 이용방법에 따라 사용할 수 있는 한, 재산권에 내재하는 사회적 제약을 합헌적으로 구체화한 것이라고 할 것이나, 종래의 지목과 토지현황에 의한 이용방법에 따른 토지의 사용도 할 수 없거나 실질적으로 사용·수익을 전혀 할 수 없는 예외적인 경우에도 아무런 보상 없이 이를 감수하도록 하고 있는 한, 비례의 원칙에 위반되어 헌법에 위반된다(헌재 1998.12.24. 89헌마214·90헌바16·97헌바78). **19. 서울시 9급(2월)** 토지를 종래의 목적으로도 사용할 수 없는 경우에는 토지소유자가 수인해야 할 사회적 제약의 한계를 넘는 것으로 보아야 한다.
2	일반공중의 이용에 제공되는 공공용물에 대하여 특허 또는 허가를 받지 않고 하는 일반사용은 다른 개인의 자유이용과 국가 또는 지방자치단체 등의 공공목적을 위한 개발 또는 관리·보존행위를 방해하지 않는 범위 내에서만 허용된다. … 일정범위의 사람들의 일반사용이 종전에 비하여 제한받게 되었다 하더라도 특별한 사정이 없는 한 그로 인한 불이익은 손실보상의 대상이 되는 특별한 손실에 해당한다고 할 수 없다(대판 2002.2.26. 99다35300). **18. 서울시 9급** 공공용물에 관하여 적법한 개발행위 등이 이루어져 일정범위의 사람들의 일반사용이 종전에 비하여 제한받게 되었다 하더라도 특별한 사정이 없는 한 이는 특별한 손실에 해당한다고 할 수 없다.
3	관행어업권은 일정한 공유수면에 대한 공동어업권설정 이전부터 어업의 면허 없이 그 공유수면에서 오랫동안 계속 수산동식물을 포획 또는 채취하여 옴으로써 그것이 대다수 사람들에게 일반적으로 시인될 정도에 이른 경우에 인정되는 권리로서 … 어선어업자들의 백사장 등에 대한 사용은 공공용물의 일반사용에 의한 것일 뿐, 관행어업권에 기한 것으로 볼 수 없다(대판 2002.2.26. 99다35300).
4	국립공원구역지정 후 토지를 종래의 목적으로도 사용할 수 없거나 토지를 사적으로 사용할 수 있는 방법이 없어 공원구역 내 일부 토지소유자에 대하여 가혹한 부담을 부과하면서 아무런 보상규정을 두지 않은 경우에는 비례의 원칙에 위반되어 당해 토지소유자의 재산권을 과도하게 침해하는 것이라고 할 수 있다(헌재 2003.4.24. 99헌바10·2000헌바46).

5 손해배상과 손실보상의 비교

구분	손해배상	손실보상
개념	위법한 행정작용으로 인한 손해전보	적법한 행정작용으로 인한 특별한 손실전보
이념적 기초	개인주의, 도의적 책임주의	단체주의, 사회적 공평부담의 이념
법적 근거	헌법 제29조, 「국가배상법」(일반법)	헌법 제23조 제3항, 일반법이 없고 개별법에 근거함
전보의 대상	재산적·비재산적(생명·신체 등) 손해	재산적 손실
책임의 성질	과실책임주의(특히 「국가배상법」 제2조)	무과실책임주의
양도·압류	생명·신체의 침해로 인한 국가배상을 받을 권리는 양도 및 압류 금지	양도 및 압류 가능
전보책임자	국가 또는 지방자치단체	사업시행자

> 헌법 제29조 ① 공무원의 직무상 불법행위로 손해를 받은 국민은 법률이 정하는 바에 의하여 국가 또는 공공단체에 정당한 배상을 청구할 수 있다. 이 경우 공무원 자신의 책임은 면제되지 아니한다.
>
> 「국가배상법」 제2조 【배상책임】 ① 국가나 지방자치단체는 공무원 또는 공무를 위탁받은 사인(이하 '공무원'이라 한다)이 직무를 집행하면서 고의 또는 과실로 법령을 위반하여 타인에게 손해를 입히거나, 「자동차손해배상 보장법」에 따라 손해배상의 책임이 있을 때에는 이 법에 따라 그 손해를 배상하여야 한다. 다만, 군인·군무원·경찰공무원 또는 예비군대원이 전투·훈련 등 직무집행과 관련하여 전사·순직하거나 공상을 입은 경우에 본인이나 그 유족이 다른 법령에 따라 재해보상금·유족연금·상이연금 등의 보상을 지급받을 수 있을 때에는 이 법 및 「민법」에 따른 손해배상을 청구할 수 없다.
>
> 헌법 제23조 ③ 공공필요에 의한 재산권의 수용·사용 또는 제한 및 그에 대한 보상은 법률로써 하되, 정당한 보상을 지급한다.

📄 판례정리

<손실보상과 손해배상 간의 관계>

1. 공익사업을 위한 토지 등의 취득 및 보상에 관한 법률(이하 '토지보상법'이라 한다) 제79조 제2항(그 밖의 토지에 관한 비용보상 등)에 따른 손실보상과 환경정책기본법 제44조 제1항(환경오염의 피해에 대한 무과실책임)에 따른 손해배상은 근거 규정과 요건·효과를 달리하는 것으로서, 각 요건이 충족되면 성립하는 별개의 청구권이다. 다만 손실보상청구권에는 이미 '손해 전보'라는 요소가 포함되어 있어 실질적으로 같은 내용의 손해에 관하여 양자의 청구권을 동시에 행사할 수 있다고 본다면 이중배상의 문제가 발생하므로, 실질적으로 같은 내용의 손해에 관하여 양자의 청구권이 동시에 성립하더라도 영업자는 어느 하나만을 선택적으로 행사할 수 있을 뿐이고, 양자의 청구권을 동시에 행사할 수는 없다. 또한 '해당 사업의 공사완료일로부터 1년'이라는 손실보상 청구기간(토지보상법 제79조 제5항, 제73조 제2항)이 도과하여 손실보상청구권을 더 이상 행사할 수 없는 경우에도 손해배상의 요건이 충족되는 이상 여전히 손해배상청구는 가능하다(대판 2019.11.28. 2018두227).

제3절 손실보상의 기준과 내용

1 손실보상의 기준

1. 헌법 제23조의 정당한 보상

피침해재산의 완전한 가치를 보상하여야 함(통설 및 판례). 정신적 손해와 개발이익은 포함되지 않음

☑ **주의** 단, 위 조항은 보상금액·시기·방법에 대한 제한이 아님

> **판례정리**
>
> 1. 헌법 제23조 제3항에서 규정한 '정당한 보상'이란 원칙적으로 피수용재산의 객관적인 재산가치를 완전하게 보상하여야 한다는 완전보상을 뜻하는 것이지만, 공익사업의 시행으로 인한 개발이익은 완전보상의 범위에 포함되는 피수용지의 객관적 가치 내지 피수용지의 손실이라고는 볼 수 없다(대판 2001.9.25. 2000두2426).

2. 보상대상자

공익사업에 필요한 토지의 소유자 및 관계인(사업인정의 고시 이후에 권리를 취득한 자는 관계인에 포함되지 않음)

3. 「공익사업을 위한 토지 등의 취득 및 보상에 관한 법률」(토지수용)상의 보상기준

(1) 손실보상청구권 유무의 판단시점

공공사업의 시행 당시를 기준으로 함

(2) 우리 헌법은 평시보상과 전시보상을 구분하지 않음

공용수용	① 원칙적으로 협의 성립 당시 또는 재결 당시의 시가에 의한 재산권의 보상(객관적 가치 보상) ② 해당 공익사업으로 인한 개발이익은 배제하는 것이 타당함 ③ 다른 공익사업으로 인한 개발이익은 배제하여서는 안 됨 ④ 개발이익을 배제하기 위하여 공시지가(표준공시지가)를 기준으로 하여 보상 ⑤ 해당 공공사업의 시행을 직접 목적으로 하는 사업계획의 승인·고시로 인한 가격변동은 고려해서는 안 됨 ⑥ 사업시행을 직접 목적으로 하여 용도지역 등이 변경된 경우에는 변경되기 전의 용도지역 등을 기준으로 하여 보상
공용사용	공용사용의 경우에도 수용의 경우에 준해서 손실보상을 하도록 함
공용제한	판례: 준용하천의 제외지로 편입된 토지에 대한 손실보상은 '제외지 편입 당시의 현황에 따른 지료상당액'을 기준으로 함(「공익사업을 위한 토지 등의 취득 및 보상에 관한 법률」상 규정은 없음)

> **판례정리**
>
> 1. 준용하천의 제외지와 같은 하천구역에 편입된 토지의 소유자가 그로 인하여 받게 되는 그 사용수익권에 관한 제한내용과 헌법상 정당보상의 원칙 등에 비추어 볼 때, 준용하천의 제외지로 편입됨에 따른 같은 법 제74조 제1항의 손실보상은 원칙적으로 공용제한에 의하여 토지소유자로서 사용수익이 제한되는 데 따른 손실보상으로서의 제외지 및 편입 당시의 현황에 따른 지료 상당액을 기준으로 함이 상당하다(대판 2003.4.25. 2001두1369).

4. 보상내용의 변천과정

대인적 보상(주관적 가치) ⇨ 대물적 보상(객관적 가치) ⇨ 생활보상으로 발전

2 손실보상의 내용

1. 재산권보상

(1) 토지의 보상

공시지가를 기준으로 보상함

(2) 토지 이외의 재산권보상

① 건축물·입목·공작물과 그 밖에 토지에 정착한 물건: 이전에 필요한 비용을 보상함. 다만, 다음의 어느 하나에 해당하는 경우 해당 물건의 가격으로 보상함
  ㉠ 건축물 등을 이전하기 어렵거나 그 이전으로 인하여 건축물 등을 종래의 목적대로 사용할 수 없게 된 경우
  ㉡ 건축물 등의 이전비가 그 물건의 가격을 넘는 경우
  ㉢ 사업시행자가 공익사업에 직접 사용할 목적으로 취득하는 경우
② 농업손실: 실제 경작자에게 보상함
③ 광업권, 어업권 및 용수시설 등의 권리: 투자비용, 예상수익 및 거래가격 등 고려
④ 잔여지보상, 이전비보상, 영업손실의 보상: 폐지와 휴업은 영업을 실제로 이전하였는지가 아니라 이전이 가능한지에 따라 구별

> **판례정리**
>
> 1. 사업시행자가 동일한 토지소유자에 속하는 일단의 토지 일부를 취득함으로 인하여 잔여지의 가격이 감소하거나 그 밖의 손실이 있을 때 등에는 잔여지를 종래의 목적으로 사용하는 것이 가능한 경우라도 잔여지 손실보상의 대상이 되며, 잔여지를 종래의 목적에 사용하는 것이 불가능하거나 현저히 곤란한 경우이어야만 잔여지 손실보상청구를 할 수 있는 것이 아니다(대판 2018.7.20. 2015두4044).
>
> 2. 수용대상토지에 대한 손실보상액을 산정함에 있어서 손실보상액 산정의 기준이 되는 공시지가에 당해 수용사업의 시행으로 인한 개발이익이 포함되어 있을 경우 그 공시지가에서 그러한 개발이익을 배제한 다음 이를 기준으로 하여 손실보상액을 평가하고, 반대로 그 공시지가가 당해 수용사업의 시행으로 지가가 동결된 관계로 개발이익을 배제한 자연적 지가상승분도 반영하지 못한 경우에는 그 자연적 지가상승률을 산출하여 이를 기타사항으로 참작하여 손실보상액을 평가하는 것이 정당보상의 원리에 합당하다(대판 1993.7.27. 92누11084).

⑤ 임금손실의 보상: 「근로기준법」에 의한 평균임금을 고려하여 보상

> **판례정리**
>
> 1. 근로자가 소외 회사에 착암공으로 입사한 첫날 연장근로를 하다가 업무상 부상을 입은 경우, 평균임금은 근로자에 대한 여러 가지 급여금을 산정하는 기준이 되고, 위 각 수당 및 보상 등에 관한 규정의 취지는 어디까지나 근로자의 생활을 보장하고자 하는 데 있으므로, 그 산정의 기준으로서의 평균임금은 근로자의 통상의 생활임금을 사실대로 산정하는 것을 그 기본원리로 하고, 이는 산업재해보상보험법에 의한 각종 보험급여의 산정기준으로서의 평균임금에 관하여도 동일하게 해석하여야 하고, 따라서 근로기준법 및 같은 법 시행령의 규정에 의하여 평균임금을 산정할 수 없을 경우에는 근로자의 통상의 생활임금을 사실대로 산정할 수 있는 방법에 의하되 그와 같은 방법이 없을 때에는 당해 근로자가 근로하고 있는 지역을 중심으로 한 일대에 있어서 동종의 작업에 종사하고 있는 상용근로자의 평균임금의 액을 표준으로 삼아야 한다(대판 1997.11.28. 97누14798).

2. 생활보상(이주대책 + 생활대책)

(1) 이주대책

① **개념**: 공익사업의 시행으로 인하여 생활의 근거를 상실하게 되는 자를 다른 지역으로 이주시키는 대책

② **헌법적 근거**: 이주대책은 생활보상의 일종으로 헌법 제23조 제3항에서 말하는 정당한 보상에 포함되지 않고, 이주대책의 헌법적 근거는 헌법 제34조임. 다만, 생활대책은 헌법 제23조 제3항에서 말하는 정당한 보상에 포함된다고 판시함 **선생님 tip** 구별하는 것이 중요함

   ⇨ 이주대책의 실시 여부는 입법자의 입법정책적 재량(「공익사업을 위한 토지 등의 취득 및 보상에 관한 법률」에서 세입자를 이주대책대상자에서 제외하고 있는 것은 위헌이 아님)

   ✓ **비교** 이주대책의 실시 여부는 입법자의 입법정책적 재량이지만 입법자가 정한 이주대책 규정은 강행법규
   사업시행자의 이주대책 수립·실시의무를 정하고 있는 구 공익사업법 제78조 제1항은 물론 그 이주대책의 내용에 관하여 규정하고 있는 같은 법 제78조 제4항 본문 역시 당사자의 합의 또는 사업시행자의 재량에 의하여 그 적용을 배제할 수 없는 강행법규이다(대판 2013.6.28. 2011다40465).

③ **법률적 근거**: 「공익사업을 위한 토지 등의 취득 및 보상에 관한 법률」에서 사업시행자에게 이주대책의 수립·실시의무를 규정하고 있으므로 사업시행자는 법적인 의무를 부담함(제78조, 강행규정). 단, 사업시행자는 이주대책내용결정에 있어서는 재량을 가짐

   ✓ **주의** 법률이 사업시행자에게 이주대책의 수립·실시의무를 부과하고 있다고 하여 그 규정만으로 이주자에게 수분양권이 직접 발생하는 것은 아님

   ㉠ 이주대책대상자의 수분양권 등 특정한 실체법상의 권리취득시기: 사업시행자가 이주대책대상자로 확인·결정한 때

   ✓ **주의** 수립·실시 의무를 부과한 때가 아님에 주의하여야 함

   ㉡ 이주대책을 수립·실시하지 아니하는 경우, 이주정착지가 아닌 지역으로 이주하고자 하는 경우: 이주정착금을 지급하여야 함

   ㉢ 주거이전비: 세입자에 대한 주거이전비 보상청구권은 공법상 권리로 행정소송에 의함

④ **이주대책대상자 확인·결정의 법적 성질**: 항고소송의 대상이 되는 처분

(2) 생활대책

① 개념: 종전과 같은 경제수준을 유지할 수 있도록 하는 조치
② 헌법적 근거: 헌법 제23조 제3항, 제34조
③ 생활대책대상자 제외 및 선정거부의 법적 성질: 항고소송의 대상이 되는 처분

> **판례정리**

1	생활대책은 정당한 보상에 포함되는 것이라기보다는 정당한 보상에 부가하여 이주자들에게 종전의 생활상태를 회복시키기 위한 생활보상의 일환으로서 국가의 정책적인 배려에 의하여 마련된 제도이다. 그러므로 생활보상의 한 형태로서 청구인들이 주장하는 바와 같은 생활대책을 실시할 것인지 여부는 입법자의 입법정책적 재량의 영역에 속한다고 볼 것이다(헌재 2013. 7.25. 2012헌바71).
2	사업시행자 스스로 공익사업의 원활한 시행을 위하여 필요하다고 인정함으로써 생활대책을 수립·실시할 수 있도록 하는 내부규정을 두고 있고 내부규정에 따라 생활대책대상자 선정기준을 마련하여 생활대책을 수립·실시하는 경우에는, 이러한 생활대책 역시 "공공필요에 의한 재산권의 수용·사용 또는 제한 및 그에 대한 보상은 법률로써 하되, 정당한 보상을 지급하여야 한다."고 규정하고 있는 헌법 제23조 제3항에 따른 정당한 보상에 포함되는 것으로 보아야 한다. … 생활대책대상자 선정기준에 해당하는 자는 사업시행자를 상대로 항고소송을 제기할 수 있다고 보는 것이 타당하다(대판 2011.10.13. 2008두17905). ⊘ 주의 • 헌법재판소의 입장: 제23조 제3항에 생활보상은 포함되지 않음 • 대법원의 입장: 제23조 제3항에 생활보상이 포함됨
3	<공공용지의 취득 및 손실보상에 관한 특례법 소정의 이주대책의 제도적 취지> 구 공공용지의 취득 및 손실보상에 관한 특례법상의 이주대책은 … 그 본래의 취지에 있어 이주자들에 대하여 종전의 생활상태를 원상으로 회복시키면서 동시에 인간다운 생활을 보장하여 주기 위한 이른바 생활보상의 일환으로 국가의 적극적이고 정책적인 배려에 의하여 마련된 제도이다(대판 1994.5.24. 92다35783 전합). **19. 국가직 7급** 이주대책은 이른바 생활보상에 해당하는 것으로서 헌법 제23조 제3항이 규정하는 손실보상의 한 형태로 보아야 하므로, 법률이 사업시행자에게 이주대책의 수립·실시의무를 부과하였다 하더라도 이로부터 사업시행자가 수립한 이주대책상의 택지분양권 등의 구체적 권리가 이주자에게 직접 발생하는 것은 아니다.
4	공익사업시행자가 사업시행에 방해가 되는 지장물에 관하여 공익사업을 위한 토지 등의 취득 및 보상에 관한 법률 제75조 제1항 단서 제2호(건축물 등 물건에 대한 이전비 보상조항)에 따라 이전에 소요되는 실제 비용에 못 미치는 물건의 가격으로 보상한 경우, 사업시행자로서는 물건을 취득하는 제3호와 달리 수용 절차를 거치지 아니한 이상 보상만으로 물건의 소유권까지 취득한다고 볼 수 없다(대판 2022.11.17. 2022다253243).
5	사업시행자가 이주대책기준을 정하여 이주대책 대상자 가운데 이주대책을 수립·실시하여야 할 자를 선정하여 그들에게 공급할 택지 등을 정하는 데 재량을 가진다(대판 2009.3.12. 2008두12610).
6	공공용지의 취득 및 손실보상에 관한 특례법 제8조 제1항에 의하여 이주자에게 이주대책상의 택지분양권 등을 받을 수 있는 구체적인 권리가 직접 발생하는 것은 아니다(대판 1994.5.24. 92다35783).
7	구 경제 자유구역의 지정 및 운영에 관한 특별법상 개발사업시행자가 이주대책대상자 중에서 이주대책을 수립·실시하여야 할 자를 선정하여 그들에게 공급할 택지 또는 주택의 내용이나 수량을 정할 재량을 가진다(대판 2016.8.24. 2016두37218).

| 8 | <한국토지주택공사가 택지개발사업의 시행자로서 일정기준을 충족하는 손실보상대상자들에 대하여 생활대책을 수립·시행하였는데, 직권으로 甲 등이 생활대책대상자에 해당하지 않는다는 결정을 하고, 甲 등의 이의신청에 대하여 재심사 결과로도 생활대책 대상자로 선정되지 않았다는 통보를 한 사안에서, 재심사 결과통보가 독립한 행정처분으로서 항고소송의 대상이 된다고 한 사례>
한국토지주택공사가 택지개발사업의 시행자로서 택지개발예정지구 공람공고일 이전부터 영업 등을 행한 자 등 일정기준을 충족하는 손실보상대상자들에 대하여 생활대책을 수립·시행하였는데, 직권으로 甲 등이 생활대책대상자에 해당하지 않는다는 결정(이하 '부적격통보'라고 한다)을 하고, 甲 등의 이의신청에 대하여 재심사 결과로도 생활대책대상자로 선정되지 않았다는 통보(이하 '재심사통보'라고 한다)를 한 사안에서, 부적격통보가 심사대상자에 대하여 한국토지주택공사가 생활대책대상자 선정신청을 받지 아니한 상태에서 자체적으로 가지고 있던 자료를 기초로 일정기준을 적용한 결과를 일괄 통보한 것이고, 각 당사자의 개별·구체적 사정은 이의신청을 통하여 추가로 심사하여 고려하겠다는 취지를 포함하고 있다면, 甲 등은 이의신청을 통하여 비로소 생활대책대상자 선정에 관한 의견서 제출 등의 기회를 부여받게 되었고 한국토지주택공사도 그에 따른 재심사과정에서 당사자들이 제출한 자료 등을 함께 고려하여 생활대책대상자 선정기준의 충족 여부를 심사하여 재심사통보를 한 것이라고 볼 수 있는 점 등을 종합하면, 비록 재심사통보가 부적격통보와 결론이 같더라도, 단순히 한국토지주택공사의 업무처리의 적정 및 甲 등의 편의를 위한 조치에 불과한 것이 아니라 별도의 의사결정 과정과 절차를 거쳐 이루어진 독립한 행정처분으로서 항고소송의 대상이 되므로, 이와 달리 본 원심판단에 법리오해의 잘못이 있다(대판 2016.7.14. 2015두58645). |

3. 사업손실(간접손실)보상

(1) 개념
사업지 밖의 재산권에 가해지는 손실에 대한 보상

(2) 현행법상 근거
「공익사업을 위한 토지 등의 취득 및 보상에 관한 법률」 제73조, 제74조, 제75의2, 제79조 제2항

(3) 판례의 입장
간접손실을 헌법 제23조 제3항에서 규정한 손실보상의 대상이 된다고 봄

(4) 대법원의 입장
비록 법률에 규정이 없더라도 손실이 쉽게 예견될 수 있고, 손실의 범위도 구체적으로 특정될 수 있다면 관련 법규를 유추적용하여 보상해 주어야 함

판례정리

1	국가가 진정한 소유자가 아닌 자를 하천 편입 당시의 소유자로 보아 손실보상금을 지급한 경우, 진정한 소유자에 대한 손실보상금 지급의무를 면한다고 볼 수 없다(대판 2016.8.24. 2015두3010).
2	공유수면 매립사업으로 인하여 수산업협동조합이 관계법령에 의하여 대상지역에서의 독점적 지위가 부여되어 있던 위탁판매 사업을 중단하게 된 경우, 그로 인한 위탁판매 수수료 수입은 직접적인 영업손실이 아니고 간접적인 영업손실이라고 하더라도 헌법 제23조 제3항에 규정한 손실보상의 대상이 된다(대판 1999.10.8. 99다27231).

3	<영업손실보상청구를 위해서는 반드시 사업인정이나 수용이 전제되어야 하는 것은 아님> 사업인정고시는 수용재결절차로 나아가 강제적인 방식으로 토지소유자나 관계인의 권리를 취득·보상하기 위한 절차적 요건에 지나지 않고 영업손실보상의 요건이 아니다. 토지보상법령도 반드시 사업인정이나 수용이 전제되어야 영업손실 보상의무가 발생한다고 규정하고 있지 않다(대판 2021.11.11. 2018다204022).
4	<영업손실 및 지장물 보상 대상여부의 기준시점> 공익사업의 시행으로 인한 영업손실 및 지장물 보상의 대상 여부는 사업인정고시일을 기준으로 판단해야 하고, 사업인정고시일 당시 보상대상에 해당한다면 그 후 사업지구 내 다른 토지로 영업장소가 이전되었다고 하더라도 이전된 사유나 이전된 장소에서 별도의 허가 등을 받았는지를 따지지 않고 여전히 손실보상의 대상이 된다(대판 2012.12.27. 2011두27827).
5	<수산업협동조합 위탁판매 수수료 사건> 공공사업의 시행 결과 공공사업의 기업지 밖에서 발생한 간접손실에 대하여 사업시행자와 협의가 이루어지지 아니하고, 그 보상에 관한 명문의 법령이 없는 경우, 피해자는 공공용지의 취득 및 손실보상에 관한 특례법 시행규칙상의 손실보상에 관한 규정을 유추적용하여 사업시행자에게 보상을 청구할 수 있다(대판 1999.10.8. 99다27231). **23. 경찰간부** 공익사업의 시행 후에 사업지 밖에서 발생한 간접손실에 대하여는 해당 법률에 보상규정이 없어도 다른 법률의 규정을 유추적용하여 보상할 수 있다.

4. 확장수용 - 잔여지수용청구권

(1) 의의
토지의 일부가 수용되어 잔여지를 종래 목적대로 사용하는 것이 현저히 곤란할 때(이용 불가능한 경우만이 아니라 이용 가능하나 많은 비용이 소요되는 경우 포함) **관할 토지수용위원회**에 잔여지수용청구를 할 수 있음(수용의 청구는 매수에 관한 협의가 성립되지 아니한 경우에만 할 수 있음)

(2) 청구시기
해당 사업의 **공사완료일로부터 1년 이내**에 청구 가능

(3) 성질
잔여지수용청구권은 **형성권**의 성질을 가지며 행사기간은 제척기간

✓ **주의** 청구권이 아님에 주의할 것

(4) 행사시기
해당 사업의 공사완료일까지 행사하여야 함

(5) 불복절차
보상금증감청구소송(형식적 당사자소송), 「공익사업을 위한 토지 등의 취득 및 보상에 관한 법률」 제85조 제2항에 규정

> **📖 판례정리**
>
> | 1 | 잔여지수용청구의 의사표시는 관할 토지수용위원회에 하여야 하는 것으로서, 관할 토지수용위원회가 사업시행자에게 잔여지수용청구의 의사표시를 수령할 권한을 부여하였다고 인정할 만한 사정이 없는 한, 사업시행자에게 한 잔여지매수청구의 의사표시를 관할 토지수용위원회에 한 잔여지수용청구의 의사표시로 볼 수는 없다(대판 2010.8.9. 2008두822).
19. 국회직 8급 사업시행자에게 한 잔여지매수청구의 의사표시는 일반적으로 관할 토지수용위원회에 한 잔여지수용청구의 의사표시로 볼 수 없다. |
> |---|---|

2	잔여지수용청구권은 손실보상의 일환으로 형성권적 성질을 가지므로, 잔여지수용청구를 받아들이지 않은 토지수용위원회의 재결에 대하여 토지소유자가 불복하여 제기하는 소송은 '보상금 증감에 관한 소송'에 해당하여 사업시행자를 피고로 하여야 한다(대판 2010.8.19. 2008두822).

3 손실보상의 유형과 지급원칙

1. 사업시행자보상의 원칙

국가 등이 아니라도 사업시행자라면 그가 보상을 하는 것이 원칙임

2. 금전보상의 원칙

(1) 원칙

　현금으로 지급함이 원칙

(2) 예외

현물보상	토지로 대신 보상하는 것
채권보상	① 임의적 채권보상: 토지소유자가 관계인이 원하는 경우 또는 대통령령으로 정하는 부재부동산 소유자의 토지에 대한 보상금 중 대통령령으로 정하는 일정 금액을 초과하는 금액에 대하여 보상하는 경우 ② 의무적 채권보상: 토지투기가 우려되는 지역으로서 대통령령으로 정하는 지역에서 공익사업을 시행하는 자는 부재부동산 소유자의 토지에 대한 보상금 중 대통령령으로 정하는 1억 원 이상의 일정 금액을 초과하는 부분을 보상하는 경우
기타보상	매수보상, 대토보상(일종의 현물보상에 해당)

3. 사전보상의 원칙

원칙	선급(공사에 착수하기 전)이 원칙
예외	후급할 수 있음. 이자와 물가변동에 따르는 불이익은 보상책임자가 부담(수용에 대한 재결절차에서 정한 보상액과 행정소송절차에서 정한 보상금액의 차액이 수용시기에 지급되지 않은 이상 지연손해금이 당연히 발생함)

4. 개인별 보상의 원칙 – 개별급

'개인별'이란 수용 또는 사용의 대상이 되는 물건별로 보상을 하는 것이 아니라 피보상자 개인별로 보상하는 것을 의미함

5. 전액보상의 원칙

원칙	일시급으로 지급하는 것이 원칙
예외	분할금으로 지급할 수 있음

6. 기타

일괄보상	사업시행자는 동일한 사업지역에 보상시기를 달리하는 동일인 소유의 토지 등이 여러 개 있는 경우 토지소유자 또는 관계인이 요구할 때에는 한꺼번에 보상금을 지급하도록 하여야 함
사업시행 이익과의 상계금지	사업시행자는 동일한 토지소유자에 속하는 일단의 토지의 일부를 취득 또는 사용하는 경우, 해당 공익사업의 시행으로 인하여 잔여지의 가격이 증가하거나 그 밖의 이익이 발생한 때에도 그 이익을 그 취득 또는 사용으로 인한 손실과 상계할 수 없음

4 경계이론·분리이론

구분	경계이론(전환이론)	분리이론
개념	재산권의 내용규정과 공용침해는 별개의 제도가 아니며, 양자는 재산권 제한의 정도에 따라 구별되는 것으로 봄	입법자의 의사를 존중, 침해의 형태 및 목적을 기준으로 내용규정과 공용침해를 별개의 제도로 봄
재산권의 내용규정 (헌법 제23조 제1항·제2항)	재산권 규제의 정도가 약함	① 침해의 형태: 재산권의 제한이 일반적·추상적 ② 목적: 일반적 공익목적을 위하여 재산권의 권리·의무를 장래를 향해 새롭게 규율함 ③ 헌법적 한계를 넘는 경우에는 비례의 원칙 위반으로 위헌·위법이 됨
공용침해규정 (헌법 제23조 제3항)	재산권 규제의 정도가 강함	① 침해의 형태: 재산권의 제한이 개별적·구체적임 ② 목적: 침해를 통해 기존의 재산권자의 법적 지위를 완전하게 또는 부분적으로 박탈함
보장	가치보장에 중점	존속보장에 중점
법원	독일 연방최고법원	독일 연방헌법재판소, 한국 헌법재판소
권리구제	특별한 희생에 대하여 ① 보상규정이 있는 경우: 손실보상청구 ② 보상규정이 없는 경우: 직접효력설, 유추적용설 등	① 다양한 견해 존재(취소소송, 헌법소원, 입법자의 후속입법에 따른 권리구제) ② 헌법재판소의 입장: 입법자의 보상입법을 기다려 보상을 청구할 수 있음
개발제한구역 지정 후 종래 용도로 사용할 수 없을 때	헌법 제23조 제3항 공용침해 문제	공용침해 문제가 아님

18. 지방교행 분리이론과 경계이론은 재산권의 내용·한계 설정과 공용침해를 보다 합리적으로 구분하려는 이론이다.

📌 **판례정리**

1	개발제한구역제도는 입법자가 토지재산권에 관한 권리와 의무를 일반·추상적으로 확정하는 제도로 재산권의 내용과 한계에 관한 문제로 본다. … 그러나 종래의 지목과 토지현황에 의한 이용방법에 따른 토지의 사용도 할 수 없거나 실질적으로 사용·수익을 전혀 할 수 없는 예외적인 경우에도 아무런 보상 없이 이를 감수하도록 하고 있는 한, 비례의 원칙에 위반된다. 따라서 입법자가 비례의 원칙에 부합하도록 하기 위해서는 이를 완화하는 보상규정을 두어야 한다. 이러한 보상규정은 입법자가 헌법 제23조 제1항 및 제2항에 의하여 두어야 하는 규정인데 이는 반드시 금전보상만을 해야 하는 것은 아니다. … 보상의 구체적 기준과 방법은 헌법재판소가 결정할 성질의 것이 아니라 광범위한 입법형성권을 가진 입법자가 입법정책적으로 정할 사항이므로 헌법불합치결정을 한다(헌재 1998.12.24. 89헌마214). **18. 서울시 9급** 개발제한구역 지정으로 인한 지가의 하락은 원칙적으로 토지소유자가 감수해야 하는 사회적 제약의 범주에 속하고, 혹여 지가의 하락이 20% 이상으로 과도한 경우라 할지라도 특별한 희생에 해당하지 않는다.
2	사건 법률조항의 위헌성은 '도시계획시설결정'이란 제도 자체에 있는 것이 아니라 그 시행과정에서 도시계획시설결정의 장기적인 시행지연으로 말미암아 토지소유자에게 발생하는 사회적 제약의 범위를 넘는 가혹한 부담에 대하여 보상규정을 두지 아니한 것에 있다. 따라서 입법자가 이 사건 법률조항을 통하여 국민의 재산권을 비례의 원칙에 부합하게 합헌적으로 제한하기 위해서는, 가혹한 부담이 발생하는 경우에 한하여 이를 완화하는 보상규정을 두어야 한다(1999.10.21. 97헌바26).

5 재산권보장의 방법

재산권보장의 방법으로는 존속보장의 방법과 가치보장의 방법이 있음

구분	존속보장	가치보장
의의	① 재산권자가 재산권을 보유하고 사용·수익·처분하는 것 자체를 보장하는 것을 의미 ② 이에 따르면 국민의 보상 문제 이전에 자신의 재산권이 침해되지 않도록 방어할 수 있음	① 공공필요에 의하여 재산권에 대한 공적인 침해가 가해지는 경우 재산권의 가치를 보장하기 위하여 보상 등의 조치를 취하는 것을 의미 ② 이는 재산권을 금전적 가치로 평가하여 공공의 필요가 있는 경우에는 사업시행자는 당연히 국민의 재산권을 침해할 수 있고, 이 경우 보상만 충실히 해주면 된다는 입장으로서 손실보상의 요건 중 특별한 희생에 중점을 둠
실현제도	공용침해에서의 공공필요성 요건, 환매제도, 분리이론에 위법한 재산권 침해행위에 대한 취소소송 등	① 손실보상, 매수청구제도, 수용유사침해이론, 경계이론 등 ② 생활보상은 보상제도라는 점에서 가치보장을 위한 것이지만 존속보장의 의미도 가짐
법언	"방어하라, 그리고 청산하라."	"인용하라, 그리고 청산하라."
양자의 관계	공공필요를 위하여 공용침해가 행해지는 경우 존속보장과 가치보장의 우열에 대해서 다수설은 재산권의 중요성에 비추어 존속보장이 가치보장보다 우선한다고 보고 있음	-

제4절 손실보상의 절차와 불복

1 「토지보상법」상 손실보상절차

1. 사업인정(「공익사업을 위한 토지 등의 취득 및 보상에 관한 법률」제20조)

성격	① 특정한 재산권의 수용권을 설정하여 주는 행위 ② 국토교통부장관이 행사하는 형성적 행정행위(행정처분에 해당) ③ 재량행위
효력발생요건	고시(사업인정은 고시한 날부터 그 효력이 발생함), 준법률행정행위적 행정행위로서 통지의 성격을 가짐
효과	① 수용권의 발생 ② 수용목적물의 확정 ③ 관계인의 범위 확정: 사업인정의 고시가 있은 후에 새로운 권리를 취득한 자는 기존 권리를 승계한 자를 제외하고는 피수용자로서의 권리가 인정되지 않음 ④ 토지 등의 보전의무: 누구든 허가 없이는 고시된 토지에 대하여 형질의 변경이나 물건손괴 또는 수거하는 행위를 하지 못함 ⑤ 사업시행자의 수용절차상 권리·의무 발생: 아래의 '2. 협의' 참조
실효	사업인정고시가 된 날부터 1년 이내에 토지수용위원회에 재결신청을 하지 아니한 경우에는 사업인정고시가 된 날부터 1년이 되는 날의 다음 날에 사업인정은 그 효력을 상실함

2. 협의(「공익사업을 위한 토지 등의 취득 및 보상에 관한 법률」제16조, 제26조)

사업인정 전의 협의(제16조), 사업인정 후의 협의(제26조)가 있음. 아래에서는 사업인정 후의 협의에 대해서 논의(사업인정 전의 협의의 법적 성질은 판례에 따르면 사법상 계약)

협의의 절차	사업인정을 받은 사업시행자는 토지조서 및 물건조서의 작성, 보상계획의 공고·통지 및 열람, 보상액의 산정과 토지소유자 및 관계인과의 협의절차를 거쳐야 함
의무사항	협의를 거치지 않고 재결을 신청을 하는 것은 허용되지 않음
성질	통설은 공법상 계약으로 보지만 판례는 사법상 계약으로 봄
협의성립의 효과	협의가 성립되면 공용수용절차는 종결되고 수용의 효과가 발생함

3. 토지수용위원회의 재결

성격	형성적 행정행위(대리행위) ① 공익사업시행자는 관할 토지수용위원회(사업시행자가 국가·광역자치단체인 경우 중앙토지수용위원회, 나머지의 경우 지방토지수용위원회)에 재결신청 가능 ⇨ 사업인정고시가 된 날부터 1년 이내에 관할 토지수용위원회에 재결신청할 수 있음 ② 토지소유자 및 관계인은 토지수용위원회에 재결신청 불가 ⇨ 서면으로 사업시행자에게 재결을 신청할 것을 청구할 수 있음 ③ 사업시행자는 청구를 받은 날부터 60일 이내에 관할 토지수용위원회에 재결을 신청하여야 함
내용	수용할 토지의 구역, 손실보상, 수용개시일과 기간 등이며, 사업시행자·토지소유자 및 관계인이 신청한 범위에서만 재결해야 함. 단, 손실보상의 경우에는 증액재결이 가능
화해의 권고	토지수용위원회는 그 재결이 있기 전에는 그 위원 3명으로 구성되는 소위원회로 하여금 사업시행자, 토지소유자 및 관계인에게 화해를 권고하게 할 수 있음

4. 공용수용의 효과

(1) 수용자의 권리취득
수용의 개시일에 발생함

(2) 사업시행자의 권리취득
원시취득으로서의 성질

(3) 사업인정과 수용재결 사이의 하자승계 여부
판례는 하자승계를 부정함

5. 이의신청(임의적 전치)

(1) 중앙토지수용위원회에 이의신청(단, 지방토지수용위원회의 재결에 이의가 있는 자는 해당 지방토지수용위원회를 거쳐 중앙토지수용위원회에 이의를 신청)
(2) 재결서의 정본을 받은 날부터 30일 이내에 이의를 신청하여야 함
(3) 이의신청이 있는 경우 재결이 위법·부당하다고 인정될 때에는 재결의 전부·일부를 취소하거나 보상액을 변경할 수 있음
(4) 이의신청은 임의적 전치사항
(5) 행정심판의 성격

6. 행정소송

원처분주의	수용재결(원처분)에 불복할 때에는 재결서를 받은 날부터 90일 이내에 행정소송 제기
이의신청을 거쳤을 때	① 이의신청에 대한 재결서를 받은 날부터 60일 이내에 행정소송 제기 ② 수용재결을 한 중앙토지수용위원회 또는 지방토지수용위원회를 피고로 하여야 함 ③ 이의신청에 대한 재결 자체에 고유한 위법이 있는 경우에는 그 이의재결을 한 중앙토지수용위원회를 피고로 하여 이의재결 자체를 다투어야 함

2 보상금증감소송(형식적 당사자소송)

피고	① 해당 소송제기자가 토지소유자 또는 관계인인 경우: 사업시행자 ② 해당 소송제기자가 사업시행자인 경우: 토지소유자 또는 관계인
입증책임	판례는 보상금증액청구소송에서 입증책임에 관하여 정당한 손실보상금액이 더 많다는 점을 원고가 입증하여야 한다고 봄

📋 판례정리

1	손실보상금에 관한 당사자간의 합의가 성립하면, 그 합의내용이 공익사업을 위한 토지 등의 취득및 보상에 관한 법률에서 정하는 손실보상기준에 맞지 않는다고 하더라도 합의가 적법하게 취소되는 등의 특별한 사정이 없는 한 추가로 같은 법상 기준에 따른 손실보상금청구를 할 수 없다(대판 2013. 8.22. 2012다3517). **18. 국가직 7급** 손실보상금에 관한 당사자간의 합의가 성립하면 그 합의내용이 「토지보상법」에서 정하는 손실보상기준에 맞지 않는다고 하더라도 합의가 적법하게 취소되는 등의 특별한 사정이 없는 한 추가로 「토지보상법」상 기준에 따른 손실보상금청구를 할 수 없다.
2	토지수용위원회의 수용재결이 있은 후라고 하더라도 토지소유자와 사업시행자가 다시 협의하여 토지 등의 취득·사용 및 그에 대한 보상에 관하여 임의로 계약을 체결할 수 있다(대판 2017.4.13. 2016두64241). **18. 국가직 7급** 토지수용위원회의 수용재결이 있은 후라고 하더라도 토지소유자와 사업시행자가 다시 협의하여 토지 등의 취득·사용 및 그에 대한 보상에 관하여 임의로 계약을 체결할 수 있다.
3	하나의 수용재결에서 여러 가지의 토지, 물건, 권리 또는 영업의 손실의 보상에 관하여 심리·판단이 이루어졌을 때, 여러 보상항목들 중 일부에 관해서만 개별적으로 불복할 수 있다(대판 2018.5.15. 2017두41221). **18. 국가직 7급, 23. 경찰간부** 하나의 수용재결에서 여러가지의 토지, 물건, 권리 또는 영업의 손실의 보상에 관하여 심리·판단이 이루어졌을 때, 피보상자는 반드시 재결 전부에 관하여 불복하여야 하는 것은 아니며, 여러 보상항목들 중 일부에 관해서만 개별적으로도 불복할 수 있다.
4	<토지수용위원회의 재결에 대하여 토지소유자가 불복하여 제기하는 소송의 성질 및 그 상대방> 잔여지 수용청구권은 손실보상의 일환으로 토지소유자에게 부여되는 권리로서 그 요건을 구비한 때에는 잔여지를 수용하는 토지수용위원회의 재결이 없더라도 그 청구에 의하여 수용의 효과가 발생하는 형성권적 성질을 가지므로, 잔여지 수용청구를 받아들이지 않은 토지수용위원회의 재결에 대하여 토지소유자가 불복하여 제기하는 소송은 위 법 제85조 제2항에 규정되어 있는 '보상금의 증감에 관한 소송'에 해당하여 사업시행자를 피고로 하여야 한다(대판 2010.8.19. 2008두822).
5	<구 공익사업을 위한 토지 등의 취득 및 보상에 관한 법률 제74조 제1항의 잔여지 수용청구권 행사기간의 법적 성질(= 제척기간) 및 잔여지 수용청구 의사표시의 상대방(= 관할 토지수용위원회)> [1] 잔여지 수용청구를 받아들이지 않은 토지수용위원회의 재결에 대하여 토지소유자가 불복하여 제기하는 소송은 위 법 제85조 제2항에 규정되어 있는 '보상금의 증감에 관한 소송'에 해당하여 사업시행자를 피고로 하여야 한다. [2] 잔여지 수용청구의 의사표시는 관할 토지수용위원회에 하여야 하는 것으로서, 관할 토지수용위원회가 사업시행자에게 잔여지 수용청구의 의사표시를 수령할 권한을 부여하였다고 인정할 만한 사정이 없는 한, 사업시행자에게 한 잔여지 매수청구의 의사표시를 관할 토지수용위원회 한 잔여지 수용청구의 의사표시로 볼 수는 없다(대판 2010.8.19. 2008두822).

6	주택재개발사업 정비구역 안에 있는 주거용 건축물에 거주하던 세입자 甲이 주거이전비를 받을 수 있는 권리를 포기한다는 취지의 주거이전비 포기각서를 제출하고 사업시행자가 제공한 임대아파트에 입주한 다음 별도로 주거이전비를 청구한 사안에서, 위 포기각서의 내용은 강행규정에 반하여 무효이다(대판 2011.7.14. 2011두3685).
7	구 공익사업을 위한 토지 등의 취득 및 보상에 관한 법령에 따라 주거용 건축물의 세입자가 주거이전비 보상을 소구하는 경우 그 소송은 공법상 당사자소송에 의하여야 한다(대판 2008.5.29. 2007다8129). **19. 국가직 7급** 「공익사업을 위한 토지 등의 취득 및 보상에 관한 법률」상 주거용 건축물 세입자의 주거이전비 보상청구권은 공법상의 권리이고, 주거이전비 보상청구소송은 당사자소송에 의하여야 한다.
8	사업시행자가 사업인정을 받은 후 그 사업이 공용수용을 할 만한 공익성을 상실하거나 사업인정에 관련된 자들의 이익이 현저히 비례의 원칙에 어긋나게 된 경우 또는 사업시행자가 해당 공익사업을 수행할 의사나 능력을 상실한 경우, 그 사업인정에 터잡아 수용권을 행사할 수 없다(대판 2011.1.27. 2009두1051).
9	체육시설업의 영업주체가 영업시설의 양도나 임대 등에 의하여 변경되었으나 그에 관한 신고를 하지 않은 채 영업을 하던 중에 공익사업으로 영업을 폐지 또는 휴업하게 된 경우, 그 임차인 등의 영업이 보상대상에서 제외되는 위법한 영업이라고 할 것은 아니다(대판 2012.12.13. 2010두12842).
10	한국토지주택공사가 택지개발사업의 시행자로서 일정기준을 충족하는 손실보상대상자들에 대하여 생활대책을 수립·시행하였는데, 직권으로 甲 등이 생활대책대상자에 해당하지 않는다는 결정을 하고, 甲 등의 이의신청에 대하여 재심사 결과로도 생활대책대상자로 선정되지 않았다는 통보를 한 사안에서, 재심사 결과통보가 독립한 행정처분으로서 항고소송의 대상이 된다(대판 2016.7.14. 2015두58645).
11	공익사업으로 인해 농업손실을 입은 자가 사업시행자에게서 「공익사업을 위한 토지 등의 취득 및 보상에 관한 법률」에 따른 보상을 받으려면 재결절차를 거쳐야 하고, 이를 거치지 않고 곧바로 민사소송으로 보상금을 청구하는 것은 허용되지 않는다(대판 2011.10.13. 2009다43461).

3 「공익사업을 위한 토지 등의 취득 및 보상에 관한 법률」상 권리별 소송종류

1. 항고소송
이주대책계획청구권, 생활대책대상자 제외에 대한 소송, 특별공급요구에 대한 거부에 대한 소송 등

2. 당사자소송
주거이전비보상청구권, 잔여지수용청구권 등

3. 거부처분취소소송 또는 부작위위법확인소송
토지소유자나 관계인의 재결신청 청구에도 사업시행자가 재결신청을 하지 않을 때(대판 2019.8.29. 2018두57865)

제3장 행정상 손실보상제도의 흠결과 보충

제1절 행정상 손실보상제도의 흠결과 보충

1 수용유사침해

의의	① 개념: 공용침해행위로 인하여 개인에게 특별한 희생이 발생했음에도 불구하고 보상규정이 결여되어 있는 경우, 이를 수용행위와 유사한 공용침해로 보아 손실보상을 인정하는 이론 ② 보상을 직접 목적으로 하는 것으로 경계이론에서 도출됨 ③ 위법·무책의 침해 ⇨ 손해배상은 위법·유책의 침해, 손실보상은 적법·무책의 침해에 대하여 인정됨 ④ 위법의 의미: 보상규정을 갖추지 못함으로써 법률이 위헌이 되어 결과적으로 그 법에 따른 침해는 위법이 됨
발전과정	① 수용유사침해이론은 독일의 연방최고법원의 판례를 통하여 성립됨 ② 자갈채취판결 이후 독일 연방법원은 관습법상 희생보상청구권을 근거로 수용유사침해이론을 인정함
도입논의	대법원은 유보적 입장을 보인 적이 있을 뿐, 명시적으로 인정한 경우는 없음

2 수용적 침해

의의	① 적법한 공권력행사로 비의도적·비정형적 결과가 발생하여 재산권이 침해된 경우 ② 수용유사침해는 위법함
발전과정	독일 연방법원의 판례를 통해 성립·발전함
도입논의	대법원이 명시적으로 인정한 경우는 없음

3 희생보상청구권

의의	적법한 공권력행사로 생명·신체 등 비재산적 법익이 침해된 경우에 인정되는 권리
법적 근거	① 일반적인 제도로서 인정되지 않음 ②「감염병의 예방 및 관리에 관한 법률」,「소방기본법」등 개별법률에서 인정됨
보상내용	비재산적 법익의 침해로 인하여 발생된 재산적 손실

제2절 행정상 결과제거청구권

1 의의

1. 개념
일종의 원상회복청구권으로, 행정작용의 결과로 위법하게 남아있는 상태로 인하여 법률상 이익의 침해를 받는 경우에 위법한 상태의 제거를 청구하는 권리

2. 구별개념

구분	손해배상청구권	결과제거청구권
목적	금전에 의한 배상	결과제거를 통한 원상회복
고의·과실 유무	고의·과실 ○	고의·과실 ×
대상	상당인과관계 있는 손해	직접적인 결과

3. 성질
(1) 물권적 청구권에 한정할 것은 아님
(2) 개인적 공권(통설)
    행정소송 중 당사자소송에 의함

2 요건

행정주체의 공행정작용으로 인한 침해	① 일반론: 사실행위와 비권력적 작용까지 포함 ② 부작위의 경우: 결과제거청구권의 행사가 가능함(다수 견해)
법률상 이익의 침해	① 타인의 권리 또는 법률상 이익의 침해(명예·호평 등 정신적인 것도 포함) ② 사실상의 이익, 반사적 이익의 침해는 포함되지 않음
위법한 상태의 존재	① 취소할 수 있는 행위인 경우: 결과제거청구권이 인정되지 않음 ② 사후에 합법화된 경우: 결과제거청구권이 인정되지 않음 ③ 사후에 위법하게 된 경우: 결과제거청구권이 인정됨
결과제거의 가능성·허용성·기대가능성	결과제거청구의 내용은 원래의 상태 또는 동일한 가치의 상태로 회복함이 사실상 가능하며, 법적으로 허용되고 또한 의무자에게 그것이 기대가능한 것이어야 함

3 내용 등

(1) 원상회복의 청구
(2) 공행정작용으로 인한 직접적인 결과의 제거만을 그 대상으로 함
(3) 「민법」상 과실상계에 관한 규정은 공법상 결과제거청구권에 유추적용 가능
(4) 소송절차는 당사자소송에 의하여야 함(통설)

제3절 행정상 손해전보제도 비교

1 위법, 고의·과실에 따른 비교

구분	손해배상	손실보상	희생보상청구권	결과제거청구권	수용유사침해	수용적침해
위법	○	×	×	○	○	×
고의·과실	○	×	×	×	×	×

2 침해되는 법익에 따른 비교

구분	손해배상	손실보상	희생보상청구권	결과제거청구권	수용유사침해	수용적침해
재산적 법익	○	○	×	○	○	○
비재산적 법익	○	×	○	○	×	×

gosi.Hackers.com

해커스공무원 학원·인강
gosi.Hackers.com

제6편
행정쟁송

제1장 행정심판
제2장 취소소송
제3장 무효등확인소송, 부작위위법확인소송
제4장 당사자소송, 객관소송

제1장 행정심판

제1절 행정심판의 개관

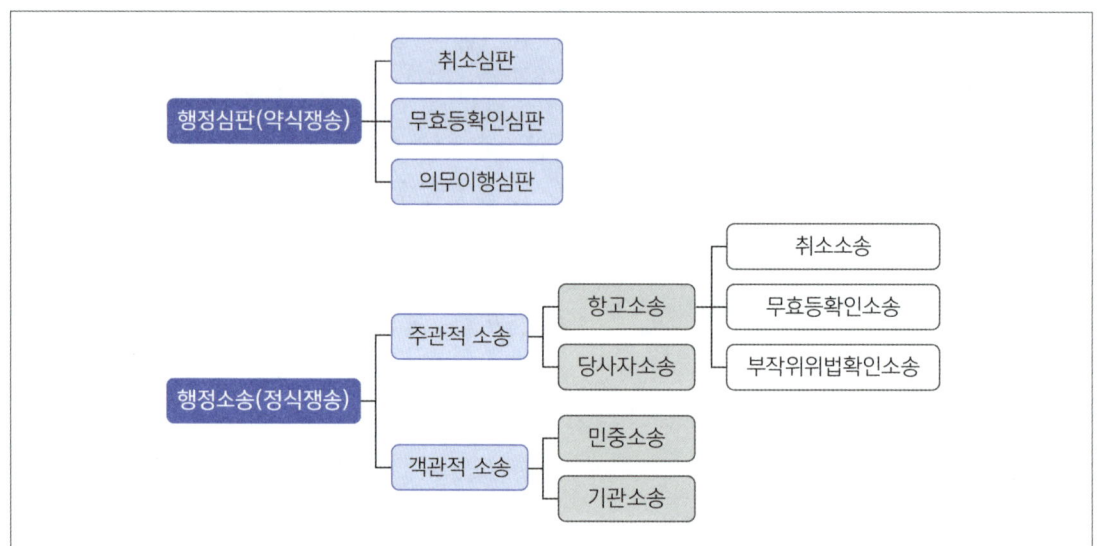

1 행정심판의 의의

1. 개념
행정청의 위법·부당한 처분 등으로 법률상 이익을 침해당한 자가 행정기관에 대하여 시정을 구하는 절차

2. 구별개념
(1) 행정심판과 이의신청

구분	행정심판	이의신청
청구기관	주로 상급행정청 소속 행정심판위원회	주로 처분청
대상	원칙적으로 모든 위법·부당한 처분	개별법에 정하고 있는 처분

「행정기본법」은 이의신청에 대한 조문을 신설하였고 해당 조문은 2023년부터 시행되고 있음

「행정기본법」 제36조【처분에 대한 이의신청】 ① 행정청의 처분(「행정심판법」 제3조에 따라 같은 법에 따른 행정심판의 대상이 되는 처분을 말한다. 이하 이 조에서 같다)에 이의가 있는 당사자는 처분을 받은 날부터 30일 이내에 해당 행정청에 이의신청을 할 수 있다.
② 행정청은 제1항에 따른 이의신청을 받으면 그 신청을 받은 날부터 14일 이내에 그 이의신청에 대한 결과를 신청인에게 통지하여야 한다. 다만, 부득이한 사유로 14일 이내에 통지할 수 없는 경우에는 그 기간을 만료일 다음 날부터 기산하여 10일의 범위에서 한 차례 연장할 수 있으며, 연장 사유를 신청인에게 통지하여야 한다.
③ 제1항에 따라 이의신청을 한 경우에도 그 이의신청과 관계없이 「행정심판법」에 따른 행정심판 또는 「행정소송법」에 따른 행정소송을 제기할 수 있다.
④ 이의신청에 대한 결과를 통지받은 후 행정심판 또는 행정소송을 제기하려는 자는 그 결과를 통지받은 날(제2항에 따른 통지기간 내에 결과를 통지받지 못한 경우에는 같은 항에 따른 통지기간이 만료되는 날의 다음 날을 말한다)부터 90일 이내에 행정심판 또는 행정소송을 제기할 수 있다.
⑤ 다른 법률에서 이의신청과 이에 준하는 절차에 대하여 정하고 있는 경우에도 그 법률에서 규정하지 아니한 사항에 관하여는 이 조에서 정하는 바에 따른다.
⑥ 제1항부터 제5항까지에서 규정한 사항 외에 이의신청의 방법 및 절차 등에 관한 사항은 대통령령으로 정한다.
⑦ 다음 각 호의 어느 하나에 해당하는 사항에 관하여는 이 조를 적용하지 아니한다.
1. 공무원 인사 관계 법령에 따른 징계 등 처분에 관한 사항
2. 「국가인권위원회법」 제30조에 따른 진정에 대한 국가인권위원회의 결정
3. 「노동위원회법」 제2조의2에 따라 노동위원회의 의결을 거쳐 행하는 사항
4. 형사, 행형 및 보안처분 관계 법령에 따라 행하는 사항
5. 외국인의 출입국·난민인정·귀화·국적회복에 관한 사항
6. 과태료 부과 및 징수에 관한 사항

(2) 행정심판과 행정소송

구분	행정심판	행정소송
판정기관	행정심판위원회	법원
성질	약식쟁송	정식쟁송
종류	① 취소심판 ② 무효등확인심판 ③ 의무이행심판	① 취소소송 ② 무효등확인소송 ③ 부작위위법확인소송
대상	위법·부당한 처분 또는 부작위	위법한 처분 또는 부작위
거부처분	취소심판, 무효등확인심판, 의무이행심판	취소소송, 무효등확인소송
의무이행쟁송 인정 여부	인정	부정
적극적 변경 여부	가능	불가능
기간	① 처분이 있음을 안 날: 90일 ② 처분이 있었던 날(있은 날): 180일	① 처분이 있음을 안 날: 90일 ② 처분이 있은 날: 1년

심리	① 구술심리 또는 서면심리 ② 비공개원칙	① 구술심리 ② 공개원칙
의무이행 확보수단	① 행정심판위원회의 직접처분권 인정 (「행정심판법」 제50조 제1항) ② 간접강제제도 ③ 임시처분	간접강제제도 (「행정소송법」 제34조)
오고지·불고지에 관한 규정	있음	없음
공통점	① 국민의 권리구제수단 ② 대심구조주의 ③ 불고불리의 원칙 ④ 집행부정지의 원칙	① 신청을 전제로 한 절차 개시 ② 직권심리주의의 가미 ③ 불이익변경금지의 원칙 ④ 사정재결·사정판결의 인정 ⑤ 국선대리인 제도
차이점	① 대통령 처분에 대한 쟁송 불가 ② 처분이 부당할 때 취소 가능 ③ 처분의 적극적 변경 가능 ④ 피청구인을 잘못 지정한 경우 직권 경정 가능	① 대통령 처분에 대한 쟁송 가능 ② 처분이 부당할 때 취소 불가 ③ 처분의 적극적 변경 불가 ④ 피고를 잘못 지정한 경우 직권경정 불가

3. 2010년 「행정심판법」 개정 주요 내용

(1) '국무총리행정심판위원회'의 명칭을 '중앙행정심판위원회'로 변경함
(2) 이의신청제도 도입
(3) 심판참가인은 당사자에 준하는 절차적 지위를 가짐
(4) 집행정지의 요건 완화
(5) 임시처분제도 도입

4. 간접강제

「행정심판법」 제50조의2 【위원회의 간접강제】 ① 위원회는 피청구인이 제49조 제2항(제49조 제4항에서 준용하는 경우를 포함한다) 또는 제3항에 따른 처분을 하지 아니하면 청구인의 신청에 의하여 결정으로 상당한 기간을 정하고 피청구인이 그 기간 내에 이행하지 아니하는 경우에는 그 지연기간에 따라 일정한 배상을 하도록 명하거나 즉시 배상을 할 것을 명할 수 있다.
② 위원회는 사정의 변경이 있는 경우에는 당사자의 신청에 의하여 제1항에 따른 결정의 내용을 변경할 수 있다.
③ 위원회는 제1항 또는 제2항에 따른 결정을 하기 전에 신청 상대방의 의견을 들어야 한다.
④ 청구인은 제1항 또는 제2항에 따른 결정에 불복하는 경우 그 결정에 대하여 행정소송을 제기할 수 있다.
19. 지방직 9급 청구인은 행정심판위원회의 간접강제결정에 불복하는 경우 그 결정에 대하여 행정소송을 제기할 수 있다.

⑤ 제1항 또는 제2항에 따른 결정의 효력은 피청구인인 행정청이 소속된 국가·지방자치단체 또는 공공단체에 미치며, 결정서 정본은 제4항에 따른 소송제기와 관계없이 「민사집행법」에 따른 강제집행에 관하여는 집행권원과 같은 효력을 가진다. 이 경우 집행문은 위원장의 명에 따라 위원회가 소속된 행정청 소속공무원이 부여한다.
⑥ 간접강제결정에 기초한 강제집행에 관하여 이 법에 특별한 규정이 없는 사항에 대하여는 「민사집행법」의 규정을 준용한다. 다만, 「민사집행법」 제33조(집행문부여의 소), 제34조(집행문부여 등에 관한 이의신청), 제44조(청구에 관한 이의의 소) 및 제45조(집행문부여에 대한 이의의 소)에서 관할 법원은 피청구인의 소재지를 관할하는 행정법원으로 한다.

주의 청구인은 간접강제결정에 불복하는 경우, 그 결정에 대하여 행정소송을 제기할 수 있음

5. 직접 처분

제50조【위원회의 직접처분】① 위원회는 피청구인이 제49조 제3항에도 불구하고 처분을 하지 아니하는 경우에는 당사자가 신청하면 기간을 정하여 서면으로 시정을 명하고 그 기간에 이행하지 아니하면 직접 처분을 할 수 있다. 다만, 그 처분의 성질이나 그 밖의 불가피한 사유로 위원회가 직접 처분을 할 수 없는 경우에는 그러하지 아니하다.
② 위원회는 제1항 본문에 따라 직접 처분을 하였을 때에는 그 사실을 해당 행정청에 통보하여야 하며, 그 통보를 받은 행정청은 위원회가 한 처분을 자기가 한 처분으로 보아 관계법령에 따라 관리·감독 등 필요한 조치를 하여야 한다.

제49조【재결의 기속력 등】③ 당사자의 신청을 거부하거나 부작위로 방치한 처분의 이행을 명하는 재결이 있으면 행정청은 지체 없이 이전의 신청에 대하여 재결의 취지에 따라 처분을 하여야 한다.

19. 지방직 9급 당사자의 신청을 거부하는 처분에 대한 취소심판에서 인용재결이 내려진 경우, 의무이행심판과 같이 행정청은 재처분의무를 진다.

6. 국선대리인 제도

제18조의2【국선대리인】① 청구인이 경제적 능력으로 인해 대리인을 선임할 수 없는 경우에는 위원회에 국선대리인을 선임하여 줄 것을 신청할 수 있다.

19. 국가직 9급 행정심판 청구인이 경제적 능력으로 인해 대리인을 선임할 수 없는 경우에는 행정심판위원회에 국선대리인을 선임하여 줄 것을 신청할 수 있다.

② 위원회는 제1항의 신청에 따른 국선대리인 선정 여부에 대한 결정을 하고, 지체 없이 청구인에게 그 결과를 통지하여야 한다. 이 경우 위원회는 심판청구가 명백히 부적법하거나 이유 없는 경우 또는 권리의 남용이라고 인정되는 경우에는 국선대리인을 선정하지 아니할 수 있다.
③ 국선대리인 신청절차, 국선대리인 지원요건, 국선대리인의 자격·보수 등 국선대리인 운영에 필요한 사항은 국회규칙, 대법원규칙, 헌법재판소규칙, 중앙선거관리위원회규칙 또는 대통령령으로 정한다.

7. 존재이유

(1) 행정의 자기통제기능의 기회 부여
(2) 행정청의 전문지식 활용, 사법기능 보완
(3) 행정소송에 비하여 신속·간편하여 행정의 능률이 보장됨
(4) 시간·비용 면에서 행정소송보다 효율적이므로 경제성이 확보됨
(5) 법원의 부담이 완화됨. 단, 권력분립이론에 충실한 것은 행정소송임

2 행정심판의 종류

구분	취소심판	무효등확인심판	의무이행심판
의의	행정청의 위법 또는 부당한 처분을 취소하거나 변경하는 행정심판	행정청의 처분의 효력 유무 또는 존재 여부를 확인하는 행정심판	당사자의 신청에 대한 행정청의 위법 또는 부당한 거부처분이나 부작위에 대하여 일정한 처분을 하도록 하는 행정심판
인용재결	① 처분취소·변경재결 ② 처분변경명령재결 ☑ 주의 처분취소명령재결은 없음	유효, 무효, 실효, 존재, 부존재 확인재결	① 처분재결 ② 처분명령재결
특징	① 청구기간의 제한 ○ ② 집행정지가 허용됨 ③ 사정재결 ○ ④ 거부처분의 경우에도 취소심판을 인정하는 것이 판례의 입장	① 청구기간의 제한 × ② 집행정지가 허용됨 ③ 사정재결 ×	① 청구기간의 제한 • 거부처분 ○ • 부작위 × ② 집행정지와 무관 ③ 사정재결 ○

19. 국가직 9급 당사자의 신청에 대한 행정청의 부당한 거부처분에 대하여 일정한 처분을 하도록 하는 행정심판의 청구는 현행법상 허용되고 있다.

18. 서울시 7급 정보공개청구의 거부에 대해서는 의무이행심판을 제기할 수 있다.

3 행정심판의 대상

원칙	① 위법·부당한 처분이나 처분의 부작위 ② 처분: 행정청이 행하는 구체적 사실에 관한 법집행으로서의 공권력의 행사 또는 그 거부, 그 밖에 이에 준하는 행정작용

예외	① 대통령의 처분 또는 부작위에 대하여는 원칙적으로 행정심판을 청구할 수 없음
	   ☑ 주의 「행정심판법」에만 해당됨. 즉, 「행정절차법」, 「행정소송법」에서는 대통령의 처분 또는 부작위를 대상으로 할 수 있음
	   19. 국가직 9급 대통령의 처분 또는 부작위에 대하여는 다른 법률에서 행정심판을 청구할 수 있도록 정한 경우 외에는 행정심판을 청구할 수 없다.
	② 심판청구에 대한 재결이 있으면 그 재결 및 같은 처분 또는 부작위에 대하여 다시 행정심판을 청구할 수 없음
	③ 통고처분 등 ×

4 특별행정심판

(1) 사안의 전문성과 특수성을 살리기 위하여 특히 필요한 경우 외에는 이 법에 따른 행정심판을 갈음하는 특별한 행정불복절차나 특례를 다른 법률로 정할 수 없음
(2) 특별한 행정불복절차나 특례를 신설 또는 변경하려면 미리 중앙행정심판위원회와 협의하여야 함

> ✓ **주의** '동의'가 아님에 주의하여야 함
> **18. 국회직 8급** 관계 행정기관의 장이 특별행정심판 또는 이 법에 따른 행정심판절차에 대한 특례를 신설하거나 변경하는 법령을 제정·개정할 때에는 미리 중앙행정심판위원회와 협의하여야 한다.

제2절 행정심판의 당사자 등

1 청구인

청구인적격	① 처분의 상대방이 아닌 제3자도 될 수 있으며, 자연인·법인을 불문함 ② 법인 아닌 사단·재단도 대표자 또는 관리인이 정해져 있는 경우 행정심판 제기 가능
선정대표자	① 다수가 공동으로 심판을 청구하는 경우 그중 3인 이하의 대표자 선정 가능 ② 그 사건에 관한 모든 행위를 할 수 있으나 취하시 동의를 얻어야 함 ③ 다른 청구인들은 선정대표자를 통해서만 사건에 관한 행위 가능

제15조【선정대표자】① 여러 명의 청구인이 공동으로 심판청구를 할 때에는 청구인들 중에서 3명 이하의 선정대표자를 선정할 수 있다.
② 청구인들이 제1항에 따라 선정대표자를 선정하지 아니한 경우에 위원회는 필요하다고 인정하면 청구인들에게 선정대표자를 선정할 것을 권고할 수 있다.

> 📋 **판례정리**
>
> 1. 청구인적격이 없는 자의 명의로 제기된 행정심판청구에 대하여 행정청이나 재결청(현 행정심판위원회)에게 행정심판청구인을 청구인적격이 있는 자로 변경할 것을 요구하는 보정을 명할 의무가 없고, 행정심판절차에서 임의적인 청구인의 변경은 원칙적으로 허용되지 아니한다(대판 1999.10.8. 98두10073).

2 피청구인

1. 피청구인적격

처분을 한 처분청 또는 부작위를 한 부작위청. 다만, 처분이나 부작위가 있은 후 그 권한이 다른 행정청에 승계된 경우에는 권한을 승계한 행정청

2. 피청구인의 경정
(1) 당사자의 신청 또는 직권으로 결정
(2) 피청구인의 변경결정
종전의 피청구인에 대한 심판청구는 취하됨. 종전의 피청구인에 대한 행정심판이 청구된 때 새로운 피청구인에 대한 행정심판이 청구된 것으로 봄
(3) 행정심판위원회는 피청구인을 경정하는 결정을 하면, 결정서 정본을 당사자(종전의 피청구인, 새로운 피청구인 포함)에게 송달하여야 함

3 참가인

1. 참가의 방법
(1) 신청에 의한 참가
(2) 요구에 의한 참가
요구를 받은 제3자나 행정청도 참가 여부를 행정심판위원회에 통지하여야 함. 즉, 요구를 받은 이해관계인은 참가 여부를 스스로 결정할 수 있음

2. 참가인의 지위
당사자가 할 수 있는 심판절차상의 행위를 할 수 있음

4 대리인
(1) 청구인의 배우자, 청구인 또는 배우자의 사촌 이내의 혈족
(2) 청구인이 법인이거나 제14조에 따른 청구인능력이 있는 법인이 아닌 사단 또는 재단인 경우에는 그 소속 임직원
(3) 변호사
(4) 다른 법률에 따라 심판청구를 대리할 수 있는 자
(5) 그 밖에 위원회의 허가를 받은 자

제3절 행정심판위원회

1 행정심판위원회의 설치

해당 행정청 소속 행정심판위원회	① 국회사무총장, 법원행정처장, 헌법재판소사무처장 및 중앙선거관리위원회 사무총장 ② 국가인권위원회, 진실·화해를 위한 과거사 정리위원회 그 밖에 대통령령으로 정하는 행정청 ③ 감사원, 국가정보원장, 그 밖에 대통령령으로 정하는 대통령 소속기관의 장의 처분·부작위를 심리·재결(그 소속행정청의 처분 또는 부작위 포함) **선생님 tip** 대부분 독립기관들 + 진실·화해를 위한 과거사 정리위원회 **23. 경찰간부** 감사원의 처분 또는 부작위에 대한 심판청구에 대하여는 감사원 소속 행정심판위원회에서 심리·재결한다.

중앙행정심판위원회	① 해당 행정청 소속으로 설치하는 경우 외의 국가행정기관의 장 또는 그 소속 행정청 ② 특별시장 등(광역자치단체장 등) ③ 국가·지방자치단체·공공법인 등이 공동으로 설립한 행정청 등의 처분·부작위를 심리·재결
시·도지사 소속 행정심판위원회	① 시·도 소속 행정청 ② 시·도의 관할구역에 있는 시·군·자치구의 장 등 ③ 시·도의 관할구역에 있는 둘 이상의 지방자치단체·공공법인 등이 공동으로 설립한 행정청 등의 처분·부작위를 심리·재결
직근상급행정기관 소속 행정심판위원회	위 행정심판위원회 외의 경우

2 각급 행정심판위원회와 중앙행정심판위원회

구분	각급 행정심판위원회	중앙행정심판위원회
구성	위원장 1명을 포함한 50명 이내의 위원	위원장 1명을 포함한 70명 이내의 위원 (위원 중 상임위원은 4명 이내)
위원장	해당 행정심판위원회가 소속된 행정청(시·도지사 소속의 행정심판위원회에서는 위원장을 공무원이 아닌 위원으로 정할 수 있음)	국민권익위원회의 부위원장 중 1명
위원	해당 행정심판위원회가 소속된 행정청이 성별을 고려하여 위촉하거나 그 소속 공무원 중에서 지명	① 상임위원: 일반직공무원으로서 임기제공무원 중 중앙행정심판위원회 위원장의 제청으로 국무총리를 거쳐 대통령이 임명 ② 비상임위원: 중앙행정심판위원회 위원장의 제청으로 국무총리가 성별 고려하여 위촉
위원장의 직무대행	① 위원장이 사전에 지명한 위원 ② 지명된 공무원인 위원(직무등급이 높은 순서 ⇨ 재직기간이 긴 순서 ⇨ 연장자의 순서)	상임위원(상임으로 재직한 기간이 긴 순서 ⇨ 연장자 순서)
회의	원칙: 위원장 + 위원장이 회의마다 지정하는 3명의 위원(행정청이 위촉한 위원 6명 이상, 위원장이 공무원이 아닌 경우 5명 이상)	① 위원장·상임위원·비상임위원 포함 9명 ② 소위원회를 둘 수 있음(4명의 위원으로 구성, 자동차운전면허 행정처분에 관한 사건을 심리·의결함)
의결	구성원 과반수의 출석 + 출석위원 과반수의 찬성	구성원 과반수의 출석 + 출석위원 과반수의 찬성
임기	① 소속 공무원인 위원: 재직하는 동안 재임 ② 위촉된 위원: 2년 임기, 2차에 한하여 연임 가능	① 상임위원: 3년 임기, 1차에 한하여 연임 가능 ② 비상임위원: 2년 임기, 2차에 한하여 연임 가능

19. 국회직 8급 중앙행정심판위원회의 위원장은 국민권익위원회의 부위원장 중 1명이 된다.

19. 국회직 8급 중앙행정심판위원회는 위원장 1명을 포함하여 70명 이내의 위원으로 구성하되 위원 중 상임위원은 4명 이내로 한다.

19. 국회직 8급 중앙행정심판위원회의 상임위원은 행정심판에 관한 지식과 경험이 풍부한 사람 중에서 중앙행정심판위원회 위원장의 제청으로 국무총리를 거쳐 대통령이 임명할 수 있다.

3 제척·기피·회피제도

공정성을 위하여 인정되며 제척·기피 신청에 대해 위원장은 위원회의 의결을 거칠 필요 없이 직권으로 결정함

4 행정심판위원회의 권한

심리권, 증거조사권, 재결권, 집행정지결정권 및 집행정지취소결정권, 직접처분권, 중앙행정심판위원회의 시정조치요청권 등이 인정됨

✓ **주의** 행정심판위원회 위원의 위촉권, 제척·기피신청에 대한 결정은 위원회의 권한이 아님

제4절 행정심판의 청구

1 심판청구서의 제출 및 접수·처리

(1) 행정심판을 청구하려는 자는 심판청구서를 작성하여 피청구인이나 위원회에 제출하여야 함

> **18. 국가직 9급** 행정심판을 청구하려는 자는 행정심판위원회뿐만 아니라 피청구인인 행정청에도 행정심판청구서를 제출할 수 있으나 행정소송을 제기하려는 자는 법원에 소장을 제출하여야 한다.

(2) 피청구인이 심판청구서를 접수하거나 송부받으면 10일 이내에 심판청구서와 답변서를 위원회에 보내야 함. 이때 피청구인이 처분 등을 직권취소한 경우에도 청구를 취하한 경우가 아니면 심판청구서, 답변서 등을 위원회에 제출해야 함

(3) 피청구인은 처분의 상대방이 아닌 제3자가 심판청구를 한 경우에는 지체 없이 처분의 상대방에게 그 사실을 알려야 함

2 행정심판청구의 방식

1. 서면주의

(1) 기재사항 흠결시 상당한 기간을 정하여 보정을 요구하거나, 직권보정 가능

(2) 엄격한 형식을 요하지 않으므로 진정서라는 표제하에 제출된 경우에도 처분에 대한 취소를 구하는 서면이 제출된 경우 행정심판청구로 볼 수 있음

> **18. 서울시 9급** 행정심판청구는 엄격한 형식을 요하지 않는 서면행위로 해석된다.

2. 서면에 포함되어야 할 사항

(1) 청구인의 이름과 주소 또는 사무소
(2) 피청구인과 위원회
(3) 심판청구의 대상이 되는 처분과 내용
(4) 처분이 있음을 알게 된 날
(5) 심판청구의 취지와 이유

3. 처분청 또는 행정심판위원회 선택주의(처분청 경유주의 ×)

> **판례정리**
>
> 1   비록 제목이 '진정서'로 되어 있고 … 행정심판청구서로서의 형식을 다 갖추고 있다고 볼 수 없으나, … 문서의 기재내용에 의하여 심판청구의 대상이 되는 행정처분의 내용과 심판청구의 취지 및 이유, 처분이 있은 것을 안 날을 알 수 있는 경우, 위 문서에 기재되어 있지 않은 재결청, 처분을 한 행정청의 고지의 유무 등의 내용과 날인 등의 불비한 점은 보정이 가능하므로 위 문서를 행정처분에 대한 행정심판청구로 보는 것이 옳다(대판 2000.6.9. 98두2621).

3 행정심판청구의 기간

원칙	① 처분이 있음을 알게 된 날로부터 90일(불변기간) 이내, 처분이 있었던 날로부터 180일 이내
	   ✓ **주의** 청구인이 천재지변, 전쟁, 사변 그 밖의 불가항력으로 인하여 제1항에서 정한 기간에 심판청구를 할 수 없었을 때에는 그 사유가 소멸한 날부터 14일 이내에 행정심판을 청구할 수 있음. 다만, 국외에서 행정심판을 청구하는 경우에는 그 기간을 30일로 함
	   ✓ **주의** 90일은 불변기간이나 180일은 불변기간이 아님
	② ①에서 적시한 두 기간 중 하나라도 먼저 경과하면 행정심판청구는 부적법 각하
	③ 취소심판과 거부처분에 대한 의무이행심판에만 기간의 제한이 있음
	   ✓ **주의** 부작위에 대한 의무이행심판은 기간의 제한이 없음. 즉, 모든 의무이행심판에 기간의 제한이 있는 것이 아님
	   19. 국회직 8급 부작위에 대한 의무이행심판은 제소기간의 제한이 없다.

제3자효 행정행위	① 제3자는 처분이 있었던 날로부터 180일이 지나더라도 특별한 사정이 없는 한 정당한 사유가 있는 경우에 해당하여 위와 같은 심판청구기간이 경과한 뒤에도 심판을 청구할 수 있음 ② 다만, 제3자가 어떤 경위로든 행정처분이 있음을 알았거나 쉽게 알 수 있는 등의 사정이 있는 경우에는 그때로부터 90일 이내에 행정심판을 청구하여야 함 ✓ **주의** 처분의 상대방이 아닌 제3자가 심판청구를 한 경우, 처분청(행정심판위원회 아님)은 지체 없이 처분의 상대방에게 그 사실을 알려야 함
오고지·불고지 등의 경우	① 오고지: 행정청이 착오로 긴 기간으로 잘못 고지한 경우, 잘못 고지된 기간 내에 청구하면 청구기간을 준수한 것으로 봄 ② 불고지: 처분이 있었던 날부터 180일 이내에 제기하면 됨 **19. 서울시 7급(10월)** 행정청이 심판청구기간을 알리지 아니한 경우라 할지라도 청구인은 언제든지 심판청구를 할 수 있는 것이 아니라 처분이 있었던 날부터 180일 이내에 제기하여야 한다.

판례정리

1	통상 고시 또는 공고에 의하여 행정처분을 하는 경우에는 그 처분의 상대방이 불특정 다수인이고, 그 처분의 효력이 불특정 다수인에게 일률적으로 적용되는 것이므로, 그에 대한 행정심판 청구기간도 그 행정처분에 이해관계를 갖는 자가 고시 또는 공고가 있었다는 사실을 현실적으로 알았는지 여부에 관계없이 고시가 효력을 발생하는 날인 고시 또는 공고가 있은 후 5일이 경과한 날에 행정처분이 있음을 알았다고 보아야 한다(대판 2000.9.8. 99두11257). **18. 서울시 7급** 고시 또는 공고에 의해 행정처분을 하는 경우에는 고시 또는 공고의 효력발생일을 행정처분이 있음을 안 날로 보아 그 날로부터 90일 이내에 행정심판을 청구할 수 있다.
2	과세관청이 조세처분을 하면서 행정심판 청구기간을 고지하지 않은 경우, 구 국세기본법 제56조 제1항에 의하여 행정심판법 제18조 제6항이 배제되어 구 국세기본법 제61조 제1항 소정의 심사청구기간이 적용된다(대판 2001.11.13. 2000두536).
3	행정처분의 상대방이 아닌 제3자는 일반적으로 처분이 있는 것을 바로 알 수 있는 처지에 있지 아니하므로 처분이 있은 날로부터 180일이 경과하더라도 특별한 사유가 없는 한 정당한 사유가 있는 것으로 보아 심판청구가 가능하다고 할 것이나, 그 '제3자'가 어떤 경위로든 행정처분이 있음을 알았거나 쉽게 알 수 있는 등 행정심판법 제18조 제1항 소정의 심판청구기간 내에 심판청구가 가능하였다는 사정이 있는 경우에는 그때로부터 60일(현 90일) 이내에 행정심판을 청구하여야 한다(대판 1997.9.12. 96누14661).
4	재조사결정을 통지받은 이의신청인 등은 그에 따른 후속 처분의 통지를 받은 후에야 비로소 다음 단계의 쟁송절차에서 불복할 대상과 범위를 구체적으로 특정할 수 있게 된다. 따라서, 재조사결정은 처분청의 후속처분에 의하여 그 내용이 보완됨으로써 이의신청 등에 대한 결정으로서의 효력이 발생한다고 할 것이므로, 재조사결정에 따른 심사청구기간이나 심판청구기간 또는 행정소송의 제소기간은 이의신청인 등이 후속처분의 통지를 받은 날부터 기산된다고 봄이 타당하다(대판 2010.6.25. 2007두12514).
5	행정심판법 제18조 제1항 소정의 심판청구기간 기산점인 '처분이 있음을 안 날'이라 함은 당사자가 통지·공고 기타의 방법에 의하여 당해 처분이 있었다는 사실을 현실적으로 안 날을 의미하고, 추상적으로 알 수 있었던 날을 의미하는 것은 아니지만, 처분에 관한 서류가 당사자의 주소지에 송달되는 등 사회통념상 처분이 있음을 당사자가 알 수 있는 상태에 놓여 진 때에는 반증이 없는 한 그 처분이 있음을 알았다고 추정할 수 있다(대판 1999.12.28. 99두9742).
6	원고가 아파트 경비원인 김형규에게 우편물 등의 수령권한을 위임한 것으로 볼 수는 있을지언정 이 사건 부과처분의 대상으로 된 사항에 관하여 원고를 대신하여 처리할 권한까지 위임한 것으로 볼 수는 없다 할 것이므로, 설사 위 김형규가 위 납부고지서를 수령한 때에 이 사건 부과처분이 있음을 알았다고 하더라도 이로써 원고 자신이 이 사건 부과처분이 있음을 안 것과 동일하게 볼 수는 없다고 할 것이다. ✓ **주의** 아파트 경비원이 과징금 부과처분의 납부고지서를 수령한 날이 그 납부의무자가 부과처분이 있음을 안 날은 아님(대판 2002.8.27. 2002두3850)

4 심판청구의 변경·취하 - 임의적 청구의 변경

1. 청구인은 청구의 기초에 변경이 없는 범위에서 청구의 취지, 청구이유를 변경할 수 있음
2. 위원회의 청구변경 기각결정에 대해 신청인은 송달을 받은 날부터 7일 이내에 위원회에 이의신청을 할 수 있음
3. 청구변경 결정이 있으면 종전의 피청구인에 대한 심판청구는 취하되고 종전의 피청구인에 대한 행정심판이 청구된 때에 새로운 피청구인에 대한 행정심판이 청구된 것으로 봄

   23. 경찰간부 피청구인의 경정결정이 있으면 종전의 피청구인에 대한 행정심판이 청구된 때에 새로운 피청구인에 대한 행정심판이 청구된 것으로 본다.

5 행정심판청구의 효과

1. 집행부정지와 집행정지
(1) 집행부정지의 원칙
(2) 집행정지의 요건
   ① 적극적 요건
      ㉠ 집행정지대상인 처분의 존재
      ㉡ 심판청구의 계속
      ㉢ **중대한** 손해발생의 가능성
         ✓ **주의** 「행정소송법」과 구별 필요
         「행정소송법」에서는 회복하기 어려운 손해발생이 요건임
      ㉣ 긴급한 필요의 존재
   ② 소극적 요건: 공공복리에 중대한 영향을 미칠 우려가 없을 때
      ✓ **주의** 본안에 이유가 있음을 요건으로 하지는 않음

(3) 집행정지의 절차
   당사자의 신청 또는 직권에 의하여 집행정지가 결정됨
   ✓ **주의** 「행정심판법」은 위원회의 심리·결정에 갈음하는 위원장의 직권결정에 대한 규정을 두고 있는 반면, 「행정소송법」은 법원의 결정에 갈음하는 재판장의 직권결정에 대한 규정을 두고 있지 아니함

(4) 내용과 효력
   처분의 효력이나 집행, 절차의 속행의 전부 또는 일부가 정지됨. 다만, 처분의 집행 또는 절차의 속행을 정지함으로써 목적을 달성할 수 있는 경우에는 허용되지 않음

   19. 서울시 9급(2월) 처분의 효력정지는 처분 등의 집행 또는 절차의 속행을 정지함으로써 목적을 달성할 수 있는 경우에는 허용되지 아니한다.

2. 임시처분

✓ **주의** 임시처분은 「행정심판법」에만 존재하는 제도, 「행정소송법」에는 없음

(1) 의의
   처분 또는 부작위 때문에 당사자가 받을 우려가 있는 중대한 불이익이나 당사자에게 생길 급박한 위험을 막기 위하여 임시지위를 정해야 할 필요가 있는 경우, 행정심판위원회가 발하는 가구제 수단

(2) 요건
① 심판청구의 계속
② 처분 또는 부작위가 위법·부당하다고 상당히 의심되는 경우일 것
③ 당사자에게 중대한 불이익이나 급박한 위험이 생길 우려가 있을 것
④ 공공복리에 중대한 영향을 미칠 우려가 없을 것

(3) 절차
① 당사자의 신청 또는 행정심판위원회의 직권으로 임시처분을 결정함

> **18. 국가직 7급** 행정심판위원회는 심판청구된 행정청의 부작위가 위법·부당하다고 상당히 의심되는 경우로서 당사자가 받을 우려가 있는 중대한 불이익이나 당사자에게 생길 급박한 위험을 막기 위하여 임시지위를 정할 필요가 있는 경우 직권 또는 당사자의 신청에 의하여 임시처분을 결정할 수 있다.
>
> **19. 지방직 9급** 행정심판위원회는 임시처분을 결정한 후에 임시처분이 공공복리에 중대한 영향을 미치는 경우에는 직권으로 또는 당사자의 신청에 의하여 이 결정을 취소할 수 있다.

② 임시처분은 집행정지로 목적을 달성할 수 있는 경우에는 허용되지 않음(즉, 임시처분이 가능한 경우는 거부처분이나 부작위가 대상일 때)

제5절 행정심판의 심리·재결

1 행정심판의 심리

1. 심리의 내용과 범위

내용	① 요건심리(형식적 심리) • 요건 불비시 각하 • 보정할 수 있으면 보정을 명하고, 경미한 경우에는 직권으로 보정 가능 ② 본안심리(실질적 심리) • 행정처분의 위법·부당 여부 심리 • 처분의 위법·부당 여부의 판단시기: 원칙적으로 처분시. 한편 행정심판기관은 처분 당시 존재한 자료와 재결 당시까지 제출된 모든 자료를 종합하여 판단할 수 있음
범위	① 불고불리 및 불이익변경금지의 원칙(「행정심판법」에 명문화) ② 재량의 당·부당도 심리 가능

2. 심리의 절차

심리절차의 구조와 원칙	① 당사자주의적 구조(대심주의): 청구인과 피청구인으로 하여 각각 공격·방어방법을 제출하여 이것을 기초로 심리·재결하는 구조 ⇨ 직권탐지의 가미: 당사자주의에 대한 보완. **당사자주의가 원칙, 직권탐지는 보충적** **15. 서울시 9급** 행정소송은 철저한 대심주의를 관철하여 당사자가 제출한 공격, 방어방법에 한정하여서만 심리 판단하며 행정심판에서도 이러한 대심주의를 원칙으로 한다. ② 구술심리주의 또는 서면심리주의: 행정심판위원회의 선택에 맡김. 다만, 당사자가 구술심리를 신청한 경우에는 서면심리만으로 결정할 수 있다고 인정되는 경우 외에는 구술심리를 하여야 함 ③ 비공개주의: 「행정심판법」에 명문규정이 없음. 서면심리 등을 채택한 「행정심판법」의 구조로 보아 비공개주의를 채택하고 있는 것으로 봄
당사자의 절차적 관여에 관한 권리	위원 등에 대한 기피신청권, 구술심리신청권 등
처분사유의 추가·변경	항고소송에서 **처분사유의 추가·변경의 법리**(기본적 사실관계의 동일성)는 **행정심판단계에서도 적용됨**(판례). 행정심판에 있어서 재결청이 행정처분의 위법·부당 여부를 재결 당시까지 제출된 모든 자료를 종합하여 판단할 수 있음(대판 2001.7.27. 99두5092)
관련 청구의 병합과 분리 가능	항고소송에서 행정청이 처분의 근거사유를 추가하거나 변경하기 위한 요건인 '기본적 사실관계의 동일성' 유무의 판단방법 및 이러한 법리가 행정심판 단계에서도 적용됨(대판 2014.5.16. 2013두26118) **18. 지방직 7급** 행정처분의 취소를 구하는 항고소송에서 처분청은 당초 처분의 근거로 삼은 사유와 기본적 사실관계가 동일성이 있다고 인정되는 한도 내에서만 다른 사유를 추가 또는 변경할 수 있다는 법리는 행정심판 단계에서도 그대로 적용된다.

구분	행정심판	행정소송
당사자주의 원칙	○	○
직권주의 보충	○	○
심리방식	서면심리 또는 구술심리	구술심리
공개여부	비공개주의	공개주의

3. 증거서류 등의 제출 및 증거조사

자료의 제출 요구 등	① 위원회는 사건 심리에 필요하면 관계 행정기관이 보관 중인 관련 문서, 장부, 그 밖에 필요한 자료를 제출할 것을 요구할 수 있음 ② 위원회는 필요하다고 인정하면 사건과 관련된 법령을 주관하는 행정기관이나 그 밖의 관계 행정기관의 장 또는 그 소속 공무원에게 위원회 회의에 참석하여 의견을 진술할 것을 요구하거나 의견서를 제출할 것을 요구할 수 있음 ✅ **주의** 청구인의 자료요구권은 인정되고 있지 않고, 위원회의 자료제출요구권만 인정되고 있음 ✅ **주의** 「행정소송법」의 행정심판기록의 제출명령 제도는 당사자의 신청만을 규정하고 있으나 (직권 ✕) 「행정심판법」의 증거서류 등의 제출은 위원회의 직권도 가능
증거조사	위원회는 사건 심리에 필요하면 직권 또는 신청에 의해 증거조사를 할 수 있음

2 행정심판의 재결

1. 재결의 의의 · 절차 · 형식

의의	행정심판위원회가 행하는 판단의 표시
성질	확인행위, 준사법적 행위
기간	원칙적으로 심판청구서를 받은 날로부터 60일 이내(다만, 부득이한 사정이 있는 경우, 위원장이 직권으로 30일을 연장할 수 있음) ✓ **주의** 재결 기간을 연장할 경우에는 재결 기간이 끝나기 7일 전까지 당사자에게 알려야 함 **19. 서울시 9급(2월)** 재결은 피청구인 또는 위원회가 심판청구서를 받은 날부터 60일 이내에 하여야 한다. 다만, 부득이한 사정이 있는 경우에는 위원장이 직권으로 30일을 연장할 수 있다.
방식	서면주의
범위	불고불리의 원칙(위원회는 심판청구의 대상이 되는 처분 또는 부작위 외의 사항에 대하여는 재결하지 못함), 불이익변경금지의 원칙, 재량의 당·부당도 판단 가능
효력발생	재결서 정본의 송달이 있은 때에 발생함
직권심리 가미	행정심판위원회의 심리는 당사자가 주장한 사실에 한정되지 않으며, 필요할 때에는 당사자가 주장하지 아니한 사실도 심리할 수 있음 **선생님 tip** 빈출되는 내용이므로 숙지하여야 함 **19. 지방직 9급** 행정심판위원회는 당사자가 주장하지 아니한 사실에 대하여도 심리할 수 있다.

2. 재결의 종류

(1) 각하재결

(2) 기각재결

(3) 사정재결(기각재결의 일종)

① 재결의 주문에 위법하거나 부당함을 명시하여야 함
> ✓ **주의** "재결의 '이유'에 명시하여야 한다."는 옳지 않은 지문임에 주의하여야 함

② **구제방법**: 행정심판위원회가 직접 손해배상 기타의 구제방법을 직접 강구할 수 있고(직접구제), 일정한 구제방법을 취하도록 처분청이나 부작위청에 명할 수 있음(구제명령)

③ 취소심판 및 의무이행심판에만 인정되며, 무효등확인심판에는 인정되지 않음
> **18. 국회직 8급** 행정심판위원회는 무효확인심판의 청구가 이유가 있어 이를 인용하는 것이 공공복리에 크게 위배된다고 인정되더라도 그 청구를 기각하는 재결을 할 수는 없다.

구분	사정재결	사정판결
요건	① 처분 또는 부작위의 위법·부당 ② 인용이 공공복리에 크게 위배	① 처분의 위법 ② 취소가 현저히 공공복리에 적합하지 아니한 경우
구제조치	위원회는 청구인에 대하여 상당한 구제방법을 취하거나 상당한 구제방법을 취할 것을 피청구인에게 명할 수 있음	법원은 판결을 함에 있어서는 미리 원고가 그로 인하여 입게 될 손해의 정도와 배상방법 그 밖의 사정을 조사하여야 함
적용 심판 및 소송	취소심판, 의무이행심판	취소소송

(4) 인용재결

① **취소·변경 등 재결**: 처분취소·변경재결, 처분변경명령재결(취소명령재결 ×)

19. 서울시 7급 취소심판의 인용재결에는 취소재결·변경재결·변경명령재결이 있다.

② **무효등확인재결**: 처분무효·유효·실효·존재·부존재확인재결

③ **의무이행재결**: 처분재결, 처분명령재결

☑ **주의** 심판청구를 인용하는 재결은 피청구인 그 밖의 관계 행정청을 기속함(청구인이 제외되는 이유는 재판받을 권리를 확보하기 위함)

3. 재결의 효력

(1) 재결에는 불가쟁력, 불가변력, **형성력(인용재결에만 인정)**, **기속력(인용재결에만 인정)**이 인정될 수 있음
(2) 기속력의 경우에는 명문규정을 두고 있음
(3) 기속력의 이행확보

해당 행정청이 처분을 하지 않는 경우에는 당사자가 신청하면 기간을 정하여 서면으로 시정을 명하고 그 기간에 이행하지 아니하면 직접처분을 할 수 있음

☑ **주의 직접처분의 요건**
의무이행심판의 이행명령재결, 피청구인이 처분을 하고 있지 않을 것, 당사자의 신청이 있을 것(직권 ×), 서면으로 기간을 정하여 시정명령을 내릴 것, 피청구인이 기간 내 시정명령을 이행하지 않을 것

18. 국가직 9급 행정심판에서 행정심판위원회는 행정청의 부작위가 위법·부당하다고 판단되면 직접처분을 할 수 있으나 행정소송에서 법원은 직접처분을 할 수 없다.

📖 판례정리

1	행정심판 재결의 내용이 처분청에게 처분의 취소를 명하는 것이 아니라 재결청이 스스로 처분을 취소하는 것일 때에는 그 재결의 형성력에 의하여 당해 처분은 별도의 행정처분을 기다릴 것 없이 당연히 취소되어 소멸되는 것이다(대판 1998.4.24. 97누17131).
2	재결청(현 행정심판위원회)이 직접처분을 하기 위하여는 처분의 이행을 명하는 재결이 있었음에도 당해 행정청이 아무런 처분을 하지 아니하였어야 하므로, 당해 행정청이 어떠한 처분을 하였다면 그 처분이 재결의 내용에 따르지 아니하였다고 하더라도 재결청이 직접 처분을 할 수는 없다(대판 2002.7.23. 2000두9151).
3	당해 처분에 관하여 위법한 것으로 재결에서 판단된 사유와 기본적 사실관계에 있어 동일성이 인정되는 사유를 내세워 다시 동일한 내용의 처분을 하는 것은 허용되지 않는다(대판 2003.4.25. 2002두3201).
4	부과처분을 취소하는 재결이 있는 경우 당해 처분청은 재결의 취지에 반하지 아니하는 한, 그 재결에 적시된 위법사유를 시정·보완하여 정당한 조세를 산출한 다음 새로이 이를 부과할 수 있는 것이고, 이러한 새로운 부과처분은 재결의 기속력에 저촉되지 아니한다(대판 2001.9.14. 99두3324).
5	재결이 확정된 경우, 처분의 기초가 되는 사실관계나 법률적 판단이 확정되고 당사자들이나 법원이 이에 기속되어 모순되는 주장이나 판단을 할 수 없게 되는 것은 아니다(대판 2015.11.27. 2013다6759). **18. 국가직 9급** 행정심판의 재결이 확정되면 피청구인인 행정청을 기속하는 효력이 있으나, 그 처분의 기초가 된 사실관계나 법률적 판단이 확정되고 이후 당사자 및 법원은 이에 모순되는 주장이나 판단을 할 수 없게 되는 것은 아니다.

4. 재결에 대한 불복

(1) 재심사청구의 금지
심판청구에 대한 재결이 있는 경우 해당 재결 및 동일한 처분 또는 부작위에 대하여 다시 심판청구를 제기할 수 없음

(2) 행정소송의 대상
원처분이 행정소송의 대상임. 다만, 재결 자체에 고유한 위법이 있는 경우에는 재결도 소송대상이 됨(원처분주의)

> **주의**
> - 재결을 한 '행정심판위원회'는 재결에 위법이 있는 경우라도 이를 취소·변경할 수 없음(불가변력으로 인함)
> - 재결에 법원의 확정판결과 같은 기판력이 인정되는 것은 아님. 재결이 확정된 경우에도 당사자들이나 법원이 재결에 기속되어 모순되는 주장이나 판단을 할 수 없게 되는 것은 아님

제6절 기타 행정심판법상 제도

1 조정

1. 위원회는 당사자의 권리 및 권한의 범위에서 당사자의 동의를 받아 심판청구의 신속하고 공정한 해결을 위하여 조정을 할 수 있음
2. 조정이 공공복리에 적합하지 아니하거나 해당 처분의 성질에 반하는 경우에는 조정을 할 수 없음
3. 조정이 성립되면 재결의 기속력, 직접처분, 간접강제, 행정심판 재청구 금지 규정이 준용됨

23. 경찰간부 조정이 성립되면 재결의 기속력 규정뿐만 아니라 행정심판위원회의 간접강제 규정도 준용된다.

2 불합리한 법령 등의 개선

「행정심판법」제59조【불합리한 법령 등의 개선】중앙행정심판위원회는 심판청구를 심리·재결할 때에 처분 또는 부작위의 근거가 되는 명령 등이 법령에 근거가 없거나 상위 법령에 위배되거나 국민에게 과도한 부담을 주는 등 크게 불합리하면 관계 행정기관에 그 명령 등의 개정·폐지 등 적절한 시정조치를 요청할 수 있다. 이 경우 중앙행정심판위원회는 시정조치를 요청한 사실을 법제처장에게 통보하여야 한다.

> **비교** 「행정소송법」상 제도와 비교할 것. 행정소송에 대한 대법원판결에 의하여 명령·규칙이 헌법 또는 법률에 위반된다는 것이 확정된 경우에는 대법원은 지체 없이 그 사유를 행정안전부장관에게 통보하여야 함

제7절 고지제도

1 고지의 의의 및 성질

의의	① 고지제도는 「행정심판법」 외에 「행정절차법」에도 규정되어 있음 ② 다만, 「행정절차법」에는 고지의무 불이행에 대한 제재규정이 없음
성질	① 비권력적 사실행위 ② 강행규정(다수설)

2 고지의 종류

구분	직권에 의한 고지	청구에 의한 고지
대상	처분(다른 법률에 의한 처분도 포함)	처분
내용	심판제기 가능 여부, 심판청구절차, 청구기간	행정심판의 대상이 되는 처분인지의 여부, 소관 행정심판위원회, 청구기간
상대방	처분의 상대방 ✓ 주의 이해관계인이 아님	청구권자(이해관계인)
방법	명문규정 없음(단, 처분시에 서면으로 하는 것이 바람직하다는 견해가 있음)	명문규정 없음(이해관계인이 서면으로 요구한 경우에는 서면으로 하여야 함)
시기	명문규정 없음(단, 처분시에 하는 것이 바람직하다는 견해가 있음)	지체 없이 하여야 함

✓ **주의** 심판청구고지제도에서 처분은 「행정심판법」상의 행정심판의 대상이 되는 경우뿐만 아니라, 다른 개별법령에 의한 심판청구의 대상이 되는 경우에도 인정됨

3 고지의무 위반의 효과

고지의 하자와 처분의 효력	고지의무를 불이행한 경우 처분 자체가 위법하게 되는 것은 아님(판례)
불고지의 효과	① 제출기관: 불고지로 청구인이 심판청구서를 잘못 제출한 때에는 정당한 권한이 있는 행정청에 송부 ② 청구기간 • 처분이 있었던 날로부터 180일 내에 제기 • 개별법률상 심판청구기간이 「행정심판법」이 정한 기간보다 짧은 경우: 행정청이 개별법상 청구기간을 고지하지 않았다면 「행정심판법」이 정한 심판청구기간 내에 청구 가능
오고지의 효과	① 제출기관: 오고지로 심판청구서를 잘못 제출한 때에는 정당한 권한 있는 행정청에 송부 ② 청구기간 • 길게 고지한 경우: 고지된 청구기간 내 • 짧게 고지한 경우: 법적 효과를 가질 수 없으므로 법정기간 내에 제기하면 됨 ③ 심판을 거칠 필요가 없다고 잘못 알린 경우: 행정심판전치의 불요

> **판례정리**
>
> 1. 국가유공자 등 예우 및 지원에 관한 법률 제74조의18 제4항이 정한 이의신청을 하여 그 결과를 통보받은 날부터 90일 이내에 행정심판법에 따른 행정심판의 청구를 허용하고 있고 … 이의신청을 받아들이지 아니하는 결과를 통보받은 자는 통보받은 날부터 90일 이내에 행정심판법에 따른 행정심판 또는 행정소송법에 따른 취소소송을 제기할 수 있다(대판 2016.7.27. 2015두45953).
> 2. 행정청이 법정 심판청구기간보다 긴 기간으로 잘못 알린 경우에 그 잘못 알린 기간 내에 심판청구가 있으면 그 심판청구는 법정 심판청구기간 내에 제기된 것으로 본다는 취지의 행정심판법 제18조 제5항의 규정은 행정심판 제기에 관하여 적용되는 규정이지, 행정소송 제기에도 당연히 적용되는 규정이라고 할 수는 없다(대판 2001.5.8. 2000두6916).

구분	「행정절차법」	「행정심판법」
직권에 의한 고지	○	○
신청에 의한 고지	×	○
행정심판 청구여부, 청구기간 규정	○	○
불고지, 오고지 규정	×	○

제8절 행정심판에 대한 특례절차(특별행정심판)

1 특별행정심판의 법적 근거(「행정심판법」 제4조)

1. 사안의 전문성과 특수성을 살리기 위하여 특히 필요한 경우 외에는 이 법에 따른 행정심판을 갈음하는 특별한 행정불복절차(이하 '특별행정심판'이라 한다)나 이 법에 따른 행정심판절차에 대한 특례를 다른 법률로 정할 수 없음. 사안의 전문성과 특수성을 살리기 위하여 특히 필요한 경우에는 특별행정심판을 둘 수 있음
2. 다른 법률에서 특별행정심판이나 이 법에 따른 행정심판절차에 대한 특례를 정한 경우에도 그 법률에서 규정하지 아니한 사항에 관하여는 이 법에 정하는 바에 따름. 특별행정심판절차가 규정된 경우라도 특별행정심판에서 별도의 규정을 두지 않은 경우에는 「행정심판법」 규정을 적용함. 실례로 「공익사업을 위한 토지 등의 취득 및 보상에 관한 법률」상 이의신청의 경우 고지제도에 대한 별도의 규정을 하지 않았기 때문에 「행정심판법」 제58조의 고지규정이 적용됨(대판 1992.6.9. 92누565)

2 특별행정심판의 종류

수용재결에 대한 이의신청(토지수용위원회), 조세심판(조세심판원), 노동위원회의 처분에 대한 재심(노동위원회), 공무원의 징계처분에 대한 불복(소청심사위원회), 해양안전심판(해양안전심판원)

3 특별행정심판과 이의신청의 구별

구별실익	특별행정심판의 경우에도 그 명칭 자체는 이의신청이라고 규정하는 경우가 있음. 만약에 그 이의신청이 실질적으로 특별행정심판이라고 한다면, 그 이의신청을 거친 후에는 다시 일반행정심판을 제기할 수 없음. 하지만, 명칭상 이의신청이 실질로도 이의신청이라면 이의신청을 거친 후에도 행정심판을 다시 제기할 수 있음
구별기준	해당 이의신청의 절차가 사법절차를 준용하는지, 해당 이의신청을 규정하고 있는 법령이 이의신청을 거친 후에 행정심판을 제기할 수 있는 것으로 규정하는지 여부로 판단하여야 함
실제 구별 예	① 「공익사업을 위한 토지 등의 취득 및 보상에 관한 법률」상 이의신청: 특별행정심판 ② 「국세기본법」상의 이의신청: 이의신청 ③ 개별공시지가에 대한 이의신청: 이의신청(판례) ④ 「공공기관의 정보공개에 관한 법률」상의 이의신청: 이의신청 ⑤ 「산업재해보상보험법」상의 심사청구: 이의신청 ⑥ 「민원 처리에 관한 법률」상의 이의신청: 이의신청

판례정리

1	민원사무처리법에서 정한 민원 이의신청의 대상인 거부처분에 대하여는 민원 이의신청과 상관없이 행정심판 또는 행정소송을 제기할 수 있으며, 또한 민원 이의신청은 민원사무처리에 관하여 인정된 기본사항의 하나로 처분청으로 하여금 다시 거부처분에 대하여 심사하도록 한 절차로서 행정심판법에서 정한 행정심판과는 성질을 달리하고 또한 사안의 전문성과 특수성을 살리기 위하여 특별한 필요에 따라 둔 행정심판에 대한 특별 또는 특례 절차라 할 수도 없어 행정소송법에서 정한 행정심판을 거친 경우의 제소기간의 특례가 적용된다고 할 수도 없다(대판 2012.11.15. 2010두8676).
2	구 공무원연금법상 공무원연금급여 재심위원회에 대한 심사청구 제도는 사안의 전문성과 특수성을 살리기 위하여 특히 필요하여 행정심판법에 따른 일반행정심판을 갈음하는 특별한 행정불복절차(행정심판법 제4조 제1항), 즉 특별행정심판에 해당한다(대판 2019.8.9. 2019두38656).

제2장 취소소송

제1절 취소소송 일반론 및 당사자

1 취소소송 일반론

1. 취소소송의 의의

개념	행정청의 위법한 처분 등을 취소 또는 변경하는 소송
성질	형성소송
소송물	처분의 위법성 일반(판례) ◎ **주의** '단순위법의 하자가 있는 행정행위 = 취소사유', 즉 당사자소송이 아니라 취소소송으로 다투어야 함(예) 파면 처분을 당한 공무원은 그 처분에 취소사유인 하자가 존재하는 경우에는 공정력 때문에 파면이 유효함. 즉, 공무원의 신분을 전제로 하는 당사자소송이 불가함)

2. 재판관할

심급관할	① 1심은 원칙적으로 지방법원급인 행정법원(서울행정법원) ② 단, 행정법원이 없는 지역은 지방법원 본원
토지관할 (소재지를 기준으로 하여 재판권 분배)	① 보통관할: 피고인 행정청의 소재지를 관할하는 행정법원 ⇨ 중앙행정기관, 중앙행정기관의 부속기관과 합의제 행정기관 또는 그 장이 피고인 경우 또는 국가의 사무를 위임 또는 위탁받은 공공단체 또는 그 장이 피고인 경우: 대법원 소재지를 관할하는 행정법원에도 제기할 수 있음 ② 특별관할: 그 부동산 또는 장소의 소재지를 관할하는 행정법원 ③ 성질: 임의관할이 되므로 「민사소송법」상의 합의관할 또는 변론관할에 관한 규정이 적용 가능함 **15. 서울시 7급** 토지의 수용 기타 부동산 또는 특정의 장소에 관계되는 처분 등에 대한 취소소송은 그 부동산 또는 장소의 소재지를 관할하는 행정법원에 이를 제기할 수 있다.

3. 관련 청구의 이송과 병합

(1) 관련 청구의 이송

의의	① 관련 청구소송이 계속된 법원이 상당하다고 인정하는 경우 취소소송이 계속된 법원으로 이송하는 것 ② 다른 항고소송은 물론 당사자소송, 민중소송, 기관소송에도 준용
요건	① 취소소송과 관련 청구소송이 각각 다른 법원에 계속 중일 것 ② 법원이 상당하다고 인정하는 경우 ③ 당사자의 신청 또는 직권

효과	① 이송결정이 확정된 때에는 해당 관련청구소송은 처음부터 이송을 받은 법원에 계속된 것으로 봄 ② 이송의 결정은 이송받는 법원을 기속함

> **판례정리**

1	원고가 고의 또는 중대한 과실 없이 행정소송으로 제기하여야 할 사건을 민사소송으로 잘못 제기한 경우, 수소법원으로서는 만약 그 행정소송에 대한 관할도 동시에 가지고 있다면 이를 행정소송으로 심리·판단하여야 하고, 그 행정소송에 대한 관할을 가지고 있지 아니하다면 당해 소송이 이미 행정소송으로서의 전심절차 및 제소기간을 도과하였거나 행정소송의 대상이 되는 처분 등이 존재하지도 아니한 상태에 있는 등 행정소송으로서의 소송요건을 결하고 있음이 명백하여 행정소송으로 제기되었더라도 어차피 부적법하게 되는 경우가 아닌 이상 이를 부적법한 소라고 하여 각하할 것이 아니라 관할 법원에 이송하여야 한다(대판 1997.5.30. 95다28960). **09. 관세사** 행정청이 그 관할에 속하지 아니하는 사안을 접수한 경우에는 지체 없이 이를 관할 행정청에 이송하여야 한다.
2	농지법 제62조 제6항, 제7항이 이행강제금 부과처분에 대한 불복절차(비송사건절차법에 따른 재판절차, 즉 민사소송)를 분명하게 규정하고 있으므로, 이와 다른 불복절차를 허용할 수는 없다. 설령 관할청이 이행강제금 부과처분을 하면서 재결청에 행정심판을 청구하거나 관할 행정법원에 행정소송을 할 수 있다고 잘못 안내하거나 관할 행정심판위원회가 각하재결이 아닌 기각재결을 하면서 관할 법원에 행정소송을 할 수 있다고 잘못 안내하였다고 하더라도, 그러한 잘못된 안내로 행정법원의 항고소송 재판관할이 생긴다고 볼 수도 없다(대판 2019.4.11. 2018두42955).

(2) 관련 청구의 병합

병합의 형태	하나의 행정처분에 대한 무효확인청구와 취소청구는 서로 양립할 수 없으므로 주위적·예비적 청구로서만 병합 가능
요건	① 취소소송의 적법성 　• 병합시기: 사실심변론종결 전 　• 관할 법원: 취소소송이 계속된 법원 ② 본래소송이 소송요건을 구비하지 못하여 각하된 경우라면 병합된 관련 청구소송도 부적법하여 각하되어야 함 　✓ **주의** 피고 외의 자를 상대로 한 관련 청구소송도 병합의 대상이 됨

(3) 관련 청구의 범위
① 취소소송의 대상인 처분 등과 관련되는 손해배상·부당이득반환·원상회복 등 청구소송
② 처분 등과 관련되는 취소소송

2 취소소송의 당사자 등

1. 원고

(1) 원고적격(「행정소송법」상 규정)
① 처분 등의 취소를 구할 법률상 이익이 있는 자가 원고적격을 가짐
  ㉠ 법률상 이익이 있는 '자'
  ㉡ 자연인, 법인
  ㉢ 법인 중 법인격 없는 단체는 단체의 대표자를 통해 단체의 이름으로 소송을 제기할 수 있음
② 원고적격은 사실심변론종결시는 물론 상고심에서도 존속해야 함

(2) 법률상 이익구제설(통설)
전통적 의미의 권리뿐만 아니라 법률에서 보호되고 있는 이익을 가진 자(사실상·경제상·반사적 이익 ×)

(3) 판단기준
① 근거가 되는 법률, 관계법률의 규정 및 취지뿐만 아니라 헌법상 기본권규정까지 고려할 것
② 환경영향평가 대상지역

환경영향평가 대상지역 안의 주민	환경영향평가 대상지역 밖의 주민
원고적격 인정	환경상 이익에 대한 침해 또는 침해우려를 입증함으로써 원고적격 인정

③ 환경상 이익

현실적 향유	일시적 향유
원고적격 인정(예 농작물의 경작)	원고적격 부정

(4) 국가기관이 항고소송의 원고가 될 수 있는지 여부 - 인정
상대방 국가기관에게 다툴 별다른 방법이 없는 경우 등 항고소송을 제기하는 것이 유효·적절한 수단이라고 할 것이므로, 비록 원고가 국가기관에 불과하더라도 당사자능력 및 원고적격을 가진다고 봄이 상당함(대판 2013.7.25. 2011두1214)

> **판례정리**
>
> 1. <국가기관인 시·도선거관리위원회 위원장에게 항고소송의 원고적격을 인정한 사례>
> 甲이 국민권익위원회에 부패방지 및 국민권익위원회의 설치와 운영에 관한 법률에 따른 신고와 신분보장조치를 요구하였고, 국민권익위원회가 甲의 소속기관장인 乙 시·도선거관리위원회 위원장에게 '甲에 대한 중징계요구를 취소하고 향후 신고로 인한 신분상 불이익처분 및 근무조건상의 차별을 하지 말 것을 요구'하는 내용의 조치요구를 한 사안에서 … 위 조치요구에 불복하고자 하는 乙로서는 조치요구의 취소를 구하는 항고소송을 제기하는 것이 유효·적절한 수단이므로 비록 乙이 국가기관이더라도 당사자능력 및 원고적격을 가진다고 보는 것이 타당하다(대판 2013.7.25. 2011두1214).

2	일반적으로 법인의 주주는 당해 법인에 대한 행정처분에 관하여 사실상이나 간접적인 이해관계를 가질 뿐이어서 스스로 그 처분의 취소를 구할 원고적격이 없는 것이 원칙이라고 할 것이지만, 그 처분으로 인하여 궁극적으로 주식이 소각되거나 주주의 법인에 대한 권리가 소멸하는 등 주주의 지위에 중대한 영향을 초래하게 되는데도 … 주주도 그 처분에 관하여 직접적이고 구체적인 법률상 이해관계를 가지므로 그 취소를 구할 원고적격이 있다(대판 2004.12.23. 2000두2648).
3	<소송에서 당사자가 누구인지를 법원이 직권으로 확정하여야 한다는 판례> 소장에 착오로 소멸한 당사자를 원고로 기재하였다면, 실제 소를 제기한 당사자는 상속인이나 합병법인이고 다만 그 표시를 잘못한 것에 불과하므로, 법원으로서는 이를 바로잡기 위한 당사자표시 정정신청을 받아들인 후 본안에 관하여 심리·판단하여야 한다(대판 2016.12.27. 2016두50440).
4	건축협의취소는 상대방이 다른 지방자치단체 등 행정주체라 하더라도 '행정청이 행하는 구체적 사실에 관한 법집행으로서의 공권력 행사'로서 처분에 해당한다고 볼 수 있고, 지방자치단체인 원고가 이를 다툴 실효적 해결수단이 없는 이상, 원고는 건축물 소재지 관할 허가권자인 지방자치단체의 장을 상대로 항고소송을 통해 건축협의 취소의 취소를 구할 수 있다(대판 2014. 2.27. 2012두22980). **19. 국회직 8급** 지방자치단체가 건축물 소재지 관할 허가권자인 지방자치단체의 장을 상대로 건축협의취소의 취소를 구하는 사안에서의 지방자치단체는 행정소송의 원고적격을 가진다.
5	구 임대주택법상 임차인대표회의도 임대주택 분양전환승인처분에 대하여 취소소송을 제기할 원고적격이 있다(대판 2010.5.13. 2009두19168).
6	구 주택법상 입주자나 입주예정자는 사용검사처분의 무효확인 또는 취소를 구할 법률상 이익이 없다(대판 2015.1.29. 2013두24976). **19. 국회직 8급** 하자 있는 건축물에 대한 사용검사처분의 무효확인 및 취소를 구하는 구 「주택법」상 입주자는 원고적격을 가지지 않는다.
7	인가·허가 등 수익적 행정처분을 신청한 여러 사람이 서로 경원관계에 있는 경우, 허가 등 처분을 받지 못한 사람이 자신에 대한 거부처분의 취소를 구할 원고적격과 소의 이익이 있다(대판 2015.10.29. 2013두27517).
8	사단법인 대한의사협회는 의료법에 의하여 의사들을 회원으로 하여 설립된 사단법인으로서, 국민건강보험법상 요양급여행위, 요양급여비용의 청구 및 지급과 관련하여 직접적인 법률관계를 갖지 않고 있으므로, 보건복지부 고시인 '건강보험 요양급여행위 및 그 상대가치점수 개정'으로 인하여 자신의 법률상 이익을 침해당하였다고 할 수 없다는 이유로 위 고시의 취소를 구할 원고적격이 없다(대판 2006.5.25. 2003두11988).
9	국방부 민·군 복합형 관광미항(제주해군기지) 사업시행을 위한 해군본부의 요청에 따라 제주특별자치도지사가 절대보존지역이던 서귀포시 강정동 해안변지역에 관하여 절대보존지역을 변경(축소)하고 고시한 사안에서, 절대보존지역의 유지로 지역주민들이 가지는 주거 및 생활환경상 이익이 개별적·직접적·구체적 이익이라고 할 수 없으므로, 지역주민회 등은 처분을 다툴 원고적격이 없다(대판 2012.7.5. 2011두13187).
10	환경부장관이 생태·자연도 1등급으로 지정되었던 지역을 2등급 또는 3등급으로 변경하는 내용의 생태·자연도 수정·보완을 고시하자, 인근 주민이 생태·자연도 등급변경처분의 무효확인을 청구한 사안에서, 주민은 무효확인을 구할 원고적격이 없다(대판 2014.2.21. 2011두29052).
11	재단법인 甲 수녀원이, 매립목적을 택지조성에서 조선시설용지로 변경하는 내용의 공유수면매립목적 변경승인처분으로 인하여 법률상 보호되는 환경상 이익을 침해받았다면서 행정청을 상대로 처분의 무효확인을 구하는 소송을 제기할 원고적격이 없다(대판 2012.6.28. 2010두2005).
12	도시 및 주거환경정비법상 조합설립추진위원회의 구성에 동의하지 아니한 정비구역 내의 토지 등 소유자가 조합설립추진위원회 설립승인처분의 취소를 구할 원고적격이 인정된다(대판 2007.1.25. 2008두12289).

13	<국가기관인 소방청장에게 항고소송의 원고적격을 인정한 사례> 국민권익위원회가 소방청장에게 인사와 관련하여 부당한 지시를 한 사실이 인정된다며 이를 취소할 것을 요구하기로 의결하고 그 내용을 통지하자 소방청장이 국민권익위원회 조치요구의 취소를 구하는 소송을 제기한 사안에서, 처분성이 인정되는 국민권익위원회의 조치요구에 불복하고자 하는 소방청장으로서는 조치요구의 취소를 구하는 항고소송을 제기하는 것이 유효·적절한 수단으로 볼 수 있으므로 소방청장이 예외적으로 당사자능력과 원고적격을 가진다(대판 2018.8.1. 2014두35379). **19. 국회직 8급** 국민권익위원회가 소방청장에게 인사와 관련하여 부당한 지시를 한 사실이 인정된다며 이를 취소할 것을 요구하기로 의결하고 내용을 통지하자 그 국민권익위원회 조치요구의 취소를 구하는 사안에서의 소방청장은 원고적격을 가진다.
14	당사자의 신청을 받아들이지 않은 거부처분이 재결에서 취소된 경우, 재결의 취소를 구할 법률상의 이익이 없다(대판 2017.10.31. 2015두45045).
15	국적법상 귀화불허가처분이나 출입국관리법상 체류자격변경 불허가처분, 강제퇴거명령 등을 다투는 외국인은 대한민국에 적법하게 입국하여 상당한 기간을 체류한 사람이므로, 이미 대한민국과의 실질적 관련성 내지 대한민국에서 법적으로 보호가치 있는 이해관계를 형성한 경우이어서, 해당 처분의 취소를 구할 법률상 이익이 인정된다고 보아야 한다(대판 2018.5.15. 2014두42506).
16	<외국인에게 사증발급 거부처분의 취소를 구할 법률상 이익이 인정되지 않는다는 판례> 사증발급의 법적 성질, 출입국관리법의 입법목적, 사증발급 신청인의 대한민국과의 실질적 관련성, 상호주의원칙 등을 고려하면, 우리 출입국관리법의 해석상 외국인에게는 사증발급 거부처분의 취소를 구할 법률상 이익이 인정되지 않는다(대판 2018.5.15. 2014두42506). **19. 국가직 7급** 「출입국관리법」상의 체류자격 및 사증발급의 기준과 절차에 관한 규정들은 대한민국의 출입국 질서와 국경관리라는 공익을 보호하려는 취지로 해석될 뿐이나, 동법상 체류자격변경 불허가처분, 강제퇴거명령 등을 다투는 외국인에게는 해당 처분의 취소를 구할 법률상 이익이 인정된다.
17	<운전기사의 합승행위를 이유로 소속 운수회사에 대하여 과징금부과처분이 있는 경우 당해 운전기사에게 그 과징금부과처분의 취소를 구할 이익이 없다고 한 사례> 회사의 노사간에 임금협정을 체결함에 있어 운전기사의 합승행위 등으로 회사에 대하여 과징금이 부과되면 당해 운전기사에 대한 상여금지급시 그 금액 상당을 공제하기로 함으로써 과징금의 부담을 당해 운전기사에게 전가하도록 규정하고 이에 따라 당해 운전기사의 합승행위를 이유로 회사에 대하여 한 과징금부과처분으로 말미암아 당해 운전기사의 상여금지급이 제한되었다고 하더라도, 과징금부과처분의 직접 당사자 아닌 당해 운전기사로서는 그 처분의 취소를 구할 직접적이고 구체적인 이익이 있다고 볼 수 없다(대판 1994.4.12. 93누24247).
18	경업자에 대한 행정처분이 경업자에게 불리한 내용인 경우, 그와 경쟁관계에 있는 기존의 업자에게는 특별한 사정이 없는 한 유리할 것이므로 기존의 업자가 그 행정처분의 무효확인 또는 취소를 구할 이익은 없다고 보아야 한다(대판 2020.4.9. 2019두49953).

(5) 경업자소송(원고적격) 관련 판례

법률상 이익 인정	① 약종상영업소 이전허가에 대한 기존업자의 취소청구 ② 기존 주유소업자가 거리 제한으로 얻은 이익 ③ 기존 담배일반소매업자가 다른 담배일반소매인에 대한 관계에서 거리 제한으로 얻은 이익 ④ 주류제조면허업자의 영업상 이익 ⑤ 자동차운송사업의 노선연장인가에 대한 기존업자의 취소청구 ⑥ 자동차증차인가에 대한 기존업자의 이익

	⑦ 선박운송사업 면허처분에 대한 기존업자의 취소청구 ⑧ 시외버스를 시내버스로 전환하는 것을 허용하는 사업계획인가처분에 대한 기존업자의 취소청구 ⑨ 광구의 증구에 대한 인접 광업권자의 이익 ⑩ 같은 지역 내의 신규광업권허가처분에 대한 기존업자의 이익
법률상 이익 부정	① 양곡가공업허가에 의하여 양곡가공업자가 누리는 이익 ② 석탄가공업허가에 의하여 석탄가공업자가 누리는 이익 ③ 숙박업 구조변경허가처분을 받은 건물의 인근에서 여관을 경영하는 자의 숙박업 구조변경허가처분 ④ 기존 공중목욕장업자가 거리 제한으로 받는 이익 ⑤ 「무역거래법」상의 수입 제한·금지조치로 국내생산업체가 받는 이익 ⑥ 약사의 한약조제로 인한 기존 한의사의 이익 ⑦ 유기장영업허가로 인한 기존업자의 이익 ⑧ 정화조업허가로 인한 기존업자의 이익 ⑨ 담배일반소매인의 구내소매인지정에 대한 이익 ⑩ 과징금부과처분취소재결에 대한 동종업자의 법률상 이익

(6) 경원자소송(원고적격) 관련 판례

법률상 이익 인정	① 수인이 서로 경쟁관계에 있어서 일방에 대한 면허나 인·허가 등의 행정처분이 타방에 대한 불면허·불인가·불허가 등으로 귀결될 수밖에 없는 경우, 그 허가 등의 처분을 받지 못한 사람의 원고적격 ✓ **주의** 단, 명백한 법적 장애로 인하여 원고 자신의 신청이 용인될 가능성이 처음부터 배제되어 있는 경우에는 법률상 보호되는 이익이 인정되지 않음 ② 인가·허가 등 수익적 행정처분을 신청한 수인이 서로 경원관계에 있는 경우, 허가 등 처분을 받지 못한 사람이 행정청의 자신에 대한 거부처분의 취소를 구할 원고적격과 소의 이익이 있음(대판 2015.10.29. 2013두27517) ③ 납세필 병마개 제조사업자의 이익 ④ LPG 충전사업 신규신청자의 이익 ⑤ 법학전문대학원 예비인가 신청 대학교의 이익
법률상 이익 부정	① 인·허가 등의 수익적 행정처분을 신청한 수인이 경원관계에 있는 경우, 허가 등의 처분을 받지 못한 자는 비록 경원자에 대하여 이루어진 허가 등 처분의 상대방이 아니라 하더라도 당해 처분의 취소를 구할 원고적격이 있다 할 것이고, 다만 그 처분이 취소된다 하더라도 허가 등의 처분을 받지 못할 불이익이 회복된다고 볼 수 없는 때에는 당해 처분의 취소를 구할 정당한 이익이 없음 (대판 1992.5.8. 91누13274) ② 수학교과용 도서 검정 합격처분에 대한 영어교과서 검정 신청자 ③ 국립대학교 교수임용에 있어서 같은 과 교수 ④ 대학교 총장의 교수임용처분에 대한 세무대학교 학생

(7) 주민소송(원고적격) 관련 판례

법률상 이익 인정	① 연탄공장 설치허가에 대한 인근주민 ② LPG 충전소 설치허가에 대한 인근주민 ③ 원자로부지 사전승인처분에 대한 인근주민 ④ 환경영향 평가대상지역 안의 주민의 환경영향평가대상사업에 관한 변경승인 및 허가처분에 대한 취소청구 ⑤ 환경영향평가대상지역 밖에 주민인 경우 수인한도를 넘는 환경피해를 받거나 받을 우려가 있다고 증명한 경우 ⑥ 환경상 침해를 받으리라고 예상되는 영향권 내의 주민들을 비롯하여 그 영향권 내에서 농작물을 경작하는 등 현실적으로 환경상 이익을 향유하는 사람 **14. 서울시 9급** 행정처분의 근거법규 등 그 처분으로써 이루어지는 행위 등 사업으로 인하여 환경상 침해를 받으리라고 예상되는 영향권의 범위가 구체적으로 규정되어 있는 경우에는 그 영향권 내의 주민들의 환경상의 이익은 주민 개개인에 대하여 개별적으로 보호되는 직접적·구체적 이익이다. ⑦ 공장설립으로 인한 수질오염이 발생할 우려가 있는 취수장으로부터 수도관을 연결하여 물을 공급받는 자들의 환경상의 이익(취수장 사건) ⑧ 도로의 용도폐지처분에 대해 개별적·구체적이며 직접적인 이해관계를 가진 자의 처분취소청구(통상적으로 도로의 용도폐지를 다툴 법률상 이익은 인정되지 않으나 인접주민 등의 경우 인정됨) ⑨ 일정지역에 공설화장장 설치를 금지함에 의하여 보호되는 부근 주민들의 이익
법률상 이익 부정	① 지역주민들의 상수원보호구역 변경처분의 취소를 구한 제3자인 지역주민 ② 문화재로 지정하거나 문화재 보호구역으로 지정하여 지역주민이나 국민일반 또는 학술연구자가 이를 활용하여 그로 인하여 얻는 이익 ③ 일반적인 시민생활에서 도로를 이용만 하는 사람의 도로용도폐지를 다툴 이익 ④ 환경영향평가대상지역 밖의 주민들이 얻는 환경상 이익 ⑤ 단지 그 영향권 내의 건물·토지를 소유하거나 환경상 이익을 일시적으로 향유하는 데 그치는 사람 ⑥ 지역 경관을 비롯한 주거 생활환경상의 이익(강정마을 사건)

(8) 협의의 소익

① **권리보호의 필요**: 소송에 의하여 분쟁을 해결할 현실적 필요성이 있어야 함
  ㉠ 기본적 권리회복이 불가능하더라도 부수적 이익이 있으면 소제기가 가능함. 이때 부수적 이익도 법률상 이익이어야 함
  ㉡ 사실적·경제적 이익은 소의 이익에 포함되지 않음. 원고가 처분이 위법하다는 점에 대한 판결을 받아 손해배상청구소송에서 이를 원용할 수 있는 이익은 사실적·경제적 이익에 불과하여 소의 이익에 해당하지 않음(대판 2002.1.11. 2000두2457)
  ㉢ 일반적인 경우 대상적격과 원고적격이 인정되면 협의의 소익이 인정되고, 권리보호의 필요성이 부정되는 경우에만 취소소송에서의 소의 이익이 부정됨
  ㉣ **권리보호필요성이 부정되는 경우**: 처분이 기간 등의 경과로 인하여 소멸된 경우, 원상회복이 불가능한 경우, 권리구제가 이론상으로만 의미가 있는 경우, 권리침해의 상태가 해소된 경우
② **「행정소송법」 제12조 제2문 일반론**: 처분 등의 효과가 기간의 경과, 처분 등의 집행 그 밖의 사유로 인하여 소멸된 뒤에도 그 처분 등의 취소로 인하여 회복되는 법률상 이익이 있는 자의 경우에는 또한 같음

㉠ 「행정소송법」 제12조 제2문에 의한 소송이 취소소송인가 확인소송인가에 대하여 학설의 대립이 존재함
㉡ 「행정소송법」 제12조 제2문의 '법률상 이익'이라는 문구가 동법 제12조 제1문의 '법률상 이익'과 동일한 의미라고 보는 견해(입법상 비과오론)와 제12조 제2문의 '법률상 이익'은 동법 제12조 제1문의 '법률상 이익'보다 넓은 개념이고 정당한 이익으로 이해해야 한다고 보는 견해(입법상 과오론)가 대립[계속확인소송으로 보는 견해(입법상 비과오론)도 존재]
㉢ 현재 우리 판례는 제12조 제1문의 법률상 이익의 개념과 제12조 제2문의 법률상 이익의 개념을 동일하게 보고 있음. 하지만 최근 들어서는 제2문의 법률상 이익의 개념을 어느 정도 넓히고 있는 판례도 보이고 있음(다만, 이 판례가 완전히 정당한 이익설의 입장을 취하였다고 보기는 어려움)

③ 개별적 검토
㉠ 처분의 효력이 소멸한 경우 1(제재처분의 효력기간이 경과한 경우)
ⓐ 문제점: 일반적인 경우 처분이 기간 등의 경과로 소멸한 경우 권리보호의 필요성이 부정됨. 하지만, 제재처분을 받았다는 사실이 향후 제재처분에서 가중요건이 되는 경우, 제재처분의 효력이 소멸한 경우라도 권리보호의 필요성이 인정되는지가 문제됨
ⓑ 가중요건이 법률 또는 시행령에 규정된 경우: 학설과 판례 모두 회복되는 법률상 이익이 있다고 보아 권리보호의 필요성을 긍정함
ⓒ 가중요건이 시행규칙에 규정된 경우
• 과거의 판례: 가중요건이 시행규칙에 규정된 경우 권리보호의 필요성을 부정함
• 다수설 및 현재의 판례: 가중요건이 시행규칙에 규정된 경우 권리보호의 필요성을 긍정하는데, 그 논거는 다름
- 현재 다수설은 시행규칙의 형식으로 제정된 제재처분 기준의 법적 성질을 법규명령으로 보고 있고, 법규성이 인정됨을 전제로 법률상 이익이 긍정된다고 보고 있음
- 다만, 판례의 다수의견의 경우 시행규칙의 형식으로 제정된 제재처분 기준을 여전히 행정규칙으로 보지만, 제재처분 기준이 행정규칙일지라도 관할 행정청이나 담당 공무원은 이를 준수할 의무가 있고, 행정작용의 상대방인 국민은 그 규칙의 영향을 받을 수밖에 없고, 후행처분의 위험은 구체적이고 현실적인 것이기 때문에 가중요건이 시행규칙에 규정된 경우에도 법률상 이익을 긍정함
㉡ 처분의 효력이 소멸한 경우 2(기타 사례)
ⓐ 취소소송 중 처분이 취소된 경우: 협의의 소익 부정
ⓑ 학교법인의 임시이사선임처분을 다투는 중 임시이사가 교체된 경우: 협의의 소익 긍정(무익한 처분과 소송이 반복될 가능성)
ⓒ 원자로 및 관계시설의 부지사전승인처분(사전결정)을 다투던 중 건설허가처분(최종결정)이 나온 경우: 협의의 소익 부정
㉢ 권리침해상태가 해소된 경우
ⓐ 고등학교 퇴학처분을 받고 검정고시에 합격한 경우: 협의의 소익 긍정(인격적 이익을 법률상 이익으로 본 판례)
ⓑ 병역처분을 받은 자가 병역처분취소소송 중에 자원입대한 경우: 협의의 소익 부정
ⓒ 병역처분을 받은 자가 입영한 후에 병역처분취소를 구하는 경우: 협의의 소익 긍정(비자원입대)

ⓔ 원상회복이 불가능한 경우
ⓐ 건물이 철거된 경우: 협의의 소익 부정
ⓑ 공무원이 파면처분을 다투고 있던 중에 정년에 도달한 경우: 협의의 소익 긍정(급여청구와 관련해서 법률상 이익이 존재)
ⓒ 임기만료된 지방의회의원이 제명의결에 대하여 다투는 경우: 협의의 소익 긍정(월정수당의 지급을 구할 수 있는 법률상 이익)
ⓓ 수형자가 영치품에 대한 사용신청 불허처분 이후 다른 교도소를 이송된 경우: 협의의 소익 긍정(위법한 처분이 반복될 위험성 존재)

판례정리

1	국적국을 떠난 후 거주국에서 정치적 의견을 표명하여 '박해를 받을 충분한 근거 있는 공포'가 발생한 경우 난민으로 인정될 수 있고, 난민으로 보호받기 위해 박해의 원인을 제공한 경우 달리 볼 것은 아니다(대판 2017.3.9. 2013두16852). **19. 국회직 8급** 미얀마 국적의 甲이 위명(僞名)인 乙 명의의 여권으로 대한민국에 입국한 뒤 乙 명의로 난민신청을 하였으나 법무부장관이 乙 명의를 사용한 甲을 직접 면담하여 조사한 후 甲에 대하여 난민불인정처분을 한 사안에서의 그 처분의 취소를 구하는 甲은 행정소송의 원고적격을 가진다.
2	감사원이 한국방송공사에 대한 감사를 실시한 결과 사장 甲에게 부실 경영 등 문책사유가 있다는 이유로 한국방송공사 이사회에 甲에 대한 해임제청을 요구하였고, 이사회가 대통령에게 甲의 사장직 해임을 제청함에 따라 대통령이 甲을 한국방송공사 사장직에서 해임한 사안에서, 대통령의 해임처분에 재량권 일탈·남용의 하자가 존재한다고 하더라도 그것이 중대·명백하다고 볼 수 없어 당연무효가 아닌 취소사유에 해당한다고 본 원심판단은 정당하다(대판 2012.2.23. 2011두5001). **18. 국회직 8급** 공기업 사장에 대한 해임처분과정에서 처분내용을 사전에 통지받지 못했고 해임처분시 법적 근거 및 구체적 해임사유를 제시받지 못하였다면, 그 해임처분은 위법하지만 당연무효는 아니다.
3	[1] 재단법인 한국연구재단이 甲 대학교 총장에게 연구개발비의 부당집행을 이유로 '해양생물 유래 고부가식품·향장·한약 기초소재 개발 인력양성사업에 대한 2단계 두뇌한국(BK)21 사업' 협약을 해지하고 연구팀장 乙에 대한 국가연구개발사업의 3년간 참여 제한 등을 명하는 통보를 하자 乙이 통보취소를 청구한 사안에서, 乙은 위 협약 해지 통보의 효력을 다툴 법률상 이익이 있다. [2] 乙에 대한 대학자체 징계요구는 항고소송의 대상이 되는 행정처분에 해당하지 않는다(대판 2014.12.11. 2012두28704).
4	<공정거래위원회가 부당한 공동행위에 대한 시정명령 및 과징금 부과와 자진신고 감면 여부를 분리 심리하여 별개로 의결한 다음 과징금 등 처분과 별도의 처분서로 감면기각처분을 한 경우, 처분의 상대방이 각 처분에 대하여 함께 또는 별도로 불복할 수 있다는 판례> 원칙적으로 2개의 처분, 즉 과징금 등 처분과 감면기각처분이 각각 성립한 것으로 보아야 하고, 처분의 상대방으로서는 각각의 처분에 대하여 함께 또는 별도로 불복할 수 있다(대판 2016.12.27. 2016두43282). ✓ **비교** 공정거래위원회가 부당한 공동행위를 한 사업자에게 과징금 부과처분(선행처분)을 한 뒤, 다시 자진신고 등을 이유로 과징금 감면처분(후행처분)을 한 경우, 선행처분의 취소를 구하는 소는 적법하지 않음(대판 2015.2.12. 2013두987) **19. 변호사** 공정거래위원회가 부당한 공동행위를 한 사업자에게 과징금 부과처분을 한 뒤 다시 자진신고 등을 이유로 과징금 감면처분을 하였다면, 선행 과징금 부과처분은 일종의 잠정적 처분으로서 후행 과징금 감면처분에 흡수되어 소멸한다.

5	부과처분의 하자를 이유로 과징금의 액수를 감액하는 경우에 감액처분은 감액된 과징금 부분에 관하여만 법적 효력이 미치는 것으로서 당초 부과처분과 별개 독립의 과징금 부과처분이 아니라 실질은 당초 부과처분의 변경이고 … 감액처분에 의하여 감액된 부분에 대한 부과처분 취소청구는 이미 소멸하고 없는 부분에 대한 것으로서 소의 이익이 없어 부적법하다(대판 2017. 1.12. 2015두2352).
6	도시재개발법 제34조에 의한 행정청의 인가는 주택개량재개발조합의 관리처분계획에 대한 법률상 효력을 완성시키는 보충행위로서 그 기본되는 관리처분계획의 하자를 이유로 관리처분계획 인가처분의 취소 또는 무효확인을 소구할 법률상 이익이 없다(대판 2001.12.11. 2001두7541).
7	제재적 행정처분이 그 처분에서 정한 제재기간의 경과로 인하여 그 효과가 소멸되었으나, 부령인 시행규칙 또는 지방자치단체의 규칙의 형식으로 정한 처분기준에서 제재적 행정처분을 받은 것을 가중사유나 전제요건으로 삼아 장래의 제재적 행정처분을 하도록 정하고 있는 경우, 선행처분의 제재적 행정처분을 받은 상대방이 그 처분에서 정한 제재기간이 경과하였다 하더라도 그 처분의 취소를 구할 법률상 이익이 있다. 그러한 규칙이 정한 바에 따라 선행처분을 받은 상대방이 그 처분의 존재로 인하여 장래에 받을 불이익, 즉 후행처분의 위험은 구체적이고 현실적인 것이므로, 상대방에게는 선행처분의 취소소송을 통하여 그 불이익을 제거할 필요가 있다(대판 2006.6.22. 2003두1684 전합). **15. 국가직 9급** 제재적 행적처분이 제재기간의 경과로 인하여 그 효과가 소멸되나, 제재적 행정처분을 받은 것을 가중사유로 삼아 장래의 제재적 행정처분을 하도록 정한 처분기준이 부령인 시행규칙이라면 처분의 취소를 구할 이익이 있다.
8	건축사 업무정지처분을 받은 후 새로운 업무정지처분을 받음이 없이 1년이 경과하여 실제로 가중된 제재처분을 받을 우려가 없게 된 경우, 업무정지처분에서 정한 정지기간이 경과한 후에 업무정지처분의 취소를 구할 법률상 이익이 없다(대판 2000.4.21. 98두10080).
9	甲이 자신 명의로 이전등록된 자동차의 등록을 직권말소한 처분에 대한 취소소송 계속 중에 위 자동차에 관하여 종전과 다른 번호로 乙과 공동소유로 신규등록을 한 사안에서, 위 직권말소처분의 취소를 구할 소의 이익이 있다(대판 2013.5.9. 2010두28748).
10	교육부장관이 사학분쟁조정위원회의 심의를 거쳐 甲 대학교를 설치·운영하는 乙 학교법인의 이사 8인과 임시이사 1인을 선임한 데 대하여 甲 대학교 교수협의회와 총학생회 등이 이사선임처분의 취소를 구하는 소송을 제기한 사안에서, 甲 대학교 교수협의회와 총학생회는 이사선임처분을 다툴 법률상 이익을 가지지만, 전국대학노동조합 甲 대학교지부는 법률상 이익이 없다(대판 2015.7.23. 2012두19496).
11	비록 취임승인이 취소된 학교법인의 정식이사들에 대하여 원래 정해져 있던 임기가 만료되고 구 사립학교법(2005.12.29. 법률 제7802호로 개정되기 전의 것) 제22조 제2호 소정의 임원결격사유기간마저 경과하였다 하더라도, 그 임원취임승인 취소처분이 위법하다고 판명되고 나아가 임시이사들의 지위가 부정되어 직무권한이 상실되면, 그 정식이사들은 후임이사 선임시까지 민법 제691조의 유추적용에 의하여 직무수행에 관한 긴급처리권을 가지게 되고 이에 터잡아 후임 정식이사들을 선임할 수 있게 되는바, 이는 감사의 경우에도 마찬가지이다. 그 별소 진행 도중 다시 임시이사가 교체되면 또 새로운 별소를 제기하여야 하는 등 무익한 처분과 소송이 반복될 가능성이 있으므로, 선행 임시이사선임처분의 취소를 구하는 소송 도중에 선행 임시이사가 후행 임시이사로 교체되었다고 하더라도 여전히 선행 임시이사선임처분의 취소를 구할 법률상 이익이 있다(대판 2007.7.19. 2006두19297 전합). **15. 지방직 9급** 취임승인이 취소된 학교법인의 정식이사들에 대해 원래 정해져 있던 임기가 만료되어도 그 임원취임승인 취소처분의 취소를 구할 소의 이익이 있다.

| 12 | 甲 주식회사로부터 '제주일보' 명칭 사용을 허락받아 신문 등의 진흥에 관한 법률에 따라 등록관청인 도지사에게 신문의 명칭 등을 등록하고 제주일보를 발행하고 있던 乙 주식회사가, 丙 주식회사가 甲 회사의 사업을 양수하였음을 원인으로 하여 사업자 지위승계신고 및 그에 따른 발행인·편집인 등의 등록사항 변경을 신청한 데 대하여 도지사가 이를 수리하고 변경등록을 하자, 사업자 지위승계신고 수리와 신문사업변경등록에 대한 무효확인 또는 취소를 구하는 소를 제기한 사안에서, 위 처분은 乙 회사가 '제주일보' 명칭으로 신문을 발행할 수 있는 신문 등의 진흥에 관한 법률상 지위를 불안정하게 만드는 것이므로, 乙 회사에 무효확인 또는 취소를 구할 법률상 이익이 인정된다(대판 2019.8.30. 2018두47189). |

(9) 권리보호의 필요 인정 여부(판례)

권리보호의 필요 부정	권리보호의 필요 인정
① 영업정지의 기간이 경과한 후 영업정지의 취소 ② 환지처분 공고 후 환지예정지 지정처분의 취소 ③ 원자로건설허가처분 후 원자로부지 사전승인처분의 취소 ④ 철거처분 완료 후 대집행 계고처분의 취소 ⑤ 건축공사완료 후 건축허가의 취소 ⑥ 건축공사완료 후 준공검사를 받은 후 준공처분의 취소 ⑦ 공유수면점용허가 취소처분의 취소소송 중 공유수면점용허가기간의 만료, 토석채취허가 취소처분 취소소송 중 토석채취허가기간의 만료, 광업권 취소처분의 취소소송 중 존속기간의 만료 ⑧ 치과의사 국가시험 불합격처분 이후 새로 실시된 국가시험에 합격한 자의 불합격처분의 취소 ⑨ 사법시험 제1차 시험 불합격처분 이후에 새로이 실시된 사법시험 제1차 시험에 합격한 자의 그 불합격처분의 취소 ⑩ 공익근무요원 소집해제신청을 거부당한 자가 계속하여 공익근무요원으로 복무한 후 복무기간 만료를 이유로 소집해제신청 거부처분을 다툰 경우 ⑪ 상등병에서 병장으로의 진급요건을 갖춘 자에 대하여 진급처분을 행하지 아니한 상태에서 한 예비역편입처분 ⑫ 현역병 입영대상자로 병역처분을 받은 자가 그 취소소송 중 모병에 응하여 현역병으로 자진입대한 경우	① 서울대학교 불합격처분의 취소를 구하는 소송계속 중 해당 연도의 입학시기가 지난 경우 ② 고등학교에서 퇴학처분을 받은 자가 고등학교 졸업학력 검정고시에 합격한 후 퇴학처분을 다투는 경우 ③ 일반사면이 있은 후 파면처분의 위법을 주장하여 취소를 구하는 경우(사면으로 공무원지위 회복은 없음) ④ 행정처분의 효력기간이 경과한 후라도 그 처분을 받은 전력이 장래 불이익하게 취급되는 것으로 법정 가중요건으로 되어 있는 경우 ⑤ 현역병 입영대상자로서 현실적으로 입영을 한 자가 입영 이후의 법률관계에 영향을 미치고 있는 현역병 입영통지처분 등을 한 관할지방병무청장을 상대로 위법을 주장하여 그 취소를 구하는 경우 ⑥ 도시개발사업의 공사 등이 완료되고 원상회복이 사회통념상 불가능하게 된 경우, 도시개발사업의 시행에 따른 도시계획 변경결정처분과 도시개발구역 지정처분 및 도시개발사업 실시계획인가처분의 취소를 구하는 경우 ⑦ 유효기간이 경과된 뒤 중앙노동위원회의 중재재심결정 중 임금인상 부분의 취소를 구하는 경우 ⑧ 징계처분 후 당연퇴직된 경우라도 파면처분의 취소를 구하는 경우 ⑨ 지방의회 의원에 대한 제명의결 취소소송 계속 중 의원의 임기가 만료된 경우(월정수당 등을 구할 이익)

⑬ 보충역 편입처분 및 공익근무요원 소집처분의 취소를 구하는 소의 계속 중 병역처분 변경 신청에 따라 제2국민역 편입처분으로 병역처분이 변경된 경우
⑭ 허가신청의 반려처분의 취소를 구하는 소의 계속 중 반려처분을 직권취소하고 위 신청을 재반려하는 경우 당초 반려처분
⑮ 도지사의 지방의료원 폐업결정 후 지방의료원을 해산한다는 조례가 시행되었고 조례가 무효라고 볼 사정도 없이 폐업 전 상태로 되돌리는 원상회복은 불가능하므로 폐업결정의 취소를 구할 소의 이익이 없다고 본 사례
⑯ 조합설립추진위원회 구성승인처분에 위법이 있더라도 그 위법을 다투는 중 조합설립인가처분이 이루어진 경우 별도로 추진위원회 구성승인 처분의 위법을 다툴 소의 이익이 없다고 본 사례
⑰ 환지처분 확정 후 환지확정처분의 일부의 취소를 구할 이익이 없다고 본 사례
⑱ 운전면허 정지처분에서 정한 정지기간이 상고심 계속 중에 도과한 경우
⑲ 조합설립변경인가 이후 다시 조합설립변경인가를 받은 경우, 당초 조합설립변경인가 취소를 구할 이익(예외적으로 당초 조합설립변경인가에 기초하여 후속행위를 한 경우에는 소익이 있음)
⑳ 병역의무 기피자에 대해 관할 지방병무청장이 1차로 병역의무 기피자 중 공개대상자 결정을 하고, 그에 따라 병무청장이 최종적 공개결정을 한 경우 관할 지방병무청장의 공개대상자결정
㉑ 행정청이 공무원에 대해 새로운 직위해제 사유에 기한 직위해제처분을 한 경우, 그 이전 직위해제처분의 취소에 대한 소익은 없음
㉒ 보험급여수급자에 대하여 부당이득 징수결정을 한 후 그 하자를 이유로 징수금 액수를 감액하는 경우, 징수의무자에게 감액처분의 취소를 구할 소익은 없음
㉓ 외국인에게 사증발급 거부처분의 취소를 구할 법률상 이익은 없음

⑩ 공장등록이 취소된 후 그 공장시설물이 철거되었다 하더라도 대도시 안의 공장을 지방으로 이전할 경우 「조세특례제한법」상의 세액공제 및 소득세 등의 감면혜택이 있고, 「공업배치 및 공장설립에 관한 법률」상의 간이한 이전절차 및 우선 입주의 혜택이 있는 경우
⑪ 근로자가 부당해고 구제신청을 하여 해고의 효력을 다투던 중 정년에 이르거나 근로계약기간이 만료하는 등의 사유로 원직에 복직하는 것이 불가능하게 되었으나 해고기간 중의 임금 상당액을 지급받을 필요가 있는 경우, 구제신청을 기각한 중앙노동위원회의 재심판정을 다툴 소의 이익이 있음
⑫ 압류처분에 따른 압류등기가 경료된 경우에도 압류처분의 무효확인을 구할 이익이 있음
⑬ 학교법인 임원취임승인의 취소처분 후 그 임원의 임기가 만료된 경우 또는 위 취소처분에 대한 취소소송 제기 후 임시이사가 교체되어 새로운 임시이사가 선임된 경우, 위 취임승인 취소처분 및 당초의 임시이사선임처분의 취소를 구할 소의 이익이 있음

2. 피고

(1) 피고적격

① 원칙: 처분청 ⇨ 외부적으로 그의 명의로 행한 행정청
② 예외: 소속장관 등
  ㉠ 공무원 등 징계, 기타 불이익처분의 처분청이 대통령인 경우: 피고는 소속 장관이 됨

	판례정리
1	대통령이 행한 국립대학 총장 임용제외 처분을 항고소송으로 다툴 때, 국가공무원법 제16조 제2항에 의해 교육부장관이 피고가 된다(대판 2018.6.15. 2016두57564). **19. 국가직 9급** 국립대학교 총장의 임용권한은 대통령에게 있으며, 교육부장관이 대통령에게 임용제청을 하면서 대학에서 추천한 복수의 총장 후보자들 중 일부를 임용제청에서 제외한 행위는 처분에 해당한다.
2	<검사임용거부처분에 대한 취소소송의 피고적격> 검찰청법 제34조, 국가공무원법 제3조 제2항 제2호, 제16조, 행정심판법 제3조 제2항의 규정취지를 종합하여 보면, 검사임용처분에 대한 취소소송의 피고는 법무부장관으로 함이 상당하다고 할 것이므로 원심이 피고를 대통령으로 경정하여 줄 것을 구하는 원고의 신청을 각하한 조치는 옳다(대결 1990.3.14. 90두4). **19. 지방직 9급** 「국가공무원법」에 의한 처분, 기타 본인의 의사에 반한 불리한 처분이나 부작위에 관한 행정소송을 제기할 때에 대통령의 처분 또는 부작위의 경우에는 소속 장관을 피고로 한다.
3	국무회의에서 건국훈장 독립장이 수여된 망인에 대한 서훈취소를 의결하고 대통령이 결재함으로써 서훈취소가 결정된 후 국가보훈처장(현 국가보훈부장관)이 망인의 유족 甲에게 '독립유공자 서훈취소결정 통보'를 하자 甲이 국가보훈처장을 상대로 서훈취소결정의 무효확인 등의 소를 제기한 사안에서, 甲이 서훈취소처분을 행한 행정청(대통령)이 아니라 국가보훈처장을 상대로 제기한 위 소는 피고를 잘못 지정한 경우에 해당하므로, 법원으로서는 석명권을 행사하여 정당한 피고로 경정하게 하여 소송을 진행해야 함에도 국가보훈처장이 서훈취소처분을 한 것을 전제로 처분의 적법 여부를 판단한 원심판결에 법리오해 등의 잘못이 있다(대판 2014.9.26. 2013두2518). **19. 서울시 7급** 망인(亡人)에게 수여된 서훈을 취소하는 경우, 그 유족은 서훈취소처분의 상대방이 되지 않는다.

  ㉡ 대법원장, 헌법재판소장, 국회의장이 한 처분: 피고는 각각 법원행정처장, 헌법재판소사무처장, 국회사무총장이 됨
  ㉢ 승계청: 권한이 다른 행정청에 승계된 때 승계한 행정청이 피고가 됨
  ㉣ 국가 등: 처분 후 처분을 행한 행정청이 없게 된 때 그 처분 등에 관한 사무가 귀속되는 국가 또는 공공단체가 피고가 됨
③ 구체적 검토 – 합의제 행정청
  ㉠ 공정거래위원회, 토지수용위원회의 처분: 공정거래위원회, 토지수용위원회가 피고가 됨
  ㉡ 중앙노동위원회의 처분: 중앙노동위원회의 위원장이 피고가 됨(중앙해양안전심판원장, 시·도 인사위원장도 마찬가지로 장이 피고인 경우)
    ✓ 주의 '중앙노동위원회'가 아닌 '중앙노동위원회의 위원장'이 피고임
    13. 국가직 7급 지방노동위원회의 구제명령에 대해서는 중앙노동위원회에 재심을 신청한 후 그 재심판정에 대하여 중앙노동위원회 위원장을 피고로 하여 재심판정 취소의 소를 제기하여야 한다.
  ㉢ 권한의 위임·위탁: 수임청, 수탁청이 피고가 됨
    13. 서울시 9급 항고소송의 경우 권한을 위임한 경우에는 수임청이 피고가 된다.

- ㉣ **내부위임과 대리**: 위임청, 피대리청이 피고가 됨(다만, 대리 또는 내부위임을 받은 자가 자신의 명의로 권한을 행사한 경우에는 실제로 처분을 한 하급행정청이 피고가 됨)

    19. 국회직 8급 행정권한의 내부위임은 법률이 위임을 허용하고 있지 아니한 경우에도 그의 보조기관 또는 하급행정관청으로 하여금 그의 권한을 사실상 행사하게 하는 것이다.

    19. 지방직 9급 대리기관이 대리관계를 표시하고 피대리 행정청을 대리하여 행정처분을 한 때에는 피대리 행정청이 피고로 되어야 한다.

- ㉤ 처분청의 사무처리 대행으로 통지한 것에 불과한 경우: 처분청이 피고가 됨
- ㉥ 처분적 조례인 경우: 지방자치단체의 장이 피고가 됨(교육·학예에 관한 조례인 경우에는 교육감이 피고가 됨)
- ㉦ 지방의회의원에 대한 징계의결, 지방의회의장 불신임결의, 지방의회의장선거: 지방의회가 피고가 됨

일반 행정청	처분을 행한 당해 행정청(처분청)
권한의 위임·위탁의 경우	수임청·수탁청
권한의 대리·내부위임의 경우	• 원칙적으로 피대리청(내부위임청) • 단, 수임기관이 자신의 명의로 처분을 한 경우에는 수임기관
합의제 행정관청	• 합의제 행정관청 자체가 피고: 토지수용위원회, 공정거래위원회(위원장이 아님) • 단, 중앙노동위원회의 경우 중앙노동위원회위원장, 중앙해양안전심판원장, 시·도 인사위원장도 마찬가지로 장이 피고인 경우
대통령이 행한 처분	소속장관
국회의장, 대법원장	국회사무총장, 법원행정처장
지방의회의 의결에 대한 항고소송	지방의회
처분적 조례에 대한 항고소송	지방자치단체의 장
교육에 관한 조례에 대한 항고소송	시·도 교육감
권한의 승계가 있는 경우	승계한 행정청
기관폐지가 있는 경우	사무가 귀속되는 국가, 공공단체 (행정주체가 피고가 되는 경우)
처분청과 통지한 행정청이 다른 경우	처분청

> **판례정리**

1	지방의회가 의결한 처분적 조례에 대한 무효확인소송의 피고는 지방자치단체장이다(대판 1996.9.20. 95누8003). **18. 서울시 9급** 조례가 항고소송의 대상이 되는 경우 피고는 지방자치단체의 집행기관으로서 조례로서의 효력을 발생시키는 공포권이 있는 지방자치단체의 장이다.
2	대리권을 수여받은 데 불과하여 그 자신의 명의로는 행정처분을 할 권한이 없는 행정청의 경우 대리관계를 밝힘이 없이 그 자신의 명의로 행정처분을 하였다면 그에 대하여는 처분명의자인 당해 행정청이 항고소송의 피고가 되어야 하는 것이 원칙이지만, 비록 처분명의자는 물론 그 상대방도 그 행정처분이 피대리청을 대리하여 한 것임을 알고서 이를 받아들인 예외적인 경우에는 피대리청이 피고가 되어야 한다(대판 2006.2.23. 2005부4).
3	망인에게 수여된 서훈을 취소하는 경우, 유족이 서훈취소처분의 상대방이 되는 것은 아니다. 비록 유족이라고 하더라도 제3자는 서훈수여처분의 상대방이 될 수 없고, 구 상훈법 제33조, 제34조 등에 따라 망인을 대신하여 단지 사실행위로서 훈장 등을 교부받거나 보관할 수 있는 지위에 있을 뿐이다(대판 2014.9.26. 2013두2518).
4	국무회의에서 건국훈장 독립장이 수여된 망인에 대한 서훈취소를 의결하고 대통령이 결재함으로써 서훈취소가 결정된 후 국가보훈처장(현 국가보훈부장관)이 망인의 유족 甲에게 '독립유공자 서훈취소결정 통보'를 하자 甲이 국가보훈처장을 상대로 서훈취소결정의 무효확인 등의 소를 제기한 사안에서, 위 소는 피고를 잘못 지정하였다(대판 2014.9.26. 2013두2518).
5	두밀분교폐지에 관한 조례는 처분적 조례로 항고소송의 대상이 된다(대판 1996.9.20. 95누8003). **19. 서울시 7급** 조례가 처분성을 갖는 경우 항고소송의 대상이 되며 이 경우 피고는 지방자치단체장이 된다.
6	보건복지부 고시인 약제급여·비급여목록 및 급여상한금액표는 다른 집행행위의 매개 없이 그 자체로서 국민건강보험가입자, 국민건강보험공단, 요양기관 등의 법률관계를 직접 규율하는 성격을 가지므로 항고소송의 대상이 되는 행정처분에 속한다(대판 2006.9.22. 2005두2506). **19. 지방직 9급** 보건복지부장관의 약제의 상한금액 인하처분(고시)에 대한 취소소송에서 관련된 약제를 제조·공급하는 제약회사는 원고적격이 있다.
7	성업공사(현 자산관리공사)가 체납압류된 재산을 공매하는 것은 세무서장의 공매권한 위임에 의한 것으로, 성업공사가 한 공매처분에 대한 항고소송은 성업공사를 피고로 하여야 한다. 그럼에도 피고적격이 없는 세무서장을 상대로 공매처분 취소소송이 제기된 경우, 법원은 석명권을 행사하여 피고를 성업공사로 경정하게 하여야 한다(대판 1997.2.28. 96누1757).

(2) 피고경정

의의	피고 지정이 잘못되어 소송각하될 때 원고가 입을 손해를 막기 위한 것으로, 사실심 변론종결시까지 허용됨
피고경정이 허용되는 경우	① 피고를 잘못 지정한 때: 피고의 잘못 지정에 대한 원고의 고의·과실 유무는 불문 ② 권한승계 등의 경우 ③ 소의 변경이 있는 때
절차	① 피고를 잘못 지정한 경우: 원고의 신청에 의함 ② 행정청의 권한승계, 소의 변경 등의 경우: 당사자의 신청 또는 직권에 의함
효과	새로운 피고에 대한 소송은 **처음 소의 제기시**에 제기된 것으로 보며, 종전의 피고에 대한 소송은 **취하**된 것으로 봄

구분	원고가 피고를 잘못 지정한 경우의 피고경정	권한승계 등의 경우의 피고경정
신청에 의한 경정	○	○
법원이 직권으로 경정	×	○

> **판례정리**
>
> 1. 원고가 피고를 잘못 지정하여 소송을 제기한 경우 바로 각하할 것이 아니라 법원은 석명권을 행사하여야 한다. 이러한 조치 없이 소를 각하한 것은 위법하다(대판 2006.11.9. 2006다23503).

3. 공동소송인, 소송참가, 소송대리인

(1) 소송참가

구분	참가의 절차	참가인 지위
제3자의 소송참가	당사자 또는 제3자의 신청 및 법원의 직권	공동소송적 보조참가인, 피참가인의 소송행위와 저촉되는 행위도 가능
다른 행정청의 소송참가	당사자 또는 행정청의 신청 및 법원의 직권	보조참가인, 피참가인의 소송행위와 저촉되는 행위는 불가

⊘ **주의** 행정청은 재심청구도 불가함

18. 국가직 7급 행정청의 소송참가는 처분의 효력 유무가 민사소송의 선결문제가 되어 당해 민사소송의 수소법원이 이를 심리·판단하는 경우에도 허용된다.

(2) 보조참가
① 해당 소송의 결과에 대하여 이해관계가 있어야 함
② 이해관계: 법률상의 이해관계(사실상·경제상·감정상의 이해관계는 해당하지 않음)

제2절 소송의 요건(적법요건) 일반론, 처분 등의 존재(대상적격)

1 소송의 요건(적법요건) 일반론

의의	본안판단의 전제요건(법원의 직권조사사항, 소송요건이 결여되면 법원은 소 각하판결을 함)
소송요건	① 소를 제기할 원고적격이 있는 자가 ② 소송을 제기할 현실적 필요가 있는 경우(협의의 소익) ③ 행정청의 처분 등을 대상으로 ④ 피고적격이 있는 행정청을 상대로 ⑤ 관할법원에 ⑥ 소장이라는 형식을 갖추어 ⑦ 일정기간 내에 ⑧ 행정심판이 필요한 경우 행정심판을 거쳐 제기할 것 ⊘ **주의** 어떠한 처분이 법령상 근거가 있는지, 「행정절차법」에서 정한 처분절차를 준수하였는지는 본안에서 해당 처분이 적법한가를 판단하는 단계에서 고려할 요소이지 소송요건 심사단계에서 고려할 요소가 아님

2 처분 등의 존재(대상적격)

1. 처분(취소소송의 제1대상)

(1) 행정행위와 처분의 구별은 이원설(다수설)에 따름
처분의 개념이 행정행위의 개념보다 더 넓은 개념

(2) 처분 등 개념요소
① 행정청의 행위일 것
  ㉠ 행정청은 기능상 개념
  ㉡ 위임·위탁받은 공공단체 및 사인도 포함됨
  ㉢ 상대방의 권리를 제한하는 행위라 하더라도 행정청 또는 소속기관이나 권한을 위임받은 공공단체 등의 행위가 아닌 경우: 행정처분이 아님
  ㉣ 입찰참가자격 제한조치의 경우
    ⓐ 「국가를 당사자로 하는 계약에 관한 법률」에 따라 각 중앙관서의 장이 행하는 입찰참가자격 제한조치: 처분성 인정
    ⓑ 한국토지주택공사, 한국전력공사 등의 정부투자기관이 회계규정에 의하여 행한 입찰참가자격 제한조치: 처분성 인정
② 구체적 사실에 관한 행위일 것: 처분법규, 일반처분 모두 처분에 해당함
  ⇨ 고시도 집행행위의 매개 없이 직접 국민의 권리·의무를 규율하는 경우: 처분성 인정
③ 법집행행위일 것
④ 공권력의 행사일 것: 공법상 계약, 공법상 합동행위는 처분성 부정

(3) 거부행위의 처분성
① 공권력행사의 거부처분(소극적 처분)
  ㉠ 공권력행사의 거부일 것: 일반재산(개정 전 잡종재산)의 임대·매각신청 거부는 처분성 부정
  ㉡ 거부가 신청인의 법률관계에 영향을 줄 것
  ㉢ 법규상 또는 조리상 신청권이 있을 것: 거부가 처분이 되려면, 신청인에게 법규상 또는 조리상의 신청권이 있어야 함
② 구체적 검토: 신청권은 신청의 인용이라는 만족적 결과를 얻을 권리를 의미하는 것이 아니라 관계 법규의 해석상 일반국민에게 그러한 신청권을 인정하고 있는가를 살펴 추상적으로 판단하여야 함

> **주의** 추상적으로 판단하는 것이지 구체적으로 판단하는 것은 아님

판례정리

1	주민등록번호가 유출된 경우에 조리상 주민등록번호의 변경을 요구할 신청권이 있어야 한다. 피해자의 의사와 무관하게 주민등록번호가 유출된 경우에는 조리상 주민등록번호의 변경을 요구할 신청권을 인정함이 타당하고, 구청장의 주민등록번호 변경신청 거부행위는 항고소송의 대상이 되는 행정처분에 해당한다(대판 2017.6.15. 2013두2945). **19. 국가직 9급** 인터넷 포털사이트의 개인정보 유출사고로 주민등록번호가 불법유출되었음을 이유로 주민등록번호 변경신청을 하였으나 관할 구청장이 이를 거부한 경우, 그 거부행위는 처분에 해당한다.
2	<출입국관리법이 난민인정 거부사유를 서면으로 통지하도록 규정한 취지 및 난민인정에 관한 신청을 받은 행정청이 법령이 정한 난민요건과 무관한 다른 사유만을 들어 난민인정을 거부할 수 있는지 여부> 출입국관리법이 난민인정 거부사유를 서면으로 통지하도록 규정한 것은 행정청으로 하여금 난민요건에 관한 신중한 조사와 판단을 거쳐 정당한 처분을 하도록 하고, 처분의 상대방에게 처분근거를 제시하여 이에 대한 불복신청에 편의를 제공하며, 나아가 이에 대한 사법심사의 심리범위를 명확하게 하여 이해관계인의 신뢰를 보호하고 절차적 권리를 보장하기 위한 것이다. … 난민인정에 관한 신청을 받은 행정청은 원칙적으로 법령이 정한 난민요건에 해당하는지를 심사하여 난민인정 여부를 결정할 수 있을 뿐이고, 이와 무관한 다른 사유만을 들어 난민인정을 거부할 수 없다(대판 2017.12.5. 2016두42913).
3	건축주가 토지소유자로부터 토지사용승낙서를 받아 그 토지 위에 건축물을 건축하는 대물적 성질의 건축허가를 받았다가 착공에 앞서 건축주의 귀책사유로 해당 토지를 사용할 권리를 상실한 경우, 건축허가의 존재로 말미암아 토지에 대한 소유권 행사에 지장을 받을 수 있는 토지소유자로서는 건축허가의 철회를 신청할 수 있다고 보아야 한다. 따라서 토지소유자의 위와 같은 신청을 거부한 행위는 항고소송의 대상이 된다(대판 2017.3.15. 2014두41190). **19. 지방직 9급** 건축주가 토지소유자로부터 토지사용승낙서를 받아 그 토지 위에 건축물을 건축하는 건축허가를 받았다가 착공에 앞서 건축주의 귀책사유로 해당 토지를 사용할 권리를 상실한 경우, 토지소유자의 건축허가 철회신청을 거부한 행위는 항고소송의 대상이 된다.
4	제소기간이 도과하여 불가쟁력이 생긴 행정처분에 대하여 국민에게 그 변경을 구할 신청권이 없다(대판 2007.4.26. 2005두11104). **19. 서울시 9급(2월)** 제소기간이 이미 도과하여 불가쟁력이 생긴 행정처분에 대하여는, 관계법령의 해석상 그 변경을 요구할 신청권이 인정될 수 있는 특별한 사정이 없는 한 국민에게 그 행정처분의 변경을 구할 신청권이 없다.
5	주민등록번호가 피해자의 의사와 무관하게 유출된 경우 조리상 주민등록번호의 변경을 요구할 신청권이 인정된다(대판 2017.6.15. 2013두2945).

신청권 인정	신청권 부정
• 서울교육대학교원의 임용거부시 「교육공무원법」제52조에 의한 소청심사청구권 • 임용지원자가 유일한 면접심사 대상자로 선정되는 등 장차 나머지 일부의 심사단계를 거쳐 대학교원으로 임용될 것을 상당한 정도로 기대할 수 있는지 지위에 이른 경우 임용신청권 • 「공공주택 특별법」상 이주대책 대상자 선정거부시 거부처분취소청구권 • 조리상 검사임용신청에 대한 응답요구권 • 「평생교육법」상 학력인정시설의 설치자 변경신청에 대한 거부처분	• 일반주민의 도시계획 변경청구권 • 산림훼손 용도변경신청권 • 행정규칙에 의한 철거민의 시영아파트 특별분양신청권 • 공립대학교원 임용지원자에게 임용 여부에 대한 응답신청권 • 행정청에 대하여 제3자에 대한 건축허가의 취소나 준공검사의 취소 또는 건축물의 철거 등 필요한 조치를 명할 신청권 • 직권취소나 철회를 요구할 신청권

• 일정한 행정처분을 구하는 신청을 할 수 있는 법률상 지위에 있는 자의 국토이용계획 변경 신청 • 도시계획구역 내 토지 등을 소유하고 있는 주민의 도시계획입안을 요구할 권리 • 문화재 보호구역 내 토지소유자의 문화재 보호구역 지정해제신청 • 새만금간척종합개발사업에 관하여 환경영향평가 대상지역 내 거주주민의 공유수면매립면허 취소·변경을 요구할 조리상 신청권 • 이미 부과처분에 따라 납부한 개발부담금 중 부과처분 후 납부한 개발비용인 학교용지부담금에 해당하는 금액에 대하여 조리상 그 취소나 변경 등 환급에 필요한 처분을 신청할 권리 • 상수원 수질보전에 필요한 지역의 토지소유자가 국가에 행하는 토지매수신청 • 평생교육시설 설치자 명의변경신청권	• 법률에 의하여 당연퇴직된 공무원의 복직·재임용의 신청 • 중요무형문화재 보유자 추가인정신청권 **19. 변호사** 중요무형문화재 보유자의 추가인정 여부는 행정청의 재량에 속하고, 특정 개인에게 자신을 보유자로 인정해 달라는 법규상 또는 조리상 신청권이 있다고 할 수 없어, 중요무형문화인 경기민요 보유자 추가인정신청에 대한 거부는 항고소송의 대상이 되지 않는다. • 지정된 전통사찰에 대한 등록말소신청권 • 지자체장에 대한 국유 잡종재산(현 일반재산) 대부신청권 • 회사의 근로복지공단에 대한 사업주 변경신청권 **19. 변호사** 업무상 재해를 당한 甲의 요양급여신청에 대하여 근로복지공단이 요양승인처분을 하면서 사업주를 乙 주식회사로 보아 요양승인사실을 통지하자, 乙 주식회사가 甲이 자신의 근로자가 아니라고 주장하면서 근로복지공단에 사업주 변경을 신청하였으나 이를 거부하는 통지를 받은 경우, 근로복지공단의 결정에 따라 산업재해보상보험의 가입자지위가 발생하는 것이 아니므로 乙 주식회사에게 법규상 또는 조리상 사업주 변경신청권이 인정되지 않아, 위 거부통지는 항고소송의 대상이 되지 않는다.

(4) 개별적 검토

① 비권력적 사실행위: 처분성 부정
② 부지사전승인과 같은 부분허가도 처분성이 인정되나, 부지사전승인처분 후 건설허가처분이 있게 되면 건설허가처분만이 취소소송의 대상이 됨
③ 감액경정처분: 감액되고 남은 **당초처분**이 취소소송의 대상이 됨
④ 증액경정처분: **증액경정처분**만이 취소소송의 대상이 됨
> ✓ **주의** 당초처분의 위법사유 주장이 가능함. 그러나 당초처분의 절차적 하자는 승계되지 않음

📋 판례정리

1	행정청이 산업재해보상보험법에 의한 보험급여 수급자에 대하여 부당이득 징수결정을 한 후 징수결정의 하자를 이유로 징수금 액수를 감액하는 경우에 … 그에 의하여 징수금의 일부취소라는 징수의무자에게 유리한 결과를 가져오는 처분이므로 징수의무자에게는 그 취소를 구할 소의 이익이 없다. … 감액처분을 항고소송의 대상으로 할 수는 없고, 당초 징수결정 중 감액처분에 의하여 취소되지 않고 남은 부분을 항고소송의 대상으로 할 수 있을 뿐이며, 그 결과 제소기간의 준수 여부도 감액처분이 아닌 당초처분을 기준으로 판단해야 한다(대판 2012.9.27. 2011두27247).
2	납세자가 감액경정청구 거부처분에 대한 취소소송을 제기한 후 증액경정처분이 이루어져서 그 증액경정처분에 대하여도 취소소송을 제기한 경우에는 특별한 사정이 없는 한 동일한 납세의무의 확정에 관한 심리의 중복과 판단의 저촉을 피하기 위하여 감액경정청구 거부처분의 취소를 구하는 소는 그 취소를 구할 이익이나 필요가 없어 부적법하다(대판 2005.10.14. 2004두8972).

⑤ **재량행위**: 재량행위도 처분에 해당하여 취소소송의 대상이 됨(재량행위가 재량의 일탈·남용에 이르지 않고 행정행위가 '**부당함**'에 그치는 경우에는 법원은 처분을 취소할 수 없음)

처분성 긍정	처분성 부정
• **변상금** 부과처분 • 어떠한 처분의 근거가 행정규칙에 규정되어 있으나, 그 처분이 상대방의 권리·의무에 직접 영향을 미치는 행위의 경우(행정규칙에 의한 불문경고) **18. 서울시 7급** 판례에 의하면, 행정규칙에 의한 불문경고 조치는 차후 징계감경사유로 작용할 수 있는 표창대상자에서 제외되는 등의 인사상 불이익을 줄 수 있고, 이는 직접적 효과에 해당하므로 항고소송의 대상인 행정처분에 해당한다. • 정부간 항공노선의 개설에 관한 잠정협정 및 비밀양해각서와 건설교통부(현 국토교통부) 내부지침에 의한 항공노선에 대한 운수권배분처분 • 과세관청의 원천징수의무자에 대한 소득금액 변동통지 • 「국토의 계획 및 이용에 관한 법률」상 토지거래 허가구역의 지정 • 정보통신윤리위원회(현 방송통신심의위원회)가 특정 인터넷사이트를 청소년 유해매체물로 결정한 행위 • 친일 반민족행위자 재산조사위원회의 재산조사 개시결정 • 공정거래위원회의 '표준약관 사용권장행위' • 행정청이 건축물에 관한 건축물대장을 직권 말소한 행위 • 지적공부 소관청이 **토지대장을 직권으로 말소한 행위** • 토지면적 등록신청 반려처분 • **세무조사결정** • 구 부당한 공동행위 자진신고자 등에 대한 시정 조치 등 감면제도 운영고시 제14조 제1항에 따른 시정조치 등 감면신청에 대한 감면불인정 통지 • 「진실·화해를 위한 과거사정리 기본법」제26조에 따른 진실·화해를 위한 과거사정리위원회의 진실 규명결정 • 「택지개발촉진법」상의 택지개발예정지구지정 및 택지개발 사업시행자에 대한 택지개발 계획승인	• 과세관청이 사업자등록을 관리하는 과정에서 위장사업자의 사업자명의를 직권으로 실사업자의 명의로 정정하는 행위 • 해양수산부장관의 항만 명칭결정 • 의료보호진료기관이 보호기관에 제출한 진료비 청구명세서에 대한 의료보험연합회의 심사결과 통지 • 법령상 신고사항이 아닌 사항의 신고의 수리 • 한국마사회의 조교사 및 기수 면허 부여 또는 취소 • 당연퇴직의 통보 • 정년퇴직의 통보 • 운수사업 면허대상자 선정행위에서의 추첨 • 환지계획 • 소득세 원천징수의무자의 원천징수행위 • 대학입시기본계획 내의 내신성적산정지침(일반적·추상적 내부법규) • **공매결정**(행정청의 내부적 의사결정) • **공매통지** • 공정거래위원회의 회신조치 • 경제기획원장관의 예산편성지침통보 • 위법건축물에 대한 단수·단전화조치에 대한 요청행위 • 위성망 국제등록신청 • 검사의 불기소·공소제기 • 각종 공사(한국전력공사, 수도권매립지관리공단)가 한 부정당업자에 대한 입찰참가자격 제한 • 공장입지기준확인 • 서울특별시 지하철공사의 임원과 직원에 대한 징계 • 운전면허 행정처분처리대장상의 벌점부과행위 • 군의관의 신체등위판정 • 전문직 공무원계약 해지의 의사표시 • 다른 행정청의 동의는 그 자체 별개의 행정처분이 아님 • 공정거래위원회의 고발 • 결손처분 또는 결손처분의 취소 • 혁신도시 입지선정행위 • 군의관의 신체등위판정

- 「수도법」에 의하여 지방자치단체인 수도사업자가 수돗물의 공급을 받는 자에 대하여 하는 수도료의 부과징수
- 처분법규: 집행행위 개입 없이 그 자체가 직접 국민의 구체적 권리·의무나 법적 이익에 영향을 미치는 경우(두밀분교폐지조례), 약제급여·비급여목록 및 급여상한금액표(보건복지부 고시)
- 「국유재산법」상 무단점유자에 대한 변상금 부과
- 행정청(서울특별시장, 국방부장관)이 행한 경쟁입찰참가자격 제한처분
- 노동조합규약의 변경보완시정명령
- 국립대학학생에 대한 퇴학처분
- 지방의회의 징계의결
- 지방의회의 의장선거
- 「폐기물관리법」상의 폐기물처리사업계획의 부적정 통보
- 국가나 지방자치단체에 근무하는 청원경찰에 대한 징계처분
- 행정재산의 사용·수익에 대한 허가
- 공무원연금관리공단의 급여에 관한 결정
- 환지예정지 지정이나 환지처분
- 국가인권위원회 성희롱결정 및 시정조치권고
- 금융기관 임원에 대한 금융감독원장의 문책 경고(전 대표이사에 대한 문책 경고는 처분성 ✕)
- 과세관청의 소득처분에 따른 소득금액변동통지
- 친일 반민족행위자 재산조사위원회의 재산조사개시결정
- 지방의회의 지방의원 제명처분
- 지방의회의장에 대한 지방의회의 불신임의결
- 교통안전공단의 분담금납부통지
- 대한주택공사가 시행한 택지개발사업 및 이에 따른 이주대책에 관한 처분
- 성업공사(현 한국자산관리공사)의 공매의 처분성 긍정
- 한국수력원자력공사의 입찰참가자격 제한처분
- 「건축법」상 이행강제금
- 토지거래허가구역 지정
- 개별공시지가결정
- 국방전력발전업무훈령에 따른 연구개발확인서 발급 및 그 거부

- 한국마사회가 조교사 또는 기수의 면허를 부여하거나 취소하는 것
- 통고처분
- 과태료부과
- 「농지법」상 이행강제금
- 토지대장 명의변경신청 반려
- 병역기피자의 인적사항 공개: '지방'병무청장의 1차 공개결정
- 국세환급금결정이나 그 결정을 구하는 신청에 대한 환급거부결정
- 「국세징수법」상 가산금 및 중가산금의 지급
- 공공기관 입찰의 낙찰적격 심사기준인 점수를 감점한 조치
  - **주의** '입찰참가자격 제한'을 제외한 웬만한 입찰 관련 판례는 '사법'
- 경찰공무원시험승진후보자명부에 등재된 자가 승진임용되기 전에 감봉 이상의 징계처분을 받은 경우, 임용권자가 당해인을 시험승진후보자명부에서 삭제한 행위
- 과세관청이 위장사업자의 사업자명의를 직권으로 실사업자의 명의로 정정하는 행위
- 법인세 과세표준 결정 및 손금불산입 처분

- 「군인연금법」상 선순위 유족이 유족연금수급권을 상실함에 따라 동순위 또는 차순위 유족이 유족연금수급권 이전청구를 한 경우, 이에 대한 국방부장관의 결정
- 기반시설부담금 납부의무자의 환급신청에 대하여 행정청이 전부 또는 일부 환급을 거부하는 결정
- 법무사의 사무원 채용승인신청에 대하여 소속 지방법무사회가 채용승인을 거부하는 행위
- 조달청의 나라장터 종합쇼핑몰의 거래정지조치
- 지방자치단체장이 기부채납 및 사용·수익허가의 방식으로 민간투자사업을 추진하는 과정에서 사업시행자를 지정하기 위한 전 단계에서 공모제안을 받아 일정한 심사를 거쳐 우선협상대상자를 선정하는 행위
- 「감염병의 예방 및 관리에 대한 법률」상 예방접종 피해보상 거부처분에 대하여 한 이의신청의 기각결정
- 교육부장관이 대통령에게 임용제청을 하면서 대학에서 추천한 복수의 총장후보자들 중 일부를 임용제청에서 제외한 행위
- 병역기피자의 인적사항 공개: 병무청장의 최종 공개
- 공정거래위원회가 구 「하도급거래 공정화에 관한 법률」 제26조 제2항 후단에 따라 관계 행정기관의 장에게 한 원사업자 또는 수급사업자에 대한 입찰참가자격의 제한을 요청한 결정
- 산업단지관리공단이 구 「산업집적활성화 및 공장설립에 관한 법률」에 따른 변경계약의 취소
- 총포·화약안전기술협회의 회비납부통지
- 함양군 지방공무원 징계양정에 관한 규칙에 근거한 불문경고
- 경기도 교육청의 이미 이루어진 감사결과 조치사항과 동일한 내용으로 이루어진 시정명령

📌 **판례정리**

1	공무원이 소속장관으로부터 받은 서면에 의한 경고가 국가공무원법상의 징계처분이나 행정소송의 대상이 되는 행정처분이라고 할 수 없다(대판 1991.11.12. 91누2700).
2	도시 및 주거환경정비법에 따른 이전고시는 준공인가의 고시로 사업시행이 완료된 이후에 관리처분계획에서 정한 바에 따라 종전의 토지 또는 건축물에 대하여 정비사업으로 조성된 대지 또는 건축물의 위치 및 범위 등을 정하여 소유권을 분양받을 자에게 이전하고 가격의 차액에 상당하는 금액을 청산하거나 대지 또는 건축물을 정하지 않고 금전적으로 청산하는 공법상 처분이다(대판 2016.12.29. 2013다73551).
3	<감차명령이 항고소송의 대상이 되는 처분에 해당한다는 판례> 여객자동차 운수사업법 제85조 제1항 제38호에 의하면, 운송사업자에 대한 면허에 붙인 조건을 위반한 경우 감차 등이 따르는 사업계획변경명령을 할 수 있는데, 감차명령의 사유가 되는 '면허에 붙인 조건을 위반한 경우'에서 '조건'에는 운송사업자가 준수할 일정한 의무를 정하고 이를 위반할 경우 감차명령을 할 수 있다는 내용의 '부관'도 포함된다(사후부관). … 감차명령은 행정소송법 제2조 제1항 제1호가 정한 처분으로서 항고소송의 대상이 된다(대판 2016.11.24. 2016두45028).
4	교육공무원법상 승진후보자 명부에 의한 승진심사 방식으로 행해지는 승진임용에서 승진후보자명부에 포함되어 있던 후보자를 승진임용 인사발령에서 제외하는 행위가 항고소송의 대상인 처분에 해당한다(대판 2018.3.27. 2015두47492). **19. 지방직 7급** 「교육공무원법」에 따라 승진후보자 명부에 포함되어 있던 후보자를 승진심사에 의해 승진임용 인사발령에서 제외하는 행위는 항고소송의 대상인 처분으로 보아야 한다.
5	<공정거래위원회가 부당한 공동행위를 한 사업자에게 과징금 부과처분(선행처분)을 한 뒤, 다시 자진신고 등을 이유로 과징금 감면처분(후행처분)을 한 경우, 선행처분의 취소를 구하는 소는 적법하지 않다는 판례> 후행처분은 자진신고 감면까지 포함하여 처분상대방이 실제로 납부하여야 할 최종적인 과징금액을 결정하는 종국적 처분이고, 선행처분은 이러한 종국적 처분을 예정하고 있는 일종의 잠정적 처분으로서 후행처분이 있을 경우 선행처분은 후행처분에 흡수되어 소멸한다(대판 2015.2.12. 2013두987).
6	방산물자 지정취소는 당해 방산물자에 대하여 방산업체로 지정되어 이를 생산하는 자의 권리의무에 직접 영향을 미치는 행위로서 항고소송의 대상이 되는 행정처분에 해당한다(대판 2009.12.24. 2009두12853).
7	기존의 행정처분을 변경하는 후속처분의 내용이 종전처분의 유효를 전제로 내용 중 일부만을 추가·철회·변경하는 것이고 그 부분이 내용과 성질상 나머지 부분과 불가분적인 것이 아닌 경우, 종전처분이 항고소송의 대상이 된다(대판 2015.11.19. 2015두295 전합).
8	중소기업기술정보진흥원장이 甲 주식회사와 중소기업 정보화지원사업 지원대상인 사업의 지원에 관한 협약을 체결하였는데, 협약이 甲 회사에 책임이 있는 사업실패로 해지되었다는 이유로 협약에서 정한대로 지급받은 정부지원금을 반환할 것을 통보한 사안에서, 협약의 해지 및 그에 따른 환수통보는 행정청이 우월한 지위에서 행하는 공권력의 행사로서 행정처분에 해당한다고 볼 수 없다(대판 2015.8.27. 2015두41449). **18. 국가직 9급** 구 「중소기업 기술혁신 촉진법」상 중소기업 정보화지원사업의 일환으로 중소기업기술정보진흥원장이 甲 주식회사와 중소기업 정보화지원사업에 관한 협약을 체결한 후 甲 주식회사의 협약 불이행으로 인해 사업실패가 초래된 경우, 중소기업기술진흥원장이 협약에 따라 甲에 대해 행한 협약의 해지 및 지급받은 정부지원금의 환수통보는 행정처분에 해당하지 않는다.
9	한국환경산업기술원장이 환경기술개발사업 협약을 체결한 甲 주식회사 등에게 연차평가 실시 결과 절대평가 60점 미만으로 평가되었다는 이유로 연구개발 중단 조치 및 연구비 집행중지조치를 한 사안에서, 각 조치가 항고소송의 대상이 되는 행정처분에 해당한다(대판 2015.12.24. 2015두264).

10	기수 및 조교사 면허취소가 행정처분에 해당하지 않는다(대판 2008.1.31. 2005두8269). **15. 경행특채 1차** 한국마사회가 조교사 또는 기수의 면허를 부여하거나 취소하는 것은 경마를 독점적으로 개최할 수 있는 지위에서 우수한 능력을 갖추었다고 인정되는 사람에게 경마에서의 일정한 기능과 역할을 수행할 수 있는 자격을 부여하거나 이를 박탈하는 것에 지나지 아니하므로 처분성이 인정되지 않는다.
11	<법무법인 공정증서 작성행위가 항고소송의 대상이 되는 행정처분에 해당하지 않는다는 판례> 사인간 법률관계의 존부를 공적으로 증명하는 공증행위에 불과하여 그 효력을 둘러싼 분쟁의 해결이 사법원리에 맡겨져 있거나 행위의 근거법률에서 행정소송 이외의 다른 절차에 의하여 불복할 것을 예정하고 있는 경우에는 항고소송의 대상이 될 수 없다고 보는 것이 타당하다(대판 2012.6.14. 2010두19720).
12	상표권자인 법인에 대한 청산종결등기가 되었음을 이유로 한 상표권의 말소등록행위는 항고소송의 대상이 될 수 없다(대판 2015.10.29. 2014두2362).
13	원천징수에 있어서 원천납세의무자는 과세권자가 직접 그에게 원천세액을 부과한 경우가 아닌 한 과세권자의 원천징수의무자에 대한 납세고지로 인하여 자기의 원천세납세의무의 존부나 범위에 아무런 영향을 받지 아니하므로 이에 대하여 항고소송을 제기할 수 없다(대판 1994. 9.9. 93누22234). **19. 국회직 8급** 원천납세의무자는 원천징수의무자에 대한 납세고지를 다툴 수 있는 원고적격이 없다.
14	법무사의 사무원 채용승인신청에 대하여 소속 지방법무사회가 '채용승인을 거부'하는 조치 또는 일단 채용승인을 하였으나 법무사규칙 제37조 제6항을 근거로 '채용승인을 취소'하는 조치가 항고소송의 대상인 '처분'에 해당한다(대판 2020.4.9. 2015다34444).
14-1	지방법무사회가 법무사의 사무원 채용승인신청을 거부하거나 채용승인을 얻어 채용 중인 사람에 대한 채용승인을 취소한 경우, 그 때문에 사무원이 될 수 없게 된 사람에게 항고소송을 제기할 원고적격이 인정된다(대판 2020.4.9. 2015다34444).

2. 재결(취소소송의 제2대상)

(1) 원처분주의

원처분주의와 재결주의	① 원처분주의 • 원처분과 재결을 모두 소송대상으로 하지만 원칙적으로 원처분에 대해서만 소송을 제기할 수 있음 • 재결은 재결 자체에 고유한 위법이 있는 경우에 한하여 소송을 제기할 수 있음 ② 재결주의: 재결에 대해서만 취소소송을 제기할 수 있음
「행정소송법」 규정 - 원처분주의를 규정	① 원처분의 위법을 이유로 행정심판재결에 대한 취소소송을 제기할 수 없음 ② 재결의 고유한 위법의 의미 • 원처분에는 없고 재결 자체에만 존재하는 위법을 의미함 • 재결의 주체·형식, 절차상의 위법뿐만 아니라 내용에 관한 위법도 포함됨
구체적 검토	① 적법한 행정심판청구를 부적법하다고 보아 각하한 재결: 재결에 고유한 하자가 있어, 재결이 행정소송의 대상이 됨 ② 청구기각재결을 한 경우: 원칙적으로 재결에 고유한 하자가 없어, 원처분이 행정소송의 대상이 됨 ③ 제3자효 행정행위에 대한 인용재결의 경우: 재결이 취소소송의 대상이 됨 ④ 수정재결(적극적 변경)의 경우: 수정된 원처분이 행정소송의 대상이 됨 ⑤ 일부인용(취소)재결의 경우: 일부인용(취소)되고 남은 원처분이 행정소송의 대상이 됨

⑥ 재결 자체에 고유한 위법이 없음에도 재결 자체에 대해 소송이 제기된 경우: 기각하여야 함(다수설·판례)
⑦ 의무이행소송에서 처분명령재결이 나온 경우: 이행처분과 처분명령재결 모두에 대하여 선택적으로 소를 제기할 수 있음

(2) 개별법상 재결주의를 취하고 있는 경우

① **재결주의를 채택한 경우**: 재결취소소송에서 재결 자체의 위법뿐만 아니라 원처분의 위법도 주장할 수 있음

선생님 tip 감·노·특

㉠ 감사원의 재심판정(재결주의)
㉡ 중앙노동위원회의 재심판정(재결주의)
㉢ 특허심판원의 심결(재결주의)

✓ **주의** 중앙토지수용위원회의 재결에 대한 불복(원처분주의)

15. 국회직 8급 중앙토지수용위원회의 재결에 이의가 있는 자는 중앙토지수용위원회에, 지방토지수용위원회의 재결에 이의가 있는 자는 해당 지방토지수용위원회를 거쳐 중앙토지수용위원회에 이의를 신청할 수 있다.

② **교원의 경우**

✓ **주의** 사립학교와 국·공립 교원 모두 원처분주의를 따름(사립학교 교원의 경우 교원소청심사위원회의 결정을 원처분으로 삼음)

㉠ **사립학교 교원**: ⓐ 민사소송을 제기하거나, ⓑ 교원소청심사위원회에 소청심사를 거친 후 그 결정에 대하여 교원소청심사위원회를 피고로 하여 취소소송을 제기할 수 있음(민사소송절차와 특별법에 따른 구제절차는 임의적·선택적)

㉡ **국·공립 교원**: 소청심사위원회의 결정을 거쳐, 원래의 징계처분(원처분)을 대상으로 원처분청을 피고로 하여 취소소송을 제기하여야 함

✓ **주의** 국·공립 교원의 경우 원처분'만'이 소의 대상이 되는 것은 아님(항고소송의 대상이 되는 것은 원처분인 징계처분이고, 교원소청심사위원회의 결정은 고유한 위법이 있는 경우에만 항고소송의 대상이 될 수 있음)

📋 판례정리

1	형성적 재결의 결과통보가 항고소송의 대상이 되는 행정처분에 해당하지 않는다. … 행정심판에 있어서 재결청의 재결내용이 처분청의 취소를 명하는 것이 아니라 처분청의 처분을 스스로 취소하는 것일 때에는 그 재결의 형성력이 발생하여 당해 행정처분은 별도의 행정처분을 기다릴 것 없이 당연히 취소되어 소멸되는 것이다(대판 1997.5.30. 96누14678).
2	원처분에 대한 형성적 취소재결이 확정된 후 처분청이 다시 원처분을 취소한 경우, 해당 처분이 항고소송의 대상이 되는 처분이라고 할 수 없다(대판 1998.4.24. 97누17131).
3	재결 취지에 따른 처분청의 취소처분이 위법한 경우 이를 항고소송으로 다툴 수 있다(대판 1993.9.28. 92누15093).

제3절 그 밖의 소송요건, 소의 변경 및 소송제기의 효과

1 그 밖의 소송요건

1. 제소기간

(1) 행정심판을 거치지 않은 경우
① 처분 등이 있음을 안 경우: 처분 등이 있음을 안 날로부터 90일

처분이 송달된 경우	• 처분 등이 있음을 안 날로부터 90일 이내 • 처분이 있음을 안 날: 처분이 있었음을 현실적으로 안 날을 의미하며, 처분의 위법이 있음을 안 날을 의미하는 것은 아님
고시 또는 공고의 경우	• 불특정 다수인에게 공고하는 경우: 고시 또는 공고가 효력을 발생하는 날에 처분이 있음을 알았다고 봄 • 특정인에 대한 처분을 주소불명 등의 이유로 송달할 수 없어 관보 등에 공고한 경우: 공고가 효력을 발생하는 날에 처분이 있음을 알았다고 볼 수는 없음
법률의 위헌결정으로 소제기가 가능해진 경우	처분 당시에는 취소소송의 제기가 법제상 허용되지 않아 소송을 제기할 수 없다가 위헌결정으로 인하여 비로소 취소소송을 제기할 수 있게 된 경우 객관적으로는 '위헌결정이 있은 날', 주관적으로는 '위헌결정이 있음을 안 날'에 비로소 취소소송을 제기할 수 있게 되어 이때를 제소기간의 기산점으로 삼아야 함
불변기간	• 제소기간(처분 등이 있음을 안 날로부터 90일 이내)은 불변기간임 • 다만, 주소 또는 거소가 멀리 떨어진 곳에 있는 사람을 위하여 부가기간을 정할 수 있고, 당사자가 그 책임을 질 수 없는 사유로 인하여 불변기간을 지킬 수 없었던 경우에는 그 사유가 없어진 날부터 2주 내에 게을리한 소송행위를 추완할 수 있음
불고지·오고지의 경우	「행정심판법」상 오고지에 관한 규정은 행정소송에 적용되지 않음 **18. 국가직 9급** 행정심판에서는 행정청이 상대방에게 심판청구기간을 법정심판청구기간보다 긴 기간으로 잘못 알린 경우에 그 잘못 알린 기간 내에 심판청구가 있으면 그 심판청구는 법정 심판청구기간 내에 제기된 것으로 보나 행정소송에서는 그렇지 않다.

② 처분이 있음을 알지 못한 경우: 처분이 있은 날로부터 1년
  ㉠ 원칙
    ⓐ 처분이 있은 날로부터 1년 내에 취소소송을 제기하여야 함
    ⓑ 처분이 있은 날: 상대방에게 행정처분의 효력이 발생한 날을 의미함
  ㉡ 예외
    ⓐ 정당한 사유가 있는 경우에는 1년이 경과하더라도 소송을 제기할 수 있음
    ⓑ 제3자효적 행정행위의 경우: 정당한 사유가 있는 경우에 해당하여, 1년이 경과하더라도 소제기가 가능함. 다만, 어떠한 경위로든 행정처분이 있음을 알았다면 처분이 있음을 안 날로부터 90일 이내에 소송을 제기하여야 함

ⓒ 90일과 1년의 관계: 두 기간 중 어느 하나의 기간이라도 먼저 경과하면 취소소송을 제기할 수 없음

13. **경행특채** 「행정소송법」상 제소기간은 처분이 있음을 안 날로부터 90일, 처분이 있은 날로부터 1년이다.

> **판례정리**
>
> | | |
> |---|---|
> | 1 | 아파트 경비원이 판례에 따라 부재중인 납부의무자에게 배달되는 과징금부과처분의 납부고지서를 수령한 경우에는 설사 경비원이 위 납부고지서를 수령한 때에 부과처분이 있음을 알았다고 하더라도 이로써 납부의무자 자신이 그 부과처분이 있음을 안 것과 동일하게 볼 수는 없다(대판 2002.8.27. 2002두3850).
13. 국회직 9급 판례는 처분이 있음을 안 날이라 함은 당해 처분이 있었다는 사실을 현실적으로 알 수 있었던 날을 의미한다고 한다. |
> | 2 | 인터넷 웹사이트에 대하여 구 청소년 보호법에 따른 청소년유해매체물 결정·고시처분을 한 사안에서, 위 결정은 이해관계인이 고시가 있었음을 알았는지 여부에 관계없이 관보에 고시됨으로써 효력이 발생하고, 그가 위 결정을 통지받지 못하였다는 것은 제소기간을 준수하지 못한 것에 대한 정당한 사유가 될 수 없다(대판 2007.6.14. 2004두619). |
> | 3 | 원고가 행정소송법상 항고소송으로 제기해야 할 사건을 민사소송으로 잘못 제기하여 수소법원이 관할법원에 이송하는 결정을 하고 이송결정이 확정된 후 원고가 항고소송으로 소 변경을 한 경우, 그 항고소송에 대한 제소기간 준수 여부를 판단하는 기준 시기는 처음 소를 제기한 때이다(대판 2022.11.17. 2021두44425). |

(2) 행정심판을 거친 경우
① 정본을 송달받은 경우: 재결서의 정본을 송달받은 날로부터 90일 이내(불변기간)
② 정본을 송달받지 못한 경우: 재결이 있은 날부터 1년

(3) 이의신청을 거친 경우

> 「행정기본법」 제36조 【처분에 대한 이의신청】 ④ 이의신청에 대한 결과를 통지받은 후 행정심판 또는 행정소송을 제기하려는 자는 그 결과를 통지받은 날(제2항에 따른 통지기간 내에 결과를 통지받지 못한 경우에는 같은 항에 따른 통지기간이 만료되는 날의 다음 날을 말한다)부터 90일 이내에 행정심판 또는 행정소송을 제기할 수 있다.

(4) 제소기간 준수 여부의 기준시점
① 소의 변경
  ㉠ 소 종류를 변경한 경우(「행정소송법」에 따른 소의 변경): 처음의 소를 제기한 때
  ㉡ 청구취지를 변경한 경우(「민사소송법」에 따른 소의 변경): 소의 변경이 있은 때
② 처분변경명령재결에 따른 변경처분의 경우
  ㉠ 소송의 대상: 변경된 당초처분
  ㉡ 제소기간: 행정심판재결서 정본을 송달받은 날로부터 90일 이내
③ 소의 추가적 병합의 경우: 원칙상 추가병합신청이 있은 때

> **판례정리**
>
> 1. 행정처분의 무효확인을 구하는 소에는 특단의 사정이 없는 한 그 취소를 구하는 취지도 포함되어 있다고 보아야 하는 점 등에 비추어 볼 때, 동일한 행정처분에 대하여 무효확인의 소를 제기하였다가 그 후 그 처분의 취소를 구하는 소를 추가적으로 병합한 경우, 주된 청구인 무효확인의 소가 적법한 제소기간 내에 제기되었다면 추가로 병합된 취소청구의 소도 적법하게 제기된 것으로 봄이 상당하다(대판 2005.12.23. 2005두3554).
>   **19. 서울시 7급** 행정처분의 무효확인을 구하는 소에는 특단의 사정이 없는 한 그 취소를 구하는 취지도 포함되어 있다고 보아야 한다.

④ 재조사결정: 행정심판기관의 '재조사결정'에 따른 심사청구기간이나 심판청구기간 또는 행정소송의 제소기간의 기산점은 후속 처분의 통지를 받은 날이 됨

(5) 다른 주관적 소송의 경우

무효등 확인소송	① 제소기간에 관한 규정이 적용되지 않음 ② 다만, 무효선언적 의미의 취소소송에는 취소소송의 경우와 동일하게 제소기간의 제한이 있음
부작위법 확인소송	① 행정심판을 거쳐 소송을 제기하는 경우: 제소기간의 제한 있음 ② 행정심판을 거치지 않고 소송을 제기하는 경우: 제소기간의 제한 없음
당사자소송	① 취소소송의 제소기간에 관한 규정이 적용되지 않음 ② 「행정소송법」에는 당사자소송의 제소기간에 대하여 별도의 제한이 없음 ③ 다만, 당사자소송에 관하여 개별법령에 제소기간이 규정된 경우 그 기간은 불변기간

2. 행정심판과 취소소송의 관계

(1) 행정심판임의주의(원칙)
① 우리 「행정소송법」도 행정심판임의주의를 채택함
② 처분에 대하여 행정심판을 거쳐 취소소송을 제기할 수도 있고, 곧바로 취소소송을 제기할 수도 있음

(2) 필요적(예외적) 행정심판전치주의(예외)
① 의의: 다른 법률에 해당 처분에 대한 행정심판의 재결을 거치지 아니하면 취소소송을 제기할 수 없다는 규정이 있는 경우에 인정됨
② 필요적 전치주의가 규정된 다른 법률의 예: 「국가공무원법」, 「지방공무원법」, 「교육공무원법」, 「관세법」, 「국세기본법」, 「도로교통법」 등 **선생님 tip** 국·공·도
③ 심판청구의 적법성
  ㉠ 부적법한 심판청구를 각하하지 않고 본안에 대한 재결을 한 경우: 행정심판전치의 요건을 충족하지 못함
  ㉡ 적법한 심판청구를 부적법한 것으로 각하한 경우: 행정심판전치의 요건을 충족하였다고 봄
④ 전치요건 충족의 시기 및 판단
  ㉠ 사실심변론종결시까지 행정심판절차를 거친 경우에는 요건의 흠결이 치유됨
  ㉡ 행정심판을 거친 것인지의 여부는 법원의 직권조사사항
    15. 국회직 8급 필요적 행정심판전치주의가 적용되는 경우 그 요건을 구비하였는지 여부는 법원의 직권조사사항이다.

> **판례정리**
>
> 1. 행정심판을 거치지 않고 소를 제기하였으나 그 뒤 사실심변론종결 전까지 행정심판전치의 요건을 갖추었다면 흠이 치유된다(대판 1963.3.9. 63누9).
> 2. 행정심판의 재결이 있기 전에 제기된 취소소송은 부적법하나 소가 각하되기 전에 재결이 있으면 그 흠은 치유된다(대판 1965.6.29. 65누57).

⑤ 예외적 전치제도의 완화

행정심판제기는 하되 재결을 거칠 필요가 없는 경우(제18조 제2항)	행정심판을 제기함이 없이 취소소송을 제기할 수 있는 경우(제18조 제3항)
• 행정심판청구가 있은 날로부터 60일이 지나도 재결이 없는 때 • 처분의 집행 또는 절차의 속행으로 생길 중대한 손해를 예방하여야 할 긴급한 필요가 있는 때 **14. 사회복지직 9급** 필요적 행정심판전치주의가 적용되는 경우 처분의 집행 또는 절차의 속행으로 생길 중대한 손해를 예방하여야 할 긴급한 필요가 있는 때에는 재결을 거치지 아니하고 취소소송을 제기할 수 있으나, 이 경우에도 행정심판은 제기하여야 한다. • 법령의 규정에 의한 행정심판기관이 의결 또는 재결을 하지 못할 사유가 있는 때 • 그 밖의 정당한 사유가 있는 때	• 동종사건에 관하여 이미 행정심판의 기각재결이 있은 때 • 서로 내용상 관련되는 처분 또는 같은 목적을 위하여 단계적으로 진행되는 처분 중 어느 하나가 이미 행정심판의 재결을 거친 때 • 행정청이 사실심의 변론종결 후 소송의 대상인 처분을 변경하여 당해 변경된 처분에 관하여 소를 제기하는 때 • 처분을 행한 행정청이 행정심판을 거칠 필요가 없다고 잘못 알린 때(처분청이 아닌 행정심판 업무담당 공무원이 잘못 알린 경우도 포함)

⑥ 예외적 행정심판전치주의의 적용범위
  ㉠ 적용하는 경우: 취소소송, 부작위위법확인소송, 무효선언을 구하는 의미의 취소소송
  ㉡ 적용하지 않는 경우: 무효확인소송
⑦ 처분의 상대방이 아닌 제3자가 제소하는 경우: 행정심판전치주의가 적용됨

(3) 심판과 소송에서 공격·방어방법의 동일성 여부

심판절차에서 절차상 위법이 있다는 것을 주장하지 않았더라도 소송절차에서 이를 주장할 수 있음(판례)

2 소의 변경 및 소송제기의 효과

1. 소의 변경

(1) 「행정소송법」에 의한 소의 변경

① 소 종류의 변경

의의	• 청구의 기초에 변경이 없는 한 사실심변론종결시까지 당사자소송 또는 취소소송 외의 항고소송으로 변경하는 것 • 피고변경을 수반하는 경우에도 가능
요건	• 취소소송의 계속 • 사실심변론종결시까지 원고의 신청이 있을 것(법원 직권으로 소를 변경할 수 없음) • 당사자소송·취소소송 외의 항고소송으로 변경하는 경우일 것 • 청구의 기초에 변경이 없을 것 • 법원이 상당하다고 인정하여 허가결정을 할 것 • 피고를 달리할 경우 피고의 의견을 들어야 함
절차	소 변경을 허가할 때, 피고를 변경하는 경우에는 새로이 피고가 될 자의 의견을 들어야 함
효과	새로운 소는 변경시가 아닌 변경된 구 소를 제기한 때에 제기된 것으로 보며, 변경된 구 소는 취하된 것으로 봄
다른 소송의 경우	무효등확인소송·부작위위법확인소송을 다른 항고소송이나 당사자소송으로 변경하거나, 당사자소송을 항고소송으로 변경하는 경우도 가능 ✓ **주의** 무효등확인소송과 부작위위법확인소송 간의 변경에 대한 「행정소송법」상 명문규정은 없음

② 처분변경으로 인한 소의 변경

요건	• 처분의 변경이 있을 것 • 처분의 변경이 있음을 안 날로부터 60일 이내일 것 • 법원의 허가결정이 있어야 함 • 변경 전의 처분에 대하여 행정심판전치절차를 거쳤으면 새로운 처분에 대하여 별도의 행정심판을 거치지 않아도 됨
효과	새로운 소는 구 소가 제기된 때에 제기된 것으로 보며, 구 소는 취하된 것으로 봄
다른 소송의 경우	무효등확인소송과 당사자소송의 경우는 준용이 되나, 부작위위법확인소송의 경우에는 준용되지 않음

(2) 「민사소송법」에 의한 소의 변경

「행정소송법」에 규정이 없는 것은 「민사소송법」의 규정이 준용되므로 「민사소송법」에 의한 소의 변경도 가능함

(3) 행정소송과 민사소송간의 변경 가능 여부

행정소송과 민사소송간의 소 변경도 가능

2. 소송제기의 효과

(1) 중복제소금지, 집행부정지

(2) 취소소송과 가(假)구제
   ① 집행부정지 원칙: 취소소송을 제기하더라도 처분이 정지되지 않는다는 원칙
   ② 집행정지의 요건

적극적 요건	• 적법한 본안소송의 계속: 본안소송의 제기와 동시에 집행정지신청은 가능함. 본안소송이 취하되면 집행정지결정은 당연히 소멸함
	• 처분 등의 존재: 본안소송이 취소소송이나 무효등확인소송인 경우에만 집행정지가 허용됨(부작위위법확인소송은 집행정지가 허용되지 않음)
	• 회복하기 어려운 손해예방의 필요
	  - 금전보상이 불가능한 경우뿐만 아니라 금전보상으로는 사회관념상 행정처분을 받은 당사자가 참고 견딜 수 없거나, 참고 견디기 현저히 곤란한 경우의 유형·무형의 손해(손해의 규모가 현저히 클 필요는 없음)
	    ✓ **주의** '경제적 손실, 기업의 이미지, 신용 훼손'은 포함되지 않음
	  - 기업의 경우에는 중대한 경영상의 위기를 기준의 하나로 봄
	• 긴급한 필요: 본안판결을 기다릴 여유가 없는 경우

소극적 요건	• 공공복리(처분과 관련된 개별적·구체적인 공익)에 중대한 영향을 줄 우려가 없을 것 • 본안청구가 이유 없음이 명백하지 않을 것 ✓ **주의** '본안청구가 이유 없음이 명백하지 않을 것'에 관한 명문의 규정은 없으나, 해석상 소극적 요건에 해당함

> **판례정리**
>
> **1**
> 공공복리에 중대한 영향을 미칠 우려가 있을 때에는 집행정지결정을 할 수 없다. 그 판단 여부는 개별적·구체적으로 관계공익·사익을 비교·형량하여 상대적으로 판단해야 할 것이되, 이러한 집행정지의 소극적 요건에 대한 입증책임은 처분청에 있다(대결 1999.12.20. 99무42).
> **18. 변호사** 집행정지의 소극적 요건으로서 '공공복리에 중대한 영향을 미칠 우려가 없을 것'이라고 할 때의 공공복리는 그 처분의 집행과 관련된 구체적·개별적인 공익을 말하고, 피신청인인 행정청이 공공복리에 중대한 영향을 미칠 우려가 있다는 점을 주장·소명하여야 한다.

   ③ 집행정지의 절차: 당사자의 신청 또는 직권에 의함
   　㉠ 관할: 본안이 계속된 법원(상고심 포함)
   　㉡ 심리
   　　　ⓐ 집행정지의 적극적 요건은 신청인이 소명책임을 부담함
   　　　ⓑ 소극적 요건은 피신청인인 행정청이 소명책임을 부담함

④ 신청인적격
  ㉠ 본안소송의 당사자로서 법률상 이익이 있는 자
  ㉡ 제3자효 행정행위의 경우에는 제3자에게 원고적격이 있는 한 소송을 제기하고 원고의 입장에서 집행정지를 신청할 수 있다고 봄
    ✓ **주의** 제3자는 집행정지신청이 가능하나 사전통지의 대상은 되지 않음(단, 제3자라 할지라도 사전통지신청을 했다면 사전통지가 가능한 경우는 있음)

⑤ 집행정지의 대상
  ㉠ **거부처분: 집행정지의 대상이 되지 않음**
    ✓ **주의** 거부처분은 사전통지, 집행정지의 대상이 되지 않음
  ㉡ 유효기간 만료 후 허가갱신신청을 거부한 투전기업 소 갱신허가의 불허처분: 집행정지의 대상이 되지 않음
  ㉢ 부담: 집행정지의 대상

📖 판례정리

1	허가신청에 대한 거부처분은 그 효력이 정지되더라도 그 처분이 없었던 것과 같은 상태를 만드는 것에 지나지 아니하는 것이고 그 이상으로 행정청에 대하여 어떠한 처분을 명하는 등 적극적인 상태를 만들어 내는 경우를 포함하지 아니하는 것이므로, 교도소장이 접견을 불허한 처분에 대하여 효력정지를 한다 하여도 이로 인하여 위 교도소장에게 접견의 허가를 명하는 것이 되는 것도 아니고 또 당연히 접견이 되는 것도 아니어서 접견허가 거부처분에 의하여 생길 회복할 수 없는 손해를 피하는 데 아무런 보탬도 되지 아니하니 접견허가 거부처분의 효력을 정지할 필요성이 없다(대판 1991.5.2. 91두15). **18. 국가직 7급** 집행정지결정에 의하여 효력이 정지되는 처분이 당사자의 신청을 거부하는 것을 내용으로 하는 경우에는 집행정지결정을 할 필요성이 없다.
2	유효기간 만료 후 허가갱신신청을 거부한 투전기업소 갱신허가 불허처분에 대하여 집행정지를 구할 이익이 없다(대판 1993.2.10. 92두72).
3	효력정지결정의 효력은 결정주문에서 정한 시기까지 존속하고 그 시기의 도래와 동시에 효력이 당연소멸하므로, 보조금교부결정의 일부취소처분에 대해 효력정지결정을 하면서 주문에서 본안소송 판결선고시까지 처분의 효력을 정지한다고 한 경우, 본안소송 판결선고에 의해 정지결정의 효력은 소멸하고 동시에 당초의 보조금교부결정 취소처분의 효력이 당연히 되살아나고 효력정지기간 동안 교부된 보조금의 반환을 명하여야 한다(대판 2017.7.11. 2013두25498). **18. 국가직 7급** 보조금교부결정 취소처분에 대하여 법원이 효력정지결정을 하면서 주문에서 그 법원에 계속 중인 본안소송의 판결선고시까지 처분의 효력을 정지한다고 선언하였을 경우, 본안소송의 판결선고에 의하여 정지결정의 효력은 소멸하고 이와 동시에 당초의 보조금교부결정 취소처분의 효력이 당연히 되살아난다.

⑥ 집행정지결정의 내용
  ㉠ 처분의 효력정지: 해당 처분이 잠정적으로 존재하지 아니하는 상태로 두는 것
  ㉡ 처분의 집행정지
    ✓ **주의** 일부 집행정지가 가능함
  ㉢ 절차의 속행정지(단, 절차의 속행정지만으로 목적을 달성할 수 있는 경우에는 처분의 효력정지는 허용되지 않음)

⑦ 집행정지결정의 효력
　㉠ 형성력: 집행정지결정에 위반된 후속행위는 무효임. 복효적 행정행위의 경우 집행정지의 결정은 제3자에 대하여도 효력이 있음
　㉡ 기속력: 신청인·피신청인, 당사자인 행정청과 그 밖의 관계행정청도 기속함
　㉢ 시간적 효력: 정지결정대상인 처분의 발령시점에 소급하는 것이 아니라 집행정지결정시점부터 장래에 향하여 효력이 발생함
⑧ 집행정지결정의 취소: 법원은 당사자의 신청 또는 직권에 의하여 결정
⑨ 집행정지결정에 대한 불복: 집행정지결정에 대한 즉시항고는 결정의 집행을 정지하는 효력이 없음
　18. 국가직 7급 집행정지의 결정에 대하여는 즉시항고할 수 있으며, 이 경우 집행정지의 결정에 대한 즉시항고에는 결정의 집행을 정지하는 효력이 없다.
⑩ 「민사집행법」상 가처분의 준용 여부: 「민사집행법」상의 가처분은 항고소송에는 적용되지 않음
　(예) 당사자소송의 경우 「민사집행법」상의 가처분이 적용됨. 단, 집행정지가 적용되지 않음)
⑪ 효력정지신청 기각결정에 대하여 처분 자체의 적법 여부를 불복사유로 삼지 못함(대결 2011.4. 21. 2010무111 전합)

제4절 심리와 판결

1 취소소송의 심리 등

1. 취소소송의 심리

개설	① 당사자주의 ② 처분권주의: 개시·종료·범위결정을 당사자에게 맡기는 것 ③ 변론주의: 재판의 기초가 되는 자료수집·제출을 당사자에게 맡기는 것 ④ 행정소송: 당사자주의 원칙 + 직권주의 가미
내용	① 요건심리: 직권조사사항이며 소송요건이 결하되면 각하함. 사실심변론종결시를 기준으로 판단 ② 본안심리: 인용할 것인지 또는 기각할 것인지를 판단하기 위하여 사건의 본안을 심리하는 과정
범위	① 불고불리의 원칙 ② 법률문제·사실문제에 대한 심사권을 가짐 ③ 재량의 당·부당은 심사 불가(단, 재량행위에 대하여 취소소송이 제기된 경우, 법원은 곧바로 각하할 것이 아니라 재량권의 일탈·남용 여부를 검토하여야 함)
심리원칙	① 처분권주의: 소송의 개시, 심판대상의 결정, 소송의 종결 등을 당사자의 의사에 맡기는 것 ② 변론주의: 당사자가 제출한 소송자료를 재판의 기초로 삼아야 한다는 원칙 ③ 구술심리주의 ④ 공개주의 ⑤ 직접심리주의·쌍방심리주의 ⑥ 직권심리 　• 변론주의가 원칙 　• 기록에 현출되어 있는 상황에 대해서만 조사·판단할 수 있음(직권심리를 할 수 있다 하더라도 법원이 무제한으로 당사자가 주장하지 않은 사실을 판단할 수 있는 것은 아님)

입증책임	① 법률요건분류설(각 당사자는 자기에게 유리한 법규의 요건사실의 존부에 대해 입증책임을 짐) ② 소송요건과 같은 직권조사사항의 경우에도 입증책임이 문제되며, 이 경우 소송요건의 존재에 관한 입증책임은 원고에게 있음 ③ 재량의 일탈·남용이 있다는 점은 이를 주장하는 원고에게 입증책임이 있음
처분사유의 추가·변경	① 행정소송의 제기 이후부터 사실심변론종결시 이전 사이에 문제됨 ② 단지 처분의 근거법령만 추가·변경하거나 처분사유를 구체적으로 밝히는 것은 새로운 처분사유의 추가·변경이 아님(판례) ③ 허용 여부: 기본적 사실관계의 동일성이 인정되는 한계 내에서 허용 ④ 한계: 사실심변론종결시까지 허용

구분	동일성 인정	동일성 부정
거부처분	① 석유판매업(주유소) 불허가처분 • 주유소 건축예정 토지에 「도시계획법」상 행위 제한을 추진하고 있다는 사유 • 토지형질 변경허가의 요건을 갖추지 못하였다는 사유 및 도심의 환경보전의 공익상 필요라는 사유 ② 액화석유가스 판매사업 불허가처분 • 허가기준에 맞지 아니한다는 사유 • 이격거리기준에 위배된 경우 ③ 정보공개 거부처분 • 검찰보존 사무규칙상의 신청권자에 해당하지 아니한다는 사유 • 「공공기관의 정보공개에 관한 법률」상의 비공개대상에 해당한다는 사유 ④ 토지형질변경행위 허가신청 반려처분 • 합리적인 이용대책 수립시까지 그 허가를 유보한다는 사유 • 국립공원 주변의 환경·풍치·미관 등을 크게 손상시킬 우려가 있고 공공목적상 원형유지의 필요가 있는 곳으로서 형질변경허가 금지대상이라는 사유 ⑤ 산림형질변경 불허가처분 • 준농림지역에의 행위 제한이라는 사유 • 자연경관 및 생태계의 교란, 국토 및 자연의 유지와 환경보전 등 중대한 공익상 불가하다는 사유 ⑥ 정기간행물 등록신청 거부처분 • 발행주체가 불법단체라는 사유 • 법령 소정의 첨부서류 미제출사유	① 석유판매업 불허가처분 • 군사보호시설구역 내에 위치하고 있는 관할 군부대장의 동의를 얻지 못하였다는 사유 • 해당 토지가 탄약창에 근접한 지점에 위치하고 있어 공공의 안전과 군사시설의 보호에 허가할 수 없다는 사유 ② 정보공개청구 거부처분 • 「공공기관의 정보공개에 관한 법률」 제7조 제1항 제4호 및 제6호에 해당한다는 사유 • 같은 항 제5호에 해당한다는 사유 ③ 정보비공개결정 • 「공공기관의 정보공개에 관한 법률」 제7조 제1항 제2호·제4호·제6호에 해당한다는 사유 • 제1항 제1호에 해당한다는 사유 ④ 토석채취허가신청 반려처분 • 인근 주민들의 동의서를 제출하지 아니하였다는 사유(형식적 사유) • 자연경관이 심히 훼손되는 등 공익에 미치는 영향이 지대하고 사무취급요령 제11조 소정의 제한사유에도 해당된다는 사유(실체적 사유) ⑤ 광업권설정출원 불허가처분 • 산림보전지구, 경지지구, 자연환경보전지구이므로 공익을 해한다는 사유 • 이미 소외인들에 의하여 광업권설정등록이 필하여져 있어서 새로운 광업권의 설정을 허가할 수 없다는 사유

	⑦ 폐기물처리업 사업계획 부적정 통보처분 • 인근 농지의 농업경영과 농어촌 생활유지에 피해를 줄 것이 예상되어 「농지법」상 농지전용이 불가능하다는 사유 • 인근 주민의 생활이나 주변 농업활동에 피해를 줄 것이 예상된다는 사유 ⑧ '품행 미단정'을 이유로 「국적법」상의 요건을 갖추지 못하였다며 귀화신청을 받아들이지 않는 처분을 하였는데, 법무부장관이 甲을 '품행 미단정'이라고 판단한 이유에 대하여 제1심 변론절차에서 자동차관리법 위반죄로 기소유예를 받은 전력 등을 고려하였다고 주장한 후, 제2심 변론절차에서 불법 체류전력 등의 제반사정을 추가로 주장할 수 있음	⑥ 온천 발견 신고수리 거부처분 • 규정 온도가 미달되어 온천에 해당하지 않는다는 사유 • 온천으로서의 이용가치, 기존의 도시계획 및 공공사업에의 지장 여부에 비추어 수리가 불가피하다는 사유 ⑦ 자동차 관리사업 불허가처분 • 기존 공동사업장과의 거리 제한규정에 저촉된다는 사유 • 최소 주차용지에 미달한다는 사유 ⑧ 본인부담금 수납대장을 비치하지 아니한 사실과 보건복지부장관의 관계서류 제출명령에 위반하였다는 사실 ⑨ 대법원 재판과 별개 사건인 서울중앙지방법원에 진행 중인 재판에 관련된 정보에도 해당한다며 처분사유를 추가로 주장하는 것 ⑩ 이미 이축신청권을 포기해 놓고 다른 사람으로 하여금 개발제한구역 안에서 건물을 신축할 수 있도록 하기 위하여 이축신청을 하였다는 사유
면허 취소	운송사업면허 일부 취소처분 • 「자동차 운수사업법」 제26조 위반사유 • 직영운영의 면허조건 위반사유	종합주류 도매업면허 취소처분 • 주류면허 지정조건 중 제6호 무자료 주류판매 및 위장거래하였다는 사유 • 지정조건 제2호 무면허 판매업자에 대하여 주류판매하였다는 사유
세금 관련 처분	① 양도소득세 부과처분 • 주택용도 이외 부분의 면적이 주택용도 부분의 면적보다 커서 비과세요건에 해당하지 않는다는 사유 • 양도인이 다른 주택 1채를 더 소유하고 있어 비과세요건을 갖추지 못하였다는 사유 ② 법인세 부과처분 • 처분 당시의 과표자료 • 법인세 면제세액의 계산에 관한 납세의무자 신고내용의 오류를 시정하여 정당한 면제세액을 다시 계산하여 당초의 결정세액을 일부 감액하는 감액경정처분 ③ 과세관청의 종합부동산세 부과처분 • 특정 소득을 이자소득 • 이자소득이 아니라 대금업에 의한 사업소득으로 변경	—

제재처분	-	① 감봉처분 • 당구장이 정화구역 외인 것처럼 허위표시를 함으로써 허가처분하였다는 당초의 징계사유 • 정부문서규정에 위반하여 이미 결재된 당구장허가처분서류의 도면에 상사의 결재를 받음 없이 거리표시를 기입하였다는 비위사실 인정사유 ② 부정당업자 제재처분 • 정당한 이유 없이 계약을 이행하지 않은 사유 • 계약의 이행과 관련하여 관계 공무원에게 뇌물을 주었다는 사유 ③ 명의신탁등기 과징금과 장기미등기 과징금

📄 판례정리

1	<산업재해보상보험법상 심사청구에 관한 절차의 성격(= 근로복지공단 내부의 시정절차) 및 그 절차에서 근로복지공단이 당초 처분의 근거로 삼은 사유와 기본적 사실관계의 동일성이 인정되지 않는 사유를 처분사유로 추가·변경할 수 있는지 여부> 처분청이 스스로 당해 처분의 적법성과 합목적성을 확보하고자 행하는 자신의 내부 시정절차에서는 당초 처분의 근거로 삼은 사유와 기본적 사실관계의 동일성이 인정되지 않는 사유라고 하더라도 이를 처분의 적법성과 합목적성을 뒷받침하는 처분사유로 추가·변경할 수 있다(대판 2012.9.13. 2012두3859). ✅ **주의** 원론이랑 별도로 알아둘 것(특이판례) 행정심판, 행정소송과는 달리 내부의 시정절차에 불과하므로 엄격성을 요하지 않아 기본적 사실관계의 동일성이 인정되지 않아도 추가·변경 가능함
2	추가 또는 변경된 사유가 당초의 처분시 그 사유를 명기하지 않았을 뿐 처분시에 이미 존재하고 있었고 당사자도 그 사실을 알고 있었다 하여 당초의 처분사유와 동일성이 있는 것이라 할 수 없다(대판 2003.12.11. 2001두8827).

2. 위법판단의 기준시점 – 처분시

행정처분의 위법 여부를 판단하는 기준시점이 '처분시'라는 것은 행정처분이 있을 때의 법령과 사실상태를 기준으로 하여 위법 여부를 판단할 것이며 처분 후 법령의 개폐나 사실상태의 변동에 영향을 받지 않는다는 의미임

소송 종류	취소소송	무효등확인소송	부작위위법확인소송	사정판결
위법판단의 기준시점	처분시	처분시	변론종결시	처분시(사정판결의 필요성 판단시점은 변론종결시)

2 취소소송의 판결 등

1. 상소 및 재심청구

상소	① 항소: 제1심 법원 판결에 대하여 상급법원에 항소하는 것 ② 상고: 항소심의 판결에 대하여 대법원에 상고하는 것 ③ 항고와 재항고: 결정에 불복이 있을 때
재심청구	제3자에 의한 재심청구는 확정판결이 있음을 안 날로부터 30일 이내, 판결이 확정된 날로부터 1년

2. 취소소송의 판결

(1) 종국판결

① 소송판결: 소송요건이 구비되지 않은 경우 소각하판결(소각하판결로 인하여 소송대상이 된 처분이 적법한 것으로 확정된 것은 아님)
② 본안판결
③ 청구기각판결(사정판결): 원고의 청구가 이유 있다고 인정하는 경우에도 처분 등을 취소하는 것이 현저히 공공복리에 적합하지 아니하다고 인정하는 때에 법원이 원고의 청구를 기각하는 것
　㉠ 처분의 위법성 판단기준: 처분시
　㉡ 사정판결의 필요성 판단시점
　　ⓐ 판결시(변론종결시)
　　ⓑ 판결의 주문에 처분의 위법을 명시하여야 하며 처분의 위법에 기판력이 발생함
　　　✓ **주의** 판결의 '주문'에 명시하는 것이지, '이유'에 명시하는 게 아님
　　　19. 서울시 9급(6월) 사정판결의 경우에는 처분의 적법성이 아닌 처분의 위법성에 대하여 기판력이 발생한다.
　㉢ 소송비용: 피고가 부담함
　　ⓐ 법원이 사정판결을 하기 위해서는 원고가 그로 인하여 입게 될 손해의 정도와 배상방법 그 밖의 사정을 미리 조사하여야 함
　　ⓑ 법원이 직권으로 사정판결을 할 수 있음
　　ⓒ 취소소송에서만 허용(무효등확인소송에는 사정판결을 할 수 없음)
④ 청구인용판결
　㉠ 일부인용판결(일부취소)
　　ⓐ 가능한 경우: 금전부과처분이 기속행위인 경우 등
　　ⓑ 불가능한 경우: 재량행위인 영업정지처분이 적정한 영업정지기간을 초과하여서 위법한 경우 등
　㉡ 적극적 변경의 문제: 법원이 적극적 처분을 할 수는 없음(판례)

(2) 판결의 효력

자박력(불가변력)	법원 자신도 취소·변경할 수 없다는 효력
불가쟁력 (형식적 확정력)	기간의 경과로 당사자가 다툴 수 없게 되는 효력 ☑ **주의** 무효인 행정행위에는 불가쟁력·불가변력 둘 다 발생하지 않음

기판력
(실질적 확정력)
	① 의의: 법원의 판단내용이 확정되면 당사자, 법원을 모두 구속하는 효력
	② 인정범위: 인용판결·청구기각판결에 모두 인정됨
	    ☑ **주의** 취소소송 인용판결의 기판력은 국가배상청구소송에 미침(기각판결은 미치지 않음)
	③ 전제: 형식적 확정력의 존재를 전제로 함
	④ 범위
	  • 주관적 범위
	    - 당사자, 당사자와 동일시할 수 있는 승계인에게 미치며, 제3자에게는 미치지 않음
	    - 피고인 처분행정청이 속하는 국가나 공공단체에도 미침
	  • 객관적 범위: 판결의 주문에 대해서 미치며, 구체적 위법사유에는 미치지 않음. 기판력에 반하는 소 제기시 부적법 각하
	  • 시간적 범위: 사실심변론종결시를 기준으로 하여 발생함
	  • 전소와 후소의 소송물이 다르면 원칙적으로 전소의 기판력이 후소에 미치지 않음
	    18. 서울시 7급 행정심판은 취소재결의 경우 기판력은 인정되지 않으나 기속력은 인정된다.

형성력
(당사자와
제3자에
대한 효력)
	① 의의
	  • 확정판결의 취지에 따라 법률관계의 발생·변경·소멸을 가져오는 효력
	  • 취소판결이 확정되면 처분 등의 효력은 처분청의 별도 행위를 기다릴 것 없이 처분시에 소급하여 효력이 소멸됨
	  • 청구인용판결의 경우에만 인정됨
	② 내용: 형성효, 소급효, 제3자효(대세효)
	③ 형성력으로 인한 제3자 보호를 위하여 제3자의 소송참가 및 제3자의 재심청구에 관한 명문규정을 둠
	15. 국회직 8급 판결의 형성력은 인용판결에만 발생한다.

기속력
(행정기관에
대한 효력)
	① 의의
	  • 확정판결의 취지에 따라 행하여야 하는 의무를 발생시키는 효력
	  • 기속력이 인정되는 판결: 청구인용판결의 경우에만 인정됨
	② 성질: 특수효력설(통설), 판례는 기속력과 기판력을 혼용
	③ 내용
	  • 부작위의무(동일내용의 반복금지의무): 이를 위반한 처분은 무효가 됨
	  • 재처분의무(적극적 처분의무): 판결의 취지에 따른 처분을 할 의무(거부처분이 취소된 경우, 신청에 따른 처분이 절차상의 위법을 이유로 취소된 경우)
	  • 결과제거의무
	④ 범위
	  • 주관적 범위: 처분청과 그 밖의 관계행정청을 구속함
	  • 객관적 범위: 판결주문과 판결이유 중에 설시된 개개의 위법사유
	  • 시간적 범위: 처분시
	⑤ 기속력에 위반한 행정행위는 당연무효

간접강제	① 의의: 행정청이 재처분의무에 따른 처분을 하지 않고 있는 경우에 법원이 일정한 배상을 할 것을 명하는 것. 당사자의 신청을 요함
	② 규정내용
	• 부작위위법확인소송에도 준용함
	   ✓ **주의** 무효확인소송에는 적용되지 않음(빈출)
	• 법원은 상당한 기간을 정하여 기간에 따라 배상을 명할 수도 있고, 즉시 손해배상을 할 것을 명할 수도 있음
	  18. 국가직 7급 행정심판위원회는 피청구인이 의무이행재결의 취지에 따른 처분을 하지 아니하면 청구인의 신청에 의하여 결정으로 상당한 기간을 정하고 피청구인이 그 기간 내에 이행하지 아니하는 경우에는 그 지연기간에 따라 일정한 배상을 하도록 명하거나 즉시 배상을 할 것을 명할 수 있다.
	③ 행정청이 재처분을 하였더라도 그 처분이 판결의 기속력에 위반되어 당연무효인 경우라면 아무런 재처분을 하지 아니한 때와 마찬가지가 되어 간접강제를 할 수 있음
	④ 심리적 강제수단: 법원이 정한 기한이 경과한 후라도 행정청이 재처분의무를 이행한다면 더이상 배상금 추심은 허용되지 않음
	⑤ 간접강제결정은 피고 또는 참가인이었던 행정청에 효력을 미치며, 그 행정청이 소속하는 국가 또는 공공단체에도 효력을 미침
	  13. 지방직 9급 기각재결이 있은 후에는 처분청은 직권으로 당해 처분을 취소할 수 있다.

판례정리

1	취소판결이 확정된 경우에 처분행정청이 그 행정소송의 사실심변론종결 이전의 사유를 내세워 다시 확정판결에 저촉되는 행정처분을 하면, 그 행위는 위법한 것으로서 무효사유에 해당한다(대판 1990.12.11. 90누3560). **19. 변호사** 취소판결의 기속력에 위반하여 행한 행정청의 행위는 위법하고, 이는 무효사유에 해당한다.
2	사실심변론종결 이후의 새로운 사유를 내세워 다시 거부처분하는 것은 기속력에 반하지 않는다(대판 1999.12.28. 98두1895).
3	거부처분에 대한 취소판결이 확정되었어도 이후 법령변경에 따라 신법상의 사유를 들어 재차 거부처분한 것은 기속력에 반하지 않는다(대판 1998.1.7. 97두22).
4	행정소송법 제34조 소정의 간접강제결정에 기한 배상금은 거부처분취소판결이 확정된 경우 그 처분을 행한 행정청으로 하여금 확정판결의 취지에 따른 재처분의무의 이행을 확실히 담보하기 위한 것으로서, 이는 확정판결의 취지에 따른 재처분의 지연에 대한 제재나 손해배상이 아니고 재처분의 이행에 관한 심리적 강제수단에 불과한 것으로 보아야 하므로, 특별한 사정이 없는 한 간접강제결정에서 정한 의무이행기한이 경과한 후에라도 확정판결의 취지에 따른 재처분의 이행이 있으면 배상금을 추심함으로써 심리적 강제를 꾀할 목적이 상실되어 처분상대방이 더이상 배상금을 추심하는 것은 허용되지 않는다(대판 2004.1.15. 2002두2444). **19. 국가직 9급** A행정청이 간접강제결정에서 정한 의무이행기한 내에 재처분을 이행하지 않아 배상금이 이미 발생한 경우 그 이후에 재처분을 이행하면 甲은 배상금을 추심할 수 없다.
5	과세처분취소청구를 기각하는 판결이 확정되면 그 처분이 적법하다는 점에 관하여 기판력이 생기고, 그 후 원고가 다시 이를 무효라 하여 그 무효확인을 소구할 수는 없다고 할 것이어서 과세처분이 기각된 확정판결의 기판력은 그 과세처분의 무효확인을 구하는 소송에도 미친다(대판 1996.6.25. 95누1880).

(3) 기판력과 기속력의 구별

구분	기판력	기속력
적용되는 판결	인용판결 및 기각판결	인용판결
주관적 범위	당사자와 후소법원	관계행정청
시간적 범위	사실심변론종결시	처분시
객관적 범위	판결주문	판결주문 및 이유 중에 설시된 위법사유
근거	민사소송법	행정소송법
성격	소송법적 효력	실체적 구속력

📋 **판례정리**

1. 확정판결의 기판력은 그 판결의 주문에 포함된 것, 즉 소송물로 주장된 법률관계의 존부에 관한 판단의 결론 그 자체에만 미치는 것이고 판결이유에서 설시된 그 전제가 되는 법률관계의 존부에까지 미치는 것은 아니다(대판 1999.10.12. 98다32441).

2. 행정처분 취소판결이 확정된 경우에 처분행정청이 그 행정소송의 사실심변론종결 이전의 사유를 내세워 다시 확정판결에 저촉되는 행정처분을 하는 것은 확정판결의 기판력에 저촉되어 허용될 수 없다(대판 1982.5.11. 80누104).

3. 취소소송의 종료

(1) 종국판결의 확정
(2) 당사자 행위에 의한 종료(당사자 소멸)
① 원고가 사망하고 소송물인 권리관계의 성질상 이를 승계할 자가 없으면 소송이 종료됨
② 피고인 행정청이 없게 될 때에는 그 처분 등에 관한 사무가 귀속되는 국가 또는 공공단체가 피고가 되므로 소송은 종료되지 않음

제3장 무효등확인소송, 부작위위법확인소송

제1절 무효등확인소송

1 의의

개념	① 행정청의 처분 등의 효력 유무 또는 존재 여부를 확인하는 소송 ② 무효확인소송 외에도 처분 등의 존재확인소송, 부존재확인소송, 유효확인소송, 실효확인소송이 포함됨
준용규정	취소소송의 규정 중 예외적 행정심판전치주의, 제소기간, 간접강제, 사정판결에 관한 규정은 준용되지 않음 **18. 서울시 7급** 본안소송이 무효확인소송인 경우에도 집행정지가 가능하다.

2 소송요건

1. 소송의 대상
법규범의 무효확인, 문서진위 등 사실관계의 확인은 무효등확인소송의 대상이 아님

2. 소의 이익(보충성)
무효확인소송의 경우 보충성이 요구되는 것은 아니라는 것이 판례의 입장임

> **판례정리**
>
> 1. 동 판결에서 행정처분의 근거법률에 의하여 보호되는 직접적이고 구체적인 이익이 있는 경우에는 행정소송법 제35조에 규정된 '무효확인을 구할 법률상 이익'이 있다고 보아, 이와 별도로 무효확인소송의 보충성이 요구되는 것은 아니므로 행정처분의 무효를 전제로 한 이행소송 등과 같은 직접적인 구제수단이 있는지 여부를 따질 필요가 없다고 해석함이 상당하다고 하여, 이와 상반된 종전의 판례를 변경하였다(대판 2008.3.20. 2007두6342).
> **16. 지방직 9급** 무효 과세처분에 의해 조세를 납부한 자가 부당이득반환청구소송을 제기할 수 있는 경우에도 과세처분에 대한 무효확인소송을 제기할 수 있다.

3. 제소기간
(1) 제소기간의 제한이 없음
(2) 무효선언적 의미의 취소소송에는 제소기간이 적용됨

4. 예외적 행정심판전치주의

(1) 무효등확인소송에는 예외적 행정심판전치주의가 적용되지 않음
(2) 무효선언적 의미의 취소소송에는 예외적 행정심판전치주의가 적용됨

3 소의 변경과 소제기의 효과 등

집행부정지 원칙	① 적용 ② 예외적으로 집행정지도 허용
입증책임	무효를 주장하는 자가 처분에 존재하는 하자가 무효임을 주장·입증하여야 함(원고책임설)
위법판단의 기준시점	처분시

4 판결 및 소송종료

사정판결 허용 여부	불가능
간접강제	재처분의무는 인정되나 간접강제는 허용되지 않음

5 취소소송과의 관계

1. 무효사유에 해당하는 처분에 대해 취소소송을 제기한 경우 – 무효선언적 의미의 취소소송

(1) 취소소송의 소송요건, 즉 예외적 행정심판전치주의, 제소기간 등의 요건을 준수해야만 한다는 것이 통설·판례의 입장임
(2) 무효사유에 해당하는 처분에 대하여 취소소송을 제기하는 경우에도 제소기간의 준수 등 취소소송의 제소요건을 갖추어야 함(판례)

2. 취소사유에 해당하는 처분에 대해 무효확인소송을 제기한 경우

(1) 취소소송의 제기요건을 갖춘 경우
  ① 무효확인을 구하는 소송에는 원고의 반대의사가 없는 한 취소를 구하는 취지도 포함된다고 보아 취소판결이 가능함
  ② 동일한 행정처분에 대하여 무효확인의 소를 제기하였다가 그 후 그 처분의 취소를 구하는 소를 추가적으로 병합한 경우, 주된 청구인 무효확인의 소가 적법한 제소기간 내에 제기되었다면 추가로 병합된 취소청구의 소도 적법하게 제기된 것으로 볼 수 있음(판례)

(2) 취소소송의 제기요건을 갖추지 못한 경우 – 청구기각판결을 하여야 함
취소소송의 불복기간이 지난 후 그 행정처분의 근거가 된 법률이 위헌이라는 이유로 무효확인청구의 소가 제기된 경우, 다른 특별한 사정이 없는 한 법원으로서는 그 법률이 위헌인지 여부에 대하여는 판단할 필요 없이 위 무효확인청구를 기각하여야 함

> **주의** '각하'가 아니라 '기각'이라는 것에 주의할 것

구분	취소소송의 요건	판결
무효사유인 처분에 대한 취소소송 제기	×	각하판결
	○ (무효선언적 의미의 취소소송)	본안심리 후 인용판결 → 단, 무효선언 (무효선언적 의미의 취소판결)
취소사유인 처분에 대한 무효확인소송 제기	×	기각판결
	○	취소판결

제2절 부작위위법확인소송

1 의의

개념	행정청이 특정 처분을 하여야 하는데 아무런 처분을 하지 않는 경우, 이러한 부작위가 위법함을 확인하는 소송
준용규정	취소소송에 관한 규정 중 처분변경으로 인한 소의 변경, 집행정지, 사정판결에 관한 규정 등은 부작위위법확인소송에 준용되지 않음

2 소송요건

1. 소송의 대상

(1) 사법상 청구의 부작위, 법적인 의미를 가지지 않는 부작위 등은 부작위위법확인소송의 대상이 아님
(2) 위법한 부작위의 성립요건
(3) 당사자의 신청

> **판례정리**
>
> 1. 부작위의 위법의 확인을 구할 법률상의 이익이 인정되기 위해서는 법규상·조리상의 응답신청권을 가져야 하며, 따라서 법규상·조리상의 응답신청권이 인정되지 않는 경우에는 부적법 각하해야 한다(대판 1995.9.15. 95누7345).
> **18. 지방직 9급** 부작위위법확인소송에서 사인의 신청권의 존재 여부는 부작위의 성립과 관련하므로 원고적격의 문제와도 관련이 있다.

(4) 상당한 기간의 경과
(5) **처분을 할 법률상 의무의 존재**
  법규상·조리상 신청권이 있어야 함
(6) 처분의 부존재
  ① 처분이 존재하는 경우 부작위위법확인소송을 제기할 수 없음
  ② 간주거부: 거부처분취소소송 제기 가능
  ③ 묵시적 거부: 거부처분취소소송 제기 가능

④ 행정입법부작위는 부작위위법확인소송의 대상이 아님
    ✓ **주의** 대신 헌법소원의 대상이 될 수는 있음

> **판례정리**
>
> 1. 구체적 사건에 대한 법률상 분쟁을 법에 의하여 해결함으로써 법적 안정을 기하는 것이 행정소송이므로 부작위위법확인소송의 대상이 될 수 있는 것은 구체적 권리·의무에 관한 분쟁이어야 하고, 추상적인 법령에 관한 제정 여부 등은 부작위위법확인소송의 대상성을 인정할 수 없다(대판 1992.5.8. 91누11261).
>   **18. 국가직 9급** 국민의 구체적인 권리의무에 직접적으로 변동을 초래하지 않는 추상적인 법령의 제정 여부 등은 부작위위법확인소송의 대상이 될 수 없다.

2. 원고적격

처분의 신청을 한 자	법규상·조리상 신청권이 있어야 함
제3자	부작위위법확인을 받을 법률상 이익이 있으면 원고적격이 인정됨

3. 소의 이익
적극·소극처분(거부처분)을 하게 되어 부작위 위법상태가 해소되면 소의 이익 상실로 각하

4. 제소기간

행정심판을 거친 경우	① 취소소송의 제소기간을 준용함 ② 행정심판 재결서의 정본을 송달받은 날부터 90일 이내에 제기하여야 함 **19. 변호사** 甲은 A시장의 부작위에 대해 행정심판을 거친 후 부작위위법확인의 소를 제기하려면 행정심판 재결서의 정본을 송달받은 날부터 90일 이내에 제기하여야 한다.
행정심판을 거치지 않은 경우	제소기간의 제한이 없음 **19. 지방직 9급** 행정청의 부작위에 대하여 행정심판을 거치지 않고 부작위위법확인소송을 제기하는 경우에는 제소기간의 제한을 받지 않는다.

3 소제기의 효과
집행정지는 적용되지 않음

4 소송의 심리

1. 심리는 소극설(절차적 심리설)에 따름
행정청이 행할 처분의 구체적 내용까지는 심리·판단할 수 없음(판례)

2. 위법판단의 기준시점
위법 여부는 판결시(변론종결시)를 기준으로 판단함

3. 소의 변경
(1) 부작위위법확인소송을 취소소송으로 소를 변경하거나 당사자소송으로 변경할 수 있음
(2) 처분변경으로 인한 소의 변경은 할 수 없음
> **주의** 부작위에는 처분이 존재하지 않기 때문임

4. 입증책임
(1) 원고
  처분의 신청사실, 신청권의 존재, 상당한 기간이 경과하였다는 사실
(2) 행정청
  상당한 기간이 경과하였음에도 신청에 따른 처분을 하지 못한 것을 정당화하는 사유

5 법원의 판결
(1) 기속력, 간접강제에 관한 취소소송의 규정이 적용됨
(2) 판결의 취지에 따른 처분을 하면 충분하고, 반드시 원고의 신청내용대로 처분할 필요는 없으므로 거부처분도 가능함
(3) 사정판결 불가
(4) 부작위위법확인소송에 따른 판결은 형성효가 없음

판례정리

1	행정청이 행한 공사중지명령의 상대방이 그 명령 이후에 그 원인사유가 소멸하였음을 들어 행정청에 대하여 공사중지명령의 철회를 신청하였으나 행정청이 이에 대하여 아무런 응답을 하지 않고 있는 경우, 그러한 행정청의 부작위는 그 자체로 위법하다 할 것이다(대판 2005.4.14. 2003두7590). **18. 국회직 8급** 행정청이 행한 공사중지명령의 상대방은 그 명령 이후에 그 원인사유가 소멸하였음을 들어 행정청에게 공사중지명령의 철회를 요구할 수 있는 조리상의 신청권이 있다.
2	4급 공무원이 당해 지자체 인사위원회 심의를 거쳐 3급승진대상자로 결정되고 임용권자가 그 사실을 대내외에 공표까지 했다면 3급승진임용을 신청할 조리상 권리가 있고, 그 승진임용신청을 받은 행정청은 상당한 기간 내 신청인용의 적극적 처분이나 각하, 기각 등 소극적 처분을 할 법률상 응답의무가 있다. 그럼에도 적극적·소극적 처분을 하지 않고 있다면 그러한 부작위는 그 자체로 위법하다(대판 2009.7.23. 2008두10560).

제4장 당사자소송, 객관소송

제1절 당사자소송 및 항고소송

1 당사자소송

1. 개념
처분 등을 원인으로 하는 법률관계 그 밖에 공법상의 법률관계에 관한 소송으로 한쪽 당사자를 피고로 하는 소송(「행정소송법」 제3조 제2호)

2. 구별개념
(1) 금전급부에 관한 소송에서의 구별

항고소송	공법관계에서 금전지급신청이 거부된 경우, 권리의 존부 또는 범위가 행정청의 결정에 의하여 비로소 확정 ① 「민주화운동 관련자 명예회복 및 보상 등에 관한 법률」에 따른 보상금 지급(광주민주화운동 관련 보상금 지급과 구별) ② 「공무원연금법」상 퇴직급여의 결정(금전지급을 받을 권리가 행정청의 지급결정에 의하여 비로소 구체화됨): 형식상 당사자소송과 관련하여, 명문의 규정이 없는 이상 형식적 당사자소송을 부정한 판례
당사자소송	공법관계에서 금전지급신청이 거부된 경우, 권리의 존부 또는 범위가 법령에 의하여 바로 확정 ① 광주민주화운동 관련 보상금 지급: 법률이 특별히 인정하고 있는 공법상의 권리(이미 법률에 의하여 구체적인 권리가 발생함) ② 퇴직급여지급이 결정되어 이미 퇴직급여를 받아오던 중 「공무원연금법」의 개정으로 퇴직연금 중 일부 금액의 지급이 정지된 경우: 금전지급권(구체적인 권리)은 이미 발생하였고, 공무원연금관리공단의 결정과 통지에 의하여 퇴직연금액이 확정되는 것이 아니라 법령에 의해서 퇴직연금액이 확정되는 것이기 때문에 당사자소송에 의하여야 함

✓ **주의** 당사자소송은 '시심적 쟁송'이며, 항고소송은 '복심적 쟁송'

(2) 관리처분계획안에 대한 주택재건축정비사업조합 총회결의의 효력을 다투는 소송 - 당사자소송
총회결의 후 관리처분계획에 대한 행정청의 인가·고시가 있은 후에는 관리처분계획에 대한 항고소송을 제기하여야 함

(3) 부가가치세 법령의 규정에 의하여 직접 발생하는 부가가치세 환급세액 지급청구 - 당사자소송

(4) 공법상 계약에 관한 소송
① 공중보건의사 채용계약해지의 무효확인의 청구를 구하는 소송
② 지방전문직공무원 채용계약 해지의 의사표시를 구하는 소송
③ 서울특별시립무용단원의 해촉의 무효확인을 구하는 소송

✓ **주의** 지방계약직공무원의 보수삭감(징계처분의 실질을 가짐)의 취소를 구하는 소송은 항고소송

15. 지방직 9급 채용계약상 특별한 약정이 없는 한 지방계약직 공무원에 대하여 「지방공무원법」, 지방공무원 징계 및 소청규정에 정한 징계절차에 의하지 않고서는 보수를 삭감할 수 없다.

3. 종류

(1) 실질적 당사자소송
공법상의 법률관계에 관한 일반적인 소송으로서 대립하는 당사자 사이의 소송

「행정소송법」 제3조 제2호		종류
행정청의 처분 등을 원인으로 하는 법률관계에 관한 소송	공법상의 금전지급 청구소송	① 광주민주화운동 관련자 보상금청구소송 ✓ **비교** '민주화운동 관련자 명예회복 및 보상심의위원회'의 보상금 등의 지급대상자에 관한 결정은 행정소송의 대상 ② 법령상 퇴역연금액 감액조치에 관한 소송 ③ 퇴직연금 지급거부에 관한 소송 ④ 「석탄산업법」에 의한 석탄가격 안정지원금 지급청구소송 ⑤ 법관의 명예퇴직수당 지급청구소송 ⑥ 지방자치단체가 보조금 지급결정시 일정기한 내에 보조금을 반환하도록 하는 부담을 붙인 경우 지방자치단체의 보조금 반환청구 ⑦ 국가에 대한 납세의무자의 부가가치세 환급세액의 지급청구 ⑧ 「석탄산업법」상 재해위로금 지급의 청구 ⑨ 수도료 부과처분의 무효로 인한 채무부존재확인소송 ⑩ 「토지보상법」에 의한 주거이전비 보상청구소송 ⑪ 「공무원연금법」상 유족부조금 청구소송 ⑫ 「하천법」상 보상금청구소송 ⑬ 납세의무부존재확인의 소 ⑭ 공무원연금법령 개정 이후 미지급된 퇴직연금의 지급을 구하는 소송 ⑮ 항만공사 시행자인 비관리청의 항만시설 무상사용기간의 산정기준이 되는 총사업비 산정에 관한 소송 ⑯ 「도시개발법」에 따라 도시개발사업조합이 관할 지방자치단체의 장에게 청산금의 징수를 위탁할 수 있는데, 지방자치단체의 장이 징수위탁에 응하지 않을 때 지방자치단체에게 청산급의 지급을 요구하는 소송 ⑰ 국가 등 과세주체가 당해 확정된 조세채권의 소멸시효 중단을 위하여 납세의무자를 상대로 제기한 조세채권존재확인의 소
	확장	① 처분 등의 무효를 전제로 하는 공법상 부당이득반환청구소송(조세과오납금 반환청구소송 등): 판례는 민사소송으로 봄 ② 공무원의 직무상 불법행위로 인한 국가배상청구소송: 판례는 민사소송으로 봄

그 밖의 공법상 법률관계에 관한 소송	공법상 신분·지위 확인소송	① 태극무공훈장 수여자확인 ② 영관 생계보조금 기금권리자 확인 ③ 도시재개발 **조합원** 자격확인 ✅ **주의** 조합원이 아닌 '조합장' 또는 '조합임원' 사이의 선임·해임 등을 둘러싼 법률관계의 성질은 사법상 법률관계(대결 2009.9.24. 2009마168·169) ④ 농지개량조합직원의 지위확인소송 ⑤ 텔레비전 방송수신료 통합징수 권한부존재확인소송 ⑥ 재개발조합을 상대로 한 조합원의 조합원지위확인소송 ⑦ 주택재건축정비사업조합을 상대로 관리처분계획안에 대한 조합총회 결의의 효력을 다투는 소송
	공법상 계약에 관한 소송	① 서울시립무용단원 해촉무효확인 ② 공중보건 계약해지무효확인 ③ 광주광역시립합창단원 재위촉거부 ④ 지방전문직공무원 채용계약해지의 의사표시

(2) 형식적 당사자소송

① 의의: 행정청의 처분 등으로 형성된 법률관계에 대한 소송으로 그 처분청을 피고로 하지 않고 그 법률관계의 일방 당사자를 피고로 제기하는 소송
② 실질적으로는 소송내용은 처분 또는 재결의 효력을 다투지만, 행정청이 아닌 권리주체인 당사자를 피고로 하는 당사자소송의 형식을 취함
③ 일반적 인정 여부: 개별법률에 명문의 규정이 있는 경우에 한하여 허용
④ 실정법상 근거규정: 「특허법」, 「실용신안법」, 「토지보상법」(「공익사업을 위한 토지 등의 취득 및 보상에 관한 법률」)상 토지소유자 또는 관계인의 보상금증감소송)

4. 당사자 및 관계인

(1) 원고적격 및 소의 이익

취소소송의 원고적격 및 소의 이익에 관한 규정이 준용되지 않음
  ✅ **주의** 즉, 당사자소송의 경우 법률상 이익이 필요하지 않음

(2) 피고적격

① **국가, 공공단체 그 밖의 권리주체**를 피고로 함
② 소송의 대표
  ㉠ 국가를 당사자로 하는 경우: 법무부장관
  ㉡ 지방자치단체를 당사자로 하는 경우: 지방자치단체장

(3) 당사자소송에서도 제3자의 소송참가와 행정청의 소송참가 인정

5. 토지관할의 내용

피고 소재지 관할 행정법원. 다만, 국가나 공공단체가 피고인 때에는 해당 소송과 구체적인 관계가 있는 관계행정청의 소재지를 피고의 소재지로 봄

6. 제소기간 및 행정심판전치

제소기간	취소소송의 제소기간에 관한 규정이 적용되지 않음
행정심판전치	취소소송의 행정심판전치에 관한 규정이 적용되지 않음

7. 소의 변경

당사자소송을 항고소송으로 변경할 수 있음(사실심변론종결시까지 원고의 신청에 의하여 결정)

✓ **주의** 용어정리
　사실심(항고심, 항소심), 법률심(상고심, 재항고심)

18. 서울시 9급「행정소송법」상 항소심에서도 소의 종류의 변경은 가능하다.

8. 판결

(1) 사정판결의 제도 없음
(2) 판결의 효력
　① 자박력, 기판력, 기속력(당사자인 행정청과 관계행정청을 기속함)
　② 취소판결의 제3자효, 재처분의무 간접강제 등은 인정되지 않음

9. 가집행

재산권의 청구를 인용판결하는 경우에 가능(판례)

10. 당사자소송의 소송요건 정리

재판관할	보통 피고의 소재지를 관할하는 행정법원
원고적격	①「행정소송법」에 특별한 규정이 없고 일반 민사소송의 원고적격이 준용 ② '권리보호의 이익 및 필요를 가진 자' ✓ **주의** 즉, 당사자소송의 원고적격은 '법률상 이익'이 아님
피고적격	국가·공공단체 그 밖의 권리주체(국가가 피고인 때에는 법무부장관, 지방자치단체가 피고일 때에는 지방자치단체의 장)
제소기간	취소소송의 제소기간에 관한 규정이 적용되지 않음
전심절차	행정심판전치주의 적용되지 않음
소의 변경	「행정소송법」제21조의 규정이 준용됨

📖 판례정리 - 당사자소송 관련 판례

1	지방자치단체가 보조금 지급결정을 하면서 일정기한 내에 보조금을 반환하도록 하는 교부조건을 부가한 사안에서, 보조사업자에 대한 지방자치단체의 보조금반환청구는 행정소송법 제3조 제2호에 규정한 당사자소송의 대상이다(대판 2011.6.9. 2011다2951).
2	수신료 부과행위는 공권력 행사에 해당하므로, 수신료를 징수할 권한이 있는지 여부를 다투는 소송은 공법상 당사자소송에 의하여야 한다고 봄이 상당하다(대판 2008.7.24. 2007다25261). ✓ **주의** 위 판례의 수신료는 텔레비전방송수신료를 의미함

3	국가 등 과세주체가 당해 확정된 조세채권의 소멸시효 중단을 위하여 납세의무자를 상대로 제기한 조세채권존재확인의 소는 공법상 당사자소송에 해당한다(대판 2020.3.2. 2017두41771). ✓ **주의** 조세채권부존재확인의 소도 당사자소송에 해당함. 단, 3번 판례와 피고가 다를 뿐임
4	세입자의 주거이전비 보상청구권은 공법상 권리이고, 공법상 법률관계를 대상으로 하는 행정소송에 의하여야 한다(대판 2008.5.29. 2007다8129).
5	甲 주식회사가 '한국형 헬기 개발 사업'에 참여해 방위사업청과 체결한 '한국형 헬기 구성품 개발협약'의 법률관계는 공법관계에 해당한다(대판 2017.11.9. 2015다215526).
6	사업주가 당연가입자가 되는 고용보험 및 산재보험에서 보험료납부의무 부존재확인의 소는 당사자소송이다(대판 2016.10.13. 2016다221658).

11. 취소소송의 규정 준용 여부

(1) 피고적격(「행정소송법」 제13조)에 관한 규정을 준용하지 않음

> ✓ **주의**
> • 항고소송의 피고: 처분청(예 지방자치단체장)
> • 당사자소송의 피고: 행정주체(예 지방자치단체), 일반국민(예 조세채권존재확인의 소)

(2) 행정심판전치주의(「행정소송법」 제18조)에 관한 규정을 준용하지 않음

> **14. 사회복지직 9급** 무효확인소송은 행정심판을 거치지 아니하고 제기할 수 있다.

(3) 취소소송의 대상(「행정소송법」 제19조)에 관한 규정을 준용하지 않음
(4) 제소기간의 제한(「행정소송법」 제20조)에 관한 규정을 준용하지 않음
(5) 집행부정지원칙(「행정소송법」 제23조)에 관한 규정을 준용하지 않음
(6) 사정판결(「행정소송법」 제28조)에 관한 규정을 준용하지 않음

> ✓ **주의**
> • 무효확인을 항고소송으로: 보충성 불요
> • 무효확인을 당사자소송으로: 보충성 필요

2 행정소송의 한계

1. 행정소송의 한계

사법의 본질에 의한 한계	① 추상적 법령의 효력이나 해석에 관한 분쟁: 재판은 당사자의 구체적인 권리·의무에 관한 분쟁을 전제로 하므로 추상적인 법령의 효력이나 해석은 원칙적으로 행정소송의 대상이 되지 않음 ② 처분적 법규: 법규 자체가 행정행위를 기다리지 않고 직접 국민의 권리·의무에 영향을 미치는 처분적 법규는 항고소송의 대상이 됨 ③ 반사적 이익: 행정소송을 제기하기 위해서는 법률상 이익이 있어야 하므로 반사적 이익에 관한 분쟁은 사법심사의 대상이 되지 않음 ④ 객관적 소송: 개인의 구체적인 권리·의무에 관계되는 것이 아니므로 법률에 근거가 있는 경우에만 제기 가능(열기주의) • 사실행위: 법률효과가 발생하지 않는 사실행위는 당사자의 권리나 의무에 직접적인 영향이 없으므로 사실행위는 소송의 대상이 되지 않음(단, 권력적 사실행위는 행정소송 가능)

	• 통치행위: 고도의 정치성으로 인하여 사법심사의 대상이 되기에는 부적당하다고 하여 통치행위를 인정하는 것이 통설·판례의 입장 • 재량행위: 재량을 위반한 행위는 원칙적으로 부당에 해당하여 행정심판의 대상은 될 수 있지만, 행정소송의 대상은 될 수 없음
권력분립적 한계 (무명항고소송)	① 의무이행소송 • 개념: 당사자의 일정한 신청행위에 대하여 행정청이 거부하거나 부작위로 일관할 경우 행정청에 대하여 신청된 행위를 해주도록 명하는 판결을 청구하는 소송 • 인정 여부: 긍정설·부정설이 있으나, 판례는 인정하지 않음 ② 예방적 부작위청구소송 • 개념: 행정청이 장래 행할 것으로 예상되는 부담적 처분을 하지 않도록 명하거나 또는 부담적 처분을 하지 말아야 할 작위의무가 있음을 확인하는 판결을 구하는 소송 • 인정 여부: 판례는 인정하지 않음

판례정리

1	현행 행정소송법상 행정청으로 하여금 일정한 행정처분을 하도록 명하는 이행판결을 구하는 소송이나 법원으로 하여금 행정청이 일정한 행정처분을 행한 것과 같은 효과가 있는 행정처분을 직접 행하도록 하는 형성판결을 구하는 소송은 허용되지 아니한다(대판 1997.9.30. 97누3200).
2	국가보훈처장(현 국가보훈부장관)은 이들 독립운동가들의 활동상황을 잘못 알고 국가보훈상의 서훈추천권을 행사함으로써 서훈추천권의 행사가 적정하지 아니하였다는 이유로 이러한 서훈추천권의 행사·불행사가 당연무효임의 확인 또는 그 부작위가 위법함의 확인을 구하는 청구는 과거의 역사적 사실관계의 존부나 공법상의 구체적인 법률관계가 아닌 사실관계에 관한 것들을 확인의 대상으로 하는 것이거나, 행정청의 단순한 부작위를 대상으로 하는 것으로서 항고소송의 대상이 되지 아니하는 것이다(대판 1990.11.23. 90누3553).
3	신축건물의 준공처분을 하여서는 아니 된다는 내용의 부작위를 구하는 원고의 예비적 청구는 행정소송에서 허용되지 아니하는 것이므로 부적법하다(대판 1987.3.27. 86누182). **18. 지방교행** 건축건물의 준공처분을 하여서는 아니 된다는 내용의 부작위를 구하는 청구는 행정소송에서 허용되지 아니하는 것이므로 부적법하다.
4	군인연금법령상 급여를 받으려고 하는 사람이 국방부장관에게 급여지급을 청구하였으나 거부된 경우, 곧바로 국가를 상대로 한 당사자소송으로 급여의 지급을 청구할 수 없고, 우선 관계 법령에 따라 국방부장관 등에게 급여지급을 청구하여 국방부장관 등이 이를 거부하거나 일부 금액만 인정하는 급여지급결정을 하는 경우 그 결정을 대상으로 항고소송을 제기하는 등으로 구체적인 권리를 인정받은 다음 비로소 당사자소송으로 그 급여의 지급을 구해야 한다(대판 2021.12.16. 2019두45944). ✓ **비교** 퇴역연금 차액의 지급을 구하는 소송은 당사자소송(대판 2003.9.5. 2002두3522)
5	공익사업을 위한 토지 등의 취득 및 보상에 관한 법률에 따른 사업시행자에 대한 손실보상금 채권에 관하여 압류 및 추심명령이 있더라도, 추심채권자가 보상금 증액 청구의 소를 제기할 수 없고, 채무자인 토지소유자 등이 보상금 증액 청구의 소를 제기하고 그 소송을 수행할 당사자적격을 상실하지 않는다고 보아야 한다(대판 2022.11.24. 2018두67 전합).
6	국가를 상대로 하는 당사자소송의 경우에는 가집행선고를 할 수 없다고 규정한 행정소송법 제43조는 평등원칙에 위배된다(헌재 2022.2.24. 2020헌가12).

2. 관련 판례의 요점

(1) 과거의 역사적 사실관계의 존부나 공법상의 구체적인 법률관계가 아닌 사실관계에 관한 것들을 확인의 대상으로 하는 항고소송은 허용되지 않음
(2) 검사에게 압수물 환부를 이행하라는 청구는 행정청의 부작위에 대하여 일정한 처분을 하도록 하는 의무이행소송으로 현행 「행정소송법」상 허용되지 않음
(3) 그 건축물의 준공처분을 하여서는 아니 된다는 내용의 부작위를 구하는 청구는 행정소송에서 허용되지 아니하는 것이므로 부적법함
(4) 국민건강보험공단은 이 사건고시를 적용하여 요양급여비용을 결정하여서는 아니 된다는 내용의 청구는 부적법함
(5) 독립기념관 전시관의 해설문, 전시물 중 잘못된 부분을 고쳐 다시 전시 및 배치할 의무가 있음의 확인을 구하는 청구는 작위의무확인소송으로서 항고소송의 대상이 되지 아니함

3 당사자소송과 항고소송의 비교

구분	당사자소송	항고소송
소의 대상	① 처분 등을 원인으로 하는 법률관계 ② 공법상의 법률관계	행정청의 처분 등과 부작위
종류	① 실질적 당사자소송 ② 형식적 당사자소송	① 취소소송 ② 무효등확인소송 ③ 부작위위법확인소송
원고적격	「행정소송법」에 규정이 없음 (민사소송에 관한 규정이 준용됨)	법률상 이익이 있는 자
피고적격	국가·공공단체 그 밖의 권리주체	처분청 등
제소기간	원칙적으로 제소기간의 제한이 없음 (특별히 정하고 있는 경우 제외)	처분 등이 있음을 안 날로부터 90일, 처분 등이 있은 날로부터 1년 이내
행정심판전치	행정심판전치가 적용되지 않음	원칙적으로 행정심판임의주의가 적용됨
판결의 종류	기본적으로 취소소송과 동일함. 다만, 사정판결제도는 없음	소송판결, 본안판결(인용판결, 기각판결)

4 취소소송에 관한 행정소송법 규정의 준용

구분	무효등확인소송	부작위위법확인소송	당사자소송
재판관할	○	○	○
관련소송 이송·병합	○	○	○
피고경정	○	○	○
공동소송	○	○	○
제3자 소송참가	○	○	○
행정청의 소송참가	○	○	○
소의 변경	○	○	○
행정심판기록의 제출명령	○	○	○
직권심리	○	○	○
판결의 기속력	○	○	○
피고적격	○	○	×
취소소송의 대상	○	○	×
확정판결의 3자효	○	○	×
제3자의 재심청구	○	○	×
처분변경에 의한 소의 변경	○	×	○
집행부정지 원칙	○	×	×
행정심판전치주의	×	○	×
제소기간 제한	×	○	×
간접강제	×	○	×
사정판결	×	×	×

제2절 객관소송

1 의의
(1) 객관적 쟁송은 행정법규의 적정한 적용, 행정작용의 적법성을 보장하기 위한 소송
(2) 객관적 쟁송은 특별한 법이 정하고 있는 경우에만 소제기가 가능함

2 종류

1. 기관소송

(1) 의의
국가 또는 공공단체 기관 상호간 권한의 존부, 그 행사에 대한 다툼시 제기하는 소송(단, 헌법재판소의 관장사항은 제외)

(2) 개별법에서 특별히 인정한 경우에 허용
대법원은 감사원이 A시장에게 A시 소속 공무원에 대해 징계요구를 한 사건에서, 어떤 법률에도 A시장에게 감사원의 재심판결에 대해 기관소송을 하는 것을 허용하는 규정이 없으므로 A시장이 제기한 소송이 허용되지 않는다고 봄(대판 2016.12.27. 2014두5637)

(3) 종류
① 국가기관 상호간 및 공공단체의 기관 상호간의 기관소송
② 국가기관과 지방자치단체간 및 지방자치단체 상호간의 권한쟁의심판은 헌법재판소 관장사항으로 행정소송으로서의 기관소송에서 제외
③ 「지방자치법」상의 기관소송 등

2. 민중소송

의의	국가 또는 공공단체의 기관이 법률에 위반되는 행위를 한 경우에 직접 자기의 법률상 이익과 관계없이 그 시정을 구하기 위하여 제기하는 소송
종류	① 「공직선거법」상의 민중소송: 선거무효소송, 당선무효소송 등이 있음 ② 「국민투표법」상의 민중소송
소송요건	각 개별법이 적용됨 **18. 지방교행** 「행정소송법」에서는 민중소송으로써 처분 등의 취소를 구하는 소송에는 그 성질에 반하지 아니하는 한 취소소송에 관한 규정을 준용한다.

MEMO

2025 대비 최신개정판

해커스공무원
신동욱
행정법총론 핵심요약집

개정 4판 1쇄 발행 2024년 10월 14일

지은이	신동욱 편저
펴낸곳	해커스패스
펴낸이	해커스공무원 출판팀
주소	서울특별시 강남구 강남대로 428 해커스공무원
고객센터	1588-4055
교재 관련 문의	gosi@hackerspass.com
	해커스공무원 사이트(gosi.Hackers.com) 교재 Q&A 게시판
	카카오톡 플러스 친구 [해커스공무원 노량진캠퍼스]
학원 강의 및 동영상강의	gosi.Hackers.com
ISBN	979-11-7244-375-7 (13360)
Serial Number	04-01-01

저작권자 ⓒ 2024, 신동욱
이 책의 모든 내용, 이미지, 디자인, 편집 형태는 저작권법에 의해 보호받고 있습니다.
서면에 의한 저자와 출판사의 허락 없이 내용의 일부 혹은 전부를 인용, 발췌하거나 복제, 배포할 수 없습니다.

공무원 교육 1위,
해커스공무원 gosi.Hackers.com

해커스공무원

· 해커스공무원 학원 및 인강(교재 내 인강 할인쿠폰 수록)
· 해커스 스타강사의 **공무원 행정법 무료 특강**
· 정확한 성적 분석으로 약점 극복이 가능한 **합격예측 온라인 모의고사**(교재 내 응시권 및 해설강의 수강권 수록)

한경비즈니스 2024 한국품질만족도 교육(온·오프라인 공무원학원) 1위

공무원 교육 1위* 해커스공무원

* [공무원 교육 1위 해커스공무원] 한경비즈니스 2024 한국품질만족도 교육(온·오프라인 공무원학원) 1위

공무원 수강료 최대 300% 환급
합격할 때까지 평생 무제한 패스

영어 비비안 | 국어 신민숙 | 한국사 이중석 | 행정법 김대현

해커스공무원 기출보카
어플 이용권 무료

7급 PSAT
기본서 3권 제공
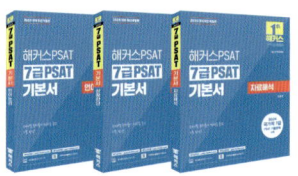
* 교재 포함형 패스 구매시 제공

7급 합격생들이 극찬한 그 강좌!
PSAT 전 강좌 무료 제공

상황판단 길규범 | 언어논리 조은정 | 자료해석 김용훈

7급·군무원 응시자격 단기 달성
토익, 지텔프, 한능검 강좌 무료

G-TELP 비비안 | 한능검 안지영 | TOEIC 재키

실제 시험 유사성 100% 출제
합격예측 모의고사 무료 제공

모든 직렬별 수험정보를 한 권에 모아 담은
공무원 합격로드맵 무료 제공

각 기수별 추첨 제공
* PDF 제공

* [환급] 최초수강기간 내 합격 시, 제세공과금 본인부담 / [평생] 불합격 인증 시 1년씩 연장

상담 및 문의전화
1588-4055

해커스공무원 gosi.Hackers.com
수강료 0원으로 공무원 전문강좌 무제한 수강하기 ▶